# 观点长沙

## 长沙市政府系统重点调研课题优秀报告集 2014年卷

长沙市人民政府研究室

中国发展出版社
CHINA DEVELOPMENT PRESS

**图书在版编目（CIP）数据**

观点长沙：长沙市政府系统重点调研课题优秀报告集（2014年卷）/长沙市人民政府研究室著. —北京：中国发展出版社，2015.6

ISBN 978-7-5177-0330-3

Ⅰ.①观… Ⅱ.①长… Ⅲ.①地方政府-行政管理-研究报告-长沙市 Ⅳ.①D625.641

中国版本图书馆CIP数据核字（2015）第093364号

**书　　名**：观点长沙：长沙市政府系统重点调研课题优秀报告集（2014年卷）
**著作责任者**：长沙市人民政府研究室
**出 版 发 行**：中国发展出版社
（北京市西城区百万庄大街16号8层　100037）
**标 准 书 号**：ISBN 978-7-5177-0330-3
**经　销　者**：各地新华书店
**印　刷　者**：北京市密东印刷有限公司
**开　　本**：710mm × 1000mm　1/16
**印　　张**：40
**字　　数**：672千字
**版　　次**：2015年6月第1版
**印　　次**：2015年6月第1次印刷
**定　　价**：88.00 元

**联 系 电 话**：（010）88919581　68990692
**购 书 热 线**：（010）68990682　68990686
**网 络 订 购**：http://zgfzcbs. tmall. com//
**网 购 电 话**：（010）88333349　68990639
**本 社 网 址**：http://www.develpress. com. cn
**电 子 邮 件**：370118561@qq. com

# 《观点长沙（2014年卷）》编委会

# 建设新型政府智库必须加强问题研究

（代　序）

站在新的发展起点，面临新的形势任务，市政府研究室要立足打造一流新型政府智库，把研究问题摆在更加突出的位置，找准经济社会发展的重点问题，运用科学方法系统地研究，多出创新的思想，多谋创新的办法，多提创新的对策，以前瞻的思维来谋划发展，用先进的典型来促进工作，用成功的经验来推动发展。

## 要重点研究前瞻性的重大战略问题

选择那些能够把握未来发展方向、洞察事物发展规律、促进经济社会发展，具有全局性、前瞻性的重大课题，开展超前性研究，从全局的高度去思考，深入地研究长沙经济社会发展的阶段特征和时代要求，准确地把握存在的困难和问题，透彻地分析面临的机遇和优势，科学地提出发展的方向和路径，为领导决策拿出有价值、有分量的调研成果。比如，对“十三五”的规划研究，既要进行战略思考，也进行战术谋划，既要从目标模式层面进行研究，也要从具体操作层面进行研究，积极寻求应对之策。

## 要重点研究对发展有深远影响的问题

2015年，我们如何认识新常态、适应新常态、引领新常态，在新常态下有新作为，有很多热点、难点、重点问题值得认真研究。比如，破解融资难、清理规范优惠政策、全面推行依法行政、房地产发展、产业融合发展、扶持科技型企业等，对长沙市经济社会发展有比较长远、深远的影响，要集中精力将这些重大问题弄清楚、研究透。今年，研究室要结合一些产业发展方面问题做一些课题调研。如制造业与服务业的融合，制造业与现代互联网的融合，制造业与绿色环保的融合等，政府需要做什么来支持它们融合发展。比如说，加快转变发展方式作为当前的一项重要而紧迫的任务需要切实抓好抓落实。那么，我们转变发展方式的优势在哪里，如何找到切入点，将潜在优势转变为发展优势等等，这些重大问题的认识需要深化，工作需要展开，必然要求我们多思考、多研究、多谋划。

## 要重点研究当前人民群众最需要解决的问题

随着经济社会的快速发展，人民群众对教育、医疗、交通、住房、就业、社会保障、社会治理等方方面面的问题十分关注，对改善民生的要求越来越高，反映强烈、充满期盼。比如，城镇化试点这篇文章怎么做，也值得我们研究探讨，要重点研究社区管理、智慧城市、城市治理、中心镇特色镇建设等问题。社区管理要重点研究目前没有物业管理的一些小区和居民区，如何做成一个平台，形成一个“自治+市场（专业服务）+政府”共同体来为居民服务。如何发挥专业组织的作用，加强老旧社区的水电煤气专业服务等，值得研究。城市最难管的是人流问题和车流问题，要重点加强智慧城市研究，怎样实现车联网，怎样解决人流和车流结合的问题。城市治理的问题，主要是市和区、街道以及居民自治这四个层级之间如何理清关系，既要发挥区的积极性，又落实基层自身治理。这些问题都需要我们认真研究，积极应对。

2014年，市政府研究室做了大量的工作，在相关服务工作方面做得非常周到。这反映了研究室干部队伍是一支高素质的队伍，是一支能打硬仗、能打胜仗的队伍。全市政府系统调研工作又取得了丰硕的成果。市政府研究室遴选一批优秀研究报告结集编成《观点长沙》（2014年卷），这些调研成果内容丰富，数据全面，对策科学，或着眼于宏观经济的走向，或着眼于民生和社会事业的发展，或着眼于实际工作的特色亮点，涵盖了全市经济社会发展的各个行业、各个领域。每一篇都凝聚着真知灼见，是同志们对长沙经济社会发展各方面深入思考的智慧结晶，值得在工作中引起我们深思，并加以借鉴。《观点长沙》已成为各级领导查阅相关资料、全面了解长沙市情和行政决策的好帮手。

古人云，文可载道，以用为贵。希望研究室在新的一年里，在继续保持好的优良传统前提下，加强理论学习，在工作中提高自身水平。不断适应经济发展新常态下，发挥好政府研究机构、政府智囊参谋机构的作用，既出好的作品和成果，也能出好的干部。各级政府及其部门要广开言路，清明视听，积极将有价值的调研成果转化为促进经济社会科学发展的推动力，让调研工作更好地服务于长沙的改革发展和对外开放，为率先建成“三市”、强力实施“三倍”，加快实现基本现代化作出新的更大贡献。

胡衡华

2015年5月22日

# 目　录
Contents

# 领导专论篇

# 赢在起跑线必须下真功

## ——关于长沙全面深化改革的调研与思考

中共湖南省委常委、长沙市委书记　易炼红

党的十八届三中全会吹响了全面深化改革的号角，一幅广度和深度前所未有的改革新画卷在神州大地徐徐铺展。习近平总书记强调，“今年是党的十八届三中全会提出全面深化改革的元年，要真枪真刀推进改革，为今后几年改革开好头。”7月底，省委书记徐守盛在长沙考察时指出，“面对全面深化改革新的起跑线，长沙怎么办？”从“开好头”到“怎么办”，强调的都是改革起步、改革推进、改革见效问题。作为省会城市，长沙如何以全面深化改革释放最大发展潜能，担负起打造“一带一部”核心增长极和国家区域性中心城市的重任，落实好省委、省政府“六个走在前列”的要求？这是我反复思考的重要课题。今年以来，我带着责任、带着问题，先后赴武汉、广州、深圳等城市取经，到9个区县（市）、14个园区、35个部门、31个乡镇（街道）调查研究，摸实情，听意见，议改革，从落实顶层设计与“摸着石头过河”、借鉴先进经验与鼓励自主创新的结合点上，探求长沙改革的“施工良方”。

## 一、全面深化改革是思想的大解放，要让“赢”的理念在内心深处扎根

思之愈深行之愈切，怎么看往往决定怎么干。在调研中，我注意收集全市干部群众对全面深化改革的认知和看法，对“改什么”“怎么改”的认识与思考，从一次次交流、一场场座谈、一条条建议中感知长沙改革的热度。应该说，省会城市的广大干部群众，绝大多数是对改革坚定不移、笃定前行，充满期待、寄

予厚望的，但也有少数部门和干部在思想上、理念上，对改革想得不深、吃得不透、放得不开。比如在行政审批制度改革上，有的拿于法有据为“挡箭牌”，对上级已经部署的简政放权举措搞截留；比如在商事登记制度改革上，前置审批大幅度削减，有的后置审批往往以监管难到位为由，抱着权力不放；还比如城市管理体制改革，也涉及人财物等实际性权力的下放，思想上的碰撞不小。尤其与广州、深圳等先进城市相比，这种反差显而易见。一系列调研让我深切感受到，全面深化改革必须在解放思想上打开“闸门”，在提升认识上拓开“口子”。

赢在全面深化改革的新起跑线，首先要赢在理念。不打开思想的千千结，改革会遇到各种各样的“磕磕绊绊”。一切“等等看”“慢慢来”的惰性思维，“为改革而改革”“为完成任务而改革”的应付心态，“选择性改革”“象征性执行”的功利态度，“修修补补”“照搬照抄”的畏难情绪，都是万万要不得的。“上面没有安排的不敢推进、没有成功经验的不愿试点、触及自身利益的不想改革”的认识误区，必须彻底根除。为此，我们坚持“走出去”与“请进来”并举，组织市党政代表团赴武汉考察，邀请深圳前海深港现代服务业合作区管理局张备局长为市委中心组成员讲课，为全面深化改革开阔视野、开启思维、开放思想。

一是强化法治化理念。党的十八届四中全会强调，“社会主义市场经济本质上是法治经济。”放眼国内外，先进城市发展均建立在完善的法治体系之下，突出了法制化的建设和管理。实践充分证明，现代市场经济，靠人治是难以维系、难以走远的。长沙全面深化改革，必须始终坚持以经济体制改革为重点、为牵引，把法治理念、法治思维、法治手段贯穿始终，依靠法治提供稳定的投资环境和市场预期，确保经济主体放心、放手进行投资置业。否则，优化经济发展环境仍然会跳不出“治理—反弹—再治理—再反弹”的怪圈，导致病源还在、病根未除。

二是强化国际化理念。长沙要走向世界，理念上必须与国际接轨。要转变过去那种“自己认可就行或者是在某个层面认可就行”的思想，树立国际公认、国际通行的理念。比如开放型城市、开放型经济的构建，硬设施和软环境都应该符合国际标准和国际惯例，“土豪做法”是行不通的。在改革的问题上，我们少数同志仍然存在“小范围循环、低水平作业”的问题。长沙作为省会城市，应向国际一流、国际标杆看齐，以国际化的大视野关注改革创新，提升国际认同度和影响力。尽管这需要一个过程，不可能一蹴而就，但全市上下必须有坚定的信念和追求。

三是强化现代化理念。“两个百年”的奋斗目标，就是建成全面小康和实现现代化。长沙作为正在建设中的国家区域性中心城市，理应在实现基本现代化上先行一步，用现代化的理念和思维来管理城市、管理社会、管理公共事务。墨守过去的某些做法和模式，是没有出路的。比如要走转型发展、创新发展之路，体制机制、科技创新、方式手段都必须“改”，把改革创新的功夫下到推动产业转型升级、城市品质提升、社会治理现代化上。通过理念上的“接轨”和转变，在实际操作上找到改革的具体办法。

## 二、全面深化改革是难题的大攻坚，要让“赢”的实招在发展当中落地

改革由问题倒逼而产生，又在不断解决问题中得以深化。如何从突破利益固化的藩篱中再出发？唯有真刀真枪、攻坚克难。就长沙而言，发展起来以后的“两难问题”日益凸显，如产业发展的原有支点正在削弱，而新的支点尚在培育和形成当中；城市化的水平亟待提升，而“城市病”的困扰初见端倪；实现更好更快发展需要新的空间，而资源环境和体制机制的制约却已绷得很紧。今年以来，我在调研中认真思考长沙改革如何破题，从行政审批、城市管理、规划管理、园区体制、科技创新、社区治理等一个个改革事项入手，寻对策，找答案。通过调研先行，研究改革方案、制定改革方案、审议改革方案、推动改革方案落实。

从5月份开始，市委全面深化改革领导小组坚持每月一次会议，已先后召开6次领导小组会议，研究审议了18个改革方案和改革事项。对每一改革方案的出台，我们都务求符合上级精神、务求聚焦现实问题、务求形成有效举措、务求做到于法有据，推动改革往深处改、向实处抓。

一是为转型创新发展而改。转型创新发展需要动力引擎，需要活力释放。国内一些先进城市已经在转型创新发展上先行一步，深圳立足特区实际，推出了57项改革在全国先行先试，如投资审批“零时限”、建设“零收费”城区；广州利用副省级城市行政权限等有利条件，在行政审批制度改革试点探索“先批后审、信用管理、清单管理”等方式；武汉充分发挥高校密集和国家级自主创新示范区等优势，大力推进科技体制改革。我在调研中也了解到，长沙在转型创新发展上存在市场活力不足、要素保障不力、园区发展自主性不够、科技创新能力不强等

现实问题。为此，我们本着从实际出发、拿问题开刀的思路，实施商事登记制度改革，前置审批由361项减少为19项，变“先证后照”为“先照后证”。实施投资市场化改革，5月和12月份分别发布了第二批、第三批向民间投资开放的项目，共156个项目，总投资额1971亿元；中低速磁悬浮、国际会展中心等项目，以PPP模式向市场融资，破解“钱从哪里来”的困扰。实施行政审批制度改革，以省委、省政府向长沙下放45项省级经济社会管理权限为契机，向区县（市）下放了99项市级经济社会管理权限，发布《长沙市市本级行政审批项目目录》，由原有的428项精简到179项，行政审批精简50%以上，并在全国省会城市中率先建立权力清单制度，政府部门行政权力由9706项精简至3612项。实施科技体制改革，制订了33条富有“含金量”的创新措施。实施园区体制改革，从管理体制、发展机制、考核机制、外部环境四个方面推出一系列政策措施。

二是为品质长沙建设而改。近年来，长沙大力推进一江两岸、跨江发展，形成了湘江为轴、东西两翼的城市框架，城市格局和城市面貌发生了明显变化，清洁城市、绿色城市、畅通城市、靓丽城市和更高水准的文明城市建设也初见成效。但我在调研中了解到，干部群众认为长沙的整体形象尚未充分展示城市品质和湖湘文化特色；在背街小巷、基层社区和城乡接合部还存在一定的“脏乱差”现象。这些问题，表面上看是工作问题，实质上是体制机制问题。为品质长沙建设创新体制机制，是长沙全面深化改革的又一重要着力点。改革城乡规划体制，成立了市规划委员会，形成一体化规划决策体系，推动城区、集镇、村庄三类规划有机衔接。改革城市管理体制，成立19个部门参与的城市管理委员会，将人、财、物权下放到各城区，健全了市、区、街道、社区四级管理体制，保障了史上最严厉、最精细、最到位的城市管理纵深推进。

三是为社会治理现代化而改。国家治理体系和治理能力现代化建设落实到地方，就是在社会治理上求突破。通过调研，我感到长沙社会治理有的还依赖于传统的理念、方式、手段和机制，与治理现代化的要求不相适应。市委在明确思路、明确要求、明确改革总体方案的基础上，鼓励基层探索实践，在社会治理发力突破，网格化、信息化的治理模式逐步“开花结果”。岳麓区探索基层治理模式创新，以“三服务”一线工作法为切入点，形成网格化管理、社会化服务、信息化支撑、一线法保障的“四位一体”，以“岳麓模式”在全国全省推广。长沙县引进公益组织北京地球村“乐和”理念，坚持“党委领导、政府主导、村民主体、社会参与”，在全县25个村（社区）推行“乐和乡村”建设，推动乡村政治、经济、文化、社会、生态建设的综合改革。

四是为增进民生福祉而改。党的十八届三中全会强调，全面深化改革要以促进社会公平正义、增进人民福祉为落脚点。在基层调研中，民生问题始终是我高度关注的重大问题，围绕解决就学难、就医难等问计问策，寻找改革的突破口。今年以来，长沙出台《关于进一步推进基础教育集团办学的实施意见》和《关于进一步加快农村义务教育发展的若干意见》，优化城乡教育资源配置，在全市推行“校长教师轮岗交流制度”；出台《关于进一步鼓励和引导社会资本举办医疗机构的实施意见》，制定《长沙市公立医院改革指导意见》，医药卫生体制改革向纵深推进。以全国公共文化服务体系标准化改革试点为契机，完善现代公共文化服务体系，三年行动方案深入实施。在市中院开展轻微型刑事案件快速办理机制试点，1～10月生效裁判文书上网率达87.98%，平均每月网络直播1起案件，以公开透明促司法公正。

这些改革虽然在聚焦问题中扎实起步，但我们清醒地认识到，攻坚战还要一个接一个地打。比如权力清单制订了，但负面清单、责任清单还需与之配套；商事登记的前置审批便利了，但后置审批还要继续跟进改革；户籍登记制度本身改了，但与之紧紧关联的科教、卫生、医疗、就业等改革还应加快推进。农村改革、文化体制改革、生态文明体制改革、民主法制改革、党的建设制度改革等，都必须向深层次“挥刀”，从深水区“过河”。以强烈的担当精神抓改革，是长沙义不容辞的省会责任。

## 三、全面深化改革是能力的大检阅，要让“赢”的成效在全市上下得到认同

一年来的调查研究，我始终注重把功夫下在抓落实上，对市委已经部署的改革盯住不放，从实践和群众中感知改革的成效。总体感到，长沙改革推进是扎实有力的，改革成效正在显现出来。特别是与发展和民生息息相关的改革，可谓立竿见影。比如，商事登记制度改革极大地降低了创新创业的“门槛”，平均每天新增283户商事主体，先后有2156名大学生、1526名退役军人、1400名下岗人员通过“绿色通道”办理工商登记实现自主创业。行政审批制度改革也为企业和群众“办事难”提供了保障，全市行政审批事项的前置条件从361个精减为255个，精减率为29.4%；办理时限从法定的5583个工作日减少到1930个工作日，办理时限相对法定时限减少了65.4%。

任何事情看两面才全面。对于市委明确的改革方案和改革事项，如何抓落实，如何见成效，释放更大更实的红利，仍然还需要全市各级各部门一起发力。如何发力？很大程度上看干部能力，而且这种能力必须得到实践检验、得到群众认同。我感到，有四种能力需要进一步提升。

一是提升认知能力。改革也是知与行的统一，知是前提，行是关键。对长沙的改革创新，全市各级领导干部首先要知道哪些东西是需要的，哪些东西是应该抛弃的，哪些方面是先进和值得学习的，哪些方面是与时代不相符的。对取与舍、得与失等方面的辩证把握，必须有一本“明白账”。贪恋权力、迷恋惯例、留恋行政手段，改革就很容易被捆住手脚。要认清一个地方的优势和短板，懂得审时度势、扬长避短，在改革“改什么、怎么改”和创新“创什么、怎么创”的问题上更加清醒。在认知到位的基础上，该由上级安排的改革，不要抢跑；该尽早推进的改革，不要拖延；该试点的改革不要仓促推开；该深入研究后再推进的改革，不要急于求成；该先得到法律授权的改革，不要超前推进。

二是提升决断能力。改革要经常面临作比较、作决策，面临各种各样的选择。如果不敢决断、不会决断，就会带来工作上的失策。过去有的干部“情况不明决心大，胸中无数点子多”，热衷于“拍脑袋、拍胸脯”作决策，还误以为是有胆识、有魄力，这在全面推进深化改革、全面推进依法治市中决不允许的。尽管这种现象现在不多了，但决断中犹犹豫豫、含含糊糊、拖拖拉拉、修修补补等新情况，是存在的。我在调研中了解到，有的对上面已经明确、外地做出样子、市里也有基础的改革，迟迟拿不出方案；有的对改革具体事项研究不深入，满足于“照搬照抄”，“翻本本”的思想较为突出，原创性、独创性的东西较少，甚至把一般的工作也装进改革的“篮子”；还有的市委已经审议了改革方面，但在推动实施上“东张西望”“束手无策”，等等。改革一旦达成了共识，必须有足够的勇气、足够的智慧推动实施，切不可因“能力不足”而“搁浅”和延误。

三是提升推动能力。推动能力实际上就是抓落实的能力。全面深化改革具有自上而下的特点，善抓落实直接关系到能否改而有进、改而有效。我曾经讲过，千忙万忙，不抓落实就是瞎忙；千招万招，不能落实就是虚招；千条万条，不去落实就是“白条”。这对于改革，同样适应。应该说，在长沙改革推进过程中，执行上“短斤少两”“跑冒滴漏”的现象是存在的。比如市委要求行政审批的效能提升50%以上，从账面上看达到了这个预期，但有的群众和市场经济主体并没有很直观地感受到这种效果。究其原因，就在于具体操作部门推动落实不力。抓推动、抓落实如同钉钉子，要把口头上讲的、纸上写的、会上部署的改革落到实处，必须不断地用锤子敲打。按照长沙全面深化改革的总施工蓝图，在改革落实见效上应唱好“任务目标化、目标项目化、项目责任化、责任实效化”这“四部曲”，推动改革一点一点见成效。这是一种很重要的能力，在改革重点上要坚持“哪壶不开提哪壶”，在改革成效上要做到“提了哪壶开哪壶”。

四是提升协作能力。很多改革事项牵一发而动全身，具有很强的系统性，不是某一个人或者某个部门、某个地方单打独斗就能完成的。行政审批制度改革，就涉及上下左右协同的问题。生态文明体制改革，也有区域联防联控联治的问题。现在有一种不好的改革倾向和苗头值得注意，就是单兵突进、“孤岛化”和“碎片化”的现象。特别是有多个部门牵头的改革任务往往“龙多不治水”，遇到矛盾“绕道走”。我在调研中听到一些反映，某些部门同意的事情，另外的部门就不同意；某些部门办理的事情，另外的部门就唱反调，没有一种整体意识、团队意识、全局意识，最终导致工作推进、手续办理效率不高，甚至卡了壳、拖了后腿。这说明有的地方和部门心中有自己的“小九九”，缺乏唱“同一首歌”的协作能力。因此，要在改革推进机制、改革督查落实、改革考核指挥棒上，进一步加以引导、激励和约束，形成全市改革一起想招出招、共同负责担责的强大合力。

# 推进新型城镇化的重要方向和现实路径

## ——建设环中心城市功能型城镇的调查与思考

中共长沙市委副书记、市长　胡衡华

城镇化是现代化的必由之路。党的十八大以来，中央在总结改革开放以来我国城镇化进程经验教训的基础上，立足新形势、新情况，从战略高度明确提出要推进新型城镇化，科学规划城市群规模和布局，增强中小城市和小城镇产业发展、公共服务、吸纳就业、人口集聚功能，这一重大决策为中小城镇的发展带来了崭新机遇，开辟了广阔空间。国内部分地方在推进新型城镇化建设试点中，因地制宜进行了积极有益探索。如云南红河州推行就地、就近城镇化；福建晋江在推行户籍改革、外来人口市民化方面取得较大突破；山东马桥镇坚持产业支撑、镇村统筹，推进合村并居、集中居住，积极探索人口较多乡镇的城镇化道路。三个地方的试点为各地特别是同类地区推进新型城镇化提供了宝贵经验。但是，这三个地方的情况与中心城市周边地区有着显著的差别。中心城市周边地区在交通区位、发展水平、资源要素、人口素质等方面有着特殊的优势，是中心城市发挥辐射带动作用的主要区域，因此中心城市周边地区必须探索一条既符合实际又科学可行的更高水平的新型城镇化道路。国内外城镇化发展经验表明，建设环中心城市功能型城镇就是推进中心城市周边地区新型城镇化的有效途径。环中心城市功能型城镇特指中心城市周边有效辐射范围内，按照与中心城市合理分工、功能互补，在统筹经济、社会、文化、生态等协调发展的同时，突出1～2个主体功能发展的特色城镇。这种呈卫星状分布的城乡一体发展模式将基础设施建设、城镇功能开发、生态环境建设与经济社会发展有机结合，通过基础设施的改善吸聚经济要素推动产业发展、加快本地人口就近聚居，实现农村人口就近转移就业、就近享受城市的公共服务。为全面了解和掌握功能型城镇建设现状和存在的突出问题，进一步推进中心城市周边地区新型城镇化发展，形成有较强指导性的对策建议，近期，我们以长沙市15个中心镇（小城市）、特色镇建设为例，就环中心城市功能型城镇建设进行了深入调研，并赴天津等地进行了补充调研，形成了如下调研报告。

## 一、建设功能型城镇是提高新型城镇化水平的战略举措

新型城镇化承载着促进经济发展和社会公平的双重转型使命。功能型城镇建设在注重城镇发展特色经济的同时，更注重生态环境建设和人们生活质量的提高，实现经济、社会与自然生态协调发展，是推进中心城市周边地区新型城镇化和转型创新发展的必然趋势。近年来，长沙市积极开展功能型城镇建设，取得了实质性进展和明显成效，为中心城市周边地区推进新型城镇化进行了有益的探索和实践。

### （一）建设功能型城镇是发挥比较优势、实现错位发展的重要方向

同质化发展是当前我国城镇化的普遍现象。国内外城镇化经验表明，数量众多的小城镇不可能按同一模式发展，只有错位发展才能扬长避短、拓展发展潜能、优化发展空间，实现不同城镇之间的科学发展、协调发展。发展功能型城镇，就是探索小城镇与中心城市之间、城镇个体之间特色化、差异化的错位发展道路，实现合理分工、功能互补，为中心城市提供多样化服务。以长沙市为例，2012年，长沙下发了《关于加快中心镇（小城市）建设、推进城乡一体化发展的若干意见》，以10个中心镇（小城市）（图1）和5个特色镇为重点，根据城镇的经济基础、产业布局、资源优势、人文景观和历史文化，着力打造一批各具特色的工业型、商贸型、旅游型城镇（表1）。如长沙望城区以靖港古镇、乔口渔都、铜官陶窑等为重点推进省级示范镇建设，岳麓区莲花镇着力推进两型社会示范镇建设，宁乡县沩山乡结合佛教资源打造旅游特色镇等，逐步形成了错位发展新格局。

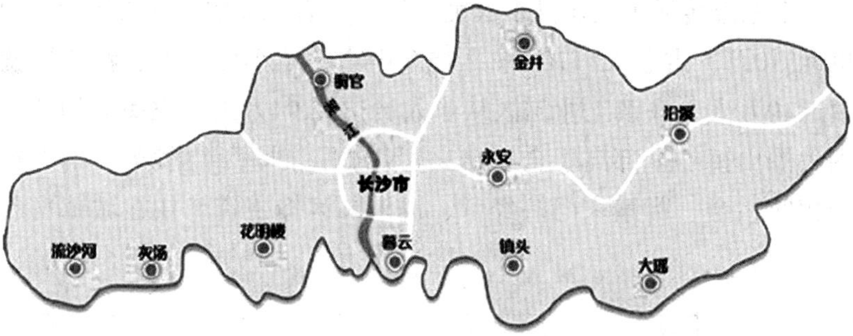


图1 长沙市10个中心镇（小城市）分布图

表1 长沙市15个中心镇（小城市）建设情况

| 类型 | 城镇 | 与长沙市距离 | 与所属县市区距离 | 所属县（市、区） | 功能类型 |
|---|---|---|---|---|---|
| 小城市 | 灰汤镇 | 80 | 44 | 宁乡县 | 旅游生态型 |
| | 大瑶镇 | 70 | 22 | 浏阳市 | 边界商贸型 |
| | 永安镇 | 22 | 30 | 浏阳市 | 工业主导型 |
| | 铜官镇 | 30 | 14 | 望城区 | 工业主导型 |
| | 路口镇 | 50 | 20 | 长沙县 | 现代农业型 |
| 中心镇 | 金井镇 | 60 | 50 | 长沙县 | 现代农业型 |
| | 镇头镇 | 45 | 34 | 浏阳市 | 现代农业型 |
| | 流沙河镇 | 120 | 68 | 宁乡县 | 现代农业型 |
| | 沿溪镇 | 80 | 30 | 浏阳市 | 现代农业型 |
| | 花明楼镇 | 28 | 30 | 宁乡县 | 旅游生态型 |
| 特色镇 | 开慧镇 | 50 | 30 | 长沙县 | 旅游生态型 |
| | 乔口镇 | 40 | 15 | 望城区 | 旅游生态型 |
| | 沩山乡 | 115 | 75 | 宁乡县 | 旅游生态型 |
| | 大围山镇 | 110 | 55 | 浏阳市 | 旅游生态型 |
| | 莲花镇 | 0 | 0 | 岳麓区 | 现代农业型 |

## （二）建设功能型城镇是就地富裕农民、就近转移农民的重要途径

功能型城镇是产业集群发展和城市现代化要素向农村辐射的重要载体，既可以优化城市空间结构，疏散城市人口，还可为农民提供低成本和低门槛的就业环境，吸纳农村富余劳动力，在推进新型城镇化进程中具有不可替代的重要基础地位。通过功能型城镇建设完善公共设施和服务，实现农民就近转化为市民、在居住地享受城市居民待遇，是新型城镇化的必由之路。近年来，长沙以试点镇建设为契机，一方面，加强土地承包经营权流转管理与服务，实行多种形式的适度

规模经营，土地流转活了农业富了农民；另一方面，加快农民市民化进程，全市城镇人口近510万，占总人口70.6%，15个中心镇（小城市）、特色镇就近转移落户城镇近10万人，乡镇工业园区从业人员达32.94万人，农民人均纯收入除相对偏远的大围山镇外全部高于全省11341元的平均水平（图2），不少农民过上“拿着产权收租金、脚踏家门搞经营、进入园区挣工资、住在城镇当市民”的好日子。

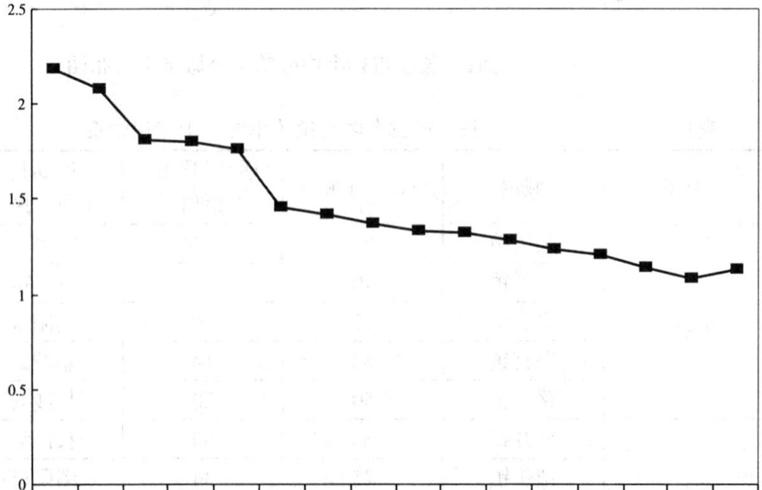


| | 大瑶 | 永安 | 铜官 | 花明楼 | 灰汤 | 乔口 | 金井 | 沿溪 | 镇头 | 路口 | 莲花 | 沩山 | 流沙河 | 开慧 | 大围山 | 全省 |
|---|---|---|---|---|---|---|---|---|---|---|---|---|---|---|---|---|
| 农民人均收入（万元） | 2.18 | 2.08 | 1.81 | 1.8 | 1.76 | 1.46 | 1.42 | 1.37 | 1.33 | 1.32 | 1.28 | 1.24 | 1.21 | 1.14 | 1.08 | 1.13 |

**图2 长沙市中心镇（小城市）农民人均收入情况**

## （三）建设功能型城镇是坚持以城带乡、促进一体发展的重要依托

从我国城镇化发展的历程看，落后的发展理念、粗放的增长方式、体制机制障碍和以政府为主的推进模式，导致城镇化发展水平和质量不高，城镇内部各要素之间明显不匹配。建设功能型城镇是推动新型城镇化和新农村建设、调整城乡二元结构的最佳切入点。近年来，长沙坚持以城带乡、以镇带村、以点带面、以线连片的发展路径，大力推进城乡一体化，城镇基础设施建设投资达569亿元，围绕试点镇实施一系列重大基础设施和产业项目，引领带动城镇和农村加快发展（图3、表2）。同时，坚持强化城镇建设成本概念和环保理念，宁乡县灰汤镇等成为绿色重点小城镇；浏阳市大瑶镇成为全国经济发达镇，并开展赋予经济发达镇部分县级经济社会管理权限试点。这些试点镇在城镇建设中，发挥了良好示范带动作用。

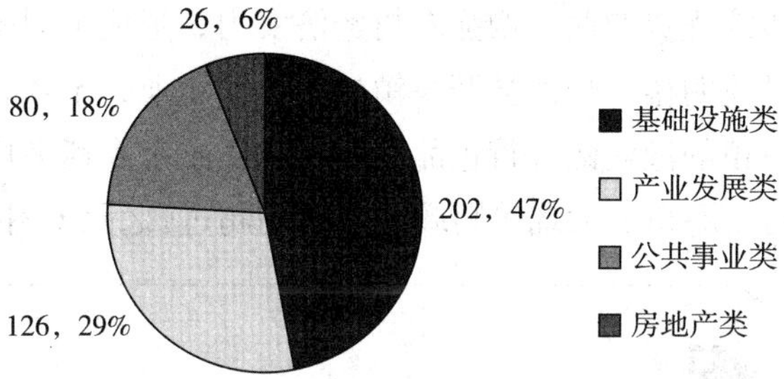


**图3 2013年试点镇项目建设基本情况表**

表2 重大项目（总投资过5亿元项目）基本情况表 单位：亿元

| 投资规模 | 项目名称 | 投资总额 | 2013年投入 |
|---|---|---|---|
| 20亿元以上 | 灰汤雅居乐地产 | 200 | 3 |
| | 浏阳市环保科技示范园（镇头） | 50 | 2 |
| | 花明楼国际幸福城 | 40 | 0.6 |
| | 灰汤温泉华天城 | 40 | 1 |
| | 天子湖旅游开发（沿溪） | 35 | 0.41 |
| | 灰汤龙熙温泉山庄 | 30 | 3 |
| 10亿元—20亿元 | 芙蓉寨老年休闲度假城（花明楼） | 13 | 1 |
| | 金玉国际房地产（沿溪） | 10 | 3 |
| | 油茶生态文化博览园（镇头） | 10 | 0.8 |
| | 金太阳生态休闲山庄（灰汤） | 10 | 1.5 |
| | 紫龙山庄园（灰汤） | 10 | 1 |
| 5亿元—10亿元 | 大瑶国际商贸城 | 8 | 5 |
| | 大瑶汽车商贸城 | 7.3 | 1.6 |
| | 大瑶金富置业 | 6 | 4.2 |
| | 湖南大学国际交流中心（灰汤） | 6 | 1 |
| | 灰汤紫龙湾（一、二期） | 5.5 | 2 |
| | 灰汤龙泉山庄 | 5 | 0.6 |
| | | 5 | 1.3 |

## （四）建设功能型城镇是发展农村经济、改变农村面貌的重要动力

功能型城镇一般是农村地区的区域性发展中心和资源集聚流转中心。推进功能型城镇建设，不仅有利于吸纳经济要素、加快优势产业发展、增强地方财力、提高农民收入，而且对加强公共设施建设、改变农村面貌、缩小城乡差别、提高农村生活质量、普及现代生活方式具有十分明显的带动作用。近年来，长沙大力

支持试点镇发展传统优势产业，增强农村经济实力，形成了浏阳市大瑶镇的烟花鞭炮基地，宁乡县花明楼、长沙县开慧镇的红色旅游业，宁乡县灰汤镇的温泉旅游业，望城区乔口镇的渔业链等特色品牌。2013年全市乡镇平均财政收入达2500万元，永安、铜官、乔口、大瑶等财政总收入均超过1亿元（图4）。

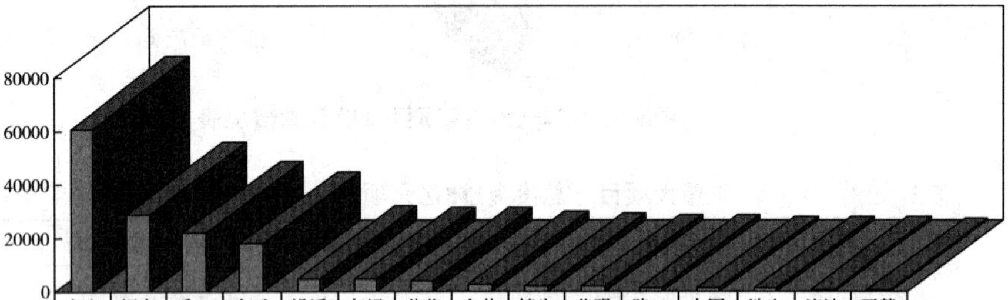


| | 永安镇 | 铜官镇 | 乔口镇 | 大瑶镇 | 沿溪镇 | 灰汤镇 | 莲花镇 | 金井镇 | 镇头镇 | 花明楼镇 | 路口镇 | 大围山镇 | 沩山乡 | 流沙河镇 | 开慧镇 |
|---|---|---|---|---|---|---|---|---|---|---|---|---|---|---|---|
| ■ 财税收入（万） | 60967 | 29000 | 21747 | 17800 | 5033 | 4500 | 4200 | 2810 | 2216 | 2006 | 1500 | 1101 | 1100 | 800 | 395 |

**图4　2013年长沙市中心镇（小城市）财税收入情况**

# 二、当前建设功能型城镇面临的主要困难和问题

环中心城市功能型城镇居于城之尾、乡之首，是统筹城乡发展的战略节点，是承接中心城市功能的重要载体。当前，功能型城镇建设发展存在一些亟待解决的突出矛盾和问题，与新型城镇化的要求不相适应，需要引起高度重视。本次调研专门就长沙市功能型城镇建设存在的问题，进行了深刻剖析，大多数问题对全国各地功能型城镇建设具有样本意义。

## （一）发展定位不够科学。一是功能配置不合理

将中心城市部分功能外溢到中心城市周边功能型城镇，以纾缓中心城市压力，是功能型城镇建设的首要目的。但是，目前长沙一些中心城镇在建设过程中，功能布局没有充分考虑长沙城区和浏阳、宁乡等卫星城市的需要以及本地人文历史、地域资源、产业特点等因素，因地制宜地实施错位发展、体现个性特色，形成辐射带动周边区域的发展的商贸、居住、文化、教育、服务副中心，从而无法纾解中心城市的各种“城市病”。如岳麓区莲花镇，与中心城区接壤，但并没有起到分担部分中心城区功能的作用。二是城镇特色不鲜明。绝大多数城镇无论是空间布局、镇容镇貌还是配套设施，几乎千篇一律、千镇一面，缺乏个性

和亮点。不少集镇沿路沿河发展，只有骨架、没有血肉，只有建筑、没有人气，只是简单地克隆城市要素，忽视了珍贵的镇域自然资源、历史文化特色，没有体现镇域历史底蕴和建筑风格，具有个性特色的城镇屈指可数。三是城镇功能不完备。功能型城镇发展模式主要经历初级、中级、高级三个阶段（图5）。初级阶段主要是基础设施建设，

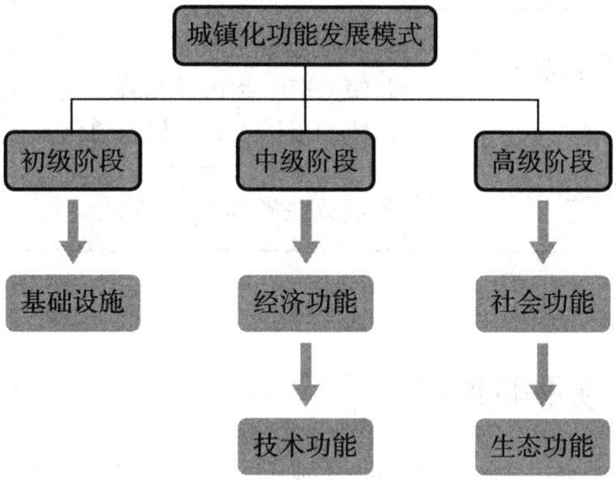


**图5　城镇化功能发展模式**

中级阶段主要围绕经济功能和技术功能发展，高级阶段主要是发展社会功能和生态功能。根据城镇化阶段划分（表3），长沙城镇化目前处于“转型期”早期，功能型城镇发展还处于基础功能和经济功能阶段，对社会功能、生态功能等发展相对缺失。如浏阳市永安镇等发展基础好、经济实力强，但社会功能、生态功能还有待完善。

**表3　　中国城镇化阶段划分**

| 评判标准 | 阶段1：工业化期（从农村向城市转移） | 阶段2：转型期（超越“工厂”范围的发展） | 阶段3：现代化期（演化为现代化城市） |
|---|---|---|---|
| 基础设施 | 对基础设施进行投资（如：道路） | 对公共运输/电力/水利的基础设施投资增多 | 大型的基础设施扩建和优化 |
| 土地和资金 | 城市扩张和商业投资征用土地 | 土地征用日益商业化并成为一项收入来源 | 更具战略性的土地转化 |
| 城市规划 | 基本的工业区划和城市中心规划 | “白纸式”的城市规划 | 强调可持续发展的概念 |
| 产业结构 | 通常利用产业专业化来促进增长 | 进一步的产业专业化<br>服务行业的出现<br>看重外商投资FDI | 高级服务业的发展（如：金融业） |

续表

| 评判标准 | 阶段1：工业化期（从农村向城市转移） | 阶段2：转型期（超越“工厂”范围的发展） | 阶段3：现代化期（演化为现代化城市） |
|---|---|---|---|
| 人才与劳动力 | 当地有足够的基础劳动力来满足需求<br>技术人才需求较少 | 强调吸引人才的薪酬待遇<br>技术人才短缺 | 采用移民/人才的要求/标准来加以选择和控制 |
| 生活质量 | 重点放在就业和走出贫困 | 开始强调社会福利<br>开始采取限制污染和解决交通拥堵的措施（如：另建道路） | 生活质量成为城市规划的一个重要部分 |
| 与外界联系 | 加强与周边城市的经济联系 | 重点放在省际/国内连通 | 重点放在全国性/国际连通 |

资料来源：麦肯锡全球研究院。

## （二）规划引领不够到位

一是规划深度不够。全市范围的城镇发展总体规划总体上缺少“顶层设计”。虽然市域范围内所有乡镇规划编制覆盖率达100%，但由于资金、地域发展、规划视野的限制，大部分乡镇详细规划偏少，规划深度不够，整体水平较低，对城镇功能定位不够明确，对城镇空间扩展方向和空间布局设计不充分，尤其缺少突出地方特色的规划设计。二是规划衔接不够。城镇规划与国民经济和社会发展规划、土地规划、产业规划等各类规划之间缺乏科学有效的衔接。尽管市里明确了对试点镇的发展目标，但未体现在市及试点镇所在县（市、区）的相关指导性规划和法定规划中，导致规划的统筹性和执行力不足，市、县（市、区）、镇、村各级规划未能充分衔接，区域融入程度不高，试点镇与周边小城镇同质竞争明显，造成城镇产业发展布局分散、要素资源难以整合、基础设施和配套设施建设滞后等问题，缺乏对城市居民的吸引力。三是规划指导不够。当前的城镇规划往往只从城镇本身出发考虑问题，忽略了所在县域的城镇体系规划，忽视了城镇体系规划的指导和约束作用。一些试点镇虽然编制了战略规划，但由于党政领导的更替、轮换和缺少法定审批程序而普遍缺乏约束和支撑。很多规划对区域协调、以人为本、生态环境、城镇特色、历史遗存等缺乏足够重视，对社会经济发展预测不足，缺乏前瞻性，没有给城镇未来发展留足空间。四是管理主体不明。城镇的规划审批制度不够健全，规划管理主体和监督主体不够明确，管理职能割裂。农口部门认为功能型城镇是“城”，新农村建设管不了功能型城镇；

建设部门认为功能型城镇在郊区，城市建设只管中心城区。同时，由于15个功能型城镇隶属不同的县（市、区），县（市、区）自行建设管理往往各自为战，难以统筹为中心城区服务、分担中心城区部分功能的作用。

## （三）产业带动不够明显

一是产业出现断层。部分城镇产业发展主要依赖资源开发，由于前期的大肆开采和粗犷管理，大都存在资源浪费和环境污染问题。由于替代产业的选取和发展没有跟上，无力解决原有主导产业因资源日渐枯竭和新型替代产业发展之间明显的断层问题，导致产业发展出现困境。二是产业升级缓慢。大多数中心城镇仍未从根本上摆脱传统农村地区产业结构特点，既缺乏农产品深加工和为农业产业化服务的龙头企业，更无法吸引高新技术产业和发展第三产业。按照规划，到2017年，纳入试点的小城市要实现经济总量过100亿元、财税收入超10亿元，中心镇要实现经济总量过50亿元、财税收入超5亿元，除了永安、铜官、沿溪等试点镇有望完成目标外，其他试点镇完成难度很大（图6）。三是同质竞争严重。试点镇的产业发展与长沙及所属县（市、区）优势产业关联度不高，对接层次低、创新能力弱，没有将镇域资源禀赋、经济基础、区位条件、文化特色与市场需求紧密结合，形成比较优势，实现差异化、特色化发展，同质化现象明显，带动就业能力不强（表4）。

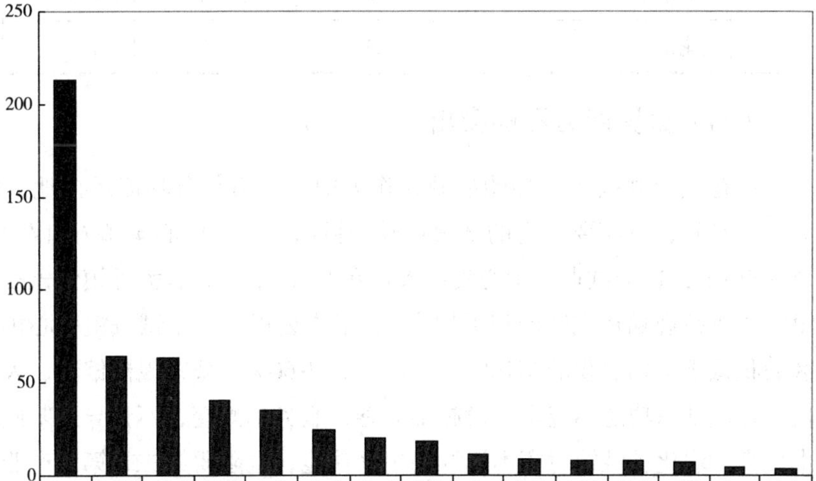


| | 永安镇 | 铜官镇 | 沿溪镇 | 镇头镇 | 金井镇 | 花明楼镇 | 大瑶镇 | 流沙河镇 | 乔口镇 | 大围山镇 | 灰汤镇 | 莲花镇 | 开慧镇 | 路口镇 | 沩山乡 |
|---|---|---|---|---|---|---|---|---|---|---|---|---|---|---|---|
| ■ 经济总量（亿元） | 213 | 64.2 | 63 | 40.3 | 35 | 25 | 20 | 18.6 | 11.4 | 9.18 | 8.2 | 7.9 | 6.82 | 4.6 | 3.2 |

**图6　2013年长沙市中心镇（小城市）经济总量情况**

**表4　　2013年长沙市中心镇（小城市）产业发展情况**

| 类型 | 城镇 | 第一产业产值（亿元） | 第二产业产值（亿元） | 第三产业产值（亿元） | 主导产业 | 主导产业带动就业人数 |
|---|---|---|---|---|---|---|
| 小城市 | 灰汤镇 | – | – | 4.8 | 温泉旅游 | 11000 |
| | 大瑶镇 | 1.8 | 14.3 | 3.9 | 花炮 | – |
| | 永安镇 | 5.6 | 193.4 | 14 | 机械制造 | 20982 |
| | 铜官镇 | 0.9 | 58.71 | 4.6 | 陶瓷 | 7936 |
| | 路口镇 | 2.6 | 1.2 | 0.8 | 农业 | 18000 |
| 中心镇 | 金井镇 | 6.76 | 27.2 | 1.02 | 茶业 | 3000 |
| | 镇头镇 | 5.38 | 33 | 1.95 | 第二产业 | 25000 |
| | 流沙河镇 | 5.5 | 6.5 | 6.6 | 土花猪 | 12000 |
| | 沿溪镇 | 3.1 | 51 | 8.2 | 花炮 | 8200 |
| | 花明楼镇 | 7 | 10 | 8 | 旅游 | 12000 |
| 特色镇 | 开慧镇 | 2.77 | 3.4 | 0.65 | 红色旅游 | 6000 |
| | 乔口镇 | 4.01 | 4.25 | 3.14 | 生态养殖 | 4000 |
| | 沩山乡 | 0.9 | 1.4 | 0.9 | 茶叶、旅游 | 7200 |
| | 大围山镇 | 1.85 | 5.46 | 1.87 | 农业 | 16854 |
| | 莲花镇 | 4.5 | 1.7 | 1.7 | 农业 | 1500 |

## （四）集聚能力不够突出

一是城镇规模小。功能型城镇作为中心城市部分功能承接地，既需要一定的发展空间，也需要一定的城镇规模。目前，全市中心集镇人口在3万以上的城镇只有8个，15个试点镇中心集镇人口在3万以上的只有大瑶镇、永安镇。全市乡镇中心集镇规划建成区面积平均为3.79平方公里，15个试点镇中心集镇规划建成区面积低于平均面积的多达9个（表5），占60%。城镇规模偏小、人口集聚度较低，造成城镇功能不健全、设施不完善、服务不配套，不仅导致基础设施投资成本偏高，弱化了城镇对资本资源的集聚功能，也阻碍第二、第三产业加快发展，制约了对城镇经济的带动作用。二是城镇化率低。长沙市所辖长沙县、宁乡县和浏阳市平均城镇化率只有51%，低于全国和长株潭地区水平（图7）。浏阳市作为一个县级市，城镇化率比全国平均水平低1.5个百分点。较低的城镇化率无法推动以教育、医疗、社保、就业等为主要内容的公共服务发展，也无法推动以商贸、餐饮、旅游等为主要内容的消费型服务业和以金融、保险、物流等为主要内容的生产型服务业的发展。三是公共服务差。试点镇的交通路网、污水处理、垃圾收集转运等基础设施和教育、文化、医疗、社会保障等公共服务建设滞后，与周边区域的统筹协调性差，既不能满足本地居民日益增长的物质文化生活需要，也难以适应未来人口集聚而不断膨胀的公共服务需求，更难以承担作为承接中心城市功能外溢的辐射带动功能。如长沙县的路口、开慧、金井等试点镇近几年在项目建设方面投入较大，交通、供水、供电、通信等基础设施基本完善，但与此对应的商业综合体、商贸、金融、信息等配套服务方面水平仍较低，生产要素市场发育不足，使城镇在人才和项目引进、产业升级等方面受到较大限制，影响城镇功能的提升。

**表5　　长沙市中心镇（小城市）基本情况**　　单位：平方公里、人

| 城镇 | 镇域面积 | 建成区面积 | 户籍人口 | 中心集镇人口 |
|---|---|---|---|---|
| 铜官镇 | 29.44 | 5 | 26000 | 16000 |
| 乔口镇 | 46.23 | 2 | 50000 | 8000 |
| 金井镇 | 144 | 1.8 | 45000 | 12000 |
| 开慧镇 | 54 | 19.2 | 21000 | 9947 |
| 路口镇 | 89 | 3 | 29000 | 6000 |
| 永安镇 | 112.2 | 12 | 62000 | 30000 |
| 大瑶镇 | 76 | 7.2 | 83000 | 51000 |
| 镇头镇 | 158 | 2.4 | 58000 | 22000 |
| 沿溪镇 | 122.44 | 2 | 31537 | 12000 |
| 大围山镇 | 410 | 1.5 | 27000 | 5000 |
| 灰汤镇 | 43 | 6 | 23000 | 5800 |
| 流沙河镇 | 140.57 | 1.2 | 74650 | 12000 |
| 花明楼镇 | 112.4 | 14.16 | 51200 | 22000 |
| 沩山乡 | 81.8 | 1.2 | 17864 | 4000 |
| 莲花镇 | 113.9 | 1.5 | 49000 | 5000 |

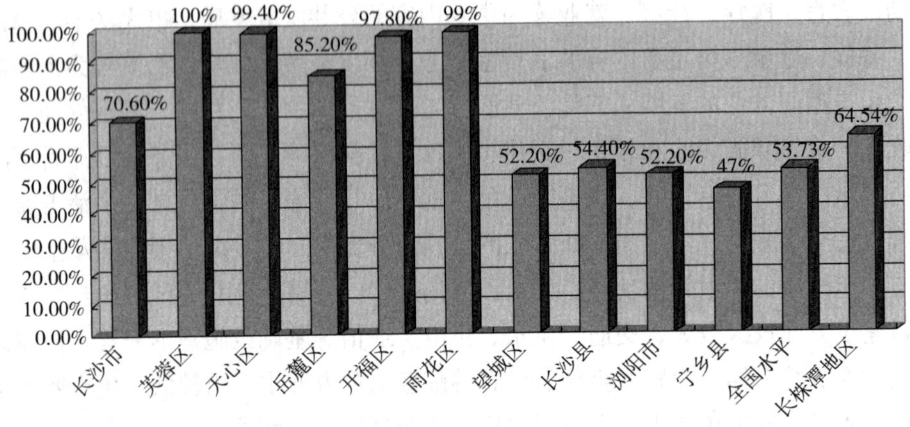


**图7　2013年长沙市辖区县市城镇化率对比图**

## （五）要素保障不够有力

一是资金困难。近年来，中央对政府融资平台的管控日益严格，同时拆迁成本、建设成本、管理成本大幅攀升，城镇建设所需资金持续增长，资金缺口日益扩大。从全市来看，城镇投融资体制虽然呈现多样化的特点，但总体上仍以政府投入为主，企业和社会投资少，没有形成多元投资格局。试点镇尽管大都成立了镇级融资平台，但融资能力不强，承担的大多是建设任务，融资贷款面临较大困难。各县（市、区）财政投入能力有限，相对大量的城镇建设任务无疑是杯水车薪（图8）。各试点镇每年建设资金缺口几乎都在千万以上，大围山镇近三年缺口高达8.986亿元（表6）。资金缺口成为制约功能型城镇建设发展的重要瓶颈。二是用地紧张。省、市每年下达县（市、区）的用地指标原本就不能满足重大基础设施、重大招商引资项目及城区、开发区建设发展的需要，随着各试点镇加快建设发展，一批重大项目相继启动建设，可用的土地指标面临较大缺口。长沙市要求县（市、区）建设用地指标在使用分配上要向试点镇倾斜，按每个试点镇不低于全县建设用地指标总量5%的份额予以安排，但是长沙县、宁乡县均未达到规定比例（表7）。三是人才匮乏。随着功能型城镇建设工作的全面铺开，各试点镇面临着由农村管理为主向城市管理为主的转型，各项工作任务更重、要求更高，需要更多的智力支持和人才保障。但受城镇财政供养人员编制、发展空间等多重因素制约，试点镇现有的人才数量、人才结构与功能型城镇发展的要求还有相当差距，突出表现在缺乏城镇规划、建设、管理和招商引资、融资理财、政策研究等专业领域的高素质、复合型人才。四是权责失位。现有镇级政府职能不全，机构职能条块分割，权和钱在县里、事和责在镇里的现象较严重，责、权、利不对等，对城镇发展至关重要的规划、土地、建设等重大问题自主权不大，上报程序复杂，项目、土地、资金等审批事项，有40%左右需要多次往返省、市甚至国家部委审批。此外，强镇扩权之后，经济和城市管理权限并没有下放，已经下放的社会管理权限也基本是有责无权的内容，甚至加大了城镇的管理难度。同时，如果县（市、区）真正把有关行政审批和执法权限下放到镇，镇级政府目前也没有力量承接。

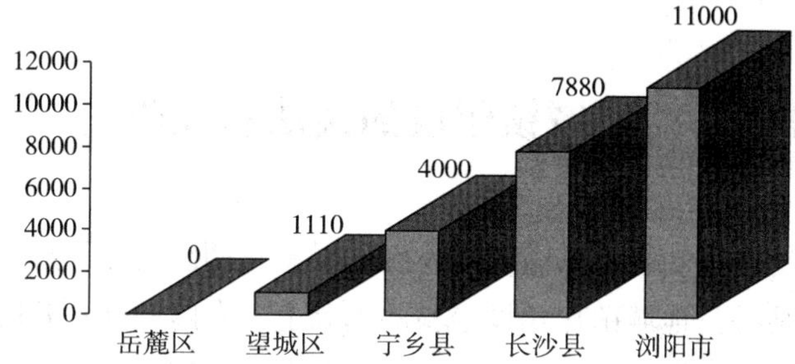


**图8　2013年县（市、区）试点镇建设资金投入情况**（单位：万元）

**表6　　长沙市试点镇2011年以来城镇建设资金情况**　　单位：万元

| 城镇 | 2011年 | | | 2012年 | | | 2013年 | | | 总缺口 |
|---|---|---|---|---|---|---|---|---|---|---|
| | 城镇建设资金 | 可支配财力 | 缺口 | 城镇建设资金 | 可支配财力 | 缺口 | 城镇建设资金 | 可支配财力 | 缺口 | |
| 铜官镇 | 3000 | 2000 | 1000 | 4000 | 2000 | 2000 | 5000 | 2000 | 3000 | 6000 |
| 乔口镇 | 3997 | 300 | 3697 | 4210 | 330 | 3880 | 16703 | 360 | 16343 | 23920 |
| 金井镇 | 3000 | 1000 | 2000 | 5000 | 2000 | 3000 | 8000 | 3000 | 5000 | 10000 |
| 开慧镇 | 1900 | – | – | 5800 | – | – | 5900 | – | – | – |
| 路口镇 | 1500 | 980 | 520 | 2000 | 1100 | 900 | 4500 | 2800 | 1700 | 3120 |
| 永安镇 | 44800 | 6200 | 4000 | 98500 | 12600 | 7500 | 310000 | 15700 | 9000 | 20500 |
| 大瑶镇 | 26000 | 1516 | 24484 | 8000 | 3470 | 4530 | 25000 | 4800 | 20200 | 49214 |
| 镇头镇 | 1000 | 2500 | – | 10000 | 2700 | 7300 | 25000 | 2200 | 22800 | – |
| 沿溪镇 | 30000 | 100 | 3000 | 36000 | 100 | 4000 | 43000 | 130 | 8000 | 15000 |
| 大围山镇 | 12000 | 340 | 11660 | 31000 | 380 | 30620 | 48000 | 420 | 47580 | 89860 |
| 灰汤镇 | 60000 | 20000 | 40000 | 20000 | 7000 | 13000 | 17000 | 5000 | 12000 | 65000 |
| 流沙河镇 | 4000 | 2000 | 2000 | 5000 | 3000 | 2000 | 15000 | 8000 | 7000 | 11000 |
| 花明楼镇 | 22000 | 2000 | 20000 | 11000 | 26905 | 8000 | 32000 | 2006 | 18000 | 46000 |
| 沩山乡 | 80000 | 1000 | – | 40000 | 1000 | 20000 | 12000 | 1000 | 4000 | – |
| 莲花镇 | 2000 | – | 7000 | 3000 | – | 8000 | 3500 | – | 10000 | – |

表7　2013年长沙市分解下达部分县市（区）建设用地指标情况

| | 岳麓区 | 望城区 | 长沙县 | 浏阳市 | 宁乡县 |
|---|---|---|---|---|---|
| 2013年长沙市分解下达建设用地指标（公顷） | – | 500 | 669.68 | 245 | 520 |
| 试点镇实际安排建设用地指标（公顷） | 1 | 287 | 18.15 | 95 | 70 |
| 试点镇数量（个） | 1 | 2 | 3 | 5 | 4 |
| 所占份额（%） | – | 57.4 | 2.7 | 38.8 | 13 |

注：望城区试点镇建设用地指标含至2020年预留指标。

## 三、外地推进功能型城镇建设的做法和经验

为学习外地推进功能型城镇健康发展的经验，调研组在了解了云南红河、福建晋江、山东马桥三地城镇化建设经验的基础上，专门赴外地开展了实地考察，其中天津市以宅基地换房为基本模式，建设新型功能型城镇，推进农民城市化进程的做法较具参考价值。具体讲，就是在农民自愿的基础上，用村民现有宅基地统一置换新建小城镇的住宅，实现农民向城镇集中，工业向小区集中，耕地向种田大户集中。农民由一产向二产、三产业转移，明显改善农民的居住环境，提高文明程度，享受城市化成果。从考察交流情况看，天津市在功能型城镇建设管理方面有许多创新的做法和理念给我们诸多启示。

### （一）坚持科学规划

天津按照建设环境友好型、资源节约型社会的要求，统筹考虑基础设施和生态建设，比如，污水和垃圾处理、太阳能利用等问题，都经过统筹考虑。为了保证小城镇规划的高质量，试点工作中实行了总规划师制度，选拔了一批事业心强、水平较高的专业技术人员担任小城镇的总规划师，从一开始就加强全过程的规划监督、协调和管理，切实维护规划的严肃性。规划一经确定，必须严格执行，不能随意变更。

### （二）强化产业立镇

天津在规划建设新的小城镇、解决好农民安居问题的基础上，高度重视农民集中居住后的就业问题。新建小城镇的产业发展很好地利用原有产业基础，发挥

自身优势，并按照产业结构调整的要求，形成“一镇一业”“一村一品”，真正实现产业立镇、产业兴镇，不断提高农民收入，实现可持续发展。比如，东丽区华明镇试点，规划考虑就业方向是邻近的空港物流加工区和具有自身传统特色的运输物流服务区；小站镇试点，规划了“小站练兵”旅游产业园和具有优势的阀门制造工业小区。

### （三）重视土地复耕

天津实施宅基地换房，突出的一个特点是按照国家要求，把小城镇建设用地增加与农村建设用地减少相挂钩，组成建新拆旧项目区，利用国土资源部下达的土地周转指标建设新的小城镇，以复耕后的村庄建设用地归还土地周转指标。因此，各试点区县认真编制了土地整理复耕规划，严格落实责任主体，明确了土地整理复耕的期限和验收标准。凡不能按期实施土地复耕、偿还土地周转指标的，市里不允许再开工新的镇村建设项目，不再安排建设用地指标。

### （四）尊重农民自愿

新建的小城镇是给农民住的，农民是主体。天津在实施宅基地换房过程中始终贯穿了两个自愿的原则：首先是换房，农民自己申请，要自愿；第二是自愿整理好自己的宅基地，事先要有法律手续，要签协议。区县政府对这个问题都制订了规范性的办法，区县人大常委会也做了决定，依法办事。

### （五）实施管理创新

以宅基地换房办法建设新的小城镇，不是农村人口简单地向城镇迁居，而是由农业型社会向城市型社会的转变，是一次深刻的变革。天津在试点工作中，一方面，在规划设计时就考虑到未来管理的需要。比如，建设相应的教育、卫生、文化、绿化、物业、社区管理等设施，解决好污水、垃圾处理和防止乱搭乱建等。另一方面，积极探索小城镇管理制度创新，研究新的小城镇建成后管理创新问题，主要包括：集体建设用地流转制度创新、镇村管理体制创新、小城镇管理方式创新、集体经济组织形式创新、建设投融资方式创新、综合执法体制创新、社会保障制度创新和小城镇扶持政策创新等。

### （六）加大政策支持

天津市、区两级政府围绕宅基地换房试点工作，制订了相应的配套政策，如对规划的小城镇范围内用于“招、拍、挂”出让的经营性用地，政府收益部分实行返还；小城镇基本建成后，新建企业交纳的各种税费，五年内市、区分享部分全部返还，用于小城镇社会公益设施建设和管理的支出。同时，对小城镇基础设施、社会公益设施给予了适当的财政资金支持等。

## 四、大力推动功能型城镇发展的对策建议

目前，我国正处于城镇化加速发展阶段，又好又快地推进新型城镇化，既是当前稳增长、促改革、调结构、惠民生的迫切需要，也是推动经济社会发展的长期动力源泉。加快环中心城市功能型城镇发展，是加快中心城市周边地区新型城镇化进程、提高城镇化质量的重要途径，是坚持以城带乡，实现城乡一体融合发展的重要抓手。建议中央层面抓紧研究出台相关政策意见，加强对各中心城市的指导，采取切实有效的举措，全力推进环中心城市功能型城镇建设，推动中心城市周边地区新型城镇化率先向更高水平迈进。

### （一）突出规划先行，做好顶层设计

合理布局城乡空间，形成结构合理、梯次分明、功能完善的现代城镇体系。一是完善规划体系。加快制定区域城镇体系规划，高起点、高标准做好城镇总体规划、专项规划和村庄规划的编制和修编，强化城镇控制性详细规划和产业园区建设规划的制定与落实，实现城乡规划全覆盖。二是提升规划质量。既从省域、县域、镇（乡）域多层面考虑联运对接，科学系统地进行全域规划，又注重分区规划、专项规划等衔接配套。从功能布局、文化特质、综合配套方面完善镇域总体规划和修建性详规，抓好土地利用规划修编，全面引入社区规划理念，系统规划城镇市政公用设施、环卫基础设施、教育医疗设施、文体科技设施和商贸综合设施，完善供水供电、燃气管网、通信设施和生态环保等配套设施规划。三是明确发展定位。根据城镇的经济基础、产业布局、资源优势、人文景观和历史文化，突出城镇建设与经营理念，精心布局城镇功能，扬长避短，打造一批各具特色的工业型、商贸型、现代种养型、旅游型城镇。

### （二）突出功能完善，放大集聚效应

立足城镇基础优势，融合互动各种资源要素，打造新型特色城镇。一是强化

基础承载功能。推进城市基础设施向农村延伸，打通连接中心城区、县城及高速公路、国道省道的对外快速交通干线，从空间上打破城乡分隔格局，畅通城乡人流、物流、信息流。支持城镇道路交通建设，完善城镇综合交通体系，优化城镇路网结构，畅通城镇内外交通网络。优先发展公共交通，构建城镇各种交通方式互补衔接的出行体系。重大基础设施建设项目优先列入政府重点工程，在投资、规划、用地、报建、财评等审批服务时提供“绿色通道”，加大推进力度。二是强化公共服务功能。按现代城市标准，优化配置城镇各类基础性、公益性城镇资源，推进城镇基础设施和公共设施向周边区域的延伸和共享。加大政府投入、引导社会力量投入城镇教育、科技、文化、卫生、体育等公共事业，引导各级公共服务单位到城镇设立分支机构。支持和鼓励城区的重点中学和重点医院到城镇联合办学校、办医院，就地解决就学、就医问题。完善社区公园、休闲广场、公交站点以及公共停车场、商贸综合体等配套服务设施，提高公共服务水平。三是强化社会保障功能。加快建立起面向城镇常住人口的制度融合、梯次合理、水平适宜、城乡统筹的社会保障体系。推进城镇就业创业培训和服务体系建设，完善公共就业服务平台。稳步推进以城镇职工养老保险、新型农村社会养老保险为核心的基本养老保障。加快完善医疗保障制度体系，逐步形成城乡统一的基本医疗保障。健全住房保障体系，采取廉租房、货币补贴、棚户（危房）改造等多种方式解决城镇特殊群体的住房困难，实现居者有其屋。

### （三）突出产业分工，实现错位发展

坚持把培育、壮大镇域产业作为核心支撑，走产城深度融合之路。一是科学布局城乡产业。实施一镇一品战略，因地制宜构建以城镇为载体的组团分工、园区分工、集群分工的产业发展体系。整合资源、集聚要素，形成向上能衔接城市、往下能带动农村、横向能辐射周边的配套产业链条。充分发挥市场的决定性作用，每个功能型城镇立足基础优势，重点发展一种主导产业，形成产业品牌，打造特色城镇。二是打造产业发展平台。按照产业发展规律，着力打造农产品加工业、先进制造业和现代服务业平台。加快工业功能区和产业共性技术服务平台建设；鼓励支持中心镇建设大型商场或商贸综合体，加快商贸集聚区建设，大力发展生活性服务业和生产性服务业。坚持以项目为载体，整合规划、建设、交通、环保等部门资源，实施建设资金打捆投入，重点支持示范乡镇基础设施建设，实现优先发展。三是增强产业发展后劲。着力引进重大项目，调整优化产业结构，大力发展优势产业，推动产业集群集聚，实现城镇产业发展由数量到质

量、由大抓产业到抓大产业的转变，努力培育一批规模较大、带动力较强、符合新型工业化要求的主导产业和优势产业，形成新的经济增长点，为城镇发展提供强大的经济支撑力和发展驱动力。

### （四）突出两型示范，提升城镇品质

一是坚持绿色低碳发展。强化公众的环保意识、企业的环保责任、政府的环保决心，让绿色低碳成为新型城镇化发展最珍贵的品质。以绿色低碳发展为目标，推进水能、沼气等清洁能源开发利用，发展低碳产业，进一步拓展宜居优势。二是推进“两型”建设管理。更加注重成本理念和环保理念，尊重和保护自然环境、生态资源和人文景观，严格实行生态分区建设。创新资源能源利用方式，合理开发利用城镇土地资源、水资源和可再生能源，实现城镇可持续发展。以建设自然环境优美、人文环境愉悦的宜居城镇为目标，既重视大环境绿化，又重视街道、村屯的小环境美化，实现建一房、绿一点，修一路、绿一线，建一区、绿一片，不断提升镇容镇貌品质。三是塑造城镇特色亮点。紧扣城镇多样化文化的生命脉络，走出千城一面、文化迷失的传统城镇化误区，增强城镇特色和吸引力，走特色城镇发展道路。始终突出山水相依特色，依托现有山水脉络的独特风光，打造依山傍水、显山露水、城水相依、城山相偎的城镇格局。推进智慧城镇建设，形成主体鲜明、生态优美、设施服务配套、文化传承明晰、产业特色鲜明的乡村精品。

### （五）突出改革创新，破解瓶颈制约

用改革创新的办法攻克城镇建设“拦路虎”，落实各项政策，破解发展难题。一是整合行政管理资源。创新行政管理体制，加快强镇扩权步伐，根据城镇人口规模、经济总量和管理任务，通过委托、交办、延伸机构等方式和途径，对人口较多、规模较大、基础较好的中心镇赋予县级经济社会管理权限，允许其在核定的编制总数内统筹安排机构设置和人员配备，切实增强城镇发展活力。同时建立完善市县两级国土、建设、规划、环保等部门专业人才到中心镇挂职制度，缓解规划建设管理专业人才紧缺压力。二是推进投融资体制改革。积极探索建立可持续的城镇化投融资机制，整合市、县（市、区）两级财政资金，形成财政投资、项目增资、招商引资、土地生资、开发带资、银行注资等多元化投资格局，支持中心镇加快建设发展。鼓励支持中心镇依法组建混合所有制的基础设施投融资平台和产业开发公司，实现资源、资产、资本的有机整合。成立城乡一体化建

设投资担保公司，为中心镇投资开发项目提供贷款担保。创新股权投资模式，适时设立中心镇产业发展基金，用于支持中心镇的特色产业培育和产业结构调整等。发挥市场作用，探索发行市政债用于城镇建设，应用特许经营、价格补贴、政府购买服务等方式鼓励社会资本和公共基金参与中心镇的开发、建设和运营。支持金融机构进驻中心镇设立分支或网点，支持中心镇设立村镇银行、小额贷款公司、担保公司。三是创新社会管理体制。加快推动城镇特别是中心镇社会管理向现代城市管理模式转变，构建更高水准常态化的城镇管理机制和格局。加强城镇社区建设，加快构建以社区党组织为核心、社区居委会和社区服务站为两翼的社区管理组织架构，形成基本公共服务、居民互助服务、市场有偿服务有机结合的社区服务体系。加快城镇公用事业社会化改革，积极探索区域间城镇联动管理新机制，建立城与镇、镇与镇、镇与村之间公用事业的联建、联管、联养的城镇管理新模式，鼓励引导社会力量参与社区公共管理和服务。

### （六）突出政府引导，强化政策扶持

更加尊重市场规律，更好发挥政府作用，实现政策引导清晰、要素扶持有力。一是实行用地倾斜政策。依法适度调剂城镇建设用地规模及基本农田保护指标，在建设用地指标分配上向中心镇倾斜。支持中心镇盘活利用存量土地、闲置土地和荒废土地，鼓励农村成片宅基地和农村集体经营性建设用地用于房地产开发以外的城镇开发建设。加强土地承包经营权流转管理与服务，建立健全市、县、镇、村四级流转服务组织网络，依托中心镇组织土地合作联合社，按照依法自愿有偿原则，允许农民以转包、出租、互换、转让、股份合作等形式流转土地承包经营权，发展多种形式的适度规模经营，鼓励农民居住向城镇集中。二是破解户籍因素制约。认真落实《国务院关于进一步推进户籍制度改革的意见》要求，全面放开城镇落户限制，制定完善促进农业转移人口和高（职）校毕业生、技术工人等进城镇落户的具体政策和激励办法，取消外来人口居住证领取门槛，建立以居住证为基本依据的基本公共服务提供机制，形成户籍制度和居住证制度有效衔接的人口管理制度。加快建立城乡统一的户籍登记制度，积极推进住房、教育、医疗、社保等与户籍管理相关的配套制度改革，逐步实行户籍与福利脱钩，还原户籍的人口登记管理职能。三是扎实开展试点示范。扎实开展以城带乡、以镇带村、以点带面的试点示范工作，打造一批与城乡一体化发展相适应的高质量、高品位的功能型建设示范镇。积极开展国家新型城镇化综合试点工作，推动综合实力强镇开展新型设市模式试点工作。着力改造一批古镇、提升一批集

镇、建设一批新镇，科学配置城镇基础设施和公共服务，增强城镇吸纳农村人口、带动农村发展的能力。

### （七）积极开展试点，探索建设经验

鉴于长沙近年来在15个中心镇（小城市）、特色镇积极探索环中心城市功能型城镇建设，取得了一定成效，具备良好的工作基础，建议国家发改委、住建部、农业部等部委把长沙作为新型城镇化综合改革试点城市，分类选择部分城镇进行功能型城镇建设试点，强化指导和支持，为全国出台指导意见积累政策和工作经验。一是强化规划指导。请相关部委加强对长沙规划的指导，突出规划先行，全域规划，全域布局，科学定位，努力实现城镇总体规划、土地利用规划、各类产业规划“三规合一”，确保城镇空间布局、项目布局、产业布局有机统一。采取发散状、组团式的点轴发展模式，着力优化城镇布局和形态，构建以长沙城区为中心，宁乡、浏阳为两翼，15个中心镇（小城市）、特色镇等为骨架的城乡空间布局，合理引导城镇发展的规模、速度和节奏。二是优化产业布局。充分发挥产业对城镇的带动作用，增强城镇对资源要素的集聚功能，以产业的增长促进城镇的扩张，以城镇综合承载能力的增强支撑产业发展。如长沙望城区推进铜官等突出发展工业产业，实现以工强镇；推进白箬铺等突出发展现代都市、生态观光农业，实现以农稳镇；推进靖港古镇等突出发展文化旅游景点，实现以文兴镇。三是加大改革支持。请国家相关部委加强对长沙市在深化城乡户籍、人口就业、社会保障、土地管理、投融资等领域改革的支持，允许其先行先试，探索破解城镇化发展的瓶颈制约，激活各类要素，形成有利于推进全域城镇化健康发展的体制机制的经验。按照强镇扩权的原则，在依法依规、能放即放的前提下，在浏阳市大瑶镇等全国经济发达镇进行赋予部分县级经济社会管理权限的探索，重点在产业发展、规划建设、项目投资、安全生产、生态环保、市场监管、市政交通、民生事业等八方面扩大管理权限。

# 打开闸门引入民间投资的源头活水

中共长沙市委常委、常务副市长　陈泽珲

推进长沙转型创新发展，扩大民间投资既是稳增长的战略支撑点，也是促改革的重要突破口。近年来，长沙注重政府“有形之手”与市场“无形之手”的双向互动，在市场化改革上主动作为，先后三批推出170个民间投资项目，总投资额达3200多亿元，为稳投资、稳增长发挥了积极作用。经济发展新常态蕴含着投资需求的新变化，基础设施互联互通和一些新技术、新产品、新业态、新商业模式的投资机会明显增多，以改革创新举措进一步打开闸门，引入民间投资的源头活水，仍然需要重点着力、精准发力。

## 一、深刻认识激活民间投资的多重效应，克服“不愿放”的思想

民间投资是全社会投资的重要组成部分。长沙要适应经济发展新常态、引领经济发展新常态，必须把握投资需求的新变化，最大限度地释放民间投资效应。要坚决克服“不愿放”的思想，把“希望在民间、活力在民资、发展靠民力”的理念扎根在内心深处。

要深刻认识到，民间投资是稳增长的重要支撑。民间投资具有机制活、效率高、潜力大等特点，是扩大有效投资、增强经济增长动力的关键。长沙近年来综合实力明显提升、城乡面貌深刻变化、民生事业长足进步，民间投资发挥了不可替代的拉动作用。今年预计民间投资达到3600亿元以上，增长22%左右，成为长沙稳增长的强大“助推器”。实践证明，稳增长必须稳投资，稳投资必须稳民间投资。

要深刻认识到，民间投资是惠民生的中坚力量。改善和保障民生需要“真金白银”的投入，民间投资对完善基础设施、提升公共服务水平具有重要支撑作用。就长沙来讲，新型城镇化仍处于加快推进阶段，完善城市功能、提升公共服务、满足民生需求仍然任重道远。按照建设“宜居宜业、精致精美、人见人爱”的品质长沙和民生乐园目标，破解“停车难”“上学难”“看病贵”等难题，用4年时间完成950万平方米棚户区改造，都需要民营资本参与其中、投入其中，突破“钱从哪里来”的困扰。

要深刻认识到，民间投资是防风险的有效举措。中央经济工作会议强调，经济发展新常态下，虽然风险总体可控，但化解以高杠杆和泡沫化为主要特征的各类风险将持续一段时间，必须标本兼治、对症下药，建立健全化解各类风险的体制机制。长沙作为发展中的特大型城市，面临大建设需要大投入与大投入需要防风险的“两难”问题。要解决问题，动力在改革，出路在创新。为此，必须开辟“第二战场”，大力引导民间投资进入垄断领域，组建混合所有制，盘活存量，变成增量，提高质量，培育经济发展的新增长点。

## 二、加快构建激活民间投资的制度体系，打消“不敢放”的顾虑

要让民间资本“活”起来，制度体系构建是根本。要把有效的市场和有为的政府结合起来，充分发挥市场在资源配置中的决定性作用和更好发挥政府作用，突出市场化方向，构建常态化机制，敢于放手放胆撬动民间资本。

着眼于降低门槛，让民间资本“可以投”。面对实体经济嗷嗷待哺，而影响民间资本进入的“玻璃门、弹簧门、旋转门”等隐性壁垒仍然存在的现状，必须按照“非禁即入”的原则，降低门槛，放宽领域，让民间资本在法律允许的范围内“畅通无阻”。当务之急是加快“三个开放”，即加快垄断领域的开放，争取上级支持破除各种“肠梗阻”，创造条件让民营资本进得来；加快收益领域的开放，勇于突破利益固化的樊篱，将具有高回报的经营性项目推向市场、吸引投资；加快存量领域的开放，用好用活经营城市的市场理念，通过公开出售、委托运营、股权出让、融资租赁、基金引导、整合改制、技术资源合作、后勤社会化等方式，推进城市无形资产“有形化”运作。

着眼于体现平等，让民间资本“敢于投”。促进民间投资发展，投资者最关

心的是公平竞争。营造公平竞争的市场环境，政府大有可为也应该作为。要着力在坚持权利平等、机会平等、规则平等上下真功夫，让各种所有制经济依法平等使用生产要素、同等享受相应权利；各类投资领域，除国家专营和法律法规明令禁止的行业和领域外，全部对民间投资依法开放；注重一视同仁，不单独对民营企业和民间资本在工商注册、投资金额、投资强度、产能规模、采购投标、技术规则等方面设置任何准入门槛。

着眼于创新模式，让民间资本“选择投”。创新投资模式要从解放思想、更新观念入手，不能在惯例和惯性中止步不前。要坚持因地制宜、分类指导，把合适的投资模式用在合适的项目运作上。对经营性领域，以市场化运营为主，包括城市燃气、地下空间开发等，要依法放开建设和经营市场，引进民间资本投资建设。对准经营性领域，大力推行特许经营，包括城市轨道交通、污水垃圾处理设施等领域的新建投资项目，要探索采取公共私营合作制（PPP）、公私股权合作、特许经营权转让等模式，通过政府投资补助、贷款贴息、运营补贴、公共服务价格调整等方式，为投资者获得合理回报积极创造条件。对非经营性领域，推动政府购买服务，包括城市排水管网、普通公路和城市道路、交通枢纽、环境治理等基本公共服务，要大力推动政府回购或购买服务，增强非经营性项目的社会吸引力。

着眼于互利共赢，让民间资本“放心投”。“放心投”的前提是体制机制有保障，让政府、社会、投资者实现互利共赢。要构建让政府放心的机制，有利于依法监管，有利于担当公共责任，有利于行使公众权利。比如，民营医院的运营，就必须保证政府的监管制度化、常态化，保证医疗质量和医疗安全。要构建让社会放心的机制，切实保证社会公众享受优质公共服务、保持合理负担等合法权益。比如，民办学校等一些经营性收费的项目，就必须考虑群众的负担问题，不能漫天要价。要构建让投资者放心的机制，通过采取多种途径，综合补偿，使投资者获得稳定、合理的回报，让投资者放心。比如停车场的建设，可以根据各种类型和标准，设定财政补助，给予税收优惠，并对经营收费做出承诺。

## 三、不断完善激活民间投资的配套措施，跳出“不会放”的怪圈

推动民间投资落地生根、开花结果，关键在于抓落实。我们过去在这方面往

往只顾抛出项目、不抓“售后服务”，导致“雷声大雨点小”。在激活民间投资的措施配套上，要更加注重法治化、透明化、便捷化。

把项目抓实到位。促进民间投资，项目是支撑。以项目带动投资落地，要成为激活民间投资的重要举措。对已经发布的项目，要跟踪对接、跟进服务，在信息公开、操作细化等环节抓落实，让投资者吃下“定心丸”。对项目运行过程中遇到的各种“路障”，要第一时间加以破除，不做甩手掌柜。

把政策配套到位。向社会推介民间投资项目，只是迈出了第一步，要做到真正落实见效，必须有科学的配套政策。要制定新措施，根据项目特点，灵活运用投资补助、价格、利率、税收等多种措施，充分发挥政策“四两拨千斤”的杠杆作用，有效引导民间投资。要探索新模式，加快推进PPP模式率先在长沙试点，总结经验，面上推广。要配套新政策，对教育、卫生、停车场、棚改、养老服务等领域，进一步抓好政策的细化、具体化，最大限度地发挥效应。

把环境优化到位。良好的发展环境，是“催化剂”，也是软实力。要牢固树立抓环境就是促投资的理念，进一步优化市场准入环境，建立公平开放透明的市场规则，全面清理并废除针对民间投资的不合理规定，鼓励各种经济类型企业在市场原则框架内平等竞争；进一步优化项目审批环境，能下放的一律下放，能交给市场的一律交给市场，能改为核准或备案的一律取消，简化优化审批流程，完善并联审批机制，对民间投资项目建立“绿色通道”；进一步优化项目建设环境，结合建设领域专项治理，严厉打击各种乱收费、乱罚款、乱摊派行为，对一些强揽工程、恶意阻工、聚众闹事等现象依法惩处。

把机制保障到位。民间投资是经济新常态下的一种表现形式，长效机制保障不可或缺。要健全项目推出机制，遵循有序推进的原则，采取动态发布的方式，确保成熟一批就发布一批。要健全信息发布机制，建立民间投资项目库，广泛发布项目或服务招商推介信息，确保发布一个就推进一个。要健全督查考核机制，将民间投资项目增长目标纳入绩效考核体系，确保常抓不懈、见到实效。

# 长株潭（长沙）临空经济新区建设研究

中共长沙市委常委、副市长　张迎春

空港被誉为21世纪“国家和地区经济增长的发动机”，空港也正由“城市的机场”演变为“机场的城市”，空港经济作为一种重要的经济形态越来越受到关注。为落实省委、省政府关于加快临空经济发展的精神，根据省政协重点调研课题安排和市政府领导意见，市政府研究室、市口岸办、长沙县政府联合有关部门成立课题组，通过市内专题调研，赴重庆、郑州、上海学习考察，客观分析长沙临空经济发展的基础条件和制约因素，提出长株潭（长沙）临空经济新区建设的基本构想及对策建议，供决策参考。

## 一、长沙临空经济发展已有良好的基础条件

近年来，随着黄花国际机场成功跻身千万级国际机场行列，长沙县空港城建设正式启动，临空经济有了一定程度的发展。

### （一）机场实力持续增强

黄花机场等级为4E级，是我国十大区域性国际航空枢纽之一、国家一类航空口岸，目前拥有通往国际、国内118个大中城市、130多条航线（图1），也是我国中部首个实现千万级旅客吞吐量的国际机场，国际旅客吞吐量移居中部五省机场首位。随着机场的快速发展，以及周边综合交通体系日趋完善，人流、物流、资金流、信息流加速汇聚，机场区域已成为长沙乃至湖南最具潜力的经济动力区之一（表1）。

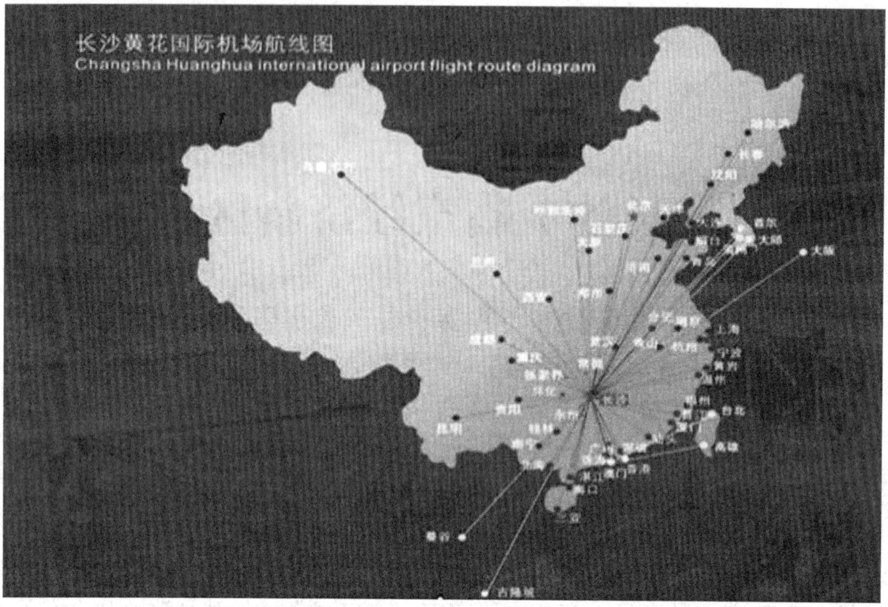


图1　长沙航空口岸已开通定期航线航班及临时包机航线示意图

表1　　长沙黄花国际机场2001～2013年客货吞吐量增长变化情况

| 年份 | 旅客吞吐量（万人） | 增长率 | 货邮吞吐量（万吨） | 增长率 |
|---|---|---|---|---|
| 2004 | 380 | 27.1% | 4.3 | 23.3% |
| 2009 | 1128 | 33.5% | 8.7 | 22.3% |
| 2010 | 1262 | 11.8% | 10.9 | 24.9% |
| 2011 | 1368 | 8.4% | 11.5 | 5.7% |
| 2012 | 1474 | 7.8% | 11.1 | -3.7% |
| 2013 | 1601 | 8.5% | 11.8 | 6.3% |
| 2020（预期） | 2200 | — | 38 | — |
| 2040（预期） | 7100 | — | 180 | — |

## （二）交通区位优势明显

习近平总书记指出，湖南是东部沿海地区和中西部地区过渡带、长江开放经济带和沿海开放经济带结合部（以下简称“一带一部”）。长沙作为“一带一部”核心区，区位优势度高，是支撑沿海沿江开发的重要基地，是促进中西部地区开发的先导城市，也是中部重要的交通枢纽城市，水陆空综合立体交通网络较为完善（图2）。黄花机场综合交通体系发达，机场高速、长永高速、人民路直达机场，京港澳、长株、平汝、沪昆高速与武广、沪昆高铁在此纵横交汇，劳动路、中低速磁悬浮列车、地铁2号（东延）线、地铁6号线、长浏城际轻轨都将直达机场，形成了对全国市场的高度可达性。

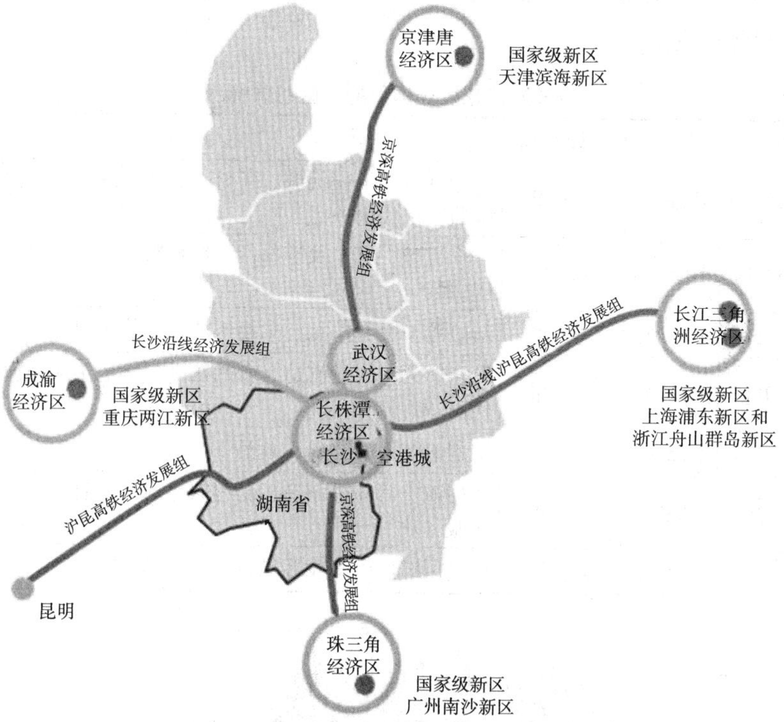


**图2　长株潭临空经济区区位图**

长株潭临空经济区地处长三角经济区和成渝经济区东西连线、京津唐经济区和珠三角经济区南北连线的中心。随着京深高铁和沪昆高铁通车运行，长株潭城市圈和长沙空港城与中国主要经济区和城市的距离进一步缩短，经济一体化联动发展效应将日益凸显。

## （三）区域经济基础雄厚

黄花机场周边有7个国家级开发区和一批省级工业园区，是长株潭地区优质资源深加工和产品研发、制造、出口的重要基地（表2、图3），特别是临近机场的长沙经开区其蓝思科技、长城信息是机场货运重要客户，浏阳经开区形成生物医药、电子信息、健康食品三大临空产业集群。长沙是全国重要的传媒、出版、动漫产业基地，文化产业、生产性服务业优势明显，临空指向性较强。长株潭地区是我国最早的航空工业研究与制造基地，有一批航空工业企业和科研院所，航空起落架项目落户望城，通用航空制造基地落户株洲航空航天产业园，临空业态发展基础较好。长沙经济总量、综合实力居全国第七位，在长沙直接投资、设立分公司和办事机构境外世界500强企业118家，其中有直接投资的49家，临空经济发展宏观环境良好。

**表2　　长沙黄花机场辐射的园区总体情况**

| 园区名称 | 规格 | 直线距离 | 主导产业 |
|---|---|---|---|
| 长沙高新区 | 国家级 | 31公里 | 先进制造、工程机械、新材料、新能源、电子信息、生物医药、现代服务业 |
| 长沙经开区 | 国家级 | 8公里 | 工程机械、汽车及零部件、新材料、电子信息、食品、轻印包装 |
| 浏阳经开区 | 国家级 | 16公里 | 新能源、电子信息、生物医药、生物环保 |
| 望城经开区 | 国家级 | 45公里 | 航空航天等先进制造、食品医药、有色金属精深加工、现代商贸物流 |
| 宁乡经开区 | 国家级 | 45公里 | 工程机械、新材料、食品 |
| 株洲高新区 | 国家级 | 42公里 | 通用航空等先进制造、新材料、电子信息、生物医药、现代服务业 |
| 湘潭高新区 | 国家级 | 49公里 | 先进制造、汽车及零部件、电子信息 |

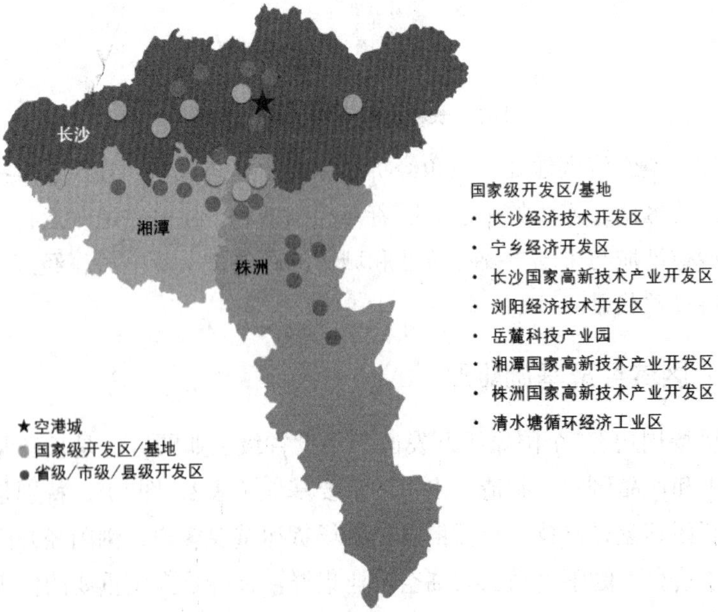


**图3　长株潭临空经济新区周边部分园区分布图**

### （四）空港城建设顺利起步

2010年10月，长沙县空港城管理委员会成立，负责规划建设总面积54.6平方公里的空港城。目前，人民东路东延线（空港城段）建成通车，黄金大道（S207南延线）动工开建；成功引进中国联通长沙阅读数字基地、奥凯航空长沙运营基地、厦门航空分公司、普洛斯物流4个现代服务业重点项目，空港物流园、通用航空产业、机场综合配套服务区等项目建设进展顺利；区域内市政道路、给排水、供电、管道煤气、宽带网络等基础配套设施建设逐步完善。空港城建设实行最严格的生态保护，注重打造生态产业链，为临空经济新区发展腾出了更多的环境容量。

## 二、湖南建设临空经济新区面临的主要困难

审视湖南和长沙的临空经济发展，比较上海、重庆、郑州等地经验和做法，我们的差距还很大，不少难题亟待破解。主要是：

一是组织协调机制不顺。国内规划建设临空产业新区的城市，普遍成立高规格的开发区管委会，行使省辖市级管理权限。2008年，湖南省委、省政府批准成立湖南省临空产业领导小组，但无常设机构，长沙市也未设立专门工作机构；长沙县空港城管委会因行政级别偏低，难以发挥强有力的协调和主导作用（表3）。

表3　国内部分临空经济区行政架构图

| | 重庆市 | 郑州市 | 四川省 | 陕西省 |
|---|---|---|---|---|
| 新区名称 | 两江新区 | 航空港经济综合试验区 | 天府新区 | 西咸新区 |
| 空港名称 | 江北机场 | 新郑机场 | 双流机场 | 咸阳机场 |
| 规划面积 | 1200平方公里 | 450平方公里 | 1578平方公里 | 882平方公里 |
| 主要领导 | 徐鸣 | 李克 | 蒋巨峰 | 江泽林 |
| 领导职务 | 重庆市委常委两江新区党工委书记、管委会主任 | 河南省委常委常务副省长 | 四川省委副书记、省长、天府新区规划建设委员会主任 | 陕西省委常委、副省长，兼任西咸新区管委会党工委书记、主任 |

二是发展规划落实困难。上海、重庆、郑州临空产业新区的城市规划和土地规划已经全面对接，区域内全部规划为城市建设用地，并优先保证用地指标。目前，长沙临空区域还没有系统规划，且空港城没有全部纳入土地利用总规和城市

总规可建设开发区域，实际可建设用地区仅约10平方公里，其余土地均不能开发建设，造成基础设施无法建设、项目落地建设举步维艰（图4、图5）。

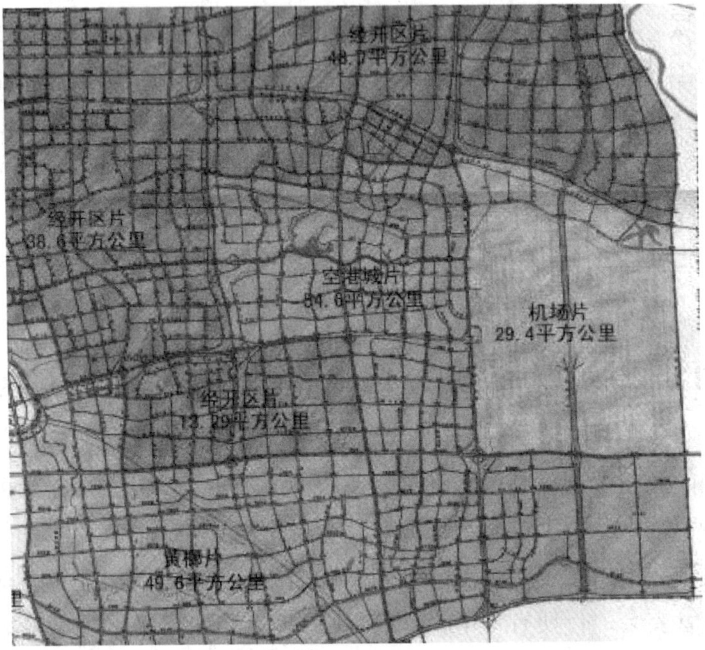


**图4　空港城规划范围**

注：红色区域为空港城54.6平方公里的规划范围。

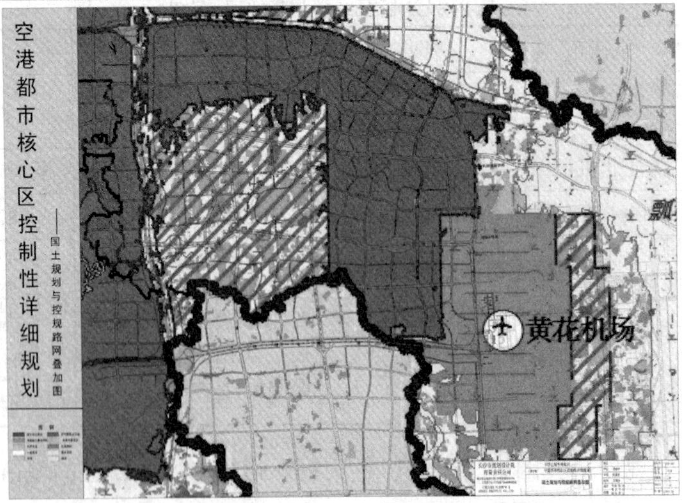


**图5　长沙县空港城土地利用和控制性详细规划叠加图（局部）**

注：红色区域为可建设用地区面积不足10平方公里。

三是政策支持还不到位。郑州、重庆、上海等国内领先的临空产业新区，在口岸通关、航线航权、财税金融、用地管理等方面得到国家及各级政府的政策支持。政策支持体系完备的郑州航空港经济综合实验区发展最为迅速（表4）。湖南临空经济发展各方十分关注，但各级政府对临空产业新区建设的重要性认识不足，对产业战略定位不清晰，没有列入本地经济社会发展重要议事日程，政府的主导和推动作用没有有效发挥，出台的一些支持政策力度不大、可执行性不强，工作推动艰难。

**表4　　郑州航空港经济综合实验区获国家、省支持的部分政策**

| 批准（实施）单位 | 批准时间 | 文件名称或主要支持内容 |
|---|---|---|
| 国务院 | 2013.03.07 | 国务院关于郑州航空港经济综合实验区发展规划(2013—2025年)的批复 |
| 国家发展和改革委员会 | 2013.03.08 | 国家发展改革委关于印发郑州航空港经济综合实验区发展规划(2013-2025年)的通知 |
| 河南省人民政府办公厅 | 2013.11.12 | 关于郑州航空港经济综合实验区与省直部门建立直通车制度的实施意见 |
| 河南省人民政府办公厅 | 2013.11.12 | 河南省人民政府办公厅关于支持郑州航空港经济综合实验区发展的意见 |
| 河南省人民政府办公厅 | 2014.01.07 | 关于加快电子口岸建设的通知 |
| 河南省第十二届人民代表大会第三次会议 | 2014.01.16 | 《政府工作报告》部署“2014年重点工作”时提出：“（一）全面推进郑州航空港经济综合实验区建设。” |
| 河南省财政厅 | 2014.01.07 | 拨付18亿元资金助力郑州新郑机场二期工程建设，已累计安排资金84.9亿元。（河南日报报道） |

四是航线货运资源偏少。黄花机场属于国内区域型枢纽机场，国内航线数量远少于同处京广、沪蓉航路交会处的武汉天河机场、郑州新郑机场（表5）；现有航班多为国内直达或经停航班，国际航线较少，香港机场每天国际航班数量是365班，而黄花国际机场每周仅有7个定期国际航线航班，11个国际临时包机航班、7条经停上海的代码共享国际航线目的地主要集中在东亚，还没有开通直飞欧美、澳洲航线，未能真正实现“长沙飞向世界”。近五年，机场货运资源增长乏力，且曾出现负增长（图6）；货运种类主要为快件、服装、蓝思玻璃面板、机械配件、电子集成线路板等，周边企业航空运输利用率低，尚不具备货运专机开通条件。

**表5　　长沙、武汉、郑州、重庆机场航运数据对比**

| | 旅客吞吐量（万人） | 货邮吞吐量（万吨） | 航线条数（条） | 运营航空公司（个） |
|---|---|---|---|---|
| 长沙机场 | 1600.72 | 11.76 | 106 | 31 |
| 武汉机场 | 1570.61 | 12.95 | 140 | 36 |
| 郑州机场 | 1313.66 | 25.57 | 124 | 33 |
| 重庆机场 | 2500 | 28 | 132 | 40 |

注：资料来源于湖南机场集团，以2013年12月已竣工设施及运营数据为准。

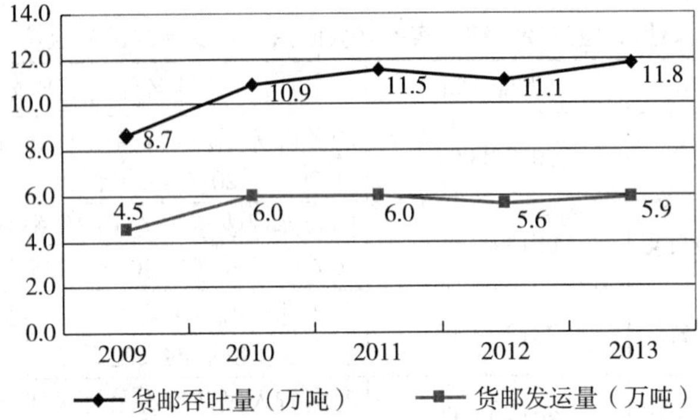


**图6　2009～2013年黄花国际机场货邮吞吐量和发运量变化**

五是设施配套尚不完善。与先进省区相比，我省发展临空经济投入明显不足。重庆渝北临空都市区固定资产投资总额居重庆第一位，武汉临空产业新区总投资已逾300亿元，而长沙县空港城启动3年来总投资仅10多亿元，主要是长沙县财政和空港城管委会融资。鉴于土地利用规划和城市总体规划的限制，长沙县统筹空港片区城市基础设施建设能力有限，加之财政部、国家发改委、人民银行和银监会联合下发《关于制止地方政府违法违规融资行为的通知》（财预〔2012〕463号），地方政府新增贷款更难，空港城基础配套设施建设任务更加艰巨。

## 三、加快长株潭临空经济新区建设的对策建议

建设长株潭（长沙）临空经济新区，打造中部核心增长极，是发挥长沙“一带一部”首位城市作用的必然要求，是推动长沙转型创新发展的强大引擎，是提升长沙城市品质形象的重要支撑。必须把临空经济新区建设摆在长沙乃至全省发展的突出位置来抓。当前应着重加强六个方面工作。

## （一）加强战略定位

充分发挥湖南和长沙作为“一带一部”及核心区的优势，围绕“打造大枢纽、发展大物流、培育大产业、形成大都市”，明确园区战略定位、发展目标、空间布局和产业支撑，科学谋划长株潭（长沙）临空经济新区发展战略。

一是明确总体战略。遵循“港区一体、产城融合”的发展思路，建设现代化区域性国际航空枢纽和产城深度融合新区，大力发展长沙东部开放型经济，建设全面开放的服务贸易自贸区，建成富有湖湘特色的国际化临空都市，使之成为“一带一部”的核心增长极、参与全球竞争的湖南桥头堡，让湖南嵌入“货通全球的物流世界”，融入全球供应链和消费链，积极参与国际产业分工和经济大循环。到2020年，临空经济新区初具规模，成为推动长株潭乃至全省发展的重要引擎，黄花国际机场客货吞吐量分别突破3300万人次、38万吨，年飞机起降26万架次；到2040年，客货吞吐量7100万人次、180万吨，年飞机起降55万架次。

二是确定区域范围。临空经济发展规律表明，临空经济区域大致为机场客流量20万人次1平方公里，以黄花机场旅客流量2013年1600余万人次为基础、近期2020年3300万人次、远期2040年7100万人次为目标进行测算，长株潭（长沙）临空经济新区近期规划大致确定为115平方公里，即长沙黄花机场—高铁长沙南站片区；到2020年可拓展至154平方公里；远期规划约326平方公里，辐射黄花机场与株洲、湘潭相邻区域，形成“一核两翼三圈”格局：“一核”，指以机场及其紧邻范围的核心区；“两翼”，指机场东、西两面与机场联系紧密、临空产业发展相对密集的集聚区；“三圈”，指核心区、集聚区，以及与黄花机场具有便捷交通联系、处于机场强辐射范围内的省内大型开发区、专业市场、休闲旅游区或相关经济体内具有临空经济产业特征的功能区块。

三是注重规划引导。依据长沙市“十二五”规划、城市总体规划、黄花国际机场总体规划，注重城市、产业、土地等规划合一，高起点、高标准编制《长株潭（长沙）临空经济新区总体发展规划》，统筹开展新区控规、土规以及各类专项规划编制。按照整体规划、分步实施、梯次推进的原则，按近期、中期和远期分期建设，具体划分机场航站区、自由贸易区、功能新城区、重点产业园区、辐射经济区5大功能板块，同步细化功能要素设计，狠抓规划落实，确保宏观规划要求在微观项目建设层面不走样。

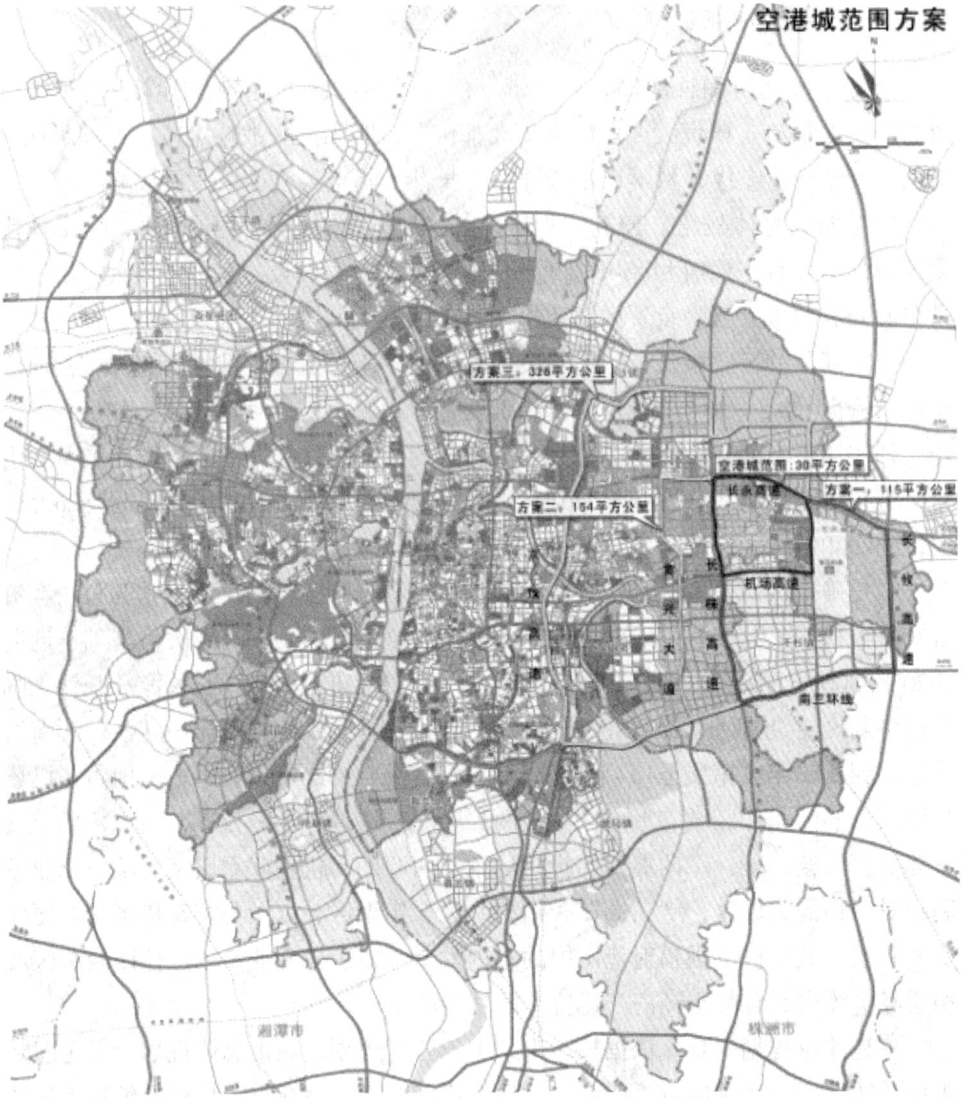


图7　长株潭（长沙）临空经济新区规划示意图（2014～2040年）

## （二）加强机场建设

黄花国际机场是长沙的品牌、湖南的名片，是临空经济新区繁荣的基石。必须以战略眼光，高度重视和支持黄花机场发展，加快机场扩建，全面发挥机场的引擎作用。

一是切实增强机场功能。加快推进机场软、硬件设施建设，加快实施黄花机场飞行区东扩及二、三跑道、T3航站楼、机坪南扩等配套工程。全面增强货物集疏、航空货运支撑能力。支持以机场为主体，打造数字化客货运信息平台，构建“数字空港城”。加强客源市场开拓，借鉴外地机场拓展周边市场经验，在长株潭城市群及湖南“3+5”城市群内的相关城市设立长沙机场异地“候机楼”。提倡TOD和公共交通主导的开发模式，提高机场功能的可达性和交通效率，免费审批机场至全省及周边主要市州的机场快线线路牌照及资质，发放一定数量的机场专线出租车线路牌照，实现城市公交到机场候机楼。

二是着力拓展航空市场。进一步加大航线财政补贴的政策支持力度，落实省政府出台的航线航班开发奖励专项资金政策，培育好国际航线，加大对新开通重要国际国内航线、中转航线、通航城市、支线航班，特别是国际货运航线航班的补贴和扶持力度，补贴标准不低于周边枢纽机场。巩固和经营好现有航线的同时，争取航空公司增开航线航班，加大运力投放，进一步拓展东南亚航线，支持长沙机场开通至法兰克福、洛杉矶等直达航线，积极筹划更多直飞欧美的国际航线，构建完善的国际国内航线网络。

三是积极争取航权政策。力争长沙纳入国家低空空域运行管理试点，促进通用航空发展。探索黄花机场开放出境航班在经停国家机场载客货的第五航权，鼓励中外航空公司经营往来长沙的国际客货运航线。省内其他机场航线应作为黄花机场支线发展。

四是支持基地航空公司建设。从土地使用、税费奖励等方面对南航湖南分公司、厦航和奥凯航长沙基地及其他有意向在长沙设立基地的航空公司予以大力支持。依托现有航空公司尽快组建湖南本土航空公司，即中部航空公司，形成航空公司总部基地，着力打造长沙区域性国际航空枢纽。

### （三）加强产业培育

借助机场的辐射作用，重点发展以空运为依托的高新技术产业和制造基地；围绕服务空港，发展以金融保险、商务休闲、总部基地和会展旅游为主的现代高端服务业；突出发展航空物流业、临空制造业、高端服务业3大产业，以特色鲜明、功能完善的城市配套设施吸引更多的高素质人才和国际型企业在此聚集，体现出东部开放型经济区域发展的高品质、高层次、高端化。

一是加快推进重点项目。精心策划包装一批高品质临空指向项目，每年力争引进2～3个战略性项目。近期重点深化跟进华润医药、湖南国际医疗新材料综合产业园、全球四大快递公司、湖南邮政快件中心、京东商城、跨境电子商务产业园等重大项目招商工作，促进重大集群式招商项目落地；积极服务中国联通数字阅读基地、奥凯航空长沙运营基地、厦门航空分公司、普洛斯物流等落户项目，加快机场综合配套服务区、空港物流园和通用航空公务机园等项目建设。

二是大力发展航空物流业。结合机场建设，高度重视并同步推进航空物流发展。在硬件上，要按照建设航空枢纽的理念，科学规划、同步建设物流基础设施；在软件上，要根据现代航空物流发展需要来完善机场功能，并按轻重缓急安排建设时序。要积极培育和引进大的市场主体，发展壮大航空物流产业。除此之外，加快推进综合保税区申报工作，大力发展城市配送、国际快件等业务，同时充分依托机场口岸优势，争取相应政策和资金支持，力争引进类似阿里巴巴、京东等电商平台类企业，积极拓展跨境电子商务业务。

三是大力发展临空制造业。大力发展航空工业，整合长株潭航空城、长沙航空工业园、株洲航空航天产业园等航空航天产业基地和园区，引导航空公司总部入驻发展，吸引国内外航空航天产业企业进驻，从事包括直升机、通用飞机及航空发动机、起落架、卫星和关键零部件等整机、零部件的研发、生产及国际转包生产等，建设通用飞机研制、生产、运营和综合服务基地。大力发展航空偏好型产业，重点发展依托空运的高新技术产业，吸引一批生物医药、电子信息、珠宝加工、精细化工、精密机械、食品、种业、花卉企业入驻新区，加强配套产业引进，打造全国重要的生物医药、高端制造、电子信息产品研发制造产业基地。

四是大力发展高端服务业。重点发展总部经济、旅游、高端商贸、文化休闲、服务外包、航空维修、航校、教育培训等高端服务业态。依托国际会展中心，大力发展高端会展、文化展演、旅游休闲，打造百亿级商圈。发展国防科工和航空航天教育，建设高校航空产学研结合示范基地。加强与国内外知名电商的战略合作，重点推进跨境贸易电子商务试点规模化运营，建设全国重要的电子商务中心。加快综合保税区建设，促进保税商品跨境自由服务贸易。以该区域为基础，以文化产业、生产性服务业为重点，争取向国家申请长沙设立中部唯一服务贸易自贸区。

### （四）加强平台打造

平台是临空经济新区发展的关键。坚持“功能服务产业发展、功能丰富城市内涵、功能带动城市活力”，全方位、多层次推动新区各类功能平台建设。

一是建设立体化综合枢纽。尽快编制出台黄花机场综合交通枢纽规划，从项目审批、建设投入、设施配套等方面优先支持新区交通建设。完善机场旅客地面综合运输网络，加快黄花机场至高铁南站磁悬浮交通轨道项目、地铁2号线东延至机场T2航站楼项目建设，强化新区与主城区、高铁新城的联系，实现公交、地铁、轻轨、高速公路等交通方式的无缝对接。启动大通关基地等配套工程建设，强化与铁路、公路、水运的立体交通网络衔接，形成机场至全省乃至周边外省市州的机场快线网络。

二是建设大口岸开放平台。最重要的是提高口岸通关速度和效率，尤其是争取国家海关总署支持新区口岸发展，先行先试优化通关服务。开发整合海关、检验检疫、边检、国税、外汇、商务、工商等单位信息的电子申报平台，建立统一的空港信息平台，兼具口岸电子监管、数据综合处理、物流信息发布等功能，实现报关、报检、外汇核销、出口退税等“一个门户入网、一次认证登陆、一站式服务”的口岸业务无纸化、电子化办公，推动通关协作，实现口岸管理部门信息互换、监管互认、执法互助。建立机场、联检部门高层联络机制，实行海关、检验检疫、边检联动服务和24小时预约通关、预约查验。

三是建设系统化基础平台。把互联网、物联网、云计算等先进信息技术应用于新区规划设计、基础设施、社区管理、企业运营、政府服务、生活配套、能源职能控制等领域，努力打造数字化、网络化、智能化的智慧城市示范区。

四是建设产业综合服务平台。搭建科技、人才、金融、商标、品牌、贸易服务等六大企业服务平台，鼓励高新技术产业化，推动产业转型升级，推动企业做大做强。利用大公司、大集团、金融机构和政府资源，打造新型融资平台，通过多层次，多元化、多渠道、多方式的融资，探索拓宽满足项目投资的融资渠道。

五是建设新都市功能平台。有序推进已征地区域内市政道路、给排水、供电、供气、通信等公用设施建设，以及医院、学校、购物中心、文化娱乐等服务设施建设，逐步构建中心明确、层次清晰、超前均衡的公共服务体系和基础设施系统。特别是在核心区配套建设一批国际商务酒店、国际学校、大型医院、高档住宅、市民公园等城市功能性项目，同时注重城市细节打造，实现生态、形态、业态、神态的和谐统一，建设一流的生态新城。

### （五）加强政策扶持

临空经济作为一种新的区域经济形态，需要具体、系统的政策支持。

一是争取国家层面政策支持。将临空经济新区作为省级发展战略，争取上升为国家发展战略，获得国家及部委支持。加快推进长沙临空综合保税区申报工作，并以该区域为基础，以文化产业、生产性服务业为重点，向国家申请设立湖南（长沙）服务贸易自贸区，并尽快争取国务院批复，全面推动产业新区创新发展。

二是健全省级政策扶持体系。建议省里尽早出台《关于加快长株潭临空经济新区发展的若干意见》，并分解到部门落实，发挥政府部门协同效应，形成政策合力推动优势地区优先发展。比如，试推军民融合机制，省市有关部门要继续给予军民融合优势产业项目专项投资支持，同时进一步加大税收、金融和政策扶持力度。建立和完善军民融合产业发展的评价指标体系，制订相应的激励政策，统筹和推进湖南军民融合产业发展。

三是出台新区财税激励政策。建议省、市两级财政安排专项资金，支持新区建设与发展。明确新区企业同等享受国家对高新技术企业、国家级创新企业、民营经济等税收优惠政策，严格执行新产品、机场建设改扩建工程、航空企业等税收扶持政策，E贸易、跨境电商企业和物流快递行业财政补贴等可比照临空经济发达地区优惠政策执行。

四是实现新区建设用地全面覆盖。加强与国土资源部高位协调，在土地规划时就对整个临空经济新区建设用地实行全覆盖，增加新区发展用地指标，确保基础设施建设和项目建设用地需要。

### （六）加强组织保障

参照河南郑州、上海虹桥、重庆渝北模式，成立高规格组织机构，加速推进临空经济新区建设。

一是省里加强对临空经济发展新区的领导。建议省里成立长株潭（长沙）临空经济新区领导小组，由省政府主要领导任组长，省政府分管领导、长沙市政府主要领导任副组长，省直、长株潭三市政府、机场集团、检验检疫、海关、边检等单位负责人为成员，建立省市高效协调机制，明确职责，加快推进，抢占项目先机，争取国家政策支持，申报国家级经济开发区，统筹规划新区建设和产业布局等。

二是由长沙市主导推进临空经济新区建设。建议在长沙县空港城管委会的基础上，批准设立长沙临空经济新区党工委和管委会，推动新区建设与发展。根据新区发展情况，条件成熟后，再成立长株潭临空经济新区党工委和管委会。临空经济新区实行“两级三层”管理体制，赋予新区省辖市级管理权限。“两级”，就是省级负责宏观指导规划、决策管理、协调服务及与国家机关联络沟通，市级负责组织领导、具体实施、督促落实。“三层”，就是省、市、区三层。同时，实行与省直部门直通车制度，即规划直接上报、统计直接报送、项目直接申报、财政补助直接申报、用地直接报批、价格收费直接报批、证照直接发放和直接报批、政策直接享有、信息直接获得。

三是创新临空经济新区的管理和开发模式。新区应采取政府主导、市场化运作的“管委会+公司”管理开发模式，由管委会成立新区开发建设有限责任公司，实行“两块牌子一套人马”，作为新区开发运营商和服务集成商，负责新区重大基础设施的开发、建设及运营。

# 加快财税政策改革　推动产业“三化”发展

长沙市人民政府副市长　何寄华

产业高端化、高新化、高效化（以下简称“三化”）发展，是一个城市发展的持久动力。加快工业转型升级，推动产业“三化”发展，不仅是实现“六个走在前列”的内在要求，而且是率先建成“三市”、强力实施“三倍”、加快现代化进程的重要举措。在众多经济政策中，财税政策作为最直接、最有效的手段，在推动产业“三化”发展中发挥着不可替代的重要作用。研究支持产业“三化”发展的财税政策，显得尤为必要，而且迫在眉睫。

## 一、财税政策支持产业“三化”发展的现状

近年来，长沙出台了一系列推动科技创新、产业发展、人才引进等方面的政策措施，引进了海外高端人才，搭建了产学研合作平台，加速了科技成果转化，推进了产业“三化”发展。在财税政策上，主要在以下几个方面给予了支持。

### （一）以财政返还支持产业“三化”发展

主要集中在园区土地成本资金返还。据统计，长沙市财政近三年对产业“三化”发展通过专项资金拨款和返还方式总共给予了181亿的资金支持，其中科技专项拨款为3.43亿元，占财政拨款总额的1.89%，工业发展专项拨款为7.66亿元，占财政拨款总额的4.23%，园区土地成本资金返还169.98亿元，占财政拨款总额的93.88%。

表1　　财政部门支持产业“三化”发展明细表　　单位：万元

| 支持项目类型 | | 2011年 | 2012年 | 2013年1–6月 | 合计 |
|---|---|---|---|---|---|
| 科技专项 | | 14338.5 | 15254.5 | 4662 | 34255 |
| 工业发展专项 | | 24000 | 25600 | 27000 | 76600 |
| 园区土地成本资金返还 | 先导区 | 243943 | 666890 | 650600 | 1561434 |
| | 金霞经济开发区 | 9055 | 6788 | 9705 | 25548 |
| | 雨花经开区 | 67994 | 28583 | 7632 | 104210 |
| | 天心区经开区 | 4493 | | 4157 | 8650 |
| | 小计 | 325486 | 702262 | 672094 | 1699843 |
| 合计（万元） | | 363824 | 743117 | 703756 | 1810698 |
| GDP产值（亿元） | | 5619 | 6399 | — | — |
| 占当年GDP产值比重 | | 0.6% | 1.2% | — | — |

## （二）以税收优惠支持产业“三化”发展

在软件产品增值税即征即退方面，2011～2013年共有155家企业享受了软件产品即征即退政策，即征即退税额6.43亿元，其中2011年2.16亿元，2012年2.58亿元，2013年1.69亿元。在企业所得税优惠方面，对高新技术企业实行15%的优惠税率，2011～2012年对符合条件的高新技术企业减免企业所得税39.6亿元，其中2011年18.75亿元，2012年20.87亿元。在加计扣除、加速折旧、减计收入、税额抵免及直接减免税等方面，对符合条件的节能环保企业减免了增值税和所得税，2011～2012年共减免149家节能环保企业增值税和所得税6.05亿元，其中2011年减免增值税1.74亿元、所得税3243万元，2012年减免增值税3.54亿元、所得税4383万元。在个人所得税方面，对高新技术产业园区的高技术人员购买住房的可享受前五年所缴个人所得税返还50%的优惠政策，吸引了大批高技术人才进入长沙高新技术企业。

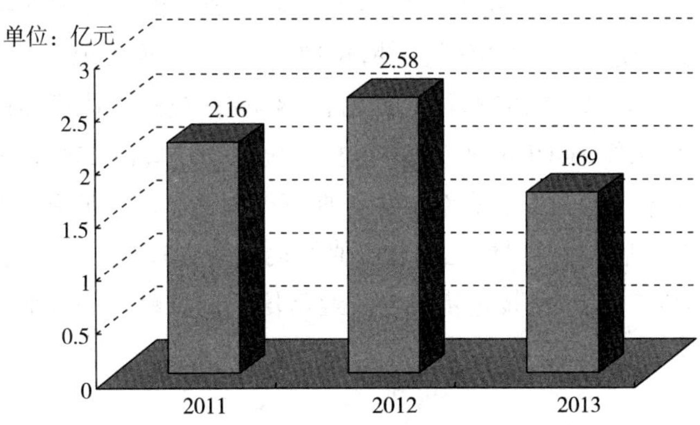


**图1　2011～2013年即征即退税变化情况**

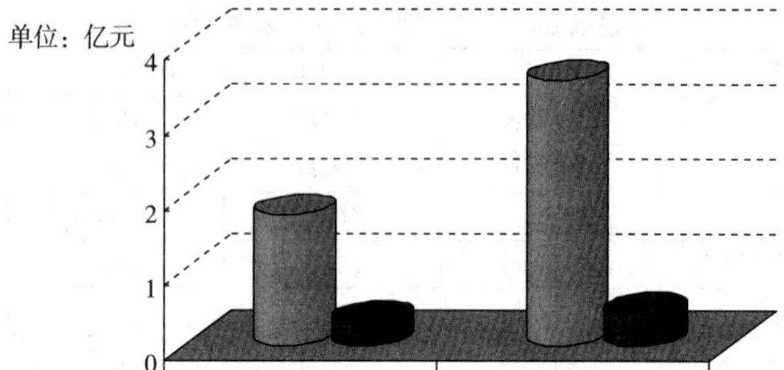


| | 2011 | 2012 |
|---|---|---|
| 减免增值税 | 1.74 | 3.54 |
| 所得税 | 0.3243 | 0.4383 |

**图2 2011～2012年减免增值税和所得税变化情况**

## （三）以采购政策支持产业“三化”发展

为了加快产业“三化”发展，长沙市建立和完善《本地产品推荐目录》，明确鼓励市内能源、交通、汽车、水利、保障性住房等重点建设项目以及其他政府投资项目所需材料、设备和机具等采购使用本地产品。2013年11家企业与长沙地铁、市政建设项目开展了合作，实现销售收入3.5亿元。在政府采购方面对进入《本地产品推荐目录》的企业实施同等条件下优先中标的政策，2013年市政府采购了6家企业2.2亿元的产品。采购政策的实施体现了政府支持产业“三化”发展的长远战略，促进了长沙产业“三化”发展进程，推动了地方经济转型升级和稳定持续增长。

## （四）推进产业“三化”取得初步成效

在支持产业“三化”的政策措施推动下，长沙工业经济呈现出“总量扩大、活力增强、结构优化、质量提升”的良好格局，成为经济发展的第一推动力。2013年，全市工业总产值8938亿元，增长17.7%；工业增加值达3352.3亿元，增长13.2%；规模工业总产值8289亿元，增长18.4%；规模工业增加值2653亿元，增长14%。工业经济对GDP贡献率达52.7%，拉动GDP增长6.5个百分点。全市拥有国家级企业技术中心11家、省级62家；拥有中国驰名商标拥有量79件，居中部省会城市第1位。新产品对规模工业总产值的贡献率达31.7%，高新技术产业增加值占规模工业的45.1%，科技进步对全市经济增长的贡献进一步加大，成为拉动长沙工业发展的支柱力量。

## 二、目前财税政策支持产业“三化”发展存在的主要问题

目前的财税政策虽然在一定程度上促进了产业“三化”发展，但也存在一些问题和矛盾，主要表现为以下五个方面。

一是支持体制不完善。目前，我国实行分税制财税体制。分税制对促进产业“三化”发展缺乏顶层制度设计。中央和地方之间对支持产业“三化”发展政策相互不配套，尤其是在税收分成方面，中央并没有减少地方政府对“三化”企业的税收分成比例，地方政府缺乏对支持产业“三化”发展应有的税收优惠政策自主权，不能充分发挥地方政府的主动性和积极性。此外，房产税、城市维护建设税、教育费附加、城镇土地使用税、印花税等对“三化”企业并没有专门的优惠政策。同时，实行税收优惠一般都是根据国家法律和政策明文规定，地方政府没有减免税的权限，对税收优惠缺乏相应的灵活性。

二是企业税负水平高。据统计：一方面，目前长沙的高端产业、高新产业和高效产业的税负水平普遍保持在10%以上，这对于产业“三化”发展极为不利，严重阻碍了产业“三化”的发展进程。另一方面，传统产业企业和服务性企业进行技术改造和技术创新，由于难以享受税收优惠政策，导致其税负水平高，难以承受产业“三化”发展的资金需求。2013年8月在全国推广营改增后，交通运输企业和部分现代服务企业由原来征收营业税改为征收增值税，税率有了较大幅度的提高，虽然可以实行税款抵扣，但由于抵扣项目少，造成企业的实际税负上升较大，在人力成本和生产资料价格双重上升的前提下，进一步加重了这部分企业的负担，但国家没有针对这种情况做出相应的调整。

三是财税支持力度小。当前，尽管地方政府在财税政策方面对于产业“三化”发展有一些财政专项拨款、税收优惠政策和政府采购，但总体来说，财税支持力度小、支持项目有限。一方面，财政拨款总额少，财政资金支持的项目少，财政资金占GDP的比例偏低，2012年财政支持资金占当年GDP比重仅为1.2%，与国际上通行的标准3%相差较大，而且财政支持的方式主要采取土地成本资金返还方式，直接受益方为园区，而不是产业企业，支持方式过于单一，并没有真正发挥财政资金的支持作用。另一方面，税收优惠政策实施具有片面性，税收优惠重点放在高新技术企业的投资优惠上，对传统产业企业和生产性服务企业的高新技术改造升级扶持广度和力度不够；税收优惠仅以企业而不是以具体的科研项目为优惠对象，一些具有科技进步项目的非高新技术企业难以享受到税收优惠政策。

四是扶持审批环节多。产业“三化”项目要获得财政拨款和税收优惠必须经过项目研究开发、项目实施、项目申报、项目审批和资金到位或优惠享受等阶段，一个项目从开始研发到最后获得财税政策支持有一个漫长的过程。前期特别需要资金的时候往往不能获得支持，有些财税支持政策跟不上形势的变化，导致项目获得支持的效果大为缩减，这种财税政策的支持具有很大的滞后性。同时，在获得支持的过程中财政、税务、科技等部门互不认可信息，存在多头认证、重复认证的问题，各自需要提供繁多的支撑材料和依据。

五是宣传监管不到位。目前财税政策在政策宣传方面存在着力度不够、宣传方式单一的问题，很多传统产业企业进行技术改造升级、服务性企业进行技术创新不懂得如何利用财税支持政策，有些企业根本不知道政府的支持政策。因此，传统产业企业和服务性企业很少主动利用财政支持政策进行产业升级和转型。同时，对于政府有关部门工作人员在实施支持产业“三化”发展的财税政策时缺乏相应的监督机制，在一定程度上也影响了财税政策支持产业“三化”发展的整体效果，没有发挥其应有的作用。

## 三、改革财税政策支持产业“三化”发展的建议

支持产业“三化”发展是转变经济发展方式、实现产业转型升级的根本出路。必须加强顶层设计，从中央到地方构建系统化的财税政策支持体系，发挥中央和地方两个积极性。

### （一）改革国家税收政策，减轻企业税费负担

税收政策制定权在中央。建议国家制定支持产业“三化”发展的财税优惠政策。包括大幅降低“三化”企业税负、扩大地方政府的税收减免自主权、减免的税收由中央和地方按比例分担、中央财政给予资金拨款支持等等。一是改革和完善企业所得税法律制度。对科研机构和高科技企业设备划分等级，核定不同的折旧年限，促使企业尽快收回成本；对企事业单位向科研项目、科研机构的资助和捐赠应允许在税前全额扣除，以调动更多的民间资金投入科技进步活动；适当延长高新技术企业所得税减免期限，可由当前的三免三减半增至五免五减半；适当放宽对高新技术企业的认定条件，将高新技术企业的业态范围扩大到服务型、物流等企业，使更多符合条件的企业都能享受国家优惠政策；高新技术企业用税

后利润进行生产规模的扩大或再投资于高科技项目，应实行再投资退税政策，对其已缴纳的企业所得税给予全部或部分退还。二是改革和完善个人所得税法律制度。对个人向教育、科研项目、高科技企业的资助、捐赠允许在缴纳所得税前全额扣除；对科技人员从事技术咨询、技术服务取得的非职务技术成果的技术转让、技术专利使用费、版权费等收入实行免税或减税，可以比照稿酬所得享受税收优惠，也可实行加计扣除的税收优惠；对从事科研开发人员以技术入股而获得的股权收益，包括红利和转让收入可免征个人所得税；对企业发给高科技人才的住房补贴、购房补贴、租房补贴等，都不应计征个人所得税；对于高端人才在“三化”产业中工作满三年，其在三年中缴纳的个人所得税中形成地方财政收入的部分，实行全额返还政策。三是改革和完善增值税法律制度。针对营改增后少数企业税负提高的问题，国家应加快制定相应政策予以解决。建议针对为高新技术企业提供配套生产性服务的企业采取同样的税收优惠政策；对高新技术企业购入的专利、特许权及非专利技术等无形资产方面的支出，可凭发票金额或征收所得税以及营业税税额为依据，按一定比例计入当期增值税进项税额予以抵扣；对于技术转让费、研究开发费、新产品试制费和宣传广告费等可以按照产品实际摊销数额，从产品销售收入中据实扣除，不计增值税；对技术含量高、增加值比率较高的高科技产品，生产销售应实行13%的低档税率，适当降低其实际税负。同时也可直接试行小规模纳税人的办法，按产品销售收入的一定比例缴纳增值税，将高端产业、高新产业和高效产业的增值税整体税负率降到3%，并允许其自行开具增值税专用发票。四是适时推进费改税改革。针对目前财政规费征收项目多，征收的法律依据不够明确等问题，适时推进费改税改革，努力减少各种规费，通过立法以具体税种的名义规范征收制度。例如，依据长沙市人民政府长政发〔1999〕56号文件精神，对长沙高新技术开发区认定的高新技术企业享受基本建设工程优惠政策，即按照42元/㎡征收报建费，虽然比一般企业优惠了很多，仍然是一项较大的负担，建议实行全免政策，促进“三化”企业的快速发展。

### （二）完善地方配套政策，加大财税支持力度

各级地方政府既要认真落实中央的税收优惠政策，又要完善相关的配套政策。一是出台加大财政投入的政策文件。建立财政投入稳定增长机制，在文件中明确财政投入产业“三化”的经费占预算支出的比例，并在每年编制预算方案和决算报告中予以详细阐明，规定投入资金的使用原则、要求、方向和相关配套资金的比例等。加大财政资金整合力度。针对当前财政资金专户过多、坐收坐支等

不规范问题，设立地方产业“三化”发展投入管理综合协调机构，完善专户集中收付制度、部门预算管理制度等，将分散在不同管理部门的高新技术产业化资金、技术改造贴息资金以及支持科技创新的各项专项资金、基金等进行整合使用，切实将各项经费纳入产业“三化”发展资金项目，实行规范化管理。二是构建支持产业“三化”的土地政策。在现有土地成本资金返还的基础上，保障产业用地供应，新增建设用地计划中安排用于先进制造业和现代服务业项目的用地应达到50%以上，80%以上工业用地供应工业园区，优先保障国家、省、市重点项目用地需要。对投资10亿元以上的产业项目，涉及的各类事项实行一事一议的协调工作机制。针对产业项目的引进和实施情况优先安排征地拆迁，确保在项目启动前实现供地。三是提取科技发展准备金。认真落实《中共中央、国务院关于加速科学技术进步的决定》中关于“中央和地方每年财政科技投入的增长速度要高于财政收入的增长速度”“研究与开发经费占GDP的比例达到并保持3%左右”的要求，以此带动“三化”企业的研发投入，使财政投入达到收益最大化。普遍实行对新产品、新技术、新工艺研究开发费用加计扣除的办法，允许高科技企业按销售收入或营业收入的一定比例提取专项费用，作为科技发展准备金，限制其在一定时间内（3～5年内）专项用于企业的技术研发、革新和服务等方面。对高新技术企业的职工技术培训、科技人才培训和教育经费不受比例的限制，实行全额扣除，从而加大其对高科技人才技能培养的投入。四是以政府采购扶持本地产业“三化”发展。在结合长沙市自主创新型企业、科研机构和本地产品推荐目录的基础上，拟定年度政府采购目录，在预算执行中优先安排采购自主创新产品，引导和鼓励政府部门、企事业单位在同等条件下，优先购买和使用本区域高新技术企业的科技创新产品及设备。对于本地区开发的试制品和首次投向市场的自主知识产权产品，实施政府首购政策，以降低企业初期市场开发风险。

## （三）建立健全多元投入机制，放大政府投入乘数效应

一是构建多渠道相结合的研发投入格局。调整财政对科技研发的扶持力度与投入方向，对长沙高新技术产业的基础研究、具有公益性质的研究开发项目以及对产业技术进步有重要影响的关键、共性技术的研究开发，市级财政应当加大投资力度，积极引导非财政性资金加大科研成果转化阶段的投入，吸引大型企业、银行及社会资金进入高新技术领域。设立“产、学、研、金”专项合作基金，从而拓宽高新技术企业研发经费的来源。在此基础上，不断完善企业研究与开发职能，增强企业研究与开发能力，使高新技术创新成为企业竞争和发展的战略核

心。二是构建支持产业“三化”发展的融资体系。产业“三化”发展投入大，风险高，融资难，迫切需要政府以财政补贴的方式建立信用担保机制。通过建立产业“三化”发展融资的专门担保机构，组建产业“三化”发展贷款担保基金，对市场前景好但风险高的科技创新项目，向金融机构提供一定比例贷款额度的担保。金融机构向符合扶持条件的企业发放低息贷款，通过财政贴息的方式对其加以补偿，或者对金融机构的贷款减半征收营业税，吸引更多金融机构进入“三化”产业，为其发展提供充裕的信贷资金。支持符合条件的产业“三化”企业发行短期融资债券、中期票据、企业集合债等债券；鼓励产业“三化”企业上市融资，对实现上市的企业给予奖励；鼓励和引导外资和民间资本以独资、合资、联营、项目融资等方式，参与产业“三化”发展的项目建设。三是用好产业“三化”发展的土地财税返还政策。进一步规范土地财税返还程序，包括对产业“三化”发展用地的税收返还原则、返还比例和返还审批程序应有明确规定。

### （四）强化扶持资金管理，提高资金使用效益

一是优化财税支持流程体系。特别是对产业“三化”企业，要进一步优化流程、审批手续，建立一个企业数据库共享中心，实现企业数据资源共享，相关部门可以在数据库中调用所需要的各种资料，加快办理流程，提高工作效率，增强财税支持效果。二是强化财政资金预算、执行、监督等管理。按照“公开、公正、公平”的原则，结合产业“三化”发展规划要求，修订和完善专项资金管理办法，加强资金使用绩效考评。财政部门应将科技投入、产业发展作为预算保障的重点，以确保产业“三化”发展投入的稳定来源。同时，通过设立重大科技专项基金，集中投入重点高新技术产业领域和重大项目，提高财政资金的收益率。三是建立有效的监督和跟踪管理机制。地方政府可建立财政内部监督机制，通过定期检查等形式，对扶持资金财务收支情况进行管理和监督，确保财政支持资金足额、及时下拨，并做到专款专用。同时财政部门应实行部门预算，通过将所有的收支项目编进预算，有效增强资金的透明性，在资金使用过程中，资金要跟着项目走，部门只需按预算执行即可，从而使资金真正安排到必需的项目，提高科技资金使用的准确性和资金的使用效益。四是加强财税政策宣传培训。为使高新技术企业、传统产业企业技术改造升级、服务性企业技术创新享受财税政策的同等支持，政府应加大对财税政策支持产业“三化”的宣传力度。充分运用网络、微博、微信等现代信息传媒手段宣传，主动上门服务，到企业一线现场宣传，加强日常监督，释放资金最大效益。

# 关于推进“四增两减”的研究和思考

长沙市人民政府副市长　姚英杰

2014年，市委、市政府决定在城区推进实施“四增两减”，即：增绿地、增设施、增支路、增公共空间、减开发强度、减人口密度。作为城市规划建设的公共政策，“四增两减”是长沙破解日益显现的“城市病”问题，朝着建设品质长沙、宜居城市目标迈进做出的重要探索和实践。

## 一、长沙的现实问题

进入新千年以来，长沙城市建设在2003版城市总体规划的指导下，着力打造山水洲城的城市名片，重大基础设施不断完善、城市范围不断扩大，实现了城市的跨越式发展。随着城市经济的快速发展，中心城区的高密度、高强度开发在拉动城市GDP和城市繁荣的同时，产生了诸多的“城市病”，如交通拥堵、配套不足、出行不便、环境不优等，城市如何承载持续发展、城市宜居如何实现等是摆在各级政府面前的迫切问题。

1. 人口密度偏大。以中心分区（浏阳河以南、河东二环线以内区域）为例（资料来源于中心分区规划大纲），居住用地容积率普遍超过3.0，人均绿地面积不足2.5平方米。

2. 交通出行不便。长沙目前12～26米的支路网密度约为0.91公里/平方公里，远低于国家规范确定的3～4公里/平方公里的标准。而根据《步行与自行车交通系统专项规划》，现状有17%左右（按道路长度统计）的道路没有步行道，非机动车道基本让给了机动车，1%左右的道路步行道宽度在1.5米以下，26%左右的道路步行道宽度在1.5～3米之间。道路的步行道宽度过窄，以及人行道被占用作为路边停车场的情况，严重影响到步行道功能的发挥。

3. 公共绿地不足。中心城区绿地现状所占比例7%左右，远低于国家规范标准（8%～15%）；特别是人口密集的二环线以内，按照500米计算各级公园绿地的服务半径，其服务范围对于现状城市建设用地的覆盖率仅40%，与规划公园绿地85%的服务覆盖率相差甚远。比如，东塘周边东至万家丽路、南至劳动路、西至韶山路、北至城南路约6平方公里范围内仅有一处不足2公顷的桂花公园，公共绿地严重缺乏。

4. 体育健身设施短缺。根据《长沙市体育设施专项规划》，人均体育用地严重不足，全市体育场地主要分布在学校（占场地总数的45%左右），其次是机关事业单位（占13%左右），分布在居住小区占场地总数的13%左右。所有这些场所中，对外开放的体育场地占总数的47%，没有对外开放的（供内部人员使用）占53%。

5. 停车泊位缺口大。根据《长沙市停车设施专项规划修编》，城市总体停车泊位供给应该在小客车拥有量的1.2倍比较合适。至2013年底，长沙市五区小客车约为65万辆，由此计算长沙市区需要小客车停车泊位78万个左右，而事实上现状泊位数为47.47万个，合法停车位缺口达约30万，“一车一位”的拥车需求缺口约达16万。当前长沙市处于机动化快速发展时期，小汽车数量年均增长速度达到20%以上，而配建车位数量却增加缓慢，长沙市停车泊位缺口越来越大。

6. 机关大院割断城市空间。受传统观念的影响，各类单位大院和国有企事业单位在建设过程中均配套了较完善的绿地以及休闲、停车等设施，但这类设施在日常管理中大多为“封闭式”，仅供单位内部职工使用，利用效率不高，特别是非上班时间基本上闲置。且单位大院封闭管理还导致了“断头路”的产生，阻碍了区域交通微循环，给周边的城市主干道造成了较大的交通压力。

## 二、上海的经验借鉴

20世纪90年代以来，上海市加快了城市建设和旧城区改造步伐，城市面貌发生了巨大变化，生态环境得到明显改善，市民居住质量有了显著提高。与此同时，由于上海中心城区人口密度高、旧区改造任务紧迫、拆迁费用逐年上升等原因，在建设和改造过程中也出现了一些问题，主要反映在中心城区的建筑容积率偏高、高层建筑偏多。如果这种高强度的开发改造不加以合理控制，将对上海中心城区的发展产生负面效应。2003年，上海的人口密度是东京的1.4倍，是巴黎的3倍多，建筑密度过高，空间环境质量下降，上海的天际轮廓线遭到破坏。

新一轮上海市城市总体规划确定上海将建设成为国际经济、金融、贸易、航运中心之一的现代化国际大都市，坚持可持续发展战略，始终保持人口、经济、社会、资源和环境协调发展。为实现这一宏伟目标，上海市委、市政府提出了中心城“双增双减”方针。“双增”即增加城市绿地、增加公共空间，“双减”即减少建筑总量、减少容积率。这是上海为提升城市环境、适应新形势的发展要求而执行的一项规划控制战略方针。

该方针经过长期研究，于2003年上半年提出，下半年在市规划工作会议上确定为重大政策。上海市人大常委会审议通过的《上海市城市规划条例（修正案）》，进一步明确了“双增双减”方针的法律地位。2004年，“双增双减”写入了政府工作报告，报告强调“在中心城区积极推行‘双增双减’，切实加强对新建项目的规划管理。”上海“双增双减”计划实施一年多后，就取得了显著的效果，中心城区总建筑量减少约400万平方米，全市376个容积率过高的历史遗留项目平均降低容积率17%。

## 三、“四增两减”的内涵和意义

2014年，立足于城市可持续发展和广大群众生产生活现实需要，市委、市政府做出决策，由规划部门牵头，深入开展调查研究，致力破解“城市病”，统筹发展与民生，决定在中心城区实施“四增两减”政策。

### （一）“四增两减”具体内容

“四增两减”具体指的是增绿地、增设施、增支路、增公共空间、减开发强度、减人口密度。

增绿地：落实控规中规划的绿地，规划范围内建筑全部拆除（历史保护建筑除外），在不减少绿地面积以及不影响片区绿地整体布局前提下，可根据现状用地的权属情况进行位置调整。

增支路：提倡TOD的开发模式，增加支路，增加道路密度。

增设施：以中小学、医院用地为主，结合现状建筑进行改造。

增公共空间：开放行政、国有企事业单位的公共绿地、广场、停车场、文体设施和部分内部道路。

减开发强度和减人口密度：严格实施《长沙市容积率管理技术规定》，分区分类设定地块容积率上限，控制城区特别是中心城区的开发强度；二环以内的中心城区，可通过落实绿地、道路、设施及公共空间来减少开发强度及居住用地的比例，并将部分安置用地放到二环以外区域，从而达到减少人口密度目的。

### （二）实施“四增两减”的目的和意义

通过推行“四增两减”，使功能配套更加完善，城市品质不断提升，人居环境不断改善，塑造绿色、开放、舒适、畅通的新城市形象，全面提高城市宜居、宜业、宜游指数，实现“城市让生活更美好”的愿景。

1. 改善城市民生的需要。为了支撑城市发展，提升城市形象，长期以来，城市建设和投资重点主要偏向于搭建城市骨架的重大基础设施建设，与民众密切相关的设施建设偏少，配套不到位。特别是中心城区，由于人口密度大、用地紧张等多方面的原因，导致涉及民生的公共配套设施严重不足。通过推行“四增两减”，进一步增加公共服务设施的配套，改善城市人居环境，解决民生问题。

2. 缓解城市问题的需要。随着城市经济的快速发展，中心城区交通拥堵、配套不足、出行不便、环境不优等“城市病”，给城市人居环境、城市形象品质和市民日常出行带来日益严重的负面影响。通过推行“四增两减”，进一步引导城市人口的合理分布，妥善解决城市面临的系列问题，为市民的生活、休憩、出行提供方便。

3. 破除封闭管理观念的需要。城市建设过程中的“大院”模式导致高品质公共空间利用率低，城市微循环系统不畅。通过推行“四增两减”，进一步解放思想，破除单位大院围墙式的管理模式，在一定程度上实现配套设施的共享，为市民提供方便。而开放单位大院是投资最少、见效最快、利用率最高的方式。

4. 凝聚智慧共建长沙的需要。“四增两减”政策涉及单位多、惠及人群广。通过“四增两减”政策的事实和相关活动的开展，积极扩大舆论宣传，充分调动社会各方面的积极性，动员广大市民群众积极投身本次活动，主动寻找身边的开放共享、配套建设线索，提出规划引导的建议，着力营造“政府主导、各方配合、全民参与”的良好氛围。

5. 维持城市持续发展的需要。当前，长沙城市建设特别是在中心城区建设和改造过程中，为了满足经济发展、资金平衡以及解决历史遗留问题等要求，在棚户区改造、企业改制等项目建设过程中共追求高容积率、高开发强度等现象依然存在，进一步加剧城区环境压力，为城市的可持续发展和城市品质的提升埋下了隐患。通过推行“四增两减”，并出台相关政策，引导进一步减少开发强度、降低人口密度，改善城市环境，确保城市朝着健康、有序、可持续的方向发展。

## 四、“四增两减”的主要途径和措施

以资源利用最大化、投资少、见效快、开放共享、协调配套、规划引导、全民参与、改善民生为基本原则，“四增两减”政策的实现途径主要包括以下五个方面。

1. 全面实施开放共享。一是在全市推进“机关大院拆墙透绿增绿”行动，各级机关单位拆除大院围墙，并实施公共绿地、公共场地的改造提质和对外开放，把原来仅属于单位内部的绿地变成街头公园、社区公园，变成社会共享的资源。二是积极引导和鼓励党政机关、企事业单位、学校，采取错时管理等措施，有序的对社会开放停车场和停车设施、文化体育设施和场地等，充分发挥现有设施，特别是公共财政投资和有资产形成的各类设施的作用。三是围绕解决交通拥堵问题，畅通区域微循环，对于具备条件的单位内部道路、住宅小区道路进行改造后开放，与周边城市道路联成路网。

2. 充分利用闲置土地。一是结合国有闲置土地清理工作，对一些空闲地块特别是中心城区的土地，采取属地政府投入或者权属所有人投入的方式，进行简单的改造，建成一批公共绿地、公共活动场地或临时停车场。二是强力推进城乡接合部拆违，对拆出来的土地，暂时不开发建设或征转的，进行绿化覆盖，或改造成停车场等。三是对于土地储备中心收储的土地，提前进行整理，用于短期对外开放的绿地、停车等。四是对于一些建设时间较长、用地面积较大的重大项目，根据项目建设时序合理统筹，可以阶段性、局部性地利用一些已拆迁来的项目用地。

3. 统筹推进配套建设。一是进一步完善公园绿地、停车设施、文化设施等专项规划，加强专项规划与城市总体规划的对接，确保在控规层面能够得到落实。二是进一步修改完善学校、社区医院、绿地等公共设施配套建设标准体系，充分考虑未来的需求规模，适当提高配建标准；同时，要采取强有力的措施，确保配建按标准实施到位。三是充分结合新一轮棚户区改造，在中心城区挤出土地资源，完善教育、停车等设施的配套；加快推进绿色城市建设、瓶颈路和断头路改造、公共停车设施建设、人行过街设施建设等专项行动，集中人财物力资源，争取在较短的时间内缓解交通拥堵、停车难、绿化水平不高等问题。

4. 切实强化规划引导。颁布新的《长沙市容积率管理技术规定》，进一步规范对容积率的控制与管理；明确用地性质变更需提供1/3用地用于基础、公益设施建设的政策；出台新的建设项目停车位配套建设标准；制定五年行动计划，启动对民生有重大影响的骨干项目建设推出疏解中心城区人口密度、降低开发强度的配套政策；研究制定“四增两减”的规划技术参数体系，建立“四增两减”长效机制，科学引导长沙城市建设和发展。

5. 研究探索政策激励。一是制定系列的政策文件。市区两级要结合实际情况，加大支持和引导力度，研究出台鼓励开放项目内部设施的政策、鼓励社会参与投资建设绿地、停车场项目的政策等。二是多渠道强化资金筹措。市区两级财政要分类安排专项资金，直接投入设施建设或者作为引导奖励资金；创新公共配套设施建设机制和管理运营机制，引进社会资本参与建设、运营维护和管理。

# 加速创新转型　全力提升长沙现代农业贡献力

## ——长沙市现代农业产业发展贡献力调研报告

长沙市人民政府副市长　黎石秋

目前，长沙市现代农业发展进入提速升级转型期，设施化、规模化、集约化、市场化、科技化水平大步提高，新模式、新业态、新产业正在形成，新视野、新理念、新思想正在影响农业的探索转型创新发展，广大农民越来越多地分享着这一改革发展成果。然而，农业是弱质产业这一惯性思维，依然或多或少存在于干群观念之中，成为全市提速现代农业发展的思维障碍。农业的贡献力到底如何？它是否可以有所作为？怎样才能大有作为？为此，我们对全市重点现代农业产业项目进行了摸底调查。此次调查共涉及种植业、养殖业、农产品加工业、休闲农业、现代种业、农产品流通、农业机械等7大类16个产业，调查项目1030个，调查内容主要为基本经济指标和近期建设规划，并侧重其贡献力。依据后期数据分析和全市面上情况数据对比，并借鉴国内外现代农业发展成功经验，形成如下调研报告。

## 一、现代农业是推动长沙经济社会发展的重要贡献力量

根据著名经济学家西蒙·库兹涅茨的经典分析，农业对经济发展有四种形式的贡献：即产品贡献、要素贡献、市场贡献和外汇贡献。农业为经济发展提供产品原料和原始积累，特别是对于经济不发达地区，作用尤为重要。长沙虽已进入“两个反哺”的发展阶段，但农业“三提供两带动”的主要贡献力依然举足轻重。

1. 提供产品保障。民以食为天，食品是人们生活中最基本的必需品，非农产

业部门的原料供给也主要来源于农业部门。一是稳定居民消费市场。2014年，全市种植水稻面积515.7万亩，稻谷总产232.4万吨，人均大米701斤，成为全国仅有的两个粮食自给有余的省会城市之一。蔬菜、生猪、家禽等大宗农产品产量分别达569.4万吨、824.03万头、5773.2万羽，肉类总产量居中部六省省会之首，其中宁乡县位列全国生猪调出大县第一位。这些，既为全市城乡居民食品消费提供了坚实保障，又为稳定农产品市场价格、支撑经济社会发展大局做出了积极贡献。二是为非农产业发展提供原料保障。近年来，全市食品加工、服装、制鞋、饮料工业、烟草工业等快速成长，并成为支柱型产业。农业生产，为其发展壮大以及城镇人口增长消费等提供了原料贡献和食品保障。2013年农产品加工采购原料415.7亿。

2. 提供生产要素。农业为全市经济社会发展提供了三个关键要素。一是劳动力。农村劳动力的非农就业转移，为二、三产业的快速发展壮大提供了源源不断的人力资源。2013年，全市农村劳动力非农就业人口达188.3万人，分别占农村劳动力总量和全社会从业人员总数的64.6%和41.2%；农村家庭培养的大学生中，83.7%进入城镇工作；近五年经农业部门再就业教育培训的84万名劳动力，相继实现非农就业转移。大量农村知识型人才的注入，为非农产业缓解劳动力有效供给不足提供了支撑。二是土地。全市新增建设用地区域中，绝大部分是农业较发达的地区，或者说是较早开垦利用的土地。三是资金。农村居民储蓄存款投向非农产业，成为拉动全市经济发展的重要力量之一。

3. 提供产业支撑。随着人均GDP增长，农业所占比重虽然逐步下降，但就当前全市现状而言，农业产业依然在部分领域和区域引领发展。一是经济总量不容小觑。2013年，长沙第一产业增加值位列全国35个主要城市第12位。16个农业产业共计完成总产值2062.19亿元（含农产品加工、农业休闲、种业、农业流通、农机），实现增加值1166亿元，占全市GDP的16.3%。其中1030个重点项目完成976.2亿元，占全市农业产业产值的47.34%。2014年，16个农业产业计划完成投资376.19亿元，其中重点项目计划投资157.63亿元。二是产业影响力不断提升。农产品加工业成为全市支柱产业，2013年实现产值989.4亿元（占全市工业产值的11.07%），建立基地面积734万亩，带动养殖业生产35.4万吨，其中198家重点企业实现产值392.98亿元。全市16个农业产业创建品牌个数达1827个，成为长沙品牌方阵重要组成部分。三是支撑乡村经济发展。农村面积广、农业人口多的市情决定了长沙发展必须依靠农业，激活农村市场。长沙县“南工北农”战略定位，以现代农业引领北部乡镇经济社会发展。望城区大众垸现代渔业示范园，涉及三个乡镇近2万亩耕地水田，以现代农业支撑经济发展成为未来方向。1030个重点农业项目，分布于全市92%的乡镇，成为带动乡村经济发展的引擎。2013年，全市农产品加工、农业流通、农业休闲、种子企业、农机等产业共创税收33.73亿元。

4.带动农民增收。农业是同农民利益紧密相连的基础产业，始终承载着为民谋利、助民致富的梦想。一是带动农业生产经营。通过农业企业和产业基地带动，全市共有54.78万户农户形成产业联盟，占全市农村住户的40.88%。其中1030个重点农业项目带动农户25.51万户，占总带动户数的46.57%。农业产业带动农户开展生产经营能力的核心地位不可撼动。二是带动农民就业创收。全市农业产业企业和基地共计安置劳动力67.07万人，占农村劳动力总数的23.13%。累计发放工资108.87亿元，人均工资性收入达19139元，高出全市农村居民人均工资性收入8828元。农业产业中工资性收入增长比例达17.9%，高出全市农民人均纯收增长比率5.3个百分点。

5.带动改革创新。中国的改革源于农村，农村的改革关乎着最广泛群体的福祉。一是将改革的思潮带进千家万户。改革需要坚实的群众基础，需要一代人创新进取的思想觉悟。党委、政府推行的农业改革，从发现问题、寻求对策、检验成果，无不面对农村第一线，走进农户千万家，惠及广大农民，使改革求突破的发展观念在一次次硕果中深入民心，为全市推进全面而深入的改革打下了坚实的群众基础。二是将科技创新的成果更多的转化为现实生产力。在良种繁育、新技术研发等现代农业科技创新上，长沙有着得天独厚的优势，为全国乃至全球农业生产发展做出了巨大贡献。三是助力全市经济转型发展。推进生态文明建设，实现两型发展，是保持长沙经济持续繁荣的必然选择。农业作为核心的生态产业和绿色屏障，发挥着关键性作用。2014年全市林业投入造林绿化资金4.24亿（未统计园林、城管、水务、公路等部门绿化投入），新增造林绿化面积20.6万亩，森林覆盖率达54.71%，高出全国平均水平近30个百分点。

## 二、存在的主要问题和潜力挖掘

长沙现代农业发展贡献力存在的主要问题，集中体现在仍然有部分干群认为农业是弱质产业，认为无利可图，无所作为，这给推进现代农业发展改革创新、增加建设投入、转变发展方式等造成被动。追其原因，有主观认识上的偏颇，也有客观发展上的不足。一是片面追求GDP而重工轻农，重目前利益而轻长远效益，重经济效益而轻社会效益。无心将现代农业项目做精做专、拓展产业链条、最终实现农民受益和经济贡献目标。二是现代农业生产效益不高影响经济贡献力，突出表现在单位产量和效益、劳动生产率不高，规模效益发挥乏力，品牌影响力不够等，根源是市场经济体系依然不够完善，农业科技应用水平偏低，企业自主发展能力较为薄弱。三是现代农业新型经营主体体系仍未真正建立，带动能力和产品后续升值不够。这使产业发展的贡献力更多的局限于单个企业（基地）的经济贡献量，不能充分发挥其引领和放大贡献力的巨大作用。

而今，全市现代农业已步入三个重要发展机遇期，能否抓住至关重要。一是重大战略机遇期。党中央始终把三农作为全党工作的重中之重，强调推进四化同步，现代农业发展面临良好政策机遇；国家“十二五”时期建设现代农业的三大重点区域，将省会城市列为现代农业率先实现区域，为长沙加快现代农业发展提供了宏观规划支持；非农产业对农产品原料供应需求量快速增加，居民收入增加后对高端优质安全的农产品消费增加，这为现代农业产业做大规模、调优结构、扩大经济总量提供了广阔的市场空间。二是重要投资转型期。全球经济发展速度的放缓，投资者对非农产业投资信心疲软。现代农业产业因其利润稳定且可以产生很好的现金流、能给投资人带来较好的收益回报而越来越多地吸引了战略投资者的产业转型投资。武钢投入390亿元养猪种菜、联想推出现代农业品牌“佳沃”、恒大千亿元进军农牧业、国家投资公司将6500亿美元的主权财富基金重点转向投入全球农业及“整条价值链的各个环节”等重大消息，既充分说明了一个全新投资调整期的到来，也预示着现代农业投资的巨大发展空间。三是重点提质发展期。长沙农业发展目前正处于传统模式向现代农业目标迈进的过渡期，依据农业发展历史规律和国外经验，这既是关键突破期，更是充满机遇和飞速增长的时期，农业将释放出巨大的发展潜能和贡献力；长沙经济总量的不断壮大，为工业反哺农业、城镇支持农村提供了资金、技术和人才等要素支撑；中心城镇建设和城乡一体化发展，为农业规模化生产、集约化经营后产生的剩余劳动力提供了更多转移就业渠道，有利于现代农业的转型升级发展；全市推进农业综合配套改革的一号文件出台，为现代农业发展构建了更为完善的政策扶持保障体系。与此同时，市场机制在发展中不断成熟和健全，这些都为全市现代农业产业提速发展、扩大贡献提供了难得的内外环境。

## 三、国外提升现代农业产业发展贡献力的经验借鉴

西方国家现代农业实践，主要是在改造传统农业理论、农业规模化理论、农业产业化理论、农业可持续发展理论等理论成果指导下成功开展，并逐渐走向成熟的。他们用50年的时间创造了之前200年不及的农业发展成果，以巨大的贡献力赢得了农业地位，创造了辉煌灿烂的现代农业发展文明。它山之石，可以攻玉。在此关键转型期，长沙现代农业必须借鉴经验、回避失败、少走弯路、提速发展。

1. 高效农业背后的巨大经济效益。规模化、集约化、专业化程度高，成为现代农业发达国家的共同特点。荷兰是世界上人口密度第二高的国家，却是世界上经济最发达的国家之一，农产品出口位列世界第二位，出口量占全国出口总量的22%。近40年来，荷兰农场发展变化的最主要特点是由混合型生产走向集约化、专业化生产。据1998年统计，平均每一农场（农场的平均规模在18公顷左右）每年产出不足2种农产品。高度的专业化生产，使农业生产力大大提高，荷兰平均每个劳动力生产的农畜产品产量远高于其他一些发达国家水平。1999年，荷兰农业劳动力的人均产值即达55862欧元，是当年欧盟国家人均农业产值的2.63倍，农业效率与其国内总的劳动效益之比为0.93。

2. 科学技术提供的巨大导向支撑。大力提高科技对农业的贡献率，是现代农业发达国家制胜的法宝。以色列在耕地面积少且自然条件恶劣的不利条件下，以滴灌技术推动农业革命，创造了骄人的现代农业发展成就，农业良种化、机械化、化学化、电子化水平居世界前列。农业与军火工业、钻石加工业并列为国民经济与对外贸易的三大支柱产业，一个农业人口可养活90～100人。以色列的温室栽培设施和农业节水灌溉设施自动化程度高，集施肥、杀虫、水分、光照等功能于一体，生产与种植等全部电脑控制，一人操作自如。他们十分注重开发研制作物新品种，集中大批优秀的遗传学家、工程学家，利用生物遗传基因的其他手段，不但培育出品质优良，抗病抗虫、适宜当地自然条件的种子和种苗，还以先进的栽培技术指导农场主种植。其大田作物几乎都是优质高产。如柑橘最高产量每亩4吨～5.3吨，棉花可亩产优质皮棉0.37吨，每个劳动力每年可生产价值10万美元的棉花。

3. 合作经营带来的巨大融合效应。大力提高农业合作化程度，成为现代农业发达国家赢取市场的普遍途径。巴西是一个以农牧业生产为主的发展中国家，农

业人口占全国总人口的23%，就业人数占农牧业经济人口的25%。农业是巴西的重要支柱产业，2005年来农业总产值占到GDP的35%左右，有专家预计，21世纪巴西将成为“世界粮仓”。2005年底，巴西鸡肉出口量仅次于美国，养牛、养鸡及鸡肉出口均列世界第二位。巴西非常重视推进农业合作化，认为合作化是中小农场主的唯一出路，将合作化作为农业发展战略。巴西的农业合作社按规模分为三级，成立初级合作社不能少于20户，3个初级社可以组成一个中心社，3个中心社可以组成一个协会。现在，每个州都成立了合作社协会。2005年，农牧业合作社产品在全国农牧业生产中所占比例达到40%～50%，不少合作社成为集农牧业产品生产、加工、仓储和贸易为一体的大型产业集团。

## 四、提升现代农业产业发展贡献力的对策建议

去年11月初，习近平总书记在福建考察时强调，全面建成小康社会，不能丢了农村这一头，并就如何抓好“农村这一头”，提出了“五新”要求：要努力在提高粮食生产能力上挖掘新潜力，在优化农业结构上开辟新途径，在转变农业发展方式上寻求新突破，在促进农民增收上获得新成效，在建设新农村上迈出新步伐。2014年中央经济工作会议把加快转变农业发展方式作为2015年经济工作的主要任务之一。长沙要全力提升现代农业产业发展贡献力，应该立足现代农业发展的阶段性特征，充分发挥农业的比较优势，积极参与市场化进程，以“五化带动五个转变”，大力度提高农业生产效率，增强辐射带动能力，以更强的市场竞争力和经济、社会、生态效益赢得支柱产业地位。

1. 商品化，实现由弱质向强势的转变。农业产业的弱质，集中表现在其劳动生产率和产品经济效益明显低于非农产业。据调查统计，全市农业产业安置劳动力人均创造的产值仅为26.5万元，人均创造利润3.38万元，如此价值，实难参与市场竞争。全市要抢抓现代农业战略转型发展期机遇，以推进农产品商品化、赢取市场竞争力为总揽，加快现代农业产业的区域结构、产业结构、产品结构调整，为进一步提升单个产业、单个产品的经济效益打下坚实基础。一是推进产业体系精品化。当今市场竞争不允许全面开花式的发展，农业发达国家的成功也得益于专精某几种特色农产品。长沙目前选定的现代农业主导产业包括水稻、蔬菜、生猪、油茶等8个，这既不利于突出地区优势，又不利于做出特色、壮大规模。要重点选择拥有一定品牌、较大规模、最佳效益的2～3个现代农业产业进行

科学规划、重点扶持、优先发展，集中基础投入提高综合生产能力，力争做出专业水准、精品产业链。二是推进产品结构专业化。经济学的主要创立者亚当·斯密提出了分工理论，他指出："劳动生产力上最大的增进，以及运用劳动时所表现的更大熟练、技巧和判断力，似乎都是分工的结果。"他的理论在实践中得到印证。望城区翠翠蔬菜示范园，千亩基地只种植2～3种蔬菜品种，其中香葱在夏季占领长沙70%左右的市场份额，赢得了低成本、高利润、高市场占有份额的三重利益。在调研过程中，宁乡县卫红米业周正春总经理也认为我市大米竞争力下降的重要原因之一是品种过多、过杂。因此，全市既要力争在区域布局上实现产业的专业化和集约化，又要引导产业基地种养结构调整，减少种养品种，逐步推行品种专一、品牌整合。三是推进生产经营合作化。要充分发挥农民专业合作组织在捆绑产业、集聚规模、带动效益、链接各方等方面的积极作用，建立一个由全市现代农业发展总社引领、各产业一个分社负责、众多初级社具体运作的合作组织体系，深入探索在资本运营、信贷产销、兴办企业、铸造品牌等方面的改革路径，切实改变当前合作社多而散、不规范的现状，引导其健康、快速、有序发展，增强贡献能力。

2. 开放化，实现由单一向多元的转变。农业的弱质与低税收观念，是传统农业的思维，无视现代农业的领域开放性。而只有认识到现代农业的深刻内涵和广阔外延，才能不断将发展推向更深更宽领域，赚取丰厚的利润，增强其贡献能力。一是用大农业思维谋划现代农业发展。生产领域广阔是现代农业的基本特征之一，它将由动植物向微生物、农田向草地森林、陆地向海洋，以及初级农产品生产向食品、生物化工、医药、能源等多种产品生产方向拓展。全市在培育壮大现代农业支柱产业的同时，要不断深化产品开发、延长产业链条，向农业产业化经营要效益、要贡献力。要善于与非农产业产品进行有机对接和相互融合，拓展新领域，开发新产品，提供新服务。在不断壮大产业集群的进程中，形成庞大的附属产业体系和产业集群，发挥其引领辐射作用。二是充分发挥重大项目和企业链接产业作用。抓项目是推进发展的根本抓手，是必然之举，必须之举。目前，全市正以强有力的举措加快推进现代农业重大项目建设，今年铺排项目100个，取得了明显成效。但要做优做强精品产业链条，需要集中投入、专注其发展。建议分产业集中铺排重大项目（如本产业的标杆企业和基地），集中帮扶、调研、解决产业问题，研究出台产业政策，潜心产业龙头建设和产业链条延伸，增强产业带动发展贡献力。三是逐步培育出口创汇型农业产业和产品。参与农业国际化进程，既有利于扩大外贸出口、增加收入，又有利于引进前沿技术和管理经验来改造本地农业，形成鲶鱼效应鞭策发展，以开放促改革。宁乡县金洲茶叶、明湾家具等企业在境外设立国际市场销售部，是成功试探。全市要逐步建立由商会、协会组织牵头，专业外贸公司负责，农业企业和产业基地参与的组织体系，统一对外拓展市场，通过合作经营，赢得国际市场谈判资格。适当时期，可以规划建设现代农业产品出口基地或示范园区。

3. 科技化，实现由落后向先进的转变。科学技术是第一生产力，改造传统农业，必须推进原始创新、集成创新和引进消化吸收再创新，大力提高科技对农业的贡献率。一是建设国际种都。选择高产优质的品种，是提高农业生产效益的关键和根本，长沙在品种繁育和改良上具有巨大的发展潜力和优势。全市要解决研发推广优良品种和做大做强种子产业这两大课题。要大力发展农作物育种技术，稳妥推广转基因技术，将本地品种进行提质改良，扩大单位产量和经济效益；将外地优质高产高效品种进行本地化改良试验，扩大高效农业的种植规模；培育壮大现代种子（种苗）企业，建设专业市场，推进种子现代化和商品化进程。二是提高农业机械化水平。农机科研和推广要符合区域耕作实践，针对自然条件和人力劳作特点来组织。以色列是一个水资源十分匮乏的国家，十分重视压力灌溉设备和滴灌设备系列产品的研究与生产，如耐特费姆基布兹公司的产品和技术已经覆盖全球70多个国家，其生产的滴头达200亿支以上。长沙是典型的丘陵地貌，这是科研和推广的基本实际。全市要支持农机企业进行产品研发和市场拓展，形成全国性的农机产业品牌；要制定统一的适合全类型农机耕作的标准体系（如农机行走路径宽度），成为丘陵地区农机制造业的标杆；要大力提高现代农业发展中的电气化、自动化水平，推进标准化生产和无人化管理。三是强力推进农科教结合体系改革。农业科研成果从院所走向田间，被广大农业生产经营者所采用，这是科技富农的核心问题。荷兰组建成立了全新的农业科教中心，对具体的农业科研和教学工作进行统一的协调和组织管理，巴西农业部下属的“巴西农牧业研究公司”是目前发展中国家最大的农业科研机构之一，它与“成本农牧业技术推广公司”一起具体负责农业科研和技术推广工作。长沙要提高农业科技贡献率，必须下大力气改革农科教结合体系。要形成政府牵头、市场搭桥、企业与协会共同参与的有规划、有组织、有效益的专业化农业科研和推广体系。

4. 资本化，实现由分散向聚集的转变。农业不断向非农产业提供要素贡献，成就了非农产业的飞跃发展。而今，要想改变这一局面，实现反哺转型，承接战略转型投资，必须多渠道、多方法不断壮大农业项目优势，将资源变优势，转优势为资本，用资本吸纳要素。一是农业资本合作共赢。改变过多依靠政府财政投入扶持发展的路径，探索依靠做大自身资本集聚发展的路子。望城区组建的农业发展集团为全市吸纳资本投入、开辟全新发展模式进行了有益探索。全市要善于挖掘现有农业产业和农业企业资源，通过资产重组、企业兼并、入股合作、资本运作等形式，将分散的资源集中成巨大的发展资本，以此吸纳战略投资商和社会闲散资金，对接银信担保等金融服务业。特别要加强与高科技企业基金、发展潜力大的农业项目之间的合作经营，借势推进上市融资；要帮助农产品加工企业、超级市场、公用事业机构或金融机构联合组建股份公司，实行资本集约、技术集约、智能化生产。二是企业资源资本化。利用这一创新模式，湖南洞庭水殖股份有限公司成为巨大受益者。该公司以大湖作资产进入资本市场，变水面为资本；挟资本之力，强化科研开发，改造大湖水质，大举进行产业扩张，短短几年，已一跃成为我国淡水养殖名副其实的龙头企业，探索出了一条生态、高效、可持续的淡水养殖之路，带动了周边数万农民致富。全市各农业企业和产业基地，要摆脱传统农业的路径依赖，借鉴并引入现代资本经营与聚集理论，通过对资本的筹划与管理活动，最大限度地实现资本增值目标，以资本效益最大化的追求推动农业产业化低成本扩张。三是财政投入资本化。乡村两级投入能力有限，且传统农业生产税收贡献少，使现代农业发展步履蹒跚。长沙县试图通过改革，将各级财政对农业企业的产业化扶持项目资金（公益设施建设投入除外），计入企业股份参与利润分红，股权属于所在地村级集体。党的十八届三中全会提出，“允许财政补助形成的资产转交合作社持有和管护”。如果这一系列改革得以成功实施，将有力改善乡村两级财政状况，为后续建设投入注入生机活力。这也将从一定程度上削弱税收利益给农业发展带来的阻力，激发乡村积极性。

5. 信息化，实现由传统向现代的转变。信息化将引领全球第三次革命，长沙现代农业发展要搭上这辆列车，分享其带来的经济利益，以前沿的信息技术引领产业发展贡献。一是建立畅通灵敏的农业信息化发布体系。美国农业官员和专家一致认为，使农产品市场系统流畅运行的核心问题是市场信息，这不仅是买卖双方公平交易的重要基础，而且也是农民把握市场脉搏，增加生产收入的依靠所在。从美国的经验看，为提供充分、可靠的供求信息，必须建立以政府为主导的农产品信息收集和发布系统。全市要充分利用现有的农业信息和农技推广体系，强化其信息收集职能，搜集、审核和发布农产品在直销、拍卖、合同、期货、集散、加工、批发等市场环节的信息。要确立各级政府部门的信息集中点，建立全市统一的信息发布平台，及时向农民发布包括种植类型、市场需求、病虫害发生及其防治，以及科研院（所）的最新技术成果信息，农民根据科技成果及其试验试种、市场需求等信息，及时调整生产和进行病虫害防治，政府和研究机构提供咨询和指导，一切都以市场为导向，使市场在资源配置中起决定性作用。二是推进信息化技术在农业项目中的应用。最终实现农业经营者通过计算机网络，可以得到几乎所有的技术信息和市场信息，购买生产资料和销售农产品；通过远程无线监控管理系统，可以适时掌握监控农业生产经营情况，甚至可以自动化控制农业机械耕作。

# 提升自主创新能力　加快转型创新发展

长沙市人民政府副市长　夏建平

省委常委、市委书记易炼红强调，正在推进转型创新发展的长沙，比任何时候都更加渴望科技创新的强化，比任何时候都更加注重科技成果的转化。2014年12月，国务院批准长沙高新区创建长株潭国家自主创新示范区，这是我市提升自主创新能力，加快转型创新发展的重大机遇，如何适应经济发展新常态，全面提升科技创新能力，实现走在全省、全国前列，比以往任何时候都显得更为重要、更为迫切，也更为可能。

## 一、以“三化”为抓手，提升自主创新能力

改革开放以来特别是近年来，长沙市科技事业发展迅速，科技创新能力显著增强，科技服务经济社会发展的作用越来越强。进入新的发展阶段，进一步提升以自主创新为主的科技创新能力，是长沙适应新常态、加快转型发展的必然选择。

一是更加注重科技创新的强化。当前，长沙经济下行与结构调整相互交织，主要经济指标增速不同程度回落，转变经济发展方式的形势更加迫切。今年2014年7月，省委守盛书记对长沙提出了“五个怎么办”的新任务、新课题，长沙率先发展、走在前列的使命责任更加重大。为此，市委、市政府坚持把科技创新作为转变发展方式的根本出路，全面实施创新驱动发展战略，出台科技自主创新指导性意见，把强化科技创新能力、推动转型创新发展作为主动适应经济新常态的战略选择。

二是更加注重科技成果的转化。多年来，我们坚持做好“平台建设”和“金

融服务”两篇文章，全力促进科技成果在长沙转化，形成效益。在平台建设方面，连续成功举办八届中国（长沙）科技成果转化交易会，签订各类科技合作项目1735个，签约金额1429.7亿元，形成良好的品牌效应。在金融服务方面，我们将进一步创新金融服务模式，延伸金融服务链条，为科技成果转化提供强有力的资金支持，比如支持科技金融服务，鼓励商业银行开发、完善适合科技企业融资需求特点的授信模式，支持科技金融经营性公司发展；大力开展科技保险业务；拓宽科技融资渠道，设立创业投资引导基金、科技风险补偿资金、科技保费补贴资金等。

三是更加注重科技环境的优化。一方面，着力营造宽松的政策环境。近年来，全市各级党委、政府坚持“一把手”抓“第一生产力”，把科技创新放在经济社会发展全局中统筹规划和实施，建立健全组织领导体系和工作协调机构；各相关部门坚持统筹联动、紧密配合，经济、科技、文化、人才等多项政策互相衔接，形成科技创新政策体系。另一方面，着力营造浓厚的社会氛围。通过科技活动周，科技创新贡献奖、青少年科技创新市长奖等奖项评选，运用各类媒体，广泛宣传重大科技成果、典型创新人物和企业，在全社会营造了尊重人才、尊重创造、鼓励创新、宽容失败的良好氛围。

## 二、以“三区（园）”为重点，加快转型创新发展

园（区）是科技创新、转型发展的主战场、主阵地。近年来，我们坚持以园（区）为载体，以科技创新为重心，用园（区）来引领和推动全市经济内生增长和转型发展。

一是全力建设自主创新示范区。国务院批准我市为国家自主创新示范区，这既是对我市科技创新能力的肯定，也是对我市创新转型发展的鞭策。要以创建国家自主创新示范区为契机，积极争取国家政策支持，探索与其他示范区的战略合作模式，构建“长株潭”三市创新联动共享机制，加快研究实施示范区建设三年行动计划，重点推动未来科技城建设，引进科技服务机构，建设科技创新平台。把自主创新示范区打造成为产业资本、金融资本和知识资本深度融合的典范，科技成果资本化、产业化、市场化的高地，让自主创新示范区更好地引领和推动长沙经济转型发展。

二是努力建好大学科技产业园。充分发挥长沙高校云集、科研院所众多的

优势，聚集科技创新资源，促进科技成果就地转化，助推长沙转型发展。统筹规划、分步推进，重点支持中南大学科技园、湖南大学科技园、军民融合科技创新产业园和湖南省大学生科技园等建设，通过大学科技产业园，孵化先进的科技成果，转化为经济效益，形成长沙的科技创新核心竞争力。综合运用土地、财政、税收、人才等多方面优惠政策，积极协调各级各相关部门，全力支持大学科技产业园建设，争取“成熟一个、落地一个、建成一个”，让高校先进的科技创新成果，在长沙生根、开花、结果。

三是着力打造新兴产业集聚区。近年来，我市在超级计算机、移动互联网、先进装备制造业等领域取得了一批世界级科技成果，高新技术产业总产值占地区生产总值比重达到72%。今后，我们将进一步统筹园区产业发展规划，整合提升五区九园功能，突出主导产业，实现错位发展、特色发展，形成创新型产业集群。切实发挥园区的聚集作用，充分利用信息化与工业化融合以及高新技术改造传统产业，着力培育集成电路、北斗导航、工业机器人、3D打印等一批战略性新兴产业，同时大力发展电子商务、服务外包等多种新兴业态。

## 三、以“三主”为依托，激发创新创业活力

创新创业是经济社会发展的源头活水。要坚持以创新引领创业，用创业推动创新，通过政策支持、环境营造，激发全社会创新创业热情，让创新创业的源泉在长沙充分涌流。

一是充分发挥企业的主体作用。企业是科技创新的主体。经过多年培育发展，长沙有一大批“小而精”“小而强”的创新型企业，规模不大，但后劲很足、潜力巨大。要大力扶持这样的企业，强化政策配套，补全实施细则，把各项政策落到实处、落到细处、落到深处。探索设立高新技术企业研发引导资金，发挥科技资金“四两拨千斤”的作用，引导企业不断提高科技研发投入；支持创新产品推广应用，通过补助创新产品的科技保险费用，补助企业的重大技术装备购买资金，把自主创新的科技产品和服务优先纳入政府采购目录等措施，进一步鼓励、支持科技企业做大、做强。

二是充分发挥平台的主导作用。近年来，我们切实加强科技创新平台建设，引导企业成立院士专家工作站17个，已引进两院院士12名，创新团队专家88人，建设省级以上研发机构、重点实验室20个；支持高校在长沙设立技术转移中心，

成立中国高校技术转移中心长沙联盟，成员单位发展到国内外30多家知名高校。今后，我们将把创新平台建设放在重要位置，依托高校和龙头企业，探索设立政产学研协同创新的工业技术研究院；推动在长高校、科研院所开放共享科技资源；支持产业技术创新战略联盟开展核心技术联合攻关，等等，让长沙成为具有国际影响力的科技创新高地。

三是充分发挥人才的主力作用。创新创业人才是实现长沙率先发展的核心竞争力。一个领军人物可能会带动一个潜力产业，一个战略人才可能会聚集一批发展英才。当前，我市正在大力实施“3635”计划，积极引进海内外创新人才和创新型团队，为长沙转型创新发展聚集力量。今后，我们将重点依托高校、科研院所和大型骨干企业加大人才培养力度，注重在实践中发现和培养创新人才，完善人才评价、使用和激励机制，打破人才流动、使用中的体制机制障碍，为各类创新人才营造良好的工作环境、融洽的人际环境、舒适的生活环境，尽可能地支持和帮助科技人才创新创业。

# 牢记责任　实干为民

长沙市人民政府副市长、中共浏阳市委书记　曹立军

党的十八大以来，习近平总书记发表了一系列重要讲话，提出了很多新思想、新观点、新论断、新要求。我们要认真学习贯彻习近平总书记系列讲话精神，结合浏阳市当前工作实际，在以下三个方面狠下功夫。

## 一、要明责、履责、担责

在新一届中央政治局常委与中外记者的见面会上，习近平总书记以不忘民族大任、不忘人民责任、不忘自身责任“三个责任”的阐述，表明了以习近平同志为总书记的党中央的担当精神和使命意识，给广大党员干部以深刻启示。当前，经济社会正处于快速发展期，党员干部特别是领导干部胸怀责任、认真履责、勇于担责极为重要。

一要责任分明。责任不明，职责不清，必定会推诿扯皮，影响工作效率。现实中一些工作抓不实、推不动，往往存在责任不清、主体不明的情况。今年以来，我们在明确和理清主体责任方面进行了一些体制机制创新，比如：探索推行了文家市镇和秋收起义纪念馆“镇馆合一”、大围山“一区带四镇”、制造产业基地与永安镇“园镇合一”等发展模式，进一步理顺了工作机制，有效激活了发展动力。接下来我们还需继续在理清政府与市场的责任、乡镇与园区的责任、各职能部门之间的责任等方面下功夫，努力浓厚各级各部门各司其职、各负其责的工作氛围。

二要履责到位。能否认真履行好本职工作，切实把责任转化为行动，是衡量干部能力水平高低的重要标准。为不断增强广大干部积极履责意识，浏阳市按照

“六个走在前列”的工作要求，大力推行重点工作季度讲评活动。每个季度结束后召开大会，由分管领导点评工作，要求履责不到位、任务完成不好、排名靠后的单位主要负责人上台进行表态发言，以此促使各级各部门对市委、市政府的各项决策部署全力以赴、狠抓落实，有力推动了全市经济社会又好又快发展。2013年浏阳地区生产总值、财税收入、公共预算收入、工业增加值等主要经济指标增速位居长沙前列。

三要勇敢担责。习近平总书记在新一届中央政治局常委与中外记者的见面会上郑重表示，面对全党同志的信任，一定不负重托，不辱使命。这就要求我们，面对发展重任要勇于挑重担，遇到矛盾问题要敢于负责任，时刻做到敢想、敢闯、敢干。长沙市委提出了以“六个走在前列”为抓手，率先建成“三市”、实施“三倍”、力行“五推”的战略思路，充分体现了长沙作为省会城市的责任与担当。对浏阳而言，要顺应143万浏阳人民的期待，立足全国县域经济与县域基本竞争力百强第47位、全省经济强县第2位的发展基础，努力朝着到2017年“挺进三十强、再创新辉煌”的发展目标奋力前行，这就是我们肩上必须担起的责任和使命。

## 二、要亲民、为民、利民

习近平总书记指出，执政党最大的危险就是脱离群众，加强和改进党的作风建设，核心问题就是要保持党同人民群众的血肉联系。要和人民群众形成血肉联系，就一定要带着感情来做与老百姓息息相关的工作，让老百姓真真切切地感受到党和政府的温暖。

一要身心贴近群众。要多接近老百姓，和人民群众结穷亲、交朋友。要努力建立无障碍的干群沟通渠道，使干部自觉沉下去和群众交心、交友。为此，我们每年都在《浏阳日报》和浏阳网上公开全市各单位负责干部的联系方式、岗位职责和接待上访的时间安排。2013年市一级班子成员共接待来访群众791批2143人次，有力促进了全市发展大局的和谐与稳定。

二要真诚服务群众。坚持一切事情以人民群众为出发点，时时处处替民着想、为民解忧。近年来，我们认真推行“群众工作任务交办制度”，要求驻村的群工队员做到“四个一”，即一张便民联系卡作桥梁、一个民情记录本作备忘、一张签到表记出勤、一张离站报表告音讯，这些做法得到了群众的普遍好评，群众对干部的满意率稳步提升。我们真切感觉到，只要党委、政府是真心实意为群众办事的，即便有些事情一时办不成、办不好，群众也会理解我们、信任我们、支持我们。

三要全面惠及群众。狠抓民生实事的推进和落实，千方百计改善人民群众的生产与生活，是党委、政府一切工作的重中之重。近些年，我们编印了《浏阳市便民服务办事公开指南》，出台了一系列服务民营经济发展的优惠政策，更好地服务群众干事创业。我们全力推动长浏高速顺利通车，全面提质改造县域交通路网、拉通城区断头路、整治城乡环境，扎实推进了为民办实事项目，突出做好了一批惠及民生的实事、大事，以此促推各类社会矛盾调解及信访工作形势持续好转。2013年以来全市没有发生一起大的群访事件，到省进京保持“零非访”，较好实现了“小事不出村，大事不出乡，矛盾和问题基本化解在浏阳”的工作目标。

## 三、要求真、认真、较真

习近平总书记强调，“四风”问题的解决务必下大气力，甚至要有壮士断腕的勇气。特别要把制度约束作为刚性约束，令行禁止、不搞例外。这些论述充分体现了共产党人求真、认真、较真的品格。其实，反对“四风”也好，推动经济社会又好又快发展也好，都必须要有求真、认真、较真的精神。

一要求真务实摒弃形式。习近平总书记提出要坚持和发扬艰苦奋斗精神，坚持勤俭办一切事业，坚决反对讲排场比阔气，坚决抵制享乐主义和奢靡之风。在中央“五部委”提出要节俭办节会后，浏阳立即按照要求调整修改了第十一届国际花炮文化节的方案，由原来政府主办调整为协会主办，全面实行市场运作，坚决做到不花财政一分钱办节会。努力精简会议、文件和活动，严格管理公车使用和公务接待，力戒奢靡之风，厉行勤俭节约，切实把全市干部的心思和精力集中到办实事、求实效上。

二要认真扎实推进落实。习近平总书记反复强调“空谈误国、实干兴邦”，充分体现了真抓实干、开拓进取对于推动改革发展的重要性。为使实干精神落实到方方面面，推动浏阳各项工作走在前列，我们以重点工作季度讲评会、项目建设现场调度会、半年度项目观摩等活动为载体，切实强化“有为才会有位、实干才有实效、创新才能争先、坚持才能圆梦”的工作信念，不断浓厚抓项目、促发展的氛围。如我们组织实施征地拆迁“清零”行动，强力推进征地拆迁工作，其中城市西北环线项目创造了30天时间完成1237亩土地、7家工厂、105栋房屋等全部征拆任务的“浏阳速度”。我们大力推行“一线工作法”，发动广大干部深入群众、企业和项目，认真解决当前发展中的突出问题和人民群众的实际困难。

三要较真动真转变作风。习近平总书记多次提出，永远要有“逢山开路、遇河搭桥”的精神，锐意进取；要以踏石留印、抓铁有痕的劲头抓下去，善始善终，善作善成。这些论述深刻而形象地表明，在当前形势下，我们抓任何一项工作都要扎扎实实、较真动真。去年以来，浏阳在转变作风、优化环境方面实行了一系列较真动真的工作举措。我们着力推行“阳光政务”，市优化办通过短信、邮件、电话、信函收到的投诉，凡是线索清晰、证据确凿的，即在《浏阳日报》、浏阳网的政务服务投诉情况公示专栏上刊发，并责成当事单位限期公开回复，督促问题单位全面整改到位。坚持落实“三个一律”，要求全市所有市直部门和乡镇（街道）一律实行开门办公，市级领导实行公开接访；各职能部门的行政审批事项一律实行限时办结；各级各部门的财政切块资金和项目专项资金使用情况一律实行公开公示，切实将项目安排、资金拨付、土地招拍挂、工程招投标等敏感工作置于全社会的监督之下，进一步推进了行政管理的规范化建设，提升了党委、政府的公信力。

# 深化改革篇

# 长沙市属国企改革发展情况调研报告

长沙市人民政府研究室
长沙市国资委

十八届三中全会关于全面深化改革的决定中提出，“以规范经营决策、资产保值增值、公平参与竞争、提高企业效率、增强企业活力、承担社会责任为重点，进一步深化国有企业改革”。为贯彻落实全面掌握市属国家出资企业经营发展情况，破解企业发展过程中存在的突出矛盾，引导企业深化改革、加快发展，更好助推长沙经济社会又好又快、率先发展。2014年一季度，我们采取现场调研和书面调研相结合的方式，组织对市属20家大中型国有企业（名单附后）进行调研，与企业负责人座谈，全面了解市属国企当前生产经营情况，广泛收集企业反映的困难和问题，分析研究促进企业改革发展的对策与建议。现将本次调研情况报告如下。

## 一、市属国企发展现状

通过持续不断地深化国企改革，近年来，长沙市国资国企逐步退出一般性竞争领域，在城市基础设施建设、公共服务、两型社会建设、产业发展等领域的战略作用日益凸现，企业之间不断整合重组，逐步朝着大企业、大集团方向发展，发展规模不断壮大，竞争力不断提升。

### （一）资产情况

2013年，我市监管企业资产总额达到2896.76亿元（不含金融企业），资产规模保持稳定增长（图1），涌现出一批实力雄厚的国有企业集团（表1），其中城投集团、轨道集团等4户企业资产规模已过100亿元；净资产921.07亿元，资产负债率54.75%。

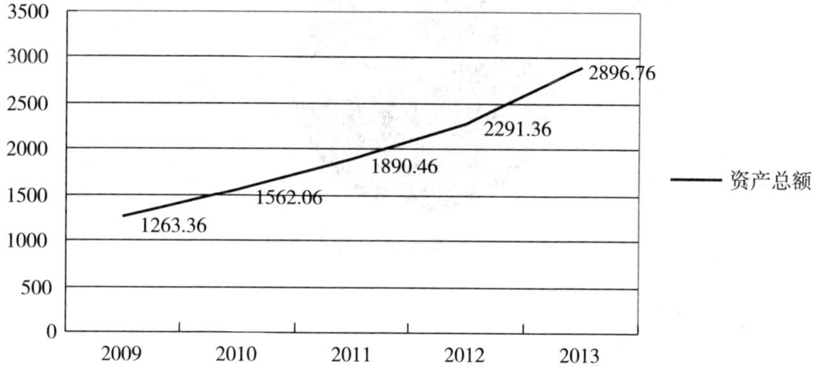


**图1　2009～2013年市属企业国有资产总额情况**

**表1　市属国企资产规模前十位企业**　单位：万元

| 排名 | 企业名称 | 资产总额 |
|---|---|---|
| 1 | 长沙市城市建设投资开发集团有限公司 | 9513840.4 |
| 2 | 长沙市轨道交通集团有限公司 | 6602920.4 |
| 3 | 长沙先导投资控股有限公司 | 4670605.8 |
| 4 | 长沙高新控股集团总公司 | 2109517.0 |
| 5 | 湖南友谊阿波罗控股股份有限公司（二级） | 915044.7 |
| 6 | 长沙房产（集团）有限公司 | 895730.9 |
| 7 | 湖南粮食集团有限责任公司 | 619319.9 |
| 8 | 长沙通程实业（集团）有限公司 | 429971.7 |
| 9 | 长沙市环路建设开发有限公司 | 339515.6 |
| 10 | 长沙市湘江综合枢纽开发有限责任公司 | 336952.2 |
| 11 | 长沙市企业国有资产经营有限公司 | 314557.4 |

市属国企主要集中于四个领域（图2）：一是城市基础设施建设领域和公共服务领域，比如，城投集团、环路公司、轨道集团、枢纽公司、公交投资公司、新港公司、粮食集团。二是承担城市区域综合开发业务的公司，比如，先导控股、梅溪湖公司和高新控股集团。三是承担政府指令性任务的平台公司，比如，企业国资公司、商业国资公司、科技风险投资公司、技术进步担保公司。四是处于一般竞争性领域的公司，比如，长房集团、通程集团、路桥公司、建工集团、船舶厂。

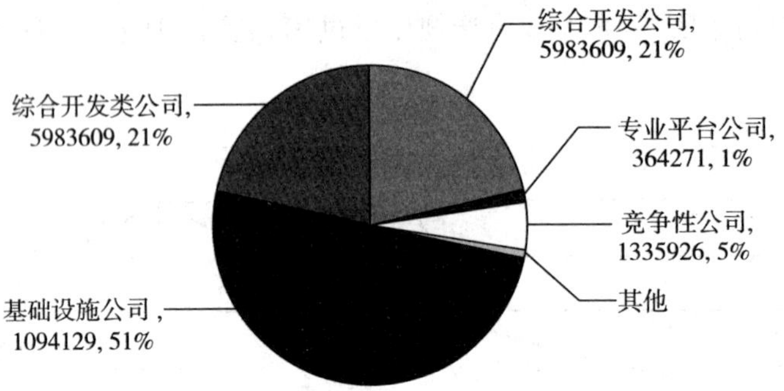


**图2　市属国企行业分布情况**

## （二）经营情况

市属国家出资企业呈现注册资本不断扩大，有17家企业注册资本超过1亿元（表2），生产经营大都实行“立足主业、多元发展”战略（表3），业务收入逐年增加，2013年累计实现营业收入332.1亿元，利润总额45.21亿元，实际上缴税金18.4亿元（表4）。

**表2　　市属国企业注册资本1亿元以上的企业**　　单位：万元

| 排名 | 企业名称 | 注册资本 |
|---|---|---|
| 1 | 长沙先导投资控股有限公司 | 1000000 |
| 2 | 长沙市城市建设投资开发集团有限公司 | 500000 |
| 3 | 长沙市轨道交通集团有限公司 | 500000 |
| 4 | 长沙先导土地开发建设有限公司 | 100000 |
| 5 | 长沙市环路建设开发有限公司 | 53699 |
| 6 | 长沙高新控股集团总公司 | 50000 |
| 7 | 长沙房产（集团）有限公司 | 30000 |
| 8 | 长沙市企业国有资产经营有限公司 | 28652 |
| 9 | 长沙梅溪湖实业有限公司 | 25000 |
| 10 | 湖南粮食集团有限责任公司 | 20000 |
| 11 | 长沙市环线建设开发有限公司 | 17000 |
| 12 | 长沙市公路桥梁建设有限责任公司 | 10188 |
| 13 | 长沙市建设工程集团有限公司 | 10171 |
| 14 | 长沙通程实业（集团）有限公司 | 10000 |
| 15 | 长沙市湘江综合枢纽开发有限责任公司 | 10000 |
| 16 | 长沙先导公共设施投资建设有限公司 | 10000 |
| 17 | 湖南省长沙船舶厂 | 10000 |

表3　　18家大中型市属监管国企主业情况（轨道、枢纽建设期）

| 企业名称 | 主业 | 企业名称 | 主业 |
|---|---|---|---|
| 水利 | 水利工程建设、片区项目开发 | 路桥 | 路桥施工 |
| 新港 | 装卸（75%），运输（12%），堆存（8%） | 水业 | 城市水务，包括二次供水、城乡供水、污水处理 |
| 建工 | 工程项目施工 | 粮食 | 粮油购销 |
| 科技投 | 风险投资，对中小企业高新技术企业进行股权投资 | 高新 | 土地开发整理（90%），房地产保障房（6%） |
| 锅炉 | 锅炉、核电及太阳能装备 | 城投 | 基础设施建设、片区开发、资产经营、公用事业 |
| 龙骧 | 公路客运、客货站场、城市公交、出租车、旅运 | 长房 | 房地产开发、直管公房 |
| 船舶 | 船舶制造、钢结构工程制造与安装 | 公交 | 公交基础设施投资建设管理，公交IC卡经营出租车 |
| 友阿 | 商贸零售业 | 先导 | 金融控股 |
| 企业国资 | 为国企改革、国资监管服务，从事政府和国资委授权的业务 | 通程 | 现代商贸、酒店旅游、电子商务、综合投资和物业管理等 |

表4　　市属国企营业收入及利润情况　　单位：万元

| 排名 | 企业名称 | 营业收入 | 利润总额 | 排名 |
|---|---|---|---|---|
| 1 | 湖南友谊阿波罗控股股份有限公司 | 678625.90 | 63274.38 | 2 |
| 2 | 长沙先导投资控股有限公司 | 646059.24 | 63697.68 | 1 |
| 3 | 长沙通程实业（集团）有限公司 | 430744.50 | 17952.79 | 5 |
| 4 | 湖南粮食集团有限责任公司 | 318594.03 | 4071.28 | 8 |
| 5 | 长沙市城市建设投资开发集团有限公司 | 256098.67 | 42698.65 | 4 |
| 6 | 长沙房产（集团）有限公司 | 254261.27 | 15035.14 | 6 |
| 7 | 长沙高新控股集团总公司 | 162387.34 | 43905.60 | 3 |
| 8 | 长沙市建设工程集团有限公司 | 154679.14 | –1784.79 | |
| 9 | 湖南龙骧交通发展集团有限责任公司 | 106352.82 | 8221.40 | 7 |
| 10 | 长沙市公路桥梁建设有限责任公司 | 89698.79 | –852.00 | |
| 11 | 长沙国安广播电视宽带网络有限公司 | 29935.05 | 6500.10 | 9 |

建设服务类企业：一方面认真完成市委、市政府铺排的城市基础设施建设任务，比如，轨道集团承担的轨道交通2号线一期工程正式投入运营，1号线一期工程年底实现“车通”，3、4号线启动一期工程建设，到2020年初步形成长沙轨道交通线网骨架。枢纽公司承担的湘江长沙综合枢纽项目于2012年10月正式蓄水通航。城投集团发挥城建融资建设平台功能，有力地推动了城市重大基础设施建设；另一方面，增强了公共服务领域国有资本控制力。比如，公共交通投资公司控股的湖南巴士和企业国资公司控股的龙骧巴士所经营的公交线路占全市公交线路的70%，营运车辆占60%。公共交通投资公司全资子公司蓝灯公司是长沙市最大的出租车公司。湖南粮食产业集团承担着国家粮食宏观调控和区域性粮食安全的重要职能，在市场化经营方面集粮食品种研发、种植、收购、储备、加工、物流、期货、贸易、市场交易功能于一体，并通过并购重组金健米业增发上市。长沙新港2013年完成货物总吞吐量400万吨，占全省港口总吞吐量的30%。

区域开发类公司：区域开发类公司肩负着重点片区综合开发功能，通过整合和运营城市资源，形成长沙经济新的增长极。比如，先导控股重点开发了洋湖、滨江两大片区，梅溪湖公司重点开发梅溪湖片区，高新控股重点开发高新技术产业园区。

专业平台类公司：科技风险投资公司作为国有专业型创业投资企业，通过探索和发起设立各种创业投资公司（基金），构建多层次、多元化的投融资体系，发挥着高技术产业发展支持平台的作用，促进了我市高新技术成果转化与产业化。企业国资公司作为改革改制平台，通过资本运作融资解决了企业改制资金，实施国有工矿企业棚改等民生项目，促进了社会和谐。

竞争性领域公司：长房集团2013年销售额超30亿元，在竞争激烈的长沙房地产市场中排名第七，仅次于保利、恒大、万科等大型企业，是本土仅有的掌握一定话语权的企业。通程集团2013年销售收入55亿元，形成了商业专营、旅游酒店、综合投资管理等分类清晰、运行良好的业务板块，社会贡献度高、管理体系完善、市场竞争力强。

### （三）监管现状

80家市属国家出资一级企业中，市国资委直接监管的企业16家（表5），委托监管的企业15家（表6），拟关闭注销和产权发生变动企业15家；行管办（联社）所属未完成改制的困难企业34家。

表5 市国资委直接监管企业

| 序号 | 企业名称 | 序号 | 企业名称 |
|---|---|---|---|
| 1 | 长沙市城市建设投资开发集团有限公司 | 2 | 长沙房产（集团）有限公司 |
| 3 | 长沙市环路建设开发有限公司 | 4 | 长沙通程实业集团有限公司 |
| 5 | 长沙市公共交通投资管理有限公司 | 6 | 湖南教建集团有限公司 |
| 7 | 长沙市公路桥梁建设有限公司 | 8 | 湖南长沙新港有限公司 |
| 9 | 长沙船舶厂 | 10 | 长沙市企业国有资产经营有限公司 |
| 11 | 长沙市商业国有资产经营有限公司 | 12 | 长沙市产权交易所 |
| 13 | 湖南和光传媒有限公司 | 14 | 长沙市轨道交通集团有限公司 |
| 15 | 长沙湘江综合枢纽开发有限公司 | 16 | 长沙市建设工程集团有限公司 |

表6 市国资委委托监管企业

| 序号 | 企业名称 | 委托监管部门 |
|---|---|---|
| 1 | 长沙先导投资控股有限公司 | 先导区管委会 |
| 2 | 长沙梅溪湖实业有限公司 | |
| 3 | 长沙高新控股集团总公司 | 高新区管委会 |
| 4 | 长沙市福利工业总公司 | 民政局 |
| 5 | 长沙市社会福利房地产开发公司 | |
| 6 | 长沙旭华仪表厂 | |
| 7 | 长沙土地开发建设有限公司 | 国土局 |
| 8 | 长沙市科技风险投资管理有限公司 | 科技局 |
| 9 | 长沙市技术进步投资担保有限公司 | 工信委 |
| 10 | 湖南粮食产业集团有限公司 | 粮食局 |
| 11 | 长沙市丰穗粮油贸易公司 | |
| 12 | 长沙市粮油食品工贸公司 | |
| 13 | 长沙国安广播电视宽带网络公司 | 广电集团 |
| 14 | 长沙广播电视发展总公司 | |
| 15 | 长沙广电数字移动传媒有限公司 | |

## （四）法人治理情况

市属国家出资企业法人治理结构建设情况呈现出以下几个特点。

一是机构建立但运转不畅。本次调研的20家市属大中型企业中，18家按照《公司法》的规定设立了董事会、监事会和经理层，形成了彼此相对独立的决策机构、监督机构、经营管理者。同时，进一步完善内部组织机构，根据公司职能科学设置部室，通过资产纽带关系管理出资企业。船舶厂、高新控股2家全民所有制企业也按照相关法律法规要求形成了科学决策机制。但是，离现代企业制度要求的“权力机构、决策机构、监督机构和经营管理者之间各负其责、协调运转、有效制衡的法人治理结构”仍然有较大的距离。主要体现为，部分企业董事会与经营层高管基本重合，董事会战略决策职能未发挥，企业普遍很少召开董事会议决重大事项。企业监事会成员主要是由企业内部人员选拔，采取内部监督的方式导致监事会监督作用不明显。部分企业人事管理权限不明晰，经理层不是由董事会聘任，而是由上级主管部门党委管理，子公司重要岗位的人事管理关系也未理顺。

二是各司其职但职能边界不清晰。法人治理结构的本质是责任配置的制度安排，按照委托代理关系，从出资人代表到董事会到总经理，依法依规层层授权，形成国有资产责任链条。本次调研的20家企业中，部分企业的出资人定位模糊，履行出资人职责机构监管不到位，产生了“内部人控制”的问题。部分企业把公司分权——制衡机制看作“董事会（甚至董事长）领导下的总经理负责制”，扰乱了公司的责任体制，使公司经营管理效率降低。部分企业仍然以国有企业领导干部管理模式来管理现代公司的经理层人员，破坏了董事会与经理层人员之间的委托代理关系。部分企业监事会职能部到位，获取信息的不充分，没有真正发挥监督作用。

三是经营管理制度多但法人治理议事规则不完善。部分市属国企法人治理结构中存在的“形似而神不似”“形备而实不至”问题的重要原因是流程和程序不规范。部分企业章程制定和执行情况不佳，章程长期未修订，章程作为指导企业运行根本制度的作用未发挥。部分企业董事会、监事会、经理层的议事规则和办事程序不完善，使法人治理结构的运行无法制度化、具体化、流程化。部分企业没有建立董事会集体决策及可追溯个人责任的议事和决策制度、出资人选任和考核董事会成员制度、董事会选聘和考核经理层成员制度、总经理依法行使用人权制度等。制度的缺失一定程度上影响董事会科学决策、经理层高效执行和监事会有力监督。

### （五）人力资源情况

据统计，20家大中型企业在岗职工人数21000多人（表7），内退协保退休11000多人，退休人员占在职人数的一半还多，企业负担较重；行政事业编制1693人，与机关单位待遇存在差距的由企业补足，人工成本较高（表8）；专业技术人员1200多人，在企业职工中占有一定比例。20家市属大中型企业中，由市委管理领导班子的企业8家，城投集团、轨道集团、枢纽公司、粮食集团、先导控股、长房集团、水业集团、水利投资公司，由市委管理主要负责人的企业4家科技风险投资公司、通程集团、友阿集团、龙骧集团，其他企业由各部门管理领导班子。

**表7　　市属国企人力资源情况**

| 序号 | 名称 | 职工人数 | 高管人数 | 在岗人数 | 退休内退 | 事业编 | 大专以上 | 中高职称 | 部室 | 子公司 | 党组织 |
|---|---|---|---|---|---|---|---|---|---|---|---|
| 1 | 城投集团 | 69 | 10 | 69 | 0 | 15 | 53 | 30 | 10 | 25 | 9 |
| 2 | 轨道集团 | 1240 | 5 | 1240 | 0 |  | 1240 | 150 | 19 | 15 |  |
| 3 | 高新控股 | 24 | 6 | 24 |  | 3 | 24 | 13 |  | 11 | 6 |
| 4 | 粮食集团 | 2954 |  | 1624 | 1339 | 18 | 487 | 79 | 13 | 19 | 11 |
| 5 | 湘江枢纽 | 50 |  | 50 | 0 |  | 50 | 27 | 8 | 0 |  |
| 6 | 新港公司 | 369 |  | 330 | 121 | 0 | 132 | 52 | 11 | 5 | 6 |
| 7 | 水业集团 | 2727 | 14 | 2057 | 670 |  | 1434 | 275 | 10 | 6 | 31 |
| 8 | 水利投 | 48 | 6 | 48 |  | 8 | 37 | 13 | 6 | 3 | 1 |
| 9 | 通程集团 | 4951 |  | 4784 | 167 |  | 2414 | 190 |  | 8 | 15 |
| 10 | 路桥公司 | 235 |  | 174 | 61 | 148 | 151 | 65 | 8 | 2 | 4 |
| 11 | 建工集团 | 1754 |  | 877 | 877 |  | 265 | 106 | 10 | 8 | 15 |
| 12 | 科技投 | 16 | 3 | 16 | 0 | 1 | 16 |  | 3 |  |  |
| 13 | 锅炉 | 727 |  | 680 | 661 | 0 | 236 | 66 | 15 | 6 | 2 |
| 14 | 公交投 | 7108 |  | 4036 | 3072 | 0 |  |  |  |  |  |
| 15 | 龙骧集团 | 3316 |  | 3003 | 2736 | 0 | 529 | 191 | 5 | 31 |  |
| 16 | 船舶 | 601 |  | 291 | 1525 | 0 |  |  | 18 | 0 |  |
| 17 | 企业国资 | 24 |  | 24 | 0 |  | 24 | 14 | 7 | 11 |  |
| 19 | 长房集团 | 2700 |  | 2000 | 700 | 1500 |  |  |  |  |  |
|  | 合计 | 28913 |  | 21327 | 11929 | 1693 |  | 1271 |  |  |  |

**表8　　部分企业人工成本总费用情况**

| 序号 | 企业名称 | 总费用 | 在职职工人数 | 工资费用（万元） | 社保公积金费用及占比 | 退休人员补贴管理 |
|---|---|---|---|---|---|---|
| 1 | 水利投 | 342 | 48 | 251 | 48，14% |  |
| 2 | 路桥 | 1196 | 206 |  | 292.4，24.5% | 69.2 |
| 3 | 新港 | 1636.3 | 330 | 1257.9 | 378.4，32.1% |  |
| 4 | 建工 | 8351 | 1386 | 6396 | 688（无公积金），8.2% | 45 |
| 5 | 粮食 | 3714 | 1998 | 2860 | 854，23% | 128 |
| 6 | 高新 | 310 | 24 | 278 | 23 |  |
| 7 | 锅炉 | 3394.2 | 727 | 2328.5 | 988.7 | 42.1 |

## 二、市属国企存在的主要问题

我市国资国企改革已经进入了深水区，市属国企面临的改革发展形势也发生了较大变化，从企业反映的情况来看，深层次问题依然突出，主要体现在以下几个方面。

### （一）市场化程度低，主业不清晰

部分从事土地一级开发的政府投资公司因业务模式单一，现金流不稳定，企业经营风险较大。部分政府投资公司没有清晰的主业发展模式，仍然依靠政府配置资源或财政输送利润来实现企业的盈利，没有稳定的经营性收入。具体到企业，如先导控股公司目前更多的工作聚焦于土地一级开发和先导区项目代建，与市委、市政府要求的城市资源综合运营商的定位有一定差距。如城投集团资产结构不合理，债务负担沉重，准经营性和经营性资产严重偏低。如高新控股集团内部公建项目与市场经营项目相互交织，企业无法建立市场化的盈利模式和清晰的主业。如轨道集团将进入建设与运营并行时期，需要统筹考虑经营资源、项目和运营模式。如长沙船舶厂等工业制造业企业受制于客观因素，对企业长远发展缺乏战略定位。

### （二）企业管理行政化，市场责任缺位

一方面政府指令市属国企修建道路、基础设施、保障性住房等投资收益率低的公共配套项目，转化为企业成本和沉淀资产，占用大量资金，给企业经营带来较大压力。城投集团等部分政府投资公司仍然没有理顺土地一级开发的财务核算体制，先导控股公司在进行滨江片区开发过程中除支付686万/亩土地整理成本外，还需指令性分摊片区外的部分基础设施配套费用。部分市属国企仍然承担沉重的社会职能，如长房集团1500名事业编制人员退休后待遇要按照公务员退休标准由企业补足2/3的差额，公交投资公司要负责3702名离退休、内退、协保人员管理、服务工作。另一方面，企业严重依赖政府，对于企业市场风险、债务危机都转为政府承担。

### （三）法人治理不完善，经营运作存在风险

如轨道公司法人治理结构尚未完全建立，董事会、监事会人员未配齐。如先导控股公司章程设计中市政府指定国资委持有股权，授权先导区管委会履行出资

人职责，这种体制存在法律风险影响企业市场化运作。如大部分企业监事会设置不合理，难以起到对董事、高级管理人员执行职务行为的监督作用。如企业领导人员管理中存在的市属国企负责人由行政机关领导干部兼职情况较普遍，虽有利于工作协调，但容易形成新的政企不分，也造成实际工作当中无法兼顾。部分市属国企负责人管理权限不明确，优秀的企业经营管理人员无法输送到行政机关领导岗位，通过公开选拔从公务员队伍中挑选的优秀干部到企业任职后也受困于级别待遇问题影响工作开展。

### （四）支持政策不够，国企难享平等待遇

一方面，市属国企注册资本金普遍不到位，如不及时充实资本金，存在虚构资本金的法律风险。部分企业特别是政府平台公司在注册资本未及时到位的情况下，实际上在利用政府信誉进行担保融资开展业务经营。如先导控股公司注册资本100亿元，设立之初决定分五年到位，但至今成立满四年实际到位46亿元。如长房集团3亿元注册资本金是以直管公房等实物资产形式注入，但这些资产实际价值并不大，同时，长房集团资产总额已达到77亿元，目前3亿元注册资本与其资产规模不相匹配。路桥公司10188万元的注册资本中，土地及房屋资产出资仍未过户至公司。建工集团10171万元注册资本中，4100万元出资资金被企业抽出并采取挂账往来的方式处理。另一方面，市属国企缺乏平等的政策支持，如建设工程招投标方面，市属国企要严格按照政府采购有关程序执行，其他企业可享受邀请招标等简化程序。如薪酬机制不够灵活，难以根据市场价值提出合理报酬，导致关键技术岗位人才流失。如水电、劳动力等资源要素价格不断上涨，企业在税费、解决就业等方面未享受优惠政策，影响市场竞争力。

## 三、推进市属国企改革发展的建议

国有企业改革是一个不断深化的过程，要增强市属国企的竞争力和持续发展力，必须坚定不移的深化改革，通过深化改革释放发展红利。具体建议从以下三个方面深入推进。

### （一）转变观念，从市场主体角度看待国企

企业是市场最重要的主体，独立从事经济活动，享有权利和承担义务，国企

当然不能例外。作为市场主体有两个特征，一是遵循市场运行规律，按照市场经济要求组织市场开展经营参与竞争。二是法人实体特征，按照《公司法》准确界定股东、公司法人、内部治理机构的权利义务及其边界。

从组织结构上看，市属国企基本建立了以公司制为主要形式的现代企业制度。但在企业运行中，市属国企市场化程度并不高。从企业自身来看，部分企业市场意识不强，主营业务不清晰，依靠政府安排项目获取资金；法人治理结构不完善，董事会、经理层重叠较严重，人员编制情况复杂，同一家企业中存在公务员、事业编、固定工、合同工等多种管理对象。从政府角度来看，对国企采取行政管理、上下级管理的思维和方式依然存在。

维护企业市场主体地位关键在于解决认识问题，需要破除既有的把国企作为政府职能延伸的观点，把握三方面内容：一是要成为真正的市场经营主体，科学定位，合理布局，突出法人实体地位，与其他所有制企业按市场规则平等竞争，自负盈亏，把经营成果盈亏显性化。二是要厘清政府与企业的关系，规范出资人权利的行使，重视国企而不干预国企，以资本为纽带，对企业的支持采取资本形式投入，企业对政府的回报采取收益收缴的方式收取。三是要完善企业法人治理结构，建立相互制衡的激励约束机制，推进企业自主经营发展。

### （二）转变职能，从全市经济发展全局高度定位国企

建议市委、市政府制定出台深化市属国企改革发展的文件，明确国企发展定位，将国企发展纳入全市经济社会发展统筹考虑，进一步优化国资国企空间布局，推动国有资本进一步向“两型社会”建设战略中的关键节点集中。进一步优化国有经济的产业布局，推进国有资本向基础产业、支柱产业、战略性产业等重要行业及关键领域集中。进一步优化国有资本在企业的布局，以重大项目建设为抓手，推进大型企业集团建设，形成一批具有国际和区域竞争力的国有大公司、大企业集团。

着力规范市属企业法人治理结构。积极探索国有企业公司治理的有效模式，加快健全公司治理机制，形成权力机构、决策机构、监督机构和经营管理者之间各负其责、协调运转、有效制衡的法人治理结构。

不断完善国有资产监督管理体制。继续推进政企分开，实施企业国有资产统一监管，加快政府职能转变，建设服务型政府，切实减少对微观经济活动的干预，维护国有企业经营自主权和法人财产权，为国有企业改革发展创造良好环境。

## （三）转变方式，从可持续发展的维度支持国企发展

一是健全国家资本金投入机制。市财政每年安排资金用于做实市属国企注册资金。同时，市政府根据资产规模情况，采取注入土地、无形资产、股权资源，以及归集各类扶持产业发展基金进行资本性投入和国有资本收益再投入等方式，进一步扩充市属国企注册资本，增强企业实力和投融资抗风险的能力。经市政府批准，市属国企原划拨用地的土地使用权可以采用作价出资方式转作国有资本投入。

二是形成国有资本收益收缴合理支出机制。①建立国有资本经营预算制度，规范国有资本收入收缴与支出管理，落实市属国有企业国有股东分配权。②重点围绕国有资本调整、国有企业重组的方向和目标，统筹国有资本收入的使用，增强国有股东对重点发展企业和重点项目资本金投入的导向作用，促进国有企业资本结构调整和技术进步，提高企业核心竞争力。③建立国有资本支出绩效评价制度，加强企业国有留存收入管理，实现企业财务预算与国有资本经营预算的对接。

三是支持国企项目建设。对纳入市国资委重点培育发展对象企业的重点项目，优先组织申报国家、省、市重点项目，市级国有资本经营预算收入优先安排支出给予支持。建立指令性项目补偿机制。对国有企业承担的政府指令性建设项目，由政府协调解决项目资本金。对承担的公共交通、污水处理、垃圾集运、废物处置等城镇公共服务项目，由政府视情况对项目给予适当补助。

四是简化涉企审批手续。财政部门负责简化政府投资项目财政资金结算拨付程序，加快办理速度。对于市属国企利用自有资金进行的项目投资，可在市政府指定的中介机构库中自行选定中介服务机构，由市国资委负责建立涵盖审计、法律、评估、建设、拍卖、招投标等在内的国企经营运行中介机构库。严格把关入库中介机构资质和水平，严格实施动态淘汰管理，市属国企按照相关管理程序根据企业实际情况在库内灵活选择中介服务机构。

**课题组组长：** 蒋集政
**课题组副组长：** 刘剑锋
**课题组成员：** 袁金明　李　华　周　明

# 长沙市征地制度改革试点工作经验与建议

长沙市国土资源局

我市作为国土资源部征地制度改革工作试点城市之一，从2011年开始，在国土资源部和省国土资源厅的指导下，选定三个项目开展了缩小征地范围的试点。在试点过程中，市、县国土资源部门高度重视，试点项目单位积极配合，较好地完成了试点任务。

## 一、缩小征地范围试点项目情况

我市征地制度改革试点工作从2011年5月启动，按照国土资源部对我市试点工作的批复和“重点探索、局部试点、封闭运行、结果可控”的基本原则，我市制定了《长沙市征地制度改革试点实施方案》，并完成前期工作。第一，试点工作实行市、县（区）、乡镇三级管理，成立了工作领导小组和具体实施小组，并聘请北京大学国家社会经济发展中心为专家团队，制定相关政策和文件；第二，在我市所辖每个县（市、区）中选定一个群众基础好、用地需求量大、改革意识强的乡镇进行试点，通过乡镇主动申报和县（市、区）国土资源局的甄选，确定长沙县开慧镇、望城区黄金镇、浏阳市柏加镇、宁乡县灰汤镇为缩小征地范围试点，先导区坪塘镇、莲花镇和高新区雷锋镇真人桥村为征地拆迁补偿安置政策改革试点。第三，各试点县（市、区）和乡镇加快与用地单位、村组沟通，向用地单位解释征地制度改革试点的内涵、使用集体建设用地的优势、权益保障政策等内容，争取用地单位的理解和支持，并最终确定试点项目。

县（市、区）国土资源局通过多方面的比较和沟通，最终确定了长沙县津之源农产品加工项目、望城县红日门窗加工项目和宁乡县东鹜山桃花谷度假村等三个项目为缩小征地范围试点项目，浏阳市因用地单位对集体土地的投资和权益不放心而决定暂缓试点。3个缩小征地范围试点项目的基本做法是一致的，主要有以下步骤。第一，村委会与用地单位进行初步沟通，就地上附着物补偿、合作方式、土地租金、人员安置等问题达成初步协议。第二，村委会按土地征收建设项目的方式，而不是乡镇村企业的方式向市人民政府申请办理农用地转用，我局以最快的速度办理农用地转用手续。第三，通过签订一般民事合同或者通过长沙市农村土地市场交易中心公开交易的方式，村委会与用地单位签订租赁（出让）合同；宁乡县东鹜山桃花谷度假村项目是通过长沙市农村土地市场交易中心挂牌的方式流转，长沙县津之源农产品加工项目和望城县红日门窗加工项目是通过在乡镇人民政府的鉴证下签订土地租赁合同的方式流转。第四，用地单位支付租金（或出让金），村集体经济组织完成地面青苗和附着物补偿、清理，正式交地。

宁乡县东鹜山桃花谷度假村项目是我市唯一通过市农村土地交易中心流转的试点项目，也是我市第一宗通过交易中心流转的集体建设用地。2012年10月12日，宁乡县灰汤镇新联村4.0316公顷集体建设用地在市农村土地流转交易中心挂牌，宁乡县桃花谷桃园基地农业开发有限公司以1345万元取得土地使用权，欲将其打造为农业生产、度假、餐饮、观光为一体的东鹜山度假村项目。该项目申请在市农村土地交易中心挂牌，做了较为充足的前期工作：第一，项目所在地村委会向灰汤镇人民政府提出申请，经镇人民政府审批后报县人民政府审核，县人民政府高度重视，为支持改革试点工作，对该项目不收取费用或留成收益，并同意挂牌出让。第二，村、镇两级在土地审批后，按照土地征收标准拟定土地补偿方案，并聘请专业土地评估机构确定土地挂牌地价，最后在县人民政府审核后由村委会向市农村土地交易中心提出挂牌申请。第三，土地评估机构根据长沙市农村土地基准地价体系制定该宗土地评估地价（灰汤镇集体商服用地地价为18.40万元/亩，国有商服用地地价为32.53万元/亩，按照一定比例取值确定该宗土地起拍底价为22.25万元/亩）。第四，针对我市第一宗集体建设用地挂牌，市农村土地交易中心经过慎重研究，决定以支持改革试点的方式不收取任何服务费用，并在长沙市国土资源局官网和长沙晚报上公开挂牌，顺利完成土地招拍挂工作。

## 二、缩小征地范围试点基本经验

### （一）确定农民在改革中的主体地位

改革涉及重大经济利益的重新分配，征地制度改革的核心是缩小征地范围，完善征地补偿机制，充分体现农民的财产权益，将属于农民所有和使用的集体土地变成资产进行经营，从而不断提高农民的财产性收入，保证农民的长远生计；因此我们开展的改革以农民为主体，农民对集体土地享有占有、使用、处分和收益的权利，鼓励使用集体建设用地进行经营性项目建设，农民不但参与土地流转，而且以所有者身份获取土地收益。但农民由于天然的局限性，在参与市场经济中难以作为理性并诚实的主体，需要依靠村委会作为农民的代表，行使土地所有权人的权力。但现实生活中，村委会与农民之间并不是完全地“委托—代理”关系，集体组织被少数人操控的现象屡见不鲜，同时急需通过法律程序明确农民与集体之间的关系，保障集体和个人之间的合法权益。

### （二）依托农村合作社调动农民积极性

村民委员会是农民的自治组织，不具备法人资格，因此必须成立农民合作社，以法人身份完成土地征用（主要是指土地收回、补偿等工作）、土地出让和供地的行为。农业合作社以村或组为单位，可以按照人头股和财产股明细每户每人的股份，对纳入合作社的农民财产认真清点、核查和公示。合作社在获得土地出让的收益后，可用于集体经济组织的发展，完善农村公益设施和提高社员福利；对合作社的经济运行必须按照村级财务公开制度，对社员实行公示。在有条件的地区，可将合作社改制为股份公司，行政村改制为居民委员会。但是在我市实际操作过程中，大部分集体经济组织都是由村委会代为行使权力，具有一定的法律风险。

### （三）合理补偿价格与征收补偿的过渡

我市选择的试点乡镇均为项目用地较为活跃的地区，存在大量的土地征收案例，如何避免土地征收与集体土地补偿之间的差距至关重要。我市目前土地征收补偿依据为长沙市人民政府第103号令，土地征收标准在县域范围内为4万～6万元/亩，而集体建设用地出让价格可以达到20万元/亩以上，如果将土地出让收入全部补偿给被占地农民，将造成被征地农民的攀比心理。因此，我市各试点区域均是以土地征收价格对被占地农民进行补偿，并将失地达到一定比例的农民纳入社会保险，享受与被征地农民同等的待遇。其余收益在扣除相关税费后，纳入村级财务收入，用于农村公益设施、社会保险和农村福利等。

### （四）明确集体建设用地的价格和权利

集体建设用地的价格和权利应该是影响用地单位使用集体建设用地积极性的主要因素，也是影响改革向前推进的一个瓶颈。我市编制了城乡一体化基准地价体系，形成了从农用地到建设用地的价格折算体系，可以作为集体建设用地土地出让价格依据。同时，应赋予集体建设用地抵押权，允许在金融机构与国有土地一样进行等值抵押，以此获得土地开发费用。流转后的集体建设用地使用权同样签订土地流转合同，按照合同约定履行集体建设用地使用权的权利和义务，并参照国有出让土地管理，以此来维护流转双方的利益。

### （五）土地出让收入双重监管体制

为保证土地出让收入的安全和合理利用，我市建立了土地出让者和乡镇政府对收益账户的双重监管制度。土地成交后，由竞买者将土地出让金支付至土地流转收益专项账户上，土地所有者根据土地流转交易和收益分配方案申请拨款，乡镇政府监管并审核同意后才能放款，并定期对账户收支状况进行公告，有效预防土地出让收益被挪用占用的情况，保护被占地农民的土地收益，实现村组土地流转收益的长期化。

## 三、开展缩小征地范围试点存在的问题

### （一）土地增值收益分配与政府财政的矛盾

在我市的征地制度改革试点项目中，地方政府没有收取任何费用，也没有获得增值收益分成，体现了地方政府对征地制度改革试点工作的支持。但作为一种制度设计，如果将所有土地增值收益全部归农村集体，势必对地方政府获取国有土地收入的制度形成较大冲击，影响地方政府的试点积极性。对于村集体经济组织而言，公益性征地获得土地补偿低，非公益性项目出让集体建设用地的收益高，将对项目征地造成不利影响，延缓了征地拆迁的进度，甚至拖延国家、省级

重点建设项目建设。同时，农村集体经济组织如果都具有土地开发和出让的权利，容易形成土地一级市场多头供地的局面，破坏现有国有土地出让市场。

### （二）非公益性项目选择局限性大

根据《长沙市征地制度改革试点实施方案》，除房地产开发外的出让建设项目均可视为非公益性项目，使用集体建设用地。但在现实情况下，我市自愿申请加入试点的项目大多为中小型工业项目。该类项目建设投入小、附加值低，土地成本在整个建设投资中比例较大，选择集体建设用地可以明显降低投资成本，但此类用地有的多为国土资源部规定的限制项目用地，发展空间有限。大型工业、商贸企业项目投资较大，税收、就业带动能力强，土地成本在整个建设投资中比例较小，考虑到集体建设用地权益难以保障，都明确提出不使用集体建设用地。所以，如果不强制非公益性项目使用集体建设用地，缩小征地范围的效果将受到局限。

### （三）集体土地使用权能不完整

我国《土地管理法》规定农村集体建设用地主要用于农民宅基地、乡镇企业和公共公益设施，建设项目只能申请使用国有建设用地。国有土地使用权的各项权利很明晰，尤其在土地使用权的流转、增值分配、税费收取、抵押等方面，对于保障土地使用权者的权益非常完整。但集体建设用地使用权的法律规定还有待完善，用地单位非常担心土地使用权不能保障其权益，主要体现在两个方面，一是集体建设用地使用权抵押问题，目前在长沙各县（市）都不能得到金融机构的支持；二是土地使用权的再流转和增值分配，目前暂没有任何规定，难以保障土地使用权人的增值收益；三是土地使用权人如何排除村集体经济组织和村民的干涉问题。

### （四）各地对缩小征地范围需求不统一

从我市缩小征地范围试点的项目情况看，各地区因区位、经济条件等因素不同，对缩小征地范围改革的接受程度也不一样；对政府而言，对缩小征地范围能够开展的区域接受程度也不一样。首先，中心城区和城关镇不适宜开展缩小征地范围改革，这两个区域是政府土地收入的主要来源，同时按照《土地管理法》相关规定也应该征收为国有土地。其次，偏远地区并不欢迎缩小征地范围，偏远地区人少地多，土地征收相对于集体土地出让，更能够带来明显的经济收益；而且偏远地区的村组制度建设大多不完善，村民更倾向于相信政府的分配。因此，对缩小征地范围需求明显的主要是地处县域腹地，相对于周边地区具有较强经济实力的村组，全面推进缩小征地范围制度改革具有一定的难度。

### （五）区分公益性用地与现行补偿政策不一致

缩小征地范围与当前征地统一年产值和区片综合地价的设计理念相冲突，征地统一年产值和区片综合地价就是不区分公益性征地与非公益性征地，按统一标准进行补偿。而且政府在缩小经营性征地范围后，还要为公益性征地筹集新的资金渠道，与当前执行的政策有较大的调整，不利于政策的统一和延续。

### （六）农民经营性用地的审批问题

农村经营性用地按照目前的法律是指乡镇企业用地，其审批手续在《土地管理法》中表述很简单，可以说审批规范、标准、权限等都是各省（市）制定的，可能东部地区批准面积较大，像长沙这样的中西部城市批准规模较小，现有的乡镇企业用地能转为经营性用地的空间很小，因此我市试点的项目都是新批准的集体建设用地项目。如果新增建设用地作为缩小征地范围的主要来源，就需要对相关法律法规进一步明确。

## 四、对缩小征地范围政策推广的建议

### （一）完善集体建设用地使用权的法律框架

集体建设用地的价格和权利是影响用地单位使用集体建设用地积极性的主要因素，也是影响征地制度改革推进的瓶颈。首先，应建立城乡地价一体化体系，按照国有建设用地价格体系构成编制集体建设用地价格体系，由土地成本和土地纯出让金构成土地出让价格，其中土地成本归村集体所有，土地增值收益按照相关的收益分配政策进行分成，主要用于农村基础设施建设和农民的社会保障。其次，应当赋予农村建设用地使用权物权性质，允许土地使用权人在不妨害所有权的基础上，对土地享有占有、使用和部分的收益和处分的权利，并在对土地处分时取得合法的土地增值收益。最后，赋予集体建设用地的抵押权，允许在金融机构与国有土地一样进行等值抵押，以促进集体建设用地土地市场的发育，成为与国有建设用地同等竞争的市场要素。

### （二）明确不同集体建设用地的管理制度

传统意义上的农村集体建设用地包括乡镇企业用地、公益性用地和农民宅基地三块，首先建议所有乡镇企业用地和新增的缩小征地范围用地统一纳入经营性用地管理范畴，按照国有出让地管理模式管理；公益性用地包括乡镇级和村级公共设施用地和公益事业用地，建议村集体经济组织按照国有划拨地管理模式管理；农民宅基地的情况比较特殊，一方面具有无偿性、保障性和公益性的特点，另一方面具有稀缺性、权益化和个体化的特点，如果按照公益性用地模式管理，势必将限制该类用地权益的有效发挥，如果按照经营性用地模式管理，可能导致大量市民下乡、农民失地的情况，建议将农民宅基地按照经济适用房用地的有限产权的管理模式，村集体经济组织有权优先回购农民卖出的宅基地，用于新增人口的宅基地的分配或者转为经营性用地出让。三类用地具有明显的特点，建议明确土地用途，并强化类别管理，如果出现用途混乱，将严重扰乱农村土地市场的建设。

### （三）明确农村土地房屋拆迁补偿安置的政策

通过对我市被征地农民的补偿统计，土地征收补偿和房屋拆迁补偿分别占到农民补偿款的25%、75%，房屋拆迁补偿已经成为被征地农民的主要补偿收入，在征地案例比较集中的城镇、集镇或园区更是如此。我国现行法律法规大多是对土地征收补偿的规定，而对房屋拆迁缺少程序和标准上的规定。目前，我市农村土地上房屋的拆迁是采用刚性的补偿标准，与《国有土地上房屋征收与补偿条例》的议价制度差异较大，建议《集体土地上房屋征收与补偿条例》尽快出台，以实现各地集体土地和国有土地征收的衔接，同时也有利于规范村集体经济组织在收回农民土地使用权时，对房屋、青苗和土地使用权的补偿。

### （四）建立城乡统一的建设用地市场

随着征地范围的缩小，非公益性项目用地退出征地范围后，应该通过招拍挂出让取得土地，保证土地价值的最大显现，维持土地市场的公平公正，还能确保农民从土地中获得最大收益。同时，集体建设用地的流转与国有建设用地的出让应在一个交易平台上进行，建立一个城乡统一的土地交易市场，履行国有土地一样的招拍挂出让程序，以此来规范集体建设用地的流转行为。

### （五）完善农村集体经济组织管理体制

在中国大规模征地的社会背景下，土地是否实行征收和征收的模式、标准体现着土地的最终处置权，缩小征地范围改革试点工作赋予农村集体经济组织和农民更大的土地处置权，就要求农村集体经济组织能够适应当前土地管理的需要，具有更强的公共管理能力。首先，理顺集体经济组织与农村自治组织之间的关系，农村集体经济组织本是依托于土地的合作化形成的，唯一的集体资产即为土地，但我国土地行政管理方面，直接将土地所有权登记于农村自治组织名下，这种现象导致部分地区两者之间的对抗，急需法律的明确；其次，将更多的土地增值收益用于农村和农民的分配，要求农村集体经济组织具有较强的经济管理能力，实现土地资产的增值；最后，农村集体经济组织经济实力的增强，对组织制度化管理提出了更高的要求，尤其在人事调整、财务公开、土地处置等方面必须有明确的制度，提高组织成员的幸福感和归属感。

# 关于审计权能分离改革的思考

长沙市审计局

国家审计成立三十年来，宪法赋予的审计职责履行越来越全面，审计机关内部机构和审计队伍日益壮大，审计的范围和深度也有了质的变化，在国家治理中发挥了“免疫”系统功能。但也应看到，审计工作仍面临不少挑战。如审计业务管理模式主流仍沿用国家审计成立时以传统“执法型”审计为基础的单一规范的审计业务管理方式，以审计机关业务部门为单元独立开展审计业务。这一审计业务管理模式，虽在过去的很长一段时间发挥了积极作用，但随着审计理念转变、审计方式革新、审计文化重构等一系列变化，却对审计工作形成了新的制约。特别是近几年，因服务党委政府决策需要，行业性审计项目、大型审计项目成为一种常态，审计理念从“执法”逐步向“服务”过渡，传统的审计业务管理模式已很难适应。基于此，各级审计机关也开始积极创新审计业务管理模式，如湖南省部分审计机关2005年开始试行的审计权能“四分离”改革就是一个典型代表，并取得了初步成效。本文以湖南省长沙市审计局审计权能“四分离”改革为例，进行了一些探索性思考。

## 一、实行审计权能分离改革的主要原因

传统的审计业务管理模式，审计机关业务部门在实施审计时，往往需要单独完成审计计划、实施、审理、执行等全部的业务流程，是一种集权式的管理模式。就比如在小作坊里，一个产品的出来，是以工人个体为单位来完成，那么产品的质量和生产效率，就主要取决于工人的能力及数量，而一旦作坊订单业务大增，那么这个运行模式将会承担很大风险。实际上，审计业务管理模式也正面临

着这一困境，改革成为迫切要求。

一方面是内部动因，传统审计业务管理模式面临挑战。以长沙市审计局为例，在实行审计权能四分离改革之前，审计业务管理实行统一领导、分级负责制，即由各审计业务部门在各自划定的审计对象范围内提出安排意见，再由办公室汇总编制，然后再分给各审计业务部门组织审计组实施审计，并由业务部门负责审计质量复核以及审计执行，最后由法规处进行合法性审查和质量检查。这种管理模式是以“执法型”审计为基础的，与现行的“服务型”审计理念存在根本上的差异，主要存在五个方面的问题：一是审计计划管理具有明显的封闭性和内循环性。审计计划的提出更多处于审计业务部门自身的经验判断、主观意愿，甚至某种利益驱动，项目分散、随意性较大，致使审计计划缺乏宏观性，且易造成交叉重复审计，不利于提炼审计成果，对党委政府宏观决策的服务参谋作用不明显。二是单兵作战式的审计实施方式不利于审计资源统筹。审计业务部门提出审计项目计划后，仍由该部门组织实施，缺乏必要的目标控制和成本控制，审计资源的整合度较低。若开展行业性审计或大型审计项目，人、财、物统筹协调难度较大，工作效率不高。三是审计质量风险难以控制。因高度集权的审计业务管理模式，使得审计审理成为一种审计业务部门内部的审计质量复核，审计自由裁量权缺乏必要内部监督和控制。同时，审计业务部门因内部业务环节过多、作业线过长，使得部分环节形同虚设，审计质量风险不容忽视。四是审计整改难以深入持久。审计权能四分离改革之前，长沙市审计局平均每年开展的审计项目在60个左右（不含政府投资审计项目），每个业务部门每年大概要完成7个左右的项目，审计整改任务非常艰巨。因没有专门的审计执行机构，审计业务部门下达审计处理处罚决定后，往往没有足够的精力和时间去跟踪督促整改，审计建议得不到充分采纳，部分移送事项得不到应有的回应，审计成果运用不理想。五是无法满足新形势下审计监督全覆盖的需要。党的十八届四中全会《决定》指出，“对公共资金、国有资产、国有资源和领导干部经济责任情况实行审计全覆盖”。国家审计署也正式提出了实现有深度、有重点、有步骤、有成效的审计监督全覆盖的要求。那么，有限的审计人力资源与审计全覆盖的矛盾怎么解决呢？在现行的审计体制下，扩大审计队伍显然不现实，购买社会服务虽然是一个途径，但在法律和实际操作中也有其局限性，内部的矛盾还得从审计机关内部业务管理上着力。这就回到我们之前讲到的小作坊的例子，要增加订单业务量，不扩大作坊，怎么解决人力不足的问题了。我们不妨借鉴市场的管理方式，采用“流水线作业”来提高效率和质量。也就是说，把审计权能进行分离，通过各个环节的有效控制，来实现整体效率和质量的提升。传统审计业务管理模式的内在矛盾是推动实行审计权能分离改革的主要动因。

另一方面是外部催生，审计环境变迁提出的变革要求。审计环境构成了审计存在与发展的空间。当前，与审计相关的政治、经济、法律环境都发生了深刻变化，审计权能四分离是应时之举。一是就政治环境而言。党的十八届三中全会要求，加强和改进对主要领导干部行使权力的制约和监督，加强行政监察和审计监督。习近平总书记强调，要发挥好纪检、监察、司法、审计等机关和部门的职能作用，共同推进党风廉政建设和反腐败斗争。党的十八届四中全会更是首次将审计监督作为强化对行政权力的制约和监督的八大监督体系之一，审计监督的职责定位更加明确。“打铁还需自身硬”，如何适应新要求，更好地发挥审计监督作用，必须实行分事行权、分岗设权、分级授权，进而对审计监督权进行适度分解和相互制衡。二是就经济环境而言。随着改革的深入，政府财政支出范围和结构发生了明显变化，审计的对象范围、目标任务、方式方法也应随之调整。审计关注的重点已从单纯的财务收支情况，向财政预算执行情况、政府重大投资项目、领导干部经济责任履行情况、民生及专项资金等方面转变。审计不仅要关注财政收支的真实性、合法性，还要关注效益性；不仅负有监督微观经济活动的责任，更要从宏观上、体制和机制上提出审计建议和意见，促进完善制度、规范管理。在这种环境下，审计权能四分离可以说是不得不为之举措。三是就法律环境而言。党的十八届四中全会在我们党和国家历史上第一次专门就全面推进依法治国做出决定，这对我国的法律环境必将产生重大影响。《决定》要求，“探索省以下地方审计机关人财物统一管理”。这就要求在现行地方审计机关双重领导体制下，强化上级审计机关的组织领导和业务领导，在审计计划、组织实施、结果报告、队伍建设、经费保障方面实行统一管理。可以看出，计划、实施、审理、执行等审计权能的分离，正是顺应了强化上级审计机关业务领导的需求。

## 二、审计权能分离改革的实践经验及效果

审计权能分离改革虽近年才开始探索，但已有一些较为成功的作法。比较典型的，如湖南省审计厅、湖南省长沙市审计局、湖南省常德市审计局、山东省济宁市审计局等实行的“四分离”审计业务管理模式，且取得了良好效果。下面，

以长沙市审计局审计权能四分离改革为例进行分析。

## （一）审计权能分离改革的实践

2011年7月，长沙市审计局开始筹备审计权能分离改革，经报长沙市政府同意，新设置了审理处、审计执行处，初步确立了计划、审计、审理、执行相分离的审计业务管理模式。2012年底，长沙市审计局正式推行审计职权分离改革，新修订并出台《长沙市审计局审计业务控制规定》，明确了在"四分离"的审计业务管理模式下，将原集中于一个审计业务部门的计划、实施、审理、执行等职能，交由审计执行处、审理处、审计业务部门等不同部门分别实施，最后由法规处负责审计业务质量检查和监督。

一是设立审计执行处。负责审计计划、执行，具体包括：建立被审计对象基本情况数据库；制定、调整、下达中长期和年度审计计划，组织检查年度审计计划和办理授权审计计划完成情况；审计成本管理和审计项目招标工作；审计结论性法律文书的送达和审计决定的执行；审计移送处理事项和审计建议事项以及自行纠正事项的跟踪落实；检查督促落实被审计单位对审计查出问题的整改；办理申请法院强制执行事项；审计执行情况的统计分析；审计执行事项数据库的建设及维护工作；指导全市审计机关的审计执行工作等。

二是整合审计业务机构。2012年底，长沙市审计局取消经贸审计处，新成立国有资产审计局，至此形成了财政审计处、金融与社会保障审计处、行政事业审计处、国有资产审计局、农业与资源环保审计处、外资运用审计处、经济责任审计局、政府投资审计处等八大审计业务部门，分别组织开展相关领域审计项目的审计，包括审计实施方案制定、调查了解、审计实施、出具审计报告等，实现了既有分工又有统筹配合的审计机制，为审计查证职权的全面履行奠定了坚实基础。

三是设立审理处。负责对审计业务处室移交的审计资料在事实、证据、定性、审计处理处罚、审计程序、审计评价、审计建议等方面进行审理并提出书面审理意见；组织召开审计业务会议；草拟审计报告以外的其他审计结论性文书；指导全市审计机关的审计复核和审理工作等。

四是设立法规处。审计权能分离业务管理模式的有益补充，起再监督作用，主要负责组织实施审计项目质量检查，加强审计业务内部监督；会同办理重大审计质量问题的调查处理工作，提出审计质量责任追究意见；核查社会审计机构对依法属于审计监督对象的单位出具的相关审计报告等。

同时，为保障审计权能分离的成功实施，长沙市审计局通过近两年的探索，也出台了一系列配套制度，规范审计权力运行，防范审计风险。在审计计划环节，建立了审计对象数据库，试行了按需求立项机制，并出台了《长沙市审计计划统计工作管理办法》，加强审计计划统计工作。在审计实施环节，根据权能分离改革的实际需要，出台了《审计现场管理办法》等制度，并提请长沙市政府出台了《长沙市预算执行情况审计监督实施办法》《长沙市政府投资建设项目审计监督办法》等文件。在审计审理环节，出台了《审理操作规程》《审计移送处理事项管理办法》《行政处罚自由裁量权实施办法》《行政处罚自由裁量权基准》等制度，并建立了审理业务会议制度。在审计执行环节，提请市委办、市政府办出台了《长沙市审计结果运用办法》，进一步促进和规范审计结果的运用，在制度上确立了“审计督促、专项督办、联合督查、绩效考核、人大监督、巡查监督”构成的“六维”审计整改体系，多个监督职能部门形成合力，有效促进审计整改。

## （二）审计权能分离改革的效果

长沙市审计局从职能部门的重置和权力划分上，构建审计权能分离的新型审计业务管理模式，初步实现了审计权力由过度集中方式向审计决策、执行、监督分权制方式的转变，有效规范了审计监督权的运行，提高了审计质量和效率。

一是审计计划管理更加科学。实行审计权能分离改革后，新的审计业务管理模式将审计计划工作从多个部门集中到一个部门、从封闭状态转向开放状态，根据外部需要，统筹编制审计工作计划及长期规划，使得审计立项更具针对性、整体性和动态性，更加有利于综合性审计成果的开发和运用，更好地服务地方经济发展。如实行审计权能改革后，长沙市审计局每年重点安排2~3个经济开发园区审计项目，初步实现了对园区的审计全覆盖，查处了突出问题，提出的审计建议更具宏观性，为市委市政府推进园区改革提供了重要参考和依据，得到市领导高度评价。

二是审计资源整合更加有效。审计权能分离业务管理模式下，以审计项目为载体，审计资源得以从原来的各个处室解放，更加有利于统一调度、优化整合，打破了传统的业务处室分工界限，分工细作和协作性加强，更加有利于开展大兵团作战。如在2013年全国政府性债务审计、2014年全国国土出让收支和耕地保护情况审计等审计署安排的大型审计项目中，长沙市审计局统筹全局审计资源，并对审计计划实施时间、审计人员安排进行整体调度，实现了上级任务与自定项目的同步开展、多线推进。2013年，长沙市审计局实行审计权能改革后的第一年，完成审计项目1006个，同比增加13.3%，查处违规金额33.4亿元，同比增加642.2%，移送重大案件线索13起，同比增加333.3%，核减投资额28.6亿元，同比增加3.6%，审计成效明显增加。

三是审计权力运行更加规范。设置专门的审理机构，解决了处室自己审理自己出具报告的弊端，且由专门的审理人员弥补原来兼职人员复核的不足，不仅增强了审计复核的可靠性，也统一了审计处理处罚的标准和尺度，既从机制上保障了廉洁从审，也倒逼了审计质量的提高。长沙市审计局2013年度开展的《长沙经济技术开发集团有限公司2012年度资产负债损益审计》《长沙市城建档案馆冯某某任期经济责任审计》等两个审计项目被湖南省审计厅评为“优秀审计项目”。

四是审计问题整改更加务实。由专门执行机构督促被审计单位落实审计建议，执行审计决定，或者将审计发现难以整改、屡审屡犯的问题进行分类，联合其他监督部门共同督促审计整改，促进规范管理，建立健全制度，完善体制和机制。据统计，实行审计权能分离改革两年来，长沙市审计局共发出审计决定37个，移送重大案件线索25起，提出审计建议催生新制度20余项，一大批审计发现的问题得到有效整改。

### （三）审计权能分离改革的启示

从长沙市审计局的实践来看，审计权能分离改革虽取得了一定成功，但也面临着不少挑战和困难。

一是新的业务管理模式与传统理念的冲突。业务管理模式的创新和改革，是基于服务型审计的理念而产生的，与传统的执法型审计的理念有着明显的区别。业务管理模式的改革，从原来审计执法，到现在开展服务宏观决策的审计监督，审计作用发挥的层次更高，需要从体制机制和制度层面，提出更多具有针对性的科学的审计建议和意见；从原来一个处室可以完成审计计划、审计实施、审计报告撰写与复核、督促审计整改等全部审计流程，到现在却需要多个部门协同作战，程序由内到外，环节控制更加严格，审计人员固有的习惯和思维急需做出改变和调整，这给审计人员带来了诸多困惑。

二是审计权能分离与审计机关职能机构配置存在矛盾。从长沙市审计局实行审计权能分离改革的实际情况来看，该局虽将审计权能进行了“四分离”，但与权能相匹配的职能机构设置方面，计划、执行这两项权能均由审计执行处履行，这样的模式优势主要是更有利于督促计划任务和目标的实现，更有利于审计计划环节与审计执行环节的互动；而弊端主要是权能分离不够彻底，因计划和执行工作量大，使得一个机构难以做到集中精力，比如执行的部分权能不得不在一定程度上仍旧依赖业务处室完成，存在一定的风险。

三是审计权能分离改革相关配套制度不完善。审计权能的分离，使得各个环节的工作既独立又统一，如何使得各个环节职责履行更加规范化、制度化，关键还在于完善配套制度。机制改革伴随着制度创新，实践表明，审计权能分离后，新的业务控制制度需要修订和完善，另外在审计计划安排、审计现场管理、审计时效控制、案件移送事项管理等方面也急需要出台新的细则和制度。

## 三、进一步推进审计权能分离改革的思考和建议

### （一）树立以服务为导向的现代审计理念

理念是行动的先导。推进审计权能分离，首先要在转变审计理念上进行突破。一方面要树立服务改革发展、服务改善民生的审计理念，跳出“就审计论审计”的本位思想，更加注重需求导向，将政府关注、群众关心的热点难点问题审深审透，为政府决策提供重要参考依据，更好地维护群众利益；更加注重问题导向，以从根本上解决体制、机制和管理等相对宏观层面突出问题为主要目标，自觉把审计成果与服务地方经济社会发展相联系，促进深化改革。另一方面要转变审计工作重心，着力从“关注资金安全”向“关注资金与关注政策、制度建设和效益并重”转变，从“偏重个案监督”向“重视分析共性问题”转变，从“事后监督”向“事前、事中、事后全过程监督”转变，从“发现和揭露问题”向“促进解决问题”转变。通过审计理念的转变，引导审计人员打破思想禁锢，主动适应新形势发展需要，为推进审计权能分离改革在思想上凝聚向心力，保障审计权能分离改革的有序推进。

### （二）明确审计权能的主要构成及其之间关系

审计权能的界定是实行审计权能分离改革的基础条件。从审计业务工作的性质及流程来划分，审计权能大体可以分为计划、实施（或查证）、审理、执行四个方面，这也是目前审计机关探索权能分离改革的一个主流方向。从长沙市审计局的实践来看，将审计权能分为计划、实施、审理、执行四个环节，比较清晰，

既保证了审计权能各环节的独立性，也便于审计业务全过程的管理。“计划”主要包括审计项目计划制定等权能，是“龙头”也是主线，贯穿于审计全过程，在业务管理模式中处于核心地位；“实施”主要包括审计实施方案制定、调查了解、审计实施、出具审计报告等权能，是审计“计划”的实施环节，在业务管理模式中处于主体地位；“审理”主要包括对审计资料的真实性、合理性提出审理意见，出具除审计报告以外的其他结论性文书等权能，是审计质量和风险控制的重要一环，在业务管理模式中起到把关的作用；“执行”主要包括结论性文书的送达、审计决定执行及督促审计整改等权能，是审计发挥保障和监督作用的“拳头”，是审计目标实现的关键环节，直接体现审计业务管理成效。因此，在推进审计权能分离之前，应结合地方工作实际，合理划分和界定审计权能，确保在审计权能重置上形成互相制衡、互相促进的局面。

### （三）建立健全与审计权能相匹配的职能机构

分权设岗，建立与审计权能分离相适应的职能机构，是解决传统审计业务管理模式下权力过于集中的弊端，保障审计权能分离改革顺利进行的重要途径。通过审计机关内部机构的重组，新设立计划部门、审理部门、执行部门，与传统审计业务部门并列，分别履行与计划、实施、审理、执行等四项审计权能相对应的职责，在职能与职权两个层面形成相互制约又相互协调的运行机制，从而压缩审计执法的弹性空间和模糊地带，将审计执法自由裁量权控制在科学合理的范围内。

### （四）进一步规范和精简审计业务管理流程

审计权能分离改革后，审计权能细分成了四个环节，每一个环节相对独立，那么必然要有一个相对独立的工作流程，从而形成整体的审计业务流程。这与传统的审计业务管理模式相比，流程控制更加具体，对审计时限的要求非常高。因此，要进一步规范和精简业务操作流程，针对每一个环节，制定相应的操作规程或流程图，使审计业务管理运行更加顺畅，提高审计效率。

### （五）健全审计权能分离改革相关配套制度

要建立健全审计业务控制制度，进一步明确审计权能分离后各职能机构的职责和定位，重点完善各个环节的控制制度，为审计权能分离改革提供制度保障。如在计划环节，要建立健全审计计划管理办法，明确计划制定的原则和程序，杜绝计划的随意性；在审计实施环节，要建立健全审计现场管理办法、审计自由裁量权基准等制度，加强审计现场控制，保证审计人员在审计现场及时发现问题、依法反映问题；在审理环节，要建立健全审计业务会议制度，提高审理质量和效率；在执行环节，要建立健全审计结果运用办法、审计案件移送事项管理办法等制度，推动审计整改工作制度化、规范化，防止屡审屡犯问题的出现。同时，在审计时效控制、审计质量检查和责任追究等方面应加大力度，完善相关制度。

# 长沙市食品药品监管体制现状及改革建议

长沙市食品安全管理办公室

按照《国务院关于地方改革完善食品药品监督管理体制的指导意见》和《湖南省人民政府关于改革完善市县食品药品监督管理体制的实施意见》，为加快推进我市食品药品监督管理体制改革，2014年上半年，长沙市食安办组织了专题调研。现将有关情况报告如下。

## 一、基本情况

### （一）监管机构和职能划分

根据《食品安全法》及实施条例，我市食品药品监管涉及11个主要职能部门，包括农业、畜牧、商务、质监、工商、卫生、食药、公安、粮食、水务、城管，分别负责农产品种植、畜禽水产养殖、酒类市场和畜禽屠宰、食品生产加工、食品流通经营、餐饮消费等环节以及药品（医疗器械、化妆品）和保健食品生产经营、食品药品违法犯罪打击、粮食收购和储藏、水质监测、流动食品摊担等的监督管理。另外，2010年12月，中编办批复设立长沙出入境检验检疫局，为我国中部地区首个省会城市检验检疫分支局，于2012年7月1日正式运行。

为加强食品安全监管，2008年市委市政府提出“建设食品安全城市”目标，成立了市食品安全委员会，由市委书记任顾问、市长任主任，包括市委办公厅、市纪委、市检察院、市财政局等34个成员单位。同时，2010年9月我市率先全国成立了独立的市食品安全管理办公室，通过四年多来的积极探索，基本形成了食安牵头协调、部门联动监管、社会广泛参与的监管格局。

## （二）基层管理体系

芙蓉区、天心区、岳麓区、开福区、雨花区、望城区、浏阳市7个区县（市）相应组建食安办，与食药局合署办公；长沙县成立了食安委办公室，下设综合协调组、执法指导组和五个督查巡视组，由一名县委副调研员担任食安委办公室主任；宁乡县单独设立食安办，作为政府常设机构，设定编制6人。目前9个区县（市）食安办食安编制80名，实有食安专职人员139名（含临聘）。全市191个乡镇（街道）成立食品安全管理机构，配备食安专干483名，村、社区聘请食安信息员5009名，组建了一支基层食品安全协管员队伍，构建县、乡、村三级监管网络。

农业、畜牧、商务、质监、工商、卫生、食药、城管、水务等职能部门共有二级监管执法机构10个，在区县设置分局（局、所）85个，基层派出机构87个。

| 单 位 | 二级监管执法机构 | 分局（局、所） | 派出机构 |
| --- | --- | --- | --- |
| 农业、畜牧、水务部门 | 5个（种子管理站、市土壤肥料工作站、市植保植检工作站、市动物防疫监督站、市渔政渔港监督管理站） | 4个县区农业局，4个县区畜牧水产局、4个县区水务（水利）局，5个区农林水局 | |
| 商务部门 | 2个（市商务执法支队、市屠宰办） | 9个区县商务（招商）局 | |
| 质监部门 | | 9个区县质监局（分局） | |
| 工商部门 | | 4个直属分局，9个区县工商局（分局） | 87个工商所 |
| 卫生部门 | 1个（市卫生监督所） | 9个区县卫生局，9个区县卫生监督所 | |
| 食药部门 | 1个（市食品药品稽查支队） | 9个区县食药局 | |
| 城管部门 | 1个（市餐厨垃圾管理执法大队） | 9个区县城管局，1个区行政综合执法局 | |

## （三）监管执法队伍

经初步统计，全市共有食品药品监管执法人员2775人，其中负责食品安全监管执法人员2545人，负责药品安全监管执法人员250人。具体明细如下：

| 单 位 | 负责食品监管及执法人员数 | 负责药品监管及执法人员数 |
| --- | --- | --- |
| 市食安办 | 25 | |
| 农业部门 | 112（市本级40人） | 0 |
| 畜牧部门 | 162（市本级72人） | 0 |
| 商务部门 | 50（市本级30人） | 0 |

续表

| 单位 | 负责食品监管及执法人员数 | 负责药品监管及执法人员数 |
| --- | --- | --- |
| 质监部门 | 55 | 0 |
| 工商部门 | 218（市本级8人） | 0 |
| 卫生部门 | 256（市本级17人，区县卫生监督人员多为兼职） | 0 |
| 食药部门 | 148（市本级9人） | 230 |
| 公安部门 | 专门负责食品药品违法犯罪打击执法人员数为20人，其中市公安食品安全执法大队16人，宁乡县食品安全执法中队4人 | |
| 粮食部门 | 153 | 0 |
| 水务部门 | 90 | 0 |
| 城管部门 | 1270（另有3000名协管员） | 0 |
| 长沙出入境检验检疫局 | 9 | 0 |
| 合计 | 2545 | 250 |

### （四）检测技术资源

目前长沙市涉及食品药品检验检测方面的机构共31家，其中市级8家，区县23家。

市级检测机构包括：市农产品质量监测中心、市水生动物防疫检疫站、市畜禽水产品质量检测中心、市食品质量安全监督检测中心、市公共卫生检验检测中心（市疾控中心）、市水质监测中心、市粮油质量监测站、市药品检验所（已挂牌但未正式运行）。

区县检测机构包括：长沙县食品安全检验检测中心、宁乡县食品安全检验检测中心、4个县（区）农产品质量安全检测中心、望城区动物防疫监督站、长沙县水生动物检疫站、浏阳市畜禽水产品检测中心、宁乡县畜禽水产品质量检测中心、4个县（区）质量监督检验与计量测试所、9个区县（市）疾病预防控制中心。

## 二、存在问题

通过几年来的不断努力和探索，我市食品药品安全总体呈现出稳定向好态势，没有发生重特大食品药品安全事故。但由于支撑体系相对脆弱，监管涉及领域广与监管网络不健全，监管部门多与统筹协调难度大之间的矛盾还比较突出，具体表现为以下几点。

### （一）监管体制不顺，全程无缝监管难以到位

食品安全监管方面：食品行业产业链条长，涉及“从农田到餐桌”的整个过程，涵盖种植养殖、生产加工、储存流通、餐饮服务等多个环节。由于现存“分段监管为主、品种监管为辅”的食品安全监管体制，导致部门之间职能交叉、执法缺位，存在监管盲区、揽利推责等问题。如食品展销会、食品网购、仓储物流环节等均未明确监管责任部门，特别是近年在校园附近出现的学生集体搭餐现象，更是无人监管，存在安全隐患。同时，多部门监管导致机构分设，联系松散，资源分散，难免在实践中产生条块分割、信息沟通不畅，缺乏监管合力。如，产品在某个环节的监管信息不能有效的传递到下一个环节，很容易造成重复检测、问题产品溯源难，致使行政效率低下，行政成本昂贵。

药品安全监管方面：2001年，我市成立市药品监督管理局和4个县药品监督管理局，2004年分别更名为食品药品监督管理局。2011年成立内五区食品药品监督管理局。药品安全监管职责相对清晰，监管比较到位，但由于我市内五区在最近两年才成立食药局，工作起步较晚，基层监管队伍工作水平有待进一步提升。

### （二）工作基础薄弱，基层监管力量严重不足

目前，我市多数区县（市）食安办与食药局合署办公，人手不足，工作协调难度大。乡镇、街道设立的食品安全管理机构多为临时机构，食安专干“不专”，经费保障有限。村、社区的食品安全信息员队伍不齐、整体素质不高，工作责任心不强，致使乡、村两级网络作用发挥不够。

区县工商、质监、卫生监督等职能部门负责食品安全监管的专职人员相对较少，一般仅2～4人，难以满足繁重的日常监管任务。另外，除工商部门在部分乡镇（街道）设有派出机构（工商所）外，其他如农业、畜牧、质监、卫生等职能部门在基层均未设置派出机构，导致“乡镇（街道）无人无权监管、职能部门有权无人监管”的两难境地。同时，农村、城乡接合部地域广阔，食品生产、经营户数量众多且较为分散，加之监管人员、经费不足及监管手段落后，与错综复杂的食品安全形势不相适应。

### （三）检测资源分散，难以实现整合共享

目前，我市农业、畜牧、质监、卫生等部门各拥有一套独立的食品质量检测

机构，既相互独立又相互封闭，检测技术力量分散，资源不能有效整合共享，造成了人才、资源的极大浪费。一些常规检验设备重复投入，分散了有限的资金，导致高、精、尖的检测设备及检测能力缺乏。

同时，由于检测项目和品种多，检测标准不统一，检测经费短缺，缺乏有效工作统筹和资源整合，检测机构整体功能尚未得到充分发挥，检测资源优化配置难。市食品药品监督管理局下属市药品检验所尚未正式组建运行，其药品、化妆品等均委托省药检所检验。另外，区县食品检验检测人员力量、技术装备、检测能力较为薄弱，很少开展常规之外的检测项目，难以满足现实工作需要。

## 三、改革建议

### （一）建立统一完善的市、县区两级食药监管体系

一是整合食药监管职能和机构。参照国务院和湖南省整合食品药品监督管理职能和机构的模式，结合我市实际，将食安、食药监、商务、卫生、工商、质监等部门的食品药品监管职能进行整合，组建新的食品药品监督管理局，对食品药品实行集中统一监管。另外，将商务部门的畜禽屠宰环节监管、酒类流通监管职能分别划转至畜牧部门、食药部门，进一步优化职能。

二是健全食药综合协调机制。新食药局加挂食品安全委员会办公室的牌子，承担食品安全委员会的具体工作，明确市食药局局长兼任市政府副秘书长及市食安委办公室主任，区县（市）食药局局长兼任区县（市）政府办副主任及食安委办公室主任，建立健全食品药品监管联席会议制度、食品药品信息通报制度、重大食品药品安全事故查处协作制度等综合协调机制，进一步强化食药、农业、畜牧、商务、工商、质监、卫生、粮食、公安等部门之间的协调联动与沟通合作。

### （二）市辖区食药监管机构设置为区政府工作部门

根据《湖南省人民政府关于改革完善市县食品药品监督管理体制的实施意见》中提出的“确因工作需要，市辖区食品药品监管机构也可设置为区政府工作部门”的意见，考虑到当前严峻的食品药品安全监管形势，建议我市辖区（除高新区外）将区食药局作为区政府工作部门进行单独设置，不作为市食药局的派出

机构实行垂直管理。其理由如下。

1. 实行辖区管理符合权责一致的原则，有利于强化地方政府属地管理责任。《食品安全法》第五条明确：县级以上地方人民政府统一负责、领导、组织、协调本行政区域的食品安全监督管理工作，建立健全食品安全全程监督管理的工作机制。党中央、国务院也反复强调要不断强化地方政府的属地管理责任，确保权责一致。实行辖区管理，有利于明确和强化地方牵头抓总责任，防止权责脱节，以满足新形势下区政府统一领导本行政区域食品安全监管工作的需要。若市辖区食药监管机构实行垂直管理，无疑将大大弱化区级政府的属地管理责任，而市政府及食药监管机构的监管责任、工作压力反之大大增加，同时将直接面临更多的安全风险和矛盾，以致监管局势变得更复杂、矛盾更尖锐，极不利于市政府从全局大势来统筹协调，应对风险，化解矛盾。

2. 实行辖区管理符合国家行政体制改革的进程，有利于机构改革平稳有序过渡。2010年底，我市根据国务院总体安排，将实行垂直管理的区县（市）药品监管下放到地方政府，成立区县（市）食品药品监督管理局，实行属地管理。另，根据《国务院办公厅关于调整省级以下工商质监行政管理体制加强食品安全监管有关问题的通知》（国办发〔2011〕48号），目前，我省也正部署将工商、质监省级以下垂直管理改为地方政府分级管理体制。若在此次食药监管体制改革中，逆流而动，市辖区食药监管实行垂直管理将回到原来的老路，并与国家行政体制改革方向相悖逆。同时，市级财政预算将大幅增加，还存在着与区级政府资产划转、人员调剂等诸多难题，增加此次食药监管机构改革的难度，影响改革进程。

3. 实行辖区管理符合监管工作关口前移、重心下移的方针，有利于夯实基层监管网络。据统计，目前我市获得许可的食品生产经营企业达7.5万多家，其中城区占70%以上，还有难以计数的食品小作坊、流动摊担，城区监管任务十分繁重且更为集中。在此繁重的监管任务和严峻的形势下，市辖区单独设置食药监管机构，在强化地方属地管理责任的基础上，可充分调动街道、乡镇以及基层监管部门的力量和资源，细分监管网格，落实监管责任，进一步健全基层监管网络，夯实监管基础，不断推动监管工作关口前移、重心下移。若市辖区食药监管机构实行垂直管理，区级政府属地管理责任被弱化，食药监管机构与区级政府以及辖区其他相关监管部门的统筹协调难度加大，基层有限的资源难以实施优化配置，区财政对食药监管的经费投入必将锐减，导致区级政府及基层参与食药监管的主动性、积极性全面下降，从而影响到监管效能。

## （三）成立食品药品稽查队伍

在市、县分级成立食品药品稽查支队、大队，作为市、县食药局的直属食品药品监管执法机构，市和中心城区原则上不重复设立执法机构。稽查支队（大队）依法对食品生产经营、药品（医疗器械、化妆品）生产经营单位进行监督检查；依法查处违反食品、药品安全相关法律法规的行为；组织辖区内食品药品监督抽验及快速检验工作；协调重大案件和跨区域案件的查处工作。

## （四）增设高新区食药分局

2010年至今，高新区将区食安办设在其社会事业局，作为食品安全综合协调部门，并明确一名分管领导主抓食品安全工作。辖区设有工商分局、招商合作局、农村工作局（农业、畜牧），质监分局与岳麓区质监分局合署办公（两块牌子，一套人马），餐饮环节日常监管委托岳麓区卫生部门代为管理。因监管力量有限，加之岳麓区自身监管任务繁重，近年来高新区委托监管成效不甚明显。

目前，高新区下辖两镇两街（东方红镇、雷锋镇、麓谷街道、廖家坪街道），总面积已达140平方公里，辖区食品药品安全监管任务日趋繁重，为强化监管，避免出现管理空白，建议在此次食药监管体制改革中，参照其他驻区机构（如公安、财政、国土、质监、工商等均为分局）设置模式，增设“市食药局高新区分局”，作为市食药局的派出机构，将辖区工商、质监、商务的食品安全监管职能整合到食药分局，增加监管力量，确保我市食品药品安全监管全覆盖。

## （五）健全基层食药监管网络

一是科学设置乡、街食药监管所。根据乡镇、街道辖域面积及监管对象多寡，由区县（市）政府综合考量，在单个乡镇、街道或按经济区域划分合理设立食品药品监管所，作为区县（市）食药监管机构的派出机构，明确1名乡镇、街道副职分管食品药品安全工作。按单个乡镇（街道）设立的，人口5万人以下的，人员编制4～6名；人口5万人以上的，人员编制6～8名；按区域设立的，人员编制6～8名，主要从基层工商所、乡镇（街道）计生服务机构以及乡镇（街道）食品药品监管机构的人员编制中划转。

二是在超大型市场单设食药监管所。我市作为湖南省会，是全省乃至中南地区食品药品贸易集散中心，辖区内大型集贸、批发市场（如高桥大市场、马王堆蔬菜批发市场、红星大市场等）食品药品交易数量巨大、品种繁多、渠道复杂，日常监管任务十分繁巨，建议单独设立食品药品市场监管所，由所在辖区食药局负责管理。

### （六）增设区县（市）公安食安执法中队

针对严峻的食品安全违法犯罪形势，我市大胆创新，于2009年6月在全国率先组建了市公安食品安全执法大队，专门负责食品安全违法犯罪打击。几年来，先后发展情报员队伍300余人，同时建立隐患排查、联合执法、案件移送等工作机制，加强行政执法与刑事司法的衔接，形成了“基层摸排、食安联动、部门查处、司法究责”的案件查办模式，并多次在全国交流经验。近两年，长沙县、宁乡县也相应成立公安食安执法中队，同时市食安委采取给各区县（市）下达食品安全刑事案件办理任务的方式，有力地调动了各地办案的积极性，查办的食品安全刑事案件大幅增多，仅今年上半年就查处32起，几与上年全年持平（2013年34起）。2009年至目前，全市共查办食品安全刑事案件85起，对食品安全违法犯罪形成了强有力的震慑。

为有效发挥公安食品安全执法这柄利剑，始终保持高压打击态势，建议在此次食药监管体制改革中，在各区县（市）增设公安食品安全执法中队，组建专业队伍，进一步健全公安食安执法办案系统，完善行政执法与司法究责相衔接的工作机制，严厉打击食品安全违法犯罪行为，持续保持高压震慑，切实解决食品安全领域损害群众利益的突出问题。

### （七）整合优化检测信息资源

将市质监局、市卫生局涉及食品安全的检验检测机构、人员、装备及相关经费划转市食药局，以市食品质量安全监督检测中心为主组建市食品药品检验检测中心，作为市食药局的直属事业单位。同时，整合县（市）食品安全检验检测资源，建立区域性的检验检测中心。市辖区不设置食品药品检验检测机构。

**课题组负责人：** 黄吉邦
**课 题 组 成 员：** 毕则勇　张熙坤　符中华　刘胜伟

# 关于住宅小区车辆停放服务收费有关问题的调查报告

长沙市物价局

湖南省物价局于2014年1月14日制定并下发了《湖南省机动车停放服务收费管理办法》（湘价服〔2014〕11号），将住宅小区车辆停放服务收费由原政府指导价改按市场调节价，已成立业委会由业主大会或业主代表大会决定，未成立业委会的住宅小区停车服务收费由停车服务管理方与入住业主协商决定或在物业合同中约定。并于2014年4月1日起实施。省局文件下发后，我们接到一些咨询或投诉，反映某些小区因停车收费问题出现了一些矛盾和问题，甚至还引发一些群体性事件。就此，我们结合开展党的群众路线教育实践活动，就人民群众反映比较强烈的住宅小区停车收费问题，深入基层，听民声，解难题。在市群众路线教育实践活动督导组的指导下，局党组所有成员带领相关处室分成3个小组深入到市内六个区的街道、社区、物业小区，充分听取街道、社区、物业公司、小区业委会以及业主代表共52人次的意见和建议，对车辆停放服务收费所反映的问题进行实地调查。

## 一、住宅小区车辆停放服务收费的现状和反映的主要问题

在调查中发现，一是所有被调查单位普遍反映住宅小区停车收费放开，全部交给小区管理单位、服务企业和业委会管理，政府不再干预，业主的利益难以得到保障。他们认为小区停车收费有其特殊性，不像其他商品那样，其服务的对象主要是小区业主这个固定的群体，小区业主对车位有严重的依赖性和唯一选择性。物业公司、业委会和业主都普遍认为政府有关部门还需要制定车辆停放服务的指导标准。省局将停车服务收费放开实行市场调节价，被调查者认为物业公司

与业主协商肯定是不现实的，因为不具有平等协商的条件，已成立业委会的住宅小区也难以与物业公司达成一致。政府对小区停车收费不应该全部放开，还是要保持适当的干预，绝大部分赞成管比不管好，放开只会增加矛盾，且弊大于利。

二是住宅小区物业收费标准一旦执行前期标准很难调整，甚至10多年不变。近年来，人员工资及人力成本大幅上涨，应当建立物业收费标准与物价上涨挂钩的联动机制，适时调整物业与停车收费标准，或者实行上下浮动。

三是要明确小区车辆停放服务收费的内涵，界定属于什么收费，是否包含车辆被损、被盗等，利用业主公共道路等收取的停放费收入如何分配等，收入分配可否由街道、社区两级监管。

四是部分代表提出住宅小区车辆停放服务收费标准应分不同区域、不同地段甚至不同小区实行不同收费标准，并实行停车收费公示制度。

五是住宅小区车辆停放涉及规划、住建、城管、公安以及街道、社区等多个职能部门，应由政府牵头统筹规划综合治理，开辟社会停车位，建设立体停车库，充分利用背街小巷，错时停放以及增加停车位等。

## 二、对策建议

住宅小区车辆停放不单是收费问题，更是一个复杂且矛盾多的社会问题，在车辆不断增加，停车位供不应求的大环境下，特别是老城区的住宅小区，车辆停车位紧张，乱停乱放，有的甚至出现抢车位现象，解决住宅小区停车难问题，整治停放秩序已到了非解决不可的时候了。据调查，私家车保有量占汽车保有量比重逐年提高，从2008年到2013年，全市私家车以年均29.4%的速度增长，2013年底私人汽车保有量达105.55万辆，比上年增加19.87万辆，增长23.2%，私家车所占汽车保有量的比重从2008年的77%逐步提高到2013年的89%；按全市总户数计算，平均每2.2户拥有1台私家车，有的家庭拥有2台以上的车；按常住人口计算，平均每7人拥有一台私家车。人们在享受快捷便利的同时，也在为随之而来的“城市病”烦恼不已。2013年全市停车泊位40多万个，平均每3台汽车才一个停车泊位，缺口近80万。越来越多的车主发现，与交通拥堵相比，停车难更可怕。虽然最近几年在市中心及繁华地区增设停车位、停车场，在一些有条件的道路上施划停车泊位，可是依然难以满足增长速度过快的机动车。停车难不仅加重了道路拥堵，影响了城市环境，而且造成了安全隐患，甚至引发了一些纠纷。随着汽车拥有量的迅猛发展，住宅小区停车难问题还将会不断加重。由于停车难造成了业主的无序停车，从而出现小区管理上的“并发症”。一是部分汽车野蛮停放在绿化带内，严重破坏了现有的小区绿化带等公共设施；二是车辆数量多，加上乱停，堵塞消防通道，造成小区消防隐患，威胁交通安全和生命安全，这样的事例在我市左岸春天小区及其他地方早有发生，确实不可小觑；三是汽车露天停放，容易出现汽车被损坏和被盗窃的现象；四是汽车停放产生的噪音和尾气污染扰乱了居民的正常生活，同时也引起了邻里纠纷不断。因此解决住宅小区停车难问题已迫在眉睫。从住宅小区车辆停放收费方面提出以下建议。

1. 对住宅小区车辆停放服务收费政府仍需实行适当干预。2014年4月1日以前，我市住宅小区车辆停放服务收费按照省物价局规定实行政府指导价，执行省物价局湘价服（2006）56号规定的停放服务指导价标准，4月1日后按照省物价局（湘价服〔2014〕11号）《湖南省机动车停放服务收费管理办法》，将住宅小区车辆停放收费由政府指导价改为市场调节价，已成立业委会由业主大会或业主代表大会确定，未成立业委会的由停车服务管理方与入住业主协商决定或物业合同中约定。但在此次调研中无论是物业公司还是业主代表都普遍支持政府对住宅小区车辆停放收费应该适当干预，管比不管好。住宅小区停车服务收费牵涉面广，与业主生活息息相关。如果没有一个合理的停放指导标准，容易出现租赁方与承租方的更多矛盾。作为租赁方当然愿意价格越高越好，而作为承租方当然越低越好。那么在没有一个合理的区间范围的指导标准，双方的协商无从谈起。更何况作为一名普通业主，刚购买新房，以他个人的力量，与物业公司就停车收费标准之类的问题不具备平等协商条件，根本无法进行平等协商。

2. 住宅小区停车不单是收费问题，涉及规划、住建、城管、公安以及街道等部门，停车管理交叉重叠，又分割脱节，对住宅小区停车难问题应明确由那个部门负总责，建议由政府牵头，全方位高位协调，实行统筹规划，明确各部门职责，综合治理。

3. 住宅小区车辆停放管理实行条块结合，以块为主。我们建议下放到以城区为单位，各区负责所辖区域范围内的车辆停放管理，按照简政放权的要求，车辆停放收费同时也下放到各区物价监管部门，由各区价格监管部门实行备案管理，市价格主管部门只负责协调指导，并适时发布市区停车收费指导标准，由各物业公司和业主按指导收费标准选择适合于不同小区的停车收费标准。

**课题负责人：**李继红

**调研组成员：**熊景业　张学辉　唐晓红

# 关于长沙市知识产权投融资服务试点工作的调研报告

长沙市知识产权局

自2010年列为全国首个知识产权投融资服务试点城市以来，在国家、省知识产权局的指导和支持下，长沙市以注重引导、构建机制、狠抓服务作为基本工作思路，扎实推进各项工作，初步形成了适合长沙实际的以风投与社会资本直接投资为主、知识产权质押担保与反担保融资并存的知识产权投融资工作模式，知识产权投融资服务取得了一定成效。截至2013年年底，长沙市知识产权投融资服务项目366项，融资金额28.3亿，惠及企业196家。其中36家企业成为知识产权试点示范企业，61家企业成为高新技术企业，19家企业成为上市后备企业并有4家企业已经成功上市，6家企业成为年利税5000万元以上的利税大户。现将有关事项报告如下。

## 一、探索和体会

### （一）注重引导，积极出台四大层面政策

各级党委、政府各部门与园区以及金融机构各方聚力，积极推动产业、科技、金融、财税等政策与知识产权投融资服务相结合，形成了四个层级的政策支撑体系。

1. 市级层面政策。早在2009年，《长沙市知识产权战略实施纲要》就明确提出逐步建立多元化知识产权投融资体系。同年，市人民政府与中国人民银行长沙

中心支行、中国监督会湖南监管局联合出台了《关于促进专利权质押贷款工作的意见》，成为全国首个地方政府与当地金融管理机构联合推动专利权质押贷款工作的专项政策，同时，市委市政府还制定《关于推进服务体系建设加快中小企业发展的若干政策意见》，设立了促进知识产权质押贷款等金融创新业务发展的专项资金，进一步加强政策保障。2010年，市政府办公厅印发《长沙市开展知识产权投融资服务试点工作方案》，全面规划和部署知识产权投融资服务试点工作。

2. 部门层面政策。2011年，中国人民银行长沙中心支行与市工信委、金融办等9部门联合出台《关于金融支持湖南省战略性新兴产业加快发展的意见》，明确提出推动新兴产业知识产权质押贷款，促进新兴产业与金融资本有机结合。2013年，市知识产权局、市财政局率先全省联合出台《长沙市知识产权质押贷款贴息和补助管理办法》，设立知识产权质押融资贴息和补助资金，给予企业知识产权质押贷款年利息20%的补贴，引导企业开展知识产权质押融资；给予银行、担保机构适当资金的知识产权质押融资资助，激励银行、担保机构发展知识产权质押融资业务。

3. 区县、园区层面政策。各区县、园区结合当地实际，先后制定风险补偿与分担、贷款贴息等政策10多项，作为市级政策的补充和延伸，聚力推动知识产权投融资工作。长沙高新区2012年制定《长沙高新区创业投资引导基金管理暂行办法》等政策，在创业引导资金中设立2000万元的知识产权质押贷款风险补偿基金，主动承担科技型小微企业70%的信贷风险，解决银行的后顾之忧。长沙经开区2011年制定《中小微企业融资财政贴息办法》，给予企业融资额度3%的贴息，鼓励知识产权质押融资业务发展。宁乡经开区2011年出台了《招商引资项目优惠政策实施办法》，园区财政优先为知识产权质押贷款项目提供担保。浏阳生物医药园出台了《生物产业互助担保基金及其相关扶持政策》《企业互助协会相关扶持政策》等文件，连续5年对生物企业融资给予贴息支持。望城区2013年出台了《关于进一步加强科技创新的若干意见》，利用贴息、担保等方式引导各类商业银行开展适合科技型企业需求的金融服务。

4. 金融机构层面政策。各商业银行积极拓宽金融业务，针对科技型中小企业特点，创新知识产权融资产品10余个，金融产品日渐丰富多样。长沙银行出台《专利权质押贷款管理办法（试行）》《注册商标专用权质押授信业务管理办法》，开展专利权、商标权质押融资业务；交通银行湖南省分行、浦发银行长沙分行分别推出“智融通”“智权易”“科贷通”等知识产权特色金融产品。长沙高新区成立“麓谷天使基金”，重点投向拥有发明专利产业化项目的科技型初创小企业。中国人保、平安保险正在为长沙高新区内高新技术企业设计专利权质押评估、侵权保险等多个险种，探索风险分担模式。

## （二）多管齐下，着力构建四大工作机制

一是信息交流机制。2011年4月，率先全国倡导成立由驻长商业银行、投资机构、担保机构、评估机构、保险机构、专利代理服务机构及行业协会等12家单位共同参与的知识产权投融资服务联盟。联盟成员充分依托自身优势，推动知识产权与各种金融要素之间的互动交流与融合。一是市知识产权局建立知识产权投融资需求动态信息库，定期向银行、投资机构推介具有投资价值的知识产权项目，共收集企业融资需求300余项，推介专利1200多件；二是国家专利技术长沙展示交易中心为专利项目进行招商策划，并发布招商信息1000多项；三是投资担保机构为知识产权项目进行融资咨询服务以及尽职调查600多项；四是专利事务所通过与权利人的业务交流征集知识产权融资需求信息100余项；五是长沙律协知识产权专业委员会组织知识产权投融资论坛与沙龙等研讨活动，探讨研究知识产权政策导向、投资模式，风险控制及运营管理等问题，向各联盟单位分享知识产权投融资研讨成果。

二是直接融资机制。为弥补质押融资的局限性，重点推动风投与知识产权直接对接。以市风险投、市高创投为核心，湘投、财信投等7家在长投资机构为紧密层，联系IDG资本、SIG海纳创投、达晨创业投资有限公司、中国国际金融有限公司、深圳市创新投资集团有限公司等140余家国内外专业性创业投资机构作为战略合作伙伴，构建风险投资直接融资机制，不断扩大知识产权融资规模。据不完全统计，投资知识产权项目近160项，投放资金17余亿元，投资产业涉及新材料、新能源、电子信息、生物医药等10多个领域。楚天科技、长高高压、千山药机、三诺生物、金瑞新材等一大批知识产权优势企业因知识产权融资输血迅速成长并成功上市。

三是质押融资机制。为进一步做大知识产权质押规模，先后建立了银政合作、银企对接、政企帮扶等长效机制。市知识产权局与浦发银行、东莞银行、交通银行、中信银行、招商银行等银政合作伙伴，签订中长期战略合作协议，半年召开一次融资工作推进会，致力于长期为中小微企业提供快捷和优质高效的金融服务。银行根据企业融资需求，建立银企对接机制，定期走访跟踪企业，制定个性化融资方案。试点期间，合作银行累计走访企业1000多家，促成100多家企业成功融资，其中知识产权质押融资64笔，融资金额5.58亿。市工信委、工商联、

金融证券办等市直部门会同14家商业银行及10家担保机构建立中小企业融资帮扶机制，常年开展“金融超市进园区”“中小微企业金融服务业节”等帮扶对接活动。共与1200余家中小企业洽谈对接，吸引银行各类信贷资金50亿元。帮助万容科技、神力实业、中吉科技、华强电气等10多家企业通过专利权质押融资造血，使企业摆脱资金瓶颈困境。

四是人才培养机制。针对参与知识产权投融资服务的工作群体，进行分类培训，知识产权投融资服务从业人员的水平不断提升。一是加强知识产权评估人才培养。组织承办全国知识产权资产评估长沙培训班，来自全市的资产评估机构、金融机构、专利中介机构等单位的200多人参加为期3天的培训，了解专利价值评估评估方法。二是提升金融机构营销人员知识产权素养。2012年，邀请北京东鹏资产评估公司专家为银行业务人员开展“专利价值评估与运用”的专题培训，同时，积极选送银行、评估公司人员参加在京举办的“知识产权资产评估与质押融资研修班”学习，提高银行业务人员对专利价值的认知和质押融资的实际操作能力。三是加强区县园区人才培养。2012年“4.26”期间，举办园区专利权质押与评估专题培训，2011年“科交会”邀请中国技术交易所李中华副总裁为园区企业就“知识产权与资本运营”进行讲座，提高知识产权质押融资服务技能。

### （三）狠抓服务，切实搭建四大融资平台

一是知识产权与资本的对接平台。试点期间，依托“科交会”“专利周”等平台，切实为企业搭建融资高速公路，开展有目标的精准洽谈与零距离的互动交流，先后组织“知识产权与资本对接”大型专场对接4场。对接活动吸引了来自世界各地的140多家投资机构，应邀参加对接的投资机构代表280多名、企业界等各界人士近 400 人，58个知识产权项目与资本成功对接，合同金额达9亿元。

二是科技与金融结合的创新平台。2012年，市知识产权局联合交通银行湖南省分行、长沙银行、浦发银行长沙分行、东莞银行四家银行，共同实施知识产权融资服务“金桥工程”，约定3年内为500家企业开展知识产权质押贷款和全面金融服务，提供30亿元的综合授信总额。“金桥工程”实施一年多来，为40多家企业牵线搭桥，助推企业融资5亿元。同时，推动长沙银行、浦发银行长沙分行在科技型中小企业集中的大河西先导区设立科技支行，根据园区企业拥有知识产权而没有实物抵押的特点，针对中小企业不同发展阶段，重点推出“知识产权质押贷款、合同贷款、政府信用现金流贷款、应收账款质押贷款、仓单质押贷款”等创新产品，采取灵活便捷的授信方式，提供保姆式融资服务，并从授信规模、优

惠利率、风险补偿、授权审批等方面实行多项优惠政策。试点期间，共有140多家中小微企业与科技支行成功对接，融资金额4亿元。

三是知识产权网络竞价交易平台。2010年，中国专利技术长沙展示交易中心联合中国技术交易所打造全球首个“知识产权网络竞价平台”，并在长沙首次上线。通过网上竞价直接拍卖知识产权成果。通过网上直接竞价拍卖的245项电子信息领域的知识产权项目中共有12项找到买家，成交金额137万元；近两年，又征集北京、深圳、南昌等国内重点城市的300多个知识产权项目来长沙进行路演并现场推介拍卖，将竞拍标的送到需求企业的“家门口”，探索出知识产权有序流转的新模式。

四是新兴产业的集合授信平台。在省局的具体指导下，经过深入调研，正在积极探索构建扩大质押融资规模的新平台。通过知识产权、科技、工信、财政等部门和金融、保险的主导作用，以战略性新兴产业领域技术紧凑的上下游企业自律互助组织为集合对象，建立专利权质押贷款企业池。入池企业将其重点专利作为企业池拟定质押专利，经整体预评估，由银行对企业池集合授信。同时，综合利用我市的质押融资贴息政策、长沙高新区的风险保障机制，并设计专业科技保险品种的风险分担机制，实行运行低风险、放贷短周期的专利权质押融资新模式。

通过三年的试点探索，我们深刻认识到：国家开展知识产权投融资服务试点是顺应时势、高瞻远瞩的战略举措，是实现知识产权与产业融合发展的有效途径。如何做好这一工作，我们有以下四个方面的粗浅体会：第一，开展试点工作，领导重视是关键。试点工作开展以来，市委、市政府领导一直高度重视，把知识产权投融资工作视为增强城市竞争新优势、加快转型升级新途径、打造城市名片新亮点的重要工作来抓。省委常委、市委书记易炼红书记多次批示，对知识产权投融资工作给予高度关注；原省委常委、市委书记陈润儿书记曾亲自过问专利权质押贷款工作；市政府专门成立了以分管副市长为组长、9个市直部门与两大国家级园区参与的知识产权投融资服务试点领导小组；历任分管副市长多次主持召开专题工作会议，研究解决实际问题，并出席相关新闻发布会、签约仪式等重要活动；夏建平副市长亲自在长沙晚报发表题为《搭建知识产权融资“金桥”，破解中小企业发展瓶颈》的署名理论文章，为试点工作指明了方向；市政府将知识产权投融资工作列为教科文卫战线“百件实事”进行目标考核，并专门出台了《长沙市知识产权质押贷款贴息和补助管理办法》。领导重视，为顺利推动试点工作营造了良好的氛围，提供了有力保障。第二，开展试点工作，政策体系是支撑。我市相继从市、区县与园区、市直部门和金融机构四个层面出台政策20多个，内容涵盖激励与引导、资助与补贴、风险控制、风险补偿与分担等方面，营造了良好的政策环境，通过政府有形之手的推动，逐步引导知识产权投融资这个新生事物转化为市场自觉行为。第三，开展试点工作，多方联动是基础。我们充分发挥银行、风投及其他融资担保机构自身行业优势，集聚整合各级职能部门的优势资源，打造公共服务平台，构建工作机制，全市上下形成了“齐抓共促、协调配合、多方共赢”的稳定工作态势，有力地促进了金融业务持续创新。第四，开展试点工作，优质服务是根本。试点期间，各级职能部门急企业之所急，想企业之所想，为破解企业发展的资金瓶颈努力作为，深入宣传发动，广泛征集需求，精心印发指南，认真组织对接，不放弃每一个细节，不遗漏每一个环节，提供全方位、全程化、精细化的“保姆式”服务，力争每单业务从零开始尽可能走向成功，确保知识产权投融资规模不断扩大。

## 二、困难和问题

在试点工作中，我市虽然取得了一些进展和成绩，但也存在对接成功率低、融资规模不大等问题，遇到了市场成熟度不够、价值认知难以达成共识、从业人员风控思维固化等诸多困难。制约知识产权融资的因素呈现多元化、存在不确定性。有些因素可以通过地方政府与金融机构的主观努力和工作创新加以克服，如建立风险补偿与分担机制、缩短审贷周期、降低融资成本等；有些可以通过市场机制解决，如企业抗风险能力、市场掌控能力等；而市场机制环节、专业运营队伍、失误容忍制度等因素是暂时难以逾越的制度与体制机制问题。

### （一）市场运营环节设计有待健全

知识产权投融资涉及专利技术的认知与评价、专利权价值评估、策划与对接、孵化与转化、二次开发与运营、退出与承接等诸多环节，有些环节可以借鉴科技项目融资形式，因专利的特殊性，实践中普遍存在“三低”。一是评估标准不统一，评估价值采信度低。目前没有统一的专利权评估标准，尤其是定量标准。现有的无形资产评估方法往往是从权利人的投入成本或未来收益进行测算评估值，而资本方尤其是银行往往从退出变现的角度衡量其价值，双方价值取向不一，难以达成共识；另外没有认定的无形资产评估机构，评估行为不规范，评估价值难以采信，评估报告仅作为贷审形式资料，评估价值多少与授信额度关联度不大。二是对接平台不专业，融资联姻成功率低。缺少专业的第三方对接平台，资本和专利技术双方常常处于“钱到哪里去、专利哪里来”相互游离而不相交的状态，专利很少做专业招商策划和投资咨询，社会资本与专利技术的对接几乎是零散而又漫无目的，对接机会少，对接成功率低。即使政府组织的一些对接活动，也是临时性的、松散的，不具备长期性、集约性，更缺少专业性的服务支撑，形不成市场规模。有些专利还没有经过孵化，不具备转化实体雏形，不能向资本方展示“钱”景，向银行贷款更是不具备实体条件。需要搭建一种集合资本与专利于一体，并具有专业咨询、策划、评价、孵化、对接等功能的集散专业平台。三是交易市场不活跃，退出变现期望值低。一是专利权的交易市场本身狭窄，当前市场交易也不活跃，资本方尤其是银行根本没有指望退出能够变现，更多的是在贷审前设置苛刻的条件，抬高授信门槛。二是退出预案不充分，没有预先物色在发生不良贷款时能够承接的经营实体，不能通过转让、许可等方式有效弥补或降低损失。

## （二）营销人员责任机制有待完善

营销人员站在知识产权融资服务最前端，也处于风险责任认定的起点，基于领域不熟悉、风险因素不确定等原因，感到风险压力巨大，从心理上强烈抗拒这种业务开展，成为知识产权融资的“梗阻”。对于银行的营销人员，银行的特殊经营原则决定其必须严格控制不良贷款比例，并特别强调责任追究，对于贷款业务负有主要责任的具体营销经理更是感到压力巨大。尽管银监部门出台了适当提高不良贷款比率容忍度等政策，但是商业银行内部的责任追究制度仍十分严厉，轻则调离岗位，重则追究刑事责任。特别是就营销人员切身利益来说，轻则扣除年度绩效奖励，重则不得晋职晋级，甚至在业界失去口碑，终生不能从事信贷岗位。因此，即使银行上级领导想做专利质押业务，营销人员也是尽量少做，甚至不做，堵住了业务开展的渠道。对于风投机构的营销人员，迫于投资人的利益驱动和短期回报的期望压力，投选项目千挑万选，往往盯住低风险的传统产业或是有限数量的上市后备企业。近年来企业上市节奏放缓，风投机构对待科技型上市后备企业的投资也更加谨慎。对于在全民创业热潮中兴起的专利创业实体，更因其处于起步阶段，难于引导经营和监管绩效，风投机构的营销人员甚至会忽略这些早期创业群体。这些早期专利创业实体急切呼唤专业的天使投资机构出现。

### （三）专业运营队伍素质有待培养

知识产权投融资服务队伍除了本身的金融队伍以外，还包括专利技术的认知与评价、专利权价值评估、策划与对接、孵化与转化、二次开发与运营、退出与承接等专业队伍，有时要求是复合型人才队伍。专业、复合型人才的短缺，制约了知识产权融资业务的发展。现有服务机构人员的知识结构中知识产权素养不够，常常面对这种特殊业务有“陌生感”，不能从知识产权规则中找到与其业务对应的结合点。一是评估人员在价值评估中对于专利权的法律属性的评价把握感觉有难度；二是金融营销人员对过程风险中专利特殊因素认识不深，对于退出形式掌握不够，往往“一刀切”地斩断对接机遇；三是对接机构对于专利项目的招商策划中、风投在诱导项目成长过程、孵化机构在结合专利二次开发与保护中沿用经验较多，结合知识产权特点不够等。

## 三、建议和请求

### （一）请求建立中国（长沙）高校知识产权运营基地

省市领导明确指示要探索高校知识产权就地转化机制，我市拟以湖南省省级工业集中区—宁乡金州新区（国家节能环保新材料高新技术产业化基地、湖南省新型工业化示范基地）为依托，筹备建设高校知识产权运营基地。将采取“政府支持引导、产学研金相结合、企业市场化运作”的运行机制，立足湖南、面向全国，打造高校知识产权转移转化的运营载体，搭建涵盖从发明创意产生、专利申请到专利技术转化全过程综合性功能的知识产权运营服务平台。为进一步提升品位、扩大影响、吸引资源，请求国家知识产权局从进一步深化知识产权投融资服务工作出发，结合专利导航试点工程，特别批准国家级“中国（长沙）高校知识产权运营基地”落户长沙。我市人民政府将向国家知识产权局提交正式书面请示，恳请给予指导和支持。

### （二）建议进一步加强知识产权评估管理

建议进一步落实六部委《关于加强知识产权质押融资与评估管理支持中小企业发展的通知》（2010年8月），一是借鉴有关部委做法，吸收武汉、无锡等地方的经验，出台知识产权评估机构备案办法，从国家层面推荐一批知识产权评估机构，增强知识产权价值认定的公信度。二是研究、完善专利价值评价体系，统一和推广专利权价值评估标准，提高专利价值评估采信度。

## （三）建议协调银监会完善责任追究制度

建议积极协调国家银监会就专利权质押贷款风险责任追究给出专门政策意见，在严格强调主观责任追究的情形下，调整不良贷款比率容忍度的同时，适当放宽责任追究，给营销人员的心理包袱减压，使之积极推动专利权质押业务。

# 长沙市高新区公共租赁住房“盘活模式”的经验和启示

长沙市住房保障局

近年来，高新区通过回农民安置房转为公共租赁住房，有效解决了园区内新就业大学生、外来务工人员的住房需求问题，实现了保障性住房筹集与产业经济发展的互动互促，探索出了一条公共租赁住房的“盘活模式”。

## 一、公共租赁住房短缺成为产业发展的重大瓶颈问题

经过20多年发展，长沙高新区建成区面积已达30多平方公里，现有企业6000多家，常住人口20万，其中就业人数超过10万人。在长沙高新区组织开展的园区企业住房需求调查中，包括中联重科股份有限公司、宇顺电子股份有限公司等在内的106家园区企业参与了调查和信息反馈。经调查，辖区内企业技术人员、新就业大学生和外来务工人员对公共租赁住房的当期总需求量达1.7万套，而且根据产业发展趋势测算，预计到2015年需求量将增加到4.2万套。随着新就业大学生和外来务工人员的逐年增加，住房需求量增大与供应严重不足的矛盾将进一步加剧。目前高新专业技术人才的引进直接关系到技术研发和产业升级，如何吸引和留住人才，住房更是成为首要问题。长沙市委、市政府敏锐的预判到公共租赁住房的供应与高新区乃至全市工业经济的发展之间存在的互动互促关系，果断提出从2010年9月起要在高新区整合10万人规模的公租房源，解决科技创业人员和产业工人的住房问题。

## 二、盘活农民安置房模式出笼

怎样落实市委、市政府的决策部署，在短期内筹措大量公租房房源？这是摆在高新区管委会和市住房保障局面前的重大课题。通过新建筹集公共租赁住房虽然早已经提上议事日程，相关前期手续也正在紧锣密鼓进行，但新建项目从筹备到开工到交付使用，少则三年，长则五年，很难在近期形成实物房源和保障能力。因此，决策者们将眼睛放在区内现有的存量房源上。

2009年前的长沙市征拆安置政策以“一基一户”的形式分配安置房源，按一家五口安置户来算，每户能分配2~3套安置房。在2009年后，长沙市征拆安置开始全面实行长沙市征地补偿实施办法，每个三口之家的征拆户家庭可分得320平方米的保障房。这些安置房源除自用外大部分空置，空置率在50%以上。被征地农民“有房无钱”状态特别突出。高新区管委会经过深入细致的论证和分析，在市住房保障局的支持下，推出了“盘活模式”，即将农民闲置的安置房源回租为公共租赁住房，统一装修标准、统一配套提供给企业，并纳入统一管理。

长丰小区成为盘活公租房的首个试点小区。长丰村集体经济组织在划拨的生产安置用地上建了10栋总面积5万余平方米的楼房。原准备用来出租以补贴失地农民的生计，但因招租难题难以实现。经过反复磋商和谈判，高新区管委会委托高新实业总公司下属的公租房公司将这10栋房子统一租赁，并投入200万元完善公共配套设施，另由长丰集体经济组织投入1300万进行房屋统一装修，改造成了一个封闭管理的公租房小区，然后整体出租给园区内有需要的企业。仅用1500万的投资就盘活了5万平方米公租房，既短期内破解了企业用工住房问题、促进企业集中精力谋发展，又实现了企业“有钱无房”和农民“有房无钱”的无缝对接。独创的“盘活模式”一经推出就得到了村级组织和广大村民的大力支持和热情参与。

长丰项目的试点成功，为在高新区和全市推广“盘活模式”提供了样本和经验。在此基础上，高新区在市住房保障局的支持下，深化和完善“盘活”模式，至今已回租长丰、和馨园、和润园、和沁园一期、金南家园、华龙家园6个项目约1.1万套（间）各类拆迁安置房剩余房源，目前已经累计投入筹集资金约1亿元，基本可以实现“十二五”规划期内住房保障目标，并满足当期辖区内公共租赁住房需求。

# 三、“盘活模式”的四大成功因子

经过深入调研和分析，我们发现，完善的领导体系、统一的运作体系、完整的配套政策、优质的管理服务，是高新区的“盘活模式”能够取得成功的四个必不可少的因素。

完善管理机构加强组织领导。高新区成立了由主要领导牵头的公租房工作领导小组，谋划全区公租房的建设和管理工作；下设公租房管理办公室，专门负责公租房的房源归集、规划新建和准入补贴等工作。项目所在地街道（镇）、村（居）共同参与成立项目协调指挥部，具体落实公租房房源归集和租赁等工作。出资1亿元组建国有全资的长沙高新区公共租赁住房开发有限公司，负责盘活房源、运营管理工作。区、街道（镇）、村三级联动，专业公司具体实施的工作格局初步形成。

高新区根据企业需求和农民安置房小区的建设规划，主动对接集体经济组织，在项目建设前期就达成意向协议，相对集中回租房源，在安置房建成后由高新区统一回租为公租房。由于存量房源分布较散，产权归属较零乱，公共配套相对缺乏难以满足园区企业的规模化需求，对农民安置房，高新区采用“政府统一归集、集体自愿参与、企业自由租赁”的模式，发挥政府主导性，对归集的安置房统一装修标准、统一公共配套、实施封闭管理，并向企业“打包”出租，以企业为单位确定承租人，并对租赁房屋、小区做出相关管理规定。

高新区制定了《公共租赁住房工作实施意见》《公共租赁住房管理细则》《长沙高新区公共租赁住房上级专项补助资金使用管理办法（暂行）》等政策，各集体经济组织按照统一标准自行负责装修，长沙高新区管委会协调解决装修贷款资金，并给予集体经济组织3年贷款基准利率的全额贴息；公租房小区的食堂、浴室、娱乐、安保等公共配套设施由公租房公司负责；长沙高新区管委会对公租房归集快、装修质量达标的基层组织给予适当奖励。同时根据《长沙高新区公共租赁住房（归集类）管理实施细则》规定，长沙高新区以每月12元/平方米归集闲置安置房房源，以每月12元/平方米回租给企业，符合相关规定的租赁企业，可参照实施细则的相关规定，享受每月4元/平方米的租金补贴，补贴范围在10～15平方米。

高新区公租房办公室、公租房公司、招商局、政务中心、产业局一条龙抓好公租房入住工作。从招商开始引导企业少建甚至不建倒班楼和公寓楼，通过承租盘活的公租房，既节约了后勤管理成本，又改善员工了住房品质。组建集审批、配租、补贴发放、物业服务为一体公租房客户管理中心，让每一个公租房项目、每一栋楼、每一套房、每一个住户都纳入服务管理中心的线上实时管理。入住资格审批、公示、轮候、合同签订、租金缴付、工作异动、信用记录、门禁水电等服务等日常工作，都纳入线上实时办理。方便快捷的公租房服务成了高新区公租房品牌的一大亮点和特色，得到了企业和入住对象的一致好评。

## 四、政府、企业、村集体经济组织、百姓四方共赢

“盘活模式”的核心价值在于实现了多方“共赢”。

对于政府来讲，盘活模式既有短期优势，又有长远优势。短期优势是通过盘活辖区内农民安置房源，政府只需以较少的资金投入在短期内获得大量房源。而长远优势更加巨大：一是通过由政府统一为企业提供公租房替代企业后勤配套建设模式，既让企业专注于经营发展，也实现了集约节约用地，提高了工业用地的单位产出。二是发挥盘活公租房集中居住、人口规模大的优势，带动附近区域的消费和服务业发展，并带动商业配套和公共服务配套的发展。三是可以固化区域人流，形成居住区组团，实现产居平衡，减少了城市“工作—生活”之间交通距离成本，有助于解决城市交通拥堵问题和克服“大城市病”。

对于企业来讲，通过租赁政府统一筹集的公租房，可以无须利用自有土地进行宿舍建设，节约土地资源，生产用地增加，节约一大笔建设资金。同时，企业可以让员工安心工作努力创新，留住人才。长沙宇顺显示技术有限公司主管员工住房保障的负责人董磊表示，因为公司在长丰小区租下了三栋楼，可以为优秀员工提供稳定的住房，在招揽人才时就显得有底气多了。

对于村集体经济组织来讲，组织村民将安置房租给政府全资拥有的公司，可通过鼓励农民积极参与公租房小区物业管理，解决了部分农民就业问题。大批人员的入住，也使小区商业更加活跃，既实现了自身资产保值增值，也可以通过经营商业实现自身发展。

对于安置房业主来讲，通过统一出租给公租房运营管理机构，盘活了闲置资产，不仅解决了招租难题，还带来了稳定而持续的现金流收益，改善了家庭生活。

## 五、“盘活模式”有更广阔的发展空间

参考了高新区的“盘活模式”，各市辖区也纷纷进行试点，如芙蓉区东岸梅园公租房、天心区福满新城公租房、岳麓区岳华家园公租房、开福区中岭小区公租房、雨花区联盟佳苑公租房等项目，都是由区住房保障局回租农民拆迁安置房中的闲置房源作为公租房。这些项目如全部实现装修入住，将为我市提供一批地理位置较好的公租房房源。

其实，在政策框架内，“盘活”不仅只有回租模式，还可通过购买、改建等方式筹集。如收购商品房，天心区已先行试点于2013年购买64套商品房作为公租房。也可以改造老旧房屋，如浏阳市今年计划通过改造老旧的城区直管公房913套作为公租房。

鉴于盘活模式的广阔前景，结合长沙市的实际情况，我们建议：一是进一步深化“盘活模式”，按照“房屋银行”的运作方式，组建市级公租房专业管理运营机构，由运营机构向社会上公开征集和收购、租赁住房，并由专业的维护团队负责房屋的修缮、装修等服务，再租赁给经政府住房保障部门审核符合条件的保障对象。二是加大财政资金支持力度。除上级补助资金外，建议在市安居工程专项资金中安排2亿元作为市公共租赁住房专项基金和“房屋银行”启动资金，统筹用于盘活公租房的筹集、管理运营支出，以加大实际统筹调控力度。三是完善相关配套政策。制定有关盘活公租房的管理办法，强化房源管理和配租、退出机制。

**课题负责人：**王　宇

**调研组成员：**宋观平

# 浏阳市全面建成小康社会进程的评价研究及对策建议

浏阳市人民政府研究室

全面建成小康社会是党的十八大明确提出的发展目标，也是实现“两个百年目标”和中华民族伟大复兴的中国梦的基础工程。长沙市委、市政府提出要强力推进“六个走在前列”，确保在2017年全面建成让人民群众享有宽裕的物质生活、宜居的城市品质、丰富的精神文化、良好的生态文明、和谐的社会环境的小康之市的奋斗目标。就此课题，浏阳市人民政府研究室广泛开展调研，在准确摸清家底的基础上，完成了对浏阳全面建成小康社会进程的评价研究，提出了对策建议。

## 一、全面建成小康社会的监测评价指标体系

党的十八大报告提出，要在2020年全面建成小康社会，实现国内生产总值和城乡居民人均收入比2010年翻一番。为贯彻落实党的十八大精神，湖南省委十届七次全会做出了率先在中部地区实现全面建成小康的重大决策，出台了《中共湖南省委关于分类指导加快推进全面建成小康社会的意见》，根据各区域经济社会发展的特点和全面小康实现程度，因地制宜、分类施策、协调推进，坚持把县（市、区）作为全面小康建设的主体，将全省122个县（市、区）分为三大类，实行目标任务到县、政策措施到县、工作责任到县、考评监测到县，建立完善了以县（市、区）为主体的分类考评指标体系。

按照《意见》要求，浏阳归属于长株潭地区区域板块，被划为第一类考核监

测县，与中心城市城区（城镇化率75%以上）及长株潭经济强县等26个县（市、区）一同参与考评。考评标准按照湖南省一类县（市、区）全面建成小康社会的目标要求确定监测评价指标体系，其指标体系包含经济发展、人民生活、社会发展、民主法治、生态文明等五大项22个指标，构成了全面建成小康社会统计监测指标体系的总体框架。五大项指标具体内容为：

### （一）经济发展

包括人均地区生产总值、人均财政总收入、税收占财政总收入的比重、经济结构指数、城镇化率、园区规模工业增加值占规模工业增加值的比重和金融机构各项贷款增长率等7项指标，主要从经济增长、产业结构、城镇化水平等方面反映经济发展的状况。

### （二）人民生活

包括居民收入水平、人均住房使用面积、人均储蓄存款、居民文教娱乐服务消费支出占消费总支出比重、农村居民安全饮水比率和行政村客运班线通达率等6项指标，分别从收入水平、住房情况、消费结构、生活饮水和出行情况等五个方面反映居民生活质量。

### （三）社会发展

包括基本医疗保险覆盖率、基本养老服务补贴覆盖率、高中阶段毛入学率、平均受教育年限、每千人拥有床位数、5岁以下儿童死亡率、人均拥有公共文化体育设施面积等7项指标，分别从社会保障、教育、医疗、文化等四个方面反映社会发展的状况。

### （四）民主法制

包括城镇居委会依法自治达标率、农村村委会自治达标率和社会安全3项指标，以反映社会主义民主与法制状况。

### （五）生态文明

包括单位GDP综合能耗、城镇污水处理率、空气质量达标率、地表水质达标率、森林资源蓄积量增长率和城镇建成区绿化覆盖率等6项指标，分别从资源利用率、环境质量等方面反映可持续发展状况。

具体的量化标准体系为（表1）：

**表1　湖南县（市区）全面建成小康社会监测评价指标体系（一类）**

| 类别 | 序号 | 指标名称 | | 单位 | 目标值（2020年） | 权重 |
|---|---|---|---|---|---|---|
| 经济发展 | 1 | 人均地区生产总值（按2010年不变价） | | 元 | ≥80000 | 5 |
| | 2 | 人均财政总收入 | | 元 | ≥12000 | 7 |
| | 3 | 税收占财政总收入的比重 | | % | ≥85 | 7 |
| | 4 | 经济结构指数 | 二、三产业增加值占GDP比重 | % | ≥96 | 12 |
| | | | 高新技术产业增加值占GDP比重 | % | ≥30 | |
| | | | 文化产业增加值占GDP比重 | % | ≥8 | |
| | 5 | 城镇化率 | | % | ≥65 | 4 |
| | 6 | 园区规模工业增加值占规模工业增加值比重 | | % | ≥90 | 5 |
| | 7 | 金融机构各项贷款增长率 | | % | ≥100 | 5 |
| 人民生活 | 8 | 居民收入水平 | 城镇居民人均可支配收入 | 元 | ≥50000 | 7 |
| | | | 农村居民人均收入 | 元 | ≥25000 | |
| | 9 | 人均住房使用面积 | | 平方米 | ≥32 | 2 |
| | 10 | 人均储蓄存款 | | 元 | ≥32000 | 3 |
| | 11 | 居民文教娱乐服务消费支出占消费总支出比重 | | % | ≥18 | 3 |
| | 12 | 农村居民安全饮水比率 | | % | =100 | 2 |
| | 13 | 行政村客运班线通达率 | | % | 98 | 2 |
| 社会发展 | 14 | 社会保障发展水平 | 基本医疗保险覆盖率 | % | ≥90 | 4 |
| | | | 基本养老服务补贴覆盖率 | % | ≥50 | |
| | 15 | 教育发展水平 | 高中阶段毛入学率 | % | ≥95 | 4 |
| | | | 平均受教育年限 | 年 | ≥11.5 | |
| | 16 | 医疗卫生水平 | 每千人拥有床位数 | 张 | ≥4 | 4 |
| | | | 5岁以下儿童死亡率 | ‰ | ≤12 | |
| | 17 | 文化发展水平 | 人均拥有公共文化体育设施面积 | 平方米 | ≥3 | 3 |
| 民主法治 | 18 | 城乡居民依法自治 | 城镇居委会依法自治达标率 | % | ≥90 | 4 |
| | | | 农村村委会依法自治达标率 | % | ≥90 | |
| | 19 | 社会安全指标 | | % | =100 | 7 |
| 生态文明 | 20 | 单位GDP能耗 | | 吨标煤/万元 | ≤0.62 | 3 |
| | 21 | 环境质量指标 | 城镇污水处理率 | % | ≥75 | 5 |
| | | | 空气质量达标率 | % | ≥95 | |
| | | | 地表水质达标率 | % | =100 | |
| | 22 | 绿化水平 | 森林资源蓄积量增长率 | % | ≥3 | 2 |
| | | | | % | ≥26 | |

注：一类县（市、区）城镇化率只考核县（市）。

## 二、浏阳全面建成小康社会的总体实现程度

参照《湖南县（市、区）全面建成小康社会监测评价指标体系（一类）》，2014年浏阳全面小康综合实现程度为82.9%，低于湖南省平均水平（88%）和长株潭地区平均水平（91.4%）。从小康实现程度增长幅度来看，浏阳的小康实现程度较2013年增长6.4个百分点，其增幅超过了全省较2013年的增幅。总体而言，浏阳全面小康实现程度呈加速度增长的态势，成效明显，但任重而道远。在经济发展、人民生活、社会发展、民主法治、生态文明五大类指标中，除社会发展、民主法治和生态文明3类之外，其他两类指标实现程度较低，特别是经济发展指标实现程度仍在80%以下；23项明细指标中，实现程度在80%以上的有23项，实现程度处于60%～80%区间的有8项，实现程度低于60%的有2项。

以2017年为目标年份测算，22个指标中有8个指标能提前完成或已经完成，5个指标可以如期完成，还有9个指标难以如期完成。2014年，浏阳市文化产业增加值占GDP比重为18.7%，已超过8%的目标值；金融机构各项贷款增长率为57.9%，预计2017年可以达到目标值；人均住房使用面积为53.8平方米，提前实现了32平方米的目标值；社会保障发展水平、医疗卫生水平、文化发展水平、人居环境质量等指标也均可提前完成。但经济发展不平衡、不协调、不全面的矛盾突出，结构性“短板”明显。如人均地区生产总值、人均财政总收入、经济结构指数中高新技术产业增加值占GDP比重、城镇化率、园区规模工业增加值占规模工业增加值比重、居民收入水平中的城镇居民人均可支配收入、人均储蓄存款、教育发展水平中的平均受教育年限、单位GDP能耗等9个指标难以如期完成。按照文件精神，浏阳要在2017年率先实现全面小康，到2020年基本实现现代化任务繁重艰巨。

## 三、浏阳市全面建成小康社会面临的主要困难

通过深入调查研究，我们认为当前浏阳全面小康社会建设中面临的困难主要表现在以下四个方面。

### （一）经济高位增长压力加大

一是人均地区生产总值持续增长压力大。2014年浏阳该指标实现程度仅为

65.8%。若要在2017年实现大于或等于110000元目标，2015～2017年全市GDP年均增长速度必须达到14.9%以上，而近三年来GDP增长速度维持在13.8%左右（2012年为14.4%、2013年为14.5%、2014年为12.6%），在全球系统性风险未得到根本解除和国内经济进入增长速度换挡期、结构调整阵痛期、前期刺激政策消化期的背景下，今后几年浏阳GDP增速要达到14.9%的高位增长比较困难。二是人均财政总收入增长压力较大。2014年浏阳市人均财政总收入实现程度仅为48.8%。若要在2017年实现人均财政总收入12000元的目标值，2015～2017年财政总收入的年均增速不能低于22%，尽管近年来浏阳市财政收入增长较快，但要保持高位高速增长仍面临较大压力。三是城镇化率距目标值差距较大。虽然浏阳2014年的实现程度已达85.2%，但2012～2014年城镇化率分别为50%、52.2%、55.4%年均增长不足3个百分点。若要在2017年达到65%，我市城镇化率需要每年增长3.2个百分点，不符合浏阳地域广、人口多、底子薄、传统农业大县的实际。若按每年2个百分点的可预期速度增长，也要到2019年才能实现城镇化率65%的目标值。

### （二）产业优化升级比较困难

一是园区规模工业增加值占规模工业增加值比重偏低。该指标2014年实现程度为62.6%。目前，浏阳共有经开区、制造产业基地两个省级以上园区。据近几年数据统计，2012～2014年园区规模工业增加值占规模工业增加值比重分别为49%、51.2%、56.3%，按近三年的年均增速测算，浏阳在2017年无法实现90%的比重目标，需要到2020年才能实现。二是经济结构指数中的高新技术产业增加值占GDP比重偏低。2014年浏阳市高新技术产业增加值占GDP比重实现程度为80%。虽然近年来高新技术产业发展较快，2012年高新技术企业已达80家，但增加值占GDP比重仍然偏低，2012～2014年分别仅占15.6%、19.6%、24%。按近几年高新技术产业增长速度测算，2017年要达到30%的目标值，需要在加快推动高新技术产业发展中不能有丝毫懈怠。

### （三）居民生活质量需进一步提高

一是居民收入水平中城镇居民人均可支配收入较少。浏阳该指标2014年实现程度为67.6%。城镇居民收入增长受经济发展水平、企业经营效益以及国家政策影响较大，根据目前我市城镇居民人均可支配收入情况来看（2012～2014年分别为27345元、31024元、33816元），需要到2020年才能实现人均可支配收入

50000元的目标。二是人均储蓄存款难以实现目标值。该指标2014年实现程度为67.5%。2012～2014年浏阳人均储蓄存款分别为14865元、19183元、21615元，根据近三年人均储蓄存款净增长水平测算，要到2018年才能达到人均储蓄存款32000元的目标值。

### （四）群众平均受教育年限仍然较低

教育发展水平中平均受教育年限偏低。该指标2014年实现程度为78.4%。目前，浏阳普通高中现有最大容量为8000人，职业高中现有最大容量为3000人，在外地入学就读的初中毕业生大约800人，累计普高最大容量为11800人，而全市到2017年初中毕业生将达15000人，按照现有容量计算，要在做大做强普高基础上，重点加快职业高中教育，才可能在2020年实现11.5年平均受教育年限的目标值。

## 四、浏阳市全面建成小康社会存在差距的原因剖析

针对以上存在的问题和难点，分析其原因，主要有以下几个方面。

### （一）认识不足，部门合力联动难度大

在调研中，我们感到有些部门对全面建设小康社会五大领域22个指标理解不到位，对涉及本部门的指标推进情况掌握不实，对存在的难点问题重视不够，对解决的对策措施考虑不多，部门之间缺乏联动机制，合力氛围难以形成。

### （二）底子薄弱，区域经济发展不平衡

浏阳总面积5007平方公里，总人口143万，是全省人口第一、面积第二大县。与省内其他一类县（市、区）相比，地域广、人口多、底子薄、发展不平衡的问题比较突出，全市各乡镇全面小康进程也存在较大差异，特别是边远农村地区发展基础比较薄弱，交通、水利等基础设施不完善，医疗、教育、文化等公共服务不到位，统筹推进全面小康建设任务繁重。

### （三）结构不优，产业调整升级任务重

三次产业结构不尽合理，花炮等传统产业提质转型速度缓慢，附加值比较低；高新技术产业和第三产业发展滞后，加之融资成本高、产业发展用地紧、高

素质人才储备不足等因素制约，影响了经济可持续发展。

### （四）创新不足，转变发展方式挑战大

科技创新是加快转变经济发展方式、破解节能减排难题的根本途径。近年来，浏阳经济发展中创新驱动力还不够，体现在高新技术产业增加值占GDP比重偏低，2012～2014年分别仅占15.6%、19.6%、24%。产业集约高效发展的程度亟须提高，经济发展方式转变面临较大挑战。

## 五、浏阳市全面建成小康社会的对策建议

### （一）总体思路

党的十六大提出全面“建设”小康社会，到党的十八大提出全面“建成”小康社会，从“建设”到“建成”，虽只有一字之差，却是从量变到质变的飞跃，预示着我们的小康社会建设步入新的阶段，将迎接新的机遇和挑战。浏阳市将按照湖南省一类县（市、区）全面建成小康社会的目标要求，认清差距、坚定信心、直面困难、奋进赶超，抓住经济发展的“牛鼻子”，努力做到“三个并驾齐驱”，强力推进“六个走在前列”，率先建成“三市”、强力实施“三倍”，实现“挺近三十强、再创新辉煌”的发展目标，又好又快地实现全面建成小康社会。

1. 宏观目标与微观目标并驾齐驱。全面建成小康社会，宏观目标的实现和考核固然重要，但宏观目标一定要建立在微观目标集体实现的基础上。宏观目标难以衡量一定行政区域内城乡间、地区间统筹发展的进度和水平。对于县域而言，不能以全市的小康实现程度来衡量农村的小康水平，也不能以此判定经济欠发达地区的小康水平。正确处理和把握好宏观与微观的关系，一方面应充分发挥发展较快乡镇的辐射带动作用，从区域统筹借力，促进区域协调可持续发展；另一方面，重视城市发展的辐射带动作用，大力实施城镇化战略，实现城乡统筹发展。所以，应该在继续保持发展较快乡镇的竞争力的同时，更大力度因地制宜建设经济基础较为薄弱的地区。

2. 经济发展与社会事业并驾齐驱。全面小康，不仅仅是经济发展，还包含民主政治、社会发展、人民生活、生态文明等社会指标。因此，我们建设的全面

小康社会，不仅包括人均地区生产总值、居民收入等经济指标，还包括城镇化率、住房状况、绿化水平等指标。经济指标可观可感，其他指标却相对难以定量测评。无论是发展较快的乡镇还是发展较慢的乡镇，全面认识和把握经济指标与指标之间的辩证关系，着力防范和克服重经济指标、轻其他指标的倾向，不能出现只顾短期经济目标实现、不顾积累长期发展后劲的做法，不能出现强调经济指标、模糊其他指标的考核导向。经济发展固然重要，但是不能顾此失彼，也不能“一刀切”，不能为了达到经济指标而忽视其他指标，导致市域发展不协调、不合理、不科学，不利于可持续发展。

3. 夯实基础与改革创新并驾齐驱。浏阳地广人多，基础薄弱，经济增长压力大，地区发展不平衡。因此，应充分改善浏阳的交通区位条件，完善交通网络，发挥其区位优势，为市域经济发展及“交通融城”打下坚实的基础；加大公共基础建设力度，完善市政基础设施。除了夯实基础，还应改革创新，拓宽融资渠道，为经济发展注入资金活力；着力抓大引强搞好重大项目建设，强化县域经济发展的支撑能力。另外，在产业结构方面，大力发展高新技术产业，加大创新型、技术型人才引进和培养力度，创新生产技术和管理机制，在做大做强第二产业基础的同时着力提升第三产业的比重；区域之间应加强互助合作，缩小区域差异，促进市域均衡协调可持续发展。

## （二）几点建议

根据全面建设小康社会评价指标体系，针对浏阳在全面建设小康社会中存在的难点重点问题，提出以下建议。

1. 明确目标，坚持以发展为核心，着力夯实全面建成小康社会的基础。

① 咬定目标，明确发展方向。调研中大家认为，浏阳市最大的差距是经济基础薄弱、地区发展不平衡。全面实现小康社会从根本上讲靠的是经济发展，为此，一定要明确以经济发展为核心，坚定“挺进三十强、再创新辉煌”的目标，坚持“转方式、调结构”不动摇，坚持“抓项目、引人才”不放松，坚持“建设与管理”齐步、“发展与和谐”并举，进一步解放思想、开拓创新、自我加压、负重进取，继续动员全社会力量，凝心聚力，实施“交通融城、产业兴城、人才活城、生态美城”战略，努力争取主要经济指标高于全省平均水平，综合经济实力在全国进位前移，为全面建设小康社会奠定坚实的基础。

② 加大投入，夯实发展基础。加大投入完善交通基础设施建设，实施“交通融城”战略。逐步完善浏阳市内、浏阳与长沙、浏阳与长株潭城市群、浏阳与

长三角、珠三角等地区的交通网络，充分发挥浏阳的交通区位优势。大力推进旧城改造，完善市政公共基础设施，逐步优化城乡人居环境，夯实浏阳市城乡统筹发展的基础。拓宽融资渠道，加大资金投入，完善产业园区基础设施和配套设施建设，提升园区服务能力，为有效推动招商引资和产业经济的全面发展打下坚实基础。

③ 统筹兼顾，注重发展质量。全面建设小康社会，核心在于“全面”，不仅指小康社会所覆盖的人群是全面的，使全体人民都享受到经济发展带来的成果；同时还指小康社会的建设领域是全面的，其评价指标体系的五大领域22个指标，既涉及经济、政治、社会和生态，又涉及城市、农村，特别是民生问题。因此，在推进全面小康社会建设中，我们一定要做到统筹兼顾、全面发展。同时，高度重视发展的质量，要达到量效齐升，要有针对性地解决实际问题，不仅要普惠于民，还要提升社会自身运行的效率，促进全体人民自力更生能力的发展。

2. 围绕重点，坚持以创新为动力，努力攻坚全面建成小康社会的难点。

① 突出交通建设，加快区域联动。坚持“交通融城”战略不动摇，按照“对外大开放、对内大循环”的思路，集中力量、突出重点，努力以交通区位优势的提升，带动和促进浏阳产业、生态、文化等各项区域经济优势的发挥。一方面，紧抓“高速”主动脉，全力推进金阳大道、南横线、北横线等对接长沙的重大交通项目建设，促进全面融入大长沙；另一方面加快城市西北环线建设，对连接周边县市的干线公路特别是省际边区的出口通道进行提质改造，加强市内交通网络建设，进一步完善主城区与各中心城镇的快速通道，打造市域一小时经济圈和湘赣边交通枢纽城市，实现与长沙空港城、经开区以及株洲云龙示范区的交通对接，加快融入长株潭、长三角、珠三角的步伐，实现各方向通道串珠成链，推动区域联动发展。

② 突出结构调整，促进产业升级。积极发展新兴工业，优先发展现代服务业，转型提升传统花炮产业，加快发展现代农业，形成产业结构合理、产业规模集聚、产业竞争有力的现代产业体系。一是做大做强第二产业，提高园区规模工业增加值占全市规模工业增加值的比重。依托技术创新，强力实施花炮产业整合提升工程，推进花炮产业走“集约化、专业化、机械化、信息化”和“安全型、环保型”的“四化两型”发展之路；提高电子信息、生物医药、机械制造等产业的附加值；重点发挥蓝思科技、介面光电、基伍通讯等领军企业对电子信息产业的整合作用，吸引相关配套企业进驻浏阳，致力打造世界一流的移动智能终端产业集群。二是做优做特第三产业，提升传统服务业，培育发展生产性服务业，实

现第二、第三产业协调发展。充分发挥大围山国家级生态旅游示范区的龙头带动作用，打造市域精品旅游路线；以旅游发展带动商贸繁荣，精心打造特色街区，努力建设湘赣边商贸物流中心；以发展休闲旅游为中心，打造城郊型旅游圈，构造集生态旅游、红色旅游、休闲体验旅游为一体的旅游服务带。三是做精做细现代农业。围绕花木、蔬菜、油茶、烤烟、水果、畜禽养殖等特色产业，创新产销方式，拓宽营销渠道，推动农业生产规模化、专业化、品牌化发展。

③ 突出创新驱动，增强发展后劲。一是以科技促投资高效化。加大主导产业升级的科研投入，加大对新兴产业科研的人、财、物投入力度，鼓励自主创新，加大对科技及战略性新兴产业的投资，推动投资高效化。二是以人才促发展新活力。注重创新性、技能型、管理型人才的引进和培养，继续深入实施“5358”工程，为浏阳未来发展积蓄强大的人力资源优势。加快改善人才工作环境，完善人才队伍考评机制，建立“引得进、留得住、用得好”的人才选拔和培养的长效机制，为浏阳经济发展提供不竭动力。三是以创新推动产业结构转型和生态环境保护。坚持生态建设产业化，产业发展生态化，加强资源节约和环境保护。要以科技创新推动鞭炮烟花、机械制造等传统产业升级改造，大力发展高新技术产业，同时加大节能减排力度，通过科技示范工程，促进循环经济发展，促进生态城市建设，在产业发展中同步建设美丽浏阳。

④ 突出城镇提质，打造新型城镇。城镇化是现代化的必由之路。浏阳小城镇数量多，农村常住人口达64万，推进新型城镇化有着巨大的空间和潜力。一是从浏阳的基本市情出发，尊重规律，因地制宜，因势利导，推进以人为本的城镇化，把促进有能力在城镇稳定就业和生活的常住人口有序实现市民化作为首要任务，统筹推进城镇产业升级壮大，大力增强城镇“造血”功能，提高城镇就业率，实现城镇持续繁荣发展；二是着力构建“一轴三带”城镇发展格局，全面提质改造各城镇之间的连接通道，努力形成覆盖全市城乡、协调互动发展的新型城镇网络。坚持“以城带乡、以镇带村、以点带面”，高品位推进大瑶、永安、镇头、沿溪、大围山等重点城镇建设，加快打造一批工业重镇、旅游新镇、文化名镇、边贸强镇；三是提升城镇化建设管理水平。坚持新城拓展与老城改造并举，创新城市管理模式，着力解决排污设施不全面、垃圾回收机制不健全、生态保护难落实、水电路气设施不健全等突出问题，优先发展城市公交，提升城市综合承载功能。

⑤ 突出环境优化，建设美丽家园。加快生态宜居城市建设，围绕创建全国卫生城市目标，强力实施“清霾”行动，着力解决环境污染、生态破坏问题；继

续深入开展“三年造绿大行动”，保护好西湖山、天马山、道吾山、蕉溪岭等生态环境，重点建设浏永、浏东、浏跃、浏文4条绿色景观大道和5条城市绿道；落实节能减排目标责任制，完善城乡污水网管，严格建设城区污水处理厂、垃圾处理厂等工程，切实提高污水和生活垃圾处理率；加强三大河流、农村面源和重金属污染治理，进一步优化人居环境。

3. 完善机制，坚持以合作为保障，大力提高全面建成小康社会的成效。

① 强化组织领导，完善考评机制。定期召开专题工作会议，坚持以分类指导协调推进全面建成小康社会为统筹，成立专门机构，落实工作责任，强化责任分解。根据《湖南县（市、区）全面建成小康社会监测评价指标体系（一类）》，制定下发《浏阳市全面建成小康社会指标责任分解文件》，将经济发展、人民生活、社会发展、民主法治、生态文明等5大类22项指标32项具体指标，按照单位职能，分解落实，每一项具体指标明确一个牵头单位和若干责任单位，作为牵头单位和责任单位工作的重中之重。对有争议的指标进行深入调查和研究，做好科学评估。根据省市有关文件精神，参照现有的绩效考核办法和指标体系，制定出台《浏阳市全面建成小康社会考核办法》，对各乡镇（街道）、园区及有关市直单位实施专项考核，并将全面建成小康社会工作纳入市委、市政府对各单位的年度绩效考核。同时，实施过程和结果的双重考核，即对牵头单位和责任单位从日常工作推进和指标完成情况两个方面进行综合考评。

② 加大宣传力度，浓厚舆论氛围。全面建成小康社会的实现程度关系百姓的切身利益，因此要通过新闻媒体、宣传专栏、知识手册等方式，组织群众活动，进行广泛宣传，提高群众对全面建成小康社会的认识，特别是实现小康社会的重大意义。使群众充分认识各乡镇（街道）、各职能部门的工作职责以及推进小康社会建设的重点、难点和应对措施，真正做到让群众认识、让群众参与，实现小康社会共建共享。

③ 加强监测评价，提升建设效率。建立由市发改局牵头，相关职能部门共同参与的监测考评小组，制定完善的监测考评机制，对全市及各县（区）全面建设小康社会进程进行有效监测。督促各职能部门加强分类统计，对有争议的指标认真分析原因，搞好调查核实，开展科学评估，把数据“盘实”，做到数据出处有理有据，保障浏阳市全面建成小康社会按质按量完成。

# 关于我区人事管理体制创新的几点思考

宁乡经济开发区

12月2日，中央全面深化改革领导小组第七次会议审议了《关于县以下机关建立公务员职务与职级并行制度的意见》。会议指出，在职务之外开辟职级晋升通道，有利于调动广大基层公务员的积极性，是为基层公务员办好事、办实事，一定要把好事办好。在全国县以下机关实施这项改革，要总结试点工作经验，坚持好的做法，改进存在的不足，认真抓好组织实施。

宁乡经济开发区工委、管委会是湖南省内首家由中央编办批准的省委、省政府派出机构，委托长沙市管理，又是县级政府主导创建的国家级开发区，与县级机构有着千丝万缕的联系，机构本身和历史非常特殊。同时，我区作为国家级经开区，是改革创新的重要平台，干职工身份多，含公务员、参照公务员管理人员、事业编制及编外聘用人员等多种形式，需要用创新的方法激活、激励广大干职工的干事创业动力。

## 一、工作思路

### （一）打破目前主要按职务管理干职工的单一模式，实现职级与职务并行

目前管委会机关涵盖有书记、主任、副主任、工委委员、局室正职、常务局室副职、局室副职、处（部）长、科员（职员）等多个职务层级，管理比较规范，但为充分激活一部分基层重点岗位和重点人员积极性，对一部分岗位形成倒逼机制，可以采取：

1. 建议参照非领导职务序列，设立主任科员、副主任科员等职级，分别享受对应的待遇。主任科员和副主任科员实行一年一聘制，表现优秀的处长和科员可以在下一年度享受主任科员或副主任科员待遇，如上一年考核为优秀的一般科员可在第二年度内直接晋升为副主任科员，享受副科待遇，第三年自动取消，如第二年继续考核为优秀再次聘任为副主任科员，连续三年或五年考核为优秀则可晋升为主任科员。

2. 精简一部分处长职务，改为主任科员或副主任科员，增加处长层级的动力和压力。在进一步科学分析、设置岗位之后，对某些特殊的岗位，工作量比较大、任务比较重，需要的人员素质比较高的，可以超出职务设置，比如某些局室处长承担的工作量相对比较大，可以保留处长职务，但享受主任科员待遇。对于有的岗位，工作量相对较少，任务比较轻，可以撤并处长，设置副主任科员。

3. 强化层级管理，在机构编制限额内，建立以“管委会领导—内设局室正职—副职”三个管理层级为核心的“扁平化”责任管理架构。明确在政令传达、任务交办、公文批转等程序上，须内设局室副职以上干部为最终责任人，减少管理层次，强化中层干部责任与权限，提高效率及执行力。

### （二）打破目前行政职务管理的单一分类，实行行政事务类、综合服务类及专业技术类并轨

对正科级以下的干职工岗位进行分类（下属二级事业单位、国企参照执行），大体可以分为三类行政事务类、专业技术类、综合服务类，分别设置一定差别的待遇权重。行政事务类主要包括办公室、纪检、工会、经发局、招商局、社会事业局等部门的大部分职位以及行政执法类职位，专业技术类岗位主要包括规划建设管理局的规划、工程类岗位、办公室文秘岗位、财政局会计类、审计类岗位，综合服务类岗位可以包括综合处岗位等。

1. 在晋升通道上，形成如下页图1所示。

2. 在待遇上，实行以岗位分类为基础的薪酬管理体系。应基于专业技术人员高于行政事务类人员，行政事务类高于综合服务类的标准，坚持“以岗定薪、以绩定奖、岗变薪变”的原则，体现专业性、工作强度等基本要素在工资待遇上的差别。同时，对部分重要岗位如招商引资、项目征拆与建设等单列专项个人奖励，体现岗位价值和向一线倾斜的激励导向。

3. 在考核上，将个人绩效与部门绩效相结合，推行全员绩效考核。传统的

“德、能、勤、绩、廉”考核指标较为模糊笼统，已不适应我区干部人事管理要求，应在岗位说明书与年度任务的基础上，实行关键绩效指标（KPI）和核心行为能力指标（KCI）相结合的考核方法，将干部工作业绩与行为态度量化细化，并纳入考核指标库。岗位类别和所在部门的性质不同，两部分指标的权重分布也有所不同。简要如表1所示。

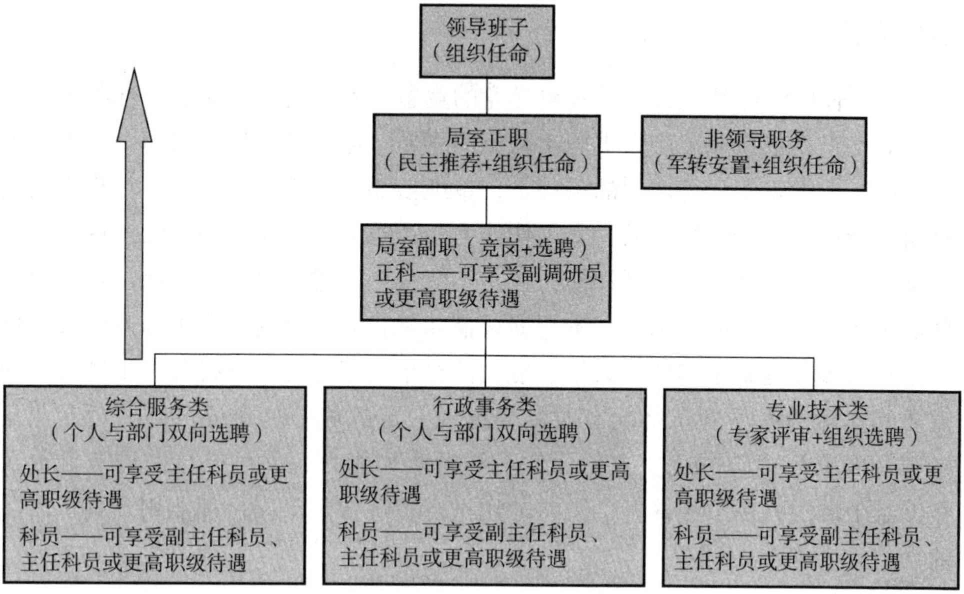


图1

表1

| 类别<br>方法 | 关键绩效指标（KPI） | 核心行为能力指标（KCI） |
|---|---|---|
| 专业技术类 | 专业水平、业务技能、业绩等 | 职业操守、组织纪律等 |
| 行政事务类 | 任务办结情况、程序执行等 | 执行力、廉洁自律等 |
| 综合服务类 | 任务办结情况、工作方法等 | 个人修养、协调能力等 |

## （三）进一步打破身份限制，实行干部编内任职与岗位聘职相分离的管理

因领导职数和编制实名制的制约，干部流动受限。可在争取上级部门支持后，对原有编制级别“封存管理”，即原职级记入个人档案，工龄连续计算，保留原编制、身份、级别不变，在办理调动、退休等手续时，按原编制身份办理相

关手续。鼓励公务员、事业编制人员与下属国企人员之间相互交流，真正把人用活。同时，内设部门副职、处室负责人连续聘任满六年的，必须有计划地跨部门交流；连续聘任满九年的，必须交流。对科员岗位，在同一岗位连续聘任满六年的，须进行轮岗交流。

### （四）打破演讲的单一竞聘上岗方法，实行多种评估方式相结合的竞争方式

我区长期坚持凡进必考、凡提必竞的竞争上岗机制，确保了干部队伍建设的风清气正，也保障了广大干职工队伍的素质。但在具体操作层面上，由于人员增加、工作职能日益增加的条件下，单纯依靠竞聘演讲的方式，很难正确或全面的衡量一个干部职工的真实工作能力，评委对于演讲人的日常表现也越来越难以掌握，而且工作水平和能力也并不能完全通过一次演讲展示。管委会领导对于非分管线上的干部，基本只能凭借印象打分，其他领导干部或一般干部的打分很多都是基于印象、人情、能力甚至个人好恶的综合打分。工作岗位的需要和实际的人员到位情况有时候会出现一定的偏差。建议可以推行专业化考试、专家评估等方式全方位评估干部素质和能力，并可推行由局室负责人在编制限制内自由“组阁”的人员使用试点，确保每个岗位都能用到真正需要的人。

## 二、工作难点

1. 需认真甄别职务和职级的资格条件，尤其要确保职级待遇与其职责义务相对应，实现正向激励，避免产生享受了职级，但工作量不饱和的现象。

2. 需认真甄别专业技术类和非专业技术类岗位的划分，机关工作大多需要一定专业知识，但专业技术类岗位与需要专业技术知识的岗位不是一个概念，因此岗位分类科学可行、可操作尤为关键。

3. 任何一个改革都是一次革命，涉及方方面面的利益和人员，但每一次改革又都是形势所需。特别是人事管理体制的改革，具体工作量非常大、涉及的问题非常具体、事关每个干部职工的切身利益，需要慎重操作，同时我区党群人事部门力量较为薄弱，人手少、日常工作重，要推行人事改革压力大。

# 三、几点建议

1. 引入一家实力雄厚的人力资源咨询公司，协助完善我区人事管理体系，在工作分析、岗位设置、分类薪酬系统、绩效考核指标库及考评系统等方面提供专业力量和指导。一方面出台《干部职务、职级晋升管理办法》，明确不同职务、职级对应的能力要求、素质资格、晋升条件、程序及考核方式等；另一方面对不同岗位类别的设置，建立个人自评申报、咨询公司专家初审、办公室（党群工作局）复审、领导班子审定的流程，形成一套完备的分类管理制度。

2. 推行薪酬计量因子法。根据每个岗位实际工作量，所包含的工作内容、工作任务、工作压力强度、工作指标绩效，每个指标因子对应一定的薪酬价格，设计一套科学的薪酬计量系统，形成一个部门内部可纵向比较、部门之间可横向比较、年与年之间可环比的薪酬体系，促进公平公正公开，真正通过待遇激励人、引导人员内部流动、提高工作效率。

3. 结合ISO9000质量管理体系在我区的运行以及三年一聘的大原则，分阶段渐进式推进人事制度改革创新。如下表2所示。

**表2**

| 阶段 | 时 间 | 工作项目 | 工作内容说明 | 工作成果 |
|---|---|---|---|---|
| 调研策划阶段 | 2015.01 ~ 03 | 工作分析 | 通过访谈、问卷调查、跟踪观察、工作日志、关键事件等方法收集、分析所有岗位信息，汇编成果并应用反馈 | 岗位说明书及工作规范书 |
| | | 问题诊断 | 对开发区现有人事管理体系进行梳理、问题诊断及风险点 | 问题诊断报告 |
| 体制改革准备阶段 | 2015.04 ~ 12 | 内设机构“三定” | 确定局室下设处室、岗位、用人数等 | “三定”方案 |
| | | 分类管理 | 确定岗位分类标准、程序、管理办法等 | 《宁乡经开区管委会岗位分类管理手册》 |
| | | 职级管理 | 确定职务、职级素质资格要求等 | 《干部职务、职级晋升管理办法》 |
| | | 薪酬设计 | 确定不同岗位类别人员薪酬方案 | 《干职工薪酬管理办法》 |
| | | 绩效考核 | 确定不同岗位类别人员绩效考核方案 | 《干职工绩效考核管理办法》 |

续表

| 阶段 | 时 间 | 工作项目 | 工作内容说明 | 工作成果 |
| --- | --- | --- | --- | --- |
| 体制改革实施阶段 | 2016. 01 ~ 04 | 发动宣传 | 宣传体制改革的原因、目的、利处；公布新设置的岗位、分类及管理办法 | 全体干职工知晓，分部门学习相关管理办法 |
| | | 竞聘上岗 | 按照三年一聘惯例，实施竞聘 | 竞聘成功人员按计划上岗，落聘人员实行人员分流 |
| | | 干部任免手续 | 发文、任免审批、资料完善等 | 干部档案完善，任免、调动手续齐全及时 |
| | | 方案实施 | 落实绩效考核、岗位分类、薪酬待遇、职级晋升等 | 实施记录 |
| 体制运行后反馈及改进阶段 | 2016.04 ~ | 效果评估 | 通过满意度调查、实绩考核等办法评估改革效果 | 效果评估报告 |
| | | 持续改进 | 根据评估报告对问题和不足拿出改进方案 | 改进方案 |

# 经济发展篇

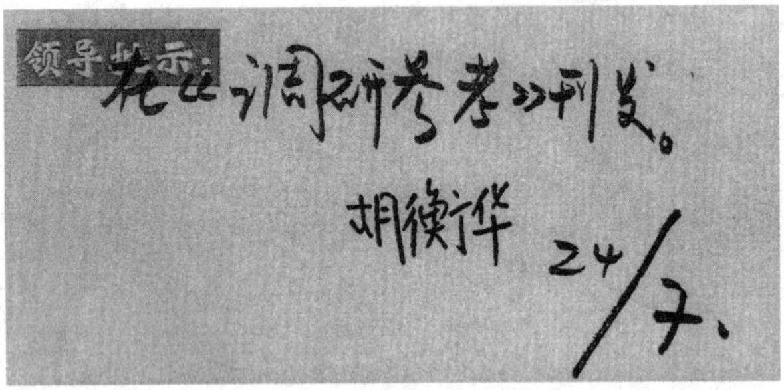


# 关于发展浏阳河经济带的战略思考

长沙市人民政府研究室

世界众多发达国家和地区的发展实践证明，大都把沿江沿河流域作为经济发展的战略重点，通过充分挖掘沿江沿河流域的巨大潜能，形成具有一定规模、分工合理、互动发展的产业密集带，带动区域经济发展。近年来，长沙凭借持续增强的经济实力，坚持以建设“三市”为引领，跨步实现“沿五一路时代”向“沿湘江时代”建设发展的战略转移，取得显著成效。浏阳河作为湘江长沙段的重要支流，站在新的高度审视和谋划，将浏阳河经济带作为湘江生态经济带的重要组成部分纳入“十三五”规划正当其时。

## 一、浏阳河经济带是长沙转型创新发展的重要支点

转型创新既是国际国内新一轮发展的鲜明特点，也是长沙发展所处阶段的必然要求。以先进城市为参照和坐标，长沙产业层次偏低、经济外向度偏小、持续增长后劲不足等成为实现又好又快发展和提升综合竞争力的瓶颈制约。率先奏响

长沙转型创新发展的强劲乐章，必须找准时代命题，寻求发展的战略新支点。

## （一）浏阳河经济带是实现城市东部提质的关键环节

市委十二届六次全会部署了“一江两岸、东提西拓”的城市发展战略，提出由“单核圈层蔓延式”向“多中心轴向组团式”发展，实现城市规模和品质倍升。明确提出东部以改造提质为主，加快棚户区改造和城乡接合部开发建设，拓展文化空间、绿色空间、创新空间和枢纽空间。浏阳河属湘江的一级支流，流经浏阳市、长沙县、雨花区、芙蓉区、开福区等5个区县（市），流域面积3211平方公里，流域面积广、影响大。特别是城乡接合部，与老城区改造相比，配套设施欠缺，产业结构老化，区域开发滞后，严重制约着东部城区的整体提质。而浏阳河沿线的文化、生态等优势明显，拥有巨大的创新发展空间。因此，发展浏阳河经济带，破解城乡接合部发展难题，促进产业结构合理布局，催发沿线区域经济发展和城市品质提升，成为实现“东部提质”的关键节点。

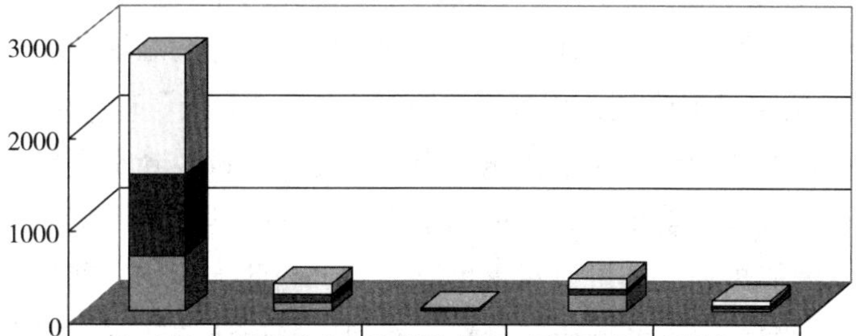


| | GDP（亿元） | 财政收入（亿元） | 流域财政收入（亿元） | 国土面积（k㎡） | 流域面积（k㎡） |
|---|---|---|---|---|---|
| □ 雨花区 | 1300 | 108.67 | 8.23 | 115.23 | 38 |
| ■ 芙蓉区 | 868.09 | 90.88 | 6.08 | 42.8 | 28.97 |
| ■ 开福区 | 600.67 | 86 | 7.54 | 188 | 36.02 |

**图1　浏阳河（长沙段）2013年区域经济发展情况**

## （二）浏阳河经济带是展示城市文化底蕴的有效载体

文化是城市发展的内在驱动，更是城市形象的核心灵魂。作为“湖湘之河、红色之河”，一曲《浏阳河》不仅脍炙人口、驰名中外，浏阳河更承载着千年湖湘文化厚重的文脉，在浏阳河流域，马楚国古城墙、马王堆汉墓等湖湘文化历史遗存如散落的珍珠，使浏阳河成为文化之河。因此，充分利用浏阳河历史文化资源，使浏阳河经济带既是展示长沙城市精神、增强长沙文化内核的点睛之笔，又是熔铸长沙城市名片、打造长沙城市品牌的重要举措。

表1　浏阳河（长沙段）历史文化分布情况

| 历史文化类型 | 代表景点 |
|---|---|
| 名人名居类 | 柳子明故居、章士钊故居、黄兴故居、王先谦故居、许光达故居等 |
| 文化遗产类 | 龙王宫、东沙古井、洪山寺、开福寺、明代藩王墓室群等 |
| 考古遗迹类 | 常丰故城、马王疑冢、马王堆汉墓、走马楼三国吴简遗址等 |
| 人文山水景观 | 关山、凤凰岭、东湖、落刀嘴、梨江八景等 |

### （三）浏阳河经济带是促进全域联动发展的重要动力

形成全域联动、实现无缝对接是统筹城市均衡发展的重要举措。当前，浏阳河沿线地区已开始形成多点联动、加速发展的态势。如浏阳市成立了以柏加、镇头为核心的浏阳河生态经济示范区；长沙县主推河流文化，修缮榔梨古镇，再现历史民俗，发展文化旅游产业；雨花区主打生态经济，规划浏阳河重要支流——圭塘河风光带，打造“长沙秦淮河”；开福区主攻休闲旅游，利用浏阳河、捞刀河双江并流优势，开发洪山旅游休闲区、月湖公园及苏托垸湿地公园；芙蓉区以产业嵌入为眼，在西岸串联浏阳河文化印记，建成“婚庆”“时尚”“儿童创意体验”等为主题的休闲综合体，在东岸启动风光带建设及隆平文化创意园项目。浏阳河所流经区域都有着挖掘和发展浏阳河资源的强烈预期和实际运作，只要加强正确引导、统筹规划，即可成星火燎原之势。因此，整体发展浏阳河经济带是有效整合各种资源、完善区域协同合作、实现区域连通发展重大契机。

表2　浏阳河（长沙段）流经区域部分重点街镇开发情况

| 街道（乡镇） | 土地开发 | 意向 |
|---|---|---|
| 东湖街道 | 已开发约2000亩，待开发7000亩，农业人口4327人 | 规划建设集商业与旅游、观光于一身的情景消费街区和人文游憩中心 |
| 新河街道 | 已开发1263亩，未开发833.23亩，无农业人口 | 对竹山园、幸福桥、新河路老旧棚户区改造提质，打造开福寺特色文化街区和“两馆一厅”文化新街项目 |
| 浏阳河街道 | 已开发362亩，未开发3942亩，农业人口6659人 | 未开发土地用于商业住宅、社区公园建设 |
| 东屯渡街道 | 拥有土地1080亩，农业人口4956人 | 按照“一带两区”（浏阳河风光产业带、中央商务区、隆平新区，重点发展商业、商务、休闲、旅游等业态 |

# 二、加强浏阳河经济带科学谋划和顶层设计

发展浏阳河经济带是一个跨区县的经济合作，需要在顶层设计和制度安排上做好统筹，找准各自优势和产业特点，解决不同区域城市功能、产业发展等定位，用顶层设计助推浏阳河经济带协调发展，实现合作共赢、整体提升。

## （一）战略定位

河流是一个城市稀缺的经济和生态资源，是城市一道靓丽的风景。浏阳河之于长沙，就如同塞纳河之于巴黎、泰晤士河之于伦敦、黄浦江之于上海、秦淮河之于南京。从文化上看，浏阳河汇聚了一系列湖湘历史上的名人名士、湖湘精神领军人物的工作、生活所在地，是湖湘文化传承之河；从生态上看，浏阳河沿线生态良好，可以发展成为长沙休闲文化平台和旅游观光平台，成为人们认识城市、体验城市、品味城市、感悟城市的窗口；从经济上看，浏阳河独特的文化注解、天然的生态吸引，兼之以长沙作为省会城市的辐射力，为沿线现代产业的发展提供了巨大的潜在客户群体，是经济发展储备力量。因此，发展浏阳河经济带，应立足于浏阳河特色风情，以“湖湘文化创意经济带、品质城市宜居宜游带、现代产业重点聚集带”作为战略目标和定位，构建一条历史与现代交相辉映，经济与社会相得益彰，生态与发展比肩而行的湖湘之河。

## （二）基本原则

一是坚持以文化为魂，突出湖湘文化特色引领。充分挖掘浏阳河的文化底蕴，在开发建设中弘扬湖湘文化性格，突出文化的引领作用，实现湖湘文化与城市建设的完美融合，塑造浏阳河“湖湘文化”形象，打造浏阳河文化品牌。二是坚持以生态为先，突出区域环境品质提升。树立尊重自然、顺应自然、保护自然的生态文明理念，以水源保护为眼，从生态建设入手，以市场思维运作，优化区域环境品质，规划建设一批城市公园和生态绿带，实现人与自然协调可持续发展。三是坚持以产业为基，突出现代产业催化支撑。尊重经济、社会、生态发展规律，以发展现代产业为支撑，形成以现代服务业为龙头、以都市工业为支点、以现代农业为保障的现代产业体系，实现农业基础巩固、工业转型升级、服务业快速发展的产业格局。

## （三）重点工作

一是及早整体谋划。加强浏阳河经济带发展战略和规划评估工作研究，坚持“布局一盘棋、发展一体化”的思路，科学编制浏阳河发展规划，突出核心要素，注重项目设计，突出大绿化、大配套、大通透，提升浏阳河经济带品位，预留经济带未来发展空间，将沿岸土地纳入经济带辐射范围，以浏阳河经济带发展为驱动，实现区域整体发展。二是实行规划控制。坚持规划统领，制定浏阳河开发总体规划和分步规划，发挥规划的“龙头”引领作用，实现浏阳河经济带分阶段、分区域、分步骤开发的有序推进。通过控制性详细规划向上衔接总体规划和分区规划，向下衔接修建性详细规划、具体设计与开发建设行为，以量化指标和控制要求将城市总体规划的宏观控制转化为对城市建设的微观控制，确保实现浏阳河经济带规划意图。三是加强生态保护。制定环境控制导则，对水体环境、滨水环境、城镇环境等进行控制，对水环境、土壤环境、植被环境等进行实时监控与反馈。转变经济发展方式，逐步淘汰和改造传统产业和生产方式，引进和发展壮大一批绿色环保和高附加值的产业。加强生态环境保护治理，坚决杜绝破坏生态行为。

**表3　　浏阳河经济带生态建设目标体系**

| 类别 | 指标（单位） | 2015年 | 2020年 | 2030年 |
|---|---|---|---|---|
| 生态环境 | 绿化覆盖面积增长率（%） | 3 | 5 | 8 |
| | 水质达标率（%） | 100 | 100 | 100 |
| | 单位GDP能耗年均降低（%） | 4 | 4 | 3 |
| | 主要污染物排放总量年均降低率（%） | 3 | 2.5 | 2.5 |
| | 城市空气质量优良率（%） | 85 | 90 | 95 |
| | 城市垃圾无害化处理率（%） | 100 | 100 | 100 |
| | 城市污水处理率（%） | 92 | 95 | 97 |
| 生态经济 | GDP年均增速（%） | 11 | 9 | 7 |
| | 城镇居民人均可支配收入年增长率（%） | 13 | 12 | 10 |
| | 服务业占GDP比重（%） | 70 | 75 | 80 |
| | 楼宇经济产值占GDP比重（%） | 40 | 50 | 55 |
| 生态文化与社会 | 人口自然增长率（%） | 5 | 4.5 | 4 |
| | 城镇化率（%） | 100 | 100 | 100 |
| | 环境保护宣传教育普及率（%） | 80 | 85 | 90 |
| | 公众对环境的满意率（%） | 85 | 88 | 90 |

## 三、以重要节点开发建设带动浏阳河经济带发展

浏阳河流经区域辐射面积大，区域发展不平衡，整体开发难度大，必须依托特色资源，整合发展优势，分区域、分步骤、分层次实施开发，以重要节点率先突破带动整体开发。综合考虑浏阳河沿线资源优势，芙蓉区东湖地区开发建设具有带动浏阳河经济带整体发展的独特优势。

一是区位优势。东湖地区是长沙对外辐射和沟通的“东大门”，距黄花国际机场、火车站、高铁站只有10分钟左右车程，京珠高速、武广高铁、星沙大道南北连通，人民路、远大路东西贯穿，能享用长沙及周边的商圈资源。

二是品牌优势。东湖地区拥有湖南农业科学院、湖南农业大学、湖南蚕桑科学研究所、中科院亚热带研究所等八家科研单位，尤其是拥有杂交水稻之父袁隆平院士这一享誉国内外知名品牌，形成东湖地区独有的比较优势。

三是文化优势。东湖古称“姚托”，是五代时期马楚政权常丰县城所在地，目前尚存土城墙约40米，是长沙目前极少有的城市户外历史遗迹；东湖位于浏阳河九道弯的第六道湾，故称“梨江”，拥有“梨江双渡”等名胜古迹；与东湖陆续发现的马楚驿道、清朝神道碑等文化遗迹一道，是长沙历史文化遗产实地保护和城内历史文化遗产外移建设的优先选择之地。

四是生态优势。东湖拥有千亩湖面，绿荫环抱，树木丛生，“东沙井”水质和空气质量优良，生产、生活设施便利，民居、商旅、休闲夹杂，是城区内罕见的生态与生活浑然一体的湿地公园。

## 四、实现浏阳河东湖地区率先突破的保障措施

实现浏阳河东湖地区的率先发展，必须加强对浏阳河水资源的开发与管理，特别是通过对水资源、岸线资源及其他自然资源的整合，促进沿河流域产业带的形成，推动区域的整体发展。

### （一）依托独特资源，积聚发展优势

充分整合东湖特色资源，实现复合式立体化开发建设。一是依托品牌资源，打造种业硅谷。合理运用袁隆平品牌资源，建设国际种业交易中心和水稻分子育

种技术中心，打造成具有世界领先水平的种业、农业高科技及其他涉农产业的研发、检验、认证、展示、交易、交流平台；通过引入高端农业科技公司、建立农产品交易所、发展农学文化体验基地等，形成产业规模效应，引领农业产业发展。二是依托河流资源，打造旅游胜地。挖掘浏阳河主题元素，原地保存九曲浏河历史文化遗迹，营建具有长沙特点、江南特色的湖湘历史民居街区，再现浏阳河“水上人家”的生活环境，将东湖地区建设成“老长沙”历史文化实地展示园。发挥东湖区位优势，精心整合旅游资源，设计推出观光游、休闲游、夜景游、水陆互动游、特色包船游等，以昼看风景、夜游风情为宗旨，建构主题购物、特色餐饮、文化休闲、历史观光、休闲度假等为一体的“最长沙”的休闲体验游，将东湖打造成流光溢彩“不夜河”。三是依托文化资源，打造创意中心。以浏阳河为主线，注重文化主体塑造、文化环境营造、文化活动打造，发展文化创意产业和文化体验产业，建设高端农业展示基地、中小学科普体验基地、创意产业孵化基地、院士工作室聚集基地，使东湖地区成为汇聚民俗生活体验、演绎时尚湖湘文化、公益博览、特色手工艺品等业态的游憩中心。

### （二）加强生态建设，塑造绿色新城

发挥东湖地区天然的生态优势，形成“网、带、区、片”的绿地新格局。一是建设绿化生态网络。通过建设沿河绿化景观带、生态廊道与绿化隔离带、风景名胜区与近郊公园、沿河沿路带形绿地，形成以沿河沿路绿廊为绿化网络基底，风景名胜区、近郊公园、山林、洲地绿色空间为绿色斑块，沿河绿化景观带与产业带有机融合、两岸一体的绿化生态网络和美观宜人的亲水空间。二是丰富城市生态景观。根据浏阳河东湖段两岸独特的地形、地貌特征和资源优势，规划不同的景观段落，赋予不同的景观主题，强化区域景观特征，优化生态要素布局，形成具有地域特色的标志性景点和便捷宜人的生态环境，打造多层次、多元化的生态东湖。三是塑造东湖生态形象。加强东湖地区生态环境综合整治，实施“还湖工程”，恢复1000亩东湖胜景，并根据东湖的自然资源、景观资源特征，设计区域空间形象，塑造城市空间特色，将东湖打造为长沙城区东部融居住、游憩、研发、商业及生态产业为一体的生态新城，构筑自然风光与都市景观浑然天成的城市客厅。

### （三）抓住关键环节，发展特色经济

东湖是一块待开发的处女地，需要突出关键环节，坚持高品位规划、高标

准建设，打造区域特色，形成聚集效应，带动整体发展。一是科学功能分区。按照城市总体规划、土地利用规划、产业布局规划合一的要求，依据东湖“人、河、湖、园”的资源禀赋，充分体现沿河开发与城市建设的衔接配套，充分体现东湖自身的产业定位和功能特色，进行现代都市功能区、物流功能区、文化旅游功能区等功能分区，合理利用沿河岸线资源，把东湖地区打造成为具有强竞争力的产业聚集带、富有活力的滨河城市带、风景秀丽的沿河风光带。二是完善基础设施。按照适度超前、优化结构、突出重点、配套完善的原则，加快东湖地区基础设施建设，基础设施与中心城区全面对接融合，实现基础设施与开发建设相配套、相适应，特别是根据城市规划和浏阳河经济带整体规划，完善道路网络和内外交通接驳，构建功能完善的交通体系。三是发展特色产业。根据产业布局规划，依托东湖农业优势，有效整合沿河农业资源，发展高效农业、旅游农业、特色农业和品牌农业，建立集农业科研、农业交易、农业科普、农业展示等为一体的多层次农业产业体系，形成拳头产业。同时，立足东湖发展规划，广泛招商引资，着力发展现代服务业和都市工业，培育形成新的优势产业。

### （四）创新运行模式，加快区域开发

在全面规划规划的基础上，坚持突出特色、综合开发、分步实施的开发原则，形成有效的运行机制，推进东湖整体开发。一是统一领导、市区联动。建立综合开发领导小组，有效整合市区力量，形成市区联动，统一规划实施，及时有效地解决东湖及浏阳河经济带开发中的战略重点、产业布局、环境治理与生态建设等重大问题，避免区域内的重复建设和地区摩擦。二是政府主导、市场运作。明确政府在浏阳河综合治理和经济带开发中的主导地位，通过市场机制对浏阳河商业性开发项目、重大基础设施项目实行统一包装和宣传，广泛招商引资，鼓励社会资本参与浏阳河经济带开发建设，加快东湖开发建设步伐。三是综合整治、保护开发。坚持“保护性开发”的总基调，把握好“保护、治理、开发”三者之间的关系，处理好“历史、现在、未来”的实现，加强浏阳河流域综合治理，保护东湖周围历史文化遗产，保持独特性能，使东湖地区成为浏阳河绵延长沙昨天、今天和明天的文化长廊和靓丽名片。

# 第三次工业革命背景下长沙新型工业化道路的战略选择

长沙市经济和信息化委员会

## 一、第三次工业革命对长沙市新型工业化道路的战略影响

1. 第三次工业革命为长沙市工业转型升级和技术赶超带来了历史性机遇。根据历史经验，在成熟的技术体系下，由于发达地区已经占据了技术创新的制高点，欠发达地区尽管具备劳动力成本低廉优势所形成的“第一种机会窗口”，但无论怎样追赶，也难以缩小与发达地区的生产率和经济差距。因此，在新型工业化的道路上，长沙市要以成本优势实现在“旧赛道”上的“弯道超车”已不现实。但每一次工业革命都为后发地区成功实现赶超打开新的“机会窗口”。当前，以可再生能源革命、制造业数字化智能化革命、新材料和纳米科技革命为核心的“第三次工业革命”方兴未艾，新一轮科技革命和产业革命正处于酝酿和突破阶段，各地区基本都处在同一起跑线上，这为后发地区的技术经济赶超提供了“第二种机会窗口”，通过进入新兴产业，欠发达地区不仅可以有效缩小与发达地区之间的差距，还有可能实现跨越式发展。这意味着，在新技术、新产业构筑的“新赛道”上，长沙市如果能够抓住此次工业革命中主导部门技术革命的机会，以更快的速度进入新的技术体系，完全有可能实现“抢跑”领先和赶超发展。

2. 第三次工业革命将重塑长沙市新型工业化道路。2006年，湖南省系统地提出了新型工业化发展战略，要以信息化带动工业化，以工业化促进信息化，坚持

走科技含量高、经济效益好、资源消耗低、环境污染少、人力资源优势得到充分发挥的新型工业化道路。但这一提法并没能反映出目前第三次工业革命对工业化道路的巨大影响。抓住新技术革命的历史机遇是新型工业化道路的实质。因此，长沙市的新型工业化应在信息化的基础上，增加可再生能源、智能化、新材料等技术革命的内容，从而赋予长沙市新型工业化道路更加丰富的内涵。同时，长沙市的相关新兴产业已具备一定的发展实力，这也为新内涵下新型工业化道路的“抢跑”、超越奠定了坚实基础。

其一，长沙市的新型工业化应将新能源和可再生能源的分布式应用作为解决生态环境约束的关键路径。以化石燃料及相关技术为基础的经济增长模式无法再支撑人类可持续发展，仅以信息化为基础的新型工业化道路也无法从根本上解决这一难题。因此，长沙市的新型工业化道路应增加可再生能源的开发利用的新内涵，以从根本上解决能源和环境问题。从长沙市现实来看，分布式能源发展已初具雏形，如远大集团和新奥燃气合作推出“分布式能源系统”项目，高新区以威胜科技园分布式能源站项目为试点构建现代化分布式能源供应体系，这都为长沙市新型工业道路增加可再生能源革命的新内涵奠定基础。

其二，长沙市的新型工业化道路应将新材料革命作为破解工业化资源限制的关键手段。新材料革命不仅代表着新物质、新劳动对象的出现，也代表传统材料的改进、原有物质资源利用效率的极大提高。在工业化道路中增加新材料开发利用的新内涵，能有效破解工业化资源短缺受限的难题。从长沙市现实来看，新材料产业发展势头良好，形成了先进储能材料、先进硬质材料、金属新材料、化工新材料、先进复合材料5大优势领域，这为长沙市新型工业道路增加新材料革命的新内涵奠定基础。

其三，长沙市的新型工业化道路应将制造业数字化智能化作为抢占竞争制高点的关键选择。制造的数字化、智能化是第三次工业革命的核心特征，这将使劳动力成本影响产业竞争力的重要性大幅削弱，欠发达地区以廉价劳动力为基础的“比较优势”风光不再。但与此同时，智能化数字化生产所带来的“分散生产、就地销售”模式，又将从根本上扭转制造业集中在沿海地区的不合理分工格局，有助于推进中部地区的“就地工业化”。在机遇和挑战并存的局面下，长沙市应在新型工业化道路中增添智能化数字化内容，充分发挥拥有国防科技大学等科技智库、北斗卫星导航应用产业起步较早等优势，抢占国际竞争制高点，提高工业经济发展核心竞争力，谋求未来发展的主动权。

## 二、发达国家应对“第三次工业革命”的战略准备

第三次工业革命将重塑国家间比较优势，面对汹涌来袭的科技及产业革命浪潮，发达国家在宏观、产业及微观层纷纷加强战略部署，积极应对。

1. 宏观层面由“去工业化”向“再工业化”战略转变。发达国家开始重新反思制造和制造业在其国家创新系统和产业体系中的经济功能和战略意义，纷纷实施“再工业化”战略，如美国提出“美国制造业行动计划”，欧洲推出“未来工厂计划”等。发达国家试图借第三次工业革命初露端倪的契机，进一步增强自己在传统制造业优势环节的竞争力，更要创造出更高端、具有更高附加值的新兴产业，从而引领全球产业分工的新布局，重塑国家新的竞争优势。

2. 产业层面开展全新的工业基础设施体系建设。全新的工业基础设施不仅仅是催生新技术、新产业、新商业模式的基础，也有助于制造业降低配套成本，形成快速响应能力。在此背景下，美国各州、欧盟各成员国都在开发和部署包括分布能源系统、物联网、下一代互联网、高速铁路等在内的具有智能性、可持续性、灵活性的能源、交通、生产和信息基础设施。

3. 微观层面构建智能生产网络、快速更新制造技术、促进员工终身学习。2014年，德国工业4.0已成为全球制造企业最为关注的焦点。其核心内容可以总结为：建设一个信息物理系统网络（Cyber-Physical System）、研究智能工厂及智能生产两大主题、实现横向集成、纵向集成与端到端集成。工业4.0将成为企业提高生产效率、降低成本并实现柔性生产的关键。各国通过构建智能生产网络，建设智能工厂，推动工业生产制造由自动化向智能化和网络化方向升级；通过缩短生产线、采用小型设备、使用机器人、无人工厂等方式快速更新制造技术，突破人力、资源瓶颈，提高产品制造竞争力；通过加强培训、促进员工终身学习来提升制造业工人技能，实现由操作型和技能型员工向知识型员工转变，以适应新兴产业的需要。

## 三、长沙市新型工业化道路的再思考

1. 转变发展模式。长沙市要改变过去单纯以增加投资为主要手段的平推式发展模式，由平推规模扩张转化为立体技术升级。一方面调整传统支柱行业规模

和结构；另一方面应转换长沙市工业发展的技术轨道，积极利用全球产业“重新洗牌”的市场机会，引导资源和要素向新能源、新材料、新一代互联网、智能制造、生物工程等未来产业集聚。

2. 夯实发展基础。借鉴发达国家应对第三次工业革命的经验，长沙市应加快建设以分布能源系统、物联网、下一代互联网为代表的全新的工业基础设施体系，为构建现代产业体系夯实基础。大力发展智慧工厂、智能生产，备战工业4.0时代。

3. 紧抓发展重点。一是要加大对核心技术的投资。抓住“第二次机会窗口”需要有核心技术的突破，长沙市一些行业的整体技术已接近或达到世界领先水平，但很多基础和关键行业的核心技术长期不能突破，也难于从国外引进，亟须从资金和税收方面加大投资力度。二是要加速对关键人才的吸引。具有稀缺性和差异性的创造性劳动将日益成为企业核心竞争力的基础性资源。在加强本土人才培育的同时，作为内陆欠发达地区，长沙市尤其要创新对高级管理和技术人才优惠和鼓励措施。三是加快发展生产性服务业。生产性服务业是降低制造业成本、提升制造业竞争力的关键因素，要摆脱在产业分工体系中的价值链低端地位，通过生产性服务业的发展促使制造业的结构升级是有效之举。

4. 完善发展环境。长沙市新型工业化的发展需要市场“无形之手”与政府“有形之手”的有效匹配。新技术的发明突破与新产业的出现难以预测、且存在巨大风险，这需要充分发挥市场机制的机会诱导作用，激发各类市场主体特别是企业的积极性。政府作用的关键则是营造有利的体制机制和政策环境，通过政府战略性产业基金发挥引导作用，在良好的创新创业社会生态系统下，新技术、新企业、新产业、新业态就会不断涌现。

# 长沙文化产业竞争力研究

长沙市统计局

文化产业是全球化发展中兴起的一门新兴产业，是公认的朝阳产业，是提升城市乃至国家竞争力的重要途径。近年来，长沙市借助丰富的文化和科技资源优势，加快了文化产业发展步伐，通过强化文化事业体制改革，培育文化市场主体，打造文化产业品牌，形成了与时俱进的文化产业体系，形成了湖湘文化产业特质，孵化出一批具有产业前景、行业竞争力的文化主导产业。当前，国内外文化产业发展势头良好，前景广阔，蕴藏着前所未有的机遇，也面临着严峻的挑战；长沙着力提升文化产业竞争力，实现文化产业倍增五年计划，加快推进国际文化名城和创意中心建设步伐，文化产业迎来了新一轮发展机遇。本文通过分析长沙文化产业发展现状、机遇及竞争力，并借鉴其他城市先进经验对长沙加快文化产业发展提出了相关建议，供决策参考。

## 一、长沙提升文化产业竞争力面临的机遇

立足长沙文化产业的资源禀赋和发展现状，聚焦区域文化产业发展的政策环境，放眼国内外文化产业的发展趋势，长沙文化产业新一轮发展机遇良多，前景可期，大有作为。

### （一）文化消费市场空间巨大

经历了30多年的经济高速增长，人民物质生活水平大幅提高，对精神文化生活的追求更加强烈，希望能够享受更加丰富多彩的高品质、高品位、多样化、个性化的文化产品和服务，文化消费占民生活支出的比重将保持快速增长势头，为

文化产业发展提供巨大的国内市场。据预测，从现在开始到2020年，我国文化产业将进入高速增长期，人均文化消费需求年均增长6.7%，文化产业就业年均增长9.7%，文化产业增加值年均增速将保持在14%左右。人民文化消费需求的快速增长，新型工业化、信息化、城镇化进程的深入推进以及智慧城市建设等，都将为文化产业发展和竞争力提升带来前所未有的机遇。

从自身的情况来看，长沙经济总量大，2013年GDP达7153.13亿元，居全国省会城市第7位；经济增长速度快，比上年增长12.0%。常住人口有722万人，城乡居民人均可支配收入居省会城市前列。城镇居民教育文化娱乐支出占人均消费支出的比重达11.2%。不断增大的消费群体，居民收入水平的大幅提高，持续强劲的文化消费需求，以及对周边城市的辐射影响，都将为长沙文化产业发展和竞争力提升提供巨大的区域市场空间和强大的内在驱动力。

### （二）文化体制改革红利持续释放

党的十八届三中全会通过了《中共中央关于全面深化改革若干重大问题的决定》，进一步指明了文化产业体制机制改革的方向。改革是最大的红利，文化体制改革红利的持续释放，将进一步消除制约文化产业发展的因素，激活文化产业的活力，为文化产业发展带来更多机遇。

近年来，长沙加大了推动文化产业发展的力度，目前全市拥有国家级文化产业园区和基地11家，省级示范基地和重点园区11家，其他由政府或企业主导规模不等的园区10余家，启动建设了一批重大产业项目，培育了一批知名文化企业。2014年，根据中共长沙市委、市政府关于加快建成全面小康之市、强力实施产业倍增的部署，长沙制定《长沙市文化产业加快转型创新发展实施产业倍增五年计划》，启动了《长沙市公共文化服务体系建设“提质提效”三年行动计划》，全市文化产业倍增暨国际文化名城建设将铺排100个重大项目，推动全市文化产业走在全省和全国省会城市前列。

### （三）文化产业发展基础较好

长沙文化产业发展起步早、起点高，占据湖南“半壁江山”，文化经济总量和规模均居中部省会城市之首，2012年长沙文化产业增加值556.5亿元，比上年增长13.8%，增加值在省会城市处于领先地位。文化产业增加值占GDP比重为8.7%，高于全省平均水平3.3个百分点；文化产业吸纳就业人员53.7万人，占全社会从业人员的比重为12.0%。文化产业体系基本成型，经过数十年的发展，长沙文化产业取得了可喜的成就，走在全国省会城市前列，已经形成了媒体传播、文化旅游、出版发行、娱乐文化、文博会展、卡通动画、民间工艺等文化支柱产业，文化产业已经成为经济发展的重要支柱产业之一，在全国具有广泛影响与较强的竞争优势；市场拓展能力增强，形成了以湖南广播影视集团、湖南出版投资控股集团、湖南日报报业集团、长沙晚报报业集团、长沙广电集团、三辰卡通、宏梦卡通、拓维信息、青苹果数据等一批在业界举足轻重的文化创意企业；文化品牌社会反响效果大，形成了以“影视湘军”“出版湘军”为代表的电视、电影等文化品牌，在全国范围内产生了广泛影响。

### （四）两型发展助推文化产业跃升

2007年，长株潭城市圈获批为全国资源节约型和环境友好型社会建设综合配套改革试验区，享有在重点领域和关键环节的先行先试权，承担着创新体制机制、促进经济社会发展与人口、资源、环境相协调和走出一条有别于传统模式的工业化、城市化发展新路的使命。文化产业属于绿色经济范畴，是典型的资源节约型和环境友好型产业，在两型社会建设中发挥着举足轻重的作用，理应成为优先发展的重点产业。《长沙市文化创意产业发展规划（2012—2015年）》明确提出：立足长沙特色与优势，围绕建设国际文化名城的总体定位，遵循“改革创新，扩大开放，项目引领，突出特色，集群发展”的方针，到2015年文化创意产业总产值超过2000亿元，占全市地区生产总值的比重10%以上，成为继环渤海湾文化创意产业圈、“长三角”文化创意产业圈、“珠三角”文化创意产业圈之后的文化创意产业增长极。

### （五）文化与相关产业融合加速

文化产业是一个综合性产业，辐射面广，渗透力强，与相关产业呈现出加速融合态势，不断催生新业态，拓展新市场，为文化产业持续发展提供源源不断的新动力。随着文化与科技、旅游、金融，甚至与建筑、商贸、休闲、餐饮等相关产业的融合不断加深和拓展，以文化内容消费为核心的庞大产业链和产业集群逐渐形成并迅猛发展。

长沙作为2012年16家首批国家级文化和科技融合示范基地之一，目前有普通高校50所，科研机构97个，有各类科技人员50万人，全市科技创新能力在全国城市中位居前列，为文化与科技的融合发展奠定了坚实基础。2013年，长沙市出台了《长沙市文化和科技融合示范企业认定管理暂行办法》，为文化与科技的融合插上腾飞的翅膀，全市科技型文化企业81家，较上年增长80%，呈现出加快增长态势，“文化+科技”协同创新、融合发展潜力无限。

长沙自然条件优越，是著名的山水洲城、快乐之都、娱乐之都，全球绿色城市；文化资源丰富，底蕴深厚，现有市级以上文保单位346处，其中全国重点文物保护单位26处，省级文物保护单位96处，市级文物保护单位224处，是一座极富湖湘人文底蕴历史文化名城；拥有众多在国内享有盛誉的文化旅游景点，如岳麓山、橘子洲、马王堆、铜官窑、天心阁文化旅游区等，汉文化、红色文化、唐文化、生态文化、歌厅文化等核心文化品牌特色鲜明，2013年旅游收入过千亿，居全国省会城市第7位，“文化+旅游”深度融合，抱团发展。

## 二、长沙文化产业竞争力的实证研究

### （一）文化产业竞争力评价指标

目前，国内外关于产业竞争力评价研究中运用范围最广且认可度最高的是美国哈佛大学教授波特提出的竞争力理论，他认为特定的产业是否有竞争力取决于生产要素、需求状况、相关产业支持状况、企业战略等四个基本要素，以及机遇和政府行为两个辅助要素，并将这六个方面的因素绘成一个表明他们之间相关关系的钻石图形，构成了著名的产业国际竞争力的“钻石模型”。本文以彼特的“钻石模型”为主要理论依据，同时考虑到机遇是一个随机变量，无法具体量化，我们主要选取需求要素、生产要素、企业因素、相关支持产业、政府因素等5个方面的相关指标来评价一个地区文化产业竞争力。

1. 需求要素是指消费者对文化产品的购买意愿和支付能力，本文选取居民人均可支配收入、居民消费人均消费支出、人均教育娱乐消费支出、第三产业增加值占比。

2. 生产要素是指文化产业发展所应具备的人力资源、文化资源、资本资源和基础设施等，本文选取文化产业从业人员人数、发明专利授权量、固定资产投资总额、实际利用外资以及市级以上非物质文化遗产数量、国家文化产业示范基地数等指标反映。

3. 企业因素是指作为市场主体的文化产业企业市场规模、发展速度以及在国内外的市场竞争力等影响直接影响到文化产业的竞争力，分别选取文化产业增加值、文化产业增加值占GDP比重、文化产业增加值增长率、文化出口重点企业与项目数、举办国际会展数量等指标反映。

4. 相关支持产业是指在经济活动中各产业之间存在广泛、密切联系，这些相关产业主要包括旅游业、信息产业、教育产业、金融业和其他相关产业，分别选取旅游外汇收入、信息产业增加值、高等学校在校学生人数、金融机构年末贷款余额等指标反映。

5. 政府因素是指政府通过政策制定对文化产业竞争力产生影响，虽然其不直接创造产业竞争力，但通过影响“钻石模型”的其他四项关键要素，本文选取文化事业支出占财政支出比、出台文化产业法律法规数量来反映政府对文化产业的投入强度和扶持力度。

根据代表性、可比较性、可定量化、系统性、针对性等原则，构建如下文化产业竞争力评价指标体系。

**表1　　文化产业竞争力评价指标体系**

| | | |
|---|---|---|
| 需求要素 | 消费行为和需求结构 | 居民人均可支配收入 |
| | | 居民人均消费支出 |
| | | 人均教育娱乐服务支出 |
| | | 第三产业占GDP比重 |
| 生产要素 | 人力资源 | 文化产业从业人员人数 |
| | 技术 | 发明专利授权量 |
| | 资产 | 固定资产投资总额 |
| | | 实际利用外资 |
| | 产业规模 | 市级以上非物质文化遗产 |
| | | 国家文化产业示范基地数 |
| 企业因素 | 产业规模 | 文化产业增加值 |
| | | 文化产业增加值占GDP比重 |
| | 发展速度 | 文化产业增加值增长率 |
| | 海外表现 | 文化出口重点企业与项目数 |
| | 竞争状况 | 举办国际会展数量 |
| | | 文化上市企业数量 |
| 相关支持产业 | 教育业 | 高等学校在校学生人数 |
| | 金融业 | 金融机构年末贷款余额 |
| | 信息业 | 信息产业增加值 |
| | 旅游业 | 旅游外汇收入 |
| 政府因素 | 资金支出 | 文化事业支出占财政支出比 |
| | 政策支持 | 出台文化产业法律法规数量 |

## （二）文化产业竞争力评价结论

为了评价长沙文化产业竞争力，选取北京、上海、广州、深圳、天津、杭州、苏州、青岛、西安等9个城市与长沙进行比较研究。其中，除西安以外，其余8个城市与长沙一起，进入国内城市文化产业增加值前9名，选择西安这个文化资源丰富的城市作为西部城市代表。通过比较研究分析长沙文化产业在强强对话中的表现，从而为长沙文化产业竞争力评价和提升提供参考。

对各项指标样本排位加权平均，得到综合排名如下：

表2　样本城市文化产业竞争力排名情况

| 城市 | 生产要素 | 需求条件 | 企业因素 | 支持产业 | 政府因素 | 综合实力 |
|---|---|---|---|---|---|---|
| 北京 | 1 | 4 | 1 | 1 | 9 | 1 |
| 上海 | 3 | 1 | 2 | 2 | 6 | 2 |
| 广州 | 6 | 2 | 3 | 3 | 1 | 3 |
| 深圳 | 9 | 3 | 5 | 4 | 2 | 4 |
| 杭州 | 4 | 5 | 4 | 5 | 3 | 5 |
| 苏州 | 5 | 6 | 10 | 7 | 4 | 6 |
| 天津 | 2 | 8 | 6 | 6 | 10 | 7 |
| 长沙 | 8 | 10 | 7 | 8 | 3 | 8 |
| 青岛 | 10 | 7 | 8 | 10 | 7 | 9 |
| 西安 | 7 | 9 | 9 | 9 | 5 | 10 |

通过分析，评价结果及推论如下：

1. 上述10个城市文化产业竞争力综合得分，可以将其分为3个竞争力档次。北京、上海、广州、深圳为第一档次；杭州、苏州、天津文化产业竞争力第二档次；长沙、青岛、西安文化产业竞争力为第三档次。长沙文化产业竞争力与北京、上海、广州、深圳等城市相比，差距较大。

2. 与长沙文化产业综合竞争力各项指标较为对应：生产要素、需求因素、企业因素、支持产业因素、政府争力分别排名第8、第10、第7、第8、第3，除政府因素相对领先外，其他指标表现较为协调。

3. 城市综合实力与文化产业竞争力之间存在正相关。所选的十个城市中，文化产业竞争力与其经济总量排位基本相适应，如北京经济总量和文化竞争力分别居第2和第1位；上海经济总量和文化竞争力分别居第1和2位；长沙文化业竞争力因素排名第8，经济总量居第9位。同时，北京、上海、广州、深圳强大的综合实力支撑着其文化产业的发展。以上四个城市经济在创造和培育创意人才、技术以及消费能力、出口能力、相关产业表现、新企业生成、市场竞争环境等方面具有优势，其文化产业从业人员、发明专利授权量、城乡居民人均可支配收入、城乡居民人均消费支出、城乡居民人均教育娱乐服务支出、举办国际展览数量、第三产业占GDP比重、文化上市企业指标方面都具有优势。正是这些优势造就了这些城市高水准的文化产业。

4. 顺畅的国际化通道与文化产业发展之间存在积极联系。北京、深圳、广州等城市都具有其他城市无法媲美的国际化通道和国际化水平，外汇收入指标一定程度上反映了这一点。2012年，上海、北京、广州、深圳旅游外汇收入分别为55.8、51.5、51.4、43.3亿美元，在上述十个样本城市中排前4位。而同年度长沙旅游外汇收入只有6.6亿美元，排名第8。城市的国际化水平对其文化产业国际化的打造大有裨益，与海外便捷的交流有利于城市文化产业开拓国际市场，是文化产业发展的宝贵财富。

5. 长沙文化产业发展也存在明显短板。如文化产业从业人数、第三产业增加值占比、金融机构存贷等指标与其他城市存在较大差距。2012年，上海和北京文化创意产业从业人员分别为129.16万人和152.9万人，而长沙仅为53.7万人；长沙实际利用外资金额、金融机构存贷、第三产业增加值占比分别居第8位、第9位和第10位。人才、资金、技术等生产要素在产业竞争力的作用日益增大，长沙与上述城市在这些指标上的差距最终反映在文化产业竞争力差距上。

6. 丰富的文化资源并不必然导致发达的文化产业。文化资源是文化产业发展的基础，但拥有文化资源的比较优势不一定意味着拥有文化产业优势。将比较优势转化为竞争优势还需要影响文化产业竞争力的其他因素。如西安历史文化资源丰富但其他因素存在劣势，造成文化产业竞争力在上述十个城市中排名靠后，而尽管深圳历史文化资源不占优势，但其他因素优势明显使其文化产业竞争力排名靠前。而且，当今文化资源的跨地区甚至跨国对敏锐的文化企业而言便捷且几乎没有成本，深圳“世界之窗”请来各国化资源便是最好例证。

7. 长沙的优势、特色文化资源是相关文化企业和行业竞争优势来源之一，并最终支撑起长沙的文化产业竞争力。文化资源禀赋和比较优势不同，具有竞争优势的文化行业也不同，影视和出版行业是长沙具有比较优势行业。长沙对外文化贸易处于国内城市前列，2012年度长沙国家文化出口重点企业和重点项目个数为11个，在上述十个城市中居第6位；“文化企业30强”中，长沙有湖南电广传媒股份有限公司和湖南出版投资控股集团有限公司两家企业。由此可以推断一个或若干文化行并形成竞争优势，会带动城市整个文化产业竞争地位的提高。

## （三）长沙文化产业竞争力提升需要破解瓶颈

1. 放眼全国，发展速度需进一步加快。

（1）产业比较优势在弱化。从与国内发达城市对比来看，2012年长沙文化产业增加值仅低于北京、上海、深圳和广州，与青岛、成都、杭州等城市接近，总量走在前列。但从增速来看，近年来出现回落态势，由2010年的21.2%逐步回落到2012年13.8%，低于15个副省级城市增速，显示长沙文化产业比较优势在弱化。

从文化产业增加值占GDP比重看，虽然近年来占比不断提高，由2006年的8.1%提高到2012年的8.7%，但整体提升幅度不大，相比其他城市而言发展较慢，如北京文化创意产业增加值占GDP的比重由2005年的9.7%提高到2012年的12.3%，根据《北京市文化创意产业提升规划（2014—2020）》，2020年占比将达到15%以上。

（2）传统行业发展优势减弱。出版、动漫等是长沙文化产业的优势产业，但近年来优势有所减弱。从出版行业看，传统出版业面对信息化挑战加重，随着信息技术的快速发展，新型传媒工具如微博、微信不断涌现并深受人民喜爱，以及智能化手机和网络的日益普及所带来的数字化信息让我们接触信息的时效性更高、涉及面更广、互动交流更方便，对书籍、报纸、杂志等传统出版物的机会逐步减少，而对网络信息的倚重却不断加大，对出版行业带来较大挑战，长沙出版行业整体规模与发达地区存在较大差距，如2012年长沙新闻出版业营业收入仅为北京的一半，上海的五分之一。从动漫产业来看，新世纪以来经历了从无到有、从少到多、从强到弱的发展过程，近年来随着沿海及先进地区动漫扶持政策的陆续出台和长沙动漫政策的相对弱化，长沙主要动漫企业不断“走出去”从而致使本地区产业发展步入下坡道，加上长沙原有动漫发展模式的相对滞后，全市动漫产业发展面临的压力和挑战不断加大，全市动漫产量呈下降趋势，2012年全市制作国产电视动画片2部，电视动画片分钟数仅为2007年的1.9%，动漫产业影响力呈减弱态势；2006年长沙动漫以年产量38部、占全国比重30.6%的佳绩居全国第一，远远高于苏州29.8个百分点，2008年高于苏州5.3个百分点，而2010年却低于苏州2.1个百分点，2012年低于苏州11.4个百分点，长沙动漫主导地位被取代且差距不断扩大。

（3）新兴行业发展相对滞后。文化产业与其他行业融合不够。“文化+科技”“文化+旅游”“文化+金融”等文化产业与其他行业融合度不断提高，已经成为文化产业发展的未来趋势。长沙总体科技实力显著增强，但发展后劲、创新能力有待加强。如发明专利与技术进步、自主创新能力关系最为密切，且在知识产权中的地位也更为重要，近年来长沙发明专利出现“占比低、总量小”的不利局面，占比逐年下降，2013年长沙共授权发明专利2328件，占全部授权专利数的22.5%，占比较2011年回落3.8个百分点；2012年全市发明专利授权2180件，仅为北京的十分之一，比中部的武汉少1053件；亿元GDP发明专利授权量（发明专利授权量/GDP）为34.1件，不足北京、深圳、西安和杭州的一半。金融对于文化产业的支撑力度有待加强，相比于发达城市较为完善的金融扶持政策，长沙尚未出台针对文化企业的金融支持具体措施。

2. 聚焦未来，发展质量需进一步提升。

（1）产业结构不够优化。从全市文化产业发展情况看，总体规模虽逐年扩大，但科技含量和附加值较高的行业占比偏小，如2012年全市文化休闲娱乐业增加值占全部增加值的23.3%，而附加值较高的技术密集型产业如数字出版、广告、会展等新兴行业占比较低，仅为1.9%，低于文化休闲娱乐业增加值占比21.4个百分点。

（2）文化消费水平偏低。居民文化消费是促进文化产业发展的不竭动力。从目前情况看，长沙市城乡居民文化消费还处于一个相对较低的水平，2012年长沙市城市和农村居民人均文化娱乐用品和服务支出分别占城市和农村家庭消费性支出的6.8%和7.3%。文化消费水平偏低，一方面凸显了高房价、教育和医疗费用高、就业、养老等后顾之忧，挤占文化消费份额，另一方面反映了巨大的精神文化需求未能得以有效释放。

（3）产业高端人才缺乏。文化产业的发展与繁荣，需要大量高端人才。2012年长沙文化产业从业人员为53.7万人，但与国内发达城市相比尚有一定差距。目前，随着长沙广播电视、新闻出版、文艺创作、旅游、动漫等行业的发展，人才匮乏的问题日益凸显。缺乏既通晓文化产业内涵、又具有自主创新和高层次经营管理能力的本土人才、复合人才以及在国内外有影响力的高层次文化领军人才，不少文化产业单位存在着“高人请不起，能人留不住”的窘况。文化高端人才缺失导致文化产业自主创新能力较弱，应用高新技术能力不强，尚未形成创新的产业链体系及创新机制；文化产品尚未找到与高新技术、现代信息技术结合的最佳契合点，真正具有自主创新的文化产品和服务未能得到充分应用；文化资源创新开发意识不强，未形成全新的文化资源开发理念，缺乏对现有特色资源的二次开发的视角。

# 三、从发达城市发展经验看长沙文化产业发展战略选择

## （一）主要城市文化产业发展经验

1. 北京：文化+创意。北京文化资源丰富，北京市文化产业历经锤炼，通过转企改制、资源整合以及政策扶持等措施，形成了文化与创意紧密联动、深度融合的特征和发展格局，产业规模不断扩大。2005～2012年，北京市文化创意产业实现增加值从674亿元增加到2189亿元，占地区生产总值的比重从9.7%提高到12.3%，已成为北京重要支柱产业，领跑北京经济发展。

近年来，北京市积极打造文化产业集聚区，2006～2010年份四批建设了30个市级文化创意产业集聚区、100多个区级文化创意产业集聚区和数量众多各具特色的文化创意街区，覆盖全部区县，涵盖文化艺术、新闻出版、广播电视电影、软件网络及计算机服务、广告会展、设计服务、艺术品交易、旅游、休闲娱乐等9大类文化创意产业，集中了全市大部分的创意产业资源，成为创意产业发展重要的空间依托。目前，创意产业集聚区已经成为北京发展文化产业的重要载体。

2. 深圳：文化+科技。深圳是国内文化产业发展的先行者，深圳没有深厚的文化积淀，传统文化资源相对薄弱，但目前深圳的文化产业形成了一定的规模和比较优势，成为继高新技术、金融、物流产业之后的“第四大支柱产业”，成为国内文化产业发展浪潮的先锋城市之一。

“文化+科技紧密结合”是深圳文化产业发展的基本特色和经验。深圳是著名的高科技城市，发明专利授权量高居全国各城市（不含直辖市）第1位，PCT国际专利申请量连续多年居国内首位。以高新技术为依托、以数字技术为主体、以自主知识产权为核心的高成长型文化科技型企业不断涌现，华强文化科技集团股份有限公司、腾讯计算机系统有限公司、A8电媒音乐控股有限公司等“文化+科技型示范企业”坚持文化与科技结合，坚持文化创意和自主创新，提升了深圳文化产业的档次和水平，也成为推动深圳文化产业发展的中坚力量。

3. 上海：文化+金融。上海充分利用中国自由贸易试验区建设的历史机遇，充分利用全国金融中心的优势，努力将上海打造成文化与金融融合发展的中国范本。出台了《上海市金融支持文化产业发展繁荣的实施意见》，对文化产业的信贷投入、推动文化产业直接融资、培育文化产业保险市场、改进对文化产业的综合金融服务和健全金融支持文化产业发展的配套措施五个方面，提出金融支持文化产业发展的具体意见，与中国工商银行、中国建设银行、中国银行等八大银行

签订“百亿授信”——五年内八大银行对上海影视企业给予130亿元的意向性授信额度，帮助上海电影产业借助金融资本发展壮大；针对中小文化企业融资难问题，上海成立了全国首个专职于文化产业企业和项目融资担保的公司，创新了银行信贷投向引导机制，确立了以政府资本引导社会资本投入文化产业的发展模式；发挥文化与金融信息沟通平台的作用，通过倾听企业、跟踪服务等方式，促进文化与金融的互相了解，实现了文化和金融有效对接，金融产品丰富多样。2013年上海文化产业增加值2362.4亿元；金融业实现增加值2823.29亿元，比上年增长13.7%，文化产业和金融业良好的发展势头，为上海文化金融融合发展奠定了基础。

4. 杭州：文化+产业。杭州市作为我国文化创意产业发展先导区之一，文化产业已经成为促进产业转型升级和区域与城市创新的主导型战略产业，文化创意产业与其他产业相结合，使文化创意产业在城市经济发展格局中形成倍增效应。

杭州市重点扶持包括文化艺术类，影视传媒类，信息服务类，设计服务类，咨询策划类，时尚消费类，文化用品、设备及相关文化产品生产类，文化用品、设备及相关文化产品销售类，教育、卫生、体育类等文化创意产业类别。如“文化+工业”模式形成可杭州创新创业新天地，成为以建设新型都市工业示范区为特征的工业设计与科技孵化等产业；“文化+旅游业”模式形成了南宋御街中北创意街区，区域发展时尚消费、文化休闲旅游等；“文化+信息业”模式形成可西溪创意产业园，重点发展动漫、网络游戏、手机游戏、数字音乐等产业；“文化+农业”模式形成了白马湖生态创意城，依托远郊农村良好的生态环境，结合创意人才创作创业的环境需求及特点，通过农居的SOHO式改造，实现农居向工作坊、创造室的转变，农村产业向现代产业的转型等等，加之文化创意产业表现出了较强的产业渗透力、拓展力和竞争力，由于资源、环境等条件的影响，形成了各具比较优势和多样化的产业融合特征。

### （二）长沙文化产业发展路径选择

当前和今后一个时期，将是国家推动文化大繁荣的关键期，也是长沙文化产业大发展的战略机遇期。如何抢抓机遇，乘势而上，抢占制高点、创造新优势，推动长沙文化产业健康快速发展，值得我们认真思考。借鉴文化产业发达城市的成功经验，可从以下方面进行思考和突破：

1. 加强市场化步伐，激发文化产业活力。进一步推进文化产业市场化进程，创造有利于文化产业跨越式发展的良好环境。以改革促活力。改革是促进文化产业发展的最大获利，要加快体制机制创新，深化文化体制改革，进一步释放体制机制活力，加快政府职能转变，进一步理顺政府和市场关系；建立和完善现代企业制度，鼓励符合条件的文化企业上市融资；鼓励非公有制文化企业发展，降低社会资本进入门槛，支持小微文化企业发展；改进政府管理和服务，加强市场推广、资源共享和产业化服务，不断完善公共技术支撑、投融资服务、信息发布、资源共享等功能在内的文化产业综合服务平台。以创新增活力。创新是文化产业的灵魂，应全力加快战略性新兴产业文化创意产业突破性发展，在软件与信息服务、数字出版、创意设计、动漫游戏、数字传媒、移动互联网等方面抢占制高点；放手发展电子商务、服务外包等新兴业态，推动文化服务业发展提速、比重提高、层次提升；充分发挥长沙高校云集、智力密集、人才汇集的优势，全力推进科研成果的孵化、转化、市场化；坚持以创新为动力，把大企业做强、小企业做大、微型企业做多，形成大中小企业协作配套、产业链上下游协调发展的企业组织体系。

2. 加强品牌建设，打造长沙文化特色品牌。长沙是一座城市极富湖湘人文底蕴的历史文化名城和最具休闲特色的国际化娱乐之都，未来发展应该进一步打响这些品牌。打造国际化娱乐之都。进一步加快发展长沙娱乐文化产业，电视湘军、出版湘军、动漫湘军等文化产业是长沙发展特色，酒吧文化、歌厅文化等发展走在全国前列，应加快优势产业与产业链延伸规模效应，巩固扩大影视传媒、数字出版、演艺娱乐、动漫游戏、工艺美术等主导产业优势，着力延长产业链、增加附加值、增强带动性，提高产业规模化、集约化、专业化水平；实现集群集约发展，以龙头企业为核心延伸产业链条，有效实施产业整合，推进以产业链为基础的产业集聚。通过公共服务平台建设优化产业生态，促进产业集聚；通过引领性项目强化产业链，提升平台支撑力，培育核心竞争力。打造极富湖湘人文底蕴历史文化名城。应充分发挥长沙汉文化、红色文化、唐文化、生态文化等核心文化品牌特色，充分放大“本土”特色，扎根“湖湘人文传统”，打造一流历史文化名城的品牌，整合湖湘文化的优势资源，量身定制出一条适合自身特点的发展路径，有计划分步骤地推进一些重点支柱产业的率先发展。

3. 加强人才培养，激发文化产业发展活力。人才资源是第一资源，文化人才队伍是文化改革发展的第一要素。要实施文化产业人才带动工程，建立健全文化产业人才挖掘、培养、引进、使用和激励机制，充实完善文化产业人才库。要不求所有，但求所用，靠人才支撑文化产业的规模集聚，靠人才激发文化产业的巨大红利。要高度重视高层次、高水平的文化创意人才，加大文化人才培养和引进力度，造就一批高素质的文化专业人才和经营管理人才。要加强交流，开展好各类培训活动，切实提高文化创意产业高层管理者战略思考能力、开拓创新能力和综合管理能力，培育造就一批文化创意人才，形成良好的创意创新大环境。加大复合型人才引进力度，支持专业化的创意和设计企业走向专、精、特、新方向发展，打造中心企业集群，培育具有地方特色的创意和设计企业，支持设计、广告、文化软件工作室等各种形式小微企业发展，推动创意和设计优势企业根据产业联系，实施跨区域、跨行业合作，着力优化文化产业基础竞争力。

4. 加快产业融合，促进文化与其他产业融合发展。文化与科技、金融、旅游等行业融合，是当前文化产业发展的大趋势，长沙文化产业与相关行业融合与其他城市相比还存在一定差距，需加快融合发展。推进文化金融融合。相对其他城市，长沙金融业对文化产业发展支持力度明显不足，要大力推进文化与金融融合，加大文化产业引导资金对新兴业态和创新企业的扶持力度，推动产业转型升级，探索建立文化产业投资基金和融资配套服务体系，建立多层次文化产品和要素市场，鼓励金融资本、社会资本、文化资源相结合。拓宽文化产业投融资渠道，搭建针对不同类型文化企业的金融服务平台，解决影响文化企业发展的瓶颈问题。鼓励社会资本投资文化产业，促进实现文化产业投资主体和投资渠道的多元化，构建完善的文化产业投融资体制。推进文化科技融合。深入推进国家级文化和科技融合示范基地建设，大力发展创意设计、影视传媒、数字资讯、动漫游戏等新兴业态，进一步扩大“快乐之都、幸福长沙”的知名度和美誉度，推进文化与科技的相互融合，进一步增强文化消费、旅游消费的吸引力，让科技成为推动文化产业升级的引擎。推动文化旅游融合。加快环湘江生态文化旅游圈建设，加速岳麓山、浏阳河、大围山、天心阁、灰汤温泉、沩山、大王山等文化旅游产业功能区建设，规划拓展精品、特色文化旅游线路，策划举办丰富多彩的特色文化旅游活动，大力发展与主题公园、文化创意产业园区、文化场馆、文化活动、人文历史等深度融合的文化旅游产业，将长沙打造成为世界文化旅游目的地。

5. 加强交流合作，拓展文化产业发展空间。城市文化是在长期交流和融合中形成的，具有较强的兼容性和开放性。当文化产业发展到一定阶段，要想在更高层面谋求更大发展，必须以更加开放的姿态，加强与国内外的交流与合作，不断融入外来先进文化，以拓展发展市场，赢得更大发展空间。完善“引进来”机制。引进国内外雄厚的文化资本、优秀的文化成果，积极借鉴国内其他城市和国外发达的文化管理经验和文化运作机制，不断提升文化产业的层次和水平，吸纳世界优秀文化，融汇外来文化的优秀成果，为湖湘文化注入新鲜血液达，大力吸引外国文化“走进来”，让外来文化与本土文化在双向交流中形成一种良性的互动与竞争机制，不断提高长沙文化产业的国际化程度。加快“走出去”步伐。大力培育外向型文化企业，积极开拓出版物、影视节目、文艺演出、动漫游戏、工艺美术等文化出口贸易，要扶持有发展潜力的大中型企业，做大做强一批对外交流的文化品牌，把反映长沙文化特色优秀文化产品推向国内外市场；支持文化企业到境外开拓市场；积极组织企业参加深圳文博会、北京文博会、湖南港洽周等大型文化产业会展推介活动，加快文化产业重大项目引进；提升中国金鹰电视艺术节、浏阳国际烟花文化节、长沙图书交易会、橘子洲音乐节、长沙阳光娱乐节等展会水平，大力培育中国（长沙）手机文化产业博览会、国际雕塑文化节等一批有影响、有效益的节会品牌，大力推进国际化都市的软件文化建设，着力打造长沙城市文化的独特内涵。

**课题组组长：**刘金文

**课题组成员：**韦　薇　罗　恒　孙铁如　邹俊平

# 四位一体强管控　盘活资金促发展

## ——关于提高市本级公共项目资金使用效益的调研报告

长沙市财政局

近年来，随着长沙市经济的增长，财政收入也得到了不断增长，市本级公共项目资金也在不断扩大，为推进社会各项事业的发展，发挥了十分重要的作用。为加强对市本级公共项目资金的监管，本文以长沙市2013年公共项目资金管理为参考，总结市本级公共项目资金管理的主要做法、绩效评价的有关情况，分析公共项目资金管理存在的问题及原因，提出进一步加强公共项目资金管理的措施和建议。

## 一、2013年市本级公共项目资金安排情况

根据十八届三中全会关于财政资金管理规范化和制度化的要求，在进一步清理整合财政公共项目资金的基础上，2013年市本级财政公共项目资金按调整后的产业发展类、经济建设类、社会事务类等三大类进行统计。2013年，市本级共安排公共项目资金108.71亿元，完成公共项目资金支出101亿元，为预算数的92.9%，结转2014年支出7.71亿元。

### （一）产业发展类资金安排和使用情况

产业发展类包括农业项目资金、工业发展资金、商业发展资金、科技发展专项（含知识产权专项）、创业富民资金、资本市场发展专项、文化产业资金、粮食专项、环保专项、旅游专项资金、招商引资（中介人奖励）、外贸发展资金、会展专项等13项，2013年市本级预算共安排17.52亿元，占公共项目资金预算的

16.12%。全年实际完成支出17.08亿元，为年初预算数的97.5%。

### （二）经济建设类资金安排和使用情况

经济建设类包括基建资金、城建资金、干线公路建设资金、农村公路建设资金等4项。2013年市本级预算共安排65.5亿元，占公共项目资金预算的60.25%。全年实际完成支出58.5亿元，为年初预算数的89.3%。

### （三）社会事务类资金安排和使用情况

社会事务类包括文化事业建设专项、历史文化名城保护建设专项、教育费附加及地方教育附加专项、工业改革稳定资金、教育专项、医疗卫生专项、社会保障和就业专项等7项。2013年市本级预算共安排25.69亿元，占公共项目资金预算的23.63%。全年实际完成支出25.43亿元，为年初预算数的99%。

## 二、市本级公共项目资金绩效评价情况

### （一）绩效评价项目计划情况

2014年将对2013年54个市直部门单位和项目的财政资金进行绩效评价。

1. 公共项目资金绩效评价范围包括农业、社保、教育、水利、医疗、科技、工发等专项资金，以及相关单位的部门预算项目支出，涉及资金总量约40亿元。

2. 教育附加和教育专项评价资金总量为3.6亿元；社保资金评价资金总量为5.5亿元；水利建设资金评价资金总量为4.52亿元；科技发展专项资金评价资金总量为3亿元。

### （二）绩效评价工作进展情况

2014年2月中旬以来，通过对2013年财政支出执行情况的分析筛选，按照省政府关于预算绩效管理贯穿预算编制、执行、监督全过程的要求，确定了49家部门开展全过程预算绩效管理，其中44家部门涉及公共项目资金管理。在全过程预算绩效管理的基础上，确定了2014年财政支出绩效评价工作目标，并对绩效评价工作进行了安排部署。积极与市绩效办衔接，将39家部门和单位的财政支出绩效评价结果纳入政府绩效考核范畴。完成了各主管部门绩效自评工作，组织召开了

2014年现场评价工作培训会，制定了《长沙市中介机构参与绩效评价工作八项纪律》，对中介机构在现场评价中的操作进行约束规范。从5月下旬开始，全面启动绩效评价现场评价工作，从预算编制与执行、资金分配与使用、资金监督与管理以及财务会计信息、项目组织管理、项目绩效完成等方面，采取定量分析和定性分析相结合的方式开展公共项目资金绩效评价。

## 三、市本级公共项目资金使用和管理情况

2013年，市本级坚持资金管理手段创新，规范公共项目资金统一申报平台，制定出台了相关管理制度，采取了一些有针对性的管理举措，取得了一定的成效。

### （一）以制度建设为手段，确保资金规范使用

一是完善项目会审制度。建立规范统一的公共项目资金申报平台，对部分申报公共项目资金的实施单位，由主管部门牵头，会同财政邀请相关部门或行业专家根据公共项目资金管理办法进行会审，同时报分管市领导审核。二是建立项目公示制度。对公共项目资金的拨付实行公示制度，在下达资金计划前，通过报纸、网站等进行公示，向社会公开补助的项目，提高了公共项目资金分配的公开度、透明度。三是建立项目跟踪检查制度。财政、审计、监察等部门按照各自职能，通过检查、监督、审计等方式加大对公共项目资金的监管力度。实行联合跟踪检查制度，前移监督关口，跟踪检查资金的管理、使用、绩效等情况，对促进规范管理、提高财政专项资金使用效益起到了积极作用。四是完善项目绩效管理制度。严格按照公共项目资金绩效评价制度，在实施单位自评自查的基础上，有重点地选择部分项目进行公共项目资金绩效评价，同时将工业发展专项等10类产业发展类公共项目资金纳入了绩效目标管理范围。

### （二）以预算管理为主线，努力提高管理水平

通过强化预算管理，严格控制公共项目资金的设立和安排。一是健全预算编制制度。公共项目资金安排做到年初有计划、预算有安排。在各主管部门编制下一年度公共项目资金安排方案时，会同财政部门审核报市政府同意后，列入当年预算计划。新增公共项目资金严格按照有关规定和实际工作需要进行申报和设

立，对项目已完成的公共项目资金及时予以清理取消。二是坚持突出扶持重点。公共项目资金重点投入新型工业化、现代服务业、科技创新、生态环保、城乡一体化和促进经济增长方式转变等方面的支出，严格执行公共项目资金管理办法，对每类公共项目资金制定具体的管理细则，实行严格的管理，确保专款专用。三是充分发挥资金引导功能。坚持以市场为主体，通过科学、公开、公正原则，强化公共项目资金的引导、带动和培育功能，充分发挥财政资金“四两拨千斤”的导向作用。

### （三）以资金整合为抓手，集中财力办大事

在摸清各类公共项目资金管理和使用效益的基础上，整合财政公共项目资金，增强集中财力办大事的能力。一是加大公共项目资金整合力度。对资金用途或扶持对象相近的项目进行清理整合，同时对2014年产业类公共项目资金集中统筹20%，明确扶持方向和重点，集中用于重点领域、重点地区和重点项目，确保实现经济和社会效益的最大化。二是突出公共项目资金的用途需要。公共项目资金的使用和安排紧紧围绕市委、市政府重大决策，围绕“六个走在前列”重大项目建设以及“三市”“三倍”战略实施的需要。三是强化公共项目资金专款专用。从严控制各主管部门以各种名义挤占公共项目资金，开支与专项工作无关的会议费、培训费、考察费等，避免公共项目资金的分散使用。

### （四）以监督检查为保障，切实提高使用效益

积极拓宽监督渠道，强化监督检查，严格责任追究，实现资金和项目监管的制度化、规范化和常态化。一是着力创新监督方式。积极探索监督新方式，突出分类监管、监督实效，对补助性质的公共项目资金实行经常性监督和突击性检查相结合的方式，对工程类性质的公共项目资金实行全程跟踪和重点监督，重点跟踪监督项目管理、资金使用、建设进度、工程质量等，切实提高监督检查的实效。二是充分发挥项目部门的协调监督作用。结合项目申报、计划批复、资金拨付等各环节的特点，着力抓好项目部门之间的协调联动、财政部门与项目部门的沟通协调，明确各部门的监管职责和职能，确保项目资金统一管理、协调运作，形成监管合力。三是严格落实责任追究制度。市政府将公共项目资金管理纳入绩效考核范围，对公共项目资金管理和使用过程中的违规操作行为，实行责任追究制度。

# 四、市本级公共项目资金管理存在的问题及原因分析

从纪委监察、审计监督和财政监管的情况来看，长沙市公共项目资金在管理、申报、使用和绩效等方面还存在一些不容忽视的问题。

## （一）部分公共项目资金分配不够规范，项目有待进一步细化

部分公共项目资金年初预算细化不够，项目资金安排使用较分散。一是公共项目资金项目较多。2013年长沙市公共项目资金包括3个大类24个小类，每个小类又分为若干小的专项，部分资金安排较为分散，难以形成合力，支持重要领域、重点项目、重点企业发展的作用不够明显。二是缺乏明确的控制标准和操作规范。由于部分公共项目资金管理办法操作性不强，经常性经费支出与项目资金支出无法有效划分，不利于加强对行政成本的控制与监督。

## （二）部分公共项目资金存在重复安排，申报有待进一步规范

一方面，由于部分公共项目资金管理在申报条件、范围和内容等方面存在相互重叠或主要条件相近，造成个别单位利用政策空子多头申报补助公共项目资金。另一方面，由于部分公共项目资金未制定管理办法，或办法已过时效期，加上项目主体自身的原因，在涉农惠农、产业扶持类等公共项目资金中仍然存在多头安排、重复补助的现象，甚至违规改变公共项目资金用途。

## （三）部分公共项目资金存在滞留现象，结余有待进一步统筹

造成部分公共项目资金结余滞留的原因主要有四个：一是部门上报的项目未能如期实施或实施进度偏慢，造成资金无法及时拨付，形成资金结余；二是部分跨年度安排的项目资金；三是部分公共项目资金在预算编制时主要由部门匡算而定，存在高估现象；四是部分公共项目资金滞留在区、县（市）财政部门。公共项目资金滞留或结余，一方面，不能充分发挥公共项目资金应有的作用，另一方面造成资金闲置，导致浪费，使用效益不高。

## （四）部分公共项目资金绩效意识不够强，效益有待进一步提高

从绩效评价来看，监督手段乏力，部门绩效意识不强。一是“重分配、轻管理”的观念仍未从根本上得到改变。一些单位高度重视年初预算指标的争取，

在专项支出过程中，缺乏有效的财务管理或监督，应付各类突击性、专项性检查多，日常监督少；事后检查多，事前、事中监督少；对某一事项和环节询问多，全方位跟踪监督少，导致公共项目资金使用效益不高。二是“重评价、轻应用”的情况有待改善。每年都安排了大量的财政监督检查、公共项目资金绩效评价以及各级各部门联动检查等检查项目，并对检查出的问题，提出了整改意见和措施，但部分意见难以完全整改到位，绩效成果难以得到有效应用。三是“重事后、轻事前”的现象较为明显。部分单位比较偏重事后绩效评价，对事前绩效目标管理的重要性和必要性认识不足，申报的绩效目标内容不完整，质量不高。

## 五、进一步加强公共项目资金管理的措施和思路

加强公共项目资金管理，提高资金使用绩效，是一个循序渐进、逐步提高、逐步加强的过程，很难一蹴而就。下一步，我们将针对公共项目资金管理中存在的问题，切实采取措施予以逐步解决。

### （一）完善和建立健全公共项目资金管理制度

结合长沙实际，通过学习借鉴先进经验，进一步完善公共项目资金管理的各项制度。一是完善公共项目资金项目库管理制度。充分利用各类信息系统，进一步完善现行全市统一的公共项目资金项目管理平台，强化项目库管理。纳入预算的项目必须从项目库中按照轻重缓急、择优推荐的原则有序安排，杜绝同一项目向多个部门重复申报，实现对项目的有效管理、对资金的科学分配。二是健全公共项目资金的沟通协调机制。预算编制时市财政会同项目主管部门联合提出资金分配方案，预算执行时重大问题及时会商解决，逐步完善项目主管部门和财政部门协调运转的畅通机制。发挥人大和纪检监察、审计等监督部门的作用，建立公共项目资金监督管理和协调运转的新格局。三是实行公共项目资金信息公示制度。在符合国家保密规定的前提下，财政公共项目资金的支持范围、申报方式、分配过程、结果和效益向社会公开，接受社会各界的监督，提高资金管理透明度。四是严格实行问责追究制度。严格执行相关管理制度，对各主管部门和项目申报单位，在公共项目资金的管理使用过程中的违规操作行为，坚决兑现责任追究制度。五是进一步创新财政资金投入方式。积极探索实行基金管理等市场化运作模式，少数不适合实行基金管理模式的，也应避免采取事前补助、直接补助的

方式，主要采取贴息、先建后补、以奖代补等事后补助方式或者保险保费补贴、担保补贴等间接补助方式，切实发挥财政资金的杠杆效应和引导作用。

## （二）全面清理整合现有的公共项目资金

从2016年起，打破公共项目资金安排的现有利益格局，根据市委、市政府决策部署和相关程序，重新审定公共项目资金类别和金额。一是清理立项依据和资金管理办法。目前长沙市现有的公共项目资金规模为108.71亿元，分项公共项目资金管理办法近30个。下一步，将进一步合并规模散小、使用方向雷同、支持对象相近的公共项目资金，取消已经到期、不符合市场经济和公共财政改革方向的公共项目资金，压减使用违规、绩效不高、连年结转的公共项目资金，特别是清理立项依据和资金管理办法，确保公共项目资金管理制度符合当前的各项政策制度。不断完善资金管理办法，做到规范严谨、便于操作，并加强对资金管理办法执行的监督。二是进一步规范公共项目资金的设立。着力改变公共项目资金“只增不减”的现状，公共项目资金的设立由市委财经领导小组研究决定，实行一年一定。三是进一步加大资金整合力度。公共项目资金按大类进行整合，做到一个大类资金，多个部门使用，部门负责制定政策、审核项目，由中介机构评审核实并报市政府审定后，财政再安排资金。

## （三）着力提高公共项目资金预算管理水平

一是完善公共项目资金预算编制程序。公共项目资金实行零基预算和综合预算相结合的预算编制方法。预算编制过程中，主管部门提出资金投向和分配的基本结构，明确项目的具体单位、用途、金额及绩效目标，组织项目的公开申报、部门审核、专家评审。二是完善公共项目资金预算审批程序。财政公共项目资金预算由各主管部门会财政部门提出初步方案报分管市领导审核，经市长办公会议初审后，报市委财经领导小组会议审定。三是完善项目预算管理模式。市级公共项目资金逐步试行按细化后的方案编入市直相关单位的部门预算草案，一并提交市人代会审查，年初统一批复，实现一个部门一本预算。对当年未明确至具体项目的财政公共项目资金结余不予结转，统筹列入下一年度预算，切实提高资金使用效益。

## （四）进一步完善公共项目资金绩效管理机制

积极开展绩效评价工作，探索绩效评价新机制，逐步建立“事前确定绩效目标、事中加强绩效监控、事后实施绩效评价”的全过程绩效管理体系。一是完善绩效评价工作体系。项目单位定期向财政和项目管理部门报送项目绩效目标和财务会计信息，财政会同项目管理部门结合项目决算、验收等情况，加强对公共项目资金的使用结果和支出效益的跟踪监控和绩效评价。二是加强绩效评价结果应用。绩效评价结果作为项目单位以后年度申报项目资格和资金安排的重要依据，努力实现资金安排与绩效优劣挂钩的目标。三是探索绩效评价新机制。探索绩效评价向绩效预算过渡，从实施过程评价和完成结果评价向项目实施前期评价延伸，切实加强事前绩效目标的审核评价，将评价结果直接作为预算安排依据。

# 长沙外贸进口情况调研报告

长沙市商务局

进口、出口是对外贸易的“双翼”，适当扩大进口规模，有利于优化外贸结构，提高人民群众生活质量，促进经济结构转型升级，推动开放型经济发展。国务院办公厅《国务院关于加强进口促进对外贸易平衡发展的指导意见》提出，“进一步加强进口，促进对外贸易平衡发展，对于统筹利用国内外两个市场、两种资源，缓解资源环境瓶颈压力，加快科技进步和创新，改善居民消费水平，减少贸易摩擦，都具有重要的战略意义”，为加快扩大进口，推动开放型经济发展指明了方向。一直以来，长沙市在外贸发展上存在着进出口发展不平衡的问题。本文试从长沙市外贸进口情况着手，客观总结进口现状，剖析存在问题，探讨解决办法，以推动长沙市外贸又好又快发展。

## 一、长沙市进口贸易基本情况

2013年，全市实现进出口总额98.9亿美元，其中进口总额37.15亿美元，占进出口总额比重为37.5%，同比增长5.3%，占全省的36%。从贸易方式看，一般贸易、加工贸易进口分别为28.75亿美元、6.47亿美元，占比77.4%、17.4%。

### （一）进口额在中部省会城市中排名靠后

2013年，长沙市进口额仅高于南昌，居第五位；进口占进出口总额的37.5%，居第四位（表1）。

表1　　2013年中部六省会城市进口情况

| 城市 | 进出口额（亿美元） | 进口额（亿美元） | 进口占进出口比重（%） |
|---|---|---|---|
| 郑州 | 427.5 | 176.84 | 41.4 |
| 合肥 | 181.9 | 62.91 | 34.6 |
| 太原 | 91.63 | 38.68 | 42.2 |
| 南昌 | 97.22 | 24.11 | 24.8 |
| 武汉 | 217.52 | 98.09 | 45.1 |
| 长沙 | 98.93 | 37.15 | 37.6 |

近五年来，长沙市进口一直呈稳健上升态势，但增幅较小。郑州由于引进了加工贸易企业富士康，进口增长迅猛（图1）。

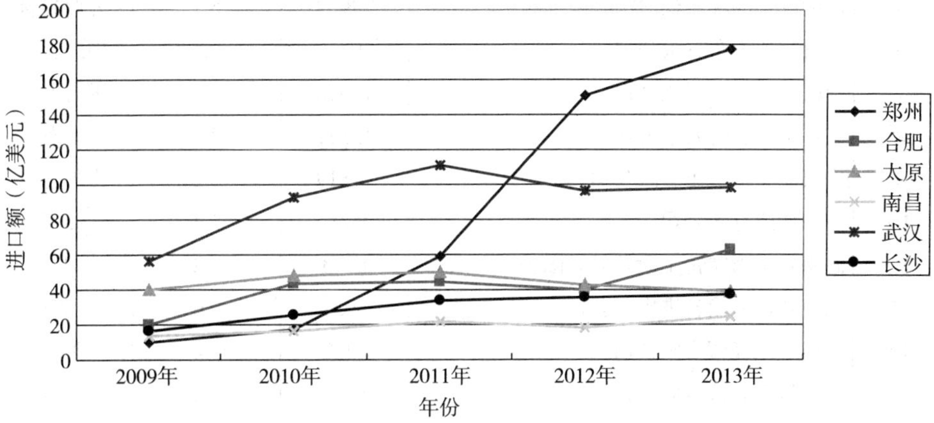


图1　2009～2013年中部六省省会城市进口增长示意图

## （二）三资企业为长沙市进口主力军

2013年，长沙市共有进出口备案登记企业4222家，其中有进口实绩企业520家，仅进口未出口企业数为263家。从企业性质来看，三资企业进口额占全市进口总额的53.2%，国有企业占比为25%，民营企业占比为21.8%（表2）。

表2　　2013年份企业性质进口情况　　单位：万美元、%

| 企业性质 | 进口额 | 占进口比重 |
|---|---|---|
| 国有企业 | 92877 | 25 |
| 民营企业 | 81106 | 21.8 |
| 三资企业 | 197476 | 53.2 |
| 其他企业 | 12 | |

## （三）进口主体相对集中

2013年，长沙市进口前十五位企业共实现进口27.88亿美元，占全市进口总额的75%（表3）。

**表3　　2013年部分重点进口企业进口情况**　　单位：万美元、%

| 序号 | 企业名称 | 进口额 | 占进口比重 | 企业性质 |
|---|---|---|---|---|
| 1 | 湖南新华联国际石油贸易有限公司 | 65478 | 17.6 | 私营 |
| 2 | 蓝思科技（长沙）有限公司 | 32279 | 8.7 | 中外合资 |
| 3 | 蓝思科技股份有限公司 | 30914 | 8.3 | 中外合资 |
| 4 | 湖南华菱钢铁集团有限责任公司 | 25900 | 7.0 | 国有股份 |
| 5 | 博世汽车部件（长沙）有限公司 | 23959 | 6.4 | 外商独资 |
| 6 | 广汽三菱汽车有限公司 | 19820 | 5.3 | 中外合资 |
| 7 | 中联重科股份有限公司 | 18628 | 5.0 | 国有股份 |
| 8 | 三一重工股份有限公司 | 12522 | 3.4 | 私营 |
| 9 | 广汽菲亚特汽车有限公司 | 11819 | 3.2 | 中外合资 |
| 10 | 三一集团有限公司 | 8897 | 2.4 | 私营 |
| 11 | 湖南省中南锑钨工业贸易有限公司 | 8213 | 2.2 | 国有 |
| 12 | 湖南省机械设备进出口公司 | 5952 | 1.6 | 国有 |
| 13 | 湖南华一经贸有限公司 | 5377 | 1.4 | 私营 |
| 14 | 三一汽车制造有限公司 | 5297 | 1.4 | 私营 |
| 15 | 介面光电（湖南）有限公司 | 3774 | 1.0 | 台商独资 |

## （四）进口产品以工业制成品为主

2013年，长沙市工业制品进口24.56亿美元，同比下降23.44%，占进口比重为66%；初级产品进口12.07亿美元，同比增长273.76%，占进口比重为32.5%（表4）。

**表4　　2013年长沙市进口商品构成情况**　　单位：万美元、%

| 商品名称 | 进口额 | 占进口比重 |
|---|---|---|
| 一、初级产品 | 120727 | 32.5 |
| 食品及活动物 | 7430 | 2.0 |
| 饮料及烟类 | 233 | 0.1 |
| 非食用原料（燃料除外） | 53399 | 14.4 |
| 矿物燃料、润滑油及有关原料 | 59572 | 16.0 |

续表

| 商品名称 | 进口额 | 占进口比重 |
|---|---|---|
| 二、工业制品 | 245496 | 66.1 |
| 化学成品及有关产品 | 22519 | 6.1 |
| 按原料分类的制成品 | 39058 | 10.5 |
| 机械及运输设备 | 165277 | 44.5 |
| 杂项制品 | 18641 | 5.0 |

进一步来看，工业制成品中主要进口产品为机电产品、高新技术产品；初级产品中主要进口产品为农产品和资源型产品。

**表5　　2013年长沙市进口商品分类别进口情况**　　单位：万美元、%

| 进口产品 | 进口额 | 占进口比重 |
|---|---|---|
| 机电产品* | 183941 | 49.5 |
| 1.运输工具 | 60795 | 16.4 |
| 2.机械及设备 | 56836 | 15.3 |
| 3.电器及电子产品 | 43552 | 11.7 |
| 4.仪器仪表 | 18448 | 5.0 |
| 高新技术产品（97）* | 63236 | 17.0 |
| 1.计算机集成制造技术 | 17080 | 4.6 |
| 2.计算机与通信技术 | 14559 | 3.9 |
| 3.航空航天技术 | 10189 | 2.7 |
| 农产品* | 16493 | 4.4 |
| 1.谷物粉、淀粉等或乳的制品；糕饼 | 6016 | 1.6 |
| 2.其他动物产品 | 3608 | 1.0 |
| 3.生皮（毛皮除外） | 2662 | 0.7 |
| 4.棉花及废棉 | 2104 | 0.6 |
| 主要资源型产品* | 81975 | 22.1 |
| 1.原油 | 50550 | 13.6 |
| 2.煤 | 695 | 0.2 |
| 3.铁矿砂及其精矿 | 28077 | 7.6 |
| 4.锰矿砂及其精矿 | 1446 | 0.4 |
| 5.锑矿砂及其精矿 | 9162 | 2.5 |

## （五）进口国别地区相对固定

2013年，长沙市与87个国家和地区有进口贸易往来，排名前五位的国家分别为德国、日本、澳大利亚、韩国、美国，合计占全市进口总额的49.6%。其中来自日本、德国的进口贸易近五年来一直稳居前两位（表6）。进口主要国别分布与长沙市的产业结构是相符合的，长沙市工程机械、汽车及零部件、电子信息三大千亿产业集群生产所需的先进设备和原材料，基本从以上几个国家进口。

**表6　　2013年长沙市主要进口国别分布　　单位：万美元、%**

| 国别 | 进口额 | 占进口比重 |
|---|---|---|
| 德国 | 60901 | 16.4 |
| 日本 | 50557 | 13.6 |
| 澳大利亚 | 24835 | 6.7 |
| 韩国 | 24359 | 6.6 |
| 美国 | 23717 | 6.4 |

## （六）进口区县园区比较集中

长沙经济开发区、芙蓉区、高新区、浏阳经济开发区、开福区、天心区位居全市进口前五位，其中芙蓉区、经济开发区占全市进口总量的61%（表7）。

**表7　　2013年长沙市区县（市）、园区进口分布情况　　单位：万美元、%**

| 区县（市）、园区名称 | 进口额 | 占进口比重 |
|---|---|---|
| 芙蓉区 | 93774 | 25.2 |
| 天心区 | 9434 | 2.5 |
| 天心经济开发区 | 615 | 0.2 |
| 岳麓区 | 30930 | 8.3 |
| 长沙高新技术产业开发区 | 30283 | 8.2 |
| 开福区 | 13951 | 3.8 |
| 长沙金霞经济开发区 | 4527 | 1.2 |
| 雨花区 | 9932 | 2.7 |
| 长沙雨花经济开发区 | 191 | 0.1 |
| 长沙县 | 140964 | 37.9 |
| 暮云经济开发区 | 471 | 0.1 |
| 长沙经济技术开发区 | 134394 | 36.2 |
| 望城区 | 2853 | 0.8 |
| 望城经济开发区 | 25 | 0.0 |
| 宁乡县 | 4531 | 1.2 |
| 宁乡经济开发区 | 393 | 0.1 |
| 浏阳市 | 35561 | 9.6 |
| 浏阳市经济开发区 | 34884 | 9.4 |

## 二、长沙市外贸进口存在的突出问题

### （一）进口总体规模偏小，加工贸易进口贡献度低

2013年长沙市进口额仅占进出口总额的37.5%，占全省进口额的36%，居中部六省会城市第5位、全国省会城市第14位。从贸易方式看，两头在外的加工贸易对进口有一定推动作用，进口额的变化也直接反映了加工贸易企业生产规模和海外订单的变化。2013年全市44家加工贸易企业实现进口额6.47亿美元（其中蓝思科技5.63亿美元），仅占全市进口总额的17.4%，加工贸易占比较低，对进口的拉动作用不大，对GDP的贡献较低。近五年来，加工贸易对长沙市GDP的平均贡献度为0.72%，相对于沿海城市的20%，贡献度太小（表8）。

**表8　　加工贸易对长沙市GDP的贡献度**　　单位：亿美元、亿美元、%

| 年份 | GDP增量 | 加工贸易净出口增量 | 加工贸易对GDP的贡献度 |
|---|---|---|---|
| 2009 | 109 | −1.9 | −1.7 |
| 2010 | 118 | 1.3 | 1.1 |
| 2011 | 170 | 0.6 | 0.3 |
| 2012 | 124 | 2.2 | 1.7 |
| 2013 | 123 | 2.8 | 2.2 |

注：GDP增长的贡献度=加工贸易净出口增加额/GDP增加额×100%，GDP折算成美元是按照各年的平均汇率计算。

### （二）规模进口企业较少，进口易受波动

2013年，长沙市进口1亿美元以上的企业9家，进口额占全市的65%；进口1000万美元以上的企业46家；进口额100万美元以下的企业有223家。规模进口企业较少，且大都集中在工程机械、汽车、电子信息等行业，这些行业企业大部分为内外销结合，甚至以内销为主，国际、国内形势稍有变化，企业生产就会大受影响，而生产又直接影响到原材料进口。同时，与出口相比，进口往往对企业的实力、资金、管理诸因素有更高的要求，较小的企业规模，往往意味着较高的经营成本、较低的融资能力和较大的经营风险。因此，长沙市进口主体以中小企业为主的特征一定程度上使进口难以实现较大发展。

### （三）进口商品结构不优，消费品和资源型产品进口潜力较大

2013年，长沙市进口企业以中联重科、三一重工、博世汽车、广汽三菱、

广汽菲亚特等企业为主，进口设备约为12亿美元（样本统计数据）。根据统计数据，2011～2013年，全市用于批发零售的进口商品额分别为30.3亿元、45.8亿元和140.6亿元，年均增长54.4%，但长沙市自营进口部分占比较少。以进口汽车为例，2013长沙市进口汽车类商品额为81.9亿元，但体现在长沙市海关数据项下的汽车（零售用途）进口额仅为124万元。近五年来，长沙市资源型产品进口增长了10多倍，2013年达10.4亿美元，但主要集中在原油和铁矿砂两类商品上，还有较大增长潜力。

### （四）平台建设滞后，功能有待完善

目前长沙市唯一一家海关特殊监管平台——金霞保税物流中心，规模和进出口业务量都较小，功能还不完善，无法对扩大进口形成有效支撑。黄花综合保税区正在申报，而湘潭、岳阳、衡阳的保税区都已获批，衡阳保税区已封关运行。长沙市目前还没有任何进口商品交易市场平台，而宁波早已设立进口商品专业市场。当前，长沙市还没有汽车整车、冻品、粮食、水果、种苗、废旧资源等进口指定口岸，不具备相应产品进口功能，企业不仅进口不便，而且增加了企业物流费用。进口平台建设远远落后于沿海地区，严重制约了长沙市外贸进口。

### （五）政策支持不够，专项资金较少

目前长沙市外贸政策资金相比中部省会城市还较少（表9），特别是进口主要依赖国家、省两级进口贴息政策，资金量较少，还没有专门针对外贸进口的扶持政策。而宁波市仅2014年就设有进口专项扶持资金6600万，对企业进口先进技术和产品、打造进口贸易公共服务平台、举办进口商品交易会给予政策支持。合肥市对进口机电设备和关键零部件自营进口部分也给予了奖励。

**表9　中部六省会城市2013年进出口和外贸政策资金情况** 单位：亿元、亿美元、万元

| 城市名称 | 国内生产总值（GDP） | 进出口总额 | 外贸政策资金 |
|---|---|---|---|
| 郑州 | 6201.9 | 427.5 | 7000 |
| 武汉 | 9000 | 217.52 | 8500 |
| 合肥 | 4672.9 | 181.9 | 9000 |
| 南昌 | 3336.03 | 97.22 | 3000 |
| 长沙 | 7153.13 | 98.93 | 1000 |
| 太原 | 2412.87 | 91.63 | 300 |

## 三、加快推动长沙市外贸进口的对策建议

### （一）深化思想认识

一是加强宣传。深化全市上下对外贸进口工作重要性的认识，彻底改变“重出口、轻进口”的传统意识。使大家深刻认识到，大力发展进口贸易，是缓解长沙市资源瓶颈制约的需要，是促进产业转型升级的需要，是构建对外开放新格局的需要。二是出台规划。结合全面深化改革的要求，尽快启动长沙市进口贸易“十三五”专项规划编制工作，明确后段长沙市发展进口贸易的战略目标和工作重点，力争到2017年，全市实现进口总额70亿美元，占全市进出口总额40%以上，占全省进口总额的40%。到“十三五”末，进口额实现200亿美元，占全市进出口总额50%以上。三是严格考核。强化外贸指标在开放型经济考核中的力度，进一步细化考评细则，年终进行统一考评，严格奖优罚劣。

### （二）出台扶持政策

一是出台专题文件。贯彻落实国办发〔2014〕19号文件和省相关文件精神，结合长沙实际，设立市进口贴息资金，重点对先进技术及设备、关键零部件、资源型原材料、农产品、消费品等进口给予贴息补助，对大型超市、商场等当年进口增量给予奖励。二是加强金融支持。鼓励金融机构加大对进口企业的信贷支持，开辟重大项目信贷审批“绿色通道”，对进口企业进口环节金融费用给予优惠折扣。支持符合条件的进口企业利用私募股权、企业债券、短期融资券和中期票据等扩大直接融资。鼓励和支持投资担保机构扩大对进口企业的融资担保，为企业提供减免进口信用证保证金、无抵押按揭等金融服务。三是支持企业发展。对重点进口企业实行“一企一策”，从财政、税收、用地、关税等方面予以优惠支持，重点培育一批规模大、业务能力强的进口企业，带动全市外贸进口发展。鼓励企业自营进口，对进口商品国（境）内部分的物流成本，视情况予以部分补贴。在培育专业进口贸易主体的同时，鼓励生产型企业进口关键产品，开展技术改造，提升自身综合竞争力。

### （三）建好外贸平台

一是健全服务平台。综合利用互联网、物联网、云计算等先进信息技术，整合商务、海关、检验检疫、国税、工商等平台信息，组建长沙进口贸易公共服务

平台，密切关注并及时发布世界各重大进出口岸的大宗商品、敏感商品供需、价格等情况，方便长沙主动融入全球贸易大市场。二是完善进口平台。加快推进长株潭临空经济新区建设，积极申报创建长沙黄花综合保税区，重点建好长沙金霞陆路口岸作业区，采取政府主导、市场运作的管理模式，努力实现企业进口贸易便捷通关，促进外向型经济发展，将长沙打造成对外开放的新高地。同时，支持黄花机场和霞凝港积极申报汽车整车、冻品、粮食、水果、种苗、废旧资源等指定口岸，丰富自营进口产品种类。三是发展内销平台。依托经济开发区、金霞开发区等，建设长沙进口商品展示交易中心，力争到2017年，依托中心实现进口20亿美元。探索建立进口商品内销平台，加强进口企业与大型商场、超市的对接，拓展红酒、奶粉、水果、肉类冻品、禽类冻品、橄榄油、小食品等进口产品内销渠道，进一步扩大生活类消费品进口。

### （四）培育重点企业

一是扶持做大做强。重点加强对大中型进口企业的扶持，采取市、县共同培育、共同服务的原则，在政策、资金、业务等方面予以适当倾斜，及时帮助解决企业进口过程中遇到的困难和问题。根据进口商品分类，从每个行业中选取3～5家流通型企业进行重点培育，帮助形成大型进口企业集团。二是鼓励进口自营。支持进口企业与境外供应商、国内进口商加强业务合作，打造“国际采购——进口——自营销售”一体化平台，减少进口中间环节。支持进口企业组织市内重点企业以实地考察、合作洽谈等形式，加强与国际供货商的沟通交流，形成更多的进口合作贸易。引导外资企业利用境外贸易合作平台，为国内企业开展国际采购服务，进一步扩大进口额。三是构建多元梯队。在价格更低、品质更优的前提下，支持以政府采购等方式向中小进口企业购买产品。扶持一批业务能力强、经营商品符合市场发展需要的中小型企业做大做强进口业务，构建多元化进口企业队伍。对进口从业人员组织专题培训，提高进口贸易服务水平。

### （五）提高通关效率

一是加强统筹协调。建立外贸工作联席会议机制，加强商务、海关、国税、检验检疫、外汇管理、运输等相关部门的协作，定期召开会议，统筹协调解决进口贸易发展中存在的问题，形成推动进口贸易发展的强大合力。二是提供便捷服务。设立大宗进口货物专用申报窗口和通道，优先检验检疫，保证通关效率。实施进口分类管理，适当减少抽查比例，加快通关速度。完善长沙海关快速通关绿色通道，对重点企业、重点商品实行免检入关。根据进口商品种类，选取部分企业开展进口贸易便利化试点工作。三是加快通关速度。落实与大通关部门签订的协作备忘录各项举措，提升各部门间的协作水平，确保快速通关。加快建设长沙电子口岸平台，实行预约通关查验工作制，推行“一次开箱、一次查验”等联检服务。加强与各重点进口口岸、城市的跨区域通关合作，实现区域良性互动。进一步简化海关通关作业环节，提高进口货物通关效率。

# 打造转型创新发展增长极

## ——对长沙规划建设“未来科技城”的几点思考

长沙市科技局

## 一、“未来科技城”概述

2008年，中央人才工作协调小组制定了关于实施海外高层次人才引进计划的意见（简称“千人计划”），围绕国家发展战略目标，在未来5到10年内为国家重点创新项目、重点学科和重点实验室、中央企业和国有商业金融等机构，引进2000名左右人才，并重点支持一批能够突破关键技术、发展高新产业、带动新兴学科的战略科学家和领军人才来华创新创业。2008年8月1日，中央组织部对神华集团公司的请示做出批示：“赞成依据神华、中石油等大型国企建设一个国家级高新科技研发基地，采用生命所（北京生命科学研究所）那样的新机制吸引世界优秀科技人才。”2009年7月，中央人才工作协调小组批准神华集团等中央企业在北京昌平区集中建设人才创新创业基地，并以“未来科技城”命名。随后中组部、国资委相继确定天津、杭州、武汉建设“未来科技城”。

“未来科技城”是中央组织部和国务院国资委为深入贯彻落实建设创新型国家和中央引进海外高层次人才“千人计划”而建设的人才创新创业基地和研发机构集群，重点吸引中央企业的研发机构入驻。

## 二、国家现有四大“未来科技城”发展的现状及比较分析

### （一）北京

1. 基本情况。北京“未来科技城”地处北京中关村国家自主创新示范区核

心区范围内，是北京“两城两带六高四新”创新和产业发展新格局中的“两城”之一。于2009年7月正式启动，规划占地面积约10平方公里，其中，研发用地约256.42公顷，规划建设近300万建筑平方米的公共服务配套设施。未来科技城计划共入驻24家中央企业，一期已入驻央企研发中心15家。

2. 总体定位。建设成为具有世界一流水准、引领我国应用科技发展方向、代表我国相关产业应用研究技术最高水平的人才创新创业基地，成为中国乃至世界上创新人才最密集、创新活动最活跃、创新成果最丰富的区域之一。

3. 配套政策。国家、北京市、中关村国家自主创新示范区和昌平区四级政策的体系支持。同时制定了《未来科技城人才引进工作暂行办法》。

4. 重点领域。以服务国内大型中央企业为主，目前已确定神华集团、中国海洋等15中央企业研发机构入驻园区，研发涉及新能源、新材料、节能环保、新一代信息等新兴战略性产业的重点领域。同时，吸纳面向具有高成长性的科技研发类、总部类、金融类企业及知名度较高、口碑较好的房地产开发类企业。

### （二）天津

1. 基本情况。天津未来科技城，坐落于天津滨海高新技术产业开发区，由规划面积30.5平方公里的核心区和40平方公里的拓展区组成。2013年底未来科技城4.5平方公里的起步区基础设施建设全部完工。规划到2015年，将聚集研发领军人才达到10人，高端人才引进数量达到100人；聚集国际一流研发机构达到10家，引进央企研发中心等多元化研发机构50家。

2. 总体定位。建设国际一流科研平台、集聚国际一流科技人才、产出和转化国际一流科技成果。

3. 总体目标。重点发展以研发创新为引擎的新兴业务，开拓高新技术、战略性新兴产业等新兴业态，建设前沿科技新兴领域的总部基地，加快科技创新、市场创新和管理创新，增强中央企业的竞争力，并为高级人才提供发展平台。

4. 配套政策。天津市政府出台了鼓励中央企业研发机构落户天津未来科技城的若干政策；滨海高新区也制定并出台了支持央企项目落户的配套鼓励政策。

5. 重点领域。“以战略性新兴产业研发为导向，立足天津市科技资源和产业基础，以新能源及新能源汽车、新一代信息技术、航空航天、生物技术和高端装备制造为重点”。

### （三）杭州

1. 基本情况。2010年初，浙江省启动海外高层次人才创新园建设。2011年被列为“未来科技城”。未来科技城（海创园）也是杭州城西科创产业集聚区的重要组成，是浙江省委、省政府重点打造的人才特区，列入了国家级海外高层次人才创新创业基地。规划面积113平方公里，近期重点建设区35平方公里。截至2013年上半年，杭州未来科技城已经引进海外高层次人才570名，其中国家千人计划37名，省千人计划36名，4位国内院士、2位美国院士、1位加拿大院士，累计206家海归企业。

2. 总体定位。科技资源充分聚集、体制机制充满活力、公共服务便利优质、创业创新高度活跃的人才特区和科技新城。

3. 配套政策。浙江省委下发了《关于在浙江杭州未来科技城建设人才特区打造人才高地的意见》，杭州市、余杭区也专门制定了扶持政策，从研发、产业化、人才引进三方面给予支持，省、市、区共建，打造人才特区。

4. 重点领域。围绕电子信息产业、生物医药研发、新能源新材料研发、装备制造研发、软件与创意设计、金融中介及生产性服务业等门类，海创园全力打造二三产融合发展的2.5产业集聚区。

### （四）武汉

1. 基本情况。武汉“科技未来城”位于“武汉东湖国家自主创新示范区”内，于2011年4月获批。规划面积66.8平方公里，其中核心研发区规划面积18.5平方公里。截至2012年，未来科技城引进央企9个，世界500强5个，30亿、50亿以上的项目各一个；20个高层次人才创新创业团队相继入驻。

2. 总体定位。世界级的科技创新中心、高端人才聚集区和新兴产业高地。到2020年，将引进和培养2000个高水平创新团队，研发和转化100项国际领先的研究成果，产生50家世界级研发机构和创新企业，培育1–2项革命性的战略性新兴产业，科技人员突破10万。

3. 配套政策。未来科技城公布了支持央企研发机构的若干优惠政策。其中多条比照武汉市促进科技成果转化“黄金十条”，并在科研人员创业税收、成果转化收益等方面做出规定。

4. 重点领域。重点发展光电子信息、生物医药、能源环保、现代装备制造和高科技农业等五大产业。

## （五）四大“未来科技城”特色比较

1. 北京——打造自主创新策源地。北京未来科技城以央企为主体，科研与商业转化相结合，致力于自主创新，其长远发展，取决于政府“有形之手”与市场“无形之手”同时作用，共同打造中国的“硅谷”。北京紧紧抓住中央支持北京市建设中关村人才特区的重大机遇，把“未来科技城”纳入到国家自主创新示范区和人才特区的建设范围，享受“1+6”先行先试政策和13项特殊政策。

北京未来科技城域内全部为大型央企的研发中心，区域内不进行产业化，不发展工业。昌平区以较低价格划拨央企用地，市政建设由北京市、昌平区两级财政建设。正因为北京未来科技城区域内不发展产业，因此对地方财政的贡献不明显，能否得到地方政府长期的大力支持还不明朗。同时，由于“城市”建设的规划不完善，北京未来科技城能否成为一座集研发、生活、商务为一体的新城还需观察。

2. 天津——打造政策创新示范区。天津市在政策创新上下足了功夫。首先，整合过去的人才政策，优化提升为人才引进、人才选拔培养、人才保障等政策。其二，借鉴北京、上海等地人才政策亮点，形成自己的保障类政策、工作平台类政策和奖励类政策。其三，充分运用滨海新区综合配套改革政策，按照先行先试的原则，与滨海新区的重大人才工程进行对接。其四，进一步提升天津高新区招才引智计划、科技领军人才和海外高层次人才等已有政策。同时出台了《关于鼓励中央企业研发机构落户天津未来科技城的若干政策规定》25条，从促进人才资源集聚、促进研发机构集聚、促进科技成果转化三个方面提出具体支持政策，设立了10个亿的专项资金。此外，滨海高新区还出台了《关于加快天津未来科技城建设和发展的配套措施》9条，更进一步吸引、扶持入驻企业。

天津未来科技城紧临大海，可拓展空间大，研发中心与产业化项目同时推进。正是这样的优势，吸引了高端研发项目和企业，形成了航空航天、生物医药、新能源与新能源汽车、高端信息制造、现代服务业等五大主导产业。

天津未来科技城的建设模式类似科技园区建设加强版，除规划一条商业主干道和部分居住用地外，其余均为大型产业用地，“新城”特色不明显。

3. 杭州——打造海归创业特区。政府政策创新、企业倾力投入，使海外高层次人才回国创业如虎添翼。两年来，浙江省、杭州市、余杭区三级政府联手，积极推动海外智力与民间资本结合，成功闯出了一条具有浙江地域特色和鲜明时代特征的“人才＋资本＋民企”的海外引才模式，在海外高层次人才创新创业基地中独树一帜。

杭州未来科技城还有几点特别之处，首先以引进海外高层次人才为优先目标，尤其重视“带项目、带技术、带资金”的高端人才及创业团队的引进；其二以全新的引才用才机制为重要保障，积极引导中央企业、大型民企搭建平台，发挥引才用才主体作用，构建人才引进和开发利用体系；其三以浙江经济特色为核心支撑，支持研发项目与民企、民资合作，形成“人才＋资本＋民企”的创业特色，引领海归创业本土化发展。

杭州未来科技城相对地理位置较为优越，海创园本身已有一定建设基础，汇聚了“淘宝”等大型技术服务型企业。杭州未来科技城核心区内以孵化器、商用写字楼、商务中心等为主，产业项目由工业区承载。相对其他未来科技城，杭州未来科技城更致力于发展“楼宇经济”，土地利用率较高。

4. 武汉——打造中国光谷的明珠。武汉未来科技城抓住了“产业、项目和人才”的特色优势，形成了辐射全国乃至全球的战略策源地。武汉高新区是敢于打破体制机制的障碍，才形成了享誉中外的“中国光谷”，武汉未来科技城“产业、项目、人才”的优势才越发明显，并形成了产业主导、人才涌流的战略策源地。

武汉用项目吸引人才，用环境留住人才，用产业带动团队，用事业凝聚人才的心。主要经验是：特惠的人才政策引领，特强的“资本特区”支撑，特专的创新创业平台承载，特优的人才服务措施支持，特效的人才工作机制体制配套。他们的政策创新在引进国际领军人才和创新创业团队上取得一系列突破。如法国科研中心光子与纳米结构实验室主任王肇中、德国“太阳能之父”肖克、全球光纤激光器术领头人闫大鹏等一批全球光电子信息等产业领军人才和团队纷纷入驻。

武汉未来科技城建设模式与天津类似，为武汉东湖高新区其中的一园，且与高新区内其他园区存在同质竞争。且武汉未来科技城地理位置较为偏僻，存在空城可能。

### （六）对长沙的启示

经过几年发展，未来科技城已成为上述四地科技创新资源集中，科技创新人才高端创业，带动地区创新整体提升的强有力载体。作为中部省会城市，长沙近年来经济持续快速发展，但是我们也应该看到，长沙经济产业结果还存在一些不合理性，比如产业机构不平衡，第三产业比重偏小，第二产业中对单一行业的依存度比较大，第一产业中科技技术含量还很低。在民生科技应用、智慧城市建设、信息化水平等方面还存在技术塌陷。因此，长沙急需要一个能带动地区经济快速持续增长的创新源，这种创新不仅要能引领湖南地区，而且还有能在中西部，乃至全国独有独树一帜的技术垄断能力。建设长沙未来科技城，可以强力推进创新资源集聚、大力引进高端创新资源，优化创新资源的配置，继续提升传统优势产业创新能力的同时，提升在第一、第二产业的技术创新能力，以及科技支撑民生发展，实现长沙全面发展。

对于长沙未来科技城的建设。一是要有家底。纵观四城市科技城，基本依托实力雄厚的科技园区，基础建设、硬件配套、政策扶持、科研条件以及软实力等均已基本完善，只是未极力凸显人才和创新特征，但基础资源极为丰富，相对于重新开拓一片区域建设新城，可行性、可靠性等方面都具很大优势。二是要有资源。未来科技城，凸显的是“科技”和“未来”的概念，但根本还是“城”，其最终形态是功能完备的现代化“卫星城”。一方面要有充足的城区建设空间，另一方面还要有后备拓展区间以备实力辐射以及资源承接输出。更为重要的是要有充足资本资源，应举全市乃至全省之力打造省会“科技增长极”。三是要有规划。作为“城”，其最重要的内容还是科学规划和建设。长沙未来科技城的建设，依据地域、产业、科技、人文以及未来发展等方面的本地特性，科学合理的设计、规划，进行全面、系统的论证，广泛征求中央、省、地方等各方面的意见，再按计划实施。四是要有政策。制度优势之于资源犹如洼地之于水，其优越性是战略保障，是科技城建设成效的关键和核心。制定资源倾斜、人才集聚、激励合理、科学有效的政策制度，将是长沙市整体创新的导向标，指引创新资源汇聚，高端人才汇集。

## 三、长沙规划建设“未来科技城”的必要性

### （一）全面整合长沙创新资源的需要

1. 优化长沙科技创新平台资源的需要。长沙现有高等院校55所，独立科研机构97家，拥有各类科技人员42万余人；有国家工程（技术）研究中心17家，国家重点（工程）实验室16个，国家企业技术中心13家，省部共建国家重点实验室培育基地4个，省部级各类技术创新平台290余个。全市各类科技中介和服务机构超过200家，建有规范化的科技企业孵化器28家，孵场面积220万平方米。长沙现有

12个科技园区，9个产业基地，其中国家级科技园区4个，国家级高新技术产业化基地5个。这些科技创新平台为长沙产业持续发展奠定了基础。但这些创新平台绝大部分分散在高校、科研院所和大型的企业中，怎样让这些科技创新资源在服务所在单位科研的同时，辐射中微小企业的科技创新，使其共享平台。可以依托中南大学、湖南大学、梅溪湖科技创新中心、湘江新区等高校、科研院所和规划的科技创新集中区，集中、重点建设未来科技城，可更好地集中科技创新平台，集聚科技创新，使未来科技城成为创新资源集中、辐射带动力大，人才吸引力强的科技创新大平台。

2. 带动长沙科技研发投入的需要。根据市全面推进小康社会建设小组办公室的测算，近年来，长沙R&D经费支出占GDP的比重一直难以提高，总体保持在2.0%左右，2012年为2.1%（而南京、广州等市研发经费支出占GDP比重已经突破3%），只比全国平均值高0.13个百分点。其中有一个比较突出的影响因素就是企业创新主体地位尚未真正确立，创新能力和创新意识还不强，消化、吸收先进技术的动力不足，包括一些高科技企业真正掌握核心技术不多，很大程度上停留于高新技术产业链的“代工厂”地位。还有就是科研院所和小微企业研发经费投入偏小，增速缓慢。2012年全市以政府性投入为主的科研院所、高等院校、事业单位R&D经费支出为36.1亿元，只占全部R&D经费支出的26.8%，增速仅为12.2%，低于全部R&D经费支出增速7.7个百分点。2012年全市小微型规模以上工业企业中开展R&D活动的企业仅为233家，只占全部小微型规模以上工业企业数的12.0%，与国内先进城市水平相差较远。

### （二）大力构筑新兴产业高地的需要

1. 实现产业平衡发展的需要。据市统计局数据显示，2013年1～10月份，长沙高新区、经济开发区两大园实现规模工业总产值966.79亿元和1169.81亿元，合计占全市园区规模工业总产值4500亿元的46.9%，接近一半，占全市规模工业总产值的比重也达32.9%。园区内专用设备制造业的实现规模工业增加值占规模工业增加值的63.3%。以长沙高新区、经济开发区为例，2013年1～10月份，高新区实现规模工业增加值302.33 亿元，其中专用设备产业实现规模工业增加值243.65亿元，占园区规模工业增加值的80.59%；经济开发区实现规模工业增加值330.99亿元，其中专用设备产业实现规模工业增加值267.38亿元，占园区规模工业增加值的80.78%。专用设备产业中的工程机械产业“一业独大”，导致全市规模工业对单个产业发展的依存度高。高新区、经济开发区两大园区工程机械产业占比分别达69.2%和64.8%，两大园区产业重合度较高。再如，三一集团一家企业2012年的工业增加值就占到了长沙经济开发区的工业经济总量的63.5%，中联重工2012年工业增加值占到高新区工业经济总量的75.5%。

2. 工业结构转型升级的需要。一是发展不平衡。长沙市工业有37个大类行业，2012年前十大行业增加值占比达82.2%，除了两个行业占比超过20%以外，其他各行业占比均在7%以下，行业之间差距较大。二是产业链不完善。长沙工业本地上下游产品配套能力比较薄弱，难以形成相对完整的产业链条，大部分关键核心部件和原材料需要从外地、国外采购，增加了企业的成本，制约了产业整体竞争力。三是产业梯队出现断层。2012年全市规模工业企业中，年产值过100亿元的有6家，最大的超过900亿，相差近800亿元，没有形成有效的企业梯队和层次。四是受大型企业影响较大。2012年大型企业实现增加值占全市规模工业增加值的比重达59.5%。五是企业平均规模偏小。从中部六个省会城市对比情况看，长沙规模工业平均规模偏小，大中型工业企业产值占比偏低。2012年长沙规模工业企业平均产值为3.1亿元，大中型企业产值占全部规模工业产值的比重为60.0%，在中部六个省会城市中均处于较低水平。综合长沙工业发展现状，长沙必须以新型工业化推动长沙工业转型创新发展，要在一些关键领域攻坚突破技术瓶颈，加快在信息技术、新能源技术、新材料技术、生物技术等领域的创新发展，实现“长沙制造”向“长沙智造”转变。

3. 实现高新产业持续发展的需要。高新技术产业是科技竞争的重要阵地，对推动产业结构升级，提高劳动生产率和经济效益，具有不可替代的作用。长沙高新技术产业发展还存在依靠单一产业支撑，园区发展不平衡的矛盾。2013年，长沙高新技术产业产值突破5000亿元，达5140.4亿元，累计实现增加值1499.2亿元，其中高新技术产业企业增加值过亿单位186家，仅占全部单位数的1/5，增加值超10亿只有20家，全年累计实现增加值881.8亿元，占据全市高新技术产业增加值的58.8%。全市高新技术产业增加值突破百亿的有5个，但是前两位（岳麓区341.19亿元，长沙县369.95亿元）的高新技术产业增加值占全市的近一半。2012年长沙市规模工业高技术产业完成产值647.1亿元，占规模工业产值比重为9.2%，总体规模仍然偏小。2012年长沙市高新技术产业中建筑工程机械行业累计实现高新技术产品产值1849.6亿元，占全部高新技术产品产值的比重为44.0%。

4. 非工业产业快速发展的需要。长沙的工业企业几乎主导全市高新技术产业发展趋势，非工业企业面临单位基础薄弱、整体规模偏小的双重困境。2012年非工业高新企业数174家，占全部高新技术产业企业数的比重为23.4%；其累计实现高新技术产品产值473.1亿元，占全部高新技术产品产值的比重为11.3%，非工业高新企业平均规模2.7亿元，仅为工业企业平均规模的2/5。根据市全面推进小康社会建设小组办公室的测算，2012年长沙第三产业增加值占GDP的比重为39.6%，在全国省会城市居23位，不仅距全面建成小康社会50%的差距比较大，而且低于全国平均水平近5个百分点。因此，非工业产业的快速发展需要一个集中创新平台，譬如建设未来科技城，在集中创新资源的同时，推动技术扩散，带动非工业产业的快速发展。

### （三）大幅提升科技服务能力的需要

目前，长沙科技系统所属科技服务平台主要有长沙生产力促进中心、长沙市科技成果转化服务中心、长沙技术产权交易中心、长沙市风险投资公司等科技服务平台，但在科技项目申报、评审，科技成果展示、交易，技术成果洽谈、交易，创新资源共享等服务却分散在多个部门，常年性的科技成果交易洽谈、展示、交易会、产学研交流等不得不租借场所，或者租用酒店，这既浪费了有限科技创新资源，且创新服务效果不明显。怎样加强科技创新服务体系，创新服务模式，降低科技服务交易成本的同时，提升科技服务能力。这需要积极整合科技创新服务平台，集中建设一个能集聚科技服务平台、科技资源共享服务平台、科技资源交易管理平台、科技信息管理服务平台等多平台集聚一体的未来科技城。设想的未来科技城可由科技会展中心、科技交易展览中心、科技技术交易平台、科技孵化器平台、科技研究中心集聚区等多功能组成。

## 四、长沙规划建设“未来科技城”的基本设想

### （一）战略定位

按照中组部对未来科技城提出的“建设国际一流科研平台、集聚国际一流科技人才、产出和转化国际一流科技成果”的总体定位，借鉴国内四城市未来科技城发展思路，结合长沙市“6335”（“六个走在前列”、建成“三市”、实施“三倍”、力行“五推”统称）总体目标，提出长沙“未来科技城”战略定位。

1. 一流研发和产业人才的聚集区。引进、聚集和培养一批顶尖、领军和核心研发和产业人才，形成适合长沙高端产业和优势产业发展的人才团队。

2. 高端创新和创业资源的汇集区。一是打造高端科研和产业化平台，二是创造一流科研条件，三是汇集和研发一批一流科技成果，四是作为国家级奖励项目成果转化的承接区。

3. 经济和产业结构调整优化的引领区。改革现有产学研合作模式，弱化政府和行政手段的介入和干预，全面建立以市场为导向、企业为主体的创新创业制度，使科技与经济紧密融合，引领区域经济和产业结构优化调整。

### （二）规划原则

按照中央“创新·科技”之城、“开放·共享”之城、“美好·活力”之城、“低碳·节能”之城和“和谐·生态”之城的规划理念，遵循以下规划原则。

1. 以人为本——一切规划和建设的出发点和着力点在于服务高端人才和创新创业。

2. 和谐共生——创造和谐美好环境，营造共生共享氛围。

3. 两型发展——建设和发展资源集约型、环境友好型城区。

### （三）建设目标

1. 总体目标。5～10年内，建成一座知识密集、功能完备和极富竞争力的现代卫星城，使之成为代表我国最高产业技术水平的人才创新创业基地之一。

2. 建设重点。

（1）市政建设。按照创新、低碳的核心规划理念，参照北京未来科技城市政设施建设，全面构建高效、先进的园区城市化运作管理体系，重点建设以下几方面。

① 大力推广使用新能源和可再生能源，着力建设低碳和绿色的能源系统；构建智能高效电网系统。

② 在城市建筑建设中紧密融合先进的节能环保技术和新材料，大力推行绿色生态建筑，实施建筑星级管理并规定最低比例。

③ 建立绿色高效交通体系。借鉴上海世博园交通体系建设标准，建设生态环保交通道路系统；打造智能交通管理系统，提升交通效率和减少能源消耗；大力推广清洁能源车和电动车，实现城内公共交通“科技城内零排放”；打造最便利的区域交通，轨道交通、公共交通、租赁服务等可实现全覆盖。

④ 信息管理系统。建立迅捷、高速且全方位、全覆盖的免费网络服务体

系；构建集成业务服务平台，形成完整、闭合、互通互联的城市综合管理系统；构建即时回馈智能服务体系，实现管理事件的处置精确化，实现城市管理由粗放型到集约型的转变，全面提高城市管理的效率。

⑤ 地下地上空间综合利用。科学、集约化管理地下空间，建设市政综合管廊，将容纳包括电力、电信、供水、供暖、供气、交通信号等多种公共设施管线，并拥有完备的排水、照明、通讯、监控等设施功能的地下箱涵隧道，实现未来科技城的城市品质和运营管理效率的大幅提升。科学规划近地和低空使用，立体化利用城市空间，提升城市品质。

⑥ 先进的废弃物处理技术。按照减量化、资源化、无害化、分类收集、分类运输、分类处理的原则，在城区垃圾自动分类收集和处理等方面采用负压抽吸等先进垃圾处理技术，减少二次污染。

⑦ 水资源管理体系。加大再生水推广使用力度，积极开展雨洪水利用工作，研究利用节水新技术，建立全新的水循环代谢系统，建立直饮水体系，实现水资源的优化配置和循环利用，构建安全、高效、人水和谐的健康水系统。

⑧ 建设功能完备、方便快捷的生活配套服务设施。含办公设施、星级酒店、白领公寓、服务式公寓、绿色生态住宅、综合购物中心、体育中心、图书馆、剧院、中央绿地广场、知名公立学校、国际学校、国际医院及地铁等。

（2）环境建设。按照美好、生态、环保的核心规划理念，主要从以下几方面着力做好环境体系建设。

① 空气管理体系。建立全面的空气质量检测体系，实现城区控制质量监测全覆盖；建立高效的室内空气净化系统，提升生活品质；实现工业废气零排放。

② 生态湿地系统。打造城区自然生态湿地，并实现未来科技城湿地从自然湿地到城市湿地的平稳过渡，最大限度地保护自然生态系统的平衡和生态多样性，为高端人才创造宽松、和谐、充满活力的生态森林公园。

③ 植被和绿地管理体系。建立智能、科学、高效的自动制备和绿地浇灌体系；建立植被和绿地科学管理和日常维护机制；利用城区地上建筑，实现多重绿色覆盖，增加城区绿色覆盖率；探索新型农业种植技术和方法，实现植被的高效种植和栽培。

（3）科研条件建设。按照开放、共享、高效的核心规划理念，做好科研条件建设。建立开放的人才工作和生活交流平台，满足其公共诉求；建立科研成果发布和交易体系，实现科学技术成果最大化的转化为现实生产力；建立先进的科研条件平台，引进公用实验仪器和设备，提升科研效率和质量；搭建资源共享平台，实现资源高效和统筹使用；建立高效科研服务平台，借助平台实现科研和产业技术的解决和实现；搭建创新创业服务平台，规范创新创业流程，简化创新创业手续，弱化行政管理，实现市场做主、人才自由，激发创新创业人员积极性。

## （四）创新战略及产业构架

1. 创新战略。

（1）创新链条部署。按照中央未来科技城的建设宗旨：建设符合国际惯例、具有中国特色、吸引国际一流人才的科研创新平台，全面建成后将成为入驻央企的研发中心、成果转化应用中心。科技城内科研创新链条主要部署在成果的应用研究和产业化之间，主要是直接面向市场和产业的成果应用研究以及产业化前期相关工作。

（2）创新方向部署。以创新驱动发展为战略方向，促进科技创新与经济社会发展深度融合。以市场和产业需求为导向，在关系区域核心竞争力、产业优势技术以及重点民生等战略领域、科技发展前沿的重大关键共性技术攻关进行重点部署。

（3）创新重点部署。在高端制造、信息网络技术、新能源汽车、新材料、生物、新能源与节能环保等长沙市重点部署的部分战略产业领域，依托企业重大项目和重点任务，在重点产业企业战略性科技问题、产业共性关键问题以及创新跨越重要方向三个方面，重点部署创新活动。加速推进一批具有自主知识产权的科研成果产业化。部分研发机构达到国际先进水平。

2. 产业构架。

（1）产业结构。①科学规划第二、第三产业比例，以第二产业为主体。在第二产业方面，以高新技术产业为核心。②重点部署七大战略性新兴产业中的：高端制造、信息网络技术、新能源汽车、新材料、生物、新能源与节能环保六大产业。

（2）企业结构。①所有城内科研院所和机构均以独立法人形式入驻。②企业主要包括：一是央企、大型国企、骨干民营企业等可直接入驻；二是上述企业以及高校、科研院所等机构设立的研发机构，如研究院、研发中心、技术创新基地和人才创新创业基地等；三是社会服务机构如金融机构、中介、第三方服务机构等；四是以企业形式存在的公共管理和维护部分；五是服务机构。按一定比例部署城内企业结构。③设立各类入驻单位的基本要求，如注册资本、研发领域、研发投入及人员比例以及高新技术产值等。

（3）技术领域结构。以长沙市确定的七大战略性新兴产业为基础部署技术创新领域。高端制造产业包括中高端工程机械装备、精密数控装备、航空航天装备、输变电装备制造等相关技术领域。信息网络产业包括新一代信息、信息产品制造业和信息服务业相关技术领域。新材料产业包括新能源材料、先进复合材料、金属新材料等相关技术领域。新能源与节能环保产业包括太阳能综合利用、智能电网产业化、节能技术、环保技术等相关技术领域。新能源汽车产业包括新能源汽车整车、关键零部件及新能源汽车商业化应用等相关技术领域。生物产业包括生物制药、医疗及制药设备制造、生物育种、生物农资等相关技术领域。

## （五）实施步骤

根据科技城建设的功能定位与总体规划，初步设想在“十三五”期间完成总体建设，实施步骤如下。

1. 2014年12月前，由市委、市政府牵头，成立高层协调机构，全面开展科技城的各项筹备工作；成立“湖南省长沙未来科技城开发建设有限公司”，开始各项前期准备工作；优先启动“科技广场”的方案制定并报批。

2. 2015年12月前，完成科技城总体规划，启动报国家批准程序；启动“科技广场”建设。

3. 2016年12月前，获得科技城国务院和相关部委批文，并启动建设；“科技广场”建设初步完成。

4. 2016年12月起，未来科技城建设进入市场运作阶段，通过3–4年努力，未来科技创新城建设初具规模。

## （六）战略措施

1. 组织运行。科技创新城的建设是一项综合性的系统工程，涉及不同区域与诸多相关部门，需要建立一个统一的、强有力的省级领导决策机构，由长沙市委、市政府主要领导牵头，协调科技城建设过程中不同区域以及与政府相关部门的关系。

参照北京未来科技城、武汉未来科技城等成功做法，未来科技城的组织管理在新设立的科技城管理委员会的领导下开展工作。运行机制遵循“政府启动，统筹规划；面向市场，企业运作；以人为本，社会参与”的原则，依托新组建的“湖南省长沙未来科技城开发建设有限公司”进行运作。

2. 政策。①大力减少和纠正用行政手段影响科技创新活动的做法，不断完善创新激励政策和营造公平公正的竞争环境。②制定有利于入城高端研发和产业人才的落户、工作和生活政策；制定人才创新创业的配套激励和优惠政策，注重长期性和个性化。③制定更灵活和高效的融资政策（科技担保、贴息贷款、风险投资等）。④制定出台相应的招商引资优惠政策。⑤制定更加公平的城区科研和产业化政策，在税收、科研经费等方面倾斜；制定更加成熟、合理的成果转化、交易、产业化等方面的政策，促进成果转换为现实生产力。⑥制定政策大力发展科技第三方机构，如金融机构、中介机构、投融资机构、公共服务机构等，提高成果转化成功率。⑦制定鼓励人才与企业、产业部门、地方、大学和其他科研机构以及国际研发机构的科技合作，吸纳各类创新资源，促进产学研结合，加快科技成果转化。

3. 人才。引进20位左右在业内有重大影响、具有科技研发国际前瞻力的顶尖科学家和产业技术专家，集聚200位左右掌握行业核心技术、具有旺盛创造力的研发领军人才和创新创业人才，培养1000位左右精通研发技能、掌握关键技术的科研和产业化技术骨干，形成一批引领长沙高端产业和优势产业发展的国际一流、结构合理的研发和产业化团队。

4. 产业及空间布局。①城区总面积不小于50平方公里。②在具备充足的城区建设空间基础上，要有后备拓展区间以备实力辐射以及资源承接输出。打造“一城两辅”，“一城”指未来科技城，“两辅”指两个实力辐射以及资源承接输出的拓展区。“一城两辅”相辅相成，实现正和博弈发展。③未来科技城在空间布局上采用“一心、两园、五区”的空间结构，“一心”指自然形成的生态湿地绿色空间，“两园”指科研—产业核心园区和生活服务核心园区，其中科研—产业核心园区包括科研核心区、产业发展区，生活服务核心园区包括行政服务区、生活配套区、商务休闲区。④在产业布局方面，按照“市场导向、领域划分、应用先行、聚集发展”的原则，在科研—产业核心园区布局产业和科研。

**课题组组长：** 胡石明
**课题组副组长：** 盛湘饶　易　方　朱俊东　李　娜　陈　昶
**课题组成员：** 方明寨　李　征　唐立志　左　列　尹志军

# 整合优势资源　发挥桥梁作用
# 努力打造华商产业聚集新高地

长沙市外事侨务办公室

近百年来，从推翻封建帝制、抗日救亡运动，到新中国成立、抗美援朝作战，海外华人华侨为祖国建设发展作出了突出的贡献。特别是改革开放以来，祖国的每一个成就、每一点进步、每一项成绩，都离不开海外华人华侨财力、物力和智力的艰辛付出和无私奉献，可以说，他们有功于祖国、有功于革命、有功于发展，确实难能可贵，功不可没，我们永远不能忘记。

俗话讲，滴水之恩，当涌泉相报。今天的中国已成为世界第二大经济体，有责任也有必要为海外5000万同胞尽心尽力，共圆中国梦，同享发展成果。当前，海外华人华侨生存发展面临较大的风险和挑战。据不完全统计，受海外经济低迷和社会文化影响，海外华商总体资产已由3.7万亿美元降至2.5万亿美元，缩水近三分之一。基于这种思考，在经济全球化的今天，我们强大的祖国理应给予其先入为主的优势，降低准入门槛，敞开国内市场，谋求互惠互利。长沙作为湖南省会，理应发扬“敢为人先”的精神，在“侨力助国”和“国力助侨”融合发展上先行先试，努力开辟一个适合长沙现状、回应侨务心声、符合国情民情的侨务工作新模式，为全国侨务工作向更高层次发展探索新模式、积累新经验、取得新成果。

## 一、启动引擎，打造世界华商投资贸易博览会

世界华商大会自1991年在新加坡创办以来，每两年举办一届，迄今在多个国

家和地区巡回举办了12届，其中中国内地只有南京、成都分别举办过第六届和第十二届世界华商大会。但是，世界华商大会因其职能的单一性、交流的局限性和发展的可持续性已不能从根本上解决华人华侨的现实困难和发展期待。因此，在这种形势下，我们考虑，在国务院支持下，由国侨办和湖南省政府主办，长沙市人民政府承办，以“中国发展·华商机遇”为主题，充分利用湖湘文化潮涌四方的先天优势和长沙新国际会展中心建成的难得机遇，在每年10月底和11月初，定期举办世界华商投资贸易博览会，弥补并解决在服务、沟通、扶持海外华人华侨投资创业上的不足与差距，以此回应海外华人华侨的爱国热情和投资意愿。拟集中举办五大展会活动。一是商品订货会。以“名品共享、品牌同创”为主题，区分农业产品、数码电子、高新科技、食品医药、服装鞋帽等基本商品类别，荟萃世界华商生产的精品、名品，组织现场采购，实行即时订货，让华商精品、名品进入内地市场、走进寻常百姓。二是招商引资会。以“缘聚星城、创业长沙”为主题，系统整合湖南乃至全国各地招商引资项目，专门邀请世界华商企业洽谈合作、投资兴业，现场签订合作备忘录和合作协议，让世界华人华侨参与祖国建设发展、贡献智慧力量。三是人才交流会。以“创业长沙、圆梦中国”为主题，组织海外华人华侨人才交流合作专场，集聚海内外华人华侨精英人才和聪明才智，既为国内高端人才到华商企业创造条件，也为华人华侨进入内地企业打开窗口。四是发展高峰论坛。以“华商机遇、中国梦想”为主题，邀请党和国家领导人、世界华人精英领袖以及国内外嘉宾出席，解读当今世界经济形势，共商华人华侨发展大计，致力于打造一个最具规模、最有权威、最有影响的世界顶级论坛。五是市场信息平台。以“优势互补、合作共赢”为主题，创立世界华商投资贸易博览会官方网站和官方微信平台，建立华商领袖名录、企业名录和产品名录等系列数据库，推开网络会展和电子商务，打造一个“网上+网下”华商信息交流平台。

## 二、海纳百川，打造世界华商持续发展产业链

长沙是一座底蕴深厚的历史名城、令人敬仰的革命圣城、得天独厚的山水洲城、朝气蓬勃的发展新城，2013年，长沙实现地区生产总值7200亿元，形成了工程机械、汽车制造、电子信息、高新技术等多个千亿外向型产业集群，先后与世界192个国家和地区结成了贸易伙伴，世界500强企业有近百家在长投资办厂或设立办事机构，城市综合竞争力进入全国十强，长沙正处于飞速发展的重要时期。

这种得天独厚的产业优势、经济优势和区位优势，为华人华侨投资长沙、创业长沙、兴业长沙提供了难得的发展机遇和发展环境。在此基础上，我们应坚持按照“一核三心”的规划思路来推动海外华商在长沙投资兴业，“一核”就是致力于打造世界华商投资贸易博览会，“三心”就是遵照“展会+产业”的基本模式，致力于建设华商工业园、物流保税区和贸易商品城，不断延伸产业链条，拓展发展思维，释放空间活力，力求规模、效益的最大化，从而为华人华侨回国投资兴业创新长沙模式，形成全国性的经验。一是建设华商工业园。借鉴利用长沙经济开发区、高新区等国家工业园区建设发展经验，参照苏州“新加坡工业园”、通州“马来西亚工业园”和石家庄“菲律宾晶牛工业园”等现有园区模式，建设国内规模最大、政策最好、环境最优的中国（长沙）华商工业园，集聚华商企业精英、汇聚华商知名品牌，给予最优惠税收和最便利的保障，有效发挥侨务工作所蕴含的巨大经济潜力。二是建设物流保税区。目前，长沙至上海“五定班轮”、长沙至深圳“五定班列”相继开通，湖南内陆“无水港”正式启动，可与国际海运无缝对接。利用这种有利条件，可在金霞保税物流中心设置华商物流保税专区，以特殊的通关便利政策、特殊的综合保障措施，使之成为华商企业进出口货物双向流转、储存、分拨、配送的快速通道，必将带来物流、商流、技术流、财富流的高度聚集，从而使长沙成为海外华人华侨服务贸易、投资兴业的首选地和目的地。三是建设贸易商品城。以专业化、规模化、国际化为基本标准，参照义乌小商品城建设和发展模式，重点是建立一个集商品展示交易、电子商务、服务配送、现场订货于一体的综合性华商贸易商品城，让广大客商和群众不出国门，就能“一站式”采购世界各地货真价实的华商进口商品，满足国人消费需求、提高生活品质，真正让世界华商贸易商品城成为全国乃至全世界一道闪亮的名片。

## 三、精心服务，打造世界华商创业兴业目的地

海外华人华侨是实现中华民族伟大复兴、共圆中国梦的重要力量。当前，中央和各地相继出台一系列鼓励华人华侨归国投资的政策措施，为世界华商到祖国投资兴业提供了较完善的政策保证。但各类涉侨优惠政策许多是老政策、老办法，还缺乏一个适应时代发展和社会进步的统一规划、统一实施、统一保障的钢性文件，尚未形成专门服务华商、吸引华商更加便利、优惠的特殊政策和有利条件，在解决华人华侨回国投资创业的后顾之忧上还没有拿出更加有效的办法和举

措。因此，我们在吸引海外华人华侨投资创业上，既需要在硬件配套上下力支持，也务必在服务保障上提升层次，用精细的保障、一流的服务和特殊的政策，使他们爱国的热情转化为归国创业的激情。我们要坚持在打造“一核三心”的基础上，依托中央和省出台的优惠政策，结合长沙发展实际，形成集中、统一、高效的配套政策和发展环境。一是优惠政策配套化。参照《台湾同胞投资保护法》《内地与香港关于建立更紧密经贸关系的安排》和《内地与澳门关于建立更紧密经贸关系的安排》（简称CEPA）及其补充协议，由国务院牵头制定服务华人华侨回国投资创业的一系列配套政策，各地按照中央政策要求，制定符合各地实际的服务华商政策，在合作共赢、互惠互利的原则下，真正放宽市场准入条件，给予最优惠待遇，开展贸易投资便利化合作，实现全方位、全领域高质量的服务。二是管理服务便利化。华人华侨作为祖国建设不可或缺的力量，对祖国有一种天然的亲近感和归属感。因此，我们认为，服务华人华侨应该带着特殊的感情、带着特殊的政策、带着特殊的要求。比如，在落地签证上，对于海外华人华侨参加展会或投资兴业的，给予免除签证费，并放宽华人华侨绿卡申请条件；在通关便利上，及时协调海关、商检、工商、税务等部门联合办公，给予华商产品“一站式”的通关服务，真正让海外华人华侨感受祖国大家庭的温暖。三是后勤保障人性化。进一步优化工作机制，强化侨务部门在面向海外华侨华人引资引智、服务协调等方面的职能。建立窗口服务，健全规章制度，切实保护华人华侨的各项权益。开辟华人华侨投资创业的绿色通道，综合解决子女就学、看病就医、交通出行、养老保险等各方面的保障，设立长沙海外华人华侨创业基金，用改革的精神破解为侨服务的难题，确保华人华侨投资有章可循、有处可找、有难可帮，切实提升为侨服务的内涵和品质。

# 依托口岸发展　构建开放型经济走廊

## ——“发展开放型经济长沙怎么办”的思考

长沙市口岸工作办公室

口岸，是连接国际市场的通道，是一座城市对外开放的窗口和基础性平台，更是现代城市国际化的基础性条件的重要组成部分。长沙市口岸工作起步比较晚，发展明显滞后。而随着长沙市经济社会的发展，口岸以其特有的功能和优势，在长沙融入经济全球化，进一步扩大对外开放程度、提高对外开放水平，全面落实“四化两型”总战略和“三量齐升”总要求，全力推进“六个走在前列”，加快建成“三市”、强力实施“三倍”的过程中，扮演越来越重要的角色，发挥越来越重要的作用。

## 一、加快推进长沙开放型经济发展时不我待

一是全球经济一体化发展的必然要求。随着科学技术的进步和生产的发展，没有哪一个国家能够拥有发展本国经济所必需的全部资源、资金和技术，也没有哪一个国家能够生产自己所需要的一切产品，因此，必须进行交流和相互合作。近50年来新技术革命的发展，把世界各国的开放与合作推到了一个新阶段。地球上的空间距离“缩短了”，信息的“时间差”也趋于消失。这种局面不仅大大改变了人类的生活条件，而且加快了经济生活的国际化，使世界变得空前开放了。开放的世界使各国原有的“一国经济”正在走向“世界经济”，从而形成了“全球相互依赖”的经济格局。长沙作为一座开放型的新兴工业城市，经济总量达到全国省会城市第七位，但开放型经济总量不到经济总量的10%，已严重制约了长沙市经济竞争力的提升。因此，长沙要在新一轮发展竞争实现赶超，就必将要顺应世界经

济发展趋势，积极参与全球经济一体化的分工与合作，充分利用两种资源、两个市场，充分发挥市场配置资源的决定作用，打造长沙开放型经济的“升级版”。

二是深化国家改革开放的迫切要求。国家区域经济战略布局的重心正向中西部倾斜，陆（海）丝绸之路经济带、长沙开放经济带等都上升到国家战略，长沙正处在这个“过渡带”“结合部”之中。习近平总书记在湘调研期间，希望湖南发挥作为东部沿海地区和中西部地区过渡带、长江开放经济带和沿海开放经济带结合部的区位优势，提高经济整体素质和竞争力。近年来，全省也在深入实施“开放崛起”战略，坚持“扩规模”与“转方式”相结合、“促内需”与“扩外需”相结合、“引进来”与“走出去”相结合，进一步扩大开放型经济规模，进一步提高发展质量和水平。这为长沙的开放型经济发展提供了机遇和挑战，而口岸必定成为开放发展的“前沿阵地”。

三是长沙扩大对外开放的现实要求。长沙十二五发展规划提出，要探索内陆城市发展开放型经济的有效模式，实施更加积极主动的开放战略，全方位、多层次、宽领域推进对外开放，塑造城市对外新形象。守盛书记在长沙调研时提出“五个怎么办”的问题，家毫省长考察时提出长沙要大力发展临港、临空、临铁经济后，市委常委会提出，长沙市要着力促开放，积极构筑国际化城市新格局，用好长沙承东启西、接南转北的优势，打通海上、陆上的开放大通道；加快规划建设“一新区”“一走廊”，即湘江新区和东部开放型经济走廊，对于各类开放平台建设拿出一揽子具体举措；培育开放型经济和开放型企业，进一步加强开放型合作；从体制机制上改革，从制度政策上创新，力求取得大的突破。

## 二、依托口岸平台助推开放型经济跨越发展

一是合理的口岸布局。长沙口岸自1990年开放以来，经国务院批准开放了长沙黄花机场为一类空港口岸，经省政府批准开放了长沙霞凝港、霞凝铁路口岸等2个二类口岸，目前全市已初步形成了一、二类口岸齐全、客货运功能完备、水陆空运输方式配套的立体口岸开放体系。全市有包括保税物流中心（B型）、海关监管点及公用保税仓等在内的8个口岸平台，进出口市场覆盖167个国家和地区，为长沙发展对外贸易提供了重要保障。长沙霞凝港是全国28个内河主要港口之一，千吨级泊位13个，年吞吐量达到10万标箱以上，已开通10条国际航线，承担着长沙及湘中地区60%以上的内支线集装箱装卸任务。长沙航空口岸已开通有

至中国香港、台湾地区台中、首尔、新加坡、欧洲法兰克福、美国洛杉矶等地10条定期国际（地区）航线和至中国澳门、釜山、大邱、曼谷等地的20余条包机航班，至澳大利亚、俄罗斯的国际航线将会尽快开通。长沙国际邮件中心是中南五省首个国际邮件互换局，湖南省寄发的国际邮件可直接发往美国、英国、法国等十个国家和地区，开辟了长沙市国际邮件进出口的新通道，对加速长沙城市国际化进程产生积极而深远的影响。

二是发达的物流产业。近年来，市委市政府高度重视长沙市现代物流工作，紧紧围绕构建与经济社会发展水平相协调的现代物流体系这一中心，突出物流现代化建设，加强对物流资源的整合以及物流基础设施的改善，着力改善物流发展的宏观环境，以全面提高长沙市物流的信息化与标准化水平为工作重点，积极发展现代物流产业，逐步形成了以发展城市统一配送，农产品冷链物流，服务机械制造、电子信息、烟草食品、生物医药等经济支柱产业的产业物流为特色的现代商贸物流体系。长沙市被商务部评为首批“全国流通领域现代物流示范城市”。2013年社会物流总额达2.4万亿元，增长18.2%。全市共有物流企业500余家，其中年物流收入过10亿元企业7家，年物流收入过 2 亿元企业15家。全市建成各类商品交易市场400多个，形成了粮油、家电、建材、医药等12大类专业批发市场，全年社会货物运输总量7000多万吨，现代商贸物流业已具规模，以湾田国际、金桥国际、高岭国际、安沙商贸物流园等超大级专业市场为代表的商贸物流产业项目齐头并进。在外贸物流方面，我们致力于打造顺畅的物流大通道，现在正在运营的有铁路方面长沙至深圳（广州）的“五定班列”，水运方面已经开通长沙霞凝港至上海港的“五定班轮”，铁路方面已经开通长沙至新疆到达欧洲的“湘新欧”国际货运专列，航空方面已经开通长沙至香港的全货运包机。

三是完善的政策环境。长沙作为省会城市和全国两型社会建设综合配套改革试验区，担当全国改革的重大责任和使命，在扩大开放、深化改革中先行先试，先后出台了一系列政策文件支持开放型经济发展。省委、省政府先后出台了《关于进一步扩大开放加快发展开放型经济的决定》《加快发展开放型经济的若干政策措施》；市政府也先后出台了《关于促进现代物流产业发展的扶持办法》《关于加快推进口岸大通关建设工作的若干意见》等，并设立了开放型经济发展专项资金，为促进扩大开放提供了坚强有力的保障。在口岸通关方面，我们形成了口岸联检单位定期会商机制，并加强了口岸报关报检设施设备的升级改造，目前口岸通关已经实行“一次报关、一次查验、一次放行”的高效通关模式，提升了口岸通关效率，为发展外贸物流营造了良好的口岸通关环境。

## 三、以大开放促外向型经济的大发展

一是规划大目标。随着“一带一部”战略的提出，长沙的快速崛起更是优势突显，前景广阔。全市要全力推进对外开放各项改革，使对外开放格局基础厚实、架构稳定、网络全面，大力提升对外经贸在全市社会经济发展中所占比重，形成有利于对外开放的体制机制，形成符合国情和区域特色的对外经贸、市场流通发展模式，促使对外开放质量和对外开放水平迈上一个新的台阶，力争到2017年，长沙市外贸依存度达到12.4%，外贸进出口总额达到180亿美元；到2020年，外贸依存度达到15%，进出口总额达350亿美元。

二是完善大平台。加快构建和完善大通关体系，稳步推进电子口岸实体平台建设，建立海关、检验检疫、外汇、国税等涉外管理部门的协作机制，提高通关和服务效率；完善航空、铁路、水运、公路口岸基础设施建设，支持开通新的国际航线和“五定班列（轮）”；全力申报设立国家级综合保税区；加快建设“无水港”，发展“江海联运”“铁海联运”“陆空联运”，开通湘欧国际货运专列，打造中部重要的物流枢纽和对外开放平台；加强与沿海发达地区的国际物流通道建设，支持和鼓励有条件的大企业到沿海地区建立“飞地”，打造发展外向型经济的先行区。

三是发展大物流。以口岸平台为载体、以重点物流园区为依托，加强多式联运的物流平台建设，构建综合功能完备的现代物流体系，着力打造中部地区重要的物流枢纽。壮大专业物流产业群，培育龙头物流企业，加快发展第三方、第四方物流，发展逆向（回收）物流等绿色物流，推广物联网技术应用，提高物流智能化和标准化水平。到2020年，力争将现代物流产业培育为长沙市千亿级产业，全市社会物流总额突破5万亿元，长沙物流业产值占GDP的贡献率稳步增长，由2010年的8%提高至2015年9%～10%、2020年11%～12 %、2030年13%～14%。同时实现长沙市生产制造业物流成本逐年下降，全社会物流费用占GDP比率逐年稳步下降，由2010年的18 %降至2015年15.5 %、2020年14%、2030年11%。

## 四、强化措施确保大开放大发展

一是建立高效的工作机制。充分发挥长沙市发展开放型经济领导小组的总揽作用，强化政府引导、市场主导、部门联动开放机制，加强各部门之间统筹协调，建立部门联席会议制度，形成工作合力；同时进一步明确市、区县（市）管理责任主体，完善重大项目领导联系制度，对重大项目实行全程跟踪服务，并落实考核评估制度，建立健全对区县（市）及相关园区发展开放型经济工作的评价和激励机制，制定考核办法，明确考核指标，提高对外开放指标在政府工作目标体系中的权重。

二是做好科学的建设定位。要以国家“一带一路”、孟中印缅经济走廊、中巴经济走廊建设等一系列开放合作构想为指引，立足“一带一部”区位优势，依托长沙东部临空、临铁、临港的独特优势，解放思想，抢抓机遇，积极打造东部开放型经济走廊。瞄准“国际空港”定位，将长沙空港城打造成“亚洲的法兰克福”；瞄准“高铁综合枢纽”定位，将长沙高铁新城打造成“中部对外开放新窗口”；瞄准“承东腹地，启西前沿”定位，将长沙金霞经济开发区打造成“现代化区域性国际物流中心”。通过建设临空、临铁、临港三个开放型经济高地，将东部开放经济走廊打造成为国家“一带一部”核心增长极的中心。

三是制定有效的政策措施。最近，国务院召开了全国口岸工作座谈会，提出了许多新要求，特别是汪洋副总理提出要加强内陆的口岸工作，提升口岸协调层次。我们要认真落实国家和省级层面有关促进开放型经济发展相关政策，结合长沙市实际，进一步完善和制定长沙市促进开放型经济发展的政策体系，在争取上级扶持项目和资金的同时，市里需要安排更多的开放型经济发展专项资金支持开放型经济发展，重点支持长沙市东部开放型经济走廊建设。同时，要鼓励和支持企业加强人才培养和国际化高端人才的引进，并积极推进行政效能建设，精简审批事项和审批程序，切实保障和维护投资者各项合法权益。

（作者系长沙市口岸办党组书记、主任　易亮伦）

# 从税收角度透视<br>长沙外贸出口经济的现状和发展

长沙市国税局

## 一、从税收数据看长沙市外贸出口经济的整体架构

2013年，全市实现出口总额共计60.44亿美元，占全省 出口的49.14%，同比增长10.5%；办理出口退税44.29亿元，占全省退税的56.36%，同比增长6.99%。下面从2013年长沙市出口企业户数、出口退税额、出口企业外向程度、出口企业入库税收情况等六个角度分析介绍长沙市外贸出口经济的总体情况，以形成长沙市外贸出口经济的整体架构。

### （一）从登记看出口企业分行业户数分布

截至2013年，全市国税系统办理税务登记中有出口退税资格认定的企业为1553户。有出口实绩企业906户，占全部出口企业的58.34%，占全省出口实绩企业的49.64%。从企业类型看，生产型出口企业310户，占全部出口实绩企业的34.2%，商贸型出口企业596户，占全部出口实绩企业的65.8%。

**表1　　2013年生产型出口企业户数分行业情况**　　单位：户、%

| 行业 | 户数 | 比重 |
|---|---|---|
| 专用设备制造业 | 52 | 16.77 |
| 计算机、通信和其他电子设备制造业 | 42 | 13.55 |
| 通用设备制造业 | 33 | 10.65 |

续表

| 行业 | 户数 | 比重 |
| --- | --- | --- |
| 汽车制造业 | 20 | 6.45 |
| 化学原料和化学制品制造业 | 18 | 5.81 |
| …… | | |
| 合计 | 310 | |

从行业看，出口实绩企业分布于工业和商业服务业的35个行业。其中，专用设备制造、计算机通信及电子设备制造业等5个行业的出口企业占到全部生产型出口企业户数的一半以上。生产型出口企业行业集中度高。

**表2　2013年商贸型出口企业户数分行业情况**　单位：户、%

| 行业 | 户数 | 比重 |
| --- | --- | --- |
| 批发业 | 534 | 89.60 |
| 机械及电子产品批发 | 61 | 11.42 |
| 其他化工产品批发 | 66 | 12.36 |
| 金属及矿物品批发 | 20 | 3.75 |
| 纺织品及服装批发 | 15 | 2.81 |
| 茶叶批发 | 12 | 2.25 |
| 零售业 | 40 | 6.71 |
| 服务业 | 6 | 1.01 |
| …… | | |
| 合计 | 596 | |

商贸型出口企业涉及行业较为分散，其中仅机械电子产品批发、化工产品批发户数比重相对较大。同时，服务业出口企业户数少，说明长沙市服务业外向程度低。

## （二）从办理退税情况看分行业退税额分布

2013年全市共办理出口退税44.29亿元，其中生产型出口企业27.96亿元，占全市的63.13%，商贸型出口企业16.32亿元，占全市的36.87%。

**表3　2013年生产型出口企业退税额分行业情况**　单位：户、%

| 行业 | 退税额 | 比重 |
| --- | --- | --- |
| 专用设备制造业 | 6.02 | 21.53 |
| 非金属矿物制品业 | 3.78 | 13.52 |
| 计算机、通信和其他电子设备制造业 | 3.47 | 12.41 |

续表

| 行业 | 退税额 | 比重 |
|---|---|---|
| 通用设备制造业 | 3.47 | 12.41 |
| 汽车制造业 | 2.5 | 8.94 |
| …… | | |
| 合计 | 27.96 | |

生产型出口企业中专用设备制造业、非金属矿物制品业等五大行业实现退税额合计19.24亿元，占全部生产型出口企业的68.81%。

**表4　2013年商贸型出口企业退税额分行业情况**　单位：户、%

| 行业 | 退税额 | 比重 |
|---|---|---|
| 批发业 | 15.8 | 96.76 |
| 机械及电子产品批发 | 2.12 | 14.19 |
| 其他化工产品批发 | 1.91 | 12.78 |
| 金属及矿物品批发 | 1.35 | 9.04 |
| 纺织品及服装批发 | 1.34 | 8.97 |
| 茶叶批发 | 0.15 | 1.00 |
| …… | | |
| 零售业 | 0.53 | 3.25 |
| 服务业 | 0 | — |
| 合计 | 16.33 | |

商贸型出口企业退税中，批发业退税占绝对地位，2013年批发业实现退税额15.8亿元，占全部商贸型出口企业的96.76%，零售业退税额较少，服务业2013年无退税。

从出口企业户数和退税规模看，长沙市均占到了全省的一半左右，处于主导地位。但由于湖南省的出口退税份额占全国的比重非常小，去年仅占全国的0.74%，在全国省份中排名第24，因此，从全国范围来看，长沙市出口的总规模较小。

## （三）从入库税收看出口企业经济贡献

长沙市出口企业在出口销售的同时，国内销售业绩也较好。2013年出口企业内销货物共入库增值税53.12亿元，占全市增值税税收入库32.19%（剔烟收入）。出口企业内销货物增值税税收贡献率占全市企业的三分之一，说明出口企业在享受国家出口退税优惠政策的同时，因其国内销售整体向好，对长沙市税收收入同样具有重大的贡献，对经济发展发挥着不可替代的作用。

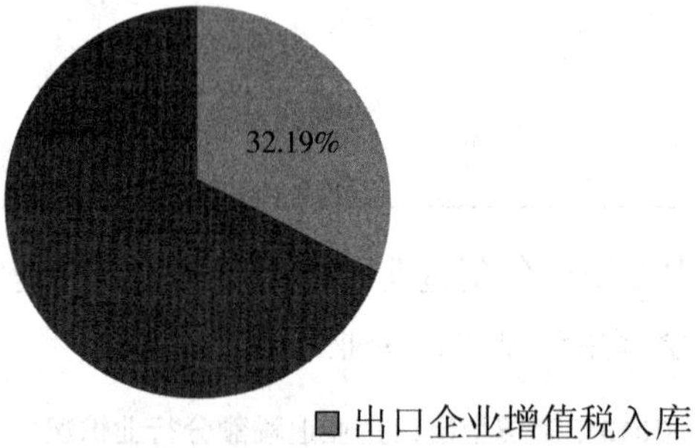


**图1　2013年出口企业增值税收入库占全市剔烟增值税入库的三分之一**

## （四）从户数占比看出口企业外向程度

截至2013年，全市办理了国税登记的企业为70154户，其中出口企业1553户，占全部企业户数的2.21%；全省办理了国税登记的企业为337546户，出口企业3707户数，户数仅占全部企业户数的1.10%。2013年，全市共计出口60.44亿美元，出口销售收入约合人民币369亿元（汇率按照1：6.1计算），全市增值税销售收入为9962亿元，出口销售收入仅占增值税销售收入的3.7%。虽然长沙市出口企业比重高于全省水平，但作为拉动经济的三驾马车之一，长沙市企业外向程度较低，对外开放程度还远远不够，亟待大力发展。

**表5　　2013年湖南省及长沙市企业外向程度**　　单位：户、%

| 地区 | 出口企业户数 | 国税登记户数 | 比重 |
|---|---|---|---|
| 长沙 | 1553 | 70154 | 2.21 |
| 全省 | 3703 | 337546 | 1.1 |

## （五）从企业经济类型看外贸主体构成

从出口主体企业类型看，长沙市贸易主体趋向多元化，从原来传统的国有外贸公司为主转变为外资、民营和国企等并存的多元贸易经营主体。民营企业与三资企业成为长沙市外贸出口的主力军。2013年，长沙市有退税实绩的906户出口企业中，民营企业有635户，办理出口退税14.06亿元，占全市出口退税总额的31.75%；三资企业有107户，办理出口退税19.02亿元，占全市出口退税总额的42.94%。

但从三资企业中的出口比重看，长沙市2013年有税收贡献的三资企业561户，其中有出口实绩的企业107户，比重为19.07%，说明长沙市外资多以“市场寻求型”投资为主，主要面向国内市场，外资经济对外贸出口的转化贡献不大。

**表6　　2013年长沙市出口企业分经济类型情况**　　单位：户、%

| 经济类型 | 户数 | 比重 | 退税额 | 比重 |
|---|---|---|---|---|
| 国有企业 | 15 | 1.66 | 0.35 | 0.79 |
| 民营企业 | 635 | 70.09 | 14.06 | 31.75 |
| 股份有限 | 30 | 3.31 | 4.06 | 9.17 |
| 有限责任 | 119 | 13.13 | 6.8 | 15.35 |
| 三资企业 | 107 | 11.81 | 19.02 | 42.94 |
| 合计 | 906 | | 44.29 | |

## （六）从区县退税数据看出口地域分布

2013年，长沙市出口企业户数排名前五位的区县为：芙蓉、浏阳、雨花、高新、长沙县；实现退税额排名前五位的区县为：浏阳、长沙县、高新、芙蓉、雨花。出口企业户数和退税额均排名靠后的区县有岳麓、望城、开福，说明这三个县区的外向型经济相对落后，还有较大发展空间。

**表7　2013年出口企业户数分区县排名**

单位：户、%

| 名次 | 区县 | 户数 | 比重 |
|---|---|---|---|
| 1 | 芙蓉 | 218 | 24.06 |
| 2 | 浏阳市 | 136 | 15.01 |
| 3 | 雨花 | 127 | 14.02 |
| 4 | 高新 | 115 | 12.69 |
| 5 | 长沙县 | 93 | 10.26 |
| 6 | 天心 | 63 | 6.95 |
| 7 | 开福 | 62 | 6.84 |
| 8 | 岳麓 | 43 | 4.75 |
| 9 | 宁乡县 | 25 | 2.76 |
| 10 | 望城区 | 24 | 2.65 |
| | 合计 | 906 | |

**表8　2013年出口企业退税分区县排名**

单位：亿元、%

| 名次 | 区县 | 退税额 | 比重 |
|---|---|---|---|
| 1 | 浏阳市 | 12.63 | 28.56 |
| 2 | 长沙县 | 9.24 | 20.9 |
| 3 | 高新 | 8.07 | 18.24 |
| 4 | 芙蓉 | 5.4 | 12.21 |
| 5 | 雨花 | 2.74 | 6.2 |
| 6 | 宁乡县 | 2.31 | 5.23 |
| 7 | 天心 | 2.14 | 4.84 |
| 8 | 开福 | 0.81 | 1.83 |
| 9 | 望城区 | 0.61 | 1.37 |
| 10 | 岳麓 | 0.35 | 0.79 |
| | 合计 | 44.29 | |

## 二、从税收角度透视长沙外贸出口经济的发展特点

### （一）从退税额透视出口企业规模分布特点

从出口企业退税规模分布情况看，长沙市有一定规模的出口企业数量少，但退税额所占比重大，出口退税主要集中在少数规模以上企业；年退税额在500万元以上的企业户数占全市出口企业户数的13.68%，金额却占道全部退税额的83.57%。

**表9　2013年全市出口企业按退税规模分类**　单位：户、%、亿元

| 退税规模 | 类别 | 户数 | 占全部比重 | 退税额 | 占全部比重 |
| --- | --- | --- | --- | --- | --- |
| 5000万元以上 | 生产型 | 8 | 0.88 | 19.22 | 43.40 |
| | 外贸型 | 1 | 0.11 | 0.76 | 1.71 |
| | 小计 | 9 | 0.99 | 19.98 | 45.11 |
| 500万元以上至5000万元以下 | 生产型 | 37 | 4.08 | 6.49 | 14.66 |
| | 外贸型 | 78 | 8.61 | 9.94 | 22.44 |
| | 小计 | 115 | 12.69 | 16.43 | 37.10 |
| 500万元以下 | 生产型 | 265 | 29.26 | 2.25 | 5.08 |
| | 外贸型 | 517 | 57.06 | 5.63 | 12.71 |
| | 小计 | 782 | 86.32 | 7.88 | 17.79 |
| 合计 | | 906 | | 44.29 | |

2013年，长沙市有出口退税实绩的企业中，退税规模在5000万元以上企业为9户，占全市出口企业户数不到1%，办理退税额19.98亿元，占全市退税额的45.11%；退税规模在500万元以上至5000万元以下的企业为115户，占全市户数的12.69%，办理退税额16.43亿元，占全市退税额的37.10%；退税规模在500万元以下的企业为782户，占全部比重的86.31%，办理退税额7.88亿元，仅占全市退税额的17.79%。2013年长沙市办理退税额金额最大的企业为11.87亿元，商贸型出口企业退税额在5000万元以上的企业仅有1户。

### （二）从税收数据透视高新技术企业对出口及税收的支撑

从出口退税及税收贡献看，出口贸易中的高新技术企业数量少，但实现退税

比重大，技术创新推动出口增长；高新技术出口企业国内税收贡献远高于其他企业，说明出口贸易倒逼企业采取更多先进技术和管理手段，提升产品质量和生产效率。

**表10　　2013年出口企业中高新技术企业情况**　　单位：户、亿元、%

| 出口企业户数 | 退税额 | 其中：高新技术企业 | | | |
|---|---|---|---|---|---|
| | | 户数 | 比重 | 退税额 | 比重 |
| 906 | 44.29 | 150 | 16.56 | 25.98 | 58.66 |

2013年，长沙市有出口退税实绩的企业中，高新技术企业为150户，占比16.56%，完成退税额25.98亿元，占比58.66%，此组数据说明长沙市高新技术企业依据其技术优势，对出口增长的拉动作用十分明显。同时，2013年全市高新技术企业国内销售实现税收入库72.8亿元，其中具有出口资格企业入库47亿元，税收贡献占到64.56%，远高于非出口企业。

## （三）从退税申报透视出口产品结构特点

从出口产品结构看，长沙市仍以传统大宗商品出口为主，欠缺附加值高、具有比较优势和国际竞争力优势的出口产品。

**表11　　生产型出口企业2013年出口额、应退税额及近三年平均增速**　单位：亿元、%

| 出口货物分类 | 出口额（USD） | | | 应退税额 | | |
|---|---|---|---|---|---|---|
| | 金额 | 比重 | 平均增长 | 金额 | 比重 | 平均增长 |
| 一、初级农产品 | 0.25 | 0.7 | 54.39 | 0.21 | 0.8 | 38.50 |
| 二、工业制成品 | 35.21 | 99.3 | 71.62 | 26.04 | 99.2 | 72.75 |
| 1.机电产品 | 26.37 | 74.37 | 87.91 | 18.35 | 70.47 | 77.46 |
| 其中：手机通信 | 16.35 | 62 | 212.05 | 13.02 | 49.16 | 216.66 |
| 2.汽车、机车 | 4.18 | 11.79 | 67.27 | 4.93 | 18.93 | 111.15 |
| 3.化工产品 | 1.56 | 4.4 | 21.14 | 0.65 | 2.5 | -2.08 |
| 4.纺织品 | 0.63 | 1.78 | 2.90 | 0.59 | 2.27 | -4.45 |
| 5.其他 | 2.47 | 6.97 | 60.74 | 1.52 | 5.03 | 235.38 |
| 合计 | 35.46 | | 210.02 | 26.25 | | 72.20 |

从生产型企业出口产品结构看，以机电产品和汽车机车制造为主，2013年出口额和退税额分别占了生产型出口企业总额的86.16%和89.4%，其中机电产品份额最大，退税额为18.35亿元，占比70.47%，但行业依赖程度高，剔除蓝思科技申报的11.87亿元后，机电产品仅为6.48亿元。同时，从近三年出口产品发展数据

看，机电产品、汽车机车等出口成倍增长，而传统化工、纺织品呈下降趋势。

表12　商贸型出口企业2013年出口额、应退税额及近三年平均增速　单位：亿元、%

| 出口货物分类 | 出口额（USD） | | | 应退税额 | | |
|---|---|---|---|---|---|---|
| | 金额 | 比重 | 平均增长 | 金额 | 比重 | 平均增长 |
| 一、初级农产品 | 1 | 5.9 | 34.68 | 0.71 | 4.47 | 23.22 |
| 二、工业制成品 | 16.01 | 94.1 | 16.25 | 15.1 | 95.53 | 15.73 |
| 1.化工产品 | 5.02 | 29.51 | 173.26 | 6.74 | 42.63 | 143.53 |
| 其中：烟花、爆竹 | 3.56 | 70.92 | 399.13 | 6.21 | 92.14 | 344.60 |
| 2.纺织品 | 2.24 | 13.17 | 8.69 | 2.06 | 13.03 | 1.15 |
| 3.机电产品 | 0.8 | 4.7 | 1.04 | 1.85 | 11.73 | 16.37 |
| 4.贱金属制品 | 2.8 | 16.46 | 205.15 | 1.58 | 9.99 | 469.34 |
| 5.其他 | 6.15 | 30.26 | 23.93 | 3.58 | 18.15 | 156.15 |
| 其中：茶叶 | 3.5 | 56.91 | 138.18 | 2.9 | 81.01 | 141.55 |
| 合计 | 17.01 | | 17.08 | 15.81 | | 16.00 |

从商贸型企业出口产品结构看，近年来新增产品不多，以传统大宗商品为主，包括花炮、茶叶、纺织品、贱金属制品和机电产品，出口额和退税额分别占了外贸企业总额的75.8%和92.34%，初级农产品出口比重不大，出口额和退税额仅占5.9%和4.47%。从近3年出口产品发展数据看，贱金属增长最快，其次为烟花、爆竹和茶叶。

## （四）从退税率分布透视出口产品结构的政策拟合度

从出口产品退税率分布情况看，一是不享受退税政策，国家不鼓励出口的“两高一资”产品出口比重偏大，占全部出口近两层；二是可退税产品退税率结构分布基本合理，基本符合国家出口退税政策调整和产业政策调整方向。

表13　2013年生产型出口企业出口额、应退税额按退税率档次分布及近三年平均增速　单位：亿元、%

| 退税率 | 出口额（USD） | | | 应退税额 | | |
|---|---|---|---|---|---|---|
| | 金额 | 比重 | 平均增长 | 金额 | 比重 | 平均增长 |
| 17% | 30.52 | 86.07 | 87.83 | 22.73 | 86.59 | 52.13 |
| 13%～17% | 2.14 | 6.03 | 46.72 | 2.03 | 7.73 | 50.64 |
| 13% | 1.75 | 4.95 | 19.30 | 0.98 | 3.73 | 4.12 |
| 0～13% | 1.06 | 3 | 31.89 | 0.51 | 1.94 | 43.60 |
| 合计 | 35.46 | | | 26.25 | | |

表14　　2013年商贸型出口企业出口额、应退税额按退税率档次分布及近三年平均增速

单位：亿元、%

| 退税率 | 出口额（USD） | | | 应退税额 | | |
|---|---|---|---|---|---|---|
| | 金额 | 比重 | 平均增长 | 金额 | 比重 | 平均增长 |
| 17% | 2.37 | 13.93 | −38.86 | 2.22 | 14.04 | −40.4 |
| 13%～17% | 4.96 | 29.17 | 49.7 | 7.52 | 47.57 | 127.41 |
| 13% | 6.78 | 39.86 | 27.81 | 5.08 | 32.13 | 3.6 |
| 0～13% | 2.9 | 17.07 | −34.56 | 0.99 | 6.24 | −28.93 |
| 合计 | 17.01 | | | 15.81 | | 1.93 |

从可退税和不退税产品分别占比情况看，2013年长沙市出口额为60.44亿美元，其中可退税产品出口额为52.47亿美元，占全部出口的81.42%，退税率为零的产品出口额为11.97亿美元，占全部出口的18.58%。

从可退税产品退税率分布情况看，退税率最高档17%的产品出口额和退税额分别占了全部的62.68%和59.32%，退税率在13%以上的产品出口额占全部的92.48%，退税额占全部的96.43%。其中，生产型企业出口产品主要集中在17%的退税率档次。

## （五）从增值税进项发票透视“地产品”占出口产品份额

从商贸型出口企业出口进货来源分布情况看，长沙市商贸型出口企业从本市和本省购货出口的比重不大，说明长沙市外贸出口还缺乏本土实体经济的有力支撑（因目前统计生产型出口企业采购原材料来源分布情况有困难，此次仅就商贸型出口企业进行分析）。

从进货金额分布情况看，2013年，长沙市商贸型出口企业用于出口购货总金额为115.18亿元，其中从本市购货的金额为44.91亿元，所占比重仅为38.99%，从本省购货的金额为62.7亿元，所占比重仅54.44%，说明长沙市商贸型出口企业很大一部分产品出口都是从外地采购。

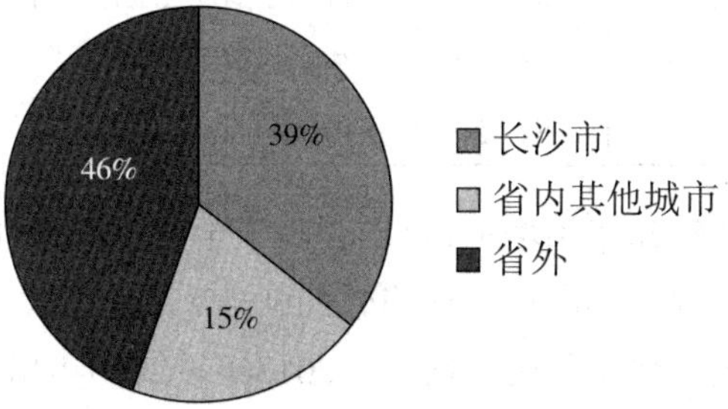


图2

表15　2013年长沙市商贸型出口企业购进主要货物占比及来源地　单位：%

| 主要进货商品 | 占全部进货的比重 | 主要进货商品来源地所占比重 | | |
|---|---|---|---|---|
| | | 长沙市内 | 省内其他地市 | 外省 |
| 烟花、爆竹 | 38.51 | 66.52 | 4.55 | 28.93 |
| 茶叶 | 3.41 | 38.15 | 33.12 | 28.73 |
| 化学原料及化工产品 | 3.22 | 17.12 | 50.12 | 32.76 |

从进货产品结构看，近年来，长沙市商贸型出口企业从外地购货的主要产品为花炮、茶叶、化学原料及化学产品，反映该类传统出口产品本地货源不足，或价格竞争力不强。

## 三、从税收角度看长沙出口企业的成长性

近年来，长沙市深入实施“开放崛起”战略，对外经济发展的质量和水平进一步提高，开放型经济规模逐年扩大，但从上述分析情况看，还存在着诸多问题。为进一步分析制约长沙市外贸出口经济发展的原因，下面从近五年来长沙市出口企业登记户数、退税规模等六个方面看长沙市出口企业的成长变化情况，从中发现规律，找出问题的根源。

### （一）从登记户数变化看长沙出口企业的发展

1. 出口企业数量逐年增加，发展主体不断壮大。但仍有近半数获出口资质的企业无出口实绩。

表16　近五年出口企业登记户数变化情况表　单位：户数、%

| 出口企业 | 2009年 | 2010年 | 2011年 | 2012年 | 2013年 |
|---|---|---|---|---|---|
| 登记户数 | 1443 | 1497 | 1524 | 1573 | 1553 |
| 其中：商贸型出口企业占比 | 55.16 | 55.91 | 57.15 | 58.04 | 60.4 |
| 有实绩户数 | 742 | 732 | 754 | 830 | 906 |
| 占登记户数比重 | 51.42 | 48.90 | 49.48 | 52.77 | 58.34 |

2013年登记户数较2009年增加121户，高于全省出口企业户数增长速度。商贸型出口企业户数占到全部出口企业户数的60.4%，且连续五年保持20%以上的增长。出口实绩企业户数比重逐年增长，2013年较2009年出口实绩户数增加164

户，提高6.92个百分点，但仍有41.66%的企业获出口资质无出口实绩。

2. 生产型出口企业经过行业内部的竞争和淘汰，无实绩企业户数逐年下降，但不同行业之间受产业结构的调整发展各有差别。中小型商贸型出口企业在竞争中受各方压力的影响，难以打开市场。

**表17　　近五年无实绩出口企业户数分类型变化情况**　　单位：户数、%

| 类型 | 2009年 | 2010年 | 2011年 | 2012年 | 2013年 |
|---|---|---|---|---|---|
| 无实绩户数 | 701 | 765 | 770 | 743 | 647 |
| 生产型出口企业比重 | 53.93 | 53.59 | 52.86 | 48.18 | 47.91 |
| 商贸型出口企业比重 | 48.07 | 46.41 | 47.14 | 51.82 | 52.09 |

生产型出口企业无实绩301户，连续五年该比重逐年下降，从2009年的53.93%下降到2013年的47.91%，而商贸型出口企业无实绩户则呈上升趋势，2009～2013年别占比：48.07%、46.41%、47.14%、51.82%和52.09%。

2013年商贸型企业出口无实绩户中，小微型企业共计273户，占全部商贸型出口企业无实绩户的81.02%，这一数据反映当前中小型商贸型出口企业在对外贸易竞争中的压力和困境。

从行业分类看，以机电、机械产品为主的通用设备制造业、专用设备制造业等行业无实绩户比重逐年下降，而传统行业、科技含量低和高污染行业如：造纸及纸制品、有色金属加工等无实绩户比重逐年增加。全市共4个行业连续五年有登记出口资格但无实绩企业，分别是建筑安装业、烟草制品业、房地产业及燃气的生产供应业。

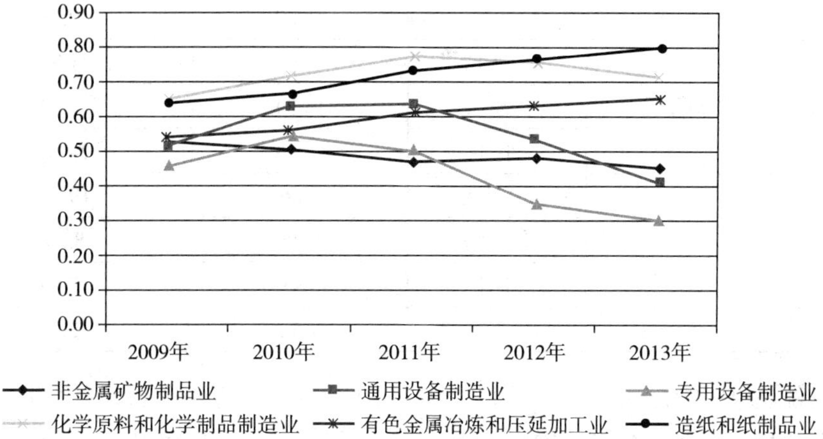


**图3　近五年主要行业无实绩户比重增减走势**

## （二）从退税增长看长沙出口企业的发展

全市出口退税额从2009年的22.07亿增加到2013年44.29亿，实现了退税规模翻一番。从各年发展情况看，除受国际金融危机的影响，2010年同比下降以外，其余年份均有不同程度增长。

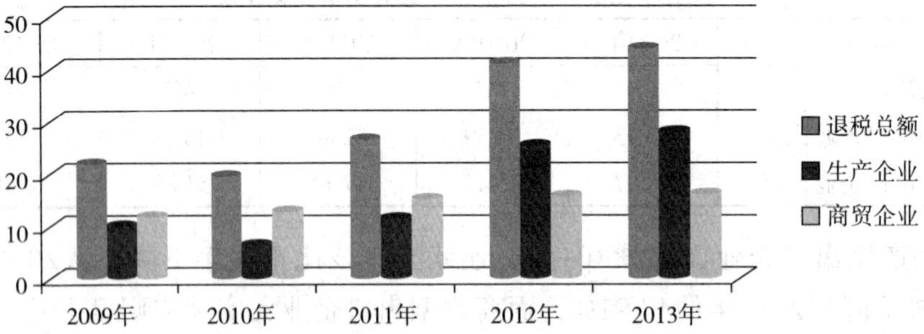


**图4　近五年出口退税额分类型变化情况**

1. 五年来大型企业在户数和退税额的增长上均高于中、小型企业。倒金字塔形的企业规模分布说明长沙市出口企业现状和发展结构不合理，中、小型企业缺乏活力。

**表18　　出口企业分规模、分类型户数及退税额五年平均增长情况**　　单位：%

| 退税规模 | 类型 | 五年增长平均值 | |
|---|---|---|---|
| | | 户数增长 | 退税额增长 |
| 5000万元以上 | 生产型 | 47.22 | 109.56 |
| | 外贸型 | –22.22 | –20.20 |
| | 小计 | 25.00 | 69.25 |
| 500万元以上至5000万元以下 | 生产型 | 35.63 | 41.98 |
| | 外贸型 | 14.84 | 16.52 |
| | 小计 | 19.98 | 24.12 |
| 500万元以下 | 生产型 | 7.06 | 19.05 |
| | 外贸型 | 5.45 | 8.24 |
| | 小计 | 5.91 | 10.54 |
| 合计 | | 7.42 | 33.04 |

退税规模5000万元以上的以生产型出口企业为主。近年来随着政府引进和扶持大型项目，企业户数有所增加，退税规模不断扩大，5年间户数平均增长分别为25%和69.25%，远高于全市出口企业平均水平。退税规模500万元至5000万元

的中型企业，户数增长高于平均水平，但退税增长低于平均；退税规模500万元以下企业发展缓慢，户数和退税仅增长5.9%和10.54%。

2. 从退税额行业分布发展看，76.2%的行业出口退税额保持不同程度的增长，其中非金属矿物制品业、仪器仪表制造业和专用设备制造业五年平均增幅在一倍以上；接近三分之一的行业平均增长在10%以内，主要以纺织业和传统加工业为主；资源综合利用、皮革制品等行业逐年下降。

### （三）从销售收入看长沙出口企业的发展

出口企业在利用出口退税政策，提高产品竞争优势的同时，更为注重自身的做大做强。申报数据表明，出口企业销售收入增长高于同行业整体水平，但农产品、纺织服务行业规模没有扩张，有色金属、花炮等传统行业增长缓慢。说明出口退税政策在对出口产品调整的同时，对地区产业结构的调整也具有积极导向作用。

**表19　　出口企业销售收入五年增长及同行业对比情况**　　单位：亿元、%

| 年份 | 出口企业销售收入 | 环比增长 | 同行业全部企业销售收入 | 环比增长 | 比重 |
|---|---|---|---|---|---|
| 2009年 | 727.93 | | 5301 | | 13.73 |
| 2010年 | 1004.15 | 37.95 | 6965 | 31.39 | 14.42 |
| 2011年 | 1290.60 | 28.53 | 8810 | 26.50 | 14.65 |
| 2012年 | 1513.96 | 17.31 | 8782 | −0.32 | 17.24 |
| 2013年 | 1626.93 | 7.46 | 8971 | 2.14 | 18.14 |

五年间，出口企业销售收入占同行业全部企业销售收入的比重逐年上升，从2009年的13.73%提高到2013年的18.14%；且各年同比增幅均高于同行业全部企业销售收入的增长。其中2010～2011年增长较大，同比分别为37.95%和28.53%。

从行业看，五年内平均增长高于同业收入增长的有19个行业，占可比行业个数的60%，主要集中在通用设备制造业、汽车制造、仪器仪表等机电、高技术行业；五年间该比重逐年减少的行业12个，主要为初级农产品及“两高一资”行业。

### （四）从财务数据看长沙市出口行业的发展

从整体情况看，2013年出口企业在盈利能力方面略高于同行业整体水平，而在资金使用效率上明显高于行业平均水平。

表20　　2013年出口企业部分财务指标及与同行业对比　　单位：%

| 项目 | 利润率 | 总资产周转率 |
| --- | --- | --- |
| 出口企业财务指标 | 3.21 | 65.75 |
| 同行业整体财务指标 | 3.12 | 48.41 |

从行业分布来看，出口企业利润率、资金周转率与同行业企业平均水平相比，主要表现为三类：一是如非金属矿物制品业、计算机及其他电子设备制造业，这类企业在资金周转率和利润率均高于平均水平，在退税份额中的比重偏高，国家退税政策有利于其提高资金利用效率和及时转化为收入的能力，是政府发展经济组织财政收入须重点发展的行业。其次如医药制造业、金属制品业、农副食品加工业，其利润率水平较高，外贸出口份额偏低，资金周转率低于平均水平。说明该类企业虽然产品利润空间较大，但由于行业规模、市场拓展和产业发展滞后等因素的制约，出口贸易比重偏小，出口退税对企业经营支持的力度有限，政府应该重点关注。再次如有色金属冶炼加工、造纸及纸制品业等高能耗高污染行业，其利润率和资金周转率均偏低。这类受政策限制发展的行业，在长沙市目前处于逐步萎缩的状况。

表21　　出口企业部分财务指标分退税规模对比情况　　单位：%

| 项目 | 利润率 | 总资产周转率 |
| --- | --- | --- |
| 退税规模5000万元以上企业 | 4.26 | 76.4 |
| 退税规模500万元以下企业 | 2.31 | 53.2 |
| 出口无实绩但有内销业务企业 | 1.3 | 21.2 |

出口企业的营运能力和盈利能力在大中型企业表现较好，而出口无实绩但2013年尚有经营业务的企业在盈利能力上较规模以下退税企业相比差距不大，但资金周转率远远低于出口企业，说明在同等规模和经营能力相当的企业中，融资难成为制约中小型企业成长的重要原因。

### （五）从生产型出口企业的投入看出口行业的发展

技术研发和固定资产投入对企业发展及产品出口起到促进和推动作用。长沙市出口企业整体固定资产与技术开发投入对企业销售收入拉动的平均值低于高新技术企业整体水平，说明出口企业投入不高，发展不平衡，行业差距大。

表22　　2009～2013年生产型出口企业固定资产及科研投入情况　单位：亿元、%

| 项目 | 2009年 | 2010年 | 2011年 | 2012年 | 2013年 | 平均值 |
|---|---|---|---|---|---|---|
| 固定资产投入金额 | 21.87 | 31.33 | 57.00 | 65.14 | 40.95 | 43.26 |
| 固定资产投入同比增长 | | 43.24 | 81.92 | 14.29 | –37.13 | 25.58 |
| 固定资产投入收入比 | | 2.83 | 3.89 | 4.31 | 2.71 | 3.44 |
| 技术开发投入金额 | 11.37 | 29.11 | 27.73 | 38.60 | 26.56 | 26.67 |
| 技术开发投入同比增长 | | 156.02 | –4.74 | 39.24 | –31.21 | 39.83 |
| 技术开发投入收入比 | | 2.63 | 1.89 | 2.55 | 1.76 | 2.21 |

从长沙市出口企业2009～2013年企业增值税申报表固定资产投入和所得税年报加计扣除数据看，生产型出口企业固定资产投入由2009年的21.87亿元增长到2013年的40.95亿元，年均增长25.58%；技术研发投入从2009年的11.37亿元增长到2013年的26.56亿元，年均增长39.83%，5年间，固定资产与技术开发的投入对企业销售收入的拉动平均值分别为3.44%和2.21%，而长沙市高新技术企业这两项平均值分别为：4.07%和3.51%。

从行业看，5年间固定资产平均年投入在1亿元以上行业共9个，占生产型出口企业全部固定资产投入的88.9%；科技研发平均年投入超过1亿元的行业仅6个，占生产型出口企业全部固定资产投入的87.3%。固定资产和技术开发投入较高的行业集中在高附加值、高技术含量行业，特别是汽车制造业固定资产投入占全部企业投入的20%，技术开发占全部出口行业的三分之一以上，其次是医药制造业、计算机及其他电子设备制造业，专用设备制造业和通用设备制造业。而纺织业、废弃资源综合利用业、食品加工业等5个行业，5年均无固定资产投入。

### （六）从税收入库变化看生产型出口企业的税收贡献

在出口退税政策的设计中，生产型出口企业出口退税抵顶内销应纳税额的部分，在计算地方税收入库时，税款从中央级次调入地方国库，视同地方财政收入，不会影响出口企业内销应纳税额对当地财政的税收贡献。

表23　　2009～2013年生产型出口企业入库税额及与同行业对比情况　单位：亿元、%

| 项目 | 2009年 | 2010年 | 2011年 | 2012年 | 2013年 |
|---|---|---|---|---|---|
| 生产型企业入库税额 | 23.85 | 26.26 | 35.03 | 53.11 | 66.58 |
| 较上年增长 | | 10.09 | 33.40 | 51.63 | 25.35 |
| 行业入库税额 | 61.52 | 73.14 | 91.83 | 131.74 | 133.42 |
| 较上年增长 | | 18.88 | 25.55 | 43.47 | 1.27 |
| 税额占同业比重 | 38.77 | 35.90 | 38.15 | 40.31 | 49.90 |

从长沙市生产型出口企业5年来入库税款及变化情况看，生产型出口企业入库税款占同行业入库税款的比重从2009年的38.77%增长到2013年49.9%，占长沙市户数不到3%的出口企业对本地的税收贡献接近户数超过97%的同行业内销企业。

表24　　2013年主要行业退税额及税收贡献占比情况　　单位：%

| 行业 | 退税额占比 | 税收贡献率占同行业比重 |
|---|---|---|
| 仪器仪表制造业 | 27.01 | 91.02 |
| 专用设备制造业 | 21.48 | 67.08 |
| 纺织业 | 1.05 | 85.94 |
| 通用设备制造业 | 12.41 | 83.86 |
| 汽车制造业 | 7.58 | 50.61 |
| 计算机、通信和其他电子设备制造业 | 8.43 | 43.36 |
| 非金属矿物制品业 | 13.53 | 38.12 |
| 纺织服装、服饰业 | 1.34 | 27.6 |

从税收贡献率比重较高且退税额占比较大的行业看，主要特点为产业聚集度高，行业集中优势明显，如仪器仪表制造业等，也是政府应当加大力度扶植的重点行业。

## 四、长沙市发展外贸出口经济的建议措施

通过上述对出口经济的税收角度分析，长沙市外向型经济发展情况总体向好，出口退税规模较五年前已经翻了一番，但还存在着开放不够、规模不大、水平不高、质量不优等诸多问题，为促进长沙市外向型经济持续健康发展，我们提出以下七个方面的建议。

1. 从退税产品结构分析可知，长沙市出口产品传统单一，行业依赖度大。建议进一步优化出口产品结构，促进产业转型升级。目前，长沙市出口主要依赖机电和传统烟花、茶叶等产品，纺织品出口比重有所下降，纺织、食品加工等行业技术投入缺乏，“两高一资”等不退税产品比重仍然偏大。建议政府在保证机电产品、高新技术产品出口主导地位不变的前提下，一方面认真研究相关政策促进产业的转型升级，提高传统产品的科技含量；同时在大型项目的引进上，向技术含量高、产品附加值高的产业倾斜，以拉动长沙市经济整体发展。

2. 从商贸型出口企业进货来源分析可知，长沙市出口产品中从外地购货比

重过大，本土产品存在供货不足或缺乏价格竞争力的问题。建议大力发展本土实体经济，提升本地产品在外贸出口中的份额。加快培育外贸自主品牌，稳步提高出口产品质量和服务能力，针对长沙市从外地购货的主要行业、主要产品进行调研，结合本地情况确定重点帮扶对象，特别是对中小微的出口供货企业进行个性化帮扶，做强做实长沙市出口产业发展基础。

3. 从对高新技术企业出口和税收贡献分析可知，高新技术企业是拉动长沙市外贸经济的主力军，而长沙市出口企业技术投入和创新能力欠缺，行业间发展不平衡。建议进一步培育高新技术企业，加快具有自主知识产权的产业发展。在企业研发投入和项目开发上，建议政府借鉴国外风险投资的方式，由政府设立基金引导风险投资进入，改变过去高新技术研发单独由企业投入的方式，变为政府、企业、风险投资加三方参与，从而扩大投入基数，加快发展速度。

4. 从对外贸主体退税规模和结构分析可知，长沙市出口主体结构发展不合理，过度依赖个别大型企业，中小型出口企业发展缓慢。建议政府采取有效的针对性政策分级分类管理，同时，抓紧培育和打造外贸综合服务体。一是对于退税规模在5000万元以上的企业重点扶植，稳定出口业绩；对于退税规模在500万元以上5000万元以下的企业用心培育，使其做大做强；对于退税规模在500万元以下的中小企业要加强规范和引导，提高其产品竞争力；对于无出口实绩企业，需深入调研，查找原因，有针对性地开展帮扶。二是充分发挥外贸综合服务企业的优势，为中小企业出口提供通关、物流、融资、退税等专业化、集成化的供应链式综合服务。

5. 从不同经济类型企业对税收的贡献分析可知，长沙市外资企业主要面向国内市场，外资经济对外贸出口的转化贡献不大，长远看对长沙市出口贸易有抑制作用；而民营企业在出口中已经起着非常重要的作用。建议转变外资企业引进模式，从“市场寻求型”向“出口导向型”转移，同时加大对民营企业的支持培育，为民营企业提供更大的发展空间。

6. 从对长沙市出口退税重点行业分析可知，长沙市优势出口退税产品大多集中有一定的知名度且聚集度高的行业企业，如浏阳的花炮出口，三一、中联等企业的机械产品出口，纺织服装出口等，但长沙市传统优势产业发展缓慢，新兴产业缺乏。建议政府对已经形成一定行业出口规模和行业企业聚集的地区给予重点扶植，形成品牌辐射效应，充分发挥产业集群带动出口经济的优势；同时加强园区平台的规划管理，利用园区平台的聚集优势，提高投入产出效益，发挥对外窗口作用。

7. 从出口类别分析可知，长沙市主要为商品出口，服务出口比重小。建议以国家“营改增”政策为契机，利用“营改增”出口退税政策，大力发展对外研发、设计等现代服务业，促进对外服务贸易发展。当前，美国、英国、德国、日本等主要发达国家服务贸易出口额已占到各自国家国民生产总值的10%以上，而我国2013年仅为2.33%。2013年8月1日国家全面推行的“营改增”税收政策以来，向境外单位提供研发和设计服务可享受出口退税，而长沙市目前仅1 户企业准备申报设计服务出口退税。一方面由于长沙市服务贸易总量不大，另一方面企业对“营改增”后出口退税政策不了解。因此，在优化调整服务贸易结构，提升服务业竞争力和发展水平的同时，政府和国税部门都要进一步做好退税政策宣传和辅导。

**课题组负责人：**黄书惕

**课题组成员：**肖　琳　罗小君

# 关于长沙市名优特新农产品发展的调研报告

长沙市供销合作总社

为发掘、保护、培育和开发长沙市名特优新农产品，促进品种改良、品质改进和品牌创建，做强做大名牌产品和品牌企业，推进长沙市农产品走向全国、走向世界，长沙市供销合作总社与市推进现代农业重大项目领导小组办公室一起组队于2014年3至4月进行了专题调研。组织了4次座谈会，深入10个企业了解情况，收集了100多家名优特新农产品企业的相关资料，进行了详细的数据分析，提出了对策建议。调研情况报告如下。

## 一、基本发展情况

本次调研收集了长沙市124个商标著名、产品优质、特色明显和创新力强的本土农产品及生产企业的基本情况（不包括中央、省属企业和境外投资企业），从中可看出长沙市名优特新农产品的发展基本呈现以下特点。

1. 品牌数量不断增加。全市拥有国家农产品地理标识商标2个，为宁乡花猪和长沙罗代黑猪。浏阳大围山水果商标已进入最后审批阶段，预计今年可正式获批。中国驰名商标15个，其中望城区3个，澳优、能力多乳品，南山乳品；长沙县2个，湘丰茶叶、金井茶叶；浏阳市3个，盐津铺子休闲食品、好味屋食品、人人家食品；宁乡县6个，密印寺茶叶、加加调味品、盘中餐食用油、盛湘大米、流沙河肉、亮之星大米；芙蓉区2个，明园蜂蜜、怡清源茶业。湖南著名商标102个，望城区19个，如乌山贡米、旺旺食品、湖湘贡乳鸽等；长沙县29个，如国进食用菌、博野蔬菜等；浏阳市33个，如梁嘉食品、蜜蜂哥哥蜂产品、炒王炒米、福文茴饼、大平桥豆豉、浏阳河金橘等；宁乡县21个，如梦香茶叶、沃尔德花猪、灰汤贡鸭等。以上品牌农产品在全省都有了较大的知名度，部分农产品已畅销全国，少量打进了国际市场。总的说来，近几年，长沙市农产品品牌的数量、生产规模和对外影响力都有了长足的进步。

2. 发展速度不断加快。近三年来，在各级政府和部门高度重视及农业生产加工企业的积极参与下，长沙市名优特新农产品的发展不断加速，各类主要品牌农产品都出现了可喜的增速（详见表1）。

2013年，全市名优特新农产品品牌销售总额达100.39亿元，利润总额达7.95亿元。三年来，销售总额和利润总额都逐年快速增长（见图1），销售总额年均增长率达50%，利润总额年均增长率达59%。名优特新农产品的生产经营带动农户32万户，解决农民就业6.3万人，名优特新农产品企业在全市农业发展和农民增收中的龙头作用更加凸显。

**表1　　长沙市名优特新农产品近三年增长速度分类统计表**

| 产品类别 | | 销售总额增长率（%） | | | | 利润总额增长率（%） | | |
|---|---|---|---|---|---|---|---|---|
| | 11年 | 12年 | 13年 | 年平均 | 11年 | 12年 | 13年 | 年平均 |
| 粮油 | 37 | 87 | 191 | 105 | 82 | 138 | 164 | 128 |
| 生猪 | | 34 | 328 | 181 | | 427 | 535 | 481 |
| 茶叶 | 22 | 23 | 97 | 47 | 16 | 31 | 114 | 54 |
| 食品 | 32 | 20 | 79 | 44 | 53 | 23 | 34 | 37 |
| 蔬菜 | 59 | 56 | 24 | 46 | 46 | 68 | 108 | 74 |
| 水产 | 40 | 45 | 25 | 37 | 44 | 34 | 22 | 33 |
| 水果 | 32 | 36 | 347 | 138 | 150 | 62 | 501 | 238 |
| 饲料 | 14 | 37 | 43 | 31 | 32 | 16 | 20 | 23 |
| 竹木制品 | 16 | 18 | 18 | 17 | 31 | 52 | 12 | 32 |
| 花木 | 42 | 28 | 48 | 39 | 42 | 39 | 48 | 43 |
| 合计 | 28 | 34 | 89 | 50 | 42 | 41 | 95 | 59 |

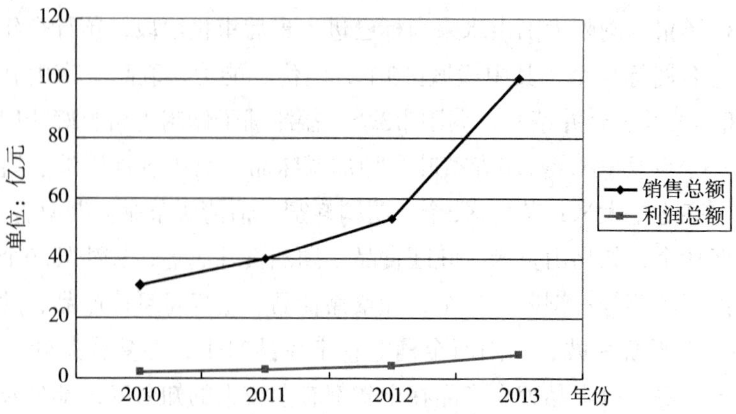


**图1　长沙市名优特新农产品发展走势图**

3. 发展结构不断优化。一是名优特新农产品覆盖全面，各种类别都涌现出在市场上有一定影响力的名优特新农产品（见图2）。二是名优特新农产品发展较为均衡，传承壮大了一批传统名品，打造了一批影响较大的畅销产品，创新了一批新特产品。

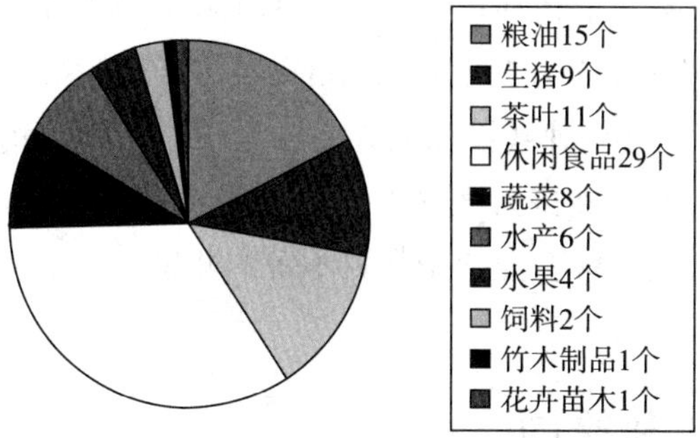


**图2　长沙市名优特新农产品品牌分布图**

传统名品：近几年来，在各方共同努力下，一些历史上的精品农产品重新焕发了生机和活力。生猪、豆豉、茴饼、金橘、水果、香干、茶叶、炒货和休闲食品（由浏阳素食菜发展而来）、粉丝等都成为倍受青睐的著名农产品。主要品牌有宁乡花猪、大围山水果、金井茶叶、人人家食品、念家湘粉丝、贵太太茶油、德茂隆香干、天马山豆豉、浏阳河金橘、福文茴饼等。

畅销产品：年销售总额过亿元的品牌达28个，浏阳河饲料年销售额达11亿元，湘丰茶叶、明园蜂业、百宜饲料、盐津铺子食品、美津园茶油、怡清园茶业等年销售总额都突破4亿元，卫红米业年销售总额达3.3亿元。蜜蜂哥哥在全国3000多个药店设有代销点，产品畅销全国，梦香茶叶成功打进俄罗斯市场，逐步向欧洲渗透，前景良好。

新特产品：罗代黑猪获得国家地理标志商标后，发展迅速，天府生态农业有限公司年产值近亿元。湖南博野有机农业有限公司的有机蔬菜知名度位于全国同行业前列。湖南柳吉现代农业科技有限公司成为湘、赣、贵等地最有名气的观赏鱼企业之一。湖南正兴记食品有限公司“姜王”特色姜产品口味独特，畅销省外。湖南靳鑫农业科技发展有限公司成为全省最大的匙吻鲟提供商，产品供不应求。湖南庆湘食品开发公司的毛毛鱼是长沙市民最爱吃的休闲食品。浏阳市白沙李大妈豆制品厂的霉豆腐深受市场欢迎。湖南飘香食品有限公司的生产原料大多数是国外的优质农产品，产品很快在省外打开市场。湖南五福堂生物科技开发有限公司的幽仙牌蛇酒成为药酒中的知名产品。灰汤温泉特色产品开发有限公司的灰汤鸭独具特色，成为长沙市又一知名旅游土特产品。

4. 发展后劲不断增强。一是集约生产能力不断增强，全市现有农民专业合作社5382个，年生产优质稻米261万吨，茶叶4万吨，蔬菜45亿公斤，生猪804万头，家禽5788万羽，油茶种植面积4593.33公顷，花卉苗木面积1.67万公顷，为品牌农产品发展提供了充足的优质原料。二是加工技术领先全省，现有加工企业到7220家，其中国家级龙头企业7家，省级53家，市级215家，年产值500万元以上的规模企业455家。三是品牌建设深入人心，全市绝大多数稍上规模的农产品都设计、申请了商标，政府支持力度逐年增大，望城区政府、长沙县政府、浏阳市政府等都对创建农产品品牌企业给予数目不等的奖励。

## 二、存在的问题和原因

### （一）存在三个方面的问题

一是品牌太乱。同质化产品多，加工、名称、包装、宣传等方面都有雷同之处，特色难以显现。全市生猪除两大国家地理标识商标外，还有7个省级著名商标。茶叶品牌总数达11个，个别厂家一家就有3~4个商标。粮油省级以上著名商标就有15种，加上市县名牌，总数可能达到数十种。蔬菜、花木等的品牌也十分多，就连霉豆腐在白沙村都有5个品牌。品牌过多、过散，势必分散公众注意力，难以留下深刻印象，不但大家都没有市场名气，消费者也摸不着头脑，甚至想买地道长沙土货也不知如何选择。

二是规模太小。品牌产品产量在同类产品总量中占比不大，平均品牌转化率只有18.51%，品牌生猪产品只占总产值的2.48%，花木只占0.88%，（详见表2）。省会龙头作用未完全彰显，长沙应该是全省农产品加工、交易聚集地，全省优质农产品都可为其所用，但目前长沙市优质农产品精深加工总量不大，企业规模与其他先进省份相比还有较大的差距。

三是精品太少。地理标志商标严重缺乏，浙江省仅地理标志证明商标就有68件，长沙市地理标志农产品商标只有区区2件，还都是生猪类。全国闻名的著名品牌太少，外省销售量和影响力都十分有限。全市茶叶年产值达4万吨，占全省31.1%，但没有一个全国知名品牌，名气与规模完全不能匹配。由于缺乏高知名度的大品牌，加之产业链过短，导致长沙市许多品质优良的农产品只能以原料和中间产品销售，不仅价格上不去，影响农民增收，也影响了整个产业的长远发展。北京、上海果脯全国闻名，但其中含金橘原料的果脯80%以上是浏阳生产的，世人只知北京、上海果脯，却很少知道浏阳金橘。

表2　　长沙市农产品保优特新转化率分类统计表

| 产品类别 | 名优特新产品总销售额（亿元） | 全市总产值（亿元） | 转化率（%） |
|---|---|---|---|
| 粮油 | 21.13 | 123.21 | 17.15 |
| 生猪 | 3.30 | 133.36 | 2.48 |
| 茶叶 | 22.25 | 44 | 50.56 |
| 食品 | 28.37 | 56 | 50.67 |
| 蔬菜 | 3.07 | 70.22 | 4.38 |
| 水产 | 3.06 | 16.95 | 18.05 |
| 水果 | 0.96 | 5.51 | 15.63 |
| 饲料 | 16.92 | 21.8 | 77.62 |
| 竹木制品 | 1.05 | 40.77 | 25.79 |
| 花木 | 0.26 | 30.06 | 0.88 |
| 总计 | 100.39 | 541.88 | 18.51 |

## （二）基于两个方面的原因

1. 创牌战略不清。生产经营者缺乏整体规划，在产品研发、规模提高、质量提升、营销优化、品牌保护等方面没有通盘考虑。品牌意识不清，把商标与品牌等同起来，认为只要有了商标就是有了品牌，创牌工作往往到商标申请到位就无后续手段。缺少必要的宣传，不愿意投入大的广告费用，在100多家著名商标农产品企业中，只有不到10家投入了专门的广告费用。政府具体战略模糊，重视品牌创建，忽视跟踪管理，对名优特新农产品没有系统实在的支持政策。广东省、吉林省、合肥市、巢湖市、自贡市等地都出台了促进农产品品牌建设的文件，在技术改造、融资贷款、重点物资运输、用电安排、技改贷款贴息、评先评劳模等方面都制定了明确的支持政策。吉林省对获得中国驰名商标的企业给予100万元的一次性奖励，巢湖市对农产品注册获准商标的每个给予1000的补贴。

2. 制约因素太多。一是上规模的优质基地不够，分散农户的产品标准不统一，优质初级产品无法满足加工厂家的需求，浏阳飘香食品公司有50%的原料需要从外地进口。二是用地困难，农业企业很难批到地，望城湖湘贡公司一块500亩用地五年来一直无法按公司生产需要进行使用。三是融资困难。农业投资大部分无法形成固定资产，银行又不愿意将之作为抵押，贷款难度相当大。四是环保成本太高，无法分享政府公共环保投入，必须自己买单，还可能面临利用率低、平均成本骤增的问题。五是政府对低税赋农业的支持动力不足，部分企业反映，如果是工业企业，很多问题政府很快就会帮助协调好，甚至在政策上作一些变通，但一到农业企业就没人担担子。比如农企电价问题，省政府有明文规定，但电力公司就是不执行。银行对农业企业只搞流动贷款，而政府贴息又只认固定资产贷款，根本不考虑农业企业投入的特殊性。五是公共平台少，诸如公共宣传平台、科技研发平台、统一标准平台、联合融资平台等，都必须政府牵头引导，但现在几乎全部处于空白状态。

3. 发展合力不足。地理标志证明商标的成功应用，会带动整个产业的发展、致富一方百姓。长沙市地理标识品牌稀少，作用也没有充分发挥，宁乡土花猪现在只指定一家生产，年产值只有1800万元，长沙县罗代生猪也只有一家可用该商标，年产值只有8205万元。长沙市有许多传统的地域产品，如浏阳豆豉、浏阳金橘、文市茴饼等等，一些产品历史上就是贡品、珍品，由于大家各自为政，不注重地域品牌的申报和包装，导致产品的地域性逐步弱化，整类产品的影响力减小。同类产品生产经营者众多，竞争多于合作，小品牌太多，产品标准不统一，地方特色难以显现。大家名种各的、各养各的，最后所有产品都沦为“大路货”，这也是大家都反映“优质难以优价”的根本原因之一。

## 三、对策与建议

1. 优化发展战略。确立品牌发展战略。作为省会城市，长沙只能走精品农业、精细农业、精致农业的路线。培育享誉中国、畅销全国的农产品，打造更精、更强的大品牌是长沙市现代农业发展的必然选择，必须上升到全市的战略高度。确立集约发展战略。通盘考虑，对全市特色农业产业进行科学布局，对按照政府布局生产经营的企业实行政策倾斜。建设农产品加工园区，用工业化的思维促进农业的现代化，扩大长沙在农产品加工方面的影响力。

根据以上战略，制定《长沙市人民政府关于推进名优特新农产品发展的实施意见》，在技术改造、融资贷款、重点物资运输、用电安排、技改贷款贴息等方面制定明确的支持政策。成立名优特新农产品发展工作领导小组，实行部门联动，整合部门扶农资金，每年预算1000万元，专门用于解决名优特新农产品发展的问题，以抓项目的方式推动地理标志品牌、驰名品牌、新特品牌快速发展。建立品牌创建奖励政策，凡获得全国地理标志商标、中国驰名商标的奖励100万元，凡获得湖南省著名商标的，奖励20万元。建立重大农业投资贴息政策，品牌农产品企业进行重大投资建设的，不管能否形成固定资产都给予一定的贴息支持。建立品牌整合补贴政策，凡同类产品统一品牌、合作共建环保设施、合作建设其他共享项目的均给予一定补贴。通过以上努力，全力打造长沙市知名农产品品牌，用5～7年的时间打造出100家农业类中国驰名商标、国家地理标志及国家农业产业化龙头企业。

2. 确立扶持重点。筛选一批影响大、带动力强、可持续发展的产品进行重点扶持，按照一产业一品牌的理念，培育一批省内和国内知名品牌。引导、鼓励重点企业发展精深加工链、物流、现代营销等配套系统，延长产业链，培育在国内有一定竞争力的产业集群，做大做强产业。

支持宁乡花猪、长沙县罗代黑猪有关企业放开权限，统一标准，整合产能，加大宣传和外销力度，培育有全国影响的产业。大围山水果即将获得国家地理标志商标，浏阳豆豉历史悠久，文市茴饼工艺独绝，浏阳金橘在明清时便列为贡品，《本草纲目》亦有记载，都有潜力成为国家地理标志产品。加强对大围山水果专业合作社、浏阳大平桥豆豉厂、浏阳星星食品厂、福文茴饼厂等企业的扶持力度，引导他们加强与其他同类厂家的合作，共同打造国家地理标志商标。

重点支持以梦香、湘丰、金井为代表的茶叶企业、以盐津铺子、梁嘉、蜜蜂哥哥等为代表的休闲食品企业加速发展，努力解决其在融资、用地等方面的困难，鼓励加大对外营销力度，使之真正成为全国知名的地方特色产品。

重点培育博野有机蔬菜、柳吉观赏鱼、正兴记“姜王”、靳江源匙吻鲟、庆湘毛毛鱼、李妈霉豆腐、浏乡牌炒米、幽仙牌蛇酒、灰汤鸭等新特农产品，力争在数年内创建国家驰名商标。

3. 筑牢发展基础。一是筑牢优质原料基础，加强基地建设，加速农业产业化，推进品种改良，鼓励申报无公害农产品、绿色食品和有机食品，确保品牌企业有充足、优质的生产原料。二是筑牢流通基础，支持马王堆、红星等农产品交易市场做大做强，设立本地品牌农产品专区。鼓励建设区域性冷链物流体系，延长农产品保鲜期。支持基地与社区直接对接，在用地、城市运输等方面给予协调支持。三是建好公共平台。建好公共宣传营销平台，办好各种节会，建设品牌农产品专题网站，组织媒体专题宣传本土品牌农产品，鼓励企业积极开展电子商务，采取政府购买等形式支持诸如博野公司的宣传平台，集中力量推介长沙名优新特农产品。建好农业企业融资平台，统一争取银行授信，加大对品牌农产品企业的信贷支持。加大品牌农产品企业投资贴息力度，调动银行支持品牌农产品企业发展的积极性。建好科技服务和人才培育平台，通过多种渠道、多种形式，加强对农业企业适用人才的专题培训，形成长效机制，保证农业企业源源不断的人才需求。建好标准统一协调平台，发挥农业部门、各类协会的作用，引导农产品企业联合起来，加强对本土名优特新农产品的研究，制定完善统一对外的系列标准，逐步推广，推进长沙市农业向标准化、产业化、现代化快速发展。

4. 发挥企业作用。生产经营者是名优新特农产品建设的主体，只有充分发挥他们的积极性，长沙市名优特新农产品才能实现更大的发展。积极引导企业增强发展意识，着力解决目前长沙市农产品企业存在的突出问题。一是持续提高产品品质。不断加强品质管理和产品研发，推出消费者喜欢的新产品。加强产品差异化研究，使消费者清清楚楚、明明白白，增强认同感。二是抓好产品营销，将产品推向大超市、大卖场，在大城市设立专营窗口，让产品与终端顾客直接见面。精心设计产品包装，综合应用终端媒体化、网络传播、植入式广告、公关传播等方式，大力宣传品牌产品，使产品形象深入人心。三是增强产品文化内涵，深入挖掘特色农产品背后的故事及浓缩的地方文化，营造浓厚的文化氛围，促进产品走出湖南、走向世界。四是加强品牌整合，相互学习，相互提高，集众人之力，共同发展最有影响的品牌，大家投资，共同受益，做大品牌，实现合作共赢。

# 挖掘农村独特资源　打造休闲朝阳产业

## ——湖南慧润农业科技公司发展特色休闲农业的实践与启示

中共长沙县委政研室
长沙县人民政府经济研究室

休闲农业是横跨第一、第二、第三产业，把现代农业生产、农副产品加工和休闲消费服务紧密结合的“接二连三”的新型产业，是体现生产、生活、生态、生命和体验“四生一体”的农业经营方式，是根植于农业、农村、农民并服务于城乡居民的朝阳产业。湖南慧润农业科技公司依托开慧镇深厚的红色文化底蕴和美丽宁静的乡村田园风光以及丰富的历史文化遗产，大力开发经营乡村度假、乡村会所、乡村客栈、户外露营、休闲单车游道及生态农业观光等休闲农业和乡村旅游产业，致力于将开慧镇打造成为陶渊明式的“户庭无尘杂，虚室有馀闲，久在樊笼里，复得返自然”的休闲度假后花园。

## 一、基本情况

开慧镇位于长沙县西北部，地处长沙、平江、汨罗三县之交，区域总面积54.34平方公里，总人口2.1万，先后荣获了“国家级生态乡镇”“国家级AAAA级风景旅游区”“湖南省优美乡镇”“湖南省最佳乡村旅游目的地”“长沙最美乡村”“湖南省优秀涉外参观点”“湖南省特色旅游名镇”等荣誉称号。湖南慧润农业科技公司依托和整合开慧镇的农村旅游资源，将农村旅游与农业休闲观光、红色旅游有机结合起来，开发建设了慧润轩（游客接待中心）、慧润阁（旅游品展示中心）、慧润森林餐厅、慧润农舍、自行车游道、农家驿站、慧润农业观光园、板仓国际露营基地等为主体的农村旅游发展业态，有效丰富了开慧镇农村旅游的内涵，促进了农村休闲观光农业的可持续协调发展。2013年5月运营以来，共接待游客10万多人次，除了国内游客外，还接待了澳洲、美国、法国等国际及台湾地区的游客，年产值达2000万元，村级集体收入超过500万元，安排解决农村剩余劳动力100多人，有效带动了开慧镇商贸业、服务业等相关产业发展。

## 二、主要做法

### （一）盘活农村“沉睡”资产撬动发展

湖南慧润农业科技公司按照“轻资产重运营”的经营理念，积极探索以最小的资本投入盘活农村“沉睡”资产撬动发展，力争达到“四两拨千斤”的社会效益。一是租赁。以商业谈判的形式租赁开慧镇现有的餐饮店进行整合，进一步盘活存量资源，避免大拆大建，减少重复建设和节省开支。目前，公司已租赁了可以容纳300人的餐厅，支付租赁费约30万元/年，极大提升了公司的接待能力。二是合作开发。以打造自行车游道为契机，合理开发农家驿站，公司与农家驿站签订管理合同，实行合作经营，并按100元/月的标准给予补助，实施统一挂牌和服务标准。农家驿站为自行车游客提供中途休息、农产品品尝和选购、农家生活体验等服务，所得收入全部归农户所有，进一步拓宽了农民增收途径，实现了农户与企业共赢。三是联合经营。联合杨开慧纪念馆大力提升文化品位，利用“板仓书院”平台，把企业文化融入于发展休闲观光农业之中，提升公司的影响力。利用杨开慧纪念馆红色旅游基地的人气，积极研发杨开慧纪念馆纪念品，把文化产业与农业产业有机结合起来，以文化支撑产业，以品牌塑造形象，使得公司不断迸发出新的生命力和凝聚力。2014年，湖南慧润农业科技公司被授予湖南省五星级农庄。

### （二）村企合作、村企共建携手发展

湖南慧润农业科技公司利用长沙县支企帮村的优惠政策，主动对接开慧镇飘峰村开展村企合作携手共同发展。目前，湖南慧润农业科技公司的慧润轩、慧润农舍、慧润会所等三个项目与开慧飘峰村实现了成功对接，其中，慧润轩主要以高端餐饮为主，慧润农舍以农家休闲养生为主，慧润会所配合国际露营基地以户外拓展、垂钓、露营等体验为主，兼顾部分高级客房及餐饮。三个项目流转了开

慧镇飘峰村的双华水库、飘峰山和山塘12口、农田200亩，并进行了景观改造，投入了200万元实施绿化、亮化、美化工程。开慧镇飘峰村按水库1000元/亩、山林150元/亩、山塘500斤谷/年、农田600斤谷/年的价格把集体“沉睡”资产租赁给企业，进一步盘活了农村集体“沉睡”资产，实现年经济收入30万元。同时，湖南慧润农业科技公司以高于市场10%的价格大量收购农户手工制作的干菜、腊制品、自养家禽等农产品，进行品牌包装销售，年销售额达300万元。村企对接既有效推进了村内剩余劳动力转移，促进了农民增收，改善了村容村貌，又促进了村部积极主动为企业排忧解难，为企业发展营造良好环境，做到了资源共享、优势互补，真正实现了村企双赢。

### （三）以旅带农、农旅互补共同发展

湖南慧润农业科技公司坚持“保护生态环境、践行绿色经营”的企业哲学，着力打造一条以乡村旅游为龙头，不断完善“公司+基地+合作社+农户”的独特经营和赢利模式。公司首先致力于环境营造，将最基础的设施建设和环境保护放在首位，然后进行精致农业和旅游项目的要素包装，使农村旅游品牌的影响力大幅提升，实现了旅游和农业的完美结合，两者互相烘托，互相升华，提升品质。这种经营模式不仅改善了农村的人居环境，改变了农民的生活习惯，也改变了传统的单家独户、手工种植的农业生产方式，将旅游产业巧妙地与农业生产嫁接，引导农业生产规模化、产业化经营，助推了都市休闲农业的发展，土地产出效益大幅增加。湖南慧润农业科技公司旗下的慧和专业种植合作社流转300亩土地建设水果采摘园，改变过去单纯的农业种植，进行农产品的精品包装和市场营销，农民增收显著，参与合作社的18户农户人均增收达2万多元。

### （四）树立开放理念招商引资加快发展

为进一步提升企业的竞争力，湖南慧润农业科技公司主动瞄准国际一流的休闲观光农业配套企业进行招商引资，成功引进了一批支撑力强、具有拉动作用的国际优质项目，有效助推了镇域经济发展。引进了澳洲塔斯马尼亚百年薰衣草庄园全国首家授权薰衣草专卖店，并以此为契机，大力发展薰衣草科普观光园，园区占地面积98.8亩，总投资1200万元，已初步形成了以自然、浪漫为主基调，以四季花田为主要素的游乐、购物、娱乐、休闲、度假农业生态观光园。同时，为保护景区生态环境，引进了澳大利亚木屋技术建设环保木屋，该木屋建筑不使用钢筋、水泥等传统建筑材料，只需少量的钢结构固定地基，便可根据地貌因势而

建，不受地质影响，不破坏生态环境，有效保护了景区原始风景和生态环境。与台湾战略投资人合作开发民宿项目，选择合适条件的居民房屋，经过内饰装饰和改造，打造各具特色、不同风格的民宿，用于城市养老配套和满足旅客个性化住宿需求，打造特色乡村旅游。

## 三、经验与启示

湖南慧润农业科技公司发展特色休闲农业的实践经验，为我县推进新农村建设，提供了一些深层次的理论启示和实践指导。全县在发展生态旅游建设时，必须充分利用优势资源，积极拓展农业功能，服务城市，以农为本，农旅结合致富农民，弘扬农耕文化，推动特色休闲观光农业健康可持续发展。

### （一）树立市场导向，坚持政府引导，因地制宜，拓展新的领域和途径

发展特色休闲农业要坚持市场导向，按照市场需求策划项目，形成项目为产业发展提供支撑，产业发展为农民就业提供机会，就业为农民增收致富创造条件的良性循环。湖南慧润农业科技公司发展特色休闲观光农业，关键在于瞄准和追踪市场需求，因地制宜，挖掘农村乡土风情，走出了一条既有利于农民就业增收致富，又有利于市民观光休闲旅游的新路子。实践证明，只有理顺政府与市场的关系，按照政府引导，市场驱动，发挥市场在资源配置中的决定性作用，才能不断推动生产向新的领域和新的层次发展和促进经济社会健康有效顺利地发展。

### （二）坚持规划优先，注重顶层设计，创新务实，分步实施，有序推进

特色休闲观光农业作为一个新兴产业必须致力于理念优先，坚持规划优先，按照能力和可行相结合的原则，编制高起点、全方位的产业发展规划，并严格按照“一次规划、分项实施、逐年建设、滚动发展”的理念一张蓝图绘到底，培育发展农业支柱产业和特色产业，吸引和集聚一批优势产业化经营主体，形成一批特色产业群，提升产业竞争力。湖南慧润农业科技公司发展特色休闲观光农业，始终坚持把城市和农村两者的优点进行高度融合，让广大城乡群众既享受高品质的城市生活，又同时享受惬意的田园风光，科学制订了“分期投入、滚动发

展”的发展思路，实施差异化发展，着力打造出各具特色、相互关联的观光休闲农业品牌，努力实现“一村一景一业”的愿景。实践证明，新型产业发展要着眼长远，科学规划；要量力而行、稳步推进，不追求运动式的盲目推进；要凸显特色，因地制宜实施差异化发展，扶持树立一批典型示范，促进新型产业向规模化、产业化、品牌化发展。

### （三）致力文化搭台，提升文化品位，整合资源，增强发展活力

产业是载体，文化是灵魂。发展特色休闲观光农业要始终坚持文化先行，注入文化因子，延伸文化产业链条，用独有的文化特色，提升底蕴和内涵。湖南慧润农业科技公司依托开慧镇深厚的红色文化底蕴，致力于打造吃、住、行、娱、购、乐为一体的综合性乡村休闲度假中心。目前，公司运营管理4个项目，即婚庆主题文化区、红色教育旅游区、慧润农耕采摘区、运动休闲养生区，可为游客提供高尚新颖的休闲观光新景致。实践证明，只有将城市文明和农村本土文化有机地结合，让文化跟着项目走，项目带动文化发展，因地制宜整合资源，形成区域文化特色，才能提升产业的整体品牌效应，激发长期发展活力。

# 武汉东湖高新区发展的启示及对长沙高新区发展的建议

长沙高新技术产业开发区

武汉作为长江经济带和长江中游城市群重要的老工业基地和特大城市，近年来在抢抓发展机遇、加快转型升级等方面展现出大手笔和大气魄，特别是在贯彻落实国家创新驱动发展战略，依托东湖高新区建设国家自主创新示范区方面走在了全国前列。2014年9月10日至11日，长沙高新区党工委书记罗社辉同志率领党工委、管委会部分班子成员和有关部门、单位以及高新控股集团总公司主要负责人一行20多人专程赴武汉东湖高新区开展实地考察和学习调研，现将考察调研情况报告如下。

## 一、东湖高新区的发展现状

东湖高新区于1988年创建成立，1991年被国务院批准为首批国家级高新技术产业开发区。2001年被国家发改委、科技部批准为国家光电子产业基地（武汉·中国光谷）；2009年被国务院批准为国家自主创新示范区；2011年，中组部和国务院国资委确定武汉未来科技城为全国四家“中央企业集中建设人才基地”之一。东湖高新区经过四次托管，目前规划面积达到518平方公里，辖8个街道17个社区、100个行政村，常住人口40多万。2009年以来，东湖高新区经济社会呈现飞速发展态势，企业总收入保持年均30%以上的增速，成为全国高新区的领跑者。

——经济保持高速增长。2013年，高新区企业总收入达到6517亿元，增长

30.18%，是2009年（2261亿元）的2.88倍；完成固定资产投资534.33亿元，增长20.28%，其中完成工业投资348.38亿元，增长50.03%；完成财政总收入237.56亿元，增长24.2%，是2009年（71.66亿元）的3.32倍；今年1～8月份，高新区累计完成企业总收入5197亿元，同比增长29.43%；完成工业总产值3792亿元，增长26.54%；预计完成固定资产投资417.47亿元，同比增长20.27%；其中完成工业投资204.02亿元，同比增长38.41%。

——特色产业不断壮大。东湖高新区基本形成了以光电子信息产业为主导，生物医药、新能源环保、高端装备制造、高技术服务业竞相发展的“131”产业格局。其中，光电子器件及激光产业纳入国家战略性新兴产业集聚发展试点，地球空间信息产业入选国家首批创新型产业集群试点，已建成我国最大的光纤光缆生产研发基地、最大的光电器研发生产基地、最大的激光产业基地，光纤光缆生产规模全球第一，占据世界市场份额的25%、国内市场份额的60%。去年光电子信息产业总收入达到2685.7亿元，增长39.3%，产业规模占全区企业总收入的比重为44%；高技术服务业成为第二大增长点，收入达1335.5亿元，增长33.2%，占比为22%；高端装备制造业总收入798.5亿元，增长23.5%；环保节能产业总收入789.2亿元，增长19.7%；生物产业总收入512亿元，增长27.7%。

——重大创新成果不断涌现。2009年以来，东湖高新区专利申请量保持了年均50%以上增速，2013年专利年申请量突破1.2万件，占全市50%。东湖高新区累计主导创制国际标准10项、国家标准200多项。光通信三超领域（超大规模、超长距离、超高速率光传输）处于世界领先水平；诞生了国内首台万瓦连续光纤激光器、国际领先的植物提取人血清白蛋白技术、国内首台肿瘤细胞检测仪、全球首条万吨级生物质燃油生产线、世界上工作幅面最大的3D打印机等一批自主创新成果。

——自主创新体系不断完善。东湖高新区按照“市场主导、股东投入、政府支持”方式，以高校院所为主体成立了8家产业技术研究院。建立省级和国家级产业创新平台466家；以领军企业为主牵头成立39家产业技术创新联盟，其中国家级联盟总数达8个。科技企业孵化器（加速器）33家，孵化总面积300万平方米，在孵企业2800家。

——创新发展要素加快集聚。在“人才特区”建设方面，累计投入资金近10亿，实施“3551光谷人才计划”，引进海内外人才团队2000多个，35人入选国家“千人计划”。在“资本特区”建设方面，东湖示范区股权投资及管理机构从2010年的30多家增加到现在的220多家，科技支行总数达14家。目前，示范区上市公司33家（约占全省1/3、全市2/3），新三板挂牌企业44家，四板挂牌企业超过50家。

## 二、东湖高新区的发展特点

东湖高新区20多年的发展，打造了武汉·中国光谷品牌，实现了由“核”到“极”的飞跃，形成了特色鲜明的“东湖模式”。东湖高新区的发展有以下几个特点。

### （一）战略谋划大视野

东湖高新区站在全国与区域发展大局的高度，紧跟全球时代潮流，谋划高新区的发展定位，实现与世界科技、国家战略、省市战略的“同频发展”。一是率先提出建设世界一流园区。2006年6月，在纪念西安高新区成立15周年大会上，东湖高新区就与中关村、深圳、成都、西安、张江等6个高新区共同签署发表《建设世界一流园区创新宣言》，表示要作自主创新的示范区和先行区，担当创新型国家建设的先锋。二是积极争创国家自主创新示范区。2009年12月，东湖高新区正式获批成为国家自主创新示范区，成为国家探索创新驱动发展模式的首批“试验地”。三是着眼区域发展强化品牌输出。2001年至今，武汉市政府支持光谷与周边洪山区、江夏区多次签订共建协议。由洪山区、江夏区拿出土地，东湖高新区输出品牌和产业优势，双方共同建设园区、利益分享。此举在强化光谷品牌经济的同时，带动省市周边地区发展，也刺激了省市对东湖高新区的政策扶持。2014年，酝酿已久的东湖高新区“一区多园”试点将正式启动。武汉市力争在年内每个城区都有至少一个园区挂上“光谷牌”。在新的阶段，东湖高新区将担当湖北省“建支点、走前列”实施转型发展的排头兵，要在武汉市“建设国家中心城市，复兴大武汉”，建设国家创新中心中挑大梁、担重任，打造享誉世界的“光谷”。

### （二）发展规划大手笔

一是空间大拓展。东湖高新区从1998年开始到2010年，经历了四次扩容，面积由最初的24平方公里拓展到518平方公里，扩容了20多倍，成为名副其实的“大光谷”。特别是2010年第四次一次性扩容近300平方公里，比原来220多平方公里的“块头”大了1倍多，这是新中国成立以来武汉市最大一次托管区域规划调整。2014年，东湖高新区又面临新一轮的扩容，根据武汉市“大光谷”综合规划和近期实施计划，“大光谷”扩容实施“两步走”战略，近期规划建设1059平方公里，远期规划建设2316平方公里，占到武汉总面积的1/4。二是建设大投入。在基础建设投入上，东湖高新区最近两年保持了20%以上的投资增速，2013年完成基础建设投资157.88亿元，比上年增长22.8%。产业投资增速更快，2013年完成产业投资370.63亿元，增长50%。在创新投入方面，光谷明确了12个新兴产业发展方向，2014年财政预算的70%将用于产业创新。在人才投入方面，根据湖北省人才规划纲要，地方预算收入的2%用于人才专项经费，而在光谷，这一数字是5%。三是锁定大目标。在连续几年经济保持30%以上增速的情况下，东湖高新区2014年目标锁定8500亿元；根据2014年到2020年光谷6年蓝图三步走行动计划，2015年企业总收入跨越1万亿元，晋级“万亿元俱乐部”，2017年总收入1.65万亿元，企业3.3万家；2020年实现总收入3万亿元，企业总数达5万家，其中千亿企业2家，百亿企业30家。

### （三）各级支持大力度

一是省市领导重视。东湖高新区从建立伊始就得到湖北省、武汉市的高度重视和支持，特别是2001年获批国家光电子产业基地以来，成立了湖北省和武汉市的光谷建设领导小组，一直由省委书记和市委书记分别担任领导小组组长，领导小组办公室设在东湖高新区，由高新区管委会主任兼办公室主任，领导小组每年至少召开一次工作会议研究和推进各项工作的开展，省市领导每月调研高新区一次。全国政协主席俞正声在担任湖北省委书记期间，把光谷的建设看成是新中国成立以来与武汉长江大桥建成同等重要的两件大事。获批国家自主创新示范区后，湖北省又组织召开了全省各地州市和省直部门领导参加的千人大会，部署要求举全省之力支持东湖高新区建设国家自主创新示范区。此举为东湖高新区的发展联通了“地线”。二是高层高位协调。2010年3月，国务院办公厅批复同意成立由科技部牵头，国家发改委、教育部、工业和信息化部、财政部、人力资源和社会保障部、国土资源部、商务部、环境保护部、人民银行、国务院国资委、国家税务总局、国家知识产权局、中国科学院、中国银监会、中国证监会等16个部级单位组成的部际协调小组，负责协调各部门在职责范围内支持东湖高新区建设国家自主创新示范区，落实相关政策措施，研究解决发展中的重大问题。此举为东湖高新区的发展接通了“天线”。三是政策特殊倾斜。在国家层面上，东湖高新区获得系列试点和先行先试政策支持，适用北京中关村科技园区建设国家自主创新示范区的有关政策措施。在省市层面上，相继出台了20多项政策措施助推示范区的建设。如湖北省出台了《关于加快东湖国家自主创新示范区建设的若干意见》（鄂发〔2010〕4号），武汉市出台《关于全力推进武汉东湖国家自主创新示范区建设的决定》（武发〔2010〕4 号）。东湖高新区上缴省财政的新增税收全额返还、土地出让收入省级留成部分返还，上缴市级税收全额留成、土地收入全额返还；省发改委、省经信委、省科技厅等省直相关部门原则上每年安排专项资金的30%用于支持东湖高新区科技创新与发展。四是强化职能权限。高新区管理机构由副厅级升格为正厅级，高新区领导高配，现任高新区工委书记胡立山为武汉市委常委、市人民政府副市长，管委会主任张文彤为武汉市政协副主席。全面赋予东湖高新区市级经济管理权限，市直各部门按照“办事不出园”的原则，进一步扩大东湖高新区审批权限，简化办事程序，提高办事效率。简化东湖高新区土地报批、供地审批手续，在规划管理、用地指标等方面享有更大的自主权和优先权，实行用地指标单列和统征模式，每年用地指标达1.5万～1.8万亩，拆迁面积达1万亩以上。

### （四）高端人才大集聚

一是实施高端人才引进计划。武汉市委、市政府出台《关于在武汉东湖新技术开发区建设“人才特区”的若干意见》，在东湖高新区建设“人才特区”，启动实施“3551人才计划”，用3年时间在光电子信息、生物、环保节能、高端装备制造、现代服务业等五大产业，引进和培养50名左右掌握国际领先技术、引领产业发展的科技领军人才，1000名左右在新兴产业领域从事科技创新、成果转化的高层次人才。2009年以来，共引进和培养高层次人才10000多人，35人入选国家“千人计划”，102人入选省“百人计划”，772人（团队）入选“3551光谷人才计划”，在企业工作的博士人数超过6000人，五年增加量超过前20年总和的2倍。二是加强对人才的支持。按优秀人才（团队）、重点人才（团队）、领军人才（团队），分别给予100万元、300万元、600万元的资助，特别优秀的创新创业团队可“一事一议”，最高给予1亿元的资助。2009年以来，东湖高新区共投入人才特区建设专项资金达7.64亿元，其中对人才项目予以无偿资助6.96亿元。创新人才工作思路方法，贴近园区和产业，将“3551光谷人才计划”的申报初审权下放到八大专业园区，对向东湖高新区引才荐才的单位给予奖励，推荐人才入选“3551光谷人才计划”的单位，每人次可获得不少于1万元的奖励；对推荐而未入选，但在东湖高新区注册公司创业的，给予1千元奖励。三是着力打造承接海外高层次人才创新创业的孵化载体。相继建成了功能完备的留学生创业园、光谷创业街、洪山创意大道、大学科技园、南湖农业园创业中心、华中软件园等创业孵化载体以及武汉大学、华中科技大学生产力促进中心，建设企业博士后科研工作站和产业基地24个，国家、省级海外高层次人才创新创业基地17个，通过优惠的扶持政策、良好的创业服务，为海外高层次人才带项目回国创业搭建平台。

### （五）科技金融大结合

一是大力推进“资本特区”建设。东湖高新区先后出台了26项科技金融专项政策，累计投入专项资金6亿元。目前，东湖高新区内集聚了证券、保险、小贷、担保、融资租赁等各类金融机构30多家，科技支行总数达14家，股权投资及管理机构从2010年的30多家增加到现在的225家。二是积极探索科技金融的融合模式。2013年7月，人行武汉分行营管部联合湖北省保监局、东湖高新区管委会联合制定《东湖国家自主创新示范区科技型企业贷款保证保险业务操作指引》，建立了“第三方信用评级+银行贷款+保证保险+政府”模式的科技贷款风险分担机制，该业务除适用于信用贷款外，还可以辅以知识产权、股权等多种质押方式。截至2014年7月，武汉市已有54家科技型企业获得保证保险贷款11680万元。三是加大对科技型企业的融资支持力度。管委会对获得保证保险贷款的科技型企业，给予投保费用40%的补贴、基准利息25%的贴息、贷款损失30%的补偿。同时，武汉市科技金融专项补贴资金围绕专利权质押贷款贴息、科技保险保费补贴等统筹配置，提高了财政资金的利用效率。四是加强企业信用体系建设。东湖高新区企业信用信息2014年正式上线，辖区2.5万多家企业10万余条信息将在该网站对社会公示。这是湖北省内首个上线的企业信用信息公示系统。信用体系建设将为企业投融资建立一个良好的平台，进而促进高新区投融资环境的变化。五是推进构建多层次资本市场。设立股权代持基金（首期5000万元），支持百余家企业实施股权激励试点工作。定期举办光谷“青桐汇”活动，打造创业者、投资者、创业导师路演对接的合作平台。2013年高新区支持光谷创业咖啡、DEMO咖啡组织300余场创业活动和项目路演，全区新三板挂牌企业44家，武汉股权托管交易中心（四板市场）新增挂牌企业139家、托管企业364家、展示板企业1560家；区域要素市场交易规模超过3000亿元，光谷成为我国科技金融最活跃的地区之一。

### （六）发展环境大优化

一是改革体制机制，打造“服务特区”。率先全国建设联合办公中心，实行“阳光新政”，促进政府职能由“行政管理”向“公共服务”转变；调整内设机构，实施大部制和全员聘用制；实施扁平化管理，做实八大专业园区，明确每一个园区的范围和发展定位，赋予基本建设、招商引资、产业发展等工作职能，理顺管委会部门、园区办、街道办职能职责，实施“园区服务企业、街道服务群众、机关服务基层”的“三条线”管理架构及服务体系；下放管理权限，减少办事环节，实现管委会服务重心前移，建立“委领导分管园区、园区联系企业、部门服务企业”的服务企业工作机制；对企业反映问题在常务会上“每周通报”，实行企业问题销号制，打造重点项目行政审批“绿色通道”，联想武汉基地当年开工当年投产，创造联想速度，光谷服务模式成为全省典范。二是优化政策环境，推进创新创业。2012年8月，武汉市推出《促进东湖国家自主创新示范区科技成果转化体制机制创新的若干意见》（简称“黄金十条”），在国内外产生广泛影响，被称之为“黄金十条、条条管用”。10条新政中，从专项资金“搭桥”股权激励，到科技企业注册资本“零首付”，以及鼓励天使基金，均着眼制约成果转化和产业创新的若干关键环节，多条政策突破了原有法律、规章的限制，为创新创造提供更多自由空间，激发了创新创业活力，加快了科技成果转化。比如，科技成果完成人拥有转化处置权，突破了国家“对价值在800万元以下的成果拥有处置权”的限制；产业技术创新联盟可登记为法人，而此前只能登记为“协会”；大学生休学创业，计学分；院所技术人员“下海”创业，保留技术岗位8年；科研成果一年不转化的，个人或团队可以“变现”，收益至少七成归己；有的政策为光谷独创，如按规定建设的孵化器和加速器，可按工业用地标准供地，打破了国内按商业标准相对高价供地的惯例。武汉大学、华中科大等10余所高校据此出台细则，鼓励师生创业。2013年3月，武汉市将黄金十条政策放大到全市。2013年8月，武汉市又出台关于实施“青桐计划”[①]鼓励大学生到科技企业孵化器创业的意见，对到孵化器创业的大学生给予创业辅导、房租补贴、研发投入、融资担保贴息、住房保障等一系列政策扶持。如鼓励允许在校学生休

---

① 青桐即梧桐。青有青年之意，喻指朝气蓬勃的大学生；桐有栖地之意，喻指大学生创业的场所“孵化器”。凤凰非梧桐不栖，实施青桐计划，筑好巢，引好凤，让凤凰栖地梧桐，喻指武汉大力建设孵化器和促进大学生到孵化器创业。梧桐生长迅速，树木高大，象征大学生成才、企业成长；梧桐全身是宝，象征大学生是宝贵资源。武汉主产梧桐，寓意武汉的气候环境适宜大学生创业。

学创业，创业后可重返校完成学业；初次进入孵化器创业的，第1年给予房租全额补贴，第2～4年连续3年给予50%的房租补贴；初创企业3年内缴纳税收市、区留成部分，由财政扶持企业专项用于研发投入；市设立2000万元的大学生创新创业专项资金，对符合条件的创新项目给予10万～20万元的无偿资助；设立不低于1亿元的天使投资基金、创业种子资金，专门用于扶持大学生初创企业；为大学生提供2年期小额贷款担保并由财政全额贴息，对担保机构提供融资服务的给予全额或部分担保费补贴；对风险投资基金投资按其实际投资额的5%给予风险补偿；将符合条件创业的大学生纳入全市基本住房保障范围；市政府每年奖励100名大学生创业先锋等等。2013年12月，湖北省政府在全国率先出台《促进高校院所科技成果转化暂行办法》，真正赋予科研团队研发成果的使用权、经营权、处置权和受益权，这是对研发成果管理体制的重大突破。《办法》明确：科技人员离岗创办科技型企业的，保留编制、身份、人事关系，档案工资正常晋升，5年内可回原单位；高校、院所研发团队在鄂实施科技成果转化、转让的收益，其所得不得低于70%，最高可达99%；省级创新项目优先支持高校、院所科技人员创新创业；高校、院所自主实施具有应用前景的项目完成后形成的科技成果，在2年内在本省转化的，按其技术合同成交额给予适当补助；省级科技、人才计划，每年安排一定资金支持高端人才创新创业；省科技、教育、人社部门每年遴选一批大学生创新创业项目给予支持；将科技成果转化作为重要指标纳入科技人员考评体系，对在技术转移、科技成果转化中贡献突出的，可破格评定相应专业技术职称；建立科技成果转化风险补偿机制。三是支持创新创业平台建设，促进科技成果转化。大力支持科技企业孵化器加速器、产业技术研究院、产业技术创新联盟、企业研发机构等创新创业平台建设，如企业及校企建立研发机构，每年最高可领1000万元研发补贴；对推动产业技术创新效果明显者，年最高奖励30万元；获批国家级战略联盟的牵头企业，一次性奖励50万元，等等。东湖高新区不仅高水平建设了关东科技园、关南科技园、大学科技园、光谷生物城、未来科技城等专业园区，而且探索出助推科技成果转化的“四级跳”模式：科技成果在高校产生——成果在高校周边孵化——孵化企业在大学科技园成长——再到专业科技产业园规模发展。成功的模式使高新区高科技成果转化、科研院所改制走在全国前列，形成了科技创业的高潮，光通信、激光等实现了从产业化到产业规模发展的跨越。2013年，东湖高新区新增3家产业技术研究院，9家产业技术创新联盟（国家级3家），新增国家和省级企业工程技术中心、重点实验室30家；新建科技企业孵化器10家，新增孵化（加速）面积55.6万平方米；涌现出创业咖啡等一批

“孵化+投资”的新型孵化器，建成3D打印等一批专业孵化器。四是以文化建设为引领，营造创新创业氛围。培育和倡导“冒险、创新、敬业、诚信”的光谷创新创业文化。一方面，实行一系列制度，激励各类人才的创新创业激情，并对他们的成就给予尊重和奖励；另一方面，重视人的需要，高起点、高规格建设“国际精英社区”“人才公寓”“人才社区”、国际医院、国际学校、国际体育文化和休闲娱乐设施，为高层次人才生活创造良好的人文环境。定期举办光谷“青桐汇”，形成“天天有咖啡、周周有路演、月月青桐汇”的局面等。2013年，东湖高新区新注册企业3900多家，平均每个工作日新增15家，目前光谷企业总数达2.7万家。

## 三、东湖高新区的启示与借鉴

东湖高新区创建初期与长沙高新区几乎在同一起点，但经过这几年的快速发展已远超长沙高新区，成绩令世人瞩目。此次光谷之行，考察组着实看到了差距，感到了震撼，受到了启发。

### （一）长沙高新区与东湖高新区的简要对比

1. 综合水平排名情况。东湖高新区在国家级高新区综合排名中位居第3位，长沙高新区综合排名第14位，落后东湖高新区11个名次。具体到四项评价指标：东湖高新区知识创造和技术创新能力排名第2，产业升级和结构优化能力排名第12，国际化和参与国际竞争能力排名第8，可持续发展能力排名第6，长沙高新区分别排名第16、15、29、52位，分别落后14、3、21、46个名次。

2. 主要经济指标情况。从企业收入增速看，2009年以来，东湖高新区保持年均30%以上的增幅，而同期长沙高新区年均增速为22%，低8个百分点，且自2011年后出现了较大波动，企业收入降幅明显，2012年和2013年都只有15%左右的增速。从经济总量看，2008年，长沙高新区企业总收入为东湖高新区的71.4%，之后逐年下降，2009年下降到66.4%，到2013年已经下降到51.8%。2013年长沙高新区企业总收入（3374.4亿元，含“一区四园”，下同）为东湖高新区（6517亿元）的51.8%，财政收入（101.2亿元）为东湖高新区（237.56亿元）的42.3%。从经济外向度看，2013年东湖高新区利用外资11.1亿美元，引进内资195.2亿元，出口创汇44.78亿美元，长沙高新区分别为6.8亿美元、85.1亿元、

24.7亿美元，占比分别为东湖高新区的61%、43.6%、55.2%。

3. 产业发展与竞争力情况。从主导产业构成看，东湖高新区五大主导产业排名依次是光电子信息产业、高技术服务业、高端装备制造业、环保节能产业、生物产业，去年分别实现总收入2685.7亿元、1335.5亿元、798.5亿元、789.2亿元、512亿元；长沙高新区五大主导产业排名依次是先进制造业、新材料、节能环保及新能源、电子信息、生物医药，去年总收入分别为1765.9亿元、506.8亿元、458.5亿元、367.6亿元、275.6亿元。长沙高新区先进制造业一枝独秀，在园区经济中的占比超过50%，其他四大主导产业均没超过20%。东湖高新区光电子信息产业虽然为龙头，但占比为44%，位居第二的高新技术服务业占比也达到22%，且增幅达到33.24%；节能环保产业和高端装备制造业占比均在13%，生物产业占比8%。从创新创业主体来看，东湖高新区集聚了42所高等院校，56个国家、省部级科研院所，58名两院院士、20多万各类专业技术人员和80多万在校大学生，是中国第二大智力密集区，仅次于北京中关村高科技园区。2013年，东湖高新区高新技术企业数量为672家，多出长沙高新区223家；省级及国家级以上创新平台466个，多出长沙高新区50个；孵化器加速器面积300万平方米，多出60万平方米；东湖高新区年销售收入过1亿元企业331个、过10亿元企业61个、过50亿元企业23个、过100亿元企业8个，分别比长沙高新区多153个、18个、15个、5个。

## （二）东湖高新区发展的启示

启示之一：省市及高层的高度重视和鼎力支持，是东湖高新区加快发展的一大关键。无论是光谷还是自主创新示范区的获批建设，都是省市及高层重视支持的结果。可以说，东湖高新区形成了一个外部支持与自身发展的良性循环，湖北省、武汉市的大力支持推动了东湖高新区快速发展，东湖高新区的快速发展又使其在全省、全市的战略地位不断提升，战略地位的提升反过来又促使各个层面更加重视东湖高新区，东湖高新区因此实现了与国家、省、市战略的同频发展。2013年，东湖高新区工业总产值和工业增加值分别占武汉市的48.9%、56.5%，战略地位不断凸显。“大光谷”成为武汉市建设国家中心城市，完成“工业倍增”计划的重要战略板块，与武汉市“大车都”“大临港”“大临空”等板块共同形成武汉市完整的发展路线图。

启示之二：大光谷的品牌输出优化了外部环境，带动省市周边发展的同时，强化了光谷的品牌效应。相比之下，长沙市内园区之间各自为政，同城同质竞争，在推崇GDP论英雄的大环境中，高新区先行先试和创新发展的功能有所退化，守摊子的思想日益浓厚；多年前的“一区多园”优势逐渐萎缩，高新区的影响力没有得到应有扩展。

启示之三：“从上到下”的人才引进战略，为东湖高新区集聚了大批高端人才，积累了丰富的高端智力资源。长沙高新区虽然重视高层次人才引进，但力度仍显不足，特别是在省、市层面上，还缺少大手笔的政策支持与引导，没有真正形成像东湖高新区那样建设人才特区的强大氛围。

启示之四：注重科技创新与成果转化，夯实了东湖高新区的创新创业特色，形成了“院士”与“草根”共生共荣的发展环境。长沙高新区虽一直致力于推动自主创新、加快成果转化，但由于受单一的考核指标体系影响，面临加快发展工业、迅速提升总量的重大任务，客观上分散了注意力；同时在省市层面上，同样缺少有利的政策环境。

启示之五：依托高端产业带动产业发展升级，更加注重产业发展的协调性和均衡性，增强了东湖高新区产业抗风险能力。东湖高新区在致力发展光电子信息龙头产业的同时，同步发展高技术服务业，并在未来主导产业的培育上向高技术服务业倾斜。光电子信息产业虽然为龙头，但位居第二的高新技术服务业占比也达到22%，这是东湖高新区产业发展的一个亮点。根据其新兴产业促进计划，到2019年，光谷现代服务业企业总收入将达9000亿元，光电子信息为8800亿元，当了30多年“大哥”的光电子届时将被现代服务业反超；到2020年，现代服务业与光电子将双双晋级万亿产业，现代服务业目标1.2万亿元，超过光电子2000亿元。与东湖高新区相比，长沙高新区面临更大的产业结构性风险，而服务业发展更是短板，产业结构优化升级任务十分艰巨。

### （三）未来长沙高新区发展建议

未来长沙高新区的发展可以从三个大的方面着眼，即通过借势、壮势、造势，全面加快经济社会发展，从而不断提升长沙高新区的辐射力和影响力。

第一，主动借势，争取各级领导的重视支持。近年来，省、市各级领导对长沙高新区在各个方面的关注与重视程度日益提高，空间拓展、《条例》修订等重大问题先后得到解决。当前，以长株潭国家高新区自主创新示范区获批为新的起点，长沙高新区正迎来新一轮加快发展的历史性契机，要充分借助示范区部省协调共建之势，凝聚未来共建之力，特别是要紧紧抓住全面深化改革、简政放权以及《条例》颁布实施的良好契机，加强战略对接，争取国家、省、市各级在更高层次和更广层面上的重视支持，在财税、土地、科技、金融、人事和审批制度改革、体制机制等方面支持高新区先行先试、大胆探索。如：争取延长高新区现有财政体制至2025年，高新区土地出让收入市级留成部分全部返还，保障高新区每年6000亩以上的用地指标；市级工发资金、科技计划资金等专项资金更加有针对性地支持高新区科技创新与产业发展；建立有利于创新驱动的考核机制，改变对高新区以规模工业等主要经济指标为主的考核方式，把知识产权、成果转化、创新创业、孵化载体建设、新兴业态培育等体现自主创新、转型升级的内容纳入考核指标体系，等等。只有争取更加广泛和更有力度的支持，长沙高新区才能更快融入湖南“一带一部”战略，引领长株潭自主创新示范区建设，在示范区建设中充分发挥主力军作用，在湘江新区中发挥支撑极作用。因此，高新区要重新审视目标定位，在市级层面，力争2017年率先实现产业倍增；在省级层面，力争经济总量占到示范区的60%以上；在全国高新区层面，力争总体实力和创新能力有更大提升。

第二，着力壮势，强化高新区在区域发展中的支撑引领作用。一是要着力推进科技创新，打造创新的特区。注重发挥创新实效，以创新推动产业化，培育新的增长点。强化知识产权战略和标准化战略，大力推动标准化与自主创新深度融合，提高“麓谷标准”在本地区以及国内外的话语权和影响力，增强核心竞争力，形成新的竞争优势。二是要着力强化优势产业，形成产业的集群。充分发挥先进装备制造业和新材料产业的发展优势，加大政策扶持力度，扶持相关配套产业及中小企业发展，营造良好的产业生态环境，快速形成集聚效应。三是要着力优化产业结构，培育多元的支撑。在支持工程机械行业加快转型升级的同时，巩固和提升节能环保及新能源、电子信息、生物医药等产业发展。着力在“专”“特”字上做文章，加大对专业园区的规划、策划、包装、融资、建设和运营力度。大力扶持新兴业态和培育新的产业增长点，特别是要加快发展移动互联网、节能环保、医疗健康和现代服务业等消费型产业的发展，培育更多的优势企业，做大产业规模。四是要着力人才引进，构建人才的特区。大力构建人才引进的制度化、市场化机制，加大对高端人才的政策支持，提升高端人才服务水平，增强政策的精准高效，真正实现引进一批人才，带来一批项目，发展一批产业。

第三，精心造势，扩大高新区的品牌影响力。加快产城融合，提升新城品质，在空间拓展等方面争取更多支持。借鉴东湖高新区作法，谋划启动新一轮空间大拓展，要从“十三五”规划和建设国家自主创新示范区的中长期目标定位，加强高新区产业发展、基础设施和空间格局规划，加快与周边地区基础设施互联互通，有步骤地推动高新区空间的拓展和实现倍增效应，确保长远规划一次性高起点到位，改变目前这种边建设边规划、修修补补改规划的状况。同时，通过多种手段提升“麓谷”的品牌效应，使“麓谷”的内涵更加丰富、特色更加鲜明，特别是要强化“麓谷”在科技创新、产业发展、人才培育、公共服务、行政效能和生态环境等方面的影响力，营造加快发展的浓厚氛围。建议充分利用湘江新区建设契机，在新区范围内提升和推广“一区多园”模式，构建形成“一区多园”发展格局，进一步支撑做大湘江新区产业规模，发挥高新区在国家层面的影响力，将“麓谷”打造成全市全省的“金字招牌”。

**附表1　长沙高新区与东湖高新区各评价指标在全国高新区排名一览表**

| | 综合排名 | 知识创造和技术创新能力 | 产业升级和机构优化能力 | 国际化和参与国际竞争能力 | 高新区可持续发展能力 |
|---|---|---|---|---|---|
| 东湖高新区 | 3 | 2 | 12 | 8 | 6 |
| 长沙高新区 | 14 | 16 | 15 | 29 | 52 |

**附表2　长沙高新区与东湖高新区历年企业总收入对比表**　单位：亿元，%

| | 2008年 | 2009年 | 2010年 | 2011年 | 2012年 | 2013年 |
|---|---|---|---|---|---|---|
| 东湖高新区 | 1750 | 2261 | 2926 | 3810 | 5006 | 6517 |
| 长沙高新区 | 1250 | 1500.5 | 1841.8 | 2513.9 | 2901.9 | 3374.4 |
| 占东湖高新区的比重（%） | 71.40% | 66.40% | 62.90% | 66% | 58% | 51.80% |

**附表3　历年财政收入对比**　单位：亿元

| | 2008 | 2009 | 2010 | 2011 | 2012 | 2013 |
|---|---|---|---|---|---|---|
| 东湖高新区财政收入 | 44.5 | 71.66 | 96.76 | 133.87 | 191.27 | 237.56 |
| 长沙高新区财政收入 | 21.1 | 36.9 | 46.9 | 65.3 | 88.8 | 101.2 |
| 长沙高新区与东湖高新区的差额 | -23.4 | -34.76 | -49.86 | -68.57 | -102.47 | -136.36 |

**附表4　2013年长沙高新区与东湖高新区主要经济指标对比表**　单位：亿元

| | 企业总收入 | 财政收入 | 工业总产值 | 工业增加值 | 引进内资 | 实际利用外资（亿美元） | 出口创汇（亿美元） |
|---|---|---|---|---|---|---|---|
| 东湖高新区 | 6517 | 237.56 | 5086 | 1758 | 195.2 | 11.1 | 44.78 |
| 长沙高新区 | 3374 | 101.2 | 3218.5 | 384.46 | 85.1 | 6.8 | 24.7 |
| 长沙高新区占东湖高新区的比（%） | 51.8 | 42.2 | 63.3 | 21.8 | 43.6 | 61 | 55.2 |

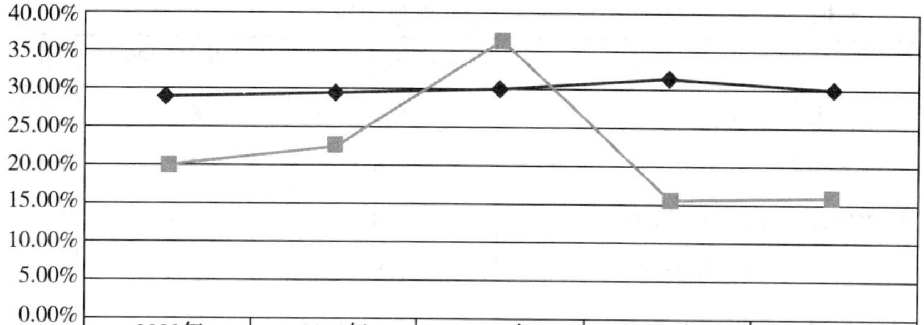


| | 2009年 | 2010年 | 2011年 | 2012年 | 2013年 |
|---|---|---|---|---|---|
| 东湖高新区 | 29.20% | 29.40% | 30.20% | 31.40% | 30.20% |
| 长沙高新区 | 20% | 22.70% | 36.50% | 15.40% | 16.30% |

**附图1　长沙高新区与东湖高新区企业收入增速对比**

**附表5　　2013年长沙高新区与东湖高新区主导产业发展对比表**

| | 东湖高新区 | | | 长沙高新区 | | |
|---|---|---|---|---|---|---|
| | 主导产业 | 总收入（亿元） | 增速 | 主导产业 | 总收入（亿元） | 增速 |
| 1 | 光电子信息产业 | 2685.6 | 39.34% | 先进制造 | 1765.9 | -9.36% |
| 2 | 高技术服务业 | 1335.4 | 33.24% | 新材料 | 506.8 | 270.47% |
| 3 | 高端装备制造业 | 798.46 | 12.25% | 节能环保及新能源 | 458.5 | 33.05% |
| 4 | 环保节能产业 | 789.46 | 12.11% | 电子信息 | 367.6 | 25.29% |
| 5 | 生物产业 | 512.34 | 27.73% | 生物医药 | 275.6 | 54.14% |
| | 合计 | 6121.26 | | | 3374.4 | |

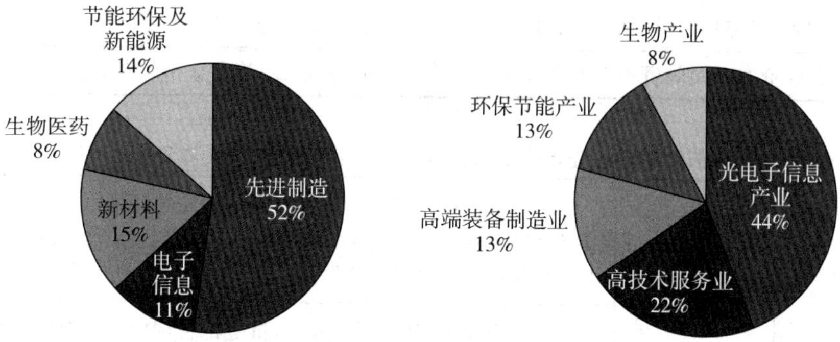


**附图2**

**附表6　　企业竞争力对比表**

| | 长沙高新区 | 东湖高新区 | 长沙高新区差距 |
|---|---|---|---|
| 高新技术企业数量 | 449 | 672 | –223 |
| 省级和国家级创新平台（个） | 416 | 466 | –50 |
| 孵化器加速器面积（万平方米） | 260 | 300 | –60 |
| 年销售收入过1亿元企业 | 178 | 331 | –153 |
| 年销售收入过10亿元企业 | 43 | 61 | –18 |
| 年销售收入过50亿元企业 | 8 | 23 | –15 |
| 年销售收入过100亿元企业 | 3 | 8 | –5 |
| 年销售收入过500亿元企业 | 1 | 0 | 1 |
| 申请专利数量（件） | 15000 | 13021 | 1079 |

**附表7　　东湖高新区“一区多园”试点9大优惠政策**

| |
|---|
| 1. 对各专业园的税收市级留成部分全额返还 |
| 2. 各区要分别设立人才和产业发展专项资金，参照东湖高新区政策标准，执行科技、人才、金融、知识产权、商标培育、产业扶持等相关优惠政策 |
| 3. 建立东湖高新区与各区的双重统计机制 |
| 4. 争取将国家支持东湖高新区先行先试的财税试点政策和湖北省支持东湖高新区的税收政策覆盖至各专业园 |
| 5. 将股权激励试点政策、科技成果处置权和收益权试点政策覆盖至各专业园 |
| 6. 专业园内的科技型企业可以通过东湖高新区高新技术企业认定工作站申请认定国家高新技术企业 |
| 7. 专业园内符合条件的企业可以通过东湖高新区申报国家级、省级科技和产业计划项目 |
| 8. 在同等条件下，优先支持专业园引进国内外高层次人才和创新团队，人才入选“黄鹤英才计划”“光谷3551人才计划”“高新技术产业科技创新团队培养计划”等 |
| 9. 引导金融资本、民间资本向专业园集聚，将“资本特区”政策覆盖至各专业园 |

**附表8　　东湖高新区先行先试工作2014 年先期启动42项具体工作**

| | | |
|---|---|---|
| 行政审批与服务 | 第一，创新投资管理制度 | 1. 工商登记施行“先照后证”。制订“先照后证”目录清单，除保留金融、保险等国家法律法规规定须经批准才能设立的事项外，工商登记一律实行“先照后证” |
| | | 2. 探索外资准入前国民待遇的审批登记管理模式。对外商投资产业目录中鼓励类项目，由核准制改为备案制 |

续表

| | | |
|---|---|---|
| 行政审批与服务 | 第二，深化行政管理与服务改革 | 1. 建立“一表申报、一口受理、三证联办”的工作机制。将多个部门、多头受理改为一个部门、一个窗口集中受理，营业执照、组织机构代码证、税务登记证“三证联办” |
| | | 2. 完善“园区服务企业、街道服务群众、机关服务基层”的三条线服务体系，制定东湖高新区行政权力和服务、园区服务企业、街道服务百姓三个事项清单 |
| | 第三，建立事中事后监管模式 | 1. 夯实监管基础，打造全新的政务信息管理服务系统。建立高新区统一的信息共享平台，实现政府部门之间、企业和政府之间的信息资源共享 |
| | | 2. 转变监管方式，依靠信用监管促进市场主体诚信经营。建立抽查制度、责任追溯制度，落实企业年度报告制度、经营异常名录制度和“黑名单”等制度，向社会公示市场主体的信用信息及奖惩记录，依靠信用监管促进市场主体守法经营、诚信经营 |
| 科技创新 | 第一，深化科技体制改革 | 1. 出台《东湖国家自主创新示范区条例》。为保护改革者，激励创新者，扩大对外开放，建立与国际科技创新、投资、贸易通行规则相衔接的基本制度体系提供法制保障 |
| | | 2. 实施高校院所职务科技成果管理改革试点。在全国率先开展高校院所职务科技成果处置、收益权改革，下放处置权，扩大收益权，探索所有权 |
| | 第二，促进创新要素聚集 | 1. 实施“海外公民证”“海外华裔证”和外籍高层次人才“绿卡”制度 |
| | | 2. 启动建设国家技术转移中部中心。“网内网外”相结合，打造集技术交易、技术经纪、创新创业、科技金融服务等于一体的专业平台 |
| | 第三，建立创新创业平台体系 | 1. 推进产业(工业)技术研究院建立企业化、市场化、专业化运营机制 |
| | | 2. 探索产业技术创新联盟和行业协会运作新机制，推动联盟确定法人地位 |
| 科技金融 | 第一，深化科技金融融合 | 1. 鼓励银行机构设立科技贷款专营机构，试点设立可贷款、可投资的科技小额贷款公司 |
| | | 2. 成立光谷科技金融服务公司和武汉集成电路产业投资基金 |
| | 第二，实现金融有序开放 | 1. 开展跨国公司总部外汇资金集中运营管理试点 |
| | | 2. 开展外商投资企业外汇资本金结汇管理方式改革试点 |
| | 第三，激活民间资本活力 | 1.支持符合条件的民营企业发起设立风险自担的民营银行，吸引民间资本设立科技担保公司、小额贷款公司 |
| | | 2. 出台促进民间资本金融业专项政策，加大对民间金融业务补贴和风险分担 |

续表

| | | |
|---|---|---|
| 扩大开放（综保区） | 第一，拓展贸易服务功能 | 1. 启动跨境电子商务平台建设。开展跨境电商出口业务，争取跨境电商保税进口业务获批 |
| | | 2. 建设特色保税展示交易平台。将进口保税商品的批发、展示、零售集中，打造可拓展的综合性指定口岸 |
| | | 3. 建设大宗商品贸易平台。开展化工品、有色金属等贸易业务 |
| | 第二，提升贸易便利化水平 | 1. 推行实施关检合作“三个一”(一次申报、一次查验、一次放行) |
| | | 2. 启动国际贸易“单一窗口”建设 |
| | | 3. 在全省范围内率先试点实施“一线放开、二线管住、区内自由”的监管模式 |
| | 第三，扩大服务业开放 | 1. 逐步开展国内外快递企业办理国际快件属地报关业务 |
| | | 2. 逐步允许设立外商独资专业服务机构、经营性教育培训机构 |

# 加快转型升级　着力发展提质<br>打造现代城市工业经济综合体

长沙经济技术开发区

打造现代城市工业经济综合体是长沙市委、市政府对产业园区的战略定位。作为全市工业经济主力军，长沙经济开发区坚持以打造产业支撑、两型引领、产城融合、宜业宜居的现代城市工业经济综合体为目标，全力推进倍增倍升、满园扩园、提标提档战略，全区经济保持了稳中有升的良好势头。

## 一、实践探索与主要经验

### （一）坚持区县共赢发展

长沙经济开发区是长沙县举全县之力成长起来的国家级开发区。多年来，长沙经济开发区与长沙县分工合作，长沙县承担全区范围内的大部分社会事务和社会管理工作，使长沙经济开发区能轻装上阵，集中精力、心无旁骛抓好招商引资、基础建设、产业聚集、项目建设和企业服务，为园区工业经济发展提供了强有力的支撑。同时，多年前在长沙县支持下，区县构建了税收6：4分成的财税体制，并支持“以区带园”战略，将园区规划面积扩大到100平方公里，为园区发展拓展了空间，形成了区县你中有我、我中有你、同舟共济、利益共享的格局，促进了经济开发区的快速健康发展。

## （二）坚持产业集群发展

围绕打造工程机械、汽车制造两大千亿产业集群，一方面紧盯优质项目招大引强，突出重点，精心培育，着重发挥龙头企业的支撑带动作用；另一方面，坚持以商引商、以大带小，不断延伸产业链条，着力提升本地配套率，打造上下衔接、成龙配套的产业集群式发展格局。骨干企业方面，全区已有三一等5家工程机械主机企业，广汽菲亚特等6家整车生产企业（其中4家国际著名品牌），还有蓝思科技、创芯科技、国科微电子等众多龙头企业。配套企业方面，先后引进了博世汽车、住友轮胎、卡斯马、广汽江森、日本电装、马瑞利等世界500强企业，广汽菲亚特、广汽三菱、上海大众等主机企业都建设了核心零部件配套园。目前，园区基本形成产业集群的“洼地”效应，工程机械、汽车制造产业属地配套率分别达到20%、35%，有效地降低了企业生产运营成本，提高了产业整体抗风险能力。

## （三）坚持均衡协调发展

多年来，全区工程机械产业“一支独大”，高峰期保持了50%以上的增速，占全区比重达80%。近年来，随着该行业步入理性增长轨道，全区更加注重产业结构调整，更加重视汽车、电子信息产业的聚集和培育。目前工程机械、汽车制造、电子信息三大产业的比重为53∶20∶10，开始呈现多点支撑的局面。特别是在LG、HEG等传统电子企业整体坍塌的背景下，全区成功引进了蓝思科技、长城信息、纽曼科技等企业，为重振电子信息产业雄风夯实了基础。在突出骨干企业的同时，园区坚持大小兼顾，着力培育和服务中小微企业，增加就业机会，促进更多的小微企业上台阶。为加快中小微企业入园投产，全区积极发展工业地产，成立了“留学人员创业园”，建立了10个产业孵化园，建成面积超过60万平方米，引进小微企业240家。管委会每年安排了专项资金，给予中小微企业融资贷款、租金补贴、资金扶持、平台搭建等支持，助推其成长和壮大。目前我区规模以上企业达到144家，比三年前净增40家。

## （四）坚持产城融合发展

随着入区企业和产业工人的增加，我区逐渐感受到企业用工、员工住房、子女就学、交通出行、城市管理、社会保障等社会问题日益凸显。为此，打造产城融合、宜居宜业现代城市工业经济综合体，促进二、三产业双轮驱动，显得尤为重要和紧迫。一是打造现代服务业重点区域。2009年，出台《关于加快产城融合、促进第三产业发展的试行办法》；通过“优二进三”，腾笼换鸟，加快建设星沙商业中心区，在新一轮的控规提升中，规划建设了“一主三次”的商业中心，满足产业工人生活居住需要。二是引进示范优质项目。瞄准国际、国内顶尖企业，引进大型的商业综合体、品牌酒店等项目。比如引进了亿达集团和金科集团总投资300亿的长沙科技新城项目，将吸引世界500强及行业领军企业入驻，致力打造综合性高科技示范项目。三是完善城市功能配套。通过加强区县紧密合作，完善公共设施，建设“职工之家”，完善公园、广场、学校、医院、公租房、“天网工程”、公交站、公厕、垃圾站、社区文化中心等公共基础设施。特别是建设了湖南省唯一一家采用国际IB标准教学的国际学校；开通了园区穿梭巴士，改造了园区道路、护栏，全面清理城市摊担，整治环境卫生，使城市品位和城市管理档次得到提升，投资创业与生活环境更加优越。

## （五）坚持转型升级发展

一是加快传统产业转型。工程机械、汽车产业领域，进一步瞄准需求，细分市场，做大做强骨干企业。今年以来园区传统产业基本稳住，并焕发出新的生机，如铁建重工高端盾构机、众泰“云100”新能源汽车，均较好地实现了产品转型，促进了企业快速增长。随着汽车发动机、变速箱、轮胎等重要零部件项目的入驻，汽车产业将加快做大做强。二是积极培育战略性新兴产业。按照国家政策导向，将电动汽车、集成电路、电子商务、环保产业等作为园区战略性新兴产业方向。出台了《促进集成电路产业试行办法》，每年财政安排1亿元支持集成电路产业发展，依托国科微电子、创芯科技等骨干企业，整合资源，定向招商，目前已在我区成立了全省集成电路产业联盟，“国家（深圳）集成电路设计产业化基地长沙基地”正式落户我区。出台了加快推进电子商务发展意见，省电子商务协会、中国大数据研究院中部分院相继落户园区。三是重视人才与科技创新发展。在成功创建“国家知识产权示范园区”的基础上，我区出台了《专利驱动创新发展鼓励办法》《招才引智三年行动计划》等政策，计划在未来3年分别投资1.5亿、2亿元鼓励专利创新与人才聚集，支持产学研结合，支持企业走自主创新之路。目前，我区拥有国家级企业技术中心6家，博士后科研工作站7家，院士专家工作站4家。

## 二、新常态下面临新挑战

尽管当前园区发展取得了一些成绩，但离打造现代城市工业经济综合体的要求相比，还是存在一定的差距。

一是经济发展增速放缓，稳增长的压力较大。面临宏观形势偏紧、经济下行压力加大、园区竞争加剧等多重压力，保持稳增长、调结构的任务艰巨。

二是新兴产业尚处培育期，虽然集成电路、电子商务等新兴产业项目加快了转型升级步伐，但形成规模效应需要培育期，新的增长动力不强。

三是宏观政策继续偏紧，经济工作面临更多限制。国务院先后就预算管理、税收等优惠政策清理、加强地方政府性债务等下发文件，对招商引资、融资理财提出了更高要求和新的考验。

四是发展空间与用地需求矛盾凸显，项目建设面临诸多制约。国土资源部加强土地节约集约利用，国家严格控制城乡建设用地规模，用地指标逐年趋紧，核心区严格执行控规，拓展区面临土地利用规划调整，土地审批程序过于复杂，征地拆迁矛盾比较集中，对今后项目建设提供了更高要求和新的考验。

五是依法行政面临新挑战。四中全会明确建立重大决策终身责任追究制度及责任倒查机制，2015年实施的新环保法增加了政府、企业各方面责任和处罚力度，拆迁群众法治意识、维权意识越来越强，企业安全生产监管压力越来越大，新的行政诉讼法即将实施，都给依法行政带来新挑战。

六是生活配套明显不足，产城融合面临新挑战。随着高新技术、高端服务业深度发展，优秀人才对高品位的人居环境要求越来越高，加之高技能人才、普通技工等对住房、交通、餐饮等生活配套设施的需求，园区产城融合的规划布局以及公共配套建设面临全新考验。

## 三、发展思路和举措

面向未来，全区将按照市委、市政府部署安排，立足现代城市工业经济综合体的园区定位，加快结构调整与转型升级，狠抓重大项目建设，提升档次品质，美化生态环境，全方位打造省会城市次中心，为2016年提前实现产业倍增计划作出积极贡献。

## （一）突出转型升级

一是持续巩固主导产业优势。引导工程机械企业细分市场、错位发展，整合配套资源，鼓励和引导本地协作配套。发挥汽车制造业集群优势，大力发展汽车后市场。鼓励企业强化创新能力，支持电子信息产业做大做强。二是做实做强新的经济增长点。大力发展集成电路、电子商务、生态环保、高端服务业等新兴产业，促进上海大众、克莱斯勒及其配套企业竣工投产，做实深圳IC基地长沙基地、湖南电商创业基地等平台。三是坚持项目带动战略。主动对接联系已接洽企业和深圳IC基地、海外招才引智工作站等平台，切实引进一批成长性好、带动力强的优质项目；继续坚持领导联系项目制度，全力促进项目开建竣工投产。四是重视扶持中小微企业。落实对中小微企业的支持政策，引导中小微企业进入标准厂房生产，发挥“留学归国人员创业园”的作用，掀起万众创新、草根创业的高潮。

## （二）优化投资环境

一是营造尊重人才、崇尚创新的创业环境。全面落实专利驱动创新政策，深化“国家知识产权示范园区”建设。促进企业与金融机构的合作，推动知识产权与资本对接。继续实施两大人才政策，推动高层次人才、高技能型人才的引进和培养。积极探索人才服务市场化、社会化方式。探索建立技术技工协同共享平台。推进和深化校企合作。二是打造简洁务实、优质高效的政务环境。主动对接上级简政放权成果，以商事登记制度改革为突破口，继续优化行政审批流程，强化行政审批进度协调，加快审批流程再升级。深入推进“全程代办”“并联审批”“超时追责”“工程竣工联合验收”等方面好做法、新举措。三是强化依法行政、严格执法的监管环境。严格依法行政，执法机构和执法人员要公开承诺，主动接受社会监督，严肃整治不作为、乱作为、缓作为现象。重点加强安全生产、环境保护、企业信用、特种设备、工程质量、批后管理等领域的监管。深入推进企业信用体系建设，强化信用评定成果的运用。全力打造平安园区，进一步理顺安全监管体制。

## （三）抓好品质提升

一要继续发挥规划引领作用。充分运用控规成果，逐步完善公共设施、地下管网、公共道路、商业中心等专项规划。二要优化基础设施建设。加快大众片区路网建设，加快完成公租房、安置区、学校、扩容提质工程等，以基础设施建设促进空间拓展。三要继续推进提标提档。加快绿化、亮化、美化、净化工程，重点推动公园、道路、社区等绿化建设提标提档，强化企业周边环境综合整治。四要加快推进产城融合。加快推进“职工之家”建设，打造中央商务区、泉塘、榔梨、人民东路等若干商业中心，优化企业员工区域的服务管理，优化公共交通线路，科学规划布局公共停车场。五要推进生态园区建设。以创建国家生态示范园为契机，加快推进污水厂扩容提质，加强渣土扬尘管理，完善垃圾站、公厕等设施。健全适应新环保法的监管机制，督促企业严格履行环保主体责任。

### （四）加快市场运作

要依托经济开发区集团公司，健全现代企业制度，完善公司法人治理结构，进一步培养依托市场配置资源的行为方式，最终推动开发区由政府主导发展模式向市场主导的发展模式转变。一是完善公司法人治理结构。完善国有企业监管模式，建立职责明确的监管体系。规范和完善公司法人治理结构。二是加快市场化运作。鼓励支持公司全面走向市场，加快土地整体开发、基础设施项目市场化运作，整合公司优良资产，重构公司业务板块，积极探索股权融资、固定资产融资租赁等，确保国有资产增值保值。三是以市场化理念推进以区带园。通过控股或参股形式，以公司为投资主体和融资平台，加快托管园区、“飞地园区”深度合作，创新以区带园运营体制和合作利益分享机制，积极探索政府引导、企业为主、市场运作的开发模式。

### （五）提升规范管理

一要继续抓好制度建设。继续规范重点领域权力运行，加强关键环节和重要岗位的风险监控，继续修订或出台财政资金绩效管理办法、新预算法配套机制、国有资产管理考核体系等一系列制度建设，严格运用制度管人管钱。二是抓好工作落实。围绕项目建设的全局，始终坚持问题导向，强化上下游部门之间协作配合，细化分解年度目标和工作计划，每项工作要明确责任主体，确保人人头上有责任、个个肩上有担子，形成狠抓落实的强大合力。三要抓好督查考核。重点督查重要会议议定事项、项目建设时间节点、项目报批代办等工作，重点督查影响项目落地的拆迁、场平、电力、道路等基础设施建设任务，确保政令畅通，令行禁止。健全绩效考核评价机制，将项目建设分解成具体、细化、可考的工作目标和任务，加强部门联动，实行关联考核。四是加强自身建设。巩固群众路线活动成果，完善作风建设长效机制。落实党风廉政建设责任制和“一岗双责”制，加强对征地拆迁、项目建设、国土转让、规划审批、招投标、专项资金使用等重点领域、关键环节和重要岗位的管理和监督，强化行政监察，严格行政问责。

# 精准发力破难题　强力攻坚促发展

浏阳经济技术开发区

2014年，面对宏观经济形势下行的压力，浏阳经济开发区以党的群众路线教育实践活动为抓手强作风、鼓士气，以“项目攻坚”为主线解难题、促发展，真抓实干、开拓创新，各项工作务实推进，出现了又好又快的发展局面。综合实力在湖南省109个园区排名中挺进3个位次，进入全省前六强，获评湖南省推进新型工业化一等奖和长沙市国家级园区绩效考核第一名。并作为全省109个园区中唯一的代表，在全省加速推进新型工业化工作会议上作了典型经验推介。

发展是最大的动力，停滞是最大的困难。分析2014年的成绩单，得益于准确把控经济发展脉搏，有收有放、有保有压，以转型创新，促逆势上扬。

## 一、调优调强，以产业转型促发展

作为经济一线的开发区，产业转型的作用尤为重要。必须根据宏观经济走势，稳刚需增长、调过剩产能、强新型业态，使区域经济保持旺盛的活力。浏阳经济开发区在2013年新经济版块份额达50%左右，经过2014年项目攻坚特别是50亿以上重大项目的上马，新经济的份额已到70%，快速增长也就成为必然。

一是重增量。2014年，浏阳经济开发区完成工业增加值240亿元，增速领先长沙五个国家级园区。万元增加值税收近千元，工业增加值税收率达到10.1%。同时，以保姆式服务促进企业建设。年内有21个工业项目开建、18个工业项目建成投产，预计新增产值140亿元。二是抓扶持。先后完善和出台了《促进园区经济快速发展的若干意见》《加快园区总部经济发展的若干意见》等相关政策，进一步激励了企业健康发展。全年新增入规企业12家，使园区规模企业总数超过

100家。三是盯项目。调高招商门槛，突出工业项目的引大引强。全年新引进尔康制药淀粉胶囊生产基地、蓝思科技新材料、兆丰精密光学仪器、豫园生物菌生产基地等项目24个，其中投资过50亿元项目2个，过30亿元项目1个，过20亿元项目1个，过10亿元项目2个，新项目投资强度达到500万元/亩，为未来发展积蓄了潜能。

## 二、真抓实干，以项目攻坚促发展

面对项目建设征拆难、融资难等难题，在项目的引进、落地、建设、达产上狠下功夫，坚持“月调度，季讲评，半年观摩，年度考核”和“一个项目，一名领导，一支队伍”的办法，一以贯之，强力攻坚。

一是抓促建。2014年，浏阳经济开发区铺排重点项目60个，总投资267亿元，当年完成投资100.3亿元，开工项目58个。其中，总投资58亿元的尔康制药淀粉胶囊生产基地项目，3月签约、4月开建、8月一期建成、10月投产，创造了令人瞩目的“尔康速度”，堪称湖南医药工业当年的最大亮点。蓝思科技三期新增建筑面积30多万平方米，一个新的经济增长点呼之欲出。二是保供地。为解决项目落地难题，浏阳经济开发区强力推进了征拆“清零”。全年征地5033亩、安置拆迁户158户、拆迁房屋220户，均创历史最好纪录，分别为上年的2倍、2.5倍、3倍。20个征地拆迁“肠梗阻”项目，有14个实现了“清零”。全年报批土地2400亩，供地率达80%，完成土地出让金5.58亿元。三是强配套。对一度滞后的基础设施建设进行“恶补”。坚持分片负责、科学调度，使“七通一平”等基础设施建设打了一个翻身仗。全年平地1816亩，新修路基6.8公里、路面3.6公里，完成土石方410万方，完成道路提质改造12.57公里。新建绿化及铺装面积12万平方米，新安装路灯385盏（约16.6公里），完成电力线路新建或改造32.5公里，铺设供水及排污主管13公里。目前，浏阳经济开发区基础设施建设与招商引资实现了基本同步。

## 三、解放思想，以管理创新促发展

管理创新是一个永恒的课题。开发区的管理创新就是要把握好宏观经济形势的脉搏，找准切入点。2014年，浏阳经济开发区在资本运作、科技支撑、企业服务、社会管理等方面尝试创新，取得显著成效。

一是保资金。切实拓宽融资渠道，有效破解基础设施建设的资金瓶颈。全年融资到位资金23.55亿元，为建园以来融资最多的一年。其中，13亿元公司债券得以成功发行，年利率为5.7%，为同期同类市场中发行利率最低，也创下了湖南城投债发行利率的新低。且已达成融资租赁、PPP项目协议融资60亿元。同时，积极解决企业融资难题，企业互助协会年内为会员企业融资1.985亿元。二是建平台。通过完善公共服务平台助推科技创新、产业发展。年内，“长沙生物医药产业共性研究检测分析公共服务平台”挂牌；长沙食品药品分析检测中心成为获得授权的第三方检测合作机构；顺利完成了实施期为3年的国家科技部创新药物孵化基地项目验收任务，累计为园区及企业争取国家资金支持2674.45万元。同时，新引进的国家航天员中心投资4000万元建设的动物行为学重点实验室，填补了园区航天科研领域的空白。三是惠民生。园区长途汽车站实现试通车，出租车公司获批，豫园名品商业街开街。重点推进总投资3.5亿元的长郡浏阳实验学校及东郡公租房、金阳文化艺术中心、仲景公园、幸福泉市民公园等“八大民生工程”建设。新增社保参保企业17家，养老保险参保人数达4.6万人，各类基金征缴合计约3亿余元。学习杭州等先进地区的经验，筹建园区“市民之家”。

## 四、勇于担当，以深化改革促发展

坚持向改革要红利、要活力，使园区管理逐步向法制化、科学化、规范化、精细化迈进。

一是顺体制。进一步理顺了园镇管理体制，新成立征地拆迁所，并使征地拆迁等工作向周边洞阳镇、北盛镇下移；改进招标投标工作，使招标审查与投资评审、政府采购实行分离；推行环境卫生清扫、基础设施建设市场化改革，尝试PPP模式加快城市化进程，引进社会资金启动建设6平方公里的金阳湖片区。二是改国企。出台《深化国有企业改革的工作方案》，减少一级国有平台公司，对现有国有企业按照“清理一批、合并一批、充实一批、更名一批”的原则进行改革。目前，已清理注销珂瑞迪等3家国有企业，公开挂牌转让因管理混乱造成亏损的生物医药集团等3家国有企业。同时，新出台了《政府投资建设项目管理试行办法》《加强财政预算管理有关事项的通知》等政策性文件，使园区管理适应了新形势、新要求。

## 五、凝心聚力，以作风改进促发展

以党的群众路线教育实践活动为契机，全面推动工作作风改进和管理机制创新。

一是抓整改。坚持“高标准、严尺子、真功夫”，自上而下、扎实有效地推动群众路线教育实践活动。开展了“服务企业大走访，利民便民大行动”和“非公经济组织点带面”活动，共收集群众意见、建议304条，梳理倾向性问题36个，并分别由相关委领导认领。每个问题“一位领导、一套人马、一个方案”，9月底整改到位的达到60%，12月底整改到位的达到90%。高质量召开了园区领导班子民主生活会，开诚布公地开展了批评与自我批评，达到了“红红脸、出出汗”的效果。二是转作风。实现了纪检监察工作“转职能、转方式、转作风”的“三转”要求，聚焦中心任务，提升工作水平，较好履行了监督职能。印发了《对领导干部和机关工作人员“有错无为、不在状态”实施问责的暂行办法》《开展损害民营经济发展环境问责专项行动》等专门文件，组织副科级以上领导干部填写了《公开承诺书》。着力打造学习型、服务型、创新型团队，员工素质整体提升，创业激情更加饱满。整治了文山会海，规范了政务接待，“三公经费”同比下降50%以上。

2014年，浏阳经济开发区虽然获得快速发展，但困难、问题依然存在。发展空间不足、要素制约严重、体制机制欠顺、政府债务较多等，依然需要引起高度重视、着力加以破解。2015年，浏阳经济开发区将按照中央“转型升级，创新发展”的总体要求，适应新常态、提升新常态，继续保持良好的发展势头，努力成为长沙高新技术产业发展的重要增长极、浏阳经济社会发展的主阵地，为长沙市“三量倍增”作出应有的贡献。

# 创新城区工业园区报建审批工作机制的思考

隆平高科技园

工业园区是区域经济发展、对外开放、招商引资的重要载体，是发展高新技术产业、促进产业集群、带动区域经济结构调整和经济增长方式转变的重要平台。近年来，省委、省政府把加快产业园区作为推进“四化两型”、促进“三量齐升”的重要抓手，在今年出台的《关于进一步加快推进新型工业化的决定》中提出实施产业园区倍增计划，反复强调突出项目建设，以项目建设看实绩、论高低、比能力。在市委、市政府的领导下，长沙各园区取得了长远发展，规模实力显著增强，创新能力不断提升。建设项目报建审批工作因其历时长，牵涉部门众多，成为园区项目建设前期工作的重要部分。

## 一、园区报建审批工作的基本情况

长沙市工业园区报建审批工作总体来说分为拥有一级审批权限和无相关审批权限（在市直相关职能部门审批）的园区两类。在长沙市城区拥有审批权限的园区有长沙市经济开发区、长沙高新区、望城经济开发区、湘江新区等4个开发区；无审批权限的园区有金霞经济开发区、雨花环保园和天心环保园等3个开发区。隆平高科技园作为特例，享受高新区的政策和部分审批权限，但是又不具备一级审批权限的园区的职能配备和审批权限。下面以规划报建审批和土地审批为例来谈两类不同园区的报建现状。

### （一）单独拥有审批权限的园区

长沙高新区是较早拥有审批权限的工业园，其现状审批权限经过多次改革与精简，非常成熟，值得借鉴。规划审批管理程序为：建设项目规划行政审批环节共4个，包括规划选址意见书、规划条件和蓝线，核发建设用地规划许可证，修建性详细规划（总平面图）及建筑方案审查，核发建设工程规划许可证。报建图审查和初步设计合并，凭审定的初步设计图纸即办，不单独履行进窗审批程序。行政审批办理总时限为11个工作日。

国土审批则在湘江新区成立后变成了两个类型：隆平高科技园作为特例，由园区整理相关资料报高新区国土分局受理、审查后转市国土资源局的总经济师、局长审核后呈报市政府审批；隆平园以外的高新区相关土地审批则报湘江新区、市政府审批。

### （二）无审批权限的园区

无审批权限的园区，要按照市直相关职能部门规划报建的审批程序。虽然也根据国家、省、市的要求进行了精简，但是仍然较为复杂烦琐。长沙市城乡规划局也在精简行政审批效能上做了不少有益的探索，其规划审批程序为：规划行政许可和技术审查共6个环节，其中行政许可包括建设用地规划许可证、建设工程规划许可证2个环节，技术审查包括规划选址、规划设计条件与定点蓝线，修建性详细规划（总图）及建筑方案（一）、修建性详细规划（总图）及建筑方案审批（二）以及报建图审查4个环节。规划审批总时限为40个工作日（划拨地）和34个工作日（出让地）。

## 二、存在的问题和不足

今年6月26日，长沙市政府发布《关于取消和下放部分行政审批项目的通知》和项目目录，有8项涉及长沙市住房城乡建设委。市直相关部门认真贯彻落实省委“转作风、解难题、抓关键、见实效”专项活动及市委“六个走在前列”大竞赛活动精神，取得了良好效果。但按照当前工业园区发展的新形势、新要求，园区报建审批工作仍有诸多不相适应的地方，在建设项目审批管理过程中，存在事项多、牵涉部门众多、管理程序繁杂、审批周期长等问题，延缓了项目落地进度。

### （一）报建审批工作流程冗长

通过调研发现国土、规划、建委等报建过程比较复杂，因审批环节过多、参与部门多、串联审批多，导致项目报建审批时间拉长，长沙市目前审批时间最快也需100多个工作日，加之企业家对工程建设和报建则摸不着头脑，导致许多企业面临了一些新的问题：一是在现代化的竞争体制中，企业时间上等不起，产品更新换代周期日益缩短，产品的竞争力随着时间的消耗也收到严重影响；二是企业家以及接手报建工作的人员面对纷繁复杂的流程很迷惘，无法准确地研判生产相关要素。

### （二）园区不具备相应行政审批权限，运转效益较低

工业园区作为经济建设中的排头兵，是实现产业倍增、地方经济发展的核心竞争力。拥有国土、规划、建设审批权限是每一个工业园区朝思暮想的梦想。如果没有行政审批权限其设置的内部职能局（室）就成了一个有名无实“全求人”的部门，充其量也就是一个协调机构。这样园区也就出现了新的症状：一是没有相关行政审批权限，园区弱化了与审批高效益的工业园区的竞争优势，导致招商项目的部分流失；二是由于没有行政审批权限，园区出现协调工作难度大、工作效率不高、工作任务过于压头的现象，有时还出现指挥棒失灵，运转效益不突出的问题。

## 三、今后工作的几点建议

项目报建审批的快慢直接影响着长沙的项目建设速度和经济发展速度。环境也是生产力。当前，长沙市工业园区正值转型提质发展期，为促进工业园区的进一步发展，加快项目审批进程，提高行政效率，实现项目满园和提标提档，市政府应主动转变职能，采取有效措施，改善经济发展软环境。现结合长沙市园区报建审批工作及近期出台的《工业园区转型提质发展三年行动计划》，谈几点建议。

### （一）打造园区建设项目行政审批服务“绿色通道”

符合各园区产业导向、规划要求和环保标准，对产业具有带动作用，有利于经济结构调整和社会发展的投资项目，可以进入行政审批服务“绿色通道”。

1. 简化办事流程。提交申报材料可采取“网上”申报、“窗口”申请同时进行的方式。项目申报工作中，申请者仅需提供一套具有共性的完整资料，交由相

关审管部门进行统一审核，并一次性告企业。国土部门对各工业园区的土地审批严格实行政务中心一站式办结。工业项目技术审查与行政许可进行分离，规划报建过程中技术性审查内容由专门有资质单位进行审查。

2. 明确办理时限。建立健全土地审批电子案卷、无纸化办公、限时办结等整套操作流程。工业项目规划方案结合建委初步设计合并进行，规划不再耽误组织方案评审会。加大对各国土分局及二级机构的监督管理，落实对各阶段成果的认可，减少重审。

## （二）加大对工业园区简政放权，全方位推进各项改革

市委市政府已经明确，行政审批要整体提速50%以上，政府部门全力清单也已经公布，要把项目推进快不快作为重要的检验和衡量标准。《工业园区转型提质发展三年行动计划》中指出，国家级工业园区赋予部分市级经济管理权限，省级工业园区赋予部分县级经济管理权限，涉及工业园区项目建设的市级及以下审批事项，由各工业园区的政务中心一站式办结。未在省级及以上园区设立分支机构或授权委托单位的，可依据相关法律法规由市直部门直接委托园区管委会行使权限。

建议将规划行政许可、建委相应审批权限及部分环评审批权、环保验收限延伸到园区。100万元以下工程招投标，包括监理、咨询、服务类等可由园区管委会自行招标。建议环保部门委派专人常驻园区对园区环评、环保验收、日常监督工作负责；市消防大队委派专人常驻园区对消防审批及验收工作进行全程一站式协调服务办理；市房屋产权管理局委派专人常驻园区对房屋产权手续办理审批等相关工作进行全程一站式协调服务办理。

园区可实施并联式的审批机制，同步审批限时办结。项目报建集中到并联审批通道，并按关联性设置“立项选址、设计审查、施工许可、竣工验收”四个环节，各环节设立一个综合窗口，窗口接到申请后立即组织相关部门召开联审会，全面实行并联审批。

## （三）强化效能监察，严格查处违规违纪行为

科学制定对策，建立健全责任机制和监督机制，保证权力合理规范运行。建议创设综合性的窗口，用以对审批、协调等相关工作进行监督，方便企业得到正确、及时的资料，不需申请人奔走各部门逐一了解。确保在报建审批工作的具体操作过程中，相关职能部门相互支持、注重交流，不断优化工作环节；窗口办事

人员严格自律、热忱服务，不断提高服务水平。完善报建审批信息公开系统，依法公开审批的依据、流程、办事指南和业务表格等。开通市直部门政务微博，方便群众查询信息、反映问题。对建设工程项目从立项到竣工验收的各审批事项、审批环节和审批时限由监察部门实施网上实时监察，实行绩效考评。对违规操作、推诿扯皮、索拿卡要，不按规定的流程、方法、时限实施审批以及拆分审批事项，造成工作延误的，对有关部门进行通报批评；造成重大损失或者恶劣影响的，按照有关规定对相关人员进行行政问责，对违规违纪行为予以严格查处。

（作者系长沙高新区隆平高科技园管委会副主任　陈庆）

# 加快转型创新　推动健康产业发展

## ——长沙雨花经济开发区打造长沙雨花健康城可行性调研报告

长沙雨花经济开发区

健康产业是满足社会公共服务、民生服务需求的朝阳产业和可持续发展的低碳产业，能有效拉动需求、优化产业结构。湖南省高度重视健康产业发展，将其作为贯彻国务院大力发展生物产业的重要举措。长沙雨花经济开发区具备良好的区位优势和资源优势，打造长沙雨花建康城，有助于推动产业转型创新，实现千亿产业园区的宏伟目标，为湖南经济发展注入强大的引擎动力。

## 第一章　项目概况

“长沙雨花健康城”项目位于长沙雨花经济开发区，地处长株潭三市融城中心，拟建医疗区、研发区、产业区、配套区四个功能分区，建设面积达4977亩。概算总投资300亿元，分两期实施，于2013年启动，2016年初具规模，2018年基本建成。项目建成后，可以直接提供就业岗位3万～5万人，每年创造的产值超过500亿元，有望成为湖南乃至全国中部地区的健康产业集聚中心。

## 第二章　项目背景

### 一、长沙雨花经济开发区发展健康产业的政策依据

2012年5月30日，国务院讨论通过《“十二五”国家战略性新兴产业发展规

划》，把生物产业作为第三大战略性新兴产业，明确指出“生物产业要面向人民健康、农业发展、资源环境保护等重大需求，强化生物资源利用等共性关键技术和工艺装备开发，加快构建现代生物产业体系”，生物医药产业居生物产业之首。

2013年10月14日，国务院下发《提出关于促进健康服务业发展的若干意见》，提出到2020年，基本建立覆盖全生命周期、内涵丰富、结构合理的健康服务业体系，打造一批知名品牌和良性循环的健康服务产业集群，并形成一定的国际竞争力，基本满足广大人民群众的健康服务需求。

近年来，省委、省政府高度重视和大力支持生物医药产业发展，将生物（生物医药与生物育种）产业列入七大战略性新兴产业给予重点扶持，生物医药产业发展速度和发展潜力位列全省工业11个重点行业前列。

## 二、当前国内外健康产业的发展现状

从国外看，欧美日等发达国家和地区已率先走在世界前列，如美国德克萨斯医学中心，始建于1945年，核心区占地5400多亩，控规20平方公里，目前拥有公立医学机构25家，私营24家，雇员9.6万人，每年直接经济效益达140亿美元，德州的健康产业对当地GDP贡献率达30%以上。

从国内来看，上海、北京、成都、天津、广州、武汉等省市已率先启动。2005年上海市在张江地区启动上海国际医学园建设，2011年在浦东新区又启动新虹桥国际医学中心建设，共规划面积12平方公里；2003年北京启动中关村生物医药园建设，2012年又启动北京通州国际医学城建设，规划面积15平方公里；2008年成都市启动成都国际医学城建设，规划面积31.5平方公里；2010年广州提出与港澳联合建造广州南沙国际医学健康城，规划面积20平方公里；2010年天津在滨海新区启动国家生物医学国际创新园建设，规划面积16平方公里；与湖南省毗邻的湖北省，2008年启动武汉光谷生物城建设，规划面积30平方公里，2012年工业总产值超过400亿元，跃居全国生物产业第三，仅次于上海张江和北京中关村。

## 三、湖南省健康产业发展现状分析

从发展水平来看，2013年全省医药规模工业经济发展增速呈高开低走、缓慢回落的态势，全年完成主营业务收入702.9亿元，居全国第14位，占全国比重为3%。全省医药规模工业主营业务收入不到全国第一大省山东省的1/5，只占中部六省第一的河南省的1/2，与毗邻的湖北省、江西省分别相差191.6亿元和277.7亿元。医疗健康产业的发展缺乏有效的建设平台和产业基地，未形成完整的产业链条，对外竞争力相对较弱。

从发展条件来看，全国361个重点中药材品种中，湖南省拥有241个，占全国的66.8%，居全国第2位，但湖南省中成药主营业务收入居全国14位；湖南省化学原料药主营业务收入居全国第6位，但化学制剂却居全国第19位。同时，对中医药研发、生产、销售等缺乏集中统一管理，中药材基地逐步缩小，附加值和产值不高，并没有充分发挥资源丰富的优势。同样，西医也相对缺乏创新和资源整合，“南湘雅”品牌受到了各方面的一些挑战，健康养生养老等配套产业尚处于起步阶段。

## 四、长沙雨花经济开发区发展健康产业现状分析

2013年1月10日，湖南省政府召开常务会议进行专题研究，决定成立湖南健康产业集团，集聚健康资源，围绕高端科研人才，以技术创新为支撑，以“一园多基地”的形式，重点打造医疗器械、生物医药、中西药、健康养生养老四大产业体系。湖南省政府确定长沙雨花经济开发区为湖南健康产业“一园多基地”总体规划中的核心园区。

2013年，雨花经济开发区组建了长沙雨花健康城筹建工作小组，起草了《长沙雨花健康城发展总体规划》初稿，并围绕健康产业发展，积极进行招商引资，参加了“2013年海峡两岸（台北）内镜微创医学研讨及产业对接会”；与世界内镜医师协会、台湾生技医疗器械产业协会等洽谈合作，争取获得其雄厚的会员企业资源支持，做大生物科技医疗器械产业；与上海复星集团洽谈合作，拟建复星雨花国际健康城项目。

# 第三章　战略可行性

## 一、项目实施优势

### （一）便捷的区位交通优势

长沙雨花经济开发区处于长株潭城市群的心脏位置，是三市经济一体化的结合部，是湖南省“一点一线”（一点指长株潭一体，一线指京广线）发展战略的核心发展区域，是南长沙工业化和城市化的前沿阵地。

长沙市南北三条主干道有两条（韶山路、万家丽路）贯穿园区，并经园区环保大道形成回路，园区距黄花国际机场20分钟车程，距武广高铁长沙站10分钟车程，交通十分便捷。

园区所在的长株潭地区是南中国陆路交通的结合部，京广线、浙赣线、湘黔线、湘桂线交汇株洲，武广高铁和沪昆高铁交汇长沙，京珠高速、上瑞高速、107国道、319国道、320国道交会长沙，园区处于长沙城区路网与全国公路网的接口上，与绕城高速南线互通，园区内任何一个地方上下高速不超过10分钟，出行十分方便。

### （二）充裕的土地利用资源

园区的绿地、工业用地、商住配套用地各占约三分之一。雨花经济开发区十分注重土地的超前收储，土地的出让一直坚持“靓女后嫁”的原则，截至当前，园区留有可开发用地约5700亩，其中工业用地1500亩，商住用地4200亩，目前已基本完成征地拆迁，是长沙市四区十园仅有的大项目进驻可直接动工的园区之一，为优质的健康产业项目落地准备了条件。

同时，鉴于园区远期发展，雨花经济开发区正积极申报园区扩规，通过向东扩规，扩大园区管辖或属地面积。目前，正积极争取向长沙县跳马镇近期扩规10平方公里，远期扩规30～40平方公里。

### （三）优质的“绿心”生态优势

园区绿地面积近7平方公里，并与522平方公里禁止开发的长株潭城市群“绿心”规划保护区域连为一体。园区整合清泉寺公园1400亩绿地、周边相临2200亩商住及其他出让用地，拟建占地3600亩、以佛文化为主题的生态公园。园区独有的“清泉”文化，相传清泉寺的由来，是因一口清泉具有去眼疾、明目的功效，极具医用价值，所以当地老百姓视此泉为宝，饮用去疾，健康长寿。清泉的由来，反映园区水土人杰地灵，有利于医疗健康产业发展。

园区有同升湖1000亩生态水库，城市内河圭塘河贯穿园区南北，周边3公里有长沙野生动物园、天际岭国家森林公园、省植物园、4A级石燕湖风景区，风景十分优美，生态环境非常适合发展健康产业。

### （四）雄厚的产业集聚优势

园区成立以来，始终坚守“工业新城”的整体定位和“专业园区”的产业定位，坚持“特色立园”的招商思路，集中发展汽车、工程机械及其零配件和环保三大产业，通过十多年的开发建设，集聚了比亚迪、晓光模具、正大轻科、红星实业等大批极具实力的优质企业，形成了若干较为完备的产业链和价值链。截至2014年12月，已引进各类企业517家。

## 二、项目发展前景与效益分析

### （一）社会效益

目前，湖南省医疗资源总量少，每千人口床位数、执业（助理）医师、注册护士平均数均低于全国平均水平。同时，湖南省社会资本办医也不足，2011年，湖南省非公立医疗机构床位数仅占医疗机构总床位数的7.3%，低于全国的12.4%；服务总量占6.5%，低于全国的9.5%，距离国家提出的2015年社会办医床位数和服务总量都要达到20%的要求还有很大距离。该项目建成后，既可改变湖南省医疗资源总量不足、高端医疗资源少、社会办医相对滞后的现状，也能解决湖南省及周边省市“看好医生、住好医院”的高端需求。同时，建设健康养生养老休闲基地，对提高人民群众生活质量也将走出一条新路。

### （二）经济效益

据调查分析，在未来一段时间，我国医药产业增长率在全球将名列前茅，预计到2020年，我国生物产业产值将达到8万亿～10万亿，成为国家经济支柱产业。目前，我国医疗器械规模约4000亿元，年增长率20%，但高端医疗器械80%左右依赖进口，而我国卫生需求量大、增长快。我国人均卫生费用支出还不到300美元，约为美国人均费用的1/30，欧洲主要国家的1/15，日本的1/10，在世界各国中排名130多位。陈竺同志在2012年的达沃斯论坛上指出，中国卫生总支出还有较大增长空间，按照国际标准，中国未来需增加1200多万个医师和护士的就业岗位。按照湖南健康产业园项目建设的总体设想，根据动态需求分析和专家预测，项目建成后，可直接提供就业岗位10万～15万个，每年创造产值超1000亿元，是湖南省2011年生物医药（531.6亿元）、医疗器械（27.2亿元）、中药材（74.9亿元）总产值之和（633.7亿元）的1.6倍，可将湖南健康产业从目前占GDP的3%提高到5%以上，完全可成为湖南经济发展中新的增长极。长沙雨花健康城作为湖南健康产业园的核心园区，预计5年后，直接提供就业岗位3万～5万人，每年创造的产值超过500亿元，并真正成为湖南乃至中部的健康产业集聚中心。

### （三）生态效益

项目建成后，在资源保护方面，能有效加强园区自然生态条件的保护，特别是能够影响地区生态景观，将历史遗迹和人文活动、自然景观有机结合，实现资源的最佳利用。在土地利用方面，采用集约的方式，对功能区合理科学地进行规划，使园区紧缺土地资源得到最大化利用。在建设选址方面，紧邻近1400亩的绿地，风光秀美与大自然浑然一体，成为绿地景观的自然延伸，将充分体现融于自然、保护自然、利用自然的要求，实现建筑本身与环境的有机协调。

# 第四章　战略构想

## 一、建设目标

长沙雨花健康城力争通过3～5年的努力，打造3～5家具有全国领先、国际知名的特色专科医疗服务机构，引进和培养3～5名“千人计划”和一大批创新领军人才，引进和培养300家具有自主创新能力的研发企业，实现园区健康产业产值500亿元，引领和带动整个湖南健康产业扩增为湖南又一个千亿元产业，成为湖南战略性新兴产业的重要增长极。

## 二、建设内容

长沙雨花健康城拟重点构建医疗区、研发区、产业区、配套区四个功能分区，可建设面积总计达4977亩。

医疗区包括微创专科医院、术后康复基地、医疗健康服务中心等；研发区包括健康医疗院、医师考试培训基地等；产业区包括健康营养食品加工基地、医药流通仓储基地、国家内镜装备产销基地、医疗健康创业中心、养老健康地产等；配套区包括生态旅游配套、生产生活配套、教育配套、基础设施配套四个方面，其中生态旅游配套包括宗教旅游中心、健康主题文化公园、圭塘河休闲风光带、精品工业旅游等，生产生活配套包括酒店及会议中心、城市综合体、污水处理厂等，教育配套包括洪塘学校项目建设，基础设施配套包括振兴路（环保大道至振华路）、比亚迪路（环保大道至长沙县南界）、振洪路二期（荷新路至长沙县界）、荷新路（白秋路至振东路）、杨洪路（白秋路至长沙县界）、白秋路（环保大道至长沙县界）等。

各个功能分区具有独特性与互动性，以及可持续发展的经济特点。每一功能分区又是由系列的项目组成，通过集约式的营运模式，全方位与“长株潭”城市群接轨，形成独特的竞争优势，推动健康产业的发展，引导广大公众进行健康消费，提高健康意识。

# 第五章　保障措施

## 一、机制保障

在推进湖南省健康产业发展过程中，需要将湖南省的科研、人才和资源优势转化为产业优势，这将遇到前所未有的困难，只有省、市高度重视项目的建设发展，举全省、全市之力，才能形成巨大支持，才能推动项目建设，成为构建中部崛起重要战略支点和推进“长株潭”城市群“两型”社会综合配套改革试验区建设的重要支撑。2013年4月11日，省政府正式成立了湖南健康产业集团项目筹建（备）领导小组，由副省长李友志担任组长。省直各部门和相关单位主要负责人为成员。领导小组主要负责向中央争取政策，负责与有关部委的联络、沟通，协调解决筹建过程中的各类问题。

## 二、政策保障

一是计划建立省一级卫生、医疗行政审批资质的政务服务中心，为入园企业办理工商、税务、银行贷款等一条龙政务服务；二是计划建议由省、市制定出台健康产业发展扶持政策（财税、人才和产业扶持等），进一步优化产业发展政策环境；三是拟建立国家认可的二类医疗设备检测中心，对接湖南省食品药品监督管理局，办理生产许可证和注册登记手续；四是对外省企业来园设厂或分支机构的，拟认同外省的产品标准，并能对接其在外省生产注册登记的产品；五是计划省政府支持健康产业园申报国家级专业园区以及国家级产业示范基地。

## 三、资金保障

一是省财政拟设立健康产业专项资金重点投向研究院所、医院及相关基础设施；二是政府投资平台和国有公司引进基金，进行带动性投入；三是引导市场投资者参与营利性项目的投入；四是省市要落实关于土地的支持政策（包括城市基础配套费）并返还给园区，用于基础设施投入；五是通过贷款、发行债券等形式从金融机构和资本市场进行融资。

## 四、人才保障

拟设立湖南健康产业精英人才工程，出台专项政策，积极引进、培养在健康产业领域内从事医疗、创业、成果转化、科技创业的高层次专业人才来园区创业和就业，特别是对院士和“千人计划”获得者进行重点资助和配套扶持。

**课题负责人：**傅建辉
**具体承办人：**陈大勇　刘超超

# 主动应对经济新常态　全力建设“物流名区”

长沙金霞经济开发区

今年5月，习近平总书记在河南考察时指出，我国发展仍处于重要战略机遇期，要增强信心，从当前我国经济发展的阶段性特征出发，适应新常态，保持战略上的平常心态。10月，省委副书记、省长杜家毫在怀化调研时强调要“以新作为应对新常态，抓新机遇促进新发展”。作为湖南唯一的综合物流园区，长沙金霞经济开发区通过学习贯彻党的十八届四中全会精神、深入开展群众路线教育实践活动，坚定信心、主动作为，不断挖掘新优势，抢抓发展新机遇，全力推进“物流名区”建设，打好一场经济“攻坚战”。

## 一、科学规划，合理布局，以“特色产业”蓄势

现代物流业是融合运输、仓储、货代、信息等产业的复合型服务业，是支撑国民经济发展的基础性、战略性产业。加快发展现代物流业，对于促进产业结构调整、转变发展方式、提高国民经济竞争力和建设生态文明具有重要意义。习近平总书记在湖南视察时指出，希望湖南发挥作为东部沿海地区和中西部地区过渡带、长江开放经济带和沿海开放经济带结合部的区位优势。金霞物流的发展，为湖南提供了高效的物流产业平台和载体，承担了经济发展各要素之间的交流功能，能有效扩大区域经济外向度，为省域经济沿湘江至洞庭、溯长江达沿海提供了极佳的发力平台。产业布局上，金霞实施“一体两翼”的空间布局和“一主两辅”的产业布局。其中“一体”为金霞组团，“两翼”为沙坪组团和高岭组团，形成“飞鸟型”的空间布局；“一主”为以金霞现代物流

为主导，“两辅”为以沙坪都市工业和高岭商贸市场为补充，通过物流衍生工贸（工业和商贸）、工贸催生物流，形成“大物流、大工业、大商贸”的产业发展格局。发展目标上，依托金霞经济开发区独特的水、陆、空、铁、管“五元交通”和物流产业发展现状，力争到2015年，社会物流总额达到1100亿元以上、物流企业货物吞吐量达到5000万吨以上、商品销售总额达到2000亿元以上，切实将园区建设成为千亿级园区，打造成为服务湖南、辐射中部、影响全国的“物流名区”。

## 二、夯实平台，完善配套，使“核心优势”集结

交通运输是贯穿物流链条的关键环节，对物流业增加值贡献达76%。抓好物流基础设施、公共物流平台建设对物流园区至关重要。近年来，金霞投资近100亿元，逐步形成了水、陆、空、铁、管“五元化”的立体交通体系。长沙新港、长沙铁路货运新北站、金霞保税物流中心等物流平台在全省的唯一性、完备性和规模性，铸就了“物流名区”的核心竞争力。力促公共平台扩容提质。力促省、市实施火车新北站扩建工程，将火车新北站建设成全国铁路规划的33个集装箱办理站之一，完善仓储、配送、深加工、口岸等配套功能。加快新港三期建设，新增6个2000吨级泊位，建好货物堆场、港区铁路专线、消防码头，建成霞凝粮库3个2000吨级粮食码头，同时，加快一二期码头的设施设备更新换代，推动港区扩容提质。抢抓全市跨境贸易电子商务服务试点机遇，大力推进跨境贸易电子商务服务点和进口商品展示交易中心建设。完善公建配套。按照“量力而行、尽力而为”的原则，加快了基础设施配套，努力聚集商流、物流、资金流，夯实“物流名区”建设基础。今年，金霞确定了“十大道路工程”和“十大配套工程”。道路建设正续建1个、新启动4个、即将办结手续5个。其中，进港大道、捞刀河路一期已竣工通车。配套工程已竣工2个、续建2个、完成招投标4个、正办理手续4个。其中，自来水加压泵站已竣工投入使用，电商大楼已完成竣工验收。建立多式联运。引进第三方物流企业，建设好传化公路港，大力拓展水铁、公铁多式联运、陆路口岸运输和快递业务，促进水运、铁路、公路“三港互动”，形成政策和功能的高效叠加效应。

## 三、多业联动，“1+2>3”，借“产业高地”推进

长沙地处“一带一部”核心区，是长江中游城市群重要节点城市，有着战略性的区位优势、立体化的交通优势、生态宜居的环境优势、人才汇聚的创新优势。按照产业联动理论所述，通过产业结构的战略调整，形成合理的产业分工体系，实现区域内产业的优势互补，实现区域产业的协同发展，从而达到优化区域产业结构、提升产业能级、增强区域产业竞争力的目的。金霞通过物流衍生工贸（工业和商贸）、工贸催生物流，形成“大物流、大工业、大商贸”的产业发展格局。金霞物流规模发展。全力推进“千百十”工程，着力构建产业附加值高、综合效应强的“千亿级”现代物流产业；巩固和培育能源、医药、粮食、钢贸、食品、商贸六大“百亿级板块”；新培育生产或销售过10亿元的“十亿级企业”30个以上，推动经济总量倍增，产业品质倍升。沙坪工业大幅提速。沙坪组团按照“建好新三路、拓展三平方公里”的发展目标，加快大安路和广胜路南、北延长线建设，加大土地征拆和储备力度。已成功引进了台湾统一、武汉佳海、罗莎蛋糕、中南健康医药产业园、富马科等规模工业企业19家。2013年，规模工业总产值同比增长25%，工业增加值同比增长25%。商贸市场新生突破。长沙作为国家“一带一部”战略的核心区域，正是湖南商贸物流建设的核心。金霞签约全国商贸物流龙头企业、上市公司的香江集团，总投资500亿元，建筑面积960万平方米，建设高岭国际商贸城项目。也标志着长沙市发展商贸物流产业，率先落实国务院长江经济带发这展战略走出了坚实的一步。

## 四、按图索骥，精准招商，凭“高端品质”突围

今天的招商结构，决定明天的产业结构。作为后发园区，金霞始终将战略招商作为第一要务，将企业品质作为招商的第一标准。锁定战略招商。始终坚持以“是否符合园区主导产业和两型要求、是否为行业领军型企业等”为标准，严格遵循“五要五不要”的原则，推进招商工作由招商引资向选商选资转变、由数量主导型向品质主导型转变。重点瞄准世界500强、央企、上市公司和行业龙头型企业，开展有针对性地招商选商。引入行业龙头。目前，已入驻的优质物流企业有47家，其中5A级10家、4A级6家，全省物流行业前十强有7家落户金霞。特别

是2013年以来，相继引进了普洛斯物流、阿里巴巴、传化物流等知名物流企业，并与深国际、新加坡丰树物流、澳大利亚嘉民物流达成了意向协议。其中，普洛斯物流计划投资2.8亿元建设“中南物流园”，为第三方物流企业、汽车及零部件制造企业、生物医药企业和零售类企业提供海量标准化仓储及物流平台；阿里巴巴将推进“阿里巴巴·开福产业带”建设，完善电商服务平台；传化物流将投资10亿打造3.0版“智能公路港”，为长沙建设公路港物流平台，弥补公路物流基础设施的功能缺失，完善城市物流体系。几大物流名企合力打造集市场、电商、仓储、配送和金融服务于一体的区域性现代物流中心，有力地巩固了金霞在行业中的领先地位。

**课题组负责人：**袁政国

**课 题 组 成 员：**骆　炬　吴高山　黄雁青

# 加快发展现代服务业的调研报告

湖南暮云经济开发区

2014年是“十二五”发展规划承上启下的关键之年，也是宏观经济形势极为复杂的一年，暮云经济开发区在上级党委、政府的正确领导下，拓宽工作思路，创新工作方法，加快经济结构调整和产业升级转型，各项工作取得较好成绩。为进一步促进暮云经济社会的科学发展，更好地贯彻落实“强二进三”战略，我们着重对现代服务业发展数据进行了全面、系统分析，结合园区实际，形成以下调研报告。

## 一、暮云经济开发区发展现代服务业的战略意义

根据2012年2月22日，国家科技部发布的第70号文件，现代服务业是指以现代科学技术特别是信息网络技术为主要支撑，建立在新的商业模式、服务方式和管理方法基础上的服务产业。具有智力要素密集度高、产出附加值高、资源消耗少、环境污染少等特点。随着我国经济发展和城市化进程的加快，服务业尤其是现代服务业已逐渐成为促进城镇经济更好更快发展的强头兵。长株潭一体化和两型示范区的快速推进，为暮云经济开发区提供了千载难逢的发展机遇。暮云经济开发区处在长株潭融城核心，无论是发展基础和发展后劲都在长沙市有着非常明显的比较优势。为了更好地适应现代化城市建设发展的需要，加快推进园区经济发展方式转变和产业升级转型，促进现代服务业的蓬勃发展已经成为必然趋势，这也为暮云全面实施和强力推进长株潭“融城攻略”，实现加速赶超提供了新动力、新平台和新希望。

### （一）发展现代服务业有利于园区内企业的自身发展

从调查的情况看，无论是破产、停产多年的企业，还是现在能够维持正常生产的企业，厂房设施不配套，消防、仓储等设施不完善，发展空间受限都成为其升级换代、做强做大的重大障碍，他们需要在实施“退低进高”战略中求生存、求发展，也迫切希望政府能出台鼓励企业发展现代服务业的优惠政策，帮助它们寻找新的发展空间，走出困境，带来新的发展机遇。

### （二）发展现代服务业有利于促进经济社会健康发展

从世界范围看，服务业正在成为经济增长的重要引擎，是现代经济持续快速发展的主要原动力。加快发展以高科技含量为主体的服务业（如交通运输、文化教育、金融保险、房地产和现代物流业），不仅可以促进园区经济的健康发展，提升城市的竞争力，而且可以带动周边区域经济的快速发展。因此要抓住国内服务业大调整、大转移的历史机遇，认真贯彻落实国务院办公厅《关于加快发展服务业若干政策措施的实施意见》和省政府《关于加快服务业发展的实施意见》，用足、用好国家发展服务业的政策措施，推动园区现代服务业发展，加快融城步伐。

## 二、暮云经济开发区现代服务业的发展现状

暮云经济开发区自2006年被批准为省级工业园区至今，一直保持逐年高速发展。但也由于发展太快，园区的规划显得滞后，作为长沙市南部工业重镇，园区的规划定位以工业为主。近年来，随着暮云融城核心的区位优势越来越明显，省人大专门出台地方性法规，明确暮云绿心地位，长沙县也将暮云经济开发区规划为两型生态功能区，均强调不再以发展工业为主，转而大力发展第三产业、现代服务业。根据市委、市政府《工业园区转型提质发展三年行动计划》，暮云经济开发区确定了重点培育以地理信息产业基地、电商基地和服务外包基地为重点的生产性服务业，产业增幅100%以上，产业占比30%，现代服务业发展方向更加清晰。

一是依托暮云现有地理资源条件优势，积极促进湖南省地理信息产业园建成。目前经济开发区内已有十几家从事地理信息生产、加工、科研以及服务等相

关工作单位，而地处长株潭“两型社会”试验区核心地带的区位及交通优势，完善的水、电、路、网等基础配套设施及较好文化教育资源，也使得在暮云经济开发区内成立湖南省地理信息产业园具有较好的资本聚集和人才吸纳环境和能力，可以很好地承载地理信息产业发展，形成完备的地理信息产业链体系。二是充分发挥互联网、物联网巨大的整合能力，2014年园区内又引进了长沙牛商网络科技有限公司，我们正在培育和发展以信息技术为支撑，以长株潭烟草物流园、九州通物流园、德奥物流园、南塘物流园等物流项目巨大交通运力为依托的电子商务产业，形成电子商务技术、物流配送工具、产品研发制造共同发展，服务城市生活的全体系生态电商系统。三是发展以青苹果数据城、明照外国语学校为主发展总部研发和服务外包项目。四是整合区域内的生态动物园、湘江风光带、兴马洲以及伯瑜万福博物馆、省文化厅项目等自然、人文资源，发展生态观光、旅游休闲的城郊农业项目。

这主要是基于以下原因：原来工业园区形成的巨大制造力，以及较多的人口资源和由此而形成的庞大的服务市场规模，为现代服务业发展提供了强大的市场驱动力；党的十八大以来，一直强调要充分发掘互联网、物联网优势发展经济，目前园区信息网络基础设施已有相当规模和水平，为现代服务业发展奠定了良好的基础；现代服务业是技术、资本和劳动力密集型产业，发展现代服务业可以充分发挥园区劳动力资源丰富的优势，将剩余乡镇劳动力逐步转化为城镇职工；金融危机促进了服务外包业务向我国的转移和外商投资向服务领域的聚集；东部沿海地区产业向中部加快转移。这些都是目前园区发展现代服务业的有利优势条件。

## 三、暮云经济开发区发展现代服务业存在的问题

近几年来，暮云在上级党委、政府的正确领导下，解放思想、不等不靠、敢闯敢试、先试先行，积极参与和全面实施了“强二进三”的发展战略，积极引进现代服务业项目。暮云凭借自身独特的区位、交通优势，充分利用园区发展平台，加大招商引资力度，加快新进项目建设，不断优化了投资环境和生活环境。但是，作为一个年轻的园区，我们也有着诸多的不足。基础设施还远远跟不上发展的脚步，配套也有待完善。尤其是现代服务业优惠政策方面还有待进一步落实。加上园区目前可供用地不足，用地指标紧缺，土地利用规划与城乡建设规划

不能同步，已不能满足项目建设和园区发展的需要。

### （一）产业升级引发阵痛

随着园区城市化水平的不断提高和城区规模的不断扩大，第二产业的局限发展早已不能适应功能定位要求，“强二进三”和发展现代服务业的高要求使得园区内企业的产业结构逐渐发生调整，引发经济发展方面的阵痛：政府对工业污染的高强度治理使得工业项目准入门槛变高，企业产值逐渐减少；政府对“两高一低”产业的限期治理、依法关停使得各个企业被迫转型发展，这不仅加大了企业的财政支出，也使得相关企业内部财政拮据、组织结构混乱；部分工业企业的搬迁也导致了大批下游企业和相关销售、服务企业的关闭和离开，对园区内的经济发展造成了一定的损失和影响。产业升级引发阵痛，面对阻力较大。

### （二）规划不够科学系统

随着“五纵四横”的路网格局的成形，暮云的区位和交通优势逐渐突显，这加速了暮云融入长株潭都市圈的步伐，也为暮云经济和城市发展提供了平台和载体。然而在规划方面还存在协调统一方面的问题，开发过程中形成的不少规模工业、企业项目的部分基础配套未及时有效纳入到经济开发区的整体规划布局中，暮云自身的规划设计工作也落后于实际建设，致使管网、水、电、燃气、排污、公交等配套建设相对混乱滞后，不利于园区基础配套设施的高效规划建设，在一定程度上制约了现代服务业的快速引进和发展。

### （三）思想认识不够统一

我们在调查中感觉到，园区发展现代服务业的战略定位出现了“上热下凉”的现象。园区在区域建设中把发展现代服务业作为重大战略，纳入产业规划，甚至计划纳入土地利用规划中，但部分干部的思想认识不够，他们认为园区污染源企业已经停产或正在整改，剩下的企业就已经问题不大，不值得大动干戈发力产业升级转型。因此，发展现代服务业只是在“零打碎敲”，园区建设改造和环境治理力度都不够，不少工业项目遗留问题没有及时解决。这种旧思想只能说明他们对建设宜居暮云的新发展趋势还缺乏清醒的认识，需要进一步解决好认识问题。

### （四）专业人才资源短缺

园区虽然拥有丰富的人力资源，但大部分是土地征收后的农民，或是工业企业的工人，真正的专业服务人才短缺，尤其是结构性短缺，这将直接制约现代服务业的快速发展，也是目前现代服务业各个行业中普遍存在的问题。

## 四、解决问题的措施

### （一）积极发展第三产业，增强园区发展后劲

根据长株潭一体化建设规划和长沙市2020年城市总体规划的要求，为加快“强二进三”进程和融城步伐，暮云致力于积极发展第三产业，打造长株潭核心区的旅游、商贸与生活服务中心。要注重调节好服务业与制造业的发展关系，通过外包加快生产性服务业的发展，用制造业的发展来拉动服务业的发展，只有劳动生产率不断提高，人力资源才能流入到服务业中来，两者相互依存。要按照储备项目抓前期、拟建项目抓开工、在建项目抓竣工的原则，陆续启动相关新型工业、服务业项目的建设。目前园区有青苹果数据城等10个高科技、低能耗新型产业项目在建；2014年新引进10个现代服务业项目，投资10.4亿元兴建的融城国际汽车城项目签约落地，湖南省地理信息产业园即将挂牌，这些产业的不断发展，将逐渐增强园区的发展后劲，推动园区“强二进三”战略发展的新进程。

### （二）完善配套设施建设，优化生产生活环境

“强二进三”进程中，园区不但要做好第二产业的环境维护治理工作，也要制定好暮云新城的规划建设方案，根据区域功能和定位，不断完善城市配套功能，高品位对接城市。暮云片区控制性详细规划和建成区提质改造设计、自来水厂、长株潭烟草物流园、湘江风光带（暮云段）、城南220千伏变电站等重点工程的建设，暮云污水处理厂配套管网建设，月塘路、西湖路、新韶山南路等道路建设都是推动暮云融城的重要举措，要按照“两型社会”发展的要求，加大对区域内工业污染的治理，严格实施项目准入制度。积极推广低碳建筑发展模式，在项目发展中突出节能减排、绿色环保的理念，让人民喝干净水、吸新鲜空气、吃放心食品，创造一个可持续发展的生活空间，将暮云真正建设为环境优美、创业宜居的新城区。

### （三）不断提高思想认识，推动“强二进三”战略

“强二进三”是一项较为复杂的系统工程，需要政府各职能部门的有效服务

和人民群众的密切配合。在今后的产业发展中，国区要坚持生态环保发展理念，不断优化产业结构，妥善处理好产业发展与保护生态的关系，坚持走新型产业化道路；要加强组织领导，制订详细的“强二进三”工作计划，明确权责，为企业服务做好各项准备工作；应该鼓励现有园区内的企业着重发展高科技、低能耗、“零”污染的高智能项目；应该大力加强生态建设和节能减排工作，加大环境综合整治力度，积极宣传，大力倡导人民群众低碳生活，从节水、节电等生活细节做起，以确保“强二进三”工作的顺利推进和暮云新城品位的不断提高。

### （四）进一步灵活用人制度，缓解人才紧张问题

要加强征地拆迁后本地农民的转化工作，要借助人力资源服务公司和人才中心开展专业技术培训，让一部分剩余劳动力转化为生产工人和技术人员；要视野开阔，行政和事业单位要灵活用人制度，给政策、给待遇，留住优秀人才，也要鼓励公司企业面向社会公开招聘专业技术人员，通过公开竞争选拔优秀人才，弥补人才紧张问题；要加强校企合作，定向培养、输送专业技术人才；要引导鼓励企业进一步完善社会保险福利制度，增强对人才资源的吸引力。

# 长沙银行农业产业化金融服务专题调研
## ——基于湖南农业产业发展现状的分析

长沙银行董事会战略委员会研究发展部

## 第一部分　湖南农业产业发展情况

2004 年以来，中央一号文件连续十年聚焦“三农”。从促进农民增收、提高农业综合生产能力、发展现代农业和农业基础建设等，再到 2014年的加快推进农业现代化，中央一系列农业发展部署，充分体现了农业在稳定国计民生、抑制通货膨胀、促进经济发展和社会和谐稳定中的重要作用。国民经济和社会发展第十二个五年规划纲要明确提出了要加快发展现代农业，推进农业结构战略性调整，促进农业生产经营专业化、标准化、规模化、集约化。

**表1　　2004-2014年国务院涉农一号文件汇总整理**

| | |
|---|---|
| 2004年 | 《关于促进农民增加收入若干政策的意见》 |
| 2005年 | 《关于进一步加强农村工作提高农业综合生产能力若干政策的意见》 |
| 2006年 | 《关于推进社会主义新农村建设的若干意见》 |
| 2007年 | 《关于积极发展现代农业扎实推进社会主义新农村建设的若干意见》 |
| 2008年 | 《关于切实加强农业基础建设进一步促进农业发展农民增收的若干意见》 |
| 2009年 | 《关于促进农业稳定发展农民持续增收的若干意见》 |
| 2010年 | 《关于加大统筹城乡发展力度进一步夯实农业农村发展基础的若干意见》 |
| 2011年 | 《关于加快水利改革发展的决定》 |
| 2012年 | 《关于加快推进农业科技创新持续增强农产品供给保障能力的若干意见》 |
| 2013年 | 《关于加快发展现代农业进一步增强农村发展活力的若干意见》 |
| 2014年 | 《关于全面深化农村改革加快推进农业现代化的若干意见》 |

资料来源：国务院相关网站，战略委员会办公室整理。

近年来，湖南省委省政府积极响应中央号召，推动农业产业化建设，主要举措包括构建现代农业产业体系、加强农业现代化基础支撑、发展规模化集约化经营、提高现代农业科技水平、促进农业可持续发展、创新农村体制机制、建设现代农业高效园区、抓好农业现代化示范县建设、加大农业现代化建设资金投入力度、健全农业现代化建设的推进机制等各个方面，取得积极成效。以下我们从省内整体和各地市州两个层面分别介绍农业产业发展状况。

# 一、湖南省农业产业整体发展现状

作为中部地区农业大省，湖南素有“鱼米之乡”美称。粮、棉、油、茶叶、水果、烟叶、生猪、水产品等主要农产品产量长期位居全国前列，是全国重要农、副产品生产基地。2012年湖南省农林牧渔业总产值4904.1亿元。其中：农业产值2651.7亿元，增长1.2%；林业产值260亿元，增长5.0%；牧业产值1488.6亿元，增长4.7%；渔业产值279.9亿元，增长5.5%。粮食播种面积7362.1万亩，比上年增加42.7万亩；粮食总产量601.3亿斤，比上年增加13.4亿斤。蔬菜、油菜、水果、茶叶、烟草等稳定发展。全省油料面积1982.55万亩，总产量207.8万吨。蔬菜面积1858.8万亩，产量3480.91万吨。烟叶面积167.7万亩，产量24.6万吨。出栏生猪5878.80 万头，存栏生猪4245.52万头。水产养殖面积419.21千公顷，水产品产量220.08万吨。

以下我们将通过对全国各省市地区农业产业发展及湖南省农业产业自身发展趋势数据分析了解湖南农业产业发展整体情况。

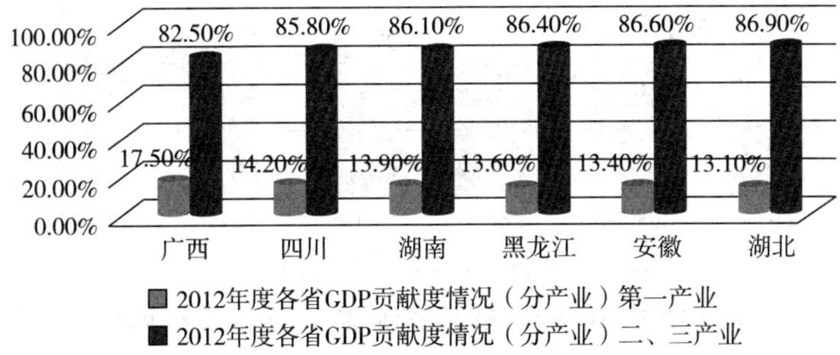


**图1　2012年各省GDP贡献度情况（分产业）**

资料来源：湖南统计年鉴，战略委员会办公室整理（本图中只列出占比最高的6个地区）。

在图1中2012年度全国各省市自治区第一产业占国民生产总值比例排名中我们看到，湖南以13.9%的占比在全国各地区排名中名列第三，进一步凸显出农业产业在全省国民生产总值中的重要地位。湖南作为农业大省，农业生产总值在对社会生产总值的贡献度也颇高。

**表2　2012年度湖南省农林牧渔业总产值及各分项产值在全国排名情况**　单位：亿元

| 总产值 | | 农业 | | 林业 | | 牧业 | | 渔业 | |
|---|---|---|---|---|---|---|---|---|---|
| 1. 山东 | 7945.8 | 1. 山东 | 3960.6 | 1. 湖南 | 260.0 | 1. 山东 | 2285.9 | 1. 山东 | 1267.1 |
| 2. 河南 | 6679.0 | 2. 河南 | 3958.9 | 2. 福建 | 256.5 | 2. 四川 | 2269.9 | 2. 江苏 | 1235.4 |
| 3. 江苏 | 5808.8 | 3. 河北 | 3095.3 | 3. 广西 | 245.3 | 3. 河南 | 2255.6 | 3. 广东 | 914.0 |
| 4. 四川 | 5433.1 | 4. 江苏 | 2966.7 | 4. 江西 | 228.9 | 4. 河北 | 1747.7 | 4. 福建 | 903.4 |
| 5. 河北 | 5340.1 | 5. 四川 | 2764.9 | 5. 云南 | 225.8 | 5. 辽宁 | 1621.2 | 5. 浙江 | 687.0 |
| 6. 湖南 | 4904.1 | 6. 湖南 | 2651.7 | 6. 广东 | 222.7 | 6. 湖南 | 1488.6 | 6. 湖北 | 626.2 |
| | | | | | | | | 7. 辽宁 | 618.7 |
| | | | | | | | | 8. 安徽 | 384.4 |
| | | | | | | | | 9. 江西 | 333.1 |
| | | | | | | | | 10.广西 | 331.7 |
| | | | | | | | | 11.湖南 | 279.9 |

资料来源：湖南统计年鉴，战略委员会办公室整理。

在表2全国各省市农、林、牧、渔业生产总值排名中我们看到，在整体和各分项指标上，湖南均排名前列，进一步证实农业产业在湖南拥有良好的发展条件和基础。

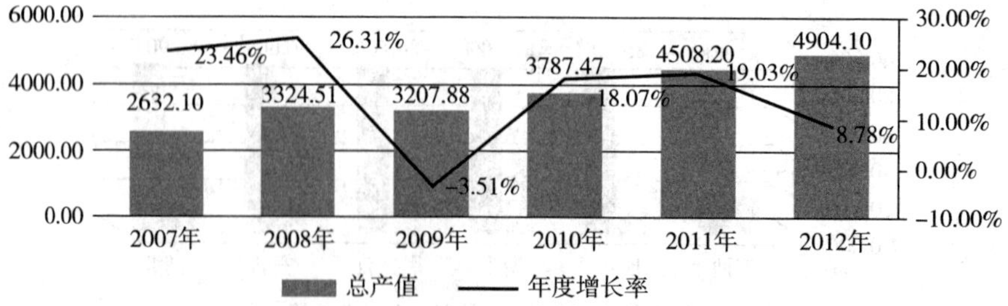


**图2　2007～2012年湖南省农林牧渔业总产值及年度增长**

资料来源：湖南统计年鉴，战略委员会办公室整理。

在图2中我们看到，近年来湖南省农林牧渔业生产总值基本保持稳步增长态势，除个别年份受到重大自然灾害影响略有波动外，基本保持10%以上的年均增长率，这也为我行以农业产业金融作为业务发展方向提供了宽广的发展空间。

**表3　　2010～2012湖南农林牧渔业分项产值（亿元）**

| 年份 | 农业 | 林业 | 牧业 | 渔业 |
|---|---|---|---|---|
| 2010 | 2059.55 | 207.43 | 1118.20 | 232.70 |
| 2011 | 2391.67 | 239.11 | 1425.60 | 255.04 |
| 2012 | 2651.69 | 259.97 | 1488.58 | 279.94 |

资料来源：湖南统计年鉴，战略委员会办公室整理。

在表3近年来全省农、林、牧、渔业分项产值数据中我们看到，湖南农业各子产业发展均衡，产值稳步增长，整个农业产业呈现出良好的发展势头。

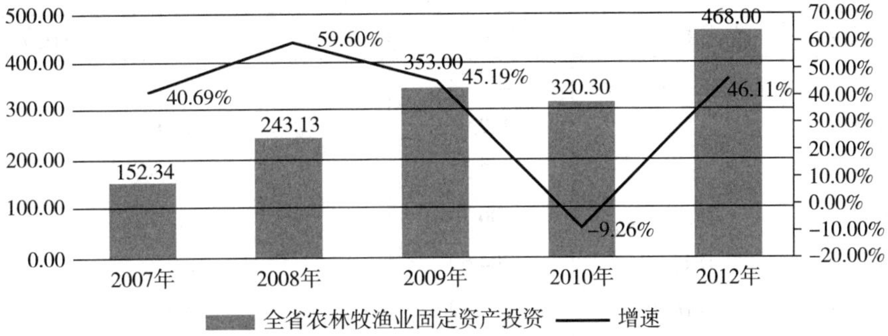


**图3　2008～2012年湖南省农林牧业固定资产投资情况**（单位：亿元）

资料来源：湖南统计年鉴，战略委员会办公室整理。

在图3全省农林牧渔产业固定资产投资情况中我们看到，除个别年份之外，湖南省农林牧渔业固定资产投资规模逐步扩大，投资增速也保持年均近50%的高速增长态势。

## 二、湖南省内各地市州农业产业发展状况

近年来全省各地市积极响应省委、省政府关于加大农业产业投入，发展特色农业产业的号召，瞄准市场变化，依托资源优势和传统生产习惯，进一步优化了农业区域布局。湘东、湘中重点发展蔬菜、时鲜瓜果、花卉苗木、畜禽产品和水产品的生产和加工；湘北突出“湖”字特色，重点发展了稻米、优质棉花、油

菜、水果、蔬菜和特种水产、水禽养殖；湘南利用“天然温室”优势，重点发展了蔬菜、时鲜瓜果、油茶、烤烟、养殖等名特优农产品生产和加工；湘西突出“山”字特色，重点发展草食畜禽产品、优质水果、优质名茶、反季节蔬菜、药材等。洞庭湖区结合退田还湖工程、防护林工程等项目建设，大力发展林纸产业。大中城市郊区重点发展观赏农业、休闲农业与设施农业。目前已形成了优质食用大米、高支纱棉花、双低油菜、柑橘、优质绿茶、兰麻、外销生猪、肉牛（羊）、牛奶、出口淡水产品等10大优势产业，8大类38个地方特色农产品。如祁东黄花菜、岳阳蔬菜、桃江楠竹、湘西柑橘、隆回药材、城步奶牛、安乡珍珠等，都形成一定的规模和特色，取得良好的经济效益。

下面我们通过统计数据对各地市州农业产业发展情况做进一步分析。

**表4　2012年各地市州第一产业占地区生产总值比例情况**　单位：亿元

| 各地市州 | 地区生产总值 | 第一产业 | 第一产业占地区生产总值比例 |
|---|---|---|---|
| 邵阳市 | 907.23 | 227.52 | 25.08% |
| 永州市 | 945.39 | 227.91 | 24.11% |
| 益阳市 | 883.63 | 193.67 | 21.92% |
| 衡阳市 | 1734.30 | 290.74 | 16.76% |
| 常德市 | 1811.19 | 294.69 | 16.27% |
| 娄底市 | 847.26 | 131.79 | 15.55% |
| 怀化市 | 845.63 | 129.31 | 15.29% |
| 湘西州 | 361.37 | 54.38 | 15.05% |
| 岳阳市 | 1899.49 | 249.80 | 13.15% |
| 张家界市 | 298.04 | 38.73 | 12.99% |
| 郴州市 | 1346.38 | 150.21 | 11.16% |
| 湘潭市 | 1124.14 | 102.56 | 9.12% |
| 株洲市 | 1564.27 | 133.30 | 8.52% |
| 长沙市 | 5619.33 | 243.38 | 4.33% |

资料来源：湖南统计年鉴，战略委员会办公室整理。

在表4各地市州农业产业（第一产业）与地区生产总值比值数据中我们看到，邵阳、永州、益阳、衡阳、常德等地市农业产业产值在地区生产总值中占比明显高于其他地区，上述地区农业产业发展规模和基础优势明显，我行在上述地区新设或已有机构可据此考虑将农业产业金融作为业务拓展的主要选项之一。

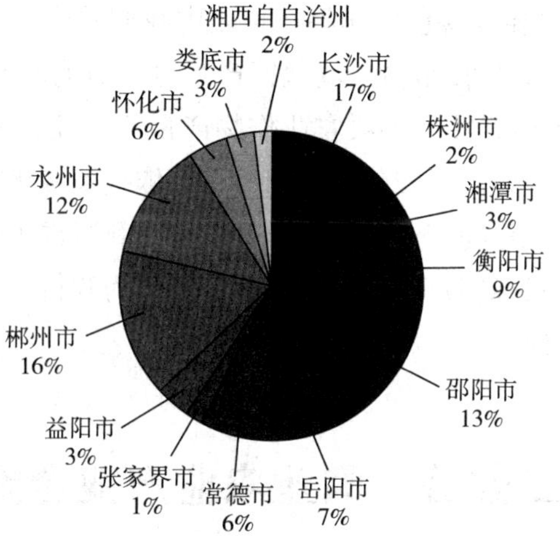


**图4　2012年度各地市州农林牧渔业固定资产投资占比**

资料来源：湖南统计年鉴，战略委员会办公室整理。

在图4各地市农林牧渔业固定资产投资占比中我们看到，各地区农林牧渔业固定资产投资与表4农林牧渔业产值占比情况表现出较好的重合度，邵阳、永州、常德等地市农林牧渔业固定资产投资对相关产业产值增长起到较好的促进作用。长沙地区投资额数据与总产值占比数据出现背离主要原因应是长沙地区生产总值中第二、第三产业规模更为庞大，农林牧渔业虽然投资额、总产值相对较高，但是在地区总产值中占比仍然相对较低。

**表5　2012年湖南县域地区主要及特色农作物产量**　单位：万吨

| 县域地区 | 稻谷 | 县域地区 | 棉花 | 县域地区 | 油料 | 县域地区 | 苎麻 | 县域地区 | 烤烟 | 县域地区 | 茶叶 | 县域地区 | 柑橘 |
|---|---|---|---|---|---|---|---|---|---|---|---|---|---|
| 宁乡 | 81.05 | 南县 | 4.3 | 桃源 | 11.4 | 沅江 | 1.01 | 桂阳 | 3.72 | 安化 | 3.16 | 麻阳 | 25.95 |
| 桃源 | 72.08 | 华容 | 3.2 | 澧县 | 9.1 | 桃源 | 0.88 | 浏阳 | 1.21 | 长沙 | 1.87 | 石门 | 25.76 |
| 湘潭 | 71.21 | 安乡 | 3.0 | 安乡 | 8.6 | 汉寿 | 0.53 | 宁远 | 1.05 | 石门 | 0.66 | 泸溪 | 17.97 |
| 鼎城 | 67.92 | 澧县 | 2.9 | 南县 | 8.2 | 南县 | 0.47 | 宁乡 | 0.95 | 宁乡 | 0.51 | 慈利 | 14.43 |
| 汉寿 | 60.96 | 鼎城 | 2.4 | 衡阳 | 7.3 | 慈利 | 0.34 | 龙山 | 0.91 | 临湘 | 0.50 | 桃源 | 12.16 |
| 衡南 | 56.50 | 沅江 | 2.2 | 汉寿 | 7.0 | 茶陵 | 0.15 | 永顺 | 0.78 | 桃江 | 0.50 | 保靖 | 11.63 |
| 衡阳 | 55.82 | 桃源 | 2.1 | 鼎城 | 6.8 | 临湘 | 0.15 | 茶陵 | 0.77 | 桃源 | 0.47 | 永顺 | 11.22 |
| 南县 | 54.66 | 大通 | 1.6 | 华容 | 6.7 | 永定 | 0.15 | 衡南 | 0.68 | 平江 | 0.37 | 凤凰 | 10.56 |
| 祁阳 | 53.97 | 汉寿 | 1.5 | 衡南 | 5.9 | 大通 | 0.07 | 嘉禾 | 0.66 | 汨罗 | 0.32 | 洪江 | 10.40 |
| 长沙 | 52.76 | 君山 | 1.1 | 沅江 | 5.6 | 新邵 | 0.06 | 靖州 | 0.66 | 赫山 | 0.28 | 吉首 | 10.34 |

资料来源：湖南统计年鉴，战略委员会办公室整理。

在表5县域地区主要及特色农作物产量表中我们看到，稻谷、棉花、油料、烤烟、茶叶等湖南省主要农作物县域地区产量分布具有较高的重合度，例如宁乡、桃源、汉寿、南县等县乡各项农业作物产量均较高，是名副其实的农业大县，同时湖南省沅江、桂阳、安化、麻阳等县市依托地域优势和农业耕作传统在烟叶、茶叶、柑橘等农作物产业领域也极具特色。我行推进农业产业化金融，首先要找准目标市场、目标客户，上述县域地区应成为我行开展特色化农业产业金融服务的主要发展方向。

# 第二部分　同业农业产业金融案例

## 一、龙江银行

龙江银行是在重组原大庆市商业银行、齐齐哈尔市商业银行、牡丹江市商业银行和七台河城市信用社的基础上，引进正大集团、中粮集团、北大荒集团等优质股东，于2009年12月成立的股份制商业银行。成立之初龙江银行将目光投向“三农”蓝海，结合黑龙江省情及龙江银行的股东优势，确定了“面向农业产业、面向中小企业、面向地方经济”的市场定位和“城市吸储，反哺三农”的差异化经营战略。

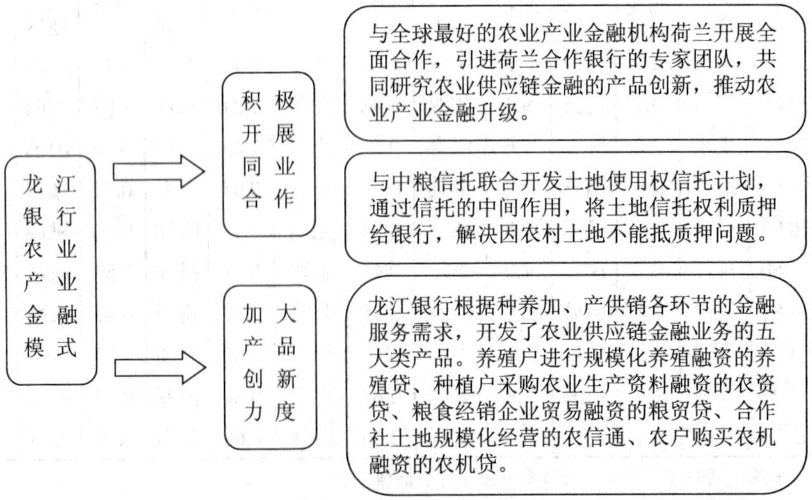


图5

龙江银行农业供应链金融模式主要针对种植业、养殖业、生产物资、农产品加工业、粮贸企业和农机六大目标市场。按行业分为农业、林业、牧业、副业、渔业五大产业，按照涉农贷款的主体分为企业法人、个体工商户、农业专业合作社、协会、其他经济组织、自然人、农村妇女创业贷款等，按照农业产业链上参与方性质分为供应商、生产商、销售商、加工企业、零售企业、终端消费者、农垦、地方企业等，形成了金字塔型的客户体系，其中农户是金字塔的基座，核心企业为金字塔的塔尖。

## 二、民生银行

2011年民生银行“现代农业金融事业部”成立，截至2013年9月底，民生银行“农业板块”贷款余额超过1000亿元，目前有超过600人的团队从事现代农业相关业务服务。

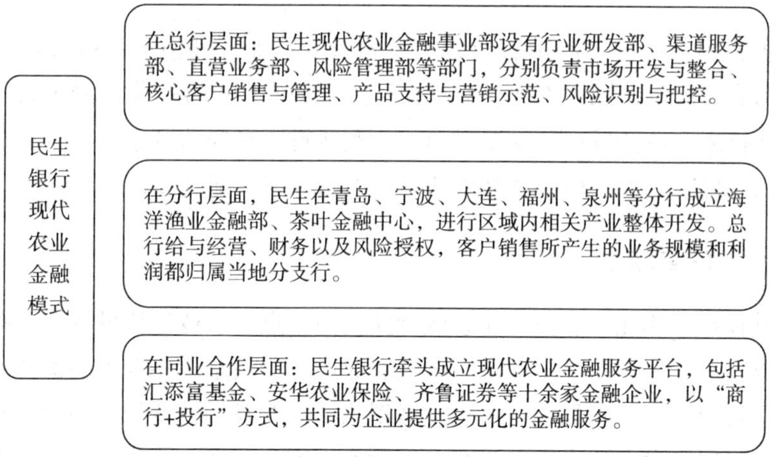


**图6**

除选择海洋渔业和茶业两大产业作为现代农业金融的先行产业，民生银行还同时圈定生猪、家禽、果蔬、农业物流、中药材、农资机具等农业产业作为未来发展方向。2012年，民生银行与农业部签订《农业部与中国民生银行合作协议》，双方共同推动建立全国性农产品交易市场建设，成立农业产业基金推动产业升级。对于农业产业链金融，民生银行主要围绕重点产业链进行细分市场，再以“商行+投行”的模式经营，对其战略客户提供包括存贷款、贸易金融、现金管理、电子银行、交易金融、投行在内的金融服务，同时对中小企业、小微企业客户实现批量开发，提供标准化的产品组合。

对于小微客户群体，民生银行将近年力推的城市合作社模式复制到农业产业链中。目前海洋渔业合作社运作模式为，内部会员共同出资成立共同风险基金或互助合作基金，基金为所有授信会员提供连带责任担保，向民生银行申请整体授信。在茶产业领域则借鉴“创业投资基金”的运作模式，通过民生私人银行客户募集资金，进行茶产业集聚区和龙头茶企的股权投资。

# 第三部分　对长沙银行工作的建议

## 一、以省内区域化布局为先导，设立农业金融专营机构

在报告第一部分对湖南省及各地市州农业产业发展情况数据分析中我们看到，作为农业大省，湖南农业产业规模巨大，为农业产业提供配套金融服务势必将成为我行未来业务发展的主要方向，为此我行需在经营理念、组织架构、行业授信指引、风险防控手段、产品创新等方面做好相关配套工作。

### （一）经营理念

与其他产业相比，农业并非金融行业关注重点，农业信贷投放在银行业整体信贷投放中占比一直不高。考虑到湖南农业产业规模总量在全国的优势地位及我行正进行省内区域化布局这一实际发展现状，需要我行转变经营理念，充分认识农业产业发展中存在的金融商机和发展潜力，把农业产业作为未来业务发展的主要方向之一，进一步明确农业产业金融业务范围，优先满足农业产业金融服务需求，探索建立内部专项工作考评机制，在全行上下贯彻农业产业金融服务理念，建立农业产业金融服务平台。

### （二）组织架构

在总行层面，可考虑学习民生银行行业事业部制在公司部设立农业产业经营中心，考虑到总行机构人员控制和业务发展总目标等现实问题，该中心可只负责

我行农业产业金融服务发展规划、专项金融产品研发、专营支行考评等宏观层面工作，具体营销、风控工作由分支行专营机构完成。

在分支行层面可考虑在农业资源丰富、客户集中的地市州，如桃源、宁乡、石门、安化等，设立特色农产品专营机构，如粮食、生猪、柑橘、茶叶、农副产品金融服务中心等。在业务流程上专营机构可提高农户金融服务集约化水平，做到集中审查、集中审批和集中贷后管理，充分发挥利用我行现有技术手段和系统优势，提高贷款运作效率，提升我行农业产业金融服务水平。

## （三）行业授信指引

农业产业涵盖范围较广，鉴于我行规模实力，应根据省内农业产业发展现状进一步完善农业产业细分领域信贷政策，做到有所为、有所不为。首先要完善涉农行业授信政策，根据现代农业的细分行业特点，制定差异化的信贷政策，如粮食、油料生产加工、肥料、饲料生产加工、农机制造、畜牧、水产养殖、农副产品生产加工等农业产业细分行业信贷政策指引等，实现对主要细分农业行业的基本覆盖。其次要完善差异化的区域信贷政策，针对区域农业特点，出台粮食作物核心主产区、烟叶种植基地、畜牧养殖基地等区域性信贷政策指引，鼓励分支行围绕省级农业综合改革试验区、农业产业园区开展业务，对省内有优势、有特色、有前景、带动力强的特色优势农业重点产区、重点加工区和商贸流通区的信贷政策需求，制订相应的配套优惠政策。

## （四）风险防控手段

农业产业受天气、供需、外贸形势等多方因素影响，且目标客户风险防范能力普遍较弱，这一直以是来涉农金融服务开展的主要瓶颈。我行要进入该领域需积极关注农业产业经营中存在的风险，做好针对性风险防控工作。首先要对农业贷款业务按照不同贷款主体、不同担保方式、不同区域、不同产品的风险程度进行分类管理，实施风险退出机制。其次要及时掌握农业产业化龙头企业跨区域、跨行业多元化扩张动向，对于负债增长过快、资产负债率快速上升的企业要审慎介入或严格控制授信额度。针对农业产业金融服务过程中可能出现的各类风险建立一套行之有效的防控制度体系。

## （五）抵质押模式创新

缺乏抵质押物一直以来是银行支持农业产业化发展面临的一大难题。在我行发展农业产业化金融过程中应注意结合农业产业不同区域、不同经营主体的特征，创新差异化抵质押方式，对涉农中小企业和农户，可采取多户联保、龙头企业担保、订单质押，并结合地方产业特色创新抵质押方式。例如林权、茶树、茶园、特色花卉苗木抵押贷款，库存粮食抵押贷款；滩涂、湖泊养殖区域使用权抵押、渔船抵押等信贷业务。针对商业化涉农项目，可以考虑以经营收益权、应收账款、订单和存货质押、土地使用权等作为抵质押物，并结合企业保证、农民联保等多种抵押担保方式发放贷款。在政府改革配套到位、政策风险可控且承包经营权流转可实现的前提下，还可以尝试办理农村土地承包经营权、农村集体建设用地、宅基地使用权抵押贷款业务。

## 二、以供应链信贷产品创新为驱动，打造链式金融服务体系

在对先进同业农业产业金融发展模式的调研分析中我们看到，无论是全国性股份制商业银行抑或是地区性城商行，都不约而同地选择农业供应链金融模式拓展产业金融服务，究其原因应是农业产业相对分散化、个体化的产业发展现状导致的。农业供应链金融可以使银行从农业产业链出发，以产业链上的农业企业为支撑点，利用农业企业的信用为农户的信用增级，将单个主体的不可控风险转变为供应链整体的可控风险，并用来满足产业链各环节融资需求的一种系统性融资安排。在综合同业相关产品优势、特性基础上，建议我行引入以下三种农业供应链金融业务模式，以完善我行农业产业链式金融服务体系。

农业供应链金融的运作模式中最简单、最基本的就是“农业企业+农户+银行”的运作模式。但在实际运作中，由于各地方的条件千差万别，对供应链金融的需求也各不相同，因此，往往会根据具体情况融入监管、担保、科技、财政等多种元素，引入农业园区、担保公司、农村合作社、科研院所、政府等第四方的参与，形成灵活多样的农业供应链金融模式，为农业生产增效和信贷资金安全运行提供更多的保障。

### （一）“农业企业+农户+银行”运作模式

本模式由农业企业、农户和金融机构三方组成，是基于未来农产品收入账款的最基本供应链模式。本模式分为前期、后期两个阶段。

1. 第一阶段。

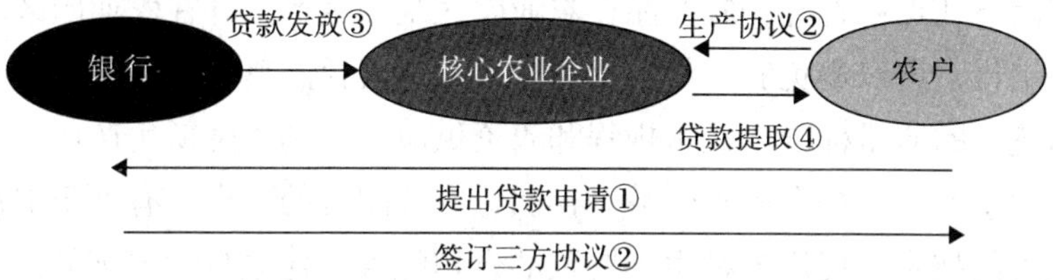


图7

在农业生产开始前期，如上图所示，农业企业根据当时的农业生产信息以及对农户资信状况、生产能力的了解，将具有一定资格的农户推荐给相应的金融机构，由农户向金融机构提出贷款申请。金融机构经过贷前调查之后，与农户、农业企业签订三方协议，农户以农产品未来的收入账款作为抵押向金融机构申请融资，银行将贷款发放到农户在农业企业的专门账户中，农户逐步申请提取贷款用以支付生产过程中的合理支出，并每日报备支付明细，农业企业负责回收部分或全部农产品并规定保护价格，协助金融机构从农产品收入中预扣贷款本息。其中农户经由农业企业向我行推荐提交贷款申请，农业企业对农户贷款提供担保，并对贷款资金进行统一的调控与管理，通过资金的封闭式流动而提升贷款的安全性。

2. 第二阶段。

图8

在农业生产开始后，如上图所示，农业企业向农户提供关键性的生产资料和各种产中服务（包括播种、生产过程中的技术指导以及定期发布病虫害等灾难预警等）。农产品收获之后，农业企业统一进行销售并取得农产品收入，在扣除农户贷款的本息后将剩余的资金支付给农户。在整个运作过程中资金封闭流动，降低了银行和农业企业的资金风险。同时，由于分批次的连续生产，不仅资金回收速度快，而且可以大幅简化信贷审核流程，提高银行贷款效率。

## （二）“农业企业+农业园区+农户+金融机构”运作模式

在本模式中引入农业园区作为第四参与方，其功能是对农产品的生产与销售进行监管，确保物流、资金流的全封闭运行。农业园区在整个农业供应链金融的意义有以下几点：首先，农产品在农业园区统一生产，并在农业园区的统一控制下进行销售，可以避免农户将农产品收入私自留存、恶意拖欠贷款。其次，农业园区内统一的质量标准、技术规程和农资供应，有利于降低生产成本和流通费用，为农业生产带来综合服务效益。再次，农业园区的存在，有助于引进和推广国内外先进的技术、促进各种生产要素的合理配置、建立自然灾害的预警制度、实行企业化的管理组织形式，稳定农产品的产量及质量，降低农业生产的风险，从而也就降低了我行贷款的风险。

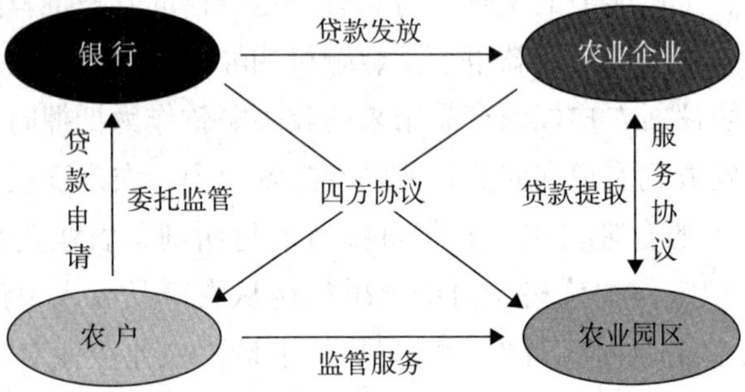


图9

具体运作方式为：金融机构在信用评估基础上，为农户提供融资授信，并与农业园区签订委托监管协议，由农业园区对农产品的生产和销售进行监管和控制。农户利用农业园区的资源与技术优势，在农业企业的统一指导下进行日常的农业生产，产品集中交付农业企业负责销售，农户贷款提取及归还方式与模式一相同。

### （三）“农业企业+农业生产合作社+农户+金融机构”运作模式

在此模式下，农业生产合作社由农户自愿联合，以土地入股，从而将单一的农户生产转变为农业生产合作社集约化、规模化生产经营。在这一模式下，金融机构与农户、农业企业、农业生产合作社签订四方协议，以农业生产合作社作为贷款主体，农业企业承担连带保证责任，银行贷款发放到农业生产合作社的账户上，由后者负责农户生产过程中的合理支出，并每日报备支付明细，农业生产合作社负责管理农户的日常生产活动，并提供一定的技术支持。农产品收获后，由农业生产合作社交付给农业企业，由后者统一销售，农业生产合作社在优先偿还金融机构贷款之后直接与农户核算利润。这一模式的优势是银行借贷主体由分散化转为批量化，有效降低了银行信贷的成本和风险。同时，原本农户无法抵押的土地事实上起到了抵押品的作用，解决了农户抵押品缺乏的困难。具体的运作模式由下图所示。

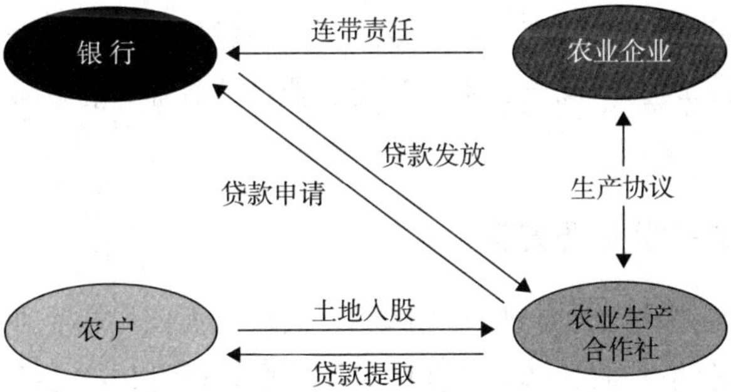


**图10**

## 三、以综合化经营为突破口，提升农业产业金融服务水准

农业产业金融服务目标客户群大量为中小企业，且主要是为龙头农业企业提供配套上下游服务，目标客户特性在一定程度上决定了农业产业金融所提供产品、服务的类型，传统农业金融服务以农户、农产品加工企业信贷需求、资金结算、汇兑为主，内容简单，可复制性强，随着越来越多的银行同业迫于竞争的压力纷纷加入农业产业金融服务领域，要想迅速做出特色、做出成效就需我行在金融服务手段上有所突破，建议我行借鉴民生银行农业金融事业部综合金融服务平台经验，开展农业产业综合化金融服务。

### （一）搭建平台

考虑到我行自身实力和行业监管限制，我行对农业产业金融服务主要局限于信贷业务领域，目前农业企业在并购重组、直接融资等领域金融服务需求日趋多元化，为此我行应考虑与省内金融同业共同搭建金融服务平台，尝试与湖南信托、湘财证券合作共同为省内农业企业提供多样化金融服务，共享业务渠道和服务资源。在这个服务链条中，我行将主要获得的是中间业务收入，尽量减少消耗资本。

### （二）争取政府支持

农业产业自身发展特性决定政府在该产业领域不可或缺的作用，我行应以此为切入点，深化与各地市州政府合作关系，共同成立农业产业合作基金。在支农、惠农金融服务的社会效应、宣传效应下，与各地农、林、畜牧、水产局建立合作关系，由相关政府单位出面推荐当地农业产业企业，将农业产业金融服务与政务营销有机结合。

### （三）确立主营业务方向

首先可考虑在特色农业产业集聚园区、县域，面向中小企业营销中小企业集合票据、中小企业集合债、私募债业务。同时积极研究以中小企业信贷资产证券化、创业风险投资等新型融资方式与传统信贷投放相结合的多元化投融资模式，满足农业企业融资需求。此外，可考虑联合同业金融机构及外部资金成立湖南农业产业投资基金，通过股权投资的方式服务农业企业，提升农业企业资本运作能力，推动中小农业企业重组改制以及行业内上下游的并购、整合，全面提升我行农业产业金融服务水平。

# 城乡统筹篇

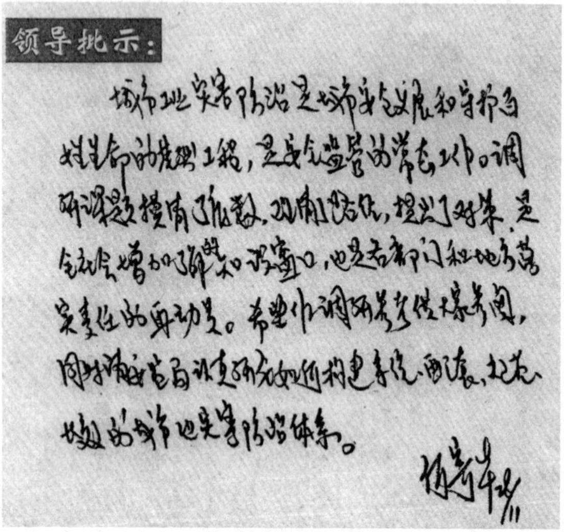
领导批示：

城市工业灾害防治是城市安全发展和保护百姓生命的基础工程，是安全监管的常态工作。调研课题摸清了底数，找准了症结，提出了对策，是全社会增加了解和认识的窗口，也是各部门和地方落实责任的再动员。希望此调研报告供大家参阅，同时请安监局认真研究如何构建系统、网络、规范、长效的城市工业灾害防治体系。

# 全面构建城市安全运行网刻不容缓

## ——关于长沙城市工业灾害防治的调研与建议

长沙市人民政府研究室
长沙市安全生产监督管理局

城市工业灾害是指在工业化、城市化进程中形成的城市工业危险源和安全隐患引发的财产损失、人员伤亡、环境污染事故，如火灾、爆炸、泄漏、中毒、辐射、污染、交通运输、采空区和高层建筑物坍塌等事故灾害。近年来，我市抢抓发展机遇，着力实施工业化与城市化双轮驱动，取得了巨大的成效。但与此同时，随着产业布局的调整和大规模建设的推进，城市高危行业、涉危企业规模迅速扩张，城市新的危险源和安全隐患不断衍生，发生群死群伤等灾害事故的可能性进一步增大。为切实保障人民群众生命财产安全，促进工业化、城市化协调发展，推动长沙城市工业灾害防治走在兄弟省会城市前列，按照市政府领导指示，市政府研究室、市安监局组成课题调研组，深入到有关单位进行实地调研，形成本报告，供领导决策参考。

## 一、基础与现状

在工业化、城市化快速推进的背景下，我市加快城市工业灾害防治体系建设，有效防范和杜绝了重大安全事故的发生。

城市工业灾害防治是城市安全运行的重要保障。目前长沙共有在建工程项目2000余个，特种设备6.5万台套；城区桥隧172座，燃气次高压管网72公里、中低压管网2000余公里，各类危险源大量存在，城市工业灾害防治任务繁重。近年来，长沙市根据省政府城市工业灾害防治工作要求，全面落实工作责任，努力创新工作方法，扎实开展城市工业灾害防治工作，为长沙经济社会的和谐安全发展提供了有力保障。

——存量与增量联控，工业灾害源头得到有效治理。加强源头管控是减少城市工业灾害的治本之策。一是削减存量。将城市工业灾害防治纳入区域经济社会发展规划和城市发展规划，合理调整城市内部产业结构，逐步减少隐患危险源。近年来，全市共关闭非煤矿山企业30 余家，取缔关闭涉重金属污染的有色、化工、冶炼企业42家，重点开展了坪塘老工业基地污染产业退出。特别是长沙化工原料总公司筹资2亿元搬迁651仓库，为城区安全发展奠定了坚实基础。二是控制增量。认真执行安全生产许可制度和产业政策，从严控制城镇涉及危险化学品的建设项目，引导中心城区涉危企业兼并重组、淘汰落后产能，明确在中心城区不再新批危化企业。两年来，否决高污染项目425个，涉及资金近90亿元。在工业园区新设立危化建设项目15个。三是提升质量。按照园区生产、专门存储的思路，采取“关、迁、限、改”的措施，调整全市涉危工业产业布局，提升城市安全运行质量。制定《长沙市危险化学品生产、运输、储存及交易场所布局专项规划》，明确了危险化学品生产、储存、交易的专门区域。目前，长沙已建各类工业产业园区20余个，其中国家级工业园区4个。

——排查与治理联促，工业灾害防治成效初步显现。隐患排查治理一直是城市工业灾害防治的长期任务和重点工作。今年以来，全市共排查隐患8688处，整改到位8326处，整改率96.6%。一是排查制度化。进一步健全事故隐患排查治理制度，督促企业将隐患排查治理纳入常态化管理，对隐患登记、治理、监控、销号等实行动态监控。各区县（市）和市直部门出台隐患举报奖励制度，动员全社会参与隐患排查治理。开福区近两年发放隐患举报奖励资金10余万元。二是整改规范化。始终把隐患治理重点放在涉及面广、影响范围大的城市企事业单位、人员密集场所以及城市建筑施工、道路交通、环境保护等行业和领域。采取政府挂牌督办和市长督办令等形式，明确挂牌督办的安全隐患必须按要求限期整改到位，并经专家验收合格后方可摘牌。近两年来，共对 余处城市重大安全隐患进行了督办。三是治理常态化。扎实开展煤矿、非煤矿山、危险化学品、烟花爆竹、交通运输、消防火灾、建筑施工、特种设备等重点行业（领域）专项整治和“打非治违”行动，各类安全事故死亡率明显降低（图1）。如安监部门开展了烟花爆竹“四超二改”、危险化学品“打非治违”专项整治行动，排查各类隐患3000余处；交通运输部门开展了城际道路长途客货运输整治行动，检查企业108家，发现隐患253处；消防部门开展“清剿火患”战役，对华菱大厦等10处重大火灾隐患单位实施了挂牌督办。

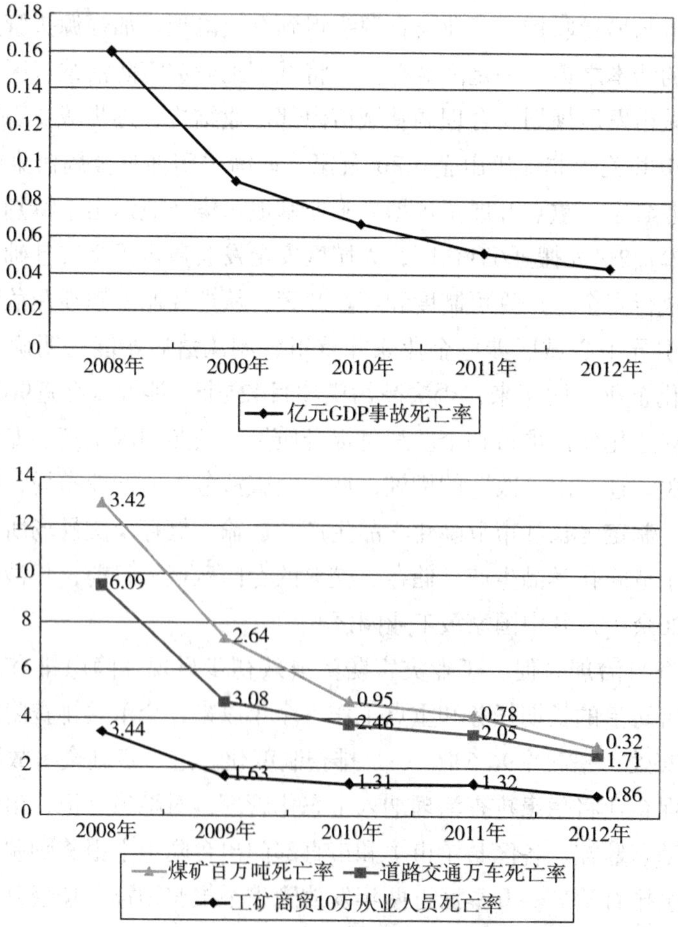


**图1　2008～2012年安全生产事故死亡率变化情况**

——人防与技防联抓，工业灾害防治能力明显提升。人防与技防相结合是确保城市工业灾害防治取得实效的根本抓手和有效载体。一是夯实“人防”基础。强化安全知识和安全技能培训，组建近百支社区安全生产志愿者队伍，带动居民群众参与城市工业灾害防治。建立以消防为主的各类应急救援队伍，着力培育社区和企业救援队伍，定期开展救援演练。二是推进“技防”兴安。全市170个乡镇（街道）配备现代化执法装备和车辆，用信息化、数字化手段实现城市工业灾害防治的实时管理。安监部门积极推进危险化工工艺自动化控制改造、井下矿山安全避险“六大系统”建设、烟花爆竹涉药工序和危险工序机械化试点，减少了三大高危行业作业空间的人为因素。环保部门对重点污染企业安装了在线监测监控系统，搭建远程访问监控平台。质监部门积极推动气瓶充装管理系统和在用电梯远程监控技术，有效地保证了气瓶充装和电梯运行的安全。三是实施“标准”创建。采取“典型示范引领、人员培训先导、中介服务推动、政策激励促进”等措施和办法，召开了全市安全标准化建设现场会，分行业（领域）举办了培训班43期（次）、受训人员10268人，规范了中介服务机构技术咨询服务的工作标准，将安全标准化作为政府拨付企业发展引导资金、专项扶持资金和经济奖励的前置审查条件，全面推进企业安全标准化建设工作。目前，全市安全标准化企业已达2700余家。

——政府与社会联动，工业灾害防治体系不断完善。把城市工业灾害防治作为加强和创新社会公共安全管理的重要内容，纳入城市防灾减灾体系整体布局。一是坚持高位推动。成立了以分管副市长为组长的城市工业灾害防治领导小组，建立了安监、公安、住建、交通、环保等部门一把手负总责的防治工作“一岗双责”责任制，安排4000多万元城市公共安全重大隐患治理基金，并将防治工作纳入年度安全生产目标管理考核。二是强化部门联动。建立城市工业灾害防治领导小组联席会议制度，协调解决防治工作的突出问题。集中时间开展部门联合行动，实现城市工业灾害防治的综合治理。去年以来，全市共开展联合整治行动44次，整改各类安全隐患4000余处，并建立了城市工业企业隐患和重大危险源的电子档案、台账。大力推行网格化管理模式，充分发挥各级政府和部门特别是乡镇（街道）的前沿阵地作用，初步搭建了监督与管理有机结合、资源共享的工作平台和责权明晰、运行高效的工作机制。三是依靠社会促动。着力发挥新闻媒体的舆论引导作用，在《中国安全生产报》《长沙晚报》进行专题报道。在全省率先对危险化学品、烟花爆竹、非煤矿山等三大高危行业的生产经营单位推行安全生产责任保险试点，得到了国家安全监管总局的充分肯定和认同。

## 二、困难与问题

城市化、工业化在推动快速发展的同时，不可避免地带来了大量安全隐患和工业危险源，安全事故和突发灾害时有发生，工业灾害防治压力日益增大。

虽然近年来长沙采取切实措施遏制了工业灾害的高发态势，但由于认识、投入、制度、体制等多方面原因，特别是随着发展的加快，仍然新增了大量安全隐患；而历史遗留问题处理十分棘手，城市可持续发展和安全运行的压力越来越大，各种矛盾日益突出。

一是新生隐患大幅增加，遗留隐患根治困难。长沙是一个高危行业相对齐全和集中的城市，烟花爆竹、危险化学品、建筑施工、交通运输、消防安全、特种设备等行业（领域）都存在大量的事故隐患。由于历史原因，一些遗留安全隐患未得到有效治理，部分特种设备底数不清，难以监管，如压力管道由原煤气管道改作天然气管道，没有档案，导致监管、检验失控；部分老城区、“城中村”等居民集中居住的地区，由于历史原因存在火灾隐患，但开展治理工作时将与特定人群的利益发生冲突，甚至有可能引发群体性社会事件，导致此类火灾隐患难以整改。同时新的隐患还在不断滋生，随时可能酿成安全事故。如在城市建设中，对未来可能存在的不安全因素考虑不足或投入不足，致使工程的规划、设计或质量存在严重安全缺陷；随着城市的快速发展，全市电梯拥有量以每年3000台的数量增长，因电梯质量、使用维护不当造成了大量安全隐患，急需采取有效措施化解。

二是法规制度尚不健全，监管体制有待理顺。虽然《中华人民共和国安全生产法》第九条对综合监管与行业监管的关系作了规定，但缺乏刚性的监督制约措施。综合监管部门与行业监管部门部分职责不明晰，还存在交叉越位或脱节现象。联合执法制度和机制尚不完善，虽然初步建立了执法监管的共同责任机制，采取了联合执法的形式，但是共同责任机制还没有得到很好落实，往往存在安监部门“有心无力”、相关部门“出工不出力”等问题。此外，区级政府要负责对辖区内煤矿、水上交通等行业和中央、市属企业实施日常安全监管，但由于行政隶属关系和企业管理层次等原因，实际上难以落到实处。

三是资金投入明显不足，基础设施亟须完善。我市城市工业灾害防治基础条件差，投入历史欠账多，加之政府、企业、社会安全投入机制还不完善，与当前安全发展的需要相比，乃至与周边一些省市相比，我市财政安全投入总体预算仍显不足，交通、电力、消防、排水、危险化学用品等基础设施急需进一步完善（图2、图3）。如按照现行《建筑设计防火规范》要求，市政道路消火栓的间距不应大于120米，而我市现有市政道路消火栓4158个，缺建率达339%，且缺配的消火栓主要集中在城乡接合部和新开发的道路以及居民住宅小区。今年“3.14”高桥医药物流园火灾、“7.2”黎托仓库火灾，都因附近没有市政消火栓或市政消火栓数量不够，而必须采取远距离消防车运水供水的办法来灭火，严重影响了灭火救援行动，加大了火灾损失和影响。此外，我市没有专门的隐患评估和治理验收机构，没有道路交通安全隐患排查治理专项资金，严重影响隐患等级评定和整改治理。

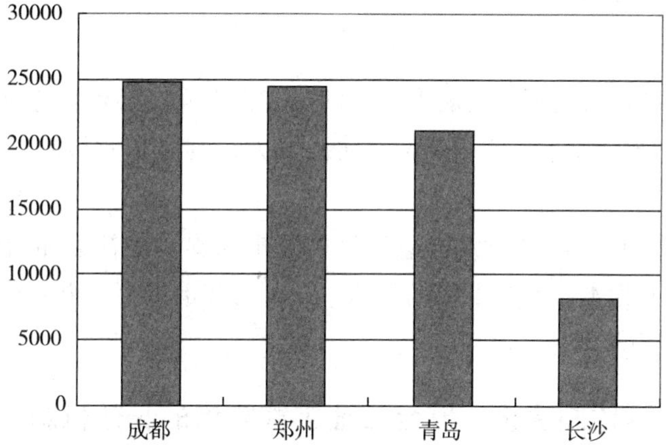


**图2　2012年市本级消防经费投入总额**（单位：万元）

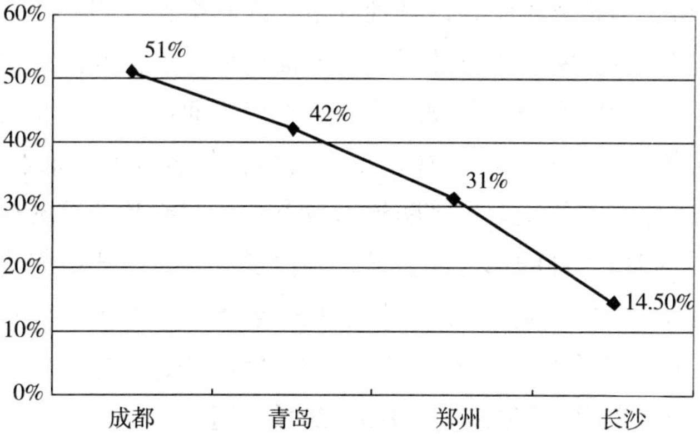


**图3　长沙与城市消防经费投入增长率比较**

四是灾害防治意识欠缺，主体责任落实不力。企业是安全生产的责任主体。但从实际情况来看，“上面重视下面不重视、政府重视企业不重视、领导重视老板不重视”的情况依然存在。部分企业安全投入不足，职责意识淡薄，现场管理混乱，违章指挥、违章作业的现象仍然时有发生。特别是对一线员工的全员培训和三级安全教育监督力度还不够，特种作业人员无证上岗的现象还比较普遍。企业安全演练重形式、缺实效，未将应急演练与普及应急知识、提高全民应急能力有机结合，缺乏全社会齐抓共管、维护城市运行安全“人人有责”的社会氛围。同时，企业从业人员和广大群众自救能力不强，安全防范意识和事故处置能力均有待进一步提高。

## 三、对策与建议

城市工业灾害防治事关发展大局，涉及方方面面，必须坚持政府主导、企业主体、社会参与相结合，进一步增强防治合力，健全长效机制，确保城市安全运行。

城市安全运行是经济持续健康发展的基本前提，是社会和谐稳定的根本保障。要坚持以人为本、安全发展的理念，在预防和治本上下更大功夫，坚决遏制重特大工业灾害的发生。

### （一）加强体制建设，健全工业灾害防治的长效机制

一是完善组织体系。成立城市工业灾害防治工作领导小组，建议由市长任组长，分管副市长为常务副组长，其他副市长任副组长，相关部门单位为成员单位。下设办公室，办公室设市安监局，市安监局局长兼任办公室主任，办公室负责协调统筹城市工业灾害防治各项工作。成立市工业灾害防治专家技术委员会，开展前瞻性研究、工业灾害评估和预警。着力抓好各级政府和相关部门的城市工业灾害防治工作，实行工业灾害防治行政首长负责制和领导班子成员“一岗双责”制度，明确归口管理的单位和人员，确保责任到位。严格落实湘发〔2009〕19号和长发〔2010〕31号文件要求，切实加强乡镇（街道）安全监管机构和队伍建设，每个乡镇（街道）配备至少2名以上的专职安全监管人员。二是加快法制建设。认真贯彻落实国务院国发〔2010〕23号、国发〔2011〕40号文件和省政府《关于加强城市工业灾害防治工作的意见》（湘政办发〔2012〕92号）精神，出台城市工业灾害防治规范性、指导性文件。总结经验做法，启动城市工业灾害防治地方立法工作。制定城市工业灾害危险源辨识评估地方标准。三是健全工作机

制。充分发挥各级工业灾害防治办公室的综合协调和监督检查作用，完善部门联动、联合执法机制，增强工业灾害防治工作合力。健全和完善各级政府及部门的工业灾害防治目标管理考核评价机制、财政投入引导带动机制、重大事故隐患排查治理机制、重大工业灾害应急处置和社会化风险防范机制、重大工业灾害责任倒查和责任追究机制、企业安全生产诚信机制等，推进工业灾害防治工作机制的制度化、规范化、长效化。

### （二）坚持标本兼治，消除引发工业灾害的安全隐患

加强源头管理是防治城市工业灾害的治本之策。一是合理规划布局，严格市场准入。把城市工业灾害防治规划纳入经济社会发展总体规划，明确城市工业灾害防治重点区域、行业、企业，推动危险化学品和职业病危害严重等高危行业企业向园区集中，将烟花爆竹、民用爆炸物品企业从人员集中区迁出。严格执行安全设施和职业病防护设施“三同时”制度，推进安监、环保、国土、住建、人防联审制度，对项目建、迁、退、转进行安全审核，严把行业安全准入关，认真执行项目立项、土地和资源审批、安全生产等行政许可制度和产业政策。城区内不得新建危险化学品、易燃易爆物品、放射性物品等高危行业项目。二是加强宣传培训，扩大群众参与。人的安防意识和安防素质是有效防治工业灾害的关键。要创新宣教培训方式，坚持面向基层、贴近实际的原则，推动党政领导干部党校培训、学校新生入学和企业新员工进厂安全生产第一课教育活动，着力提升从业人员安全素质和社会公众自救互救能力，切实构建安全生产大宣教格局。继续实施企业全员安全培训工程，企业“三项人员”（企业负责人、安全管理人员、特种作业人员）一律要经安全培训、严格考核后持证上岗，其他职工必须全部经培训合格后才能上岗。发挥新闻媒体、社会团体的宣传教育和监督作用，提升群众安全宣教和实践活动参与度，增强全社会安全生产法制观念和群众自身安全意识。三是加大危险源监控，强化专项整治。开发覆盖市、县、乡三级的城市工业灾害重大危险源区域信息平台，提高重大危险源登记建档、视频监控、数据采集、监督管理和应急救援信息化水平。推进“打非治违”常态化，严厉打击危险化学品、非煤矿山、烟花爆竹、冶金及其他工商贸行业、交通运输、建筑施工、环境保护、消防安全、特种设备等领域的非法违法生产经营建设行为。重点打击无证无照或证照不全生产、已关闭小矿小厂死灰复燃、拒不执行监管监察指令等违法违规行为，严肃纠正“三超”（工业企业超能力、超强度、超定员组织生产；交通运输企业超载、超限、超负荷运行）等违规违章现象。认真开展人员密集场所

和集会安全的专项治理，深化旅游景区安全监管。

### （三）严格考核奖惩，强化工业灾害防治的主体责任

一是落实政府监管主体责任。创新考核评价体系，把城市工业灾害防治目标任务层层分解落实到具体单位和具体人，科学建立可量化、可约束、可考核评价的指标体系和目标管理办法，将城市工业灾害防治考核结果作为政府工作绩效考核、领导干部政绩考核、安全生产年度考核和文明城市（单位）评选的重要依据。进一步完善控制指标实施进展情况通报、形势分析通报、挂牌督办、约谈督导、黄牌警告、一票否决等机制和制度，充分发挥目标管理考核评价“指挥棒”的作用。完善安全预警、风险危害评估机制，优化预防治理技术和方法，提升警示防范能力。制定城市工业灾害评估指导意见，组织专家定期对城市工业灾害危害程度进行评估，实行分类管理。创新城市工业灾害防治监管模式，扎实推进工业灾害防治网格化管理模式、社区（单位）安全生产志愿者行动、安全生产计划执法和委托执法等创新举措，构建全方位、立体化、综合治理的监管工作格局。深化安全生产示范创建工作，切实加强示范乡镇（街道）创建动态管理，不断提升示范创建工作水平。二是强化企业防治主体责任。完善企业工业灾害防治责任制，落实好城市工业灾害防治物质保障、资金投入、人员队伍、制度政策等责任。督促企业将隐患排查和化解步入经常化、制度化轨道，对于安全隐患严重的高危企业，隐患排查整改不到位的采取顶格处罚措施，关停、取缔其生产经营。积极探索企业按不同类别，不同风险程度建立安全生产风险自查自评系统，推广集隐患排查、安全诊断、事故预防于一体的企业安全风险自评自查系统，促进企业安全生产主体责任的落实。全面推进企业安全标准化升级，认真落实《企业安全生产标准化基本规范》和行业标准，大力推广新技术、新工艺、新材料和新装备，鼓励和推动超市、商场、宾馆等人员密集场所开展安全生产标准化创建活动。充分发挥科技支撑作用，推进高危行业电子监控监测系统建设。加快地下矿山企业“六大安全避险系统”的建设和烟花爆竹行业“五化”生产的试点工作，淘汰传统的生产工艺和落后的技术装备，从根本上提升企业的安全水平。

### （四）加大资金投入，夯实工业灾害防治的物质基础

以中央、省、市财政性资金为引导，多方式多渠道吸引社会资本投入，设立城市工业灾害防治基金。重点支持城市管网、危化安全、消防安全、交通安全、

特种设备安全等领域的安全基础设施投入。一是加大财政投入。严格落实中央、省、市关于防治城市工业灾害的投入政策，安全生产投入增幅应不低于同级财政增幅，统筹发改、工信、交通、住建、质监、国资、环保等相关部门各类城市工业灾害防治资金，逐步增加城市工业灾害防治资金投入。根据地区、行业实际情况增加或调整安全生产专项资金，每年在资金安排上对城市工业灾害防治重点项目给予重点倾斜支持，引导城市高危产业优化升级和涉危企业关停并转。二是引导企业投入。各类企业要安排专项资金，用于安全隐患治理和危险源监控，并把预算上报。安全生产有关部门要实时督查企业投入情况及成效，以确保企业安全生产基础设施建设、宣教培训、摸排整改、标准化建设等工作落实到位，费用列入生产经营成本。充分发挥税收、行政收费等调节作用，对不符合政策的企业采取先罚后返政策，引导企业改进安全条件、提高安全水平。三是吸引社会投入。探索城市工业灾害防治基础设施建设、危险源排查、隐患消除、整改等统一对外打包服务模式，向社会资本开放安全设施所有权和经营权，政府主要做好监督管理。加大力度盘活绿色安全资源，开放碳排放、污染排放、辐射权交易，以交易收入支持城市工业灾害防治工作，实现城市产业向高效、低碳、高新升级。

### （五）构建应急体系，提高工业灾害救援的响应能力

一是完善监控管理设施。对新建项目、人员密集场所、安全隐秘地方、特种设备、电梯等加强视频监控设施配备，在显眼的地方提供安全警示标记、救助电话、自救方法及工具。建立远程监控系统，对全市安全运行实行网络监控管理，所有具有安全隐患的地方应当具有设置远程监控系统要求的端口及其设备，完善远程救助功能设施、应急装备和器材配备。二是健全应急救助体系。完善《生产安全事故应急预案管理办法》，加强紧急避难场所、设施建设等。加强应急管理机构和各个部门协同应对重特大工业灾害的应急联动机制，提高应急救援效率。持续抓好非煤矿山、危险化学品、烟花爆竹三大高危行业安全生产风险抵押金和责任保险试点工作，强化生产安全事故抢险救援和善后处理工作，逐步健全安全生产责任保险等社会化安全生产风险防范机制。三是提升应急处置能力。深入贯彻落实《生产安全事故应急预案管理办法》（国家安全监管总局令第17号），依法将应急预案作为高危行业企业准入的必要条件，完善应急救援协调联动机制，建立预警平台，引导消防、危化、矿山、交通等各行业领域联合组建全市统一的专业应急救助体系，建立政府统一指挥、应急救援物资统一配置、各行业领域单位广泛参与的专业应急救援队伍，形成工作联动格局，及时处理各项突发事件。

加强高危行业企业、人员密集场所、中小学校等单位定期开展危机应急演练，切实提高对突发事故的应急处置能力和救援实战能力。

**课题领导小组**

**组　长：**何寄华

**副组长：**严凤枝　蒋集政　文卫红

**成　员：**周海毅　钟才发　李建勋　彭文滋

**课题调研小组**

**组　长：**文卫红

**副组长：**周海毅　李建勋　彭文滋

**成　员：**黄永红　叶步林　欧阳军　王硕成　欧卫星

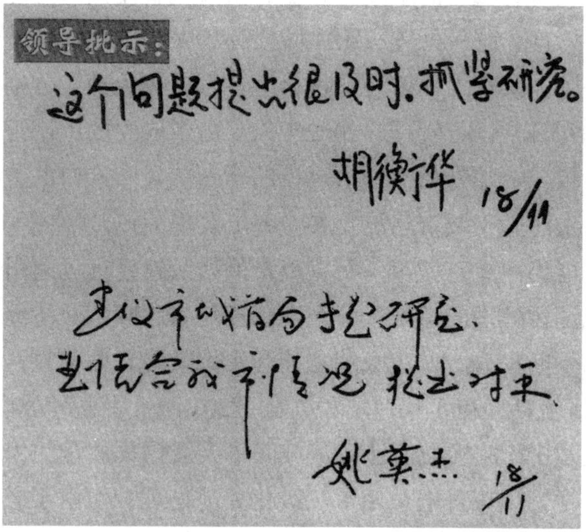
领导批示：

这个问题提出很及时，抓紧研究。

胡衡华 18/11

建议市城管局牵头研究，并结合我市情况提出对策。

姚英杰 18/11

# 一个不容忽视的城市重大环境工程

## ——关于长沙城市粪污处理状况的调查与对策思考

长沙市人民政府研究室

随着长沙城市建设规模不断拓展和城市人口逐年增加，城市内产生的粪便量越来越大，科学高效的粪污处理工作对保障城市整洁和功能正常发挥、促进生态环境可持续发展具有重要作用，成为品质长沙建设不容忽视、刻不容缓的重大问题。充分了解我市城区粪污处理的基本现状，探寻新形势、新技术背景下加强和改善城市粪污处理工作的新思路、新途径，意义重大。我室在调研全市城区粪污处理现状并考察学习重庆、深圳等城市粪污处理工作创新实践的基础上，形成此调研报告，供领导决策参考。

# 一、长沙城市粪污处理的基本现状

长沙城市粪污处理大致可以分为两个阶段。第一阶段为1996年城市区划调整之前，郊区菜农对有机肥需求较为旺盛，由市城管委归口管理的市环卫局对城市粪污实行统一管理、统一处置；第二阶段为1996年至今，市城管委进行职能调整，城市粪污处置、管理工作重心下移，由各区管理为主，分别负责各自辖区内粪污处置、清掏和日常运行管理，2002年以来由新成立的市城管局（内设市容环卫处）负责行业指导。随着长沙城市规模的不断扩大和人口的持续增长，城区粪污处置管理已严重滞后于城市建设发展。突出表现为：

——从处理能力上看，城市粪污排放量的增长速度远远超出粪污处理量的增长速度，应急式粪污处理的特征十分突出。近年来，随着长沙经济的快速持续增长和城市品质的不断提升，城市吸纳功能和集聚效应日益明显，长沙市城区常住人口（户籍人口+流动人口）快速增长，截至2014年8月达到389.28万人。按照每人每天粪尿排放量0.7L的标准值计算，城区每天粪污排放量约为2184吨，年产粪污约797160吨。尽管全市普遍采用了三级化粪池处理，但由于老城区尚未完全实行雨污分流、加上对粪污处理管理的重视程度不够等原因，处理率初步估算不到60%（从未有过专业统计和测算）。尤其是对化粪池的粪污清掏和处理力量严重不足，各区化粪池清掏专业队伍一般不足10人，而各自辖区内化粪池均在7000个以上，出现堵塞时才由清掏组临时“救火”处理，为典型的应急式处置。除极少数化粪池能够定期清理外，大部分不能按要求（一般每年不少于1～2次）进行清理与维护，有的化粪池甚至几年也难得清掏一次，粪水经简单化粪后进入市政管网，快速增长的粪污排放量与处理能力滞后的矛盾日益突显。

——从处理方式上看，城市粪污处理的技术水平远远落后于先进城市，粗放原始的作业方式极易造成二次环境污染。目前，我市采用的化粪池清掏方式均为传统的“吸粪车”作业，即“吸粪—装运—倾倒—返回”再加人工作业，然后送出城区处理，收费标准是50～60元/吨，成本高、作业不安全，且容易造成二次污染；污水处理厂污泥处理方式为大型成套过滤压缩设备作业，占地面积较大（300平方米左右），处理速度较慢（1小时处理10吨），干燥度不到40%。长期以来，由于全市没有专业化的粪污无害化处理设施，城区清掏出来的粪污无处消纳，只得运往垃圾填埋场混入生活垃圾一起填埋，不仅对垃圾场库区造成严重污染，增加了填埋作业难度，而且由于粪污含水率远高于生活垃圾，两者混填极易使垃圾堆体造成滑坡，给填埋场带来巨大安全隐患。而国内一些城市（表1），在80年代末就规划建设专业化的粪污处理设施，并逐步探索采用先进的移动粪污处理技术，实现粪污无害化、资源化处置和循环利用。

**表1　部分城市粪污处理设施建设及粪便清掏技术采用情况**

| 城市 | 时间 | 粪污处理工艺及设施 |
|---|---|---|
| 重庆市 | “十一五”期间 | 自行设计建造了环保绿化基地（550t/d） |
| 广州市 | 80年代末 | 引进丹麦工艺和主要设备改建粪便处理厂（400t/d） |
| 上海市 | 90年代初 | 自行设计建造了粪便污水处理厂（400t/d） |
| 北京市 | 1997年 | 引进德国设备建成粪便处理厂（400t/d） |
| 深圳市 | “十一五”期间 | 自行设计建造了粪便处理中心（500t/d） |
| 佛山市 | 1997年 | 引进德国脱水设备的粪便处理厂（200t/d） |
| 本溪市 | 80年代初 | 引进西德工艺兴建了粪便厌氧消化处理厂（100t/d） |

——从处理过程上看，监管、惩查、审批、执法不完善，无法形成粪污预处理和终端处理的有效作用。目前，全市粪污处理还没有形成统一的管理体制和模式，各区政府主管部门不统一，一般采取公厕由区环卫负责，其他公共事业单位及老旧小区由市政负责，商品住宅小区由物业负责的运营管理模式，管理部门职能不明确，没有制定行业强制性规定，缺少规范的、强硬的过程管理措施，作业质量不高，影响化粪池化粪的有效性与安全性。开发商、居民、单位私接、乱排放现象多，成社区街巷重要污染源。调查中发现，较规范的清洁公司一般是将粪渣运往郊区农村直接堆埋，而一些不规范的私人清洁公司为了省钱或是将清出的粪污直接倒入城区河道中，或是装入编织袋中乘夜深人静时弃于小街小巷，或是打开窨井盖倒入下水道中。尤其是一些餐饮企业擅自将油污接入化粪池管道，造成油污冻结、管道堵塞，亟待彻底规范解决。再加上社会普遍认为粪便进入化粪池就会被“化”掉，其实化粪池里还有40%左右的沉淀污泥需定期清除，否则将造成环境污染，特别是大暴雨时，经常因市政管网局部堵塞而引起窨井冲开，化粪池废弃物跑冒到路面上，相当部分的粪污与雨水混合流入湘江，化粪池沉积严重时会引起沼气爆炸造成严重后果。

——从处理保障上看，资金投入不足、设施陈旧老化，无法满足粪污处理的日常运行和无害化、资源化环保处理。调研中发现，目前各区在粪污处理上的资金投入严重不足，与国内一些省会中心城市甚至是一般地级市相比差距较大，无法满足化粪池清淤、化粪管疏浚、破损化粪设施的维修等正常运行需求，无法保持维护人员队伍、检测、维护机械作业设备所需（图1）。

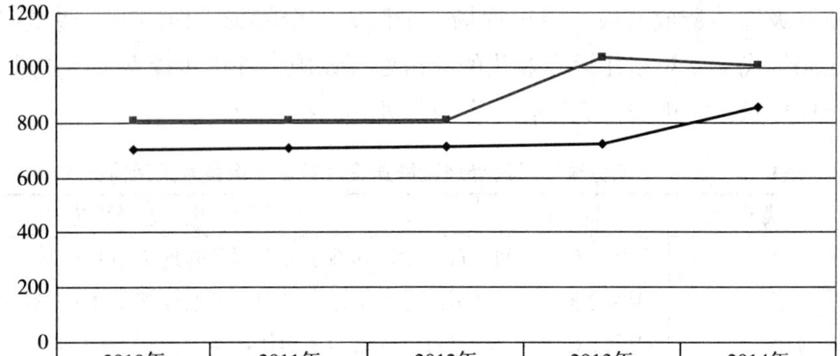


| | 2010年 | 2011年 | 2012年 | 2013年 | 2014年 |
|---|---|---|---|---|---|
| 全市常住人口 | 704.41 | 709.07 | 714.66 | 722.14 | 857.52 |
| 粪污处理投入 | 809 | 809 | 809 | 1039 | 1009 |

**图1　近五年来长沙市人口增长与城区粪污处理投入变化情况比较**（单位：万）

注：粪污处理投入统计数据为内五区投入。

加上原有城市基础设施尤其是老城区设施先天不足、更新改造滞后，有的未按标准建设单元化粪池，有的化粪排放管道管径过小（∮200mm～300mm），甚至横穿地面建筑物下造成维护排放困难，化粪池渗漏、破损现象多，化粪管网堵塞频率高发。以投入较多的芙蓉区为例，尽管每年安排330万元的专项经费用于化粪池的清掏管理及局部改造，但平均每座化粪池的投入尚不到500元/年，仅能维持应急式处置，无法开展无害化、资源化处置和循环利用。

## 二、外地的成功做法与经验启示

为学习借鉴外地城市在粪污处置管理上的先进经验，探求新时期、新技术、新要求背景下加强和改善长沙城市粪污处置管理的新路径、新措施，通过赴重庆、深圳等城市实地考察学习，我们发现两市在粪污无害化处理和资源化利用上走在全国前列，在完善管理体系、理顺管理体制、采用先进技术、推行市场化等方面做出了积极探索，值得我们借鉴。

### （一）以资源有效整合强化城市粪污处理统一规划

重庆、深圳两个城市市委、市政府均高度重视城市粪污处理工作，注重从市级层面统一规划，均下发了加强城市粪污处理的专门政策性文件，要求各区县站在保障公共安全、促进社会和谐、维护社会稳定的高度将粪污处理纳入重要议事日程，完善、充实由各区县分管领导任组长，相关部门和街镇主要负责人为成员的粪污处理领导小组，负责统筹、协调、指导、监督城市粪污处理工作。在粪污处理设施项目建设过程中突出资源整合、优化设计，环境卫生行政主管部门全程参与粪污处理设施项目规划、设计、施工、环保、验收和移交工作，严把设施规划和建设质量关。在方案设计审查时，规定规划部门会同环卫部门严格按照技术规定，确定粪污处理设施的位置和用地范围，确保粪污处理设施满足实际需要；在设施建设上，规定建设部门会同环卫部门严格按照有关强制性标准审查初步设计和竣工验收管理，确保粪污处理设施安全运行需要，有效避免了设施设计容量不够大、池形结构不科学、后期维护图纸不全等现象发生。

### （二）以严格规范管理确保城市粪污处理长效治理

在城市粪污处理上，两个城市都制订了严格、规范、科学的监管措施，按照“属地管理”和“谁所有谁负责、谁使用谁负责”的原则，切实落实管护责任。两市均建立比较健全的粪污处理设施档案，对粪污处理设施进行了普查登记和情况核查，落实化粪池一处一档案，并将其监测纳入现代化数字城市管理的总体方案，特别是对商业繁华、人口密集、餐饮业集中地重点区域和地段的粪污处理设施设置红外线监测终端，以区为单位建立红外线及电子监测报警平台，全面掌握已建成粪污处理设施的基本情况。围绕提高粪污处理水平，制订了严格的行业监管措施，如重庆市将粪污处理设施监管、监测、考核工作纳入城市长效管理，每半年进行一次安全专项检查，对重点设施进行全天候监测，并进行一年不少于两次的清掏维护，对重点设施和病害设施依据监测和运行情况随时进行清掏维护；对粪污处理设施清掏队伍实施作业资质审查，制订粪污处理设施安全管理作业规范，积极支持市粪便污水处理协会开展城市粪便处理设施经营服务、专业培训、资质证书和上岗证书核发。深圳市建立了良好的信息机制、宣传机制和执法机制，加大城市粪污处理的监管力度，有效开展已建粪污处理设施的清掏和维护管理。

### （三）以先进科技支撑提升城市粪污处理工作水平

重庆、深圳两个城市都注重依靠先进科技提高自身粪污处理工作水平，都建立了比较大型的城市粪便处理基地。重庆市于十一五期间在国家建设部的支持下，投资近1亿元在渝中区黄沙溪兴建了环保绿化基地，开展城市粪便处理和科学研究，主要处理来自渝中区的粪便和进入重庆的列车上的粪便，今后将处理南岸区、沙坪坝区、江北区、九龙坡区、大渡口区、渝北区的粪便，最大处理能力550吨/天，日处理污泥13吨，占地13000平方米，是主城区最大的粪便处理环保基地。基地集生态保护、环境整治、园林绿化为一体，经过三级厌氧、沉淀脱氮、除磷和污泥综合处理利用等10多个核心技术工艺流程，将高浓度的粪水经生物处理后达到国家一级排放标准，含磷量小于0.5毫克/升，甚至可直接用于饮用水。污泥经过发酵后加入添加成分制成KGYS种植肥料，可对污水、污泥和粪便综合利用，其处理模式、技术和效果受到社会各界高度肯定。深圳市在龙岗区布吉镇建立了城市粪便处理基地，负责主城区的城市粪便处理，处理能力也可达到500吨/天。两个城市还特别注重城市粪污环保处理技术的引入和推广，深圳市首先在福田区引入并推广了新型环保吸粪车，用其将化粪池内的污物抽到压缩机内，将塑料袋等固体垃圾分离后进行处理，粪水消毒净化成清水重新排出，粪渣干燥压缩成固体有机肥料，实现城市粪污处理的无害化、资源化。重庆市也大批量引进新型环保吸粪车进行粪污处理，并在此基础上还加强了自有知识产权环保处理技术的研究，并取得阶段性成果。

### （四）以公共财政投入保障城市粪污处理常态运行

两市根据粪污处理运行管理目标任务和要求，分年度制订了粪污处理设施维护工作计划，并根据计划由财政预算安排粪污处理及设施建设、管理维护资金，确保财力保障。重庆市安排了粪污处理设施维护专项经费，同时要求各区加大资金投入，明确属于各区街道办事处、镇人民政府和环卫部门负责管理的以及产权不明的粪污处理设施的管理维护资金由区级城市维护费安排解决；收取房屋大修基金的房地产开发项目，其附属的粪污处理设施管理维护资金在大修基金中安排解决，确保了粪污处理设施安全维护管理工作的有序、常态进行。深圳市制订了15公里内55元/吨的清掏标准，全面实施市场化运作，由政府购买服务，并采取有效措施监管城市粪污处理的常态落实。

## 三、加强我市城市粪污处置管理的对策建议

加强城市粪污处置管理看似“小事”，却是事关品质长沙建设的重大基础工程，宜尽快摆到重要议事日程。基于目前我市城区粪污处置管理及基础设施相对较为薄弱的现状和国内外粪污处理技术的新发展，建议以无害化、资源化为目

标，以加强和规范管理为切入，适当加大投入保障力度，试点并逐步推广应用新技术，变废为宝，实现循环利用。建议重点落实五项措施。

## （一）加强顶层设计，制定城市粪污处理科学规划

明确由市城管部门牵头，协同市直相关部门统筹编制城市粪污处置管理专项规划，科学规划粪污处理基础设施，特别是结合地下管网改造工程重点对老城区相关设施进行改造，实现雨污分流。合理规划建设粪污垃圾中转站和消纳场所，将其作为城市环境卫生基础设施的重要组成部分，促进粪污无害化处理，避免对环境造成二次污染。同时，尽快研究制定专门的政策性文件，对化粪池的所有权、使用权、安全责任、清掏责任、处置措施、收费标准等做出明确规定，以科学的顶层设计规划引导城市粪污处置管理工作持续提升。同时，要转变理念，大力规划发展粪污处理环保产业。

## （二）实施规范管理，保障城市粪污处理高效运行

城市粪污处理专业性强、规范要求高、安全隐患多，必须实施严格规范的管理与作业。首先，要在全市城区开展全面普查，全面采集粪污处理设施基础数据，将每一处化粪池纳入档案管理，进行摸底、登记、造册和建档，实现主城区管理全覆盖；加强与远程管理、实时管理、数字化管理相对接，采用专业化的软件实现统计、查询、管理和数据收集等系列功能，优化收运系统，杜绝乱倒乱排现象。其次，要建立清运标准和规范，尽快制定长沙城区化粪池维护管理规范，出台专门的清掏、疏通管理办法，规范清掏周期，落实运行记录日常登记，充分发挥化粪池使用功能，消除安全隐患。第三，要开展资质管理与培训，实施作业资质审查，对维护管理操作人员进行严格的上岗培训，颁发从业资格证书，实施持证上岗，坚决取缔未办理相关资质的公司，确保规范运行。

## （三）坚持市场导向，推进城市粪污处理市场化改革

将粪污处置纳入城市维护作业的重要内容，变现有的政府统包式为政府、市场、社会“三位一体、分工协作”的管理模式，实现城市粪污处理市场化，提高管理效能和服务质量。一方面，由各区将粪污处理维护作业全部打包，实行政府购买公共服务，采取招投标的方式选择专业机构负责运营，形成统一管理、多家经营、有序竞争的格局；另一方面，要着力强化监管，建立既符合市场经济又满足城市粪污处理作业特点的运行规则，建立监督有力的监管考核机制，严格按照

招标合同要求加强考核、拨付经费等，规范市场运作。同时，要实行政策扶持，如对采用高科技环保维护作业给予政府补贴，充分调动社会力量、民间资本参与城市粪污处理维护作业，培育具有较高专业水准和市场竞争能力的市场主体。

### （四）应用全新技术，大力发展粪污循环利用环保产业

一方面，受用地和高投入等因素的限制，目前在市区建设大型粪污无害化处置中心的难度很大；另一方面，国内移动式粪污无害化、资源化处置新技术日益成熟。因此，加强长沙城市粪污处置管理最有效的办法是大力推广应用新技术，实现城市粪污的节能化处理和有效循环利用，培育形成新的环保产业。如深圳市福田区试点采用998国际集团（香港）有限公司的移动式全自动污水、污泥、粪便快速处理技术和设备，粪污经固液分离、药物分析、粪便分类三个环节后，脱出来的水质达到次中水排放标准，污物经分类处理后成为有机肥料，达到去污、除臭、分离和变废为宝的处理效果，实现了水污染治理和资源综合利用的有机结合，且整个处理过程无异味、无二次污染、对附近居民基本无影响。这种技术代表着城市粪污处理发展的新方向，对未建立大型粪污处理中心的长沙具有重大的借鉴意义和实用价值。998国际集团（香港）有限公司已在湖南设立湖南锐通环保科技有限公司。

### （五）强化保障措施，形成城市粪污处理强大合力

建立完善监管、审批、执法管理体系，有效保障城区粪便等水体污物排放、运行管理维护的正常进行，杜绝对城区地表及水体的污染。要强化责任管理和部门协作，按照“责任清晰、目标明确、环境优先、引导方向”的原则，进一步落实粪污处理各级管理责任，将粪污处理设施安全管理工作纳入各区、街道（乡镇）及相关行政主管部门年度安全责任目标考核范围，强化各级责任管理和协作，形成管理合力。要加大执法监督和宣传教育力度，在严格查处违规乱倒行为的同时加大宣传力度，通过报刊、广播、电视等新闻媒介，加强城市市容和环境卫生科学知识的宣传普及，增强公民市容和环境卫生意识，提高市民和管理者对化粪池作用的认识，引导市民自觉按标准建造化粪池和定期清理化粪池，提升居民对整个城市的归属感。要制定应急处置预案，根据部门、街镇、社区、物业小区等单位所承担的粪污处理设施管护责任，制定科学、合理的安全监管方案和处置突发事件应急预案，重点做好公共粪便处理设施、小区化粪池和商场、酒店、农贸市场等粪便处理设施的监管和应急处置。

# 发挥名峰古驿优势　建设品质功能城镇

## ——关于望城区桥驿镇促进固废场及周边区域综合发展的调研与思考

长沙市人民政府研究室

长沙市固体废弃物处理场（以下简称固废场）1999年落户望城区桥驿镇，2003年正式运行，但由于多种因素的制约，对周边区域的生态环境和经济社会发展带来较大影响。近年来，望城区桥驿镇在市、区两级的大力支持下，以促进固废场及周边区域综合治理为切入，依托独特的历史资源、人文资源和区位资源优势，着力建设功能型小城镇，破解综合发展难题，提升城镇化水平，为全市新型城镇化发展提供了全新的视角和方法。

## 一、窘局：固废场及周边区域综合发展面临瓶颈制约

长沙市固废场是长沙城区和长沙县唯一的垃圾处理场，占地面积2610亩，总库容4500万立方米，设计最终填埋标高270米，每天承担5600吨城市生活垃圾的处理。固废场落户以来，尽管采取了一系列有效措施加强环境综合治理，但对周边地区经济发展、社会稳定、群众生产生活仍然带来了一定影响，为可持续发展增添了新的难题。

### （一）垃圾处理直接影响群众生活品质

固废场目前主要采取垃圾车露天倾倒原生垃圾并直接填埋的方式，虽然采用了国内比较先进的改良厌氧卫生填埋处理方法，但在倾倒、推平、压实、覆膜过程中，无法避免臭气外泄。特别是在每年4月至11月期间，受高温、低压、潮湿

等影响，臭味气体比重较大，白天滞留在填埋区山谷的半空中，傍晚时随着气温下降下沉至整个山谷，在山风的吹拂下恶臭可散发至周边12公里，波及桥驿镇近两万群众。再加上运输过程中垃圾洒漏、固废场外排管道长年向湘江排放，在遭遇降水或降雨量较多时，容易造成水体污染。而随着垃圾量的逐年增加，固废场周边蚊蝇明显增多，夏季高温或雨后天晴时节，蚊蝇成群出现且耐药性强，给群众生活品质带来较大影响。

### （二）垃圾处理衍生影响周边环境项目

受固废场垃圾基本处理方式的限制，除对当地的自然环境、空气质量造成越来越大的破坏以外，还导致综合问题的产生。尤其是黑麋峰景区和处理场仅一山之隔，处理作业清晰可见，车辆同路而行，指示牌同侧而立，破坏了森林公园景区形象，使游客心存余悸，导致“游客不上门、特产不出门”。老百姓因环境和安置问题将矛头怨气直指地方党委政府，导致桥驿镇花费大量的人力、物力用于维稳，经济发展处于负重前行状态，更阻碍周边区域的发展。

### （三）垃圾处理长远影响持续健康发展

随着湘江两岸建设、芙蓉北路的拓展和大城北开发的迅猛推进，桥驿镇面临重大发展机遇，但如不改变现有垃圾直接填埋的处理方式，改进相关工艺和技术，尤其是固废场今后填埋高度达270米，原生垃圾过分堆积影响原有地质结构，可能造成填埋面沉降等“垃圾灾难”和重大安全风险。不走出“垃圾围城”的困局，将严重制约桥驿镇的长远发展。

## 二、借鉴：功能型小城镇是新型城镇化转型升级的新方向

桥驿镇遇到的问题在全国同类城市中具有一定的普遍性。为找到城市固废场综合治理和可持续发展的新路径，不少城市进行了一些成功的探索。如苏州市在吴中区木渎镇七子山垃圾场北侧建设光大静脉产业示范园区，提升七子山地区的生态环境，拉动经济发展。为统筹解决固废场对经济社会发展形成的制约，变压力为动力，桥驿镇在充分学习借鉴外地城市经验的基础上，坚持以固废场及周边区域综合治理为契机，着力探索建设功能型小城镇，寻求转型升级发展的新突破。

功能型小城镇是坚持经济、社会、文化、生态等多功能协调发展的新型小城镇，不仅注重城镇化中经济发展与生态环境的协调，更注重对人们生活质量的提高，是在整体协调的秩序下寻求发展的新模式，是新时期推进新型城镇化，实现转型升级发展的必然趋势。

### （一）建设功能型小城镇是推动新型城镇化的必然选择

实践证明，数量众多的小城镇不可能齐头并进，均衡发展的小城镇模式并不是所有城镇的理想选择。需要集聚发展功能型小城镇，强化其综合承载能力，以带动农村经济的发展。桥驿镇通过建设功能型小城镇，将基础开发、小城镇功能开发、生态开发与经济开发有机结合，符合新型城镇化的客观规律，既可以避免人口大量向市区集中，又可以激发农村活力；既可以直接改善镇域面貌，增强城市功能，又可以优化村镇经济结构，推动经济社会结构转型发展。

### （二）建设功能型小城镇是遏制差距扩大化的重要举措

从我国已走过的城镇发展历程来看，落后的发展理念、粗放的增长方式、体制机制障碍和以政府为主的推进模式，导致城镇化发展的水平和质量不高，是造成城镇与农村之间的差别不断扩大，城镇内部的各要素之间明显不匹配的重要原因。关注不同阶段的城镇化发展模式及其功能需求，建设功能型小城镇，可以有效提升城镇及农村居民的生产生活环境，提升农村土地的使用价值，有效扩大内需，加快城镇化进程。桥驿镇充分发挥区位、资源优势，可吸纳本市资金流向镇内，发展绿色农业与食品加工业，增加农民就业机会，带动第三产业发展，加快集镇建设，带动农村消费市场，加快农民持续、快速增收，能更大程度地促进和谐发展。

### （三）建设功能型小城镇是促进城乡一体化的战略支点

小城镇与大中城市、小城市共同构成我国新型城镇化发展的完整体系，上接大中小城市，下连广大农村和农民，具有与农村经济和农民联系紧密、人口转移半径短、农民进入门槛低、发展潜力大等比较优势，在整个新型城镇化进程中具有不可替代的重要基础地位，是吸纳农村富余劳动力的主要渠道，是实现城乡统筹发展的主要力量。桥驿镇建设功能型小城镇，有利于进一步改善传统经济发展模式，消除城乡二元经济结构；有利于形成追求包容协调的城镇增长方式，培育开放共享的城镇多元文化；有利于构筑亲睦友善的城镇宜居社会，促进均衡协调的城乡关系，实现城乡之间经济互动、产业互补、生态共建和成果共享。

## 三、谋变：立足名峰古驿优势着力建设品质功能城镇

建设功能型小城镇，实现以城带乡，需要从自身的基础优势出发，彰显特色，促进各种资源要素的融合互动，逐步实现协调发展，形成具有较高品质的新型特色城镇。他们的主要做法如下。

### （一）突出放大生态优势

功能型小城镇是生态优美的城镇，桥驿镇最大的优势也在于明显的生态优势。桥驿镇拥有“洞天福地、林海天池”的长沙之巅黑麋峰，瑶池仙境，植被丰富，是长沙城区最大的国家级森林公园，面积4079公顷，主峰海拔590.5米。黑麋古刹源远流长，既是佛教三十六洞天之一，又是道教文化的传播之地。全镇森林覆盖率达48.9%，被评为“全国环境优美乡镇”。具备了发展生态城镇、旅游城镇的有益环境。近年来，桥驿镇坚持“生态立镇”理念，保护规划的公益林区，发展沿线生态产业，将发展“绿色经济”理念贯穿于小城镇建设的始终，打造“庄园式休闲、体验式生产、观光型种植”基地；以名峰古驿为依托，让城市喧嚣中的人们参与黑麋峰户外运动、品味桥头驿驿站文化、释放压力、解放身心，使城镇既有城区优势也有边贸特色、既有人文气质也有优美环境、既有景区资源也有古镇风情，展现了强大的生态吸引力。

### （二）充分发掘文化底蕴

桥驿镇历史悠久，文化资源丰富。桥头驿驿站源于秦朝，是长沙府至巴陵郡北上首站，千百年来驿站南通北往通商递邮不计其数，形成了古驿亲民（正气官宦）文化、古村文曲星传说、古寺佛道同山文化等特色鲜明的传统文化。他们充分挖掘驿站文化的深厚内涵，立足将桥驿镇打造成历史之驿、城市之驿、产业之驿、身心之驿“四个驿站”，按照建设现代化公园式城区的要求，重点发展“三路两片”（芙蓉北大道、桥驿大道、公园路和黑麋峰国家森林公园、桥头驿集镇），以“三路”为纽带、“两片”为结点，贯通黑麋峰户外运动区及文星桥、杨桥、桥头驿三个集镇，建设融旅游、商贸、生态、宜居于一体的省会城北第一名镇。目前，已顺利完成集镇立面社区段16缝改造任务，启动了长湘线两厢、桥

驿大道两厢7个标段的立面改造工程，初步建成标志性建筑“望官楼”，并按照统一的仿古风格启动了兰桥花园安置区立面改造，文化氛围不断提升。

### （三）着力夯实产业基础

壮大符合两型要求的现代产业体系，是建设功能型小城镇的物质保障。他们充分利用已落户的双洲丹桂种植园、食用菌生产基地、华逸府生态农庄等生态产业基地辐射周边，发展现代生态农业；根据镇域总体规划、集镇规划以及黑麋峰的旅游、林业规划，科学布局项目，着力打造了一批庄园式休闲基地、体验式种植基地、观光型生产基地，发展休闲产业；按照“恢复提质”的建设思路和“一年初见成效、三年大见成效、五年初具规模”的发展目标，依托区内丰富的旅游资源，发展特色旅游业，进而带动交通、餐饮、住宿、商贸、文化娱乐等相关服务业的繁荣，既符合生态文明发展的时代要求，又适应休闲社会的发展趋势。2012年，财税收入、工业总产值、固定资产投资、服务业产值增幅分别达到29.2%、23.5%、12%和18.7%，为小城镇发展提供了强大支撑。

### （四）注重发挥区位优势

桥驿镇地处长沙北部，距市区伍家岭18公里，是长沙的北大门，是望城河东五镇（街道）的中心，素有“河东明珠”之称。京广铁路、长湘公路穿镇而过，将桥驿镇和长沙市融为一体。湘江深水码头毗邻镇区，800吨货轮可四季通航，客货轮均可经城陵矶国际港通江达海。芙蓉北大道、黄桥大道顺接线工程即将施工，加上现有的杨白线、公园路、桥驿大道、电厂大道和规划中的铜官电厂大道东沿线及长岳快速干道，桥驿将形成“三纵五横”的交通网络。届时，从桥驿到长沙主城区、望城行政中心和霞凝港都只要二十分钟车程，具有建设各种功能小城镇的先天优势。同时，将原桥驿、杨桥、黑麋峰三个乡镇合并为现有城镇，吸纳了更多的人口，更好地发挥了集聚辐射作用，为城镇的发展壮大创造了良好条件。

## 四、探究：加快推进桥驿功能型小城镇建设的对策建议

依据城镇化不同阶段的功能需求引导城镇化发展模式是解决城镇化现存问题的一个着力点。从目前桥驿镇的功能现状看，其基础设施总体水平还比较低、服

务功能还不尽完善、承载能力较弱、建设相对滞后，急需强化其综合服务功能、居住功能、产业功能和生态功能建设。

## （一）以完善基础设施建设为重点，解决功能型小城镇建设基础薄弱的问题

基础设施是支撑和保障城乡社会经济活动运行的基础结构要素，基础设施网络化最直接的功效是畅通城乡和城市之间联系的通道，促进各种资源和要素互动。由城镇化功能发展模式中可以看出，城镇的发展主要有三个阶段：初级阶段；中级阶段；高级阶段，在初级阶段主要包括基础设施的建设，中级阶段主要围绕技术经济功能和技术功能发展，高级阶段就要回归到社会功能和生态功能方面来。目前，桥驿镇功能型城镇建设还处于处级阶段，急需切实加大对基础设施和公共服务设施的投入。

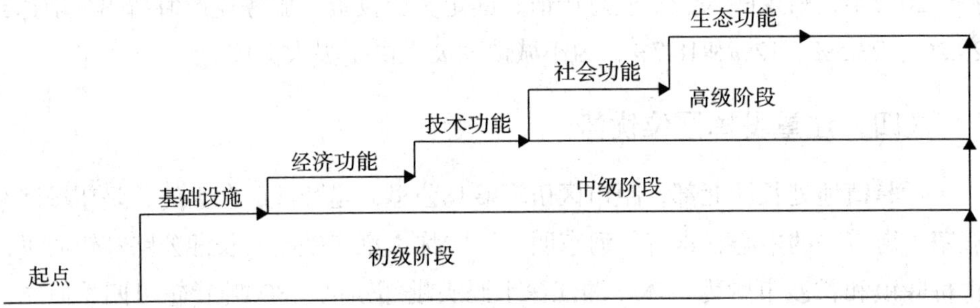


**图1　城镇化功能发展模式示意**

一是改革现行的不合理的财政分配体制，给予城镇政府更大的财政自主权。二是建立多元化的投融资体制，加大金融对小城镇基础设施建设的支持力度。三是坚持市场化方向，对城镇供水、供电、燃气等一定程度具备自负盈亏条件的建设项目，根据“谁投资、谁所有、谁受益”的原则，鼓励社会资金投入，支持企业和个人参与建设、经营和管理。

## （二）以强化产业集群作用为突破，解决功能型小城镇建设承载能力不足的问题

产业是提升城镇承载力、集聚力的有力保证。目前，桥驿镇域内没有形成一定规模的工业集聚地，工业产值总量不高，产业配套不完善，集镇功能较为分散，集聚功能不强。为此，必须以桥头驿集镇为轴，推动产业科学布局、健康发展，把建设资源节约型、生态环境友好型的理念根植于城镇建设的过程中，摒弃

传统的城镇经济发展模式，调整产业结构，加强工业生态化发展。一是将“轴”南打造成现代高科技产业区。重点发展光学和小型机械产业，创造产业集聚的支柱工业集群，在金霞物流、茂通、天赐宝、中阀科技等新型工业企业已经落户的基础上实现与丁字工业区、金霞物流园的实质对接。二是将“轴”北打造成农业产业区。着力打造一批庄园式休闲基地、体验式种植基地、观光型生产基地。三是将“轴”东北打造成黑麋峰旅游区。建设以生态旅游和户外运动基地为主体的休闲产业项目区，吸引体育相关产业的企业落户投产，构建本土制造、集中销售、户外体验的运动产业链。同时，立足506亩工业用地，建设适当规模的标准式厂房，吸引企业投资，促进产业发展，使城镇成为工业、农业、第三产业交汇的产业之驿，逐步形成城市经济。四是大力发展静脉产业。建立集垃圾深度处理基地、研发中心、生态园、市民环境保护宣传教育基地四大区域的静脉产业园；铺排生活垃圾焚烧厂、综合处理厂和餐厨垃圾处理设施，集机械分选、焚烧发电、生物处理、综合利用等诸多城市静脉功能于一体，实现垃圾处理产业化；对填埋场和周边区域进行改造，规划建设黑麋峰循环经济产业园，建成环保达标、环境优美的绿色生态园区。

### （三）以提升居民幸福指数为目标，解决功能型小城镇建设社会功能滞后的问题

当城镇化发展到一定阶段的时候，就应该具有一定的社会功能，包括吸纳创造就业人数、城镇结构均衡性、城镇社会服务功能等，尤其是城镇的社会服务功能更是关系着人民群众的基本生活质量和共同利益。目前，桥驿镇人均收入不高，人年均收入只有13088元，生活环境还有待改善，教育、医疗、卫生等方面还比较滞后，综合功能亟待增强。为此，必须加强城镇的社会功能建设，为居民幸福生活创造条件、营造环境。一是不断增加居民人均收入。通过促进土地流转、提升产业产能、开展集约规模化经营等方式，吸纳周围劳动力就业，辐射镇域内产业，使农民保持持续增收，带动农村消费市场。二是不断改善居民居住环境。构建统一风格、各具特色的建筑，绿化、亮化、美化居住环境，使城镇更加生态、更加宜居。三是不断完善居民社会保障。重点推进社会保障、住房保障等公共服务体系建设，推动社会保障管理和服务的社会化，建立健全服务网络，强化社区功能。

### （四）以完善小城镇功能为核心，解决功能型小城镇建设品质提高不快的问题

城镇品质倍升必须拥有完善的城镇功能。桥驿镇必须要有清晰的城镇功能定位和发展目标。一是完善农民集居功能。通过划分商业区、农耕展示区、旅游产品区和产业配套区等，打造“可看、可学、可参考、可示范”的农民集居撬动性工程，引入战略投资商建设高标准集约型预备安置小区，同步改造菖蒲塘、南北二组、沙田等老重建地，通过一流的质量、高端的设计、适当的奖励吸引老百姓集居到集镇上来，力争腾出规划中黄桥大道、长岳快速干线、东二环北沿线周边优质地块以及芙蓉北路两厢地块，有序迁移黑麋峰原住居民，为森林公园的有序管理和科学招商引资奠定良好基础。二是完善产业集聚功能。对尚未开工建设的粗放加工型企业，逐步引导其向商业项目、高精产业和工业地产转型；对已经投产的长步道光电科技、中阀科技等企业，为其搭建就业平台；突出“庄园式休闲基地、体验式生产基地、观光型种植基地”的发展，如以投资3.5亿元的泽星山庄为龙头带动杨桥片区的花木、高端种植业发展，以麋峰生态种植有限公司带动固废场周边搬迁户较多的村整合土地发展高山种植业，以桥驿八珍（黑山羊、土山鸡、麋峰泉莲、高山香米、九月香菌、高崖仙果、峰北金针、洞阳玫瑰）品牌整合带动合作社走市场化发展之路，让散居农民形成组织化生产。三是完善旅游门户功能。挖掘千年驿站的历史资源、老商业街的人文资源和黑麋峰的自然资源，有效升华驿站文化、亲民文化、公仆文化，在城镇建筑和景观结点上注入更深内涵，寻求山与驿的结合点，利用主城区优势把桥驿打造成人们释放压力、解放身心的第一前沿“市场”，让“到桥驿登高”成为继“到靖港寻古、到乔口吃鱼、到铜官玩陶、到新康看戏”之后的望城城乡一体化建设的新亮点。四是完善资产增值功能。利用好闲置资产，争取镇域内矿石粉厂、面粉厂、猪鬃厂、杨桥红糖厂等大批闲置资产的无偿移交并争取贴息贷款，突破桥驿集镇的建设资金瓶颈；利用好社会资源和知名人士，广泛发动“亲情招商、亲情赞助”，动员全镇社会各界人士积极投入集镇建设中，引导知名人士、企业家对市场和公用设施进行投资，做到全方位参与、大合力推进、多层面受益；利用好商业地块，即用好165亩商业用地和90亩集镇建设用地，通过桥头古驿的建设吸引投资商拿地，用土地收益再投入城镇管理和建设，力争开发一片、出让一片，市场运作，滚动发展，实现“以镇生地、以地生财、以财建镇”的良性循环。

# 将团头湖湿地打造成标志性生态景观

## ——关于建设团头湖国家湿地公园的调查与建议

长沙市人民政府研究室

湿地公园是指以湿地良好生态环境和多样化湿地景观资源为基础，以湿地科普宣教、湿地功能利用、弘扬湿地文化等为主题，供人们旅游观光、休闲娱乐的生态型主题公园。团头湖位于望城和宁乡境内，距市区约38公里；总面积约8675亩，两区县分别占80%、20%，是我市最大的湖泊；总岸线22公里，其中望城格塘镇、靖港镇、乔口镇分别为3.1公里、5.6公里、9.2公里，宁乡朱良桥乡4.1公里。为保护和利用好团头湖这一典型的城市近郊湿地，充分发挥其生态功能和经济效益，我室对此进行了专题调研，形成报告如下，供领导决策参考。

## 一、团头湖湿地资源亟待加强保护

近年来，望城区、宁乡县高度重视团头湖湿地的保护，先后实施了堤岸绿化建设、限制渔民数量、移民安置等多项措施，但随着区域经济的发展和周边人口的增加，团头湖湿地环境压力不断加大，生态条件呈现退化趋势，如不及时治理和全面保护，将来需要花费更大的人力、物力和财力来恢复。

一是生态环保形势严峻。湿地具有重要而又独特的环境功能，但也是较为脆弱的生态体系。因过去长时间的围湖造田，加之周边大面积裸露地的水土侵蚀，团头湖湿地面积逐步减少、湖泊沼泽化，调蓄、灌溉功能大为减弱。特别是实施水产精养项目，大量投肥养鱼，加之当地居民生活废水直排，水质受到较大影响。周边农民使用农药、化肥带来的面源污染加重，湿地生态系统的食物链受损，湿地水禽群落结构和种群数量不断下降，生物多样性遭到破坏，局部区域甚至生态环境恶化。

**图1　团头湖湿地地理位置**

二是保护合力尚未形成。望城区于2008年3月成立团头湖湿地自然保护区管理处，由区林业局具体牵头，管理处设在格塘镇，工作人员由格塘镇在现有人员中调剂安排。由于管理处无行政级别，无专门编制，难以协调其他乡镇开展工作。总的来看，目前团头湖湿地管理体制不顺，专业人才缺乏，保护执法和宣传教育力度不够，管理效率不高，工作合力不强。

三是基础设施严重滞后。团头湖湿地自然保护区成立较晚，由于以前没有专门的湿地保护项目，管护建设和执法检查等投入少，监测和科研经费严重不足，交通等基础设施薄弱，湿地保护技术手段落后，周边地区对湿地保护的认识不够，乱采、乱挖、乱捕等现象时有存在，珍稀动、植物及矿产资源受到威胁。

四是总体规划有待提升。规划是保护和开发的前提。望城、宁乡都编制了相关规划，但规划深度不够、层次不高，直接制约着团头湖的保护与开发。一方面，由于缺乏控制性详细规划，无法以规划对团头湖历史文化、水域、植被、用地、建筑等进行有效保护；另一方面，对湖区功能定位和产业布局不明晰，对外招商引资缺少实质性成果，资源优势没有转化为发展优势。

图2　养在深闺人未识的团头湖

图3　秀美千龙湖

## 二、团头湖湿地具备建设国家湿地公园的基础条件

团头湖作为湿地，不仅生物具有多样性，而且具有重要的科学研究、宣传教育和文化价值，具备建设国家湿地公园基础条件。

一是自然生态资源稀有。团头湖在洞庭湖边缘地带，水系发达，具有典型的湿地生态环境。野生动植物资源丰富，有野生植物400余种，花榈木、中华水韭、楠木等是国家重点保护植物；有野生动物372种，其中国家二级保护动物11种，每年秋季数万只候鸟在湖区湿地停留觅食，是候鸟南迁的重要停歇地。

表1　　团头湖湿地自然保护区主要珍稀动物、植物名录

| | 保护级别 | 名 称 |
|---|---|---|
| 植物 | 国家一级 | 水杉、中华水韭 |
| | 国家二级 | 银杏、花榈木、胡桃、喜树、野大豆、野菱、香樟 |
| 动物 | 国家一级 | 麋鹿 |
| | 国家二级 | 白额雁、鸢、雀鹰、松雀鹰、红隼、白鹇、红角鸮、领角鸮、领鸺鹠、天鹅、鸳鸯、红腹角雉、虎纹蛙 |
| | 中国特有 | 白喉林鹟、白头鹎 |

二是历史文化资源丰富。团头湖历史悠久，美丽传说众多，有48咀和河螺晒孔、兔子望月等自然景观，关刀山、熊虎山威猛突出，团洲、长洲静卧湖中。南宋著名理学家、湖湘文化鼻祖张栻在此讲学并创建灵峰书院，关公神庙“赤心殿”至今香火不断。据1987年文物考查发现，团头湖共有文化遗址16处、窑址15处，有大量的磨制石器和陶片，文化内涵丰富。

表2　　团头湖主要历史遗迹一览表

| 历史遗迹名称 | 出土文物种类 | 出土文物数量 | 文物时代 |
|---|---|---|---|
| 鸦公山遗址 | 石器、陶器残片 | 较多 | 新石器时代 |
| 庙嘴山遗址 | 陶器残片 | 较多 | 新石器时代 |
| 龙须嘴遗址 | 石器、陶器残片 | 较多 | 新石器时代 |
| 螺坨晒衣遗址 | 石器、陶器残片 | 较多 | 商周时期 |
| 新斧山遗址 | 石器、陶器残片 | 较多 | 新石器时代晚期 |
| 黑山寺遗址 | 陶器残片 | 较多 | 新石器时代晚期 |
| 桔园遗址 | 陶器残片 | 较多 | 新石器时代 |
| 火头山遗址 | 陶器残片 | 较多 | 新石器时代晚期 |

续表

| 历史遗迹名称 | 出土文物种类 | 出土文物数量 | 文物时代 |
|---|---|---|---|
| 仙人墩遗址 | 陶器残片 | 较多 | 新石器时代 |
| 石巴嘴遗址 | 陶器残片、石器 | 较多 | 商周时期 |
| 大嘴头遗址 | 陶器残片、石器 | 较多 | 商周时期 |

三是交通区位条件优良。团头湖地处长沙、益阳、岳阳三市交界处，交通便利快捷，随着望城撤县改区以及宁乡融城步伐的加快，团头湖交通区位条件日渐凸显。湖区距京珠复线岳临高速新康出口约15公里、长张高速宁乡东出口约25公里。2012年，宁乡投入2亿元实施左家山穿村景观公路提质改造，全线拉通玉潭镇至朱家山的玉朱公路，金（州）朱（良桥）公路直达湖畔，团头湖至望城区约20分钟、至宁乡县城约半小时、至长沙城区约40分钟。

四是前期工作基础较好。2008年，望城将团头湖、千龙湖及两者间9.2平方公里林地整体申报第二批国家湿地公园（试点），团头湖成为湖南省第一批18处重要湿地之一。当年底，千龙湖国家湿地公园试点建设获国家林业局批复。近年来，望城、宁乡遵循“严格保护、合理开发、永续利用”原则，实行团头湖沿线滩涂村民退耕还湖，加强湿地资源保护，禁止在湖区挖沙取土，严禁非法征占用、围（开）垦、填埋湿地，依法查处挖塘、揭取草皮、擅自排放湿地水资源以及非法猎捕等行为，严禁引进污染企业，逐渐减少湖区投肥养鱼，有序退出周边规模牲畜养殖，为创建团头湖国家湿地公园打下良好基础。

五是整体开发前景可观。团头湖环境优美宜人，自然资源丰富，适宜发展生态休闲旅游，实行整体开发市场潜力巨大。团头湖水面和左家山村万亩柑橘生产基地以及良好的生态环境，适合水面景观、水上旅游、水果采摘等生态休闲娱乐项目开发。团头湖北邻望城千龙湖度假公园，南接宁乡赤龙岛湖泊水果庄园，是乔口渔都着力打造的核心景区，适宜发展以体验式、休闲式为主的现代休闲农业。还可以吸收社会资本参与，发展融旅游、休闲、度假、居住为一体的旅游地产项目。

## 三、加快建设团头湖国家湿地公园的几点建议

对照《国家湿地公园验收办法（试行）》的要求，建设团头湖国家湿地公园

还存在一些差距。建议从以下方面加大支持力度，加快将团头湖湿地打造成我市的标志性生态景观。

### （一）重新编制规划

以现有规划为基础，加强与城镇总体规划、区域发展规划等衔接，重新编制团头湖国家湿地公园总体规划及控制性详规，构建安全可靠的生态环境保护体系、旱涝无忧的水资源保障体系、实效便捷的综合旅游交通体系、资源节约和环境友好型的生态产业体系，将团头湖湿地打造成我市标志性生态景观，申报国家湿地公园。一是精准定位。重点对团头湖进行生态保护，对千龙湖进行提质开发，将团头湖湿地打造成集水生植物、两栖动物、候鸟休养生息的生态保护区，有机水稻、有机蔬菜、有机茶叶、特种水产的模范种养区，窑址、遗址、民俗文化的保护体验区，将千龙湖打造成休闲、娱乐、养生的都市生态旅游后花园。二是环保为先。按照“生态优先、科学修复、适度开发、合理利用”原则，坚持在维持团头湖湿地原貌的基础上进行部分修复，在最少干预原生态的基础上进行适当开发，在保护生态环境的基础上综合考虑防洪抗旱、生态保护、公路交通、产业发展、旅游休闲等多种元素，兼顾文化、科普、休闲娱乐等多种功能。特别是要严格控制项目准入，建立生态倒逼机制，严禁乱建住房、乱排污水、乱倒垃圾等行为，建设环湖生态保护林带，将团头湖作为大众垸备用水源地进行水质监管。坚持以环境容量倒推开发量，将所有修复、开发工程全部控制在团头湖、千龙湖湿地生态环境所能承受的范围之内。三是完善功能。将团头湖国家湿地公园规划为核心保护区、湿地展示区、游览活动区、管理服务区和外围缓冲区等进行开发，既要保护水生植物的多样性，又要为鸟类、两栖类、爬行类动物留有足够的栖息地，还要满足广大游客的观光旅游需求。各功能区要相对独立、减少干扰，同时通过水道、自行车道、游道等相互连接、互为补充，真正做到集保护、科教、观赏、游玩于一园。

### （二）加强统筹协调

进一步提升管理层级，增强管理合力，统筹协调团头湖湿地的保护、开发等工作。一是成立专门机构。由分管副市长牵头，成立团头湖国家湿地公园保护开发领导小组，望城区、宁乡县及市发改、建设、财政、国土、交通、林业、水务、农业、环保、规划、旅游等部门为成员，领导小组办公室设市林业局，负责团头湖国家湿地公园创建、规划制定、开发建设、项目评审、环保监测、宣传教育等事项，定期就相关工作进行研究决策、统筹协调。二是整合沿湖资源。有效整合乔口镇、靖港镇、格塘镇、朱良桥乡范围内团头湖、千龙湖水面、岸线等资源，按总体规划科学分区保护开发。建议以朱良桥乡左家山村为主连片种植水果打造游客互动体验区，以格塘镇凌冲村为主新建生态农庄打造生态环境体验区，以乔口镇团头湖村为主连片种植荷花打造湿地植物观赏区，以靖港镇新峰村为主修复民居打造江南水乡样板区，以千龙湖为主打造休闲娱乐区。三是统一对外招商。全面盘点团头湖、千龙湖生态资源，科学规划开发项目，出台优惠政策，由市商务、旅游等部门统一对外发布，充分利用中博会、港洽会、珠洽会等节会大力推介，重点引进娱乐休闲、生态种养等项目。在招商引资过程中，全面落实两型发展理念，坚决杜绝有污染的企业和项目，绝不能因追求经济效益而破坏生态环境。

## （三）开展生态修复

将团头湖范围内57平方公里作为保护区，建立湿地生态补偿机制，进一步加大投入，循序推进生态修复工程，尽快恢复鸟语花香、水天一色的湖区美景。一是退养还湖。综合治理围湖精养现象，控制投肥，由伊思丽珍珠养殖有限公司尽快收回六岔湖、烂泥湖中围湖养殖淡水珍珠、鱼类的出租权，还原湖泊整体形态。全面实行退塘还湖，将团头湖北面、南面岸线周围鱼塘进行疏浚改造，修复为天然小湖面，进一步扩大团头湖水面面积。对现有环湖低岸田地逐步退出耕种，减少水土流失，恢复沿湖湿地生态风光。二是禁渔禁猎。拆除湖面用于水产养殖的网箱、围栏、竹竿、养殖船等，消除水面人为阻隔，方便水系连通，为鱼类、鸟类、两栖类动物栖息、活动提供更广阔的场所。加强日常巡查，从严从重打击非法狩猎、捕捞行为，并在湖区村民中广泛开展爱护野生鱼类、鸟类等动物知识宣传，动员群众参与生态保护。三是截污治污。加大环湖工业企业污染治理，特别是对宁乡县朱良桥镇玉潭、永鑫两家纸厂进行退出或搬迁。加强环湖村庄及湿地保护区环境综合整治工作，加快建设格塘镇、乔口镇、靖港镇污水处理厂并尽快运转，对区域内生活污水进行无害化处理，按照Ⅰ级水源地标准予以保护。定期开展湖区清淤，对48个洲心岛进行绿化保护，方便鸟类等动物栖息。沿湖广泛种植樟树、水杉、芦苇等水生植物，绿化美化湖区环境。

## （四）科学有序开发

坚持将生态保护摆在首位，加强对团头湖湿地进行保护性开发，力争以适度开发促进有效保护。一是新建生态农庄。把握现代农业、旅游业发展趋势，在团头湖区域合理布局5家左右、占地500亩以上的现代农庄，通过引进有实力的企业，流转附近村镇农户土地进行集中经营，以生态种养为主业，以餐饮娱乐、观光休闲聚集人气，带动湿地公园整体开发。整合万亩有机水稻、万亩蔬菜基地、云游茶业等生态资源，不断增强团头湖湿地吸引力，带动多种产业共同发展。二是打通千龙水道。加快千龙水道大众湿地景观工程的论证和设计，把握资源优势、环境特色，利用既有水面、池塘、河道、水渠等进行联通，前期先连通团头湖—千龙湖水道，条件成熟时再连通新、老沩水及乔口柳林江、天井湖等水系，将大众垸内众多水域、水体串珠成链，形成水自流循环系统。开通水上游路，建设亲水平台，缀以小桥凉亭，打造养眼怡人的田园画卷、湿地美景。三是规划旅游线路。沿湖岸同步建设自行车道、步行栈道，联合湘江综合枢纽、靖港古镇、乔口渔都、新康戏乡、团头湖、千龙湖等景区景点，结合自然山势、水势、地势，融合人文景观、历史遗存、村居民落，规划湿地生态体验线路，推出湘江观澜、新康看戏、乔口吃鱼、靖港访古、格塘品茶、团头湖晾风、千龙湖休闲的湿地旅游线路，吸引都市人群到团头湖湿地体验人与自然和谐相处，享受“慢生活”。

**调研组组长：**蒋集政
**调研组副组长：**唐曙光　姚建刚　王湘云
**调研组成员：**马　琤　袁金明　李柏松　张　杰

# 望城区探索实施垃圾分类减量处理的调查与建议

长沙市人民政府研究室

近年来，望城区围绕建设现代化公园式城区，高度重视垃圾分类减量处理，秉承“先行先试、大胆探索、因地制宜”的原则，探索出“政府推动、市场化运作、企（专）业实施、全民参与”的垃圾分类工作模式。为总结推广望城的经验，助推全市实施垃圾分类减量处理，10月下旬，市政府研究室与望城区政府有关部门深入到村组、社区调研，现将调研情况汇报如下，供决策参考。

## 一、望城区实施垃圾分类减量处理的有益探索

2014年以来，望城区率先在5个街道（乡镇）启动垃圾分类先行试点工作，积累了较好的经验。27个社区（村）约520个小区（组）实现生活垃圾分类收运，月均减少清运到固废场的垃圾320 吨，可回收利用的垃圾占比达30%。统计显示，乔口镇大垅围村每月实现垃圾减量在20吨以上，其中减少生活垃圾约5吨，有害垃圾回收率在95%以上。

举措一：加强领导，强化组织保障。望城区委、区政府高度重视垃圾分类减量工作，将加快垃圾分类回收体系建设、推进垃圾分类减量写入区委全会工作报告和政府工作报告，作为重点工作任务全面部署、积极推进。明确由分管城市管理的副区长牵头，区城管委办公室具体负责，区环保和市政管理局等单位为责任主体。区直有关部门先后下发了垃圾分类管理相关文件，明确工作责任，初步形成各方支持、齐抓共管的局面。各街道、乡镇、村（社区）专门成立领导机构，

督促检查各组（小区）进行生活垃圾分类收集工作。城区的小区、楼盘、街巷成立物业管理委员会，负责实施垃圾分类投放、清运。农村地区以村组为单位，民主推选环境卫生理事会，推行村民自主管理。

举措二：增加投入，强化基础保障。今年以来，望城区财政采取以奖代补的方式，明确投入不少于1500万元用于环境卫生整治、垃圾分类试点前期投入、垃圾桶和垃圾袋购置及垃圾分类宣传、奖励等工作。同时，各试点街道（乡镇）相应设置了20～100万不等的垃圾分类专项资金。全区建立了标准化垃圾分类处理中心5个。城区添置和更新三格式分类垃圾回收箱（分别放置可回收垃圾、不可回收垃圾和有毒有害垃圾）2000余个；在农村按照四大类垃圾放置垃圾桶24万余个，共拆除道路两侧垃圾池 个，进行美化绿化。茶亭村等地拆除垃圾池后，在主干道、村组公路两侧都抛洒花籽，一年四季鲜花怒放、花香袭人。

举措三：健全网络，强化机制保障。5个试点街道（乡镇）、社区（村）组建了垃圾分类回收网点，新增就业人员228人，配齐了镇、村、组清运保洁人员，每个村、社区都设立1～2个回收点，上墙张贴回收价目表，天天开门常态化经营回收废旧物品，初步建成镇、村、组“三级联动”的农村再生资源回收利用网络。茶亭镇组建九峰山生态环保合作社，建立高标准的垃圾分类分拣中心，在村（社区）设立了10个废品回收交易商店，采取政府推动、市场化运作、企业实施的方式，加快农村生活垃圾乡村回收网点建设和标准化运营。乔口镇大垅围村将村级卫生区划分为村级公共区和农户责任区，村级公共区平时由村集体出资请专人进行日常保洁维护；农户责任区则落实包卫生、包秩序、包绿化、包垃圾分类减量“四包”责任。目前，望城区基本建立起来了“分类投放–分类收集–分类运输–分类处理”的垃圾处理体系。

举措四：广泛发动，强化公众参与。全区广泛开展以“垃圾分类投放我先行”为主要内容的劝导活动，发放卫生宣传、垃圾分类减量等资料30多万册。结合“一推行四公开”活动，发动城管志愿者，组织区、乡镇、村组干部走家串户广泛宣传，指导居民按要求分类投放垃圾。全区中小学校开设垃圾分类课程，广泛开展“小手牵大手”“与文明同行”等主题活动。组织讲师团进村（社区）、组开展百场“新观念面对面，爱护环境我先行”宣讲，积极宣传垃圾分类“六点减量法”，教育指导全区干部群众把街区当客厅、把村庄当公园来建设，全面推进垃圾分类减量。村民环保意识已有很大增强，不但不再乱丢垃圾，还主动拿到收集点来。村容村貌尤其是河道、溪流环境改善了很多。

举措五：注重考核，强化激励手段。全区实行“月检查、季讲评、半年考核、年度奖罚”等措施推进垃圾分类减量处理，区里设置了考核奖励资金。将村（社区）开展垃圾分类工作的情况纳入考核，规定每个村（社区）每月必须回收垃圾的数量和种类，村（社区）进行户与户之间评比，每年评选出“十佳庭院”“十佳清洁户”，由村（社区）给予奖励。城区以社区为单位向每一户业主发放印有编码的分类垃圾袋，以户为单位设立“绿色账户”，组织专人定期进行计量统计作奖励依据，抵扣业主物业费。农村地区由住户自行分类可回收物品，保洁员上门有偿收集。村上按回收物品变现金额的20%奖励保洁员。如乔口镇大垅围村对各组每天环境卫生及环卫工工作到位情况进行打分，每季度评选3名先进环卫工人，给予400元/人奖励；实行组与组之间的评比，全年评出3个先进组，奖励每组2000元。

## 二、实施垃圾分类减量处理的困难问题

垃圾分类减量处理在我市还处于探索起步阶段。全面推广实现还面临诸多困难和问题。

第一，居民垃圾分类意识有待提升。居民垃圾分类意识欠缺是垃圾处理的最主要问题。由于政策引导和宣传工作还做得不够充分，公众对垃圾分类的认识还不深刻。在调研中我们了解到，85%的市民听说过“生活垃圾分类处理”；82%的市民赞成对生活垃圾如何分类；但只有10%的市民按照生活垃圾分类处理的要求倒垃圾。大部分市民觉得生活垃圾分类处理好，但做到难，认为扔个垃圾还要选着扔，太麻烦。

第二，垃圾分类配套设施有待完善。开展垃圾分类，需要完善的投放、分拣、运输等设施作保障。目前，我市的城区除主要干道设置了一定量的垃圾分类回收箱外，主要设置的还只是垃圾桶；农村地区主要设置的还只是单一的垃圾收集池，大部分农户家庭都没有垃圾分类投放设施；村（社区）、镇（街道）都只建立了垃圾收集站和中转站，绝大部分没有垃圾分拣中心。许多小区至今没有推广过垃圾分类，有的小区里只有一个垃圾台，或者就只有几个垃圾桶，即使居民垃圾分类后也没地方扔，环卫工人清运垃圾也都是“一股脑”混在一起拉走，最终也没有分类处理。

第三，垃圾分类资金投入有待加大。垃圾分类收集是一项系统工程，要全面推广并取得实效，需要一定的财力做支撑。以望城茶亭镇为例，该镇建设垃圾分

类分拣中心、在村、社区设立废品回收交易商店，开发完善收集网络等事项，一年不到就花费近100万元，还不包括宣传、给农户添置回收设施、分类人员工资等费用。此外，源头分类收集工作不到位，再生资源利用循环产业发展滞后，也导致分类收集的成本过高。

第四，垃圾分类制度设计有待健全。有效推进垃圾分类需要科学、严密的制度作保障。目前，各部门互相协调方面还不是特别好，政府、社会、公众三者还没有很好形成合力。迫切需要市政府加快研究出台相关规范性文件，建立健全科学的奖惩制度，对宣传、教育、工商、规划、环保、市政等部门以及街道（乡镇）的责任进行厘清和明确；对垃圾的初次分类、二次分类、运输管理等操作流程进行规范。

## 三、推广垃圾分类减量处理的对策建议

目前，长沙中心城区日均生活垃圾产生量达6000多吨，增幅达10%，面临“垃圾围城”的危机。长沙市城市固体废弃物处理场工程项目于2003年4月建成投入使用，日处理城市垃圾能力最高为4000吨，现已超负荷运转，累计填埋处理垃圾1200余万吨，使用年限由原来的34年下降到20年。即使垃圾量不增加，再过10年，到2024年就会填埋满。垃圾处理已成为经济社会发展亟待解决的重大现实问题。推进垃圾分类减量处理是建设两型引领之市的必然要求，是实现城乡品质倍升的客观需要，势在必行。

### （一）坚持政府主导

各级各部门要把垃圾分类减量处理工作当成建设两型城市的重要举措、造福群众的实事工程来抓，统筹规划、协调配合、有序推进。一是切实加强领导。市里要成立生活垃圾分类处理与循环利用工作领导小组，各区（县市）、乡镇（街道）也要成立相应工作机构，明确专人负责，从市里到村（社区）健全工作机制。坚持“属地负责、条块结合、协调配合、社会参与”的四级工作思路，构建制度完善、责任清晰、协同配合、管理高效、覆盖全程的运行系统。研究出台《长沙市生活垃圾分类处理与循环利用工作实施方案（2015—2020年）》、制定《长沙市生活垃圾分类工作指导意见》，积极探索生活垃圾处理的新模式、新方法、新技术，努力实现垃圾无害化处理。二是明确目标任务。到2020年将基本形

成分类投放、分类收集、分类运输、分类处置与循环利用的设施体系，基本形成“政府主导、企业运作、全民参与”的工作格局，基本形成“教育引导、法规约束、绩效激励”的管理体系。全市的垃圾分类收集覆盖率将达到50%，资源回收利用率达到10%，人均垃圾处置减量率达到15%。三是先试点、再推广。向北京、上海、深圳、杭州等先进城市学习，以争创“全国垃圾分类示范市”为目标，制定详细方案，出台相关扶植政策，用1~2年的时间，支持各区县在条件较好的社区、农村开展试点工作，然后总结推广。四是全面建章立制。加强对垃圾分类方面的立法工作。制定长沙市垃圾处理战略规划和各项行业标准、政策文件，以法律形式确定垃圾分类回收的强制性措施，将生活垃圾分类处理全面纳入依法行政。对垃圾分类较好的单位或个人团体减少收费，对可利用可回收的进行不收费，进一步调动垃圾分类的积极性；对不配合的单位或个人进行经济处罚。

### （二）完善配套设施

由市城管部门牵头，联合规划、环保、商务、市政等部门，根据垃圾处理公益事业的定位，优先建设垃圾分类处理设施，完善垃圾终端处理设施体系，确保安全运营。在社区、机关、学校、企业、商业及娱乐场所、机场、车站等设置垃圾分类宣传栏，配备分类相应设施设备，将废塑料、废纸张、废玻璃、废金属、废纤维等分类回收。安排专项资金，按照分类、压缩、密闭、环保的要求，改造现有垃圾回收站，使其具备相应的分类处理能力，以与前端居民垃圾分类相对接。同时，也要推进电动分类收集车、社区分类站及其设施设备等建设。稳步推进垃圾分类回收配套设施建设要注意两点：一是要因地制宜，充分考虑垃圾处理经济半径与处置能力半径的大小，兼顾环境可持续性、经济可承受性以及社会可接受性。二是生活垃圾处理设备规模大小要兼顾。如餐厨垃圾处理设备，既可以配备日处理几百吨、上千吨的设备，也可以在一个社区、学校等配备日处理几十、几百公斤的小型设备。

### （三）加强宣传发动

依托广播、电视、报纸等媒介大力宣传垃圾分类知识，在公交车体、公交亭、工地围挡、地下通道等处投放垃圾分类广告，全面提高垃圾分类知识的知晓率；创新宣传模式，大力开展分类知识进楼栋、学校、企业、机关、村（社区）的“五进”活动，进一步浓厚工作氛围。强化学校的垃圾分类教育，使小学生成为家庭和社区垃圾分类的“小使者”和“小能手”，小手牵大手拉动家庭垃圾分类深入持久；使中学生成为社区垃圾分类的志愿者、倡导者和监督者，推动家庭和社区垃圾分类坚持不懈，实现垃圾主动分类工作“从小培养”“大人扫盲”。加大推广垃圾分类培训力度，普及垃圾分类投放知识，针对不同区域、不同行业的单位，深入开展垃圾分类政策法规和技术标准的培训工作，提高参与垃圾分类人员的业务素质和管理水平，加大监督检查力度，引领形成健康、绿色、环保、科学的生活理念和生活方式。强化全民参与。把垃圾分类作为社区治理的重要内容，充分发挥社区（村）党组织、居委会、服务站和物业公司、业主委员会、楼栋（村民）小组等在推进垃圾分类中的作用，真正把从源头垃圾分类落实到社区、落实到每家每户。

### （四）加大资金投入

一是加大对生活垃圾处理投入的整合力度。市财政设立专项资金，区、街相应安排配套经费，建立市、区、街乡镇三级共同投入的长效机制；按照“统筹规划、捆绑使用、集约高效、各记其功”的原则，整合环保、城管等相关部门的各类生活垃圾处理经费，最大限度发挥资金使用效益。二是区别征收城市生活垃圾处理费。综合考虑城镇生活垃圾处理成本和居民收入水平等因素，组织召开价格听证会、倾听市民意见和建议的基础上，适度提高湿生活垃圾收费标准，对分类后的干垃圾免征处理费。利用价格杠杆推动垃圾分类。三是健全多元化投入机制。建立政策支持鼓励体系，建立社会化、多元化的城市生活垃圾处理投入产出机制，以特许经营方式建设和经营生活垃圾处理设施；完善支持生活垃圾处理设施建设的财政、金融、土地等政策，降低垃圾回收处理企业的生产和经营成本。同时，吸纳社会捐款用于垃圾分类工作，鼓励和支持新阶层人士投身和支持垃圾分类，对其在这方面的捐助和投入给予政策支持、税收优惠等。

### （五）运用激励手段

首先，出台严格的考核奖励措施，把垃圾分类达标作为今后“两型社区”“绿色社区”“文明社区”等评选的重要指标，采取工作倒逼机制，促进工作均衡推进。政府设立垃圾分类推进专项奖励经费，对垃圾分类业绩突出的社区和街道给予一定奖励；凡是垃圾分类好的小区、企事业单位，减免湿垃圾投放的费用；对垃圾分类达标的家庭，给予一定比例的物业费补贴，并建立家庭环保积分卡并实行评比奖励；对在社区垃圾分类中表现突出的中小学生，由社区给予物质奖励，并推荐参加学校相关评选表彰；把垃圾分类作为评选社会和社区公益类、环保类先进家庭和优秀人物的主要条件之一。借鉴和推广上海“绿色账户”和北京市王平镇“小票积分兑换”等成功做法，推进物质回馈激励，激励村民自觉进行垃圾分类。条件成熟时，可借鉴香港和德国、新加坡等地高额处罚或重点治理的经验，由城管、环卫和公安等多部门协同配合，对乱扔乱倒垃圾、分类不合格等行为予以惩罚。目前，为推进垃圾分类普及，由政府出资、环卫或物业部门无偿为居民家庭提供分类所需的垃圾袋（筒）。

### （六）发展循环经济

在垃圾再利用、减量化，减量化、再利用过程中，坚持再生资源回收体系与生活垃圾清运体系“两网协同”发展，促进包括垃圾收集、分类、运输、加工、交易等市场建设和监管督察的协调发展，促进再生资源循环利用。一是支持发展回收产业。制定“城市矿产”资源回收目录，按照布局合理、技术先进、分拣处理高效、管理规范的要求，鼓励和支持回收行业、再生资源企业和个体回收人员有序发展，建立统一完整、开放竞争、规范有序的回收市场体系，形成清洁环保的垃圾产业。二是扶持发展再生资源利用企业。加大再生资源回收站和专业分拣中心建设，布局建设各类再生资源回收网络和交易平台，积极推进网上预约收购，提高再生资源回收和利用水平。三是强化科技支撑。加大信息化技术的应用，创建智慧环卫管理系统，通过运用物联网技术，从源头分类投放、中间分类收运、末端分类处置、分类跟踪考评等环节实现全过程信息化管理，不断提升垃圾回收利用率和分类处理科学化水平。

**课题组组长：**唐曙光
**课题组成员：**黄熊飞　王启贤

# 建设现代江南小镇　打造新型城镇典范

## ——长沙县江背镇发展思路探析

长沙市人民政府研究室

江背镇总面积175平方公里，辖12个村和4个社区居委会，人口6.2万人（其中农业人口5.8万），是长沙县工业重镇、农业大镇、经济强镇。历届党委、政府团结带领广大党员干部群众，抢抓发展机遇，战胜各种困难，狠抓基础设施配套、产业结构调整、城乡一体化建设、生态环境保护、农村基层党建，全面建设“产业强镇、宜居新城”，经济社会发展取得丰硕成果。吴邦国、曾庆红等党和国家领导人及省、市、县各级领导相继来镇视察、指导。站在新的起点上，如何科学谋划未来五年的发展思路，进一步增强发展动力，推动江背镇在科学发展的快车道上实现更好更快发展，是摆在江背镇党委、政府及6.2万江背人面前的头等大事。受镇党委、政府邀请，市政府研究室组织调研组深入镇村进行了广泛的专题调研，认为江背镇应该正确认识和把握当前发展的大好机遇，强化工作措施，突破发展瓶颈，因地制宜，建设现代江南小镇、打造新型城镇典范。

## 一、发展基础

江背镇坚持工业强镇、农业稳镇、商贸立镇、文化活镇，经济社会发展取得了显著成绩，为今后发展奠定了坚实基础。

### （一）产业基础较好，经济质量较优

江背镇素有“水泥之乡”“车身之镇”的美誉，水泥、车身生产历史久远，乡镇企业发展起步很早。1992年江背镇工贸小区被国家农业部批准为全国乡镇企

业合作示范区，2000年被湖南省批准确定为省级工业小区，纳入长沙县“一区五园”的重点建设范畴。以汽车配件、工程机械和水泥建材三大支柱产业为依托，同心工业园日益壮大，现有规模企业17家，其中亿元以上企业8家，10亿元企业2家。同心实业成为走向世界的民营企业；万征车架成为中联重科唯一保存最具实力合作伙伴；50%以上的企业从事汽车零部件和工程机械配套产品生产。同时，江背镇是长沙县现代化农业示范镇，自成肉牛等企业成长为省市级农业龙头企业。以花卉苗木、生态休闲产业为主的农业产业集群效应进一步增强。农民专业合作社发展迅速，共注册农民专业合作社132家，现代生态农庄4家。2013年共完成工农业生产总产值80.3亿元，同比增长18.3%，各项经济指标创历史新高。

**2013年江背镇部分经济指标完成情况**

| 项目 | 数值 | 增幅 | 排名 | 项目 | 数值 | 增幅 |
|---|---|---|---|---|---|---|
| 工业生产总值 | 74.2亿元 | 18% | | 新增规模企业 | 6家 | — |
| 规模工业总产值 | 56.1亿元 | 18% | | 粮食作物总产量 | 5.22万吨 | 1% |
| 固定资产投资 | 23亿元 | 11% | | 油料播种面积 | 1.96万亩 | 5% |
| 招商引资到位资金 | 2.25亿元 | — | | 油料总产量 | 1822吨 | 4% |
| 农业总产值 | 6.12亿元 | 18.8% | | 生猪出栏量 | 7.68万头 | -15.6% |
| 财政总收入 | 1.007亿元 | 23.5% | | 家禽年饲养量 | 14.5万羽 | -9% |
| 农民人均可支配收入 | 17455元 | 18% | | 花卉苗木种植 | 1.45万亩 | 13.3% |

## （二）区位优势凸显，发展活力充沛

江背镇地处长沙、株洲、浏阳三县（市）交界处，距离黄花国际机场仅10公里、长沙火车南站 公里。S103省道穿境而过，浏醴高速、长浏高速和黄江公路（即将开建）拉近了与长沙主城区的距离。黄江公路与浏醴高速赤霞互通对接后，江背将对接长沙市中心城区，与黄兴大道南延线、S207南延线在长沙县南部垂直交汇形成交通网络格局，区位明显改善。江背镇与长沙经开区、浏阳经开区、浏阳先进制造基地等园区毗邻，极易接受省会长沙和附近园区发展辐射，将成为临空经济功能区和“黄江经济板块”重要组成部分。与榔梨、干杉等周边镇（街）工业用地偏紧形势相比，江背镇地势平坦、可利用土地资源丰富，势必将成为一片项目建设的沃土，产业升值空间和市场发展潜力巨大。加之，江背镇城镇建设起步较早，是湖南省首批小城镇示范镇，2006年已被列入国家建设部小城镇建设试点镇和省50个小城镇建设重点镇之一，2013年被列为城乡一体化试点镇。启动了江背中心集镇提质扩容改造工程，5个集镇区道路改造、燃气引入、亮化绿化等工程相继完工，发展环境更为完善。境内有三湘第一村、全国文明村——印山村，发展令人瞩目，积累了宝贵的发展经验。

### （三）人文资源丰富，山水生态优美

江背镇境内处处保持原生态的青山绿水，旅游资源丰富。自然环境优美的乌川湖距长沙市区伍家岭38公里，距黄花机场18公里，距长浏高速公路永安出口13公里，群山连绵起伏，森林植被郁郁葱葱，号称“天然氧吧”和“天然空调”。乌川湖生态旅游区项目已通过专家评审，规划景点近40多处，现已形成或基本成形的自然景点有12处。金甲、东庄独特的水体资源，也是休闲度假的好去处。江背镇人杰地灵，民风淳朴，是老一辈无产阶级革命家徐特立、熊瑾玎等同志的故乡，红色旅游资源富有魅力。特立村的徐特立故居2005年8月重新修复并对游人开放，2013年被中华人民共和国国务院列为全国重点文物保护单位。近年来，公共服务体系逐步完善，人民群众生活幸福感明显增强文化团队处处开花，文艺活动硕果累累，形成独特的“江背文化”现象。

## 二、发展定位

未来五年，江背镇要全面贯彻党的十八大和十八届三中全会精神，紧紧围绕市委“率先建成‘三市’，强力实施‘三倍’，加快现代化建设进程”的战略部署，认真践行县委、县政府坚持“三个共同”、实现“三个共享”的发展理念，立足现有基础、着眼长远发展，抢抓发展机遇，按照“一轴两片三组团”的发展思路，着力推进城乡一体化建设，努力把江背镇建设成为一个经济繁荣、人民富庶、环境优美、社会和谐、文明进步的“现代江南小镇，新型城镇典范”。

坚持组团差异开发。确立“一轴两片，北工南农，三产五集，美丽江背”的发展思路，即以黄江公路为轴，按照“北工南农”的发展理念，组团式发展新型工业、商贸服务业、生态旅游业三大产业，对五个集镇推行差别化功能定位，确定江背片以商贸流通为主导，朱桥、梅花片以产城融合为目标，五美片以生态农业为基础，印山、乌川片以旅游观光为特色，实现全面错位发展，全面建设美丽江背。

建设现代江南小镇。坚持生态先行，保护好山水资源，为未来发展留足空

间。传承保留江南特色元素，山水之间点缀粉墙黛瓦式民居，镶嵌小桥流水式景点，实现“花香、书香、墨香”三香袭人，“山脉、水脉、文脉、人脉”四脉传承。打造充满文化氛围的“显山、露水、透绿”两型魅力镇、高档新家园，建成独具江南韵味的特色小镇，绽放长沙“东南明珠”夺目光彩。

打造新型城镇典范。按照“片区集中、产业集聚、土地集约”的要求，强化产业项目支撑，加快转型创新发展。营造富有吸引力的投资环境，激发企业创新发展活力。完善交通网路体系，加强城镇功能配套，实现功能对接提质。新型城镇化步伐全面加快，城镇化达52.78%，城镇集聚人口3.8万人，经济保持快速增长，到2020年，全镇实现地区生产总值210亿元，年均增长15%。财税总收入达3.5亿元，年均增长20%。农村人均可支配收入达到5.5万元。保障体系不断健全，社会治理全面创新，社会大局和谐稳定，人民生活更加幸福。建成省会东部最具创新力、创造力的重要卫星城镇。

## 三、发展重点

围绕“建设现代江南小镇，打造新型城镇典范”发展目标，江背镇应该重点从以下四个方面，打好组合拳，出实招，求实效。

### （一）推进新型城镇化建设

一是构建交通网路体系。“公路通，百业兴”。动员一切力量，推动黄江公路早日开工、早日建成通车，对八清线、江乌线、金五线等镇域主干道进行全面提质改造，全面提速江背镇“通县、达市、出省”道路，接受融城辐射。加大村级公路硬化改造力度，形成纵横交错、快捷便利的交通路网。二是打造新型城镇形象。在黄江公路、浏醴高速以及S103省道大型互通进出口旁，高标准、高起点规划建设边贸新城区，新区占地面积1364亩，其中500亩用于开发建设，500亩用于景观保护，商贸、服务、旅游、金融、住宅等基础设施同步规划、同步建设。实施美化、亮化、绿化、洁化、序化五大工程，对现有的五个集镇进行全面扩容提质改造。三是完善基础设施配套。整合各种资源，争取多方支持，完善高效能的水、电、路、气、网等城镇基础设施。加快推进城乡居民安全饮水工程，争取今年实现五个集镇通水；全镇规划建设三个污水处理厂，实现集镇污水收集管网铺设率达100%；加强与新奥燃气合作，力争率先实现燃气进农户；启动三叉河流域生态综合治理、东庄灌区、金甲灌区改造工程，打造沿河滨水生态景观。四是引导村民集中居住。参考外地先进做法，整理利用农民现有的宅基地，稳妥合理有序地推进农民集中居住。以江背社区和梅花社区为试点，高标准规划、高品质建设，积极探索农民集中居住模式，着力打造与城乡一体化发展相适应的高质量、高品位的集中居住点。真正让江背的人民住得舒适，让回家的游子“记得住乡愁”。

### （二）强化产业项目支撑

一是以工业园区为依托，大力发展新型工业。尽快完善工业园基础设施建设和远景规划，进一步创新园区发展模式，完善工业园区相关基础设施，有效承接与配套市区相关产业，鼓励企业向园区集中。全面创新服务模式，加速推进企业发展，支持同心、万征、神久等公司做大做强，推动企业争取上市。在黄江公路向的梅花工贸新区打造新的工业经济隆起带。在已落户的国家电网A类变电检修基地项目的基础上，成立专业团队集中攻关，引进投资规模大、科技含量高、带动能力强的关联项目。二是以花卉苗木为重点，大力发展高效农业。努力打造精品农业，外向型农业，生态农业，现代化农业。在黄江公路以南区域，按照“公司+基地+农户”的模式，发展生态农业，打造精细化农业产业基地，发展一批有较强带动作用的农业产业化企业集群。开展油茶高产创建工程，加大对五福村、阳雀新村两个千亩油菜示范片和五美油茶基地的扶持力度，争取在每个村（社区）建立一个百亩油菜高产示范基地。合理有序加大土地流转力度，突出花卉苗木产业的发展以及高档生态农庄的建设，打造以湘阴港、金洲等村为重点的花卉苗木长廊。以金甲、东庄水库、浏阳河三角洲为重点推进农业招商。重点引进望达葛根生产加工基地、多彩台湾水果种植基地、星通汽车主题休闲农庄，力争引进1-2个亿元投资项目。三是以优美生态为特色，大力发展休闲旅游业。培育生态乌川湖、印山新农村、徐特立故居、浏阳河水体景观等的生态休闲旅游景点。充分开发水元素、做活水文章，重点突出乌川湖的保护与开发，进一步完善环湖公路建设，争取引进深圳东部华侨城开发模式，对三叉河、浏阳河、印山湖实施整体开发，引入休闲会所、高档疗养院等休闲业态，结合利用浏阳河畔江背段名人故居和文物景点较多的优势，挖掘红色旅游资源，保护历史文化遗迹，对蕴藏丰富文化内涵的古民居、古门楼、古门牌等给予保留修缮，奏响一曲立体生态山水城三重奏。

### （三）注重生态环境保护

将环境治理与生态保护作为一项战略任务和政治责任来抓。一是加强农村环境综合整治。突出生活污水处理、生活垃圾减量、畜禽污染治理、饮用水源保护四大重点，按照“全镇统筹、分片包干、分级负责”的要求，构建镇村户三级联创机制，确保环境治理走上常态管理轨道，实现乡村环境卫生管理工作的经常化、制度化、规范化，使村容村貌保持常态美化，亮化。二是提升绿色环保意识。通过流动宣传车、宣传栏（单）、无线广播、村组会议及文艺活动等，多方式、多途径加大环保宣传力度，普及群众环保意识。坚持示范带动，着重改变农民群众的生产生活观念，增强环保节约意识和环境忧患感，形成“一片蓝天下，一个大家庭，一处有污染，大家受牵连”的思想共识，形成垃圾分类减量，有害垃圾回收的长效机制，不断巩固整治成果。三是永续留住青山绿水。树立长远发展目标，坚持“项目要开发，资源要保护”的理念，不急功近利、不短视盲目。尽量保护每一处青山、呵护每一片水面。精心打造1～3个示范点（主要指生态农庄、绿色庭院、生态示范组等），作为生态江背对外展示窗口，着力提升江背镇形象。

### （四）完善公共服务保障

坚持城乡并重，不断改善民生，提升群众幸福指数。一是推进社会事业发展。进一步整合教育资源，完善学校布局与改造，新建一所寄宿制中学。采用“政府主导、市场运作、公司管理、财政补贴”的模式，进一步在全镇开展校车试点。积极有效推动医疗制度改革和医疗资源整合，发挥三所医院的公共卫生服务功能和基本医疗服务功能，建立全员健康档案，执行基本药物零利润销售政策，引进医疗器械与专业人才，新建一所甲等综合医院。以文化站建设为契机，发挥文化集市功能，坚持“送文化”，注重“种文化”，推进文化惠民工程，实施文化强镇战略。打造示范性村级活动阵地，举办村级文化艺术节，最大限度普及群众文化活动。二是完善社会保障体系。大力推进城乡低保、三无人员五保、残疾人保障事业，每年新增就业岗位400个。农村居民基本医疗保险覆盖率达100%。新农保参保率达到95%。企业职工参保率达到80%。实施农村危房改造工程。新建一座敬老院，探索“公办民营”“民办公助”等服务机构的经营管理模式，鼓励引导民营经济主体投资兴建社会福利设施。三是创新社会治理方式。创新人民群众利益表达诉求机制，推动社会治安综合治理水平再上台阶、公共安全状况有所好转。人口自然增长率保持在7‰以内。确保民主法治和社会主义精神文明建设取得新进展，不断提升人民满意度、幸福感。

## 四、发展保障

建设现代江南小镇、打造新型城镇典范，事关江背长远发展，是一项长期复杂的系统工程，必须从思想上、组织上、要素上加强全面保障，形成巨大的发展合力。

### （一）要加强思想保障

“人心齐、泰山移”。全镇上下要进一步解放思想，牢固树立与时俱进，开拓创新，跨越发展的新观念，树立大招商、大市场、大开放的观念，树立奋发有为，勇于创新、敢于争先的观念，真正使全镇广大干部不断在解放思想中统一思想，以思想的大解放促进经济的大发展。持续开展“四个一”为主要内容的“道德进村户、文明育新人”活动，即建好一所“道德夜校”“栽种一片道德林”“建好一堵道德墙”“兴建一座道德亭”，大力实施“漫画进新村”活动，在农村倡导文明乡风，把全镇人民的思想统一到江背的发展上来。

### （二）要加强组织保障

全面加强干部队伍建设、完善干部选拔激励机制，打造高素质的干部队伍，以人才的优势助推经济社会全面发展。一是提升党政班子凝聚力。坚持“标本兼治、综合治理、惩防并举、预防为主”的方针，加强督查、责任追究等制度建设，增强领导干部廉洁自律，勤政为民的意识，着力规范领导干部行为。二是提升机关干部执行力。以“网格化”管理为标杆，建立“月调度、周汇报”的工作机制，强化干部责任意识，增强干部的服务意识，使全镇各项工作朝“集约式服务”方向发展。三是提升支村两委战斗力。以2014年村级换届选举为契机，选优配强村干部队伍，将有能力有水平德才兼备的同志推到村级干部岗位上来。注重村级干部教育培训，规范整顿村级班子建设，深入探索村级治理多种形式。

### （三）要加强要素保障

一是加强财源建设。立足提高财政收入占GDP比重、税收收入占财政收入比重，把培植财源、增加税收、增收节支放在突出位置，做好“经营财政”的文章。二是搭建融资平台。将五美城建投资开发有限公司作为融资主体，通过盘活镇属闲置土地和资源资产，以土地开发预期收入和资产价值作为支撑，面向不同社会主体融资，充分发挥市场化运作的优势，全面吸收社会资金。三是加快规划编制。加快《城乡一体化总体规划》《镇域总体规划》等规划的编制进度，加强与临空经济新区等规划的衔接，进一步编制控制性详规，对全镇的产业发展、土地利用、综合交通、基础设施、集中居住、环境保护、公共服务等内容进行宏观掌控。四是做活土地文章。抓紧加快1500亩建设用地、700亩弹性用地报批手续，为项目建设及时做好腾地工作。

**课题组组长：**唐曙光

**课题组成员：**王启贤　李荣裕

# 关于加强湘江两岸建设品质的调研报告

长沙市城乡规划局

“一江两岸”是品质长沙建设的重要落脚点，是长沙山水洲城的形象展示轴。实现长沙“城乡品质倍升”目标，落实长沙城市发展从“五一路时代”走向“湘江时代”的发展战略，尤应以加强“一江两岸”风貌保护及建设品质为主要落脚点。为此，长沙市城乡规划局于2014年4月成立调研组，对湘江两岸的风貌保护及建设品质开展了调研。

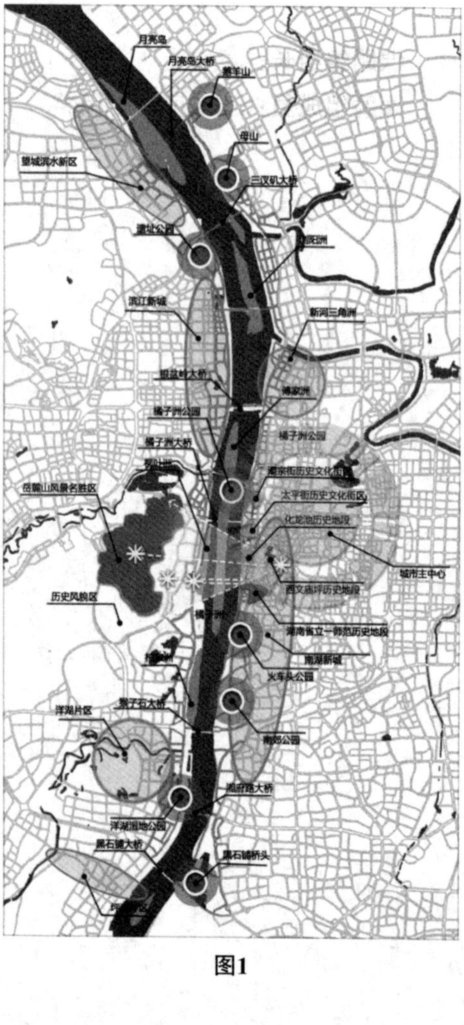


图1

## 一、调研基本情况

本次调研范围北起月亮岛大桥，南至湘府路大桥，东西各至一条次干道。按照桥梁将调研范围划分为12段。调研的内容主要包括五个方面：建筑用地、城市天际线、历史文化资源、景观环境及道路交通。基本情况如下：

### （一）用地及建筑

建设用地构成中，以公园绿地和

居住用地为主，分别占到约42%和33%（总计约四分之三），公共服务设施比重相对偏轻。湘江两岸的生态景观资源较为丰富。居住建设量占总体建设量的近三分之二，湘江两岸以住宅为建筑主要类型。该区域内的存量用地约占总建设用地的11%。其中近八成为棚户区改造用地，二成为已储备用地。存量资源已经不多，如何将有限资源利用好是亟待解决的问题。通过现状建设量估算人口规模，该区域已可容纳30万人，约占到长沙市目前人口总数的近十分之一，人口聚集度较高。

## （二）城市天际线

城市天际线是最能体现城市形象的一个重要方面，最具直观感受性。世界上很多城市塑造了滨水区丰富优美的天际线，享有盛名，如芝加哥、悉尼、新加坡、上海等，为此也吸引了大量观光客前往，成为城市中最具魅力和人气的场所。本次调研运用了轮廓形态、建筑高度变化、层次感、曲折度四项定量技术分析手段，并将指标赋予权重，对目前调研范围内六座主要桥梁两两间的城市地段进行天际线的综合评价。

通过上述量化分析，得到的结论是相对而言橘子洲大桥-猴子石大桥河东段、银盆岭大桥-橘子洲大桥河西段天际线较好，下一步应以提升为主，打造为湘江两岸核心展示名片地段；而三汊矶——银盆岭大桥河东段、猴子石大桥——湘府路大桥河西段则相对较差，下一步要以改造和完善为主。

表1　天际线整段综合评价

| 分段 | 轮廓形态 | 建筑高度变化 | 层次感 | 曲折度 | 得分 | 排序 |
|---|---|---|---|---|---|---|
| 月亮岛大桥-三汊矶（河东） | 5 | 3 | 4 | 2 | 3.2 | 5 |
| 三汊矶-银盆岭大桥（河东） | 1 | 1 | 1 | 5 | 1.8 | 11 |
| 银盆岭大桥-橘子洲大桥（河东） | 3 | 5 | 2 | 4 | 4 | 3 |
| 橘子洲大桥-猴子石大桥（河东） | 5 | 4 | 4 | 4 | 4.1 | 1 |
| 猴子石大桥-湘府路大桥（河东） | 5 | 4 | 3 | 4 | 3.9 | 4 |
| 湘府路大桥-黑石铺大桥（河东） | 3 | 2 | 2 | 3 | 2.3 | 7 |
| 湘府路大桥-黑石铺大桥（河西） | 3 | 2 | 3 | 2 | 2.3 | 7 |
| 猴子石大桥-湘府路大桥（河西） | 5 | 2 | 1 | 2 | 2.1 | 10 |
| 橘子洲大桥-猴子石大桥（河西） | 1 | 2 | 3 | 3 | 2.3 | 7 |
| 银盆岭大桥-橘子洲大桥（河西） | 5 | 4 | 5 | 3 | 4.1 | 1 |
| 三汊矶-银盆岭大桥（河西） | 5 | 3 | 2 | 2 | 2.8 | 6 |
| 月亮岛大桥-三汊矶（河西） | 1 | 1 | 3 | 1 | 1.4 | 12 |

## （三）历史文化资源

湘江两岸具有丰富的历史文化资源。基本形成了1个历史城区、2个风貌区

（古城风貌区、岳麓山风景名胜区）、2条历史街区（太平街、潮宗街）、4个历史地段（开福寺历史地段、西文庙坪历史地段、化龙池历史地段、省立一师范历史地段）的历史文化保护体系。其中，太平街完成了一期工程，潮宗街准备申报为第二历史街区。天心阁—岳麓山视域通廊区域内的建筑高度控制（18米以下）总体情况较好。正因为如此，湘江河东沿线尚存一段可以“喘息”通透的地段，不至于全部被超高层建筑所屏蔽，这也是沿江最宝贵的一段资源。

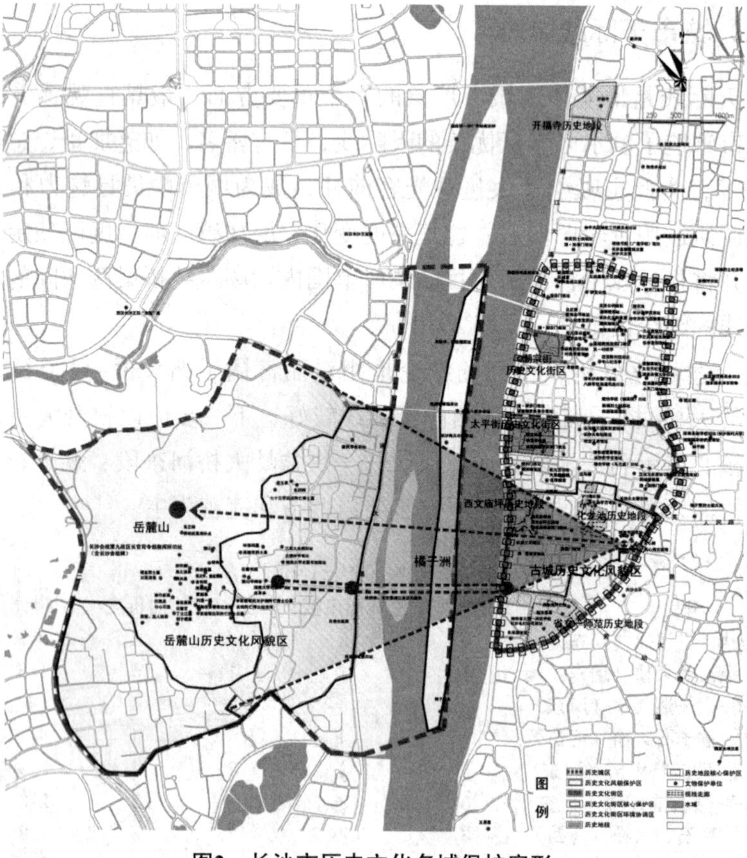


图2 长沙市历史文化名城保护扇形

## （四）景观环境

湘江两岸形成了较好的绿化景观网络，风光带、山体，橘洲公园、洋湖湿地公园、遗址公园、南郊公园等公园绿地资源控制及实施情况较好。河东已建成12公里连续风光带，河西已建成12.5公里连续风光带。风光带的建设总体实施情况较好，成为长沙主要的公共活动空间。风光带的驳岸设计主要有两种类型，一种是人工型，通过设立水泥堤岸或水泥护坡的形式，另一种是自然型，结合自然植被做适度的改造，更加亲切宜人。街道家具总体而言设置得较为齐备，包括标识标牌、环境小品和城市雕塑等。两岸夜景照明整体而言，现状河东城市中心区夜景照明情况较好，河西岳麓片区有一定的夜景照明，但类型尚不够丰富，外围新城区夜景照明情况较差，基本只有道路与住宅照明，部分区段甚至无照明。

### （五）道路交通

调研范围内快速路和主干路骨架型路网实施较好，按照规划情况，现状道路实施情况为快速路全部实施，主干道实施94%，但次干道、支路的实施则相对滞后，仅实施了规划的约54%。规划的13个过江通道，目前有4条规划通道尚未建成，分别是冯蔡路大桥、湘雅路隧道、人民路隧道、劳动路隧道。配建公共停车场15个，其中桥下公共停车场6个，停车泊位数1069个，路外公共停车场9个，停车泊位数866个。潇湘大道、湘江大道配设路侧停车3904个。配设慢行过街设施217个，步行道里程为86.6km。

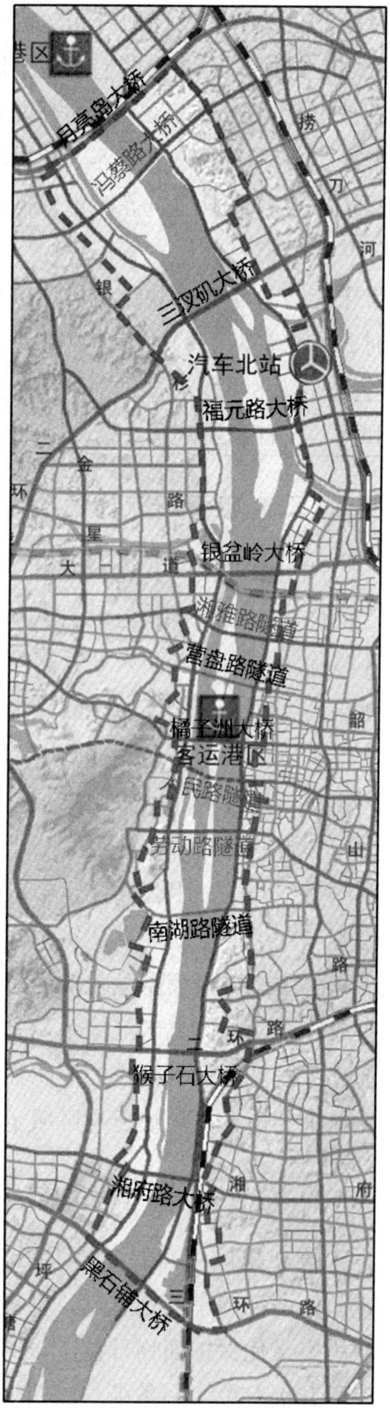


图3　道路实施情况

## 二、存在主要问题

### （一）沿江建设公共性不足

湘江作为城市中最主要的公共资源，其两岸规划建设尤应突出其公共性。在公共性方面存在的两大突出问题是岸线资源被“私有化”

及沿江公共空间及绿地分布较为不均。过多的“私有”住宅建筑布置在沿江，三分之一的居住用地上住宅承载了区域内三分之二的建筑总量。湘江两岸的开发建设被过度房产化，几家大的开发企业抢占了最好的景观岸线资源如万达、保利、华远、万科、世纪金源等。相反的，其公共建筑的比重包括商务办公建筑、商业建筑、科教文卫建筑等比重较低，尤其是政府投资的公共项目的比重极低，大型公共建筑群目前仅“三馆一厅”。这反映出沿江开发的公共属性不强，湘江风光带未能与沿江的公共建筑群形成很好的互动融合关系，因此其活力显得不足。同时，风光带两侧的城市公共活动空间及绿地资源分布不够均衡。主要集中在银盆岭大桥以北和猴子石大桥以南的湘江两岸两端，中心城区相对不足（河东老城区和河西滨江新城地段）。

### （二）城市形象特色不够突出

“山水洲城”特色不突出。主要体现是古城风貌保护缺乏力度，新城建设缺乏特色，古城、新城与“山、水、洲”景观资源的融合关系不够好。城市天际线不够优美。临江界面未划分高度层次，第一界面的建筑高度过高，且同一项目的建筑高度缺乏变化（尤以湘江世纪城为代表），第二界面、第三界面无法渗透，使得天际线缺乏纵深感和起伏感。缺乏标志性建筑及公共建筑群。住宅建筑过多，受其使用功能的限制，很难在建筑造型上有所创意。要成为地标建筑必定是标志性公共建筑统领下具有一组高品质的背景建筑，形成烘托关系。浦东以东方明珠为核心的一组公共建筑群成为上海最具标志性的滨江天际线，这很值得长沙借鉴。缺乏高品质地域建筑，建筑普遍缺乏地域特色，材质、色彩、造型都未体现高品质。城市夜景亮化缺乏总体设计。城市夜景亮化碎片化，都以项目为单位自成体系，总体上未成体系。受多种因素影响，两岸的夜景亮化普遍品质较低，部分区段甚至仅有简单的照明而已，而部分区段如靠近橘子洲大桥段显得较为俗气花哨。夜景亮化缺乏与区域定位、建筑功能、建筑风格等相匹配的总体设计。

### （三）历史文化保护受到挑战

长沙是国家首批24个历史文化名城之一。长沙要建设成为“国际文化名城”，湘江两岸应是重点，聚集了大量的历史文化资源。而在快速城市化中，古城历史文化保护面临日益严峻的挑战。太平街未形成街区，太平街仅实施了一期工程，仅有单一一条街，二期工程未实施，未能形成完整的街区。按照国家历史文化名城保护的要求，必须要有两条街区。目前长沙仅太平街一条，因历史文化保护总体规划尚未获批，潮宗街尚未成为第二历史街区。不少历史建筑、历史遗存逐步丧失，如何在发展中进一步加强历史文化保护是亟待解决的一个问题。

### （四）丰富资源尚未有效整合

湘江两岸具有丰富的资源包括生态景观资源、历史文化资源，其独有的“山水洲城”资源等。这就好比有很多颗玛瑙，彼此孤立，缺乏一条绳带将其串接，形成一串可以对外展示的珍贵玛瑙珠链。对于每一颗玛瑙都有局部较为完善的规划，但对于这串珠链，却缺乏总体有效的设计，难以做到统筹效果最佳、物尽其用。这一定程度上是因为对于湘江未来发展的定位尚不够清晰，尚缺乏城市发展由“五一路时代”走向“湘江时代”的理念、策略、措施和项目支撑。

### （五）公交主导体系尚未建立

大运量的快速公交体系尚未形成。尽管通过设置大客车专用道，一定程度提高了公交车的通行能力，但总体而言对于人流车流最为密集的滨江地带，并未形成大运量快速公交体系，尚未实施轨道交通、BRT等。缺乏水上客运交通，让游客难以有愉悦的水上观景体验机会，这不得不说是目前湘江交通体系的一大缺憾。慢行交通尚未形成体系。沿江风光带作为城市中最主要的慢行空间，其本身慢行设计尚可，但与两岸的城区的慢行衔接则存在较大问题。湘江大道和潇湘大道是两条主干道，多为过境交通，大量的车流量较为严重地影响了湘江与城区的步行联系。目前，其联系多使用平交方式进行解决，造成人行与车行相互影响，难以形成连续的人流和车流。中心城区公共停车位缺口较大。停车难问题是中心城区一个主要的交通问题，本身中心城区的停车基础条件就不好，而中心城区高密度开发主导模式更加剧了这种状况。部分区域过境交通与内部交通混行严重。麓山南路是一条城市次干道，贯穿三所人流高度密集的高校湖南师大、湖南大学、中南大学，且湖南大学是岳麓山风景名胜区主要入口的必经通道，大量的过境交通引入校区，对其内部交通秩序影响较大。

## 三、对策与建议

### （一）明确湘江发展定位目标

结合湘江两岸已有的发展基础及城市发展方向与趋势，将湘江两岸未来建设目标为四个：即城市功能之洲、城市文化之轴、城市生态之轴和城市形象之轴。围绕这四项目标定位，提出七项具体策略，以“六个提升”为实施重点，即提升人居环境，提升交通环境，提升公共服务，提升人文魅力，提升城市形象，提升品牌价值。

### （二）加快实施“四增两减”，提升人居环境

2014年，全市实施“四增两减”的公共政策，即增绿地、增设施、增支路、增公共空间、减开发强度、减人口密度。该政策包含五方面重点内容。开放共享：全面开放公共财政资金投资和国有资产投资建设的各级机关、事业单位及国有企业大院内（有保密要求的单位除外）的公共绿地、广场、停车场、文体设施。稳步开放单位内部可作为车行通道的内部道路。鼓励开放民营企业及相关单位的公共绿地、广场、停车场、文体设施。整理用地实施临时建设：对城区范围内有条件实施为绿地、停车场、体育设施的空置用地及短期内难以实施的政府项目用地进行整理并临时安排为绿地、停车场等合适的公益设施项目。加快配套建设：结合专项规划实施建设中小学、小区级文体活动设施；结合房地产项目增加绿地、文体活动设施及停车位的配套建设；制定公共停车设施建设实施计划，启动停车场建设，对老旧社区、医院等停车难的区域进行停车设施改造；实施三年造绿计划，启动城市绿道建设；完善城市人行过街设施，启动相应建设项目；编制启动断头路建设计划；规划引导：颁布新的《长沙市容积率管理技术规定》；结合棚改工作制定降低中心城区人口密度和开发强度的政策；提出划拨用地变更为经营性用地需提供1/3用地面积用于基础、公益设施建设的管理措施；通过制定行动规划，启动对民生有重大影响的生态绿地、公共服务配套等骨干项目建设；政策鼓励：出台鼓励开放项目内部设施的政策；出台鼓励社会参与投资建设绿地、停车场等项目的政策。湘江两岸应率先落实该项政策，建议各区政府尽快牵头各相关部门找到具体项目来加快落实该政策，作为改善民生主要手段之一，切实提高湘江两岸人居环境质量。

### （三）加大“公交优先”，提升交通环境

加快建设大运量公交运输体系。应有序发展城市轨道交通、适度发展大运量快速公共汽车系统，尽快形成以轨道交通为主体、BRT及其他公交为补充的公交出行体系，缓解滨江交通问题。科学合理的改造滨江两条主干道，贯通主要慢行步道。研究解决湘江大道、潇湘大道的功能等级及道路形式问题。妥善解决城区

主要人流集散点、集散通道与两条主干道的衔接形式（平交或立交），确保步行的连续性，与湘江风光带无缝对接。针对局部地段实施系统性的立体过街设施。针对交通压力较大的节点设置独立的过街设施。增加停车供给以缓解老旧社区停车需求。现状改造，主要改造方式包括现状平面停车改立体机械式停车，结合绿地平面停车改建地下停车等。规划新建，针对研究范围内停车布局规划中已落点，现状基本无拆迁或有少量拆迁的地块，以及中心城区及周边配建缺口较大、停车供求矛盾突出的区域，结合近期棚户区改造及土地开发，规划新建公共停车场。停车管理，针对不同的区域采取不同的公共停车供给策略。依据分区分时段制定适宜的公共停车收费标准。适度分离过境交通与境内交通。结合劳动路过江隧道的建设适度开发湖南大学的地下空间，布置社会停车位。将人车分行，地下空间以机动车为主，地面以行人为主。同时，应研究解决麓山南路的道路等级或改道问题，避免城市道路对于校区交通秩序的干扰。

### （四）优化用地布局，提升公共服务

提高高端服务业的建筑及用地比重，降低住宅的建筑及用地比重。提高高端服务业的建筑比重，其建筑总量占比由现状的22%提升至30%。优先发展金融、休闲娱乐、高端零售、旅游服务、文化教育等高端服务业。商业及公建建筑是高端服务业的重要载体。应适当提高适应上述高端服务业的建筑比重。并丰富公建的类型，增加适量各种规模（特别是中小型）的高端教育培训设施以及博物馆、美术馆、剧院、图书馆等公共文化设施。降低住宅建筑的建筑比重，其建筑总量占比由现状的69%降低至60%。住宅是保持地区活力的积极因素，但过高的住宅建筑容量占比将影响地区的公共性和开放性，不利于高端服务业的发展，建议降低住宅建筑比重。存量用地实施“形态规划+业态策划”土地附方案出让制度。对于仅有的11%的存量用地，建议进一步筛选后，确定需要重点实施土地附方案出让的地块，近期对于已储备的地块实施该项制度，进行业态及形态同步策划规划，业态策划要以高端服务业为主。政府投资的大型公建项目宜沿江布局。湘江未来作为城市发展主轴，除了依靠社会投资外，亦需要依靠省、市两级政府共建，将两级政府投资的大型公建项目临江布局以起到引导示范作用，同时增强湘江两岸的公共属性及公共服务能力。

### （五）加强历史文化保护，提升人文魅力

完善历史文化名城保护体系。尽快完成《历史文化名城保护专项规划

（2014—2020）》报省政府审批通过，加快推进太平街历史街区二期工程建设，加快启动潮宗街第二历史街区、古城风貌区历史街巷保护性修缮提质和汉长沙国王陵国家考古遗址公园建设。加强古城风貌区特色。完成古城风貌区城市设计，确保岳麓山风景名胜区周边建筑高度并维持天心阁—岳麓山视域走廊通达。建立实施保障机制。启动对2004年获省人大批准的《长沙市历史文化名城保护条例》的修订，完善历史文化名城保障制度，充分发挥好长沙市历史文化名城保护委员会及历史文化名城保护办公室的职能，加强对历史文化名城保护的组织、协调与监督。湘江南段的古城风貌以两个风貌区的打造为主，湘江北段则以望城古城镇群的打造为主。

### （六）加强城市设计，提升城市形象

一是打造12处核心观景点、12段名片地段和12处标志性建筑。在基础调研24个观景点和24个观景段的基础上，研究确定12个核心观景点、城市名片地段以及12个标志性建筑。

**表2**

| 序号 | 名片地段 | 对应观景点 | 范围 | 建议 | 标志性建筑 |
|---|---|---|---|---|---|
| 1 | 新河三角洲 | 渔人码头 | 浏阳河口至银盆岭大桥 | 控制好银盆岭大桥北向存量用地的开发 | 1.两馆一厅<br>2.北辰超高层写字楼“出云” |
| 2 | 开福寺周边地区 | 银盆岭路与潇湘北路交叉口 | 银盆岭大桥至潘家坪路 | 结合棚户区改造完成开福寺周边地区的保护和更新，尤其是绿地的实施；严格控制建筑高度 | |
| 3 | 橘子洲桥头两厢地区 | 新民路与潇湘中路交叉口 | 营盘路至人民路 | 结合城市更新进一步提升地段形象，注意整体天际线控制（尤其是下河街地块的改造） | 3.万达广场<br>4.华远华中心 |
| 4 | 杜甫江阁周边地区 | 牌楼路与潇湘南路交叉口 | 人民路至劳动路 | 加快实施地段内城市更新，保护城市机理，控制建筑高度 | 5.杜甫江阁 |
| 5 | 白沙路周边地区 | 阜埠河路与潇湘南路交叉口 | 文津巷（白沙路以北的支路）至南湖路 | 严格控制临江超高层地块的规划方案，保证通透性，控制天际线 | 6.保利国际广场 |
| 6 | 猴子石桥头两厢地区 | 靳江河与潇湘南路交叉口 | 殷家冲路至湘江大道 | 控制建筑高度，注意与山体轮廓的关系，形成较好的天际线 | |

续表

| 序号 | 名片地段 | 对应观景点 | 范围 | 建议 | 标志性建筑 |
|---|---|---|---|---|---|
| 7 | 解放垸 | 靳江河与潇湘南路交叉口 | 湘府路至黑石铺大桥 | 加快解放垸湿地公园的建设 | |
| 8 | 汉长沙王陵周边地区 | 世纪金源 | 北二环至北津城路 | 加快公园建设，加强对周边项目的高度控制 | |
| 9 | 坦山路两厢 | 湘雅路与湘江中路交叉口 | 长望路至茶子山路 | 严格控制临江商业用地的高度和面宽，避免形成墙壁效应；住宅高度避免一刀切，宜形成和谐丰富的天际线 | 7.联合金融中心 |
| 10 | 银盆岭大桥周边 | 万达广场 | 渔人码头至桐梓坡路 | 严格控制裕湘纱厂周边用地方案。 | 8.裕湘纱厂<br>9.楷林国际（在建）<br>10.世贸超高层<br>11.渔人码头 |
| 11 | 牌楼路口 | 杜甫江阁 | 桃子湖路至后湖路 | 加大景观整治和拆违力度 | |
| 12 | 洋湖苑 | 南郊公园、南湖路与湘江中路交叉口 | 猴子石大桥至洋湖大道 | 加快商业和总部经济类项目建设。 | 12.300米超高层塔楼（未建） |

二是塑造优美天际线。结合对于现有天际线的分析评价和存量用地情况，对于5段主要天际线的优化建议如下。

1. 月亮岛大桥—三汊矶（河东）。

主要问题：高度变化不足；标志性建筑不突出。

优化建议：利用三汊矶大桥以北的存量用地，打造一栋150米左右的地标建筑，控制桥头建筑的高度。

2. 三汊矶—银盆岭大桥（河东）。

主要问题：天际线轮廓平稳，缺乏变化；层次感不明显。

优化建议：提高湘江世纪城以东临芙蓉路的地块高度，从背景上打破一刀切的天际线轮廓；严格控制银盆岭大桥以北存量用地的高度（建议24米以内）。

3. 银盆岭大桥—橘子洲大桥（河东）。

主要问题：层次感不明显；高度变化不足。

优化建议：以复地项目超高层酒店为前景标志性建筑，以火车北站CBD超高层建筑群为背景，打造该段天际线的高潮部分。

4. 橘子洲大桥—猴子石大桥（河东）。

主要问题：本段天际线现状整体评价较高，面临的挑战主要来自于对存量用地建设形态的控制。

优化建议：一是将橘子洲大桥南侧用地（下河街）建筑高度控制在80～130米之间，北低南高，既形成高度差，又不影响华远华中心的标志性。二是严格按18米控制古城风貌区特别是视线三角形以内的建筑高度。

5. 银盆岭大桥—橘子洲大桥（河西）。

主要问题：本段天际线现状整体评价较高，主要问题在于交警大楼对于岳麓山轮廓线的破坏，以及保利西海岸南向缺乏过渡。

优化建议：在保利西海岸南向用地增加部分小高层（60米以内）。

三是打造沿江16处主要公共活动场所。

**表3**

| 序号 | 会客场所 | 建议 |
|---|---|---|
| 1 | 黑石铺大桥桥头绿地 | 增设座椅、雕塑等景观小品和配套设施，合理搭配乔灌草等植被的种植，改善周边工厂的环境质量 |
| 2 | 猴子石大桥桥头绿地 | 增设配套设施，合理组织人行流线和车行交通，在维护自然景观的前提下，改善景观设计 |
| 3 | 南郊公园 | 增设停车配套设施，合理组织车行交通和人行交通，注重环境和卫生质量提高 |
| 4 | 火车头公园 | 合理利用现有火车头、铁轨等景观资源，打造富有吸引力的公共活动空间 |
| 5 | 橘子洲大桥桥头 | 增加其绿化植被，改善景观设计，使用交通分隔设施解决安全隐患 |
| 6 | 银盆岭大桥桥头绿地 | 增加配套设施，临江面增设上下台阶增强江边可达性 |
| 7 | 福元路大桥桥头绿地 | 将现在废弃的练车场改造为公园，增加绿化植被，增设椅凳、垃圾箱、路牌等配套设施，丰富景观小品，提升吸引力 |
| 8 | 鹅羊山 | 结合鹅羊山公园建设，增加公园配套设施，设置交通出入口及道路指引提升公园可达性 |
| 9 | 洋湖垸湿地公园 | 增设公厕等配套设施，保障湿地周边的视线廊道和景观界面 |
| 10 | 中南大学新校区广场 | 增加乔木灌木等绿化植被，增设垃圾箱等配套设施，改善景观设计 |
| 11 | 桃子湖社区公园 | 增设人性化的配套设施，保障周边的视线廊道和景观界面 |
| 12 | 三汊矶北滨江森林 | 完善森林与周边地区的交通联系，增加相关配套设施 |

续表

| 序号 | 会客场所 | 建议 |
| --- | --- | --- |
| 13 | 渔人码头 | 完善相关配套设施，注重滨江亲水型活动休闲场所的打造 |
| 14 | 万达广场 | 增设人性化的配套设施，保障周边的视线廊道和景观界面 |
| 15 | 杜甫江阁 | 增设人性化的配套设施，保障周边的视线廊道和景观界面 |
| 16 | 解放垸 | 根据解放垸湿地公园的建设方案，完善公园相关配套建设，注重滨江生态环境保护 |

四是整合湘江两岸规划成果，加强重点地段城市设计。近年来，规划部门、区政府组织编制了湘江两岸城市设计、洲岛规划、风貌区保护规划等，应进行有效整合。将可以实施的内容落实到控规中，并纳入到规划条件中作为项目出让的条件之一。对于核心地段，如在调研中现状城市形象相对较好的地段，应进一步加强城市设计，从塑造城市名片地段的角度来进行优化提升现状。编制湘江两岸夜景亮化规划。对于湘江两岸的夜景亮化应进行系统的规划，分类型、分区段设定不同的亮化方式。同时，夜景亮化的审批宜结合建筑方案审批同步进行，确保建筑与亮化的协调性。

### （七）打造生态旅游休闲带，提升品牌价值

加大湘江洲岛保护。依托湘江洲岛规划国际方案征集，以“江心中央生态公园”的定位为基础继续深化研究，重点划分功能类型与功能定位、划定禁建、限建和适建洲岛范围、确定洲岛利用开发强度和洲岛生态容量、构建组团之间的陆路水陆联系等。整合湘江两岸的生态景观及历史文化资源形成旅游休闲带。包括两个风貌区、15个洲岛、遗址公园、湿地公园、山体等，形成一条生态旅游休闲带。通过设计水、路游线来串接这些资源，整体策划、整合资源、丰富内容、打造品牌，将湘江打造成“东方莱茵河”，让湘江成为世界知名的黄金旅游走廊。加强水陆交通接驳。合理布局水上客运设施和水上游线和加强与公共交通的衔接，加强公共交通站点、轨道交通站点以及周边附近轨道站点、游船码头、游艇码头、停靠点及观景点的交通接驳。规划水上游线。水上游线与主要景观节点、游船码头、游艇码头建设、滨水绿道等结合统筹考虑，加快游船、水上通勤巴士的线路建设，结合原有码头和停靠点开通水上巴士游线。规划路面游线。可采取设计几条如同上海的观光线路，串联主要旅游资源，开通有轨电车或双层巴士，成为城市中靓丽的风景线。

# 关于长沙“城市病”的调查与思考

长沙市城市管理和行政执法局

受经济社会的快速发展、城市规模的不断扩张等因素影响，全国各地的“城市病”日益凸显。长沙正处于加快建设和快速发展的特定时期，城区不断扩张，人口持续增长。按照市委、市政府“六个走在前列”大竞赛活动及“城乡品质倍升”的总体要求，对症下药，治理和解决长沙发展过程中出现的一系列问题，十分重要而紧迫。

## 一、长沙“城市病”的基本情况

根据世界城镇化发展规律，当城镇化率在30%～50%时，“城市病”处于显性阶段；城镇化率为50%～70%时，“城市病”可能集中爆发。据2012年统计数据，长沙常住人口714.66万，市区面积1910平方公里。当前，长沙正处于城镇化率30%～70%快速发展阶段，“城市病”加剧发展，主要体现在以下四个方面。

### （一）交通拥堵停车难

一是道路配套设施缺乏。道路立体交通配套设施缺乏，人行过街设施系统配套不完善，红绿灯设施疏密失度，导致路网整体通行能力下降，堵点不断增多。市区多处存在“断头路”，如马王堆路（长重段）、石坝路（长重段）等，不能对主干道的交通流有效分流；交错路口的通行率低，尤其是上下班、节假日等高峰期，很易造成堵点。二是交通运输力量薄弱。大型公交枢纽站点建设滞后，地铁交通与地面公共交通未实现无缝对接，导致居民出行线路延长。公交站点设置和建设不甚科学，造成特定区域和特定时段市民出行无序。尤其是在火车南站及周边，部分公交运营结束时间较早，无法适应大量乘客的出行需要，而出租车价格相对较贵，许多乘客为节省费用乘坐非法营运车辆，衍生了许多安全隐患。三是停车场（库）建设滞后。公共办公场所、商业繁华地带、居民小区实际固定停车配套明显不足。虽划定了临时停车场，缓解了部分地区停车难的问题，但因占用公路两厢或人行道停车，加之部分临时停车场划分不合理，反而加重了交通拥堵。四是新建道路交通管理移交不及时。部门道路（如洞井路）等未及时移交有关部门管理，致使道路信号灯未开启或经常发生故障，存在较大安全隐患。五是机制体制待理顺。政府主导、部门合作、齐抓共管的城市交通综合协调机制不够完善，交通管理在条块之间、行政层级之间交叉重叠，事权不清，管理不顺，交通管理主体较为分散、合作不够默契，合力难以发挥。

## （二）多重污染环境差

2007年，国家批准长株潭为“两型社会”建设综合配套改革试验区。湖南省迎来了发展的机遇，但也面临着新的挑战。长株潭试验区突出的是资源节约和环境友好，解决的是资源环境和经济建设的体制性矛盾。当前，长沙市城区环境存在一定污染，主要为大气污染、水污染、噪声污染、固废污染。在大气污染方面，长沙城市环境空气质量功能区为二类区，机动车尾气污染呈上升趋势，二氧化硫与空气中可吸入颗粒污染较为严重，主要是因为污染物直接排放、渣土扬尘、非清洁燃料的燃烧，同时本地季节变化、气候等也是重要影响因素。在水环境污染方面，长沙水环境质量基本稳定，但地表水部分河段水质存在污染严重问题。湘江长沙段年度水质类别为Ⅲ类，水质状况良好，但上游的重金属废水排放不达标是影响水源水质安全的重要隐患。浏阳河长沙段污染较重，水质现状堪忧。沩水宁乡段主要受生活和工业污染影响，未达到水环境功能要求。地下水呈微酸性，以PH、锰和“三氮”和铁污染为主要特征。在噪声污染方面，市区噪声仍以广场舞、夜间渣土施工等生活噪声为主。在固体废物排放方面，当前，长沙生活垃圾处理方式为填埋，垃圾量以8%～10%的年增长量增加，大量原生垃圾不能有效进行减量化处理，直接填埋带来了恶臭和渗沥液等问题。多种环境污染源给生活在城市的居民生活质量、甚至是人身安全带来了隐患，也在一定程度上加重了“城市病”。

## （三）产业结构同质化

近年来，伴随着工程机械行业的跨越式发展，长沙经济实现了多年的持续快速增长，但在外需萎缩、内需收缩相互交织的大环境下，经济增长总需求动力明显减弱，特别是经济增长面临较大的下行压力，城市发展存在的短板呈现，引发的“城市病”较为突出。一是产业结构趋同严重。由于合作观念的缺乏、行政地位的对峙以及由此形成的区域壁垒和特殊的财政、金融、投资体制等方面的制度障碍，在争取各自利益的过程中，出现了明显的产业（主导产业）趋同现象。第一产业都是粮猪型产业模式，多为分散式经营，内部结构趋同，互补性不强；第二产业布局近似，相互之间没有形成合理的产业分工，关联程度不高，且缺乏在全国同行业中有影响的优势产业群和大型企业集团，支柱工业中拥有较高集中度的行业不多，跨市发展的企业缺乏；从第三产业看，其支柱产业基本上都是商贸餐饮业、交通运输邮电业等传统产业，大而不强，一般商品市场重复建设现象比较严重，服务于生产的新兴第三产业（比如现代物流业）发展不够。二是布局集中但效度不高。以2012年统计数据为例，长沙规模工业高技术产业完成产值647.1亿元，占规模工业产值比重为9.2%，总体规模仍然偏小。这与世界高新技术产业迅猛发展的趋势，与长沙作为带动全省经济腾飞的增长极的要求相比，科技优势发挥的还不够，科技成果转化率不高，高新技术产业化进程不快，带动作用不明显，高新技术产业在经济总量中的比重仍然偏小，也就是分布集中但集聚效应不够。三是中心城市主导产业带动作用不强。从支柱产业来看，主导产业不够突出，带动作用不明显。长沙重点发展的电子信息、机械、食品，虽有优势和特色，但仍有一定的重复，且主导产业不够突出。除电子信息产业以外，其余均为传统产业，产业结构整体能源消耗强度较高，主导产业产品链条短，深加工度不够，带动作用不明显。

### （四）社会治理难度大

当前，我国处于重要发展战略机遇期。但随着世情、国情、党情的深刻变化，改革发展进入“深水区”和攻坚期，外部形势的不确定、不稳定因素与国内发展的不平衡、不协调因素交织，维护社会安全稳定、服务长沙经济社会发展任务日益繁重，这也是治疗“城市病”的一剂良药。一是深化改革开放带来的压力增大。党的十八大提出全面建成小康社会和全面深化改革开放的目标。市委、市政府提出率先建成“三市”、共圆“三梦”、强力实施“三倍”、提升“三量”的蓝图，大步践行“六个走在前列”。伴随深化改革和城镇化进程，必将触及部分行业、领域、群体的利益，可能引发社会矛盾多发多样、交织叠加。我市经济增长面临较大压力，就业难与用工难并存，房地产领域风险增大，可能引发劳资纠纷、非法集资和高利贷崩盘等连锁反应。二是社会管理薄弱带来的风险增大。随着湖南4小时经济圈形成，长株潭“半小时都市圈”和“3+5”城市群“一小时都市圈”即将构建，时空距离拉近，流窜犯罪空间增大。由于法律、制度、手段、方法的不完善、不配套、不科学，社会管理仍然存在大量有待完善的薄弱环节，以流动人口服务管理和刑释解教人员、社会闲杂人员管理为主，以城乡接合部、城中村、中小旅馆、出租房、特种新兴行业为重点的治安管控漏洞仍然突出。三是社会心态变化带来的冲击增大。少数群众维权意识增强而法制观念薄弱，合理的诉求和不合法的表达方式交织，非法上访、非法聚众上访、暴力抗法等事件时有发生。一些人借助网络放大效应，通过QQ群、微博等网络媒体聚焦、放大、发酵、升温，迅速形成热点问题，甚至诱发现实中的群体性事件，预防处置难度增大。

## 二、长沙“城市病”的主要成因

### （一）城镇化建设的步伐加快

近年来，长沙城镇化建设步伐加快，城镇人口不断增加，2013年长沙人口超过700万，其中城镇人口将近400万，据有关部门预计，2020年我市每年将新增城镇人口7万人左右，人口增长使得对土地资源占用也随之增加，原本有限的土地资源更趋紧张，人多地少成为我市城镇化建设的最大制约因素。同时随着城市化进程的加快推进，又必然导致城镇环保压力增大，城市水环境和空气环境污染等生态问题更加突出，这些都加重了我市的“城市病”。

### （二）城市空间结构分布不均

长沙城市空间结构分布圈基本上由三大圈层构成：第一圈：以长沙市建成区为中心的城市区。该区建筑、路网、人口密度大，是全市工商业、金融业的核心和重要交通密集区。第二圈：离中心城区较近地区，该地区的建筑、路网、人口密度明显低于城市区，小城镇多为城郊地带。第三圈：市域东西两侧、离中心城区较远地区。地貌以山丘为主，人口分布分散、市域能源、交通等基础设施相对滞后，小城镇数量少且规模小，制约了城镇化水平的提高。和第三圈层城镇分布过疏相反，第一圈层城镇分布过密。城市空间分布不均，没有按照同等规模人口的空间布局、设施配套、功能提升要求，对城市硬件与软件、地上与地下、资源与环境承载能力进行科学安排，城市骨架没拉开，建筑密度没有效控制，人口过分集中城市核心区，是导致“城市病”的原因之一。

## （三）城市规划布局不完善

近年来，我市大力推进沿江建设、跨江发展，形成了湘江为轴、东西两翼的城市框架，加快了湘江新区、省府新区、南湖片区、城北片区的开发建设，启动了城市地铁、过江隧道、道路桥梁等重大项目建设，但城市规划布局仍不完善。如河东主城区的商业和基础设施高度聚集在二环线以内，马王堆、高桥、红星等大型市场等阻碍了城市功能的提升，排水、管网、电力、燃气、环卫、防灾设施等市政基础设施满足不了城市加快拓展的需求；地下空间仅有3%的开发利用率，与发达国家40%～60%地下空间利用水平相距甚远，地下商业、公共设施、物资储备、资源再循环等功能性系统发展滞后；体育新城、贺龙体育中心、滨江文化园（两馆一厅）、梅溪湖国际文化艺术中心等大型公共设施布局分散，形成不了整体效应；城市绿化缺乏层次感和高品位，中心城区绿化率过低、绿地总量和人均公共绿地匮乏，除去岳麓山和生态植物园等，人均公共绿地不足1平方米。

## （四）城市公共服务供给不足

近年来，市委、市政府把城市发展的重点放在功能完善上，注重城市功能的配套性、整体性和服务性，加快构建现代化的综合交通、市政设施、住房保障、公共服务、生态环保、信息网络体系，既完善城市功能、改善了投资环境，又提升公共服务功能、满足了民生需求。但随着人口的增加，对比国内外现代化大都市，长沙的公共服务水平仍然差距明显。如公共交通发展较滞后，城市地铁只开通了2号线，仍以传统交通为主，公交出行率仅为27.6%，万人公交车保有量为14.1台，公共交通站点覆盖率为81.6%，且线路重复率高，运营效率低，市民出行较为不便；城区社区公园、文体设施、停车场地等公共设施人均占有率偏低，其中百辆汽车仅拥有停车泊位52.3个，停车难问题短时难以缓解；图书馆、文化馆、科技馆等公共体育文化设施人均占有率较低，功能性设施建设亟待加强；一些旧城棚户区、城乡接合部建设品质低、建筑密度大，其中城市中心区建筑密度高达30%～40%，而路网密度仅为4.02，不到国家规范5.4～7.1的下限。

### （五）公众行为习惯不文明

近年来，我市紧紧围绕社会主义核心价值体系建设，创新载体，丰富内容，深入开展思想道德宣传教育和主题实践活动，我市市民的文明素质有了极大的提高。但是，公众不文明行为习惯还存在，有些还相当突出，如“中国式过马路”随地吐痰、乱丢垃圾、乱涂乱画、乱贴牛皮癣、机动车挤占人行道、不遵守交通规则等现象较为严重。特别是由于城市化、工业化进程的突飞猛进，一大部分农村变为城市，村民变为市民，但他们的思想观念、生活方式和生活习惯却未来得及转变，并将原有的生活习惯带入了城市，这些习惯与城市应有的文明不相适宜。

## 三、治理“城市病”的相关对策和建议

### （一）做好顶层设计，提升规划引领作用

规划是城市发展的龙头，事关城市建设的长远大局。规划的精准、全面和超前是最大的节约、最大的效益，规划的失误、遗漏和滞后是最大的浪费、最大的破坏。防治“城市病”，科学规划应先行。

1. 明确发展思路。实现城市规划“四增两减”，即增加公共绿地，增加公共空间，增加配套设施，增加路网的密度，减少人口居住密度，减少开发强度。既要做好规划“加法”的同时做好“减法”，以“联系”视角和“前瞻”思维科学规划城市的结构、布局和功能；改变以往增量式的、保障式的规划思路，根据中心城区的资源环境承载能力，反过来提出中心城区规模的控制目标，重点是对人口规模的控制，通过划定城市增长边界和生态红线，倒逼各个区域产业结构的调整升级和土地资源的节约集约利用。

2. 全面统筹规划。在制订城市发展规划时要着眼长远、通盘谋划，增强预见性，减少盲目性，不留后遗症。通过建立“一张图”的空间信息共享平台，使各级各类计划在统一的空间平台上落实，在遵循经济社会发展总体规划的前提下，要以“联系”视角和“前瞻”思维科学规划城市的结构、布局和功能，加强城市规划与区域规划、土地利用总体规划、重大基础设施建设规划相衔接，实现公共财政投入、土地供应、重点工程推进与空间布局的相互协调，加大人口、住房、交通发展规划的统筹力度。

3. 突出长沙特色。充分体现地理、人文和生态环境，充分考虑城市自然景观和人文历史、资源优势，依据长沙历史古城、文化名城、山水洲城的特质，从特色、优势等方面科学准确地为城市定位，在新的建设中注入历史遗存，重视几个历史文化街区和历史风貌区的保护和改造。重点解决城市天际轮廓线不美，建筑功能不丰富，部分建筑形象不美，过多住宅占用优质岸线资源等问题。

4. 严格规划执行。现阶段不是规划不科学，而是在规划执行上打了折扣，所以政府必须带头执行规划，尽可能减少自由裁量权，对于规划实施中发现的问题，要及时按程序纠偏，又要确保延续性和严肃性，确保重大规划、重要决策能够经得起历史和实践的检验。强化规划执法手段，政府积极支持规划执法，对查出的各类违法违章建筑，要运用行政、经济、法律手段，严肃查处，该拆的坚决拆除，该罚的坚决处罚，该公开曝光的坚决曝光，决不姑息迁就。加大规划的公开宣传力度，充分利用网络等新的信息平台，让群众了解规划、知晓规划，让群众成为规划实施的监督主体，让社会舆论成为保证规划实施的重要约束力量。

### （二）优化空间布局，增强城市承载能力

在城市的规划——建设——管理过程中，不应把城市当作一系列的组成部分拼在一起考虑，而必须努力制定一个综合的、多功能的系统规划。

1. 优化组团模式。采取“多中心、组团式”发展模式，遵循城镇发展的客观规律，注重中心城与卫星城并举，努力构建中心城区、卫星城市、中心城镇、新型农村社区四级城镇体系，打造拥有符合区域性现代化中心城市特点的城乡一体、协调发展的市域城镇体系，浏阳、宁乡成为市域次中心，并与株洲、湘潭共同构筑经济发达、布局合理的现代化城市群。现阶段主要工作是优化中心城区、发展区域副中心、链接卫星城的建设，以提升城市功能，减轻中心城区人口、资源承载压力，预防城市病的进一步发生。

2. 优化城区布局。着力破解中心城区过于集中的弊端，建设“模块城市”。逐步淡化CBD的概念，走城市社区化的路子，实行混合用地规划。每一个片区规划成“城市模块”，由核心区、产业园区、住宅区、大型文化游乐设施等模块组团构成。不同的模块中医疗、文化、娱乐、商业等设施各有侧重，兼具特色功能。通过交通网、通信网、能源网、生态网等“城市网络”，将模块组合成城市模板，城市模板连接起来，量在片区范围内规划所有的服务设施，避免人为地造成公共资源分布不均衡，从根本上减少不必要的人口流动，可以大力增强城市承载能力。

3. 优化产业结构。坚持城市转型升级与产业转型升级同步推进，错位发展战略性新兴产业，有效遏制产业同质化，力争在提高城市经济辐射力和带动力上有新突破。坚持优势优先、错位发展，坚持“有基础、有优势、有市场”的原则，从城市资源禀赋、产业基础、区位条件出发，而不应一窝蜂地追逐所谓“热门产业”，甚至造成产能过剩。

## （三）科学配置资源，完善城市公共系统

将长沙定位于1000万以上人口的特大城市、长江中游重要城市群和中部崛起的增长极，进一步完善综合交通、市政和公共服务设施，打造中南地区交通枢纽城市、绿色公交都市及安全宜居城市。

1. 合理控制中心城区规模。率先构建人口均衡型城市，合理控制中心城区人口规模，划定城市的开发边界，适当控制开发强度。探索建立中心城区与其他新功能区人口有序流动机制，将优质医疗、教育、交通等公共设施适度向新城倾斜，并构建覆盖全体常住人口的基本公共服务体系，提升基本公共服务水平等，让人口合理流动，在空间上分布均衡，在人口结构上逐渐达到平衡。尽快探索建立人口预警机制和实有人口数据库，加快建立流动人口管理信息系统，建立标准一致、互为补充的全市人口综合动态信息管理平台，提高人口服务管理的信息化、精细化水平。

2. 加大公共系统投入力度。一方面要加大政府投入，另一方面要创新机制吸引民间资本，加快和改善公共基础设施建设。加快和改善城市公共基础设施建设，应按照先地下后地上、功能配套完善的现代城市建设要求，高标准统筹水、电、气、暖等基本市政公用设施建设，全面提高运行效率，确保城市的有效运转。合理制定城市发展政策，灵活运用经济手段引导和鼓励教育、医疗、重点项目等资源科学配置在城市各个区域，积极促进基本公共服务均等化，推进各片区协调发展。

3. 完善城市综合交通体系。一是科学编制交通发展规划，确立科学合理的路网结构和公交出行比例，重点研究长沙市中心城区各功能组团和重要交通枢纽间的快速联系。科学设计、建设轨道交通系统，借鉴2002年美国规划协会通过的《精明增长的政策指南》，将紧凑、鼓励步行、公共交通主导、混合使用等作为城市规划的原则。二是要加大资金投入，优化交通组织设计，改善运输设备，增强运输能力，合理规划公共交通线路，提高公交运营的服务质量。加强综合交通枢纽的规划设计、交通组织和换乘衔接，全面统筹地铁、普通公交等的线网布

局和换乘衔接，实现城区大中小运量公交之间的“零换乘”。要注重做好轨道交通和其他公共交通线路的配套、衔接。要注重地铁出入口的规划和设计，提升运载力。三是合理配置各城市主次干道和支路网密度，优化路网结构，构建快速通道；实施道路交通改造，拓宽道路交叉口，注重拉通城市中的“断头路”，疏通城市支路“毛细血管”，改善“微循环”等，系统提高交通通行能力。四是出台相关管理措施，在河东片区推行错时上下班，避开人流高峰；可借鉴香港的做法，提高交通拥堵地区或中心城区的停车费，通过价格机制增加小汽车的使用成本，降低小汽车的使用率；也可借鉴美国的做法，培育拼车共享产业，促进资源有效利用。

4. 推进市政基础设施建设。加快推进城市雨水污水、生活垃圾处理设施和地下管网一体化建设，重点改造城市积水点，加强城市预警应急体系建设，完善城市防洪、消防等公共安全设施。编制城市排水地方规划建设标准、规程，制定实施排水许可办法，适度提高防涝体系标准，优化排水系统，提升排水基础设施建设的品质。对地下管线规划建设和管理加以立法，管理部门依法加强管理。应从规划——投资——建设——管理的各个层次把好关，确保各种管理线同步规划，同步施工，一次性预埋，综合管网要合理布局、始终坚持先地下后地上原则组织施工。优先编制危险系数相对较高的燃气和输油管道的选址布局规划，对主干管沿线的两厢用地性质及规划布局提出优化方案。

### （四）优化人居环境，突出城市公共管理

坚持两型引领，加强城市生态保护和人居环境改善，针对大量规划绿地亟待实施、级配不够完善，城乡接合部脏乱差，生态环境恶化等问题，开展重点区域整治，不断增强广大市民的舒适感、愉悦感和幸福感。

1. 推进清洁城市建设。把主次干道、商业街区、公共广场等打造成市容洁净的示范区、环境优美的形象区，抓好背街小巷、老旧小区、城乡接合部等重点场所的环境卫生。编制完成城乡接合部重点整治地区的整治规划，主要涉及城市主要出入口，如高铁站周边、京广铁路沿线、大托铺等严重影响城市形象的地区，进一步完善城乡接合部的道路、环卫、绿化、市场等配套设施建设，提出景观改造设计方案，制定严格的拆违控违措施，从根本上解决城乡接合部环境脏、乱、差现象。

2. 切实强化环境保护。全面加强流域生态环境整治，强力推进省政府“一号重点工程”，实现湘江、浏阳河城区段全截污、全治理，突出流域保护治理、

突出污染源控制、突出截污工程建设。强力管控雾霾源头，严格控制油烟、汽车尾气等污染源，引导新能源汽车发展，加强工地文明管理，有效治理渣土扬尘。着力解决“垃圾围城”这一“大病”，改变过去被动应付和偏重末端治理的管理方式，实施垃圾分类，创新垃圾减量化和资源化管理，强化垃圾资源化处理的基础。加速推进垃圾焚烧项目及其相关配套工程。

3. 实施扩绿增绿工程。要通过以下几种途径改善城市生态环境，一要拓“面”，加大中心城区绿化面积，推进岳麓山风景名胜区综合整治和生态修复工程，充分利用城市现有的公园、河流、地形、地貌、植物等自然资源，合理安排绿地布局，形成功能齐全、效益突出、点线面带四位一体的城市园从绿化体系，突出绿化长沙风格；二要连“线”，以湘江、浏阳河等城区河流水体为衬托，在主次干道沿线，建设宽阔的风景林带；三要推进社区公园建设，实现城市园林由单纯的游憩、观赏向既改善城市生态环境，又融游憩观赏功能于一体的生态系统转变。

4. 健全应急管理系统。要积极适应城市人口集聚、功能提升的新要求，整合力量，建设一流的数字化管理和应急指挥平台，规划和建设防灾减灾套系统，实现城市管理向规范化、精细化、应急化转变。不断完善城市社会管理格局和社会治安防控体系，健全社会矛盾调处化解机制、城市监测预警机制、应急响应机制、协调联动机制等，全面提高城市应急管理水平。

5. 建立共建共享机制。树立全民参与的理念，实现“共同防治”。改变过去城市治理的传统意识，提高公共服务中公众的主体地位和选择权利，让市民承担起防治“城市病”的义务和责任。

# 长沙市推进城乡交通一体化的做法与体会

长沙市交通运输局

近年来，长沙市把推进城乡交通一体化摆到重要位置，积极探索区域交通科学发展新途径，以交通服务经济和社会发展、服务民生改善“两个服务”为着力点，积极破解城乡交通统筹发展难题，有力促进了城乡区域协调发展和经济社会显著进步。

## 一、基本做法

### （一）着力抓好综合交通规划编制

制订了《长沙市综合交通发展规划》，到“十二五”末，基本形成以“15纵5横”为骨架（纵向：小河镇-张坊-大围山、浏阳红色旅游线路、澄潭江镇-高坪镇-古港镇、G106、岳汝高速、S207、G107、长株高速、京港澳高速、S102+芙蓉路、S101+西三环+长潭西高速、京港澳高速复线、宁韶株高速、S209+横益线、益娄衡高速；横向：格塘-路口-张坊、G319（调规）、S309+开元大道+绕城北连接线+绕城高速+金洲大道、长益高速+大浏高速、文家市镇-普迹镇-煤炭坝镇-沩山），以“1港1枢纽”为抓手（长沙港、湘江长沙综合枢纽），以“4铁1网”为补充（武广高铁、沪昆高铁、城际铁路和城市地铁；湘江内河航道网），以“1城2极”为依托（长沙市中心城区；东部以黄花航空港和武广高铁站为核心极的对外辐射枢纽，西部先导区以大河西综合枢纽站为核心极的对外辐射枢纽）的客运快速化、货运物流化的智能型综合交通运输体系。

## （二）大力推进交通基础设施建设

一是加强高速公路建设。高速公路对其周边农村经济发展具有巨大的带动作用，长沙市高度重视高速公路建设，积极配合做好在建和规划建设高速公路的协调和服务工作，到“十二五”末，实现全市所有乡镇半小时内上高速公路，形成高速集疏运公路网络。二是加强国省道干线公路建设。国省道干线是区域地面交通体系的主骨架，是城乡交通对接的基本形式。干线公路建设瓶颈问题是资金短缺，为此，长沙市积极争取国家开发银行的支持，从2014年至2017年启动建设的国省干线公路项目中，选取38个项目，成功实现整体向开发银行贷款。38个项目总里程579.42公里，总投资规模98.72亿元。覆盖长沙市全境，对全市整体路网优化效果好、对全市城乡一体化建设带动作用强、对全市产业体系发展支持有力、对解决群众出行迫切要求成效显著。截至2013年底，长沙市共建有国道504公里，省道2589公里，力争到“十二五”末，实现贯通“对外路”、发展“产业路”、打造“旅游路”、打通“断头路”的目标。三是加强农村公路建设。农村公路是保障农村社会经济发展最重要的基础设施之一。2014年长沙市启动了农村公路“新三年（2014～2016）行动计划”，决定改造升级农村公路3000公里，新改建农村公路桥梁3000延米，改造四、五类危桥2000延米，完善农村公路安保工程2000公里。市财政每年安排1.5亿元用于农村公路建设，农村公路市规建设项目补助标准提高到10万元/公里，有效缓解了农村公路建设资金不足的矛盾。目前全市努力按照“两型社会”建设和在全省率先发展的新要求，继续加快农村公路建设，力争实现“村村相通、组组相连、户户成网”。

## （三）加快推进城乡公交一体化进程

根据城市发展规划和公交企业现状，编制了《长沙市公共交通规划》，并对现有城乡公交线路进行优化，推出乡域公交，推进交通公共服务均等化。积极探索和创新城乡公交发展模式，鼓励“农村班车进城、公交客车下乡”，在长沙县范围内开展城乡公交一体化试点工作，2011年开通了4条城乡公交一体化线路，实行“公车公营”，组建公交客运集团公司，由集团统一运营，破除交通管理、服务等方面的城乡壁垒；2012年在浏阳市开通全长61公里的“一线三城”公交车，大大方便了城乡居民出行。2014年对坪塘、大明的中巴线路进行公交化改造，并将望城区运行的W201线路延伸至梅溪湖，促进了城乡公交一体化，促进了城郊与中心城区的公交衔接。力争到“十二五”末，实现“集团公司搞经营，公车公营保运行；网络对接无缝化，旅客换乘零距离；公交客运村村通，条条线路有站亭”。为城乡统筹发展提供高效的运输服务保障，加大城乡环境综合整治力度，做实交通清洁化方案，强化机动车排气治理，加快淘汰黄标车，优化驾培培训模式，引导企业更新节能车型，推广使用节能船舶；开展打击非法营运专项行动，加强对各大汽车站营运秩序管理，建立长效管理机制，营造舆论声势，优化了运输经营环境。

### （四）增强城乡交通一体化发展的动力

加强政策保障，制定出台了《长沙市城乡公交一体化改造实施意见》和《关于加快公交优先发展的实施意见》等政策，市政府明确，将市交通运输局新增列为城市重大项目建设交通影响评价的验收单位，努力在规划、立项、土地、环评、资金筹措等方面支持城乡交通一体。加强要素保障，明确年度用地计划优先安排交通项目，重点建设项目积极争取列入省部重点。资金筹措采取“三个一块”的办法，即向上争取一块、财政扶持一块、自身筹措一块，组建长沙市公共交通投资管理有限公司进行运作。加强质量监管，成立长沙市交通质量监督和造价管理处，设置专门机构、安排专业人员、配备专业设施，强化对交通工程项目的质量监督。加强管理保障，积极创新交通管理模式，制定出台了《长沙市农村公路管理养护体制改革实施办法》和《长沙市农村公路管理养护实施细则》，加强了对农村公路管养体制改革的探索和试点，确定了浏阳市为全省三个县（市）养护体制改革试点单位之一，将长沙市公路工程管理处更名为长沙市农村公路局，配齐农村公路管理养护人员，落实农村公路管理和养护经费，逐步建立了农村公路有路必养的养护运行机制。目前长沙市管养的农村公路总里程为13357.7公里，其中新增省道1136.7公里，县道1554.4公里，乡道2707.6公里，村道7959公里。

## 二、主要成效

### （一）基本形成了城乡交通一体化框架

目前，长沙市基本形成了以中心城市枢纽站为龙头，以市（县）客运站为中心，以公交线路为衔接，以乡镇客运站为依托，以村庄站为节点的干支线相连，辐射城乡的社会化三级公共客运服务网络。截止到2013年底，长沙市公路通车里程达15818公里，公路网密度每百平方公里达124.1公里，行政村通车率达到100%，2763个老建制村100%通上了水泥路，从市区到县、县到乡镇“一小时交通圈”已经形成。全市所有建制村都通了水泥路或沥青路，村道联网、公交线路港湾式停靠站覆盖等工程正逐步推进。城乡交通条件不断改善，有力推动了城乡统筹发展和社会主义新农村建设。

### （二）极大改善了农村居民生产生活条件

便利的交通促进了农村产业的发展、经济的繁荣和社会的和谐。浏阳河花木产业带公路全长101公里，连接市雨花区、长沙县、浏阳市9个乡镇，它的建成，极大地促进了农业产业结构调整，成为农民增收、农村繁荣的“快车道”，沿线村民人均增收达700余元。长沙百里茶廊公路网络蜿蜒154公里，让春华、路口、高桥、金井、双江、白沙、开慧、福临、北山9个乡镇的3.59万农户受益。浏阳市“四路”通车后，在东区，沿浏东公路迅速形成了以沿溪镇为中心的水果产业带；在南区，沿浏大、大文公路形成了以大瑶国际花炮大市场为中心的花炮产业发展带，并促进了文家市秋收起义纪念馆和胡耀邦故居等红色旅游线路的开发；在西区，沿花木走廊、浏跃公路形成了享誉三湘的花木产业带；在北区，沿浏永公路、永社公路分别形成了长沙国家级生物产业园、现代制造产业基地和烤烟、稻米产业带。近三年来，浏阳平均每年以15.2%的经济增长率先又好又快发展，许多重大项目如浙江兆山水泥、康师傅方便面、北汽福田配件等纷纷落户，经济综合竞争力跻身全国百强县（市）。黄祖沩公路、大围山公路、长沙窑公路、长沙洗心婵寺公路等一批旅游区域公路的建成，大大促进了全市旅游资源的开发。尤其是宁乡县黄祖沩公路的修建和提质改造，使古迹密印寺（万佛殿）、黄材水库、张轼父子墓、小三峡、无底洞、十三洞等极具开发价值的旅游资源得到逐步开发，造福于当地。

### （三）有力推进了城市化进程

2013年长沙市常住人口为722.14万人，城市化率为62.63%。城镇化水平的提高，城市的范围不断扩大，传统意义的城市边界已经越来越模糊，城市居民到乡村旅游，体验农家乐，民工进城打工繁荣城市经济，城乡人民的交往越来越频繁，越来越密切。另外，随着农业产业化、市场化和现代化进程进一步加快，部分新兴产业和朝阳产业日益崛起，旅游等休闲产业将成为新的消费热点。2013

年，长沙市全年接待国内旅游者9485.36万人次，比上年增长18.8%；国内旅游收入958.00亿元，增长29.3%；接待入境旅游者116.97万人次，增长11.2%；国际旅游外汇收入7.79亿美元，增长17.2%；国际国内旅游总收入1006.30亿元，增长28.5%。城镇化进程的加快以及新的客运增长点的出现，促成了道路客运在保证量的需求的同时，要从适应现代社会生活要求，提高装备设施技术水平、服务质量入手，加快城乡客运网络化、一体化进程。

### （四）强力推动了经济社会持续健康发展

2013年，长沙经济社会保持平稳较快增长，全市实现地区生产总值7153.13亿元，比上年增长12.0%，总量和增速分别居全国省会城市第7位和第6位，增速高于全省平均水平1.9个百分点。同时，长沙市民生保障达到新水平，连续四年被评为中国最具幸福感城市；长沙获评中国首届最具软实力城市；2011年长沙荣登第三届全国文明城市榜首；2012中国城市竞争力蓝皮书发布，长沙进前十。

## 三、几点启示

一是必须始终牢固树立统筹理念。推进城乡交通一体化必须站在全局的高度，坚持统筹的理念，以站在新起点、迈向新高度的思想境界和统筹兼顾的工作要求，进一步突出交通的“先行官”地位，统筹推进城乡交通一体化发展。

二是必须始终坚持高起点谋划。推进城乡交通一体化必须坚持规划先行，以更高的层次、更宽的思路和更远的眼光来谋划交通发展，促进区域交通、城乡交通和综合交通建设迈上新台阶。

三是必须始终坚持改革创新。推进城乡交通一体化必须切实把思想认识从不符合科学发展观要求的观念和体制束缚中解放出来，创新发展思路，创新发展举措，创新领导方式，走出一条城乡交通统筹发展的新路子。

四是必须建立合力推进机制。推进城乡交通一体化必须加强领导，注重引导，积极鼓励社会各方面力量共同参与、支持交通建设，努力形成城乡交通一体化发展的强大合力。

五是必须始终突出惠民利民。推进城乡交通一体化必须把交通建设与群众现实需要有机结合起来，想群众之所想，解群众之所难，努力为人民群众提供高效、便捷、通畅的交通服务。

# 关于长沙市乡镇污水处理厂工作情况的调研报告

长沙市环境保护局

乡镇污水处理厂建设与运营是长沙市大力推进全市，尤其农村地区污染减排的一项重要工作，是湘江长沙综合枢纽工程库区内的一个重要清污工程，是长沙市环保三年行动计划及农村环境综合整治的一个重要子项目，是实现集镇提质发展、建设美丽乡镇的必然要求。为全面掌握长沙市已建和在建的乡镇污水处理工程建设和运行情况，市环保局于2014年6～7月，对此项工作开展了专项摸底排查调研工作。

目前由市级财政补助的乡镇污水处理工程共有88个，其中岳麓区3个、开福区3个，望城区15个，长沙县18个，宁乡县19个，浏阳市30个。调研组主要就污水处理厂及配套管网建设的工程质量、配套管网集水及污水厂运营管理情况做了深入调研，现将相关情况汇报如下。

## 一、乡镇污水处理厂建设及运营管理现状

### （一）建设现状

88个项目中，66个已基本建成，17个在建（其中3个建设缓慢），浏阳有5个未开工。

2014年市政府工作报告任务10个，已完成2个，其他8个均在建，年底均能完成工程建设。

根据市委、市政府相关会议纪要、市领导批示以及区县城镇化建设发展需

求，2015年还有10余家正申报计划，其中宁乡县有7家建设积极性较高，创建国家级生态县。

### （二）运营现状

已通过环保验收的有26个，但浏阳永安产业制造园的运营管理欠缺、三口农业园停运。

当前，运行情况良好的有31个，另有7个具备条件已向我局提交验收申请（12月底完成验收），占所有项目的35%，占已建成的47%。

已建成的有35个半停运或停运，其中浏阳18个。

长沙县、宁乡县、岳麓区已委托第三方开展市场化专业化运营管理，望城区明确通过环保验收后交由区市政局统一管理，再委托第三方运营。浏阳市、开福区暂未明确运行管理责任主体。

## 二、长沙市乡镇污水处理厂的工作特色

### （一）不断创新与完善，率先全省为生态文明建设积累经验

自2008年起，长沙市全面开展乡镇污水处理厂建设，其他地州市仅局限于城市、县城和工业园区的污水处理。通过五年多的努力，我市的乡镇污水处理厂在建设、技术、运营、管理、投资等方面已探索出较为成功的长效机制。长沙县在全省率先实现农村集镇污水处理全覆盖，望城区、宁乡县通过县委或政府常务会议明确各部门相关权责及资金投入。到2015年，长沙市乡镇污水处理厂建设覆盖率将达到全市建制乡镇的70%（这一指标与山东省全省平均水平持平），为全市新型城镇化建设和农村生态文明建设积累了经验，打下了基础。

### （二）因地制宜处理集镇污水，有效改善农村环境

根据农村地区地形、地势、用地、投资、产业发展等不同实际情况，采用多种农村集镇生活污水处理技术，有运行成本较低的人工湿地，有适合人口聚居密度大的生物接触氧化+人工湿地工艺，有适合占地规模小、可随时扩建的生物转盘+滤布滤池工艺，有镇园合一的工业型二级生化处理工艺。目前有效运行的31家乡镇污水处理厂集镇周边地表水及农田土壤环境均得到有效改善，彻底改变原

先“污水横流，自然蒸发，直排河道”的落后局面。

### （三）发挥市级财政引导作用，推动社会资本的投入。

长沙市乡镇污水处理厂建设一直以“以奖代补”“以补促建”的财政扶持模式，以地方县、乡政府为主体，市级财政给予补助，出台了建设及运营补助管理政策（建设345万元/座，运行8万元/座），每年安排专项资金预算和年度建设计划，已下拨资金1.84亿元。长沙县成功探索并开展了BOT打捆建设和运营模式，吸纳和运用社会资金，构建了市场化、集约化、规模化、专业化的长效管理机制。除浏阳外，其他区县也积极整合资源、统筹资金。据不完全统计，目前在乡镇污水处理厂的建设和运营方面资金总投入达8亿多元。

## 三、存在的主要问题

### （一）部分区县（市）及乡镇重视不够

部分县乡政府重视不够，个别县乡政府未将污水处理厂建设及运行管理工作提上重要议事日程，建设过程没有建设管理部门对工程质量把关，导致已建成污水处理厂停运时间长达一年甚至更久，如：浏阳大部分乡镇、宁乡部分乡镇及望城廖家坪（移交至高新区）等。部分镇园合一的污水处理厂（如望城铜官、浏阳永安）暂未接通集镇生活污水管网，因园区和所在地政府之间的问题，最后一公里的接通连续几年未予解决。部分乡镇的市财政专项资金已拨付到位，但因选址不当等原因暂未开工建设，如浏阳市沙市镇、龙伏镇、枨冲镇、淳口镇、文家市镇。

### （二）建设及运营资金缺口较大

一是乡镇污水处理厂及配套管网建设费用高，平均造价近1000万元，市、县财政投入有限，大多数乡镇财力更加有限。由于乡镇投入严重不足，导致集镇居民不愿配合，入户管网接入率偏低，部分集镇上的中小学校、幼儿园、卫生院、农贸市场等排水大户暂未全部纳入排污管网。二是部分县级财政配套资金较少或资金配套政策未落实。宁乡县仅配套60万元/座，浏阳市近4年内未安排乡镇污水处理工程配套建设资金。三是运行管理费用市级财政补贴额度十分有限，仅8万元/年·座，并要求县级财政不低于1：1进行配套，但建成后每年30–50万元的运行管理费用更使乡镇财政难以为继，停运现象较普遍。目前除长沙县及宁乡外，其他区县均未出台运行管理费用的资金筹措方案。

### （三）项目全过程管理问题突出

1. 部分项目存在监管缺失导致严重质量问题。一是浏阳市绝大部分及其他地区个别项目存在乡镇政府、住建、水务、环保等部门施工期监管缺失现象，导致主体工程、管网工程建筑质量存在问题，如浏阳古港、达浒、北盛等主体工程构筑物存在漏水、渗水现象；主管网沿河道、水塘铺设或横穿河底，密封和防渗质量差，存在清水倒灌现象。二是部分污水处理厂及配套管网在施工阶段未严格按照设计要求，防洪设计有缺陷，出现洪水冲击厂区等问题，如浏阳澄潭江今年5月份已遭洪水冲毁。三是工程施工管理不够严格。部分工程施工并非专业的公司负责建设，导致主体工程及管网工程施工队伍水平较低，工程质量难以达标。

2. 项目长效运行管理机制不完善。一是职责划分不明确，只建设不运营。多数区县（市）暂未明确县政府、县水务、县环保、县物价、县财政、县住建及乡镇政府责任，建设主体责任不够明晰。二是管理机制不畅通，环保部门及乡镇政府没有抓手，没有专门人员或专业技术人员管理，导致管理模式不明确、管理主体缺失、运行台账不完善、保障不到位、设施闲置等问题，建成后停运现象比较严重，宁乡、望城、浏阳均存在该问题。三是环保部门或乡镇排查出问题后，乡镇政府没有整改的资金保障，导致整改措施无法落实。

## 四、整改工作的措施及建议

### （一）严格落实竣工环保“三同时”验收制度

由市环保局函告区县政府加大督查力度，明确乡镇政府责任上肩，严查工程质量、工艺规模及排水管网建设中存在的问题和不足，及时下达限期整改要求通知单；对整改工作不力的，对该乡镇的所有建设项目实施环评区域限批。

### （二）尽快明确运营管理主体

以区县（市）政府牵头，结合当地实际，明确运营管理责任主体，落实资金保障机制，采用委托第三方运营的市场化管理模式，实行专业化公司打捆运营。

## （三）多渠道筹措运营管理资金

一是探索污水处理收费机制。建议区县政府按照“谁污染、谁治理”原则，通过收取污水处理费筹集资金，在集中供水区域，探索并实施在居民自来水费中增收污水处理费；镇园合一的污水处理厂对排污企业收取污水处理费，对园区外的企业可探索提高污水处理费征收标准。二是建立统一有效的监管机制。用财政、审计、监管、督查等行政手段加强监管力度，将污水处理厂达标排放指标、环保监管意见与市、县两级环保资金补助与核发、农村环境卫生评比、政府绩效考核挂钩。三是开展市场化投融资的专业公司经营模式。学习长沙县农村环境投（融）资建设有限公司的管理与运作模式，大规模吸纳和运用社会资金，为乡镇污水处理厂长效运营提供更广泛的资金来源。

## （四）综合施策，重点推进浏阳乡镇污水厂建设和运行

一是高位协调。请市领导约谈浏阳市委、市政府主要领导，明确乡镇污水处理厂建设、运营及管理的责任主体，加大本级财政投入力度和督查力度。二是分类管理。对于已经通过环保验收的，加大环保日常监管力度，确保长效运行；对于基本达到验收条件，尤其是列入历年年度考核任务的，加快调试和问题整改，强力推进环保验收和长效运行管理；对于暂时没有动工的，特别是浏阳市5乡镇和被洪水冲毁的澄潭江，函告浏阳市政府责成相关单位进一步论证项目的可行性，甚至可追回财政补助资金或暂缓建设。三是加快市级专项资金的拨付。对于已经通过环保验收并运行效果良好的污水厂项目，严格按照财政拨付要求，下拨剩余建设资金和首批运行管理费用。四是启动减排考核。计划明年全面启动对已下拨首批运行管理费用的乡镇污水处理厂开展减排效能日常考核工作，实施长效运行监管。

附《2014年长沙市乡镇污水处理厂摸排情况汇总表》

**课题组负责人：**王小平
**课 题 组 成 员：**陈小文　桑　轶

**2014年长沙市乡镇污水处理厂摸排情况汇总表**

| 主要情况/区县市 | 乡镇污水处理厂总数（个） | 历年考核任务数 | 基本情况 | | | | | | | 存在的主要问题 | 备注 |
|---|---|---|---|---|---|---|---|---|---|---|---|
| | | | 建设情况 | | | 运营情况 | | | | | |
| | | | 已建成 | 在建 | 未开工 | 委托运营管理情况 | 运行情况良好（环保验收） | 半运行或半停运 | 未运行 | | |
| 岳麓区 | 3 | 3 | 2 | 1 | | 2 | 2 | | | 雨敞坪镇设备故障，含浦街道须尽快开工并加紧建设 | |
| 开福区 | 3 | 0 | 2 | 1 | | 无 | 2 | | | 捞刀河镇沙坪污水处理厂管网在建 | |
| 望城区 | 15 | 13 | 12 | 3 | | 暂未 | 3（1+2） | 8 | 1 | 廖家坪污水厂移交高新区，责任主体暂不明；管网未到位的有7个乡镇 | 明年计划1个（乔口） |
| 长沙县 | 18 | 18 | 18 | | | 18 | 18（16+2） | | | 金井、北山尽快整改完善后完成环保验收手续；黄兴、干杉管网有待继续完善 | |
| 宁乡县 | 19 | 18 | 12 | 7 | | 11 | 4（2+2） | 7 | 1 | 管网问题及资金短缺问题，大屯营管网建设未到位停运 | 明年计划7个（巷子口、煤炭坝、双江口长兴、凤凰山、朱良桥、黄材、喻家坳） |
| 浏阳市 | 30 | 18 | 20 | 5（2+3） | 5 | 无 | 2（1+1） | 1 | 17 | 资金配套、管网未到位、责任主体、长效运管等问题普遍存在 | 明年计划2个（镇头、耀邦故居） |
| 合计 | 88 | 70 | 66 | 17 | 5 | 31 | 31 | 16 | 19 | | 明年计划共10个 |

注：统计数据截至2014年7月。

# 融合发展　精心打造地下新“长城”

长沙市人民防空办公室

长沙是湖南政治、经济、文化、交通和金融中心，中南地区重要的工商业城市，长株潭核心城市，全国文明城市，国家一类人防重点城市和三级要地防空城市，建城区面积342平方公里，市区人口近400万。近年来，长沙市人防办以实现“战区一流、全国领先”为目标，抓住城市发展机遇，紧扣人防建设与城市建设融合发展主线，加大工程建设力度，取得了显著成效。截至2013年底，全市人防工程总量达到417万平方米，其中结建工程390万平方米，单建工程7万平方米，地下空间开发兼顾人防工程面积34万平方米，形成了布局比较合理，功能比较齐全的人防工程体系。2010年，长沙市被国家国防动员委会授予“全国人民防空先进城市”称号。

《人民防空法》第十四条规定：城市的地下交通干线以及其他地下工程的建设，应当兼顾人民防空的需要；《湖南省实施〈中华人民共和国人民防空法〉办法》明确：城市地下空间开发利用应当兼顾人防需要。城市地铁、隧道等地下交通干线、交通综合枢纽，以及其他工程的关键部位和重点设施，必须符合人民防空防护标准和要求。这规定，既为我市地下空间开发利用落实兼顾人防要求提供了重要法律保证，为人防工程建设融合城市发展提供了难得的机遇，同时也为我市落实规范要求提出了新的课题。如地铁、隧道在我市是新型交通，为什么要兼顾人防、如何兼顾、有什么难题、如何破解难题？需要各级领导、市直有关部门重新认知、接受、执行。为此，我们主动作为，从破解领导部门认知、审批质监、技术等方面的难题入手，积极推进城市地下空间开发利用落实兼顾政策，为完善人防工程功能、布局和网络发挥了重要作用。

## 一、破解认知难题

### （一）主动宣传，争取领导支持

在长沙市过江隧道和地铁“大交通”建设中，“人民防空需要”虽然只是落实兼顾，但要全面落实“兼顾”政策，需要人防部门做大量的工作。为提高各级领导对人防建设的认识，我们主动宣传人防法律法规，增强各级领导的忧患意识和国防观念，加大对人防建设的支持和理解力度，提高对地铁建设兼顾人民防空需要重要性的认识。市主要领导充分认识到地铁兼顾人防需要不仅是贯彻《人民防空法》的要求，也是平时防灾，战时防空，造福人民，构建和谐长沙的民心工程，原市委副书记、市长张剑飞多次主持召开专题会议，研究地铁、过江隧道兼顾人防事宜，并将此项工作纳入全市绩效考核内容；分管副市姚英杰多次在调研人防工作时就兼顾工作提出了指导性意见。市政府先后下发了《长沙市人民政府办公厅关于印发〈长沙市轨道交通建设规划编制任务分工及进度安排表〉的通知》《长沙市地下空间开发利用管理暂行办法》《长沙市市级行政许可项目并联审批实施意见》等文件，进一步明确人防部门在地下空间开发建设中的任务和责任，在执行过程中落实了不减不免、下发规划许可证前必须有人防审批意见等规定；长沙市轨道交通前期工作领导小组办公室就《长沙市城市快速轨道交通线网规划》征求各政府职能部门意见时，就将人防办纳入其成员单位。市人大加大对兼顾工作的监督力度，副主任刘新程等领导多次视察和调研人防工作，听取汇报，指导工作。

### （二）主动协调，实现部门联合

协调出效益，协调能促进“兼顾”政策的落实。轨道交通、隧道等地下空间开发过程中，涉及住建委、规划局、交通局等众多单位和部门，为了保证兼顾人防政策顺利有效的落实，人防部门加大协调、沟通力度，宣讲“人防法”和“结建”政策，实现了部门联合，效果明显。2008年，市政务服务中心、市发改委、市国土局、市规划局、市建委、市人防办等单位召开联席会议，确定了“城市空间开发利用项目的审批和监督，由发展改革、规划、建设、国土资源、人民防空等部门共同实施。人民防空主管部门负责防空地下室建设和城市地下空间开发利用兼顾人民防空要求的管理和监督检查”。2009年，市建委下发《关于进一步加强市政工程兼顾人民防空需要建设项目设计审批工作的通知》，进一步明确按规定要求且具备实施条件的新建或改建的市政工程建设项目应当兼顾人防工程，项目的初步设计、施工图审查需征询人防部门意见，并按人防专项审查意见予以实施；在建设项目规划方案审查、初步设计审查、施工图审查及联合验收环节中须征求人防部门意见，确保每个项目人防部门参与有审查意见。从而使得地下空间开发兼顾人防需要，在建设审批的操作层面上有了制度性的规定。2013年，市纪委出台了《关于领导干部和机关工作人员“有错无为”“不在状态”实施问责的暂行办法》，更好地督促了各市直部门落实兼顾政策的行为。

### （三）主动调整，重新规划布局

长沙社会经济和城市建设的发展，促进了长沙人防的发展，地铁建设的启动并快速发展，也为人防发展提供了良好的机遇。人防办党组一班人更新理念，突破了“小部门”只能有“小作为”这种困扰人防部门多年的思维瓶颈，虽然地铁、过江隧道这样的大交通只是兼顾人防，人防在“大交通”中也只是很小的专业，但我们长期树立了有“大交通”就有“大人防”“兼顾”工作是一篇大文章、有大作为的观念。为适应城市化进程的需要，紧跟轨道建设步伐，提高城市防空和抵御灾害能力，建立布局合理的防护工程体系，实现人防工程与城市建设紧密结合，我市重新确定了人防发展的工作思路，对原有的人防工程建设规划进行调整，正在重新修订《长沙市人防工程总体规划》。新规划构成以防空地下室为基础，以地铁为主干线，以与地铁车站相连通的大型人防工程为枢纽成网布局。

## 二、破解审批、质监难题

### （一）严把设计规范关

2007年，我市轨道交通1、2号线进行可行性研究时，市人防办就提出了我市轨道交通应当兼顾人民防空需要的要求。但是如何兼顾，我国当时并没有相应的人防工程技术规范。虽然早在2003年底，国家人民防空办公室在总结多年轨道交通工程设防经验的基础上，通过并下发了《地铁兼顾人民防空工程设计标准》，但该规范也存在着标准粗略、专用技术和设备不完备、不成熟等问题。为了做好我市轨道交通兼顾人防需要的工作，我们积极行动，安排有关同志到广州、深圳、西安等城市学习、取经，对他们在轨道交通建设中的参与形式、参与环节及设计等方面进行认真了解。特别是在总参工程兵第四设计研究院与专家就轨道交通兼顾人防需要的情况进行了系统的学习研究讨论过程中，总参的专家们详细地向我们讲解了他们在地下轨道交通工程防护技术研究方面进行的大量研究工作，以及多年来国内地铁设防的成功经验和先进技术，收获颇丰。在学习考察的基础上，我们将各城市和总参专家们介绍的国内地铁设防的成功经验、先进技术等很多最新成果，全部应用到了我市轨道交通建设兼顾人防需要的设计中，做到了该兼顾的都兼顾了。2009年7月，《轨道交通工程人民防空设计规范》正式发布实施，此《规范》对地下交通兼顾人防需要的很多要求，我市率先在隧道、轨道交通建设中落实，其规范化、现代化、实用化走在了全国前列。

### （二）严把行政审批关

人防工程虽在轨道交通工程中属于小专业，但其肩负着贯彻"大人防"的理念任务，又是协作面非常广的一个专业。人防工程涉及的设备安装专业，是所有设备安装专业中进驻最早、完工最晚的一项。为了优化审批流程，增强服务意识，提升服务水平，我们严把轨道交通工程兼顾人防需要的建设审批关。一是细化行政审批程序，确保审批服务到位。根据轨道交通工程建设审批流程和实际情况，按照行政许可的要求，对轨道交通工程的审批流程进行了细化，在不同的环节中，按照进度提出明确的要求，实现一次性告知。二是根据轨道交通设计施工的需要，制定相应的审批程序。轨道交通是个大的系统工程，其设计图纸分专业出图，先有建筑、结构图，施工后才有设备、安装等其他图纸，且所有图纸是按站点分步设计，先施工的站点先出图，这与我们审图要求不符。根据轨道交通的特殊性，为确保图纸审查及时、不误事，我们对行政审批的程序也进行相应调整。采取分站点分专业办法，即提交某个站点某个专业的图纸就进备案，作为施工和质量监督的依据，等全线所有图纸全部提交审查完毕后，再下达最终的行政许可决定书。这样虽然增加了行政审批的工作量，但是做到了既不违反审批要求又方便建设单位。三是抓好人防工程档案资料的归整工作。工作中对各审批阶段需提供的资料提出明确要求，实行专人负责，全盘管理，明确发文对象和收发人员，将各阶段的审批资料整理并归档，并充分利用现代信息技术，除了归档纸质资料外，将出具的函、行政许可以及初步设计图、施工图、竣工图电子档案一并归档，录入"长沙市人防工程地理信息系统"中，既便于随时查阅，又能利用信息系统的优势对轨道交通建设情况进行管理、检索、统计和分析，有效提高办公效率和工程管理水平。

### （三）严把质量监督关

一是界定质监工作范围和内容。针对地铁工程主体功能是交通，人防功能仅是兼顾的规定，我市通过学习借鉴外地地铁人防质监的经验和方法，结合实际抓住重点，确定了长沙市轨道交通兼顾人防工程的质监工作范围和内容，即负责承担孔口防护工程中人防防护设备安装（子分部）工程和门框墙上管线防护密闭（分项）工程的质量监督工作。二是制定典型示范质量监督的办法。考虑到地铁工程的建设具有时间久、线路长、站点多和工种繁杂及工序交叉等特点，我们实行典型示范质量监督的办法，即对重点设防区间段（站）的工程质量监督内容按照制定的监督方案要求严格进行全程质量监督，非重点设防区间段（站）的工程施工质量要求检查和阶段性验收由建设、设计、监理单位按照重点设防区间段（站）的典型示范为参照标准，人防质监部门只对其抽检和对其防护设备安装（子分部）工程的验收进行监督，这样保证了该项质监工作的可行性。三是及时跟进地铁施工进度，按时完成地铁兼顾人防工程的节点质监工作。根据工程地铁建设施工的实际情况，我们对地铁2号线的所有站点和1号线正在建设的设防区间站已施工部分的防护设备的框件预埋和门扇安装等工序进行多次隐检，及时跟进，发现问题及时提出整改要求。四是建立巡检和检测机制等质控方法，严格进行质量控制。在地铁二号线的施工过程中，人防质监部门多次对部分站点的实体质量进行了巡视检查、查找问题、提出问题，并监督问题的整改落实。对防护设备安装工程的设备制作与安装提出检测要求，必须通过人防设备检测单位的专项检测后，方可申报验收。

## 三、破解技术难题

### （一）以人为本，科学设防

长沙地铁2号线一期工程线路全长21.926千米，全线共设19座车站，其中橘子洲站是我市目前地铁唯一穿越江底并在洲上设立的站点。由于橘子洲是湘江长期泥沙淤积而成，位于湘江大桥南侧，呈东西向布置，是国家AAAAA（5A）级旅游景区和国家级重点风景名胜区，是我国目前最大的内陆洲，也是长沙市民最喜爱的户外场所之一。为了方便游人，缓解过江压力，长沙市政府在轨道交通2号线建设时特别考虑了橘子洲站的设立。但因线路下穿湘江河床纵坡地下32米处，车站设计为地下4层12米宽岛式站台车站。橘子洲本身为不设防的设计，涨水时允许江水漫洲而过，其出入口等地面设施均高出橘子洲海平面，因此，较一般站点具有水位高、技术难度大等特点。为解决设防难题，在没有任何可借鉴经验的情况下，我们根据《长沙市城市防洪初步设计报告》中200年一遇洪水位设计防淹门要求，在解放军总参工程兵第四设计研究院的全力支持下，在车站东、西两端各设置了具有全国领先安全和智能技术的四套智能提升式防淹防护密闭隔断门。它拥有可靠的信号系统和综合监控系统，全自动操作，不需要人值班，而且具有防淹、防护综合功能。平时能保证车站区间隧道连接运营通畅，一旦遭遇战争破坏、恐怖袭击等导致隧道破裂，或者隧道经过断层带出现涌水和发生洪水等灾害，导致江水倒灌进入地铁隧道时，车站的两端防淹防护门将自动关闭，阻断江水进入区间，很好地保护地铁内列车等设备和旅乘客的人身的安全。

### （二）学研结合，快速转换

我国部分城市轨道交通在平战功能转换上，有相当一部分孔口是采用封堵板临战封堵的，对一般设防站仅供平时使用的出入口、活塞风井等都是用封堵板临战封堵或采用防护密闭门、密闭门封堵，这样，即不方便行人出入，也不美观。近年来，我们在学习兄弟城市成功经验的基础上，对防护密闭门、密闭门的设计进行了研究和改进，采用了自带式活门槛，即平时将门槛折叠挂在门扇上，战时只需关上门，再放下门槛即可达到理想效果，平战转换高效、快捷，更符合审美要求。在站台层和站厅层平时通风换气设备的设计中，我们考虑到活塞风实际对站台层和站厅层的通风换气影响很小，设置活塞风井意义不大的实际，结合轨道交通建设专家的建议，采取机械通风、通风井一律采用门式封堵的办法，这样，很好地解决了临战时转换量大，转换速度不快难题。

根据长沙市地铁建设规划，截至2030年，长沙轨道交通共建设6条骨干线和6条补充线，线路总长约450公里。目前，南湖路隧道、营盘路隧道、浏阳河隧道、地铁2号线已建成；地铁1、3号线和桐梓坡—鸭子铺隧道已启动；地铁4号线既将启动。这些大型地下交通设施建成后极大地加快人防工程建设的速度，特别是地铁2号线的建成，不仅一次性增加人防工程面积34万平方米，而且是湖南历史上的一件大事，更是长沙人民享受城市发展成果的好事，改写了湖南交通发展的历史，实现了全省地下交通“从无到有”的突破，在增强城市功能、完善交通体系、提升城市品位、改善人民生活等方面都将产生重大而深远的影响，。我们相信，随着12条地铁线路的全面建成，长沙市城区都将处在地铁网的辐射范围内，将拥有100多座地铁车站及一大批地下商业街、地下商场、地下车库地下空间，以纵横交错的地铁、隧道为主干线组成四通八达的地下交通网和人防工程体系，不仅平时给广大市民提供便利的交通条件和优越的生活环境，而且能为战时提供理想的地下隐蔽场所，对保障战时人员疏散、伤员运送、物资运输和重点目标防护以及消除防空袭后果发挥积极作用。

# 长沙市公路养护工作的调查与思考

长沙市公路管理局

公路养护因路而生、与路同在、伴路发展，是公路行业管理的重要内容，是建设“美丽公路、法治公路、和谐公路”的基础工作，也是确保人民群众安全便捷出行的民生工程。为全面掌握长沙市公路养护工作的发展现状，特别是摸清影响公路养护发展的突出困难和问题，促进全市公路养护工作持续健康发展，市公路管理局分阶段对望城区、长沙县、浏阳市、宁乡县以及城郊等五个区县（市、郊）公路养护工作开展了实地调研。此次调研查看线路1100多公里，走访基层站点21个，召开座谈会6次，并与一线养护人员面对面开展了深入交流。经过调研，获得了第一手资料，并对当前养护工作进行了深入思考。

## 一、长沙市公路养护工作取得显著成效

近年来，长沙市公路管理局养护工作以路网和服务全面提质为主线，坚持抓好大中修等养护工程，不断夯实日常养护基础，逐步完善中心养护站建设，大力推进科学化养护，公路养护管理工作取得显著成效。

### （一）路况水平稳步提升

按照“畅安舒美”的工作要求，以“六个走在前列”大竞赛和路域环境综合整治为抓手，完善落实日常养护巡查制度，深入开展“边沟疏通修复、路面坑槽修补、路面接缝养护、路容路貌整治”四大专项整治，大力实施绿化、净化、美化三大工程，促进路况优良率逐年提高。2013年我局管养普通国省干线路况优良率达到86.8%，新增调普通国省道年末路况优良率达到74.98%，分别超出省年度

考核目标2.8和0.98个百分点，均创历史新高。

### （二）养护管理不断规范

严格执行养护工程设计标准，优选施工队伍，落实安全生产责任，切实抓好项目资金的审批和拨付。对公路大修、危桥改造、安保工程等养护项目实行公开招标，采用了路况检测车对全年路况进行评定，桥梁和隧道检测委托有资质的检测单位进行全面检测，提高了路况检测的准确度。近年均圆满或超额完成了年度考核工作任务，实现养护工程合格率达到100%。

### （三）站点功能日趋完善

按照养护、应急、服务“三位一体”的功能定位，以现有基础较好的道班为基础，按照“总体规划、逐年推进”的思路，积极争取市级财政支持，科学规划布局，整合养护资源，统一规范标准，完善功能配置，加快推进中心养护站的建设。目前，长沙县唐田等5个中心养护站已经投入使用，望城区茶亭等4个中心养护站基本完成，“中心养护站+道班”的养护模式在全市五个区县（市、郊）公路管理部门基本运行，逐步实现了管理重心下移，提高了养护管理成效。

### （四）应急保畅主动有效

全面建立了以养护工人为主体的应急保障抢险队伍，逐步健全以中心养护站和道班为载体的专项储备与社会储备相结合的应急储备体系，严格落实桥梁、隧道、涵洞安全监管责任制，加大危桥改造和公路水毁处治力度，公路应急处置能力进一步提升，在历年抗冰保畅和春运工作中，全市国省干线发挥了重要作用。

### （五）科技创新有所突破

积极推广应用新工艺、新技术、新材料、新设备，大力提高养护工作成效。在国道G319线等路面大中修中采用碎石化工艺，加强了路面基层强度，减少浪费，节约材料；浏阳S103线路面大修项目采用基层层间机械洒布水泥浆，达到了加强层间结合、共同受力的目的；在G107南段管道埋设自来水管基坑回填中采用气泡混合轻质土工艺，有效增强了基坑回填密度和路面基层强度。

## 二、当前公路养护面临困难和问题

在走访和调研中发现，经过近几年的发展，全市公路养护工作在总体路况、基础建设、制度构建等方面取得了长足进步，在促进地方经济社会发展中发挥了重要作用。但从引领经济社会发展和改善民生的要求相比，全市公路养护工作还面临着很多困难和问题。

### （一）养护理念滞后

对公路养护的重要性、系统性认识不足，养护管理的强制性要求缺乏有效的约束，个别地方仍然存在“重建轻养”的思想，导致个别单位对养护工程质量把关不细，进度推进不力、计划执行不严，例如大中修工程材料准备、设备配备、施工组织方案不够优化，局部路段沥青砼路面当年或第二年就出现了反射裂缝、网裂、修补等问题，有的项目一些主要的质量指标控制不到位，压实度达不到要求；小修保养工程操作不规范，安全标识不齐，开挖切割工序不到位，修补路面美观度及质量难以保证，从而导致过早出现公路病害，影响公路使用效果和寿命。

### （二）基础力量薄弱

一线养护人员配备不足，专业技术人员、管理人员缺乏，养护人员年龄偏大、学历偏低，整体素质水平不适应公路养护科学化、现代化要求；专业养护力量不足，有的县局对养护专业队组建重视不够，个别局甚至没有自己的专业队；养护站点建设偏少，利用率不高，全市范围内“中心养护站+道班”管理模式仍需进一步加强。基础力量的薄弱使得公路日常养护和小修保养捉襟见肘，导致养护管理程序检查、督促和核实不到位，部分路段路况水平需进一步提高，如长沙县局管养的G107南线、S103、X007、X026；望城区局管养的S102、X057、X075；浏阳局管养的G319、G106、S103、S309、S310、X002、X109；宁乡县局管养的G319、S209、X104、X092、X081；城郊分局管养的X078、X046、X081等。

### （三）管理手段落后

养护机械配套率不足，养护科技含量较低。公路养护机械配备与使用状况较差，技术含量高、自动化程度高的养护机械设备缺乏，公路养护机械设备的成套系列化程度低，尤其是小修保养作业仍以人工作业为主，导致小修作业劳动强度大，操作不规范，路面病害处置效率不高。公路信息化建设推进速度不快，公路基础信息库没有完全建立，公路养护服务手段单一、服务质量不高，影响了公路养护的质量和效率。

### （四）资金投入不足

目前公路养护筹资模式仍然沿用原有模式，养护经费实行切块包干，其余由市县配套。多年来，省级财政对于普通公路日常养护、大中修、危桥改造以及安保方面的经费均没有增加，市级财政虽加大了对干线公路的投入，但仅保证了项目配套资金的及时投入；县级财政投入基本没有增加，仅在县道大修方面配套了少量资金。随着物价、人工、材料等价格上涨，养护经费特别是日常养护经费严重短缺，致使长沙市普通公路养护工作力不从心。

## 三、切实加强长沙市公路养护工作的思考

随着“十二五”干线公路建设的完成，长沙市公路将迎来周期性的养护高峰期，加之公路交通流量特别是重载交通量的持续快速增长，公路将面临集中大修和改造的压力，养护任务极为艰巨。我们要牢固树立“养护管理是发展，而且是可持续发展”的理念，适应公路养护发展的新形势、新要求，努力转变公路养护发展模式，强化公路养护管理的基础性地位，加强公路养护和保护，充分发挥现有公路基础设施的使用效率，实现全市公路养护管理工作科学发展。

### （一）实施科学养护，提高养护成效

推进公路科学养护，是转变发展模式的客观要求。要依托各种现代化的路况检测设备和专业检测系统（设备），做好养护资金需求测算和路况分析工作，逐步健全完善公路、桥梁、涵洞等基础设施检测评定机制，为科学决策及行业发展提供有力依据。深入推进科技兴路战略，建立激励推动机制，加强公路养护新技术、新工艺、新材料、新设备的推广应用，加快公路信息化建设步伐，全面提高公路信息化应用水平。

## （二）规范养护管理，提高养护质量

积极协调，争取省养护计划提早下达，认真抓好统计调查基础工作和执行监督，提高公路投资计划编制的科学性、严肃性。在保证公路日常养护的基础上，按照文明示范路的要求，推行大中修“标准示范工程”，逐步建立大中修工程内业资料标准化管理制度、质量控制验收体系、关键工序技术控制指南、典型路面结构、市县局巡查和督查制度等标准化管理和技术体系，并以“标准示范工程”作为大中修工程施工和管理示范现场，“以点带面”进行培训、技术交流和经验推广。

## （三）加大资金投入，争取各方支持

普通国、省干线公路是国家路网的骨干，是公益性最强、提供最普遍服务的基础设施。要认真落实《关于进一步完善投融资政策促进普通公路持续健康发展若干意见的通知》（国办发〔2011〕22号）精神，按照“成品油消费税替代原公路养路费的专项资金，特别是增量资金原则上全额用于普通公路的养护管理”的政策规定，坚持政府主导，以财政性资金为主解决普通公路投入问题，同时积极争取各方支持，不断拓宽筹资渠道，保证养护资金投入。

## （四）完善养护模式，积极推进改革

从长远来看，“日常保养社会化、小修养护集约化、养护工程市场化”是未来公路养护发展的方向。但从长沙市养护市场总体情况来看，全市普通公路养护市场规模小、资金来源不足，技术和设备力量较弱，全面推进市场化的时机还不够成熟。因此，要充分把握全市公路养护市场的新形势，一方面，进一步完善“中心养护站+道班”养护模式，积极推行“定额生产、计量支付”的养护管理机制，提高养护职工的积极性，充分发挥现有养护资源效用。另一方面，积极稳妥推进养护市场化改革，以养护工程为切入点，持续推进公路大修、危桥改造、安保工程等养护项目公开招标，积极推进小修工程合同管理、量化考核、发挥市场在养护资源配置中的基础性作用。

## （五）加强队伍建设，夯实发展基础

各级养护部门是公路科技发展和应用的推动者，要加强内部技术和技能培训，多开展施工现场会、技术讲座和技能比赛，借鉴和吸收好的管理理念，提高公路养护专业技术水平和公路养护管理效率。同时，还要加强对养护技术体系规范性文件、规程及技术指南的学习，确保各级各类养护技术人员、操作手对养护工艺、标准、规程烂熟于心，对实际工作产生实实在在的指导作用。

## （六）坚持养管并重，加强路政管理

公路养护与路政执法是为保障公路安全畅通服务的，两者之间互相依撑，相互配合，缺一不可。在实际工作中，养护、路政要加强协调衔接，做到“你中有我，我中有你”，充分发挥“中心养护站+道班”的养护模式与路政“驻站制”的强大合力，路政为养护保驾护航，养护做好路政的“千里眼”“顺风耳”，进一步实现路政管理与养护信息的资源共享，形成公路养护与路政执法紧密配合、互相促进、共同提高的良好局面，更好地提高公路管养工作效率，提升公路路况和路域环境。

（作者系长沙市公路管理局党委书记、局长　卢兴映）

# 长沙城市主要道路绿化现状调查及对策

长沙市园林管理局

为进一步推进长沙市“三年造绿大行动”绿色城市建设，及时掌握全市道路绿化建设情况，更好地开展下一步道路绿化建设工作，2014年长沙市园林管理局组织系统内具有高级园林专业技术职称的领导及专家20余人，分成10个调查组，分赴芙蓉区、天心区、雨花区、开福区、长沙县(含经济开发区)、岳麓区、湘江新区、高新区、望城区等十个区（县、园区），对辖区内主要道路绿化现状进行了一次全方位的实地调查。现将调查情况汇报如下。

## 一、调查范围及目标

调查组对长沙城区（含望城区、星沙镇、经济开发区、高新区、湘江新区）主要道路（共433条主要道路，其中快速道9条，主干道139条，次干道202条，重要支路83条）绿化现状进行了实地调查，从专业的角度做出现状分析、客观评价和对策建议，为下一步长沙城市道路绿化景观的建设和管理提供决策参考和指导性意见。调查内容主要包括道路绿化形式、道路的行道树、分车绿带和路侧绿带的绿化现状、道路绿化植物的种类、配置模式及景观效果等。

本次调查的长沙市道路汇总表

| 序号 | 道路等级 | 道路数量（条） | | | | | | | | | |
|---|---|---|---|---|---|---|---|---|---|---|---|
| | | 芙蓉区 | 天心区 | 雨花区 | 开福区 | 长沙县（含经开区） | 岳麓区 | 湘江新区 | 高新区 | 望城区 | 合计 |
| 1 | 快速路 | 1 | 0 | 2 | 2 | 0 | 2 | 1 | 1 | 0 | 9 |
| 2 | 主干道 | 8 | 17 | 35 | 9 | 20 | 13 | 11 | 10 | 16 | 139 |
| 3 | 次干道 | 38 | 31 | 35 | 45 | 19 | 9 | 5 | 7 | 13 | 202 |
| 4 | 支路 | 6 | 0 | 18 | 0 | 29 | 11 | 10 | 2 | 7 | 83 |
| 合计 | | 53 | 48 | 90 | 56 | 68 | 35 | 27 | 20 | 36 | 433 |

注：以上统计的道路数据为本次总的各区分级道路条(段)数。

## 二、长沙城市道路绿化现状及存在问题

### （一）长沙城市道路绿化现状

根据调查显示，长沙市道路绿化具有一定的基础。据统计，433条道路中，道路绿化达标的占43.1%，人行道绿化覆盖率达到80%以上的道路占18.94%，行道树共采用了25个品种。长沙市老城区有部分道路绿化效果较好，行道树规格大、遮阴效果好，此类道路原基础设施好，树池覆盖得当，行道树栽植时间比较久，期间也未随意移栽；同时养护管理得当，形成了良好的林荫道效果，如黄土岭路（雨花区）、麓山南路（岳麓区）、迎宾路（开福区）等，少数立交桥垂直绿化也形成了一定的效果（紫凤公园内北大桥桥柱桥体立体绿化）。2014年上半年“绿色城市”建设中，我市对城区重点主次干道的绿化景观开展了提质改造工作。从本次调查反馈的整体效果来看，提质改造已经初步使长沙城市绿化景观呈现出崭新的面貌，其中韶山路、芙蓉北路、新花侯路、麓云路、文轩路、云栖路绿量大，绿化效果好，是提质改造的亮点。

### （二）长沙市道路绿化存在的问题及分析

虽然长沙市道路绿化有一定的基础，但整体水平一般，存在景观效果不佳、绿量小（调查的433条道路绿化达标的仅有43.1%，离国家园林城市标准的道路绿

化达标率80%的要求尚有一定的差距）、绿视率较低、绿化品质一般等问题。长沙市道路绿化水平不高的主要原因有以下几个。

1. 树种选择单调。主要体现为行道树品种较为单一。长沙城市道路绿化行道树虽然使用了25个树种，但75.98%的道路采用了香樟作为行道树，只有少量道路采用了广玉兰、桂花、银杏、栾树、杜英和悬铃木作为行道树。行道树的树种过于单一，缺乏植物多样性，也为病虫害的发生与蔓延提供了条件，既影响城市的整体景观效果，也使得道路行道树没有特色。

**长沙市行道树树种统计表**

| 序号 | 名 称 | 道路（条） | 所占百分比 | 序号 | 名 称 | 道路（条） | 所占百分比 |
|---|---|---|---|---|---|---|---|
| 1 | 香樟 | 329 | 75.98% | 14 | 樱花 | 2 | 0.46% |
| 2 | 广玉兰 | 36 | 8.31% | 15 | 柳树 | 1 | 0.23% |
| 3 | 桂 花 | 27 | 6.23% | 16 | 橘子 | 2 | 0.46% |
| 4 | 银 杏 | 26 | 6.00% | 17 | 枫 杨 | 1 | 0.23% |
| 5 | 栾 树 | 22 | 5.08% | 18 | 天竺桂 | 1 | 0.23% |
| 6 | 杜 英 | 23 | 5.31% | 19 | 柿 树 | 1 | 0.23% |
| 7 | 悬铃木 | 18 | 4.15% | 20 | 山杜英 | 2 | 0.46% |
| 8 | 白玉兰 | 6 | 1.38% | 21 | 马褂木 | 3 | 0.92% |
| 9 | 雪 松 | 5 | 1.15% | 22 | 金合欢 | 1 | 0.23% |
| 10 | 龙 柏 | 1 | 0.23% | 23 | 榉 树 | 2 | 0.46% |
| 11 | 合 欢 | 3 | 0.69% | 24 | 红叶石楠 | 1 | 0.23% |
| 12 | 茶 花 | 3 | 0.92% | 25 | 景烈白兰 | 2 | 0.46% |
| 13 | 杨 梅 | 4 | 0.92% | | | | |

此外，绿化带植物具有季节性、观赏性的非常少，香樟、广玉兰及红继木、杜鹃模纹在多数路上重复使用。

2. 行道树遮阴效果差。长沙市部分道路行道树由于树种选择不当、树形以及后期管养维护等客观原因，树木生长缓慢，遮阴效果差，部分道路甚至无行道树，造成道路人行道绿化覆盖率低。根据专家现场调查结果，433条道路人行道绿化覆盖率偏低，人行道绿化覆盖率大于或等于80%的仅有82条。

本次调查的长沙市各区（县、园区）人行道绿化覆盖率汇总表

| 序号 | 人行道绿化覆盖率 | 道路数量（条/段） | | | | | | | | | |
|---|---|---|---|---|---|---|---|---|---|---|---|
| | | 全市 | 芙蓉区 | 天心区 | 雨花区 | 开福区 | 长沙县（含经开区） | 岳麓区 | 湘江新区 | 高新区 | 望城区 |
| 1 | ≥80% | 82 | 17 | 13 | 40 | 4 | 0 | 3 | 0 | 0 | 5 |
| 2 | 50%~80% | 129 | 20 | 20 | 25 | 19 | 5 | 8 | 10 | 12 | 10 |
| 3 | <50% | 158 | 15 | 11 | 18 | 29 | 21 | 22 | 15 | 8 | 19 |

注：在建道路及无人行道道路未计入本次人行道绿化覆盖率指标统计。

3. 植物配置不合理。按《城市道路绿化规划与设计规范》要求，行道树定植株距，应以其树种壮年期冠幅为准，最小种植株距应为4米。但五一路少数桂花间距不足4米，浏阳河大道部分行道树——广玉兰、香樟之间间距也不足4米。部分道路上栽植了在该地段不适合的树木，如桂花作为行道树栽植在主要道路上，山茶栽植在阳光直射的地方，红叶石楠、红叶李、紫薇等栽植在大樟树下，小规格的木兰科植物作为行道树等。绿化带常绿树与落叶树选择比例也不平衡，落叶树偏少。

4. 道路绿化断面形式单一。根据数据统计，长沙红线宽度40~50米及50米以上的道路，横断面形式为一板二带道路的比例分别为67.4%和34.8%。从实际运用效果来看，该形式导致车行道过宽，绿化遮阴效果较差，同时也不能有效发挥绿化带的人车分流等交通组织功能。

本次调查的长沙市道路横断面形式汇总表

（红线宽度50米以上）

| 序号 | 横断面形式 | 数量（条段数） | 所占百分比 |
|---|---|---|---|
| 1 | 一板二带 | 24 | 34.8% |
| 2 | 二板三带 | 19 | 27.5% |
| 3 | 三板四带 | 15 | 21.7% |
| 4 | 四板五带 | 11 | 15.9% |
| 合计 | | 69 | 100.0% |

注：“板”指行车道，“带”指绿带。

**本次调查的长沙市道路横断面形式汇总表**

（红线宽度40~50米）

| 序号 | 横断面形式 | 数量（条段数） | 所占百分比 |
|---|---|---|---|
| 1 | 一板二带 | 58 | 67.4% |
| 2 | 二板三带 | 14 | 16.3% |
| 3 | 三板四带 | 12 | 14.0% |
| 4 | 四板五带 | 2 | 2.3% |
| 合计 | | 86 | 100.0% |

注：“板”指行车道，“带”指绿带。

5. 同一条道路绿化风格不一。同一条路由于设计单位、建设单位或施工单位的不同，造成了行道树树种不一，树种、规格、树型等相差较大。湘府路（花侯路至万家丽路段）采用了广玉兰和桂花，而湘府路（万芙路至五凌路段）采用的却是香樟和雪松。

6. 配套建设及养护不到位。部分道路行道树树池内径过小，缺乏养护，树池上长满了杂草、堆满了建筑垃圾、基部萌叶枝丛生，与树体上部争夺营养，行道树土球上方土壤密实通气不良，对植物生长不利。

## 三、对策与建议

### （一）对存在问题的道路绿化继续进行提质改造

对于绿量不达标、景观效果差以及行道树养护不到位、树木死亡率高的道路应及时进行整改，提质改造应参照《城市道路绿化规划与设计规范》的要求进行。需要进行整改的主要道路有：湘江大道南段、万家丽路、桐梓坡路、湘江大道北段、东南北二环、车站路、马桥河路、含浦大道、花溪路、清风路、东六线和东四线等和各立交互通。

### （二）按规范标准实施新道路绿化建设管理

新建的道路应严格按照《城市道路绿化规划与设计规范》的要求进行，注重施工质量，不宜反季节施工。要注重对种植土壤的改良，解决好绿地内的排水问题，妥善处理好植物种植与地下管线的关系，确保植物正常生长。

1. 科学进行规划设计。注重前期规划，预留足够宽的绿化空间。规划中尽量加大建筑用地红线的退缩，在人行道两侧尽量预留足够的绿化空间，尽量采用行道树结合绿带的种植方式，积极增加城市绿量。

丰富城市道路的绿化形式。对于城区内道路红线在40米以上的道路，为最大限度地发挥道路的绿化效果，建议尽量少用一板二带式的绿化形式，多采用二板三带、三板四带等多绿化带的道路绿化形式。增加城市道路绿化层次，丰富城市道路绿化景观。“因地制宜”，适当增加道路立交桥和高架桥的立体绿化和垂直绿化，尤其是要在有条件的立交桥桥墩下种植攀缘藤本植物。

2. 提高建设管理水平。改善植物立地条件。针对某些树池及绿化带土壤密实、贫瘠，树池内径过小、过高，配套设施不科学，养护管理不到位等情况，在以后道路绿化的建设中，建议根据植物的生态习性及生长需求，对有条件的路段进行土壤改良，满足植物种植和营养需求。利用专业技术手段，保证行道树树池的最低规格，尽量做到树池规格达到1.5×1.5米及以上，并在树池内覆盖箅子，保证树木根部有良好的透气性。同时，建议在城市的改扩建中，对于在自然环境中经过淀积的地表土及栽培土进行合理收集、保护，并用于园林植物的栽培利用，严禁将建筑垃圾或垃圾土用于树池回填。

加强与市政道路建设部门的对接。在市政建设设计和道路绿化设计的过程中，园林绿化部门与市政建设部门要加强沟通和协调，制定最佳实施方案，确保道路管线设置与绿化建设无冲突。在地下有设施的地方选用浅根性乔灌木，在架空电线下栽植冠幅较小的树种，并注意及时修枝，以免影响安全，提高美化效果。

3. 加大养护管理力度。落实“三分种七分养”的植物养护要求，增强养护意识，提高绿化养护管理水平。加强对行道树的修剪，年内要组织一次全市范围内的行道树的整形修剪。搞好日常的中耕施肥、病虫害防治、水肥管理等工作，尽最大努力降低树木的死亡率，确保生长势，提高观赏价值，延长树木寿命，确保城市道路绿化景观的最佳效果。

### （三）长沙城市道路植物配置原则及适用植物推荐

1. 行道树选择。行道树宜选择分枝点3.2米以上的全冠乔木，确保沿线乔木规格、树形基本一致。行道树定植株距，应以其树种壮年期冠幅为准，最小种植株距应为4米，以5~8米为宜。建议落叶树种胸径以15~18厘米为宜，常绿树种胸径以12~15厘米为宜，以较早达到人行道林荫效果。

长沙市城市道路绿化适用行道树树种推荐名录：

常绿乔木：青冈栎、石栎、狭叶木莲、红叶石楠、木荷、大叶女贞、湿地松、樟科植物（香樟目前用量较多，建议少用）等。

落叶乔木：少球果悬铃木、复羽叶栾树、臭椿、红叶臭椿、槐树、枫杨、榉树、榔榆、檫树、重阳木、南酸枣、合欢、杂种马褂木、七叶树、喜树、鸡爪槭、野生樱花等。

2. 绿化带植物选择。长沙市城市道路绿化适用小乔木、灌木树种推荐名录：

常绿：红檵木、木绣球、桂花、红叶石楠、杜鹃、夹竹桃、珊瑚木、南天竹、茶花、火棘、海桐、女贞、构骨、云南黄馨、丝兰、金边七里香、四季桂等。

落叶：紫薇、红枫、石榴、蜡梅、紫荆、樱花、木槿、红叶李、溲疏、棣棠、贴梗海棠、八仙花等。

长沙市城市道路绿化适用藤本植物推荐名录：

爬山虎、异叶爬山虎、凌霄、美国凌霄、中华常春藤、紫藤、络石、扶芳藤、油麻藤等。

长沙市城市道路绿化适用地被及草皮推荐名录：

吉祥草、麦冬、书带草、沿阶草、鸢尾、马尼拉、结缕草等。

# 大力建设智慧型能源城市

## ——关于长沙能源发展战略的思考

长沙市能源局

能源关乎发展，攸关民生。新时期，科学技术进步和生态文明理念的实践正催生能源形式的重大变革，智慧能源应运而生，它以保障多元化、结构低碳化、产业高端化、管理信息化、技术智能化、制度科学化为主要特征，成为新一轮城市竞争中的能源选项。得能源，得发展。因时顺势推动智慧型能源强市的建设，既是长沙建设“三市”的现实需要，更是生态文明和可持续发展的长远之计。

## 一、长沙建设智慧型能源城市的重要意义

智慧能源的根本性突破在于将信息化技术运用到能源革命中，并以此推动能源的再认识、再运用，其目的是保障社会发展所需能源的最经济供给，并根据各地不同的能源分布情况，自动选择最优的能源组合和供需方式。简而言之，智慧型能源城市就是满足上述智慧能源特征要求，拥有自组织、自检查、自平衡、自优化等功能，满足系统、安全、清洁和经济要求能源发展模式的城市，是现代城市发展的未来。当前，长沙经济发展已经站在一个新的历史起点，建设智慧型能源城市，意义重大。

### （一）建设智慧型能源城市是解决发展瓶颈的必然选择

长沙市属于能源较匮乏的城市，无油、无气、少煤、缺电，能源外调比例在80%以上，成品油、天然气等重要能源基本依靠市外调入，煤炭、电力自供能力严重不足，长沙电厂满负荷发电只能满足全市约30%的用电需求。能源问题成为

困扰长沙经济社会发展的瓶颈，居高的能源对外依存度必将影响我市长远稳定发展。我市目前正处于工业化中期的快速发展阶段，市委提出的未来五年实现“三市”“三倍”发展目标，需要持续、稳定、清洁能源的保障。大力推进智慧型能源城市建设，创新能源制度、发展能源技术，开发新兴能源、降低能源消耗，保障能源供应，成为解决长沙发展瓶颈的必然选择。

### （二）建设智慧型能源城市是长沙构建两型社会的客观要求

我市作为全国“两型社会”综合配套改革试验区，旨在强化经济社会全方位的科学改革，加快经济发展方式转变，形成有利于能源资源节约和生态环境保护的体制机制，探索新型工业化、新型城市化发展之路，促进区域协调发展和城乡统筹。智慧型能源城市的内涵是科学地配置能源，在能源的生产、传输和消费过程中几乎不产生废料，能有效地控制噪声、辐射、污染等不良因素，改善地理、水文、大气质量，实现和谐发展。因此，智慧型能源城市的建设理念完全契合长沙“两型社会”综合配套改革试验区建设的内在需求，是“两型社会”建设的具体实践、题中之意，确有必要大力推行。

### （三）建设智慧型能源城市是提升城市竞争力的重要途径

目前我市经济总量已居全国省会城市第七位，但发展转型压力与发展瓶颈也日趋显现，如何在发展转型期寻求突破口、抢占发展先机，很大程度上成为能否在新一轮城市竞争中取得优胜的关键。智慧型能源城市建设有利于加快生产力水平提高，实现生产力和生产管理的良性互动，促进能源生产、消费、供需模式的改变。智慧能源所代表的智慧制度、适宜的能源政策、行之有效的能源规则，有助于社会生产关系的完善和上层建筑的充实，增强社会发展能力，为经济社会加速发展提供有效的保障。因此，智慧型能源城市已成为未来城市竞争的重点，既是赢得后金融危机时代发展先机的关键，也是全面提升城市核心竞争力的重要途径。

## 二、长沙能源发展现状及不足

### （一）发展现状

近年来，我市能源管理工作取得了显著成效，能源发展呈现出“全国前列、中部领先、全省第一”的局面，但按照党的十八大提出“大力推进生态文明建设”以及长沙“在加快两型社会建设中走在前列”的要求仍任重道远。

1. 从生产消费看：一是自给不足，是能源匮乏型城市。在能源生产产品结构方面，长沙缺煤少电、无油无气，近年来年实际产煤稳定在300万吨左右，电力产量维持在55亿千瓦时左右，而我市能源需求旺盛，自供能力严重不足。二是对外依存度高，是能源输入型城市。重要能源依赖外部供应，煤炭、电力和油气等综合能源对外依存度达80%以上，能源保障能力吃紧。

2. 从能源结构看：一是传统能源供应平稳有序。近年来随着我市经济总量不断攀升，能源消耗总量持续增长，我市通过加大煤炭、电力、油气等传统能源的外调力度，基本保障了传统能源的平稳运行和有序供应。终端能源消费中，传统能源占比95%以上。二是新能源建设方兴未艾。“十二五”以来，我市光伏发电、风力发电、生物质能源应用等新能源开发开始破题，分布式能源进入试点开发、稳步推进阶段。

3. 从保障发展看：一是能源利用效率显著提升，有力地支撑了经济科学发展。“十一五”期间，我市以年均10.1%的用能增速支撑了15.2%的GDP增速，单位GDP能耗从2005年的1.03吨标煤下降到2012年的0.601吨标煤（2010年可比价），呈现良性发展态势。二是有力保障民生，促进社会和谐。任何时候，将保障民生放在突出位置和能源应急的优先序位，彰显了能源的民生属性。

## （二）存在的问题

1. 供需矛盾突出。当前，长沙市正处在工业化、城镇化快速发展和全面建设“三市”的重要时期，能源需求面临刚性增长。但从供应端看，未来五年，煤炭生产增长困难，电力、成品油供不应求局面仍将存在，天然气季节性不均衡矛盾突出、上游气源指标增长受限，外调能源压力持续加大。根据“十一五”全市能源消费弹性系数（0.66）及“十二五”全市经济增速（12.5%）预测，预计到2017年，全市能源消费总量将达到5155万吨标煤左右，扣除本市20%左右的能源自给，净缺口达到4124万吨标煤，供需矛盾突出。

2. 能源效率不高。目前我国能源利用率仅有33%，比发达国家低近20个百分点，单位GDP能耗是美国的2.7倍、日本的4.5倍、欧盟的5倍。2012年，长沙市单位GDP整体能效水平（0.601吨标煤/万元）仅优于全国平均水平（0.765吨标煤/万元）21.4个百分点，却低于南昌（0.579吨标煤/万元）3.8个百分点，与合肥基本持平。与沿海先进地区相比，普遍低20～30个百分点不等，与最优的北京比，低于其近40个百分点，存在较大差距。

3. 结构不够合理。从能源供应的分类看，传统能源依然一统天下，化石能源仍占主导，风能、太阳能、生物质能供应相对缺乏。“十一五”以来，煤炭比重虽然逐年下降，但终端消费结构中仍然一煤独大，占比在45%左右，清洁能源使用比重过低，一次能源转换成电能比例不高。2011年，电力、油品和天然气消费占比分别为26.35%、7.87%、2.19%。从能源消费区域结构来看，城区能源保障基本有序，东部浏阳、西部宁乡能源需求旺盛，供应保障吃紧，园区能源供需矛盾尤为突出，两大国家级园区浏阳经开区、宁乡经开区供能仍以电力为主，天然气尚未覆盖。

4. 管理手段传统。智慧型能源城市建设很大程度取决于能源管理智能化水平，真实、准确、完整、动态的能源数据的获取是提升城市能源运行管理智能化水平的基础。目前长沙尚未建成系统科学的能源数据中心、监控平台，无法形成集自动采集、监控、分析功能为一体的能源数据库以及覆盖能源生产、供应、输配平衡模型，对于海量能源数据的统计、分析、评价和决策手段较为传统和单一，整体而言，信息化程度不高。

5. 产业创新乏力。近年来我市能源产业发展取得了可喜成绩，但总体看，能源发展方式仍比较粗放，产业高端化程度不够，引导机制不健全，相关产业发展动力不足。尤其是围绕智慧型能源发展的信息产业、物联网、传感技术、智能产业等支柱产业还处于零星状态，新能源集成应用技术较为缺乏，发展明显滞后。

6. 体制机制不顺。受现有体制的影响，长沙市能源工作虽然已有归口管理部门，但具体职能执行起来仍是九龙治水，分散在发改、工业、建设、交通、商务、科技、机关事务等部门，涉能部门多，煤、电、油、气各自为政，职能条块分割较为严重。多头管理导致在重大政策和战略问题上缺乏深入研究，部门间协调量加大、管理效率不高、统筹管理能力不强。

## 三、长沙建设智慧型能源城市的机遇与对策

### （一）面临的战略机遇

长沙作为长江中游经济带重地、中部崛起腹地，处在长株潭两型社会建设的最前沿，建设智慧型能源城市面临难得的机遇。

1. 生态文明建设的机遇。党的十八大确立了生态文明建设的突出地位，把

生态文明建设纳入五位一体的总布局。十八届三中全会进一步明确了“必须建立系统完整的生态文明制度体系，用制度保护生态环境”。生态文明建设的重要内容就是要节约集约利用资源，推动资源利用方式根本转变。随着生态文明建设的推进，必然要求我们在发展的过程中选择绿色发展，大力推进能源生产和消费革命，加快形成有利于生态文明建设的智慧能源发展模式。

2. 两型社会试验的机遇。长沙市是全国两型社会综合配套改革试验区，两型社会的建设为积极探索具有长沙特色的智能型能源发展新模式提供了全新平台。首先体现在政策上，近年来长沙进行两型试验改革的顶层设计，逐渐建立起有利于能源资源节约利用的政策体系和制度规范。其次体现在两型产业支撑上。信息产业、物联网、节能服务业、新能源等产业日渐兴起，为长沙智慧型能源城市建设积累了产业和技术储备。

3. 智慧城市建设的机遇。智慧能源作为智慧城市的建设重点，已越来越引起各方重视。国家层面的智慧城市已经试点布局，发展指导意见已经完成，目前工信部正制定物联网、车联网发展规划。随着国家智慧城市标准体系的逐步完善，将会极大地推动国内智慧城市的发展。长沙作为全国智慧城市试点和节能减排示范城市，加快建设智慧能源城市，将为长沙新一轮发展赢得广阔空间。

4. 对外能源交流的机遇。从全球范围来看，欧盟、美国、日本等国家和地区正以不同的方式研究和实践智慧能源。近年来，我国先后启动了中欧能源合作、中美能源合作等多项对外能源合作和交流机制，可再生能源接入、大规模储能、用户端管理、智能电网、数据与信息安全、智能建筑等智慧能源内容成为合作交流的重点。日益开放的长沙一直保持着良好的对外形象，近年来已和部分欧美国家以及西门子、微软等一批在智慧能源领域具有领先技术的跨国企业建立能源合作关系和交流通道，未来借鉴国际经验推进本市智慧能源城市建设面临着有利条件。

### （二）目标定位

用5到10年时间，以保发展、惠民生为根本，大力推进长沙能源保障多元化、结构低碳化、产业高端化、管理信息化、技术智能化、制度科学化，逐步将我市建设成中部和长江中游经济带领先的智慧型能源强市。

### （三）发展对策

智慧能源关键在于将信息化技术运用到能源革命，最终实现最经济、最安全、最清洁的能源供给，其保障是制度、动力是科技、精髓是智慧。因此，要建设好智慧型能源城市，就必须大胆借鉴国内外智能能源的优秀成果，充分运用先进的科技和信息化手段，努力在能源保障多元化、结构低碳化、产业高端化、管理信息化、技术智能化、制度科学化等方面下功夫，科学组织，统筹推进。

1. 保供需，实现多元化。一是增强能源供应能力。在能源生产端挖潜增效，持续推进我市煤矿企业和小水电的资源整合及技改扩能，实现集约发展。深入挖掘长沙电厂潜力，科学调度发电运行，利用蒙（西）吉（安）运煤大通道建设契机，尽快启动长沙电厂二期2×600兆瓦超临界燃煤发电机组建设。强化能源调入能力，与煤炭资源丰富地区建立战略伙伴关系，多通道接受“西电东输”的电力，进一步完善岳长株潭成品油管道工程长沙段建设，积极争取“西三线”长沙段气源指标。二是重视能源战略储备，提高应急保障能力。通过政策引导和市场的资源配置，鼓励大型能源供应企业建立商业储备基地，加强华电长沙电厂煤炭储备建设、中石油长沙油库及配套设施建设、新奥集团天然气储备库建设，提高能源储备能力。三是加强能源通道建设。加快推进蒙吉铁路浏阳段项目建设。依托中石化、中石油，打通油品供应渠道。加强500kV及以上主干电网入长通道建设，加快推进智能配电网建设。加强油气管网（高压管网、次高压管网、环网）、输变电站等能源基础设施建设。四是提高能源调配和预警预测能力。建立全市能源消费需求侧智能响应系统和坚强的能源管理网络体系，依托互联网和物联网优势，优化配置能源，提升我市能源的计量、统计、调配及预警预测能力。

2. 调结构，实现低碳化。一是调整产业结构。能源消费的主体在产业，应调整和优化产业结构，在产业准入上，严格考量能源因素，突出发展高新技术产业、先进制造业和现代服务业，加快发展战略性新兴产业，淘汰落后产能、技术和设备。二是优化能源结构。推动能源消费结构以煤、电为主逐步向以电、油、气为主，煤炭、新能源与可再生能源为补充转变。严格执行城区禁煤相关政策，未来几年，实现全市煤炭消费的总量零增长甚至负增长。在工业园区和城市商业综合体大力发展天然气分布式能源。三是调整能源区域布局。优化国家级、省级开发区能源布局，在具备条件的园区建设分布式能源系统，对东（浏阳）西（宁乡）两翼的能源布局重点倾斜，加快天然气入浏、入宁建设进程，确保能源供应与区域发展相适应、相协调。

3. 促产业，实现高端化。确定以低碳、经济为导向的能源产业发展目标，大力推进能源产业高端化、智能化，重组能源产业，改造提升传统能源产业，着重发展高端技术，培育新的经济增长点，建立符合现代能源产业体系和新型能源管理组织的战略发展模式，推进能源产业科学发展。加大对清洁能源、节能环保、新能源、新材料、信息产业、人工智能等战略型新兴产业的支持力度，打造光伏、风电、智能微网完整产业链，形成高端能源产业集群，推动产业向高端、高产、高效、高附加值产业转型。同时，发展多元互动的储能系统、智能终端能源系统和智能能源服务系统。

4. 强管理，实现信息化。从能源开发利用到能源节约，从能源产供销到能源消费，加强上下游管理，实现生产端与消费端、供应侧与需求侧的信息互动。一方面，建立智能化、系统化的市级能源数据中心，实时掌控全市各行业、各区域用能的分布状况、能源供应和需求等信息，为能源预测预警、能源调度管理以及能源政策的制定提供及时的、可信的依据，增强全市能源运行调节能力，实现对全市能源使用情况与能源管理情况的动态化、信息化管理。另一方面，建立城市级重点耗能设备能效评估及在线监测系统，健全用能单位能效管理体系，优化用能单位能源消费结构和方式，提高能源终端使用效率，全面提升用能单位能效管理的水平及服务经济建设的能力，为全市节能减排提供新的动力。

5. 重科技，实现智能化。从技术的角度看，智慧能源需要得到信息技术和能源技术的双重支撑，只有将这两种技术深度融合，才能真正达到智慧能源的目的。我市应围绕能源安全、高效、低碳、智能的要求，以增强智能能力为着力点，在生产端挖潜增效，在消费端建立需求侧智能响应，推进能源智能化技术的研发和应用，推进智慧能源产业重大示范工程建设，推进水、电、燃气、制冷、供热、建筑、交通和工业设施等能源网络及能源载体智能化，以更为高效、经济、安全的模式实现多种能源要素和不同能源网架之间高效率的智能配置以及能源生产、输送、储备、消费、服务的智能运转，最终达到合理控制能源消费总量、优化能源结构、转变能源发展和利用方式，形成能源智能化技术新体系。

6. 抓制度，实现科学化。建成智慧型能源城市离不开科学化的制度保障，需要不断推进能源管理体制改革和现代监管制度建设。一是实现管理职能的转变。将能源管理的重点从需求侧转向需求侧、供应侧并重，即逐步转向能源效率、能源节约、能源资源开采、能源加工生产等供应侧和需求侧的管理。二是实现能源监管转型，健全“能评”后评估机制，形成从项目立项、能评、验收全过程监管制度。三是加强政策制度创新。从我市实际出发，加强主管部门统筹能源管理的能力，完善差别化电价、阶梯水价、节能量交易、碳交易、合同能源管理、能耗定额限额管理等地方配套政策。四是健全能源交流合作机制。加强与国内外能源巨头、能源系统集成商以及发达地区在能源供应、预测预警、能源储备、项目建设等方面的战略合作，获得稳定的能源供应渠道和先进的能源技术、管理理念，形成能源合作的长效机制。

## （四）保障措施

1. 规划先行。建设智慧型能源城市，是长沙“十二五”时期乃至将来提高城镇化质量、推进城市生产生活和管理方式创新、惠及民生的重要举措，等不得，慢不得，但也急不得，需要政府做好顶层设计，着力抓好智慧型能源城市建设规划和智慧能源产业发展规划，并将其纳入经济社会发展规划同部署、同评估、同考核。

2. 政策推动。一要搞好政策对接，及早谋划，用好用活用足中央和省里的支持政策。二要出台本土政策。政府相关部门要从财税、金融、土地、要素保障等方面出发，针对智慧型能源城市建设和产业发展作进一步的深入研究，加大支持力度。三要抓好政策落地。各区县（市）及工业园区、职能部门要因地制宜、量身定制本区域的配套政策，通过梳理、补充和完善，构建健全的政策体系，推动智慧型能源城市的发展。

3. 资金撬动。智慧型能源城市建设的推动，一靠政策，二靠资金。要进一步集中力量、集聚资源、集合政策，引导扶持奖励资金、社会民间资金等优质要素向智慧能源产业聚集。要设立智慧型能源城市建设引导资金，对重点项目、示范工程、重大成果给予引导扶持。同时，要通过政策杠杆，搭建银企合作平台，深化银企合作，加大金融机构对智慧型能源城市建设项目的信贷支持，以各类资金推动智慧型能源城市的发展。

4. 项目带动。推进智慧型能源城市的建设，项目是抓手。要紧紧围绕智慧型能源城市建设目标和任务，科学谋划和铺排项目计划，突出抓好重大示范工程，以点带面，持之以恒。各级政府和部门要全面动员，齐心合力，上下联动，建立健全工作协调机制，制定和完善相关制度，打造政府服务高地，切实为智慧型能源城市项目建设创造良好环境。

# 实施三年造绿大行动<br>推动长沙“三市”大建设

长沙市林业局

按照党的十八大精神和《绿色湖南建设纲要》实施要求，围绕中共长沙市委十二届六次全会提出的“加快建成全面小康之市、两型引领之市、秀美幸福之市”这一发展战略，长沙市大力实施三年造绿大行动，是市委、市政府立足生态优先、率先全面发展、实现“三倍”目标的重大举措。通过未来三年绿化攻坚，全市实现森林覆盖率保持在55%以上、建成区绿化覆盖率提升到50%，确保全市城乡绿化水平走在全省、全国前列，共圆长沙人民的“小康梦”“两型梦”“幸福梦”。

## 一、充分认识三年造绿大行动的重大意义

### （一）实施三年造绿大行动是生态文明建设的重要基础

加强生态文明建设，维护全球生态安全，是21世纪人类面临的共同课题，也是绿化发展战略的永恒主题和根本任务。党的十八大提出了把生态文明建设放在突出地位，与经济建设、政治建设、文化建设、社会建设“五位一体”同步推进的战略举措。2013年5月24日，中央政治局专门就生态文明建设进行了第六次集体学习，习近平总书记指出，生态环境保护是功在当代、利在千秋的事业，要努力走向社会主义生态文明新时代；2013年9月7日，习总书记在哈萨克斯坦发表演讲时再次强调，宁可要绿水青山，不要金山银山，而且绿水青山就是金山银山。2012年4月省委、省政府颁布的《绿色湖南建设纲要》将生态建设与保护单列成

篇，赋予了城乡绿化在两型建设、扶贫开发、节能减排、新农村建设中的重要地位和作用。生态文明，其本质是一种绿色文明。绿化事业，其本质是一种森林资源培育和保护事业。森林是“地球之肺”，湿地是“地球之肾”，生物多样性是地球的“免疫系统”。作为绿化发展的首要任务，建设和保护森林生态系统、保护和恢复湿地生态系统、维护生物多样性是一个有机的整体，直接关系着人类生存的根基。只有通过造林绿化来培育和保护好森林资源，充分发挥森林巨大的生态功能，建立起完善的生态体系，才能实现“强肾润肺”，增强“免疫功能”，切实保护好地球这一人类共同生存的绿色家园，人类才能永远在这块绿色家园中繁衍生息。从这个意义上讲，造林绿化工作事关长沙的可持续发展，事关子孙后代的命运和福祉。

### （二）实施三年造绿大行动是率先建设成“三市”的重要内容

长沙市拥有世界少有的“山水洲城”特色，是率先全国的“两型社会”建设综合配套改革实验区，是领跑全省的经济社会发展首善区，担负着十分重大的责任，扮演着非常重要的角色。要通过长沙“三市”建设，达到产业倍增、收入倍加、城乡品质倍升，必须充分发挥城乡绿化在改善生态环境、推动经济增长、促地宜居宜业上的独特功能和作用。近几年来，我市按照市委“一江两岸、东提西拓”的建设思路，全面实施城市品质提质工程，长沙的天更蓝了、山更绿了、水更清了、空气更新鲜了、大街小巷也更干净了，很大程度上得益于城市森林资源总量日益壮大和有效保护。但是，我们也要清醒地看到，推山造地、填湖建房等现象仍然存在，城市生态功能比较脆弱，全市区域性“热岛”效应明显，雾霾天气时有发生，城乡绿化离现代生态宜居乐居城市的要求还有较大差距。我们必须牢固树立生态文明发展理念，坚持把城乡绿化工作贯穿“三市”建设的始终，切实按照城区、集镇、乡村“三位一体”，林网、路网、水网“三网合一”，生态林、经济林、景观林“三林共建”的总体布局，全力搞好造林绿化建设，积极构建城乡绿色生态体系，给全市人民营造更好的居住创业环境，向全国乃至世界充分展示长沙“山水洲城”的秀美风光和“两型社会”建设的优秀成果。

### （三）实施三年造绿大行动是转变发展方式的重要载体

当前，全球气候变暖、土地沙化、湿地缩减、水土流失、干旱缺水、物种灭绝等生态危机不断加剧，给人类以深刻的教训和警示，我们建设“三市”决不能重蹈“先破坏、后恢复，先污染、后治理”发展方式的覆辙！今天，节能减排、低碳生活、绿色经济已成为世界潮流，成为很多国家和地区调整产业结构、转变发展方式、实现可持续发展的前进方向。当前，长沙正处在工业化、城市化加速发展的关键时期，所面临的资源约束、环境污染、生态安全等问题不容忽视。我们必须从更高的境界、更宽的领域来明确发展方式“转”的方向、找到“转”的路径，在更大的空间、更深的层次上汇聚“转”的资源、形成“转”的动力，争取成为优先保护生态环境的典范、率先转变发展方式的典范和领先培育特色产业的典范。森林植被、生态环境是最直接、最重要、最不可缺少的发展资源。推进造林绿化建设，优化美化城乡环境是落实节能减排、推动低碳发展、绿色发展、可持续发展的最有效措施，是促进经济社会“两型”发展、推动增长方式和发展模式转型升级的最佳载体。

## 二、科学谋划三年造绿大行动的总体思路

实施三年造绿大行动要以认真落实党的十八大精神和《绿色湖南建设纲要》为指导，以适应长沙“三市”建设为目标，以建设城乡绿化“十大”示范工程为重点，全面推进城市生态系统、森林生态系统、湿地生态系统、农田生态系统、流域生态系统建设，切实走出一条生产发展、生活富裕、生态良好的可持续发展路子。到2016年末，全市实现有林地面积净增30万亩以上，森林覆盖率由53.35%提升到55%以上，建成区绿化覆盖率由42.41%提升到50%（含湿地），把长沙建设成为全省乃至国内生态环境最好的宜居宜业城市之一。结合长沙实际，全力抓好“十大工程”。

### （一）城郊绿化工程

按照“绿化增景，生态提质，环境优化”的总体要求，全面推进城郊造林绿化。在城乡接合部、市三环线内特别是二环线周边的棚户区、堆放场、仓储地、取土区和立交桥周边等脏乱差区域实施城郊绿化工程，对废气、废水、固体废弃物、噪声污染、违章建筑开展环境综合治理，推进拆违还绿、清脏播绿、平土复绿、垂直挂绿、造景添绿。加快长沙火车南站周边片区绿化，对核心片区已完成拆迁且暂未出让地块和未开工建设地块按照“地属谁管，绿归谁造”原则进行复绿，着力将长沙火车南站周边、黄花机场周边等重点区域打造成组团式绿地斑块和城市绿色窗口。根据“城区绿化与城郊绿化同步，绿量扩张与绿质提升并举，

生态效益与景观效益兼顾”的原则，对主要出城口干道和高速公路、铁路两厢及节点实施绿化提质改造，建成环城林带、绿色廊道。

### （二）宜林地绿化工程

实行人工造林、封山育林、补植补造、抚育培育等方式相结合，对采伐迹地和火烧迹地及宜林荒山荒地等进行全面造林，对矿山等废弃地实施复绿。切实加强对新造林分和中幼林的抚育管理，提高造林成活率与保存率，确保新造林和现有未成造林地转为有林地。全市完成新造林50万亩，其中迹地更新造林及宜林荒山荒地滩涂造林20万亩，“三边”（城郊边、江河边、公路边）“四旁”（村旁、路旁、水旁、宅旁）新增地造林30万亩。

### （三）社区（单位）绿化工程

按照将长沙打造成文化名城与山水洲城交相辉映的大景区要求，将生态元素深度融入城市建设，推进绿化进单位、进学校、进社区、进企业、进园区，加快社区公园建设和小区绿化、楼栋绿化，着力建设公园式、花园式社区，使社区绿化覆盖率达到40%以上，绿地率达到33%以上，努力实现市民群众出门平均300～500米以内有1000平方米的休闲绿地、公园或广场。单位、学校、企业、园区等实现宜绿尽绿。对新城规划区实施规划控制，禁止开发坡度大于25度、相对高差大于30米的山地和林地，开发建设尽量多地保留原生山体植被和水面、湿地，禁止乱挖山填水，并对新城规划区内林地实行保留征收。建成区新增绿地1200公顷以上，建设社区公园（街头小游园）40个，创建绿色示范社区100个。

### （四）城市绿道工程

按照《长沙市绿道专项规划（2012—2020）》，依托长沙江河风光带、路网绿化带，着力串联长沙城市及周边的风景名胜区、森林公园、湿地、城市公园等自然景观资源，积极打造“一心两纵、八射四联”为总体结构的城市绿道，切实方便市民健身、游憩，亲近绿色，回归自然。重点建设湘江两岸绿道、浏阳河两岸绿道、捞刀河绿道、龙王港—梅溪湖绿道、洋湖垸绿道、圭塘河绿道、星沙大道绿道、西二环绿道、湘府路绿道、金星路绿道等城市绿道，总长200公里。

### （五）街景（立体）绿化工程

街景绿化结合城市建筑设计风格和不同街区的风貌特色，建成区以长沙主城区以及所辖县（市）区政府所在地的城镇为重点，以彩色绿化工程为抓手，以城市主干道为轴线，规范建绿，拆违还绿，择空补绿，见缝插绿，加快五一路、韶山路、芙蓉路等城市主干道绿化提质改造，加强城市次干道、背街小巷新植造绿，全面推动公共绿地建设。立足长沙气候特征和城区建筑特点，大力倡导屋顶、阳台、裙楼、坡塝、墙体立面、立交桥等立体绿化，切实提高城市绿化覆盖率和“三维绿量”，改变城市“水泥森林”形象。力争建成区新增立体绿化30万平方米。

### （六）集镇绿化工程

结合新型城镇化建设，以金井、大瑶、永安、沿溪、镇头、灰汤、花明楼、流沙河、铜官等试点中心镇（小城市）和开慧、乔口、沩山、大围山、莲花等特色镇（产业镇）为重点，突出抓好公共绿地、农民集中居住区绿地建设和街道绿化、休闲广场（公园）绿化，大力开展集镇周边山林、环镇林带和生态防护林建设，严格保护集镇附近山体、湿地和公路、江河沿线防护林，巩固和完善生态屏障。创建绿色示范集镇30个。

### （七）村庄（庭院）绿化工程

村庄绿化结合农村田、水、林、路、村等“五大”综合整治工程，抓好村庄公共绿地和村旁、路旁、水旁、宅旁“四旁”绿化以及农田林网建设，严格保护好村庄范围内的古树名木、风景林等原生绿地。加强农村饮用水源地划定和保护，推进养殖污染达标排放和生物治理，加快农村生活垃圾分类减量处理处置和生活污水净化处理，推广沼气、太阳能等新能源和省柴节煤炉灶等节能新技术、新产品，减少薪柴砍伐，保护森林资源。创建绿色示范村庄100个。农家庭院突出绿化、美化、香化、林果化，引导农民充分利用房前屋后的空坪隙地，科学栽种树木、果林、花草、蔬菜，提高养护水平和绿化效果，达到绿地整洁、林相美观，绿色示范村庄要有80%以上的农户庭院实现绿化美化。创建绿色示范庭院10000户。

### （八）通道绿化工程

围绕打造“整洁靓丽风景线，宽敞快捷的文明路、特色鲜明的产业廊”城乡一体化发展要求，加快城乡连接10条重点干线（S207线、黄兴大道北延线、永安-大瑶线、浏阳河线、宁韶线、宁沩线、高乔线、黄桥大道线、金洲大道线、莲花-雨敞坪线）绿化美化。整合楠竹、花卉苗木、水果、茶叶等为主的经济林建设成果，带动休闲农业和生态旅游发展，重点培育一批乡村精品旅游目的地，精心打造10条休闲农业与乡村旅游精品线路。全面启动百条县乡公路绿化，全线绿化率达到85%以上。高标准绿化铁路、公路两厢，全线绿化率铁路达到85%以上、高速公路达到95%以上，使道路沿线宜林宜绿地实现“全绿化、不露荒”，建成“树有高度、林有厚度、绿有浓度、四季皆景”的城乡绿色通道。

### （九）水系绿化工程

紧紧围绕“水清流畅、岸绿景美、人水和谐”发展要求，重点抓“一江六河”及重要饮用水源地绿化，启动浏阳河东岸风光带绿化建设，对重要饮用水源地实行永久性封山育林和养殖业退出保护并实施生态补偿，切实保持水源地的生态安全。加强库区、山塘、堤坝周边绿化，大力营造水土保持林，有效防控水土流失，提高水库和山塘蓄水防洪能力。对重点干渠、塘坎周边宜林地进行条线绿化，全面提高沟渠、塘坝生态保护范围的绿化覆盖率，增强水系生态功能。全市江河两岸、水库周边、干渠沿线宜林宜绿地绿化率达到85%以上。加强农田面源污染及河流重金属污染治理，抓好河道清理管护和库、塘、沟渠整治，实施病死家禽、家畜无污染、无害化处理，提升安全供水保障能力。

### （十）屏障绿化工程

推进城市林业生态圈建设，认真贯彻《湖南省长株潭城市群生态绿心地区保护条例》，加强我市长株潭“绿心”区域的保护和建设，严格管护城市绿地和湿地资源。大力实施生态公益林、退耕还林、长防林、血防林、碳汇林、矿山植被修复等重点生态工程，坚持对重要生态区、生态脆弱区进行封山育林，对天然林实施禁伐，严禁滥占乱占林地开垦，生态公益林保护面积达到300万亩。加强野生动植物保护和自然保护区建设，在城市周边保护、建设和提质省级或国家级森林公园、省级或国家级湿地公园10个，维护自然生态平衡。

## 三、建立健全三年造绿大行动的工作机制

### （一）构建领导协调机制

坚持“政府主导、社会参与，属地管理、条块结合”原则，强化全市三年造绿大行动的组织、协调和指导，明确县（市）区为城乡绿化的实施主体，围绕

“十大工程”建设，实行一个工程、一名领导、一个班子、一套方案、一抓到底。坚持分工协作、合力推动，全面落实“十大工程”的市直牵头协调单位和有关责任单位责任。突出城乡绿化成果管护，实行谁造谁管、造管并举。严格市县两级绩效考核，加大检查督导力度，确保造绿行动扎实开展。

### （二）创新造林绿化用地机制

结合城乡实际，积极探索行之有效的造林绿化用地机制。坚持“规划先导、科学绿化，因地制宜、适地适树”原则，在建成区，全面推进“规划控绿、清脏播绿、拆违建绿、择空补绿、见缝插绿、垂直挂绿”，着力解决建成区绿化“用地紧张”问题，不断提升城区绿化总量和美化档次。在城郊和农村，积极借鉴省内外造林绿化先进地区的成功经验，因地制宜地采取征用、流转、租赁土地和实行土地作价合资、入股合作等形式，着力解决重点造林绿化工程“用地难”问题。

### （三）健全政策资金扶持机制

突出绿色“GDP”考量，将绿化重点项目优先列入市重点建设项目计划，并在资金、技术、用地、信贷、风险投资等方面给予政策扶持；健全金融支撑体系，建立“政府奖补、部门筹集、工商资本投入、社会投资投劳”的多元化投融资渠道。探索创建多种类型的生态补偿机制，实行区域补偿、流域补偿和要素补偿相结合，建立森林碳汇机制，实施异地造林绿化补偿。

### （四）建立依法治绿保障机制

积极推进城乡绿化和生态建设规范化、法制化建设，严格执行《森林法》《湖南省湿地保护条例》《长沙市城市绿线管理办法》等法律法规，争取出台《长沙市城市林业生态圈保护条例》，全面落实属地管理为主、部门协调监管的造林绿化责任制，强化绿地、林地监管，实施生态公益林禁伐工程，严厉打击毁林占绿、滥占乱占林地等破坏森林资源的违法犯罪行为，严防森林火灾和病虫害发生。

### （五）完善科技创新应用机制

优先支持生态建设、环境保护、能源节约等领域的创新平台建设，加大新技术、新设备在造林绿化中的应用推广力度。完善造林绿化科技推广网络，搭建科技普及平台，大力推进造林绿化科技进村入户，充分利用林业测土配方成果，指导适地适树科学绿化。加强绿化专业技术人才队伍建设，提高行业发展整体水平。

# 践行两型发展之路　沉淀旅游强区品牌

## ——岳麓区盘活做大旅游产业的探索与思考

中共长沙市岳麓区委
长沙市岳麓区人民政府

自20世纪90年代以来，发展不断提速的旅游业已成为国民经济的重要产业，为促进就业、改善民生注入了巨大的活力。近年来，岳麓区坚持“以生态为基础，以文化为灵魂，以市场为导向”的发展价值定位，大力创建“旅游强区”和“河西靓城”品牌，成效显著，2004年，岳麓区被评为国家级生态示范区。2012年度、2013年度，岳麓区两次荣获“湖南省旅游产业发展十佳区（县）”称号；岳麓山—橘子洲旅游景区、洋湖湿地景区先后被评为国家5A级和4A级景区。岳麓山—橘子洲景区被评为“湖南省名牌旅游景区”，晚安工业园被定为首批“长沙市旅游工业示范点”“湖南省工业旅游示范点”。

## 一、依托“环境资源”，抢占发展高地

按国际习惯测算，旅游业的直接就业与间接就业的人员比例约为1∶5。2013年，岳麓区旅游总收入占全区GDP的16%。岳麓区的旅游经济发展，受益于自身优越条件与良好发展环境的有机结合，具体归结为以下因素。

### （一）丰富的生态资源

湘江河、岳麓山、橘子洲与岳麓城区交相辉映，充分展现长沙“山水洲城”的特色。一是原有生态活力的展现。岳麓山系国家5A级旅游景区岳麓山·橘子洲旅游区核心景区，海拔300.8米，是南岳衡山72峰之一，山中现有植物977种。

二是新兴“绿色景区”的涌现。洋湖湿地景区、梅溪湖旅游区、大王山旅游度假区建设进展顺利。三是农村生态资源的储备。例如，莲花镇和雨敞坪镇辖区内就有林地32.68万亩、耕地面积14.28万亩以及养殖水面2.61万亩，森林覆盖率高，水源丰富，是长沙市名副其实的农业大区。

## （二）深厚的人文底蕴

一是名胜古迹众多。位于岳麓区的国家、省、市文物保护单位达89处，包括岳麓书院、爱晚亭、麓山寺、西汉王陵、三国北津城等闻名遐迩的历史遗址。2013年，橘子洲景区、新民学会被定为湖南省红色旅游点。二是科教文化氛围浓厚。湖南大学、中南大学、湖南师范大学等全国重点高等学校均坐落于岳麓山风景名胜区内，院校林立、自然环境和历史遗迹的结合营造了一种古今交融汇聚的人文历史氛围。

## （三）适宜的发展环境

当前，经济社会大环境影响着旅游经济发展趋势，具体归结为三个原因：一是“两型”理念深入人心。建设和发展“两型社会”从中央到地方，从政府到群众，都已经形成了广泛和高度的共识。2007年，长株潭城市群成为国家“两型社会”综合配套改革试验区，岳麓区被赋予“先行先试”的使命。二是旅游经济蓬勃发展。随着人们物质水平的不断提高，旅游出行已经成为重要的休闲度假选择。三是旅游观念逐渐转变。由观光游转变休闲度假型旅游的趋势愈加明显。越来越多的人不再满足于“上车睡觉，下车拍照”的团体游方式，乡村旅游也逐渐走入更多讲究生活品质人的视野。

## （四）坚实的政策平台

随着发展质量的提升，岳麓区的产业扶持和引导政策土壤肥力不断增强。一是产业政策基础深厚。近年来，岳麓区相继制定了《岳麓区国民经济和社会发展第十二个五年规划》《关于加快现代旅游业发展建设旅游强区的决定》《关于促进现代服务业发展的若干规定》等若干政策性、指导性文件。二是政府部门合力增强。在旅游项目建设和管理方面，岳麓区与湘江新区等重要单位、部门进行了更为紧密的合作交流，为共同促进地区的旅游产业深度发展搭建了更广阔的平台。

## 二、践行“五位一体”，沉淀旅游品牌

岳麓区紧紧围绕“六个走在前列”大力发展旅游经济，产业发展呈现健康、稳定、和谐的良好局面。2013年，全区共接待国内外游客1380.8 万人次，其中接待国内旅客1357.82万人次，入境游客22.98万人次。

### （一）以立体宣传推介“立名”

一是因地制宜推新景。创新推介出岳麓洋湖镜月、梅溪夕照等“新八景”，提出了“北看香山、南赏麓山”的赏枫口号。二是依托节会聚人气。近两年来，岳麓区成功承办和协办湖南国际旅游节开幕式、第七届岳麓山红枫文化节、橘子洲国际音乐节、长沙市葡萄节等多个大型节会。《湖南日报》、《长沙晚报》等多家媒体对岳麓区旅游工作进行了报道。三是人性宣传创特色。为更好地推介区域特色，岳麓区还印制了《岳麓区旅游地图》《岳麓区旅游宣传画册》《岳麓区旅游线路推荐宣传册》等具有地域特色的宣传资料，精心推出岳麓“一日游”“二日游”等精品线路。

### （二）以优质项目推进“聚名”

努力挖掘5A景区优质资源，狠抓旅游文化产业发展，按照“建设一批、策划一批、储备一批”的工作思路，完成了麓山叙事、润泽天、步虚楼等项目招商引资和进场入驻；积极筹划了环橘子洲游艇游船项目、桃花岭康体养生主题公园等一批精品项目。2013年，梅溪湖旅游区5大公园、洋湖湿地景区二期（多样性展示区）建成并对外开放；2014年，西湖文化园、巴溪洲水上公园建成开园，洋湖湿地景区三期即将建成，湘江欢乐城等重大项目建设继续推进。

### （三）以优化管理服务“美名”

岳麓区以建设“平安满意景区”为抓手，积极树立岳麓山风景名胜区管理服务标杆。一是推动管理方式升级。全面实施景区设施设备建档管理，加大设施设备管理维护，确保了景区设施设备齐全、功能完善。二是推动资源保护升级。加大景区园林绿化管理和古树名木保护，提升景区森林病虫害防治力度，积极开展抗旱保苗。去年，橘子洲景区完成绿地改造8万多平方米。三是推动服务水平

升级。加大“智慧型”景区建设步伐，努力完善服务设施，全面推行“五心”服务，努力健全投诉机制，大力提升人员队伍业务能力和素养。

### （四）以景区综合整治“护名”

岳麓区以总体规划为指引，积极开展岳麓山风景名胜区景区综合整治。一是加强景区政策保护。2013年，岳麓区启动《岳麓山风景名胜区保护条例》等修改工作；进一步规范了景区外围保护地带项目选址管理。2013年，省住建厅已将岳麓山风景名胜区纳入全省首批“生态文明景区”建设试点单位。二是加强景区破坏治理。控制违法建筑面积11873平方米，控制挖山毁绿破坏地形地貌面积3689平方米，拆除违法违章建筑2200余平方米。三是加强景区设施配套。积极争取各级资金投入，基本完成了麓山景区水环境综合整治工程，景区电视塔、长廊等六个片区污水排放可望达到国家一类排放标准，“显山、活水、透绿”治理效果初步展现。

### （五）以城乡旅游结合“扬名”

近年来，岳麓区的现代农庄发展规模不断扩大。目前，全区共有经营性休闲农庄160余家，从业人数1500多人，辐射带动周边2300多家农户。主要经营模式为四种：一是休闲娱乐型。经营内容以传统的垂钓、棋牌、餐饮为主。岳麓区现有农业部水产健康养殖示范场3家，省级水产健康养殖示范场1家，市级11家。二是复合经营型。如莲花镇桐木村南洲湖休闲山庄，在传统的垂钓、棋牌、餐饮项目之外，还设有游客农业活动体验区、自助式田园蔬菜采摘等活动项目。三是特色资源型。例如，长沙留香现代农业休闲示范园采取当地村民土地入股与西城实业集团投资建设结合的方式。四是产业主导型。以种植业、养殖业尤其是花卉苗木生产基地为主导产业，通过土地流转来扩大生产规模，聚集生产要素，促进科技成果转化。

## 三、矢志“五项升级”，提升产业活力

进一步抓好重点、创出亮点，不断提升旅游“西引力”，高质量规划建设一批精品旅游项目，打造具有岳麓品质特色的旅游产业。

### （一）在争先创优中进一步推动目标升级

一是力争品牌价值提升。岳麓区将以大思路、大视野、大景观、大节会、大氛围推动旅游工作，继续争创“湖南省旅游产业发展十佳区县”，争创湖南省两型旅游示范区。二是实现景区规格升级。梅溪湖旅游区申报4A级景区。洋湖湿地景区做好创建5A级景区准备工作。三是优化乡村旅游引资。加大现代农庄的招商引资力度，以市场为导向，吸引多元投入开发，引导社会资本和民间资本投资现代农庄。特别是引导和鼓励一批已经完成原始积累的农民工，带着资金、经验和信息回乡发展现代农庄，发展地方经济。

### （二）在做优精品中进一步推动项目升级

一是“山岳”型旅游。打造岳麓山—莲花山生态廊道和桃花岭自然保护区等一批精品都市生态组团，加快大王山旅游度假区、象鼻窝森林公园、汉王陵遗址公园建设。二是“江湖”型旅游。建设湘江、靳江河等旅游风光带，打造梅溪湖、洋湖、西湖、桃子湖等环湖旅游生态圈。将湘江流域建设成为集文化旅游、生态观光、水上运动和休闲度假等多功能于一体的知名综合性旅游目的地。做好夜游湘江项目，精心设计两岸景观，建好码头引入快艇、游船。三是“洲岛”型旅游。加快橘子洲、傅家洲、巴溪洲开发进程，将巴溪洲打造成集游艇俱乐部、体育俱乐部、生态湿地于一体的综合性水上公园。

### （三）在提升形象中进一步推动营销升级

一是区域价值推介。与《长沙晚报》《潇湘晨报》等权威媒体进行战略合作，全面开展湘江西岸区域价值推介，对岳麓区生态旅游资源、人文历史资源和种类节会进行连续报道和重点推介，着力打造“全域旅游、全业旅游、全年旅游”的岳麓品牌。二是旅游产品推介。深入推介岳麓新八景，推动新景点旅游。支持企业生产具有区域特色的旅游商品，为游客留下精美大气、高附加值旅游纪念品。三是精品路线推介。与各大旅游地积极对接，将岳麓一日游、二日游线路从纸上落到实处，促推将岳麓旅游与张家界、南岳、岳阳、韶山等地旅游捆绑营销，拉动消费。

### （四）在统筹城乡中进一步推动质量升级

注重以城带乡，打造现代农庄优势集群，拉动农村经济发展。一是突出“特色”，实现专业化。重点在特色农业上做好文章，结合地理特点、人文景观，合理调整区域生产方向，着力打造2个省级旅游特色乡镇、村。二是精雕“样板”，实现标准化。探索对现代农庄建立统一生产技术流程。对产品质量标准、品牌、销售采用现代企业经营模式，生产无公害、绿色、有机产品。岳麓区将继续推动打造以含浦—莲花—雨敞坪田园风光体验为主题的乡村旅游长廊；精细规划谷山生态旅游区、雨敞坪田园风情小镇建设；大力发展学士葡萄、森蓝蓝莓、圣峰果业、天泉草业、四季田园、裕丰水产等休闲观光农业项目，辐射带动全区乡村旅游发展。

### （五）在优化品质中进一步推动服务升级

岳麓区将加速星级酒店建设，促进滨江购物广场、红星美凯龙、王府井百货等卖场建设，协助长沙市旅游服务集散中心招商，进一步优化旅游消费环境。全面贯彻落实《旅游法》，强化旅游市场秩序和服务质量监管，切实维护游客和旅游经营者合法权益，不断提升游客满意度。

# 农民集中居住区建设探索

长沙市望城区人民政府

望城是雷锋同志的故乡，地处湘中东北部，湘江下游两岸，北连浩瀚洞庭，南毗麓山毓秀，辖21个乡镇（街道），面积969平方公里，人口54万，2011年经国务院批准撤县设区成为长沙新城区，全境纳入长株潭“两型社会”综合配套改革试验区和洞庭湖生态经济区建设范围，是长沙大河西快速北拓的前沿，是城市郊区化与郊区城市化相互交错的地带。

望城区现有上规模（聚居规模大于50户）的自然村落约210个，主要形式分为两种：一是自然村落式，受自然环境和区域经济发展的影响，农村住宅大多依山傍水而建或依路而建，村落大部分呈散点状和带状分布，且规模普遍较小，50户以下的村落占村落总数的80%以上。现状村落集聚程度低，土地利用粗放，建房以自然村落为界，建设方式以低层的、独立式院落为主。二是重建地集中安置式，因项目拆迁，政府将失地农民统一安置于重建地，但当前重建地的建设及管理也还存在一系列问题。

## 一、实行农民集中居住存在的主要障碍

### （一）思想方式和生活方式惯性

望城非都市区乡镇，因为基本农田的保护，项目入驻不多，农业还是农民主要的生产活动，庭院经济和家庭养畜还是重要收入来源，土地还是主要的保障手段，传统习俗和邻里观念还比较强，以村庄为主要形式的农村居民点还是比较适合农村居民居住和从事各种生产的。农民集中居住后，农民不仅担心远离自己的

土地，不便耕作和管理，还会给生产带来很大的不便，而且担心农机具及粮食的存放问题，失去独立的前庭后院加池塘的生活环境，生活空间受到极大挤压，生活成本大为提高，未来生活没有保障等等。因此，在没有外在动力的情况下，集中居住后的重重顾虑很大程度上影响了农村集中居住区建设的顺利推进。

### （二）承包土地难调整，跨村组建房困难

由于存在村镇规划与土地利用总体规划的不协调，亦即用地规划和用地计划之间的矛盾，集中居住的用地计划难解决，基本农田很难调剂。集中居住区域成片占地必然涉及土地置换与土地调整，新一轮土地利用总体规划修编尚无法逾越这根“红线”，制约了农民集中居住工作的推进。此外，承包土地难调整，按照《农村土地承包法》规定，农村土地二轮承包期30 年不变，而集中居住区建设必然要跨组占用其他农户承包地，土地调整不可能用行政措施强制推行，土地流转和土地跨村调整工作目前难以全面展开。固有的集体所有制绑住了农户集中居住的手脚，导致实行集中居住的成本不能在保证质量的情况下最大限度地降低，这使得乡镇在推行相关政策时不知所措。

### （三）建设资金缺乏保障

农民集中居住区建设是一个系统工程，住房、基础设施及公共服务设施配套需要耗费巨大的资金。根据《长沙市望城区农民集中居住建设试点工作方案》，农民集中居住区住房建设采取统一设计、个人自建的方式进行，但居住区建设依旧涉及水、路、电等基础设施配套问题。望城在湖南虽属经济发达地区，但较之沿海地区仍然有不小的差距，大多数农村没有区位优势，土地升值潜力不大，村级经济总体不平衡，政府投入有限，农民集中居住区建设存在不同程度的资金缺口。

### （四）配套设施不到位，集中居住区难以形成吸引力

农民的集中居住并不是简单的让农民“搬房子”，让农房集中，而是通过农民的适度集中居住实现城乡公共服务和基础配套的均等和共享。从望城区重建地实际情况来看，受资金、规划、政策等方面的限制，目前已建的重建地大多存在基础设施，特别是供电、污水处理、垃圾处理等方面不配套问题。

### （五）再就业较困难，生活缺乏后续保障

让农民“住得进”还能“住得起”是推进农村集中居住的难题之一。农民的

各种顾虑往往是推进集中居住工作中考虑最多的，也是影响利益冲突关系的重要因素，农村居民担心政府补贴少、生活开支过高或就业无门而无收入来源等经济问题，导致集中居住的意愿不强烈。

### （六）已建集中居民点规划意识不强，建设品位较低

当前望城区已建集中居民点主要是指重建地，但就望城区重建地整体来说，大部分重建地只是进行了简单的平面布局规划，规划设计深度不够，同时也没有对房屋结构、外形设计进行规范。另一方面，集中居住点建设过程中，由于缺乏有效的监管，规划设计常常得不到有效执行，重建地超层超面现象严重。

## 二、实行农民集中居住的政策措施

### （一）先试点再推广

农民集中居住是一项长期工作，不可能一蹴而就，应在充分吸收外地成功经验的基础上，根据望城实际先行试点，探索形成一条符合实际、可操作、可推广、可复制的具有望城特色的农民集中居住模式和运行机制，通过以点带面，循序渐进地推进农民集中居住。通过调查发现，对于集中居住，并非所有调查对象均持赞成意见，相当部分持观望态度，这说明完全依靠行政命令硬性推进会遭遇较大阻力。因此，必须按照规划安排，分期实施，以示范效应说服农民，使“推”农民变为农民“要”向集中居住区迁移。对已建和在建的集中居住点前期各方面工作，做出全面总结，虚心接受群众意见，改进工作方法，处理好遗留问题。只有依规划要求按期完成，才能彰显其示范效果，减少后期工作的阻力。

### （二）科学规划设计

集中居住建设是一项长期的、巨大的系统工程，各级政府尤其是乡镇和村组干部必须强化规划意识，树立“规划先行、规划第一”的思想。望城的乡镇在地形地貌、经济发展水平、居民思想意识等方面都存在或大或小的差异，集中居住工作的具体安排，应实行以乡镇为基本单位的分区推进方案，以村为单位进行集中居住点的选址布点，科学制定符合实际、各具特色的农民集中居住区建设规划，注意保护农村的自然风貌、历史古迹和生态环境，合理配置各类资源，不搞

大拆大建，避免重复投入，防止“千村一面”和资源浪费。

### （三）保障用地需求

土地是实行农民集中居住的基础条件，各乡镇、村（社区）要根据农民集中居住点年度建房计划，合理测算所需集体建设用地，国土部门要对用于农民建房的集体建设用地进行土地利用总体规划调整布局，以保障农民集中居住的建设用地需求。同时，还应积极争取省、市国土部门的支持，认真研究国家相关政策，通过探索城乡建设用地增减挂钩政策、土地置换调整和流转、宅基地整理等多种方式解决农民集中居住区用地问题。集中居住点建设涉及跨村民组的集体土地调整，应由所在乡镇、村（社区）、村民组负责协调解决。

### （四）整合资金资源

农民集中居住点建设是一项投资巨大的战略工程，仅仅依靠政府财政投入是无法完成任务的，应当探索多元化的投入机制，多渠道筹集建设资金。一是应积极争取国家、省、市各类专项资金，整合部门力量，明确各部门职责，相关部门涉及农村基础设施建设的项目要优先、重点投向农民集中居住区，形成有技术出技术、有政策出政策、有钱出钱、能减免尽可能减免，建立各部门配合、上下联动、互动促进的运行机制；二是要鼓励农民积极投身建设、参与建设、参与管理，农民集中居住房屋建设应采取统一设计、农户自建的建设模式；三是利用十八大后农村土地制度改革的契机，积极探索农村土地承包经营权以及农村集体经营性建设用地的经营和流转，激活农村土地资源价值，所得收益用于农民集中居住区的建设。四是要充分发挥市场作用，对市场可以解决的事情，尽可能通过吸引社会资本、民间资本参与集中建设。如集中居住区部分公用基础配套设施建设，可按“建设—经营—转让”模式，即政府通过契约授予单位或个人，许可其融资建设和经营特定的公用基础设施，并准许其通过向用户收取费用或出售产品回收投资并赚取利润，特许期满后，该基础设施无偿移交政府。

### （五）制定惠民措施

为更有效地推进农民集中居住，应制定相关惠民政策，鼓励农民向集中居住点迁移。一是对于主动申请到农民集中居住区建房并按规划设计要求建设的每户给予2万元补助，其中1万元补助至乡镇作为工作经费，1万元补助至个人建房户作为建房补助。二是农民集中居住区内个人建房涉及的行政事业性收费全免。三是大力完善农民集中居住区的公共基础配套设施，提高居住品质，集中居住区以外的基础配套设施原则上不再加大投入。四是重视集中居住后的再就业服务，一方面要积极扶持农民自主创业，政府应在贷款、税收、场地等方面对自谋职业和自主创业的农民提供优惠政策；另一方面要加大农民就业培训力度，提高农民劳动技能；再有就是要鼓励农民从事比较灵活的非正式就业，如：微型企业、家庭型的生产服务单位等规模很小商品生产、流通、服务等的单位；最后是要积极引入大型生态农业项目，农民土地流转后，可返聘作为企业员工，继续从事农民所熟悉的农业生产活动。

### （六）创新管理制度

实行集中居住后，农民生活方式有了较大改变，从原来农村分散型居住方式转变为城市集中型居住方式，将带来社会网络、就业结构、邻里关系、消费习惯、生活内容等一系列变化。因此，集中居住区应充分发挥村委会、居住区民众的自治作用，打造农村基层社会管理和公共服务新平台，完善党员服务、民主监督、为农服务、社会保障、社会事务、卫生医疗、文体娱乐、警务综治、综合管理等功能，以管理的创新增强集中居住吸引力。

### （七）强化产业支撑

强化产业支撑是推进农业集中居住的根本动力。具体到望城区来说，就是要大力发展规模农业，加快农业现代化步伐。一是加快土地承包经营权流转。鼓励集中居住的农民通过转包、转让、出租、互换、股份合作等多种方式流转土地承包经营权，加快发展高效设施农业和规模农业。二是利用望城国家农业科技园的优势，创新资金、人才、技术引进、招商和管理制度，加快农业产业步伐。三是制定产业扶持政策。对从事规模农业生产、加工、销售等的经营企业（者），应在财政、金融、税收等方面给予优惠，扶持“龙头”农业企业的发展。

## 三、实行农民集中居住的工作要求

### （一）强化组织领导

成立推进农民集中居住试点工作领导小组，由区长任组长，分管国土、规划和农村工作的副区长任副组长，区直相关部门为成员单位，领导小组下设办公室。具体负责农民集中居住区建设试点的组织、协调和指导、考核等工作。建立领导小组联席会议制度，定期会商农民集中居住区建设工作，及时协调解决试点过程中的重大问题。各乡镇和试点村（社区）作为农民集中居住区建设试点工作的组织和实施主体，也要建立相应的组织领导机构，精心组织，扎实有力推进。

### （二）强化群众主体

实行农民集中居住区是为了实现城乡公共资源的均衡配置以及提高农民的实际生活质量，所以在农民集中居住建设工作推进过程中，要充分尊重群众的主体地位，强化群众主人翁意识，发动群众参与建设、管理全过程，开创村民自治新局面。在涉及集中居住区建设上，规划选址、户型模式都要广泛调研，最大限度听取和吸收群众的意见和建议。在涉及集中居住区具体管理上，由政府引导将管理运作中可能存在的若干问题罗列出来，交由集中居住区全体村民大会讨论商议，经多数同意后再组织实施，改变过去自上而下的被动管理方式，形成自下而上的主动管理方式。在充分实现村民自治的同时，讨论通过的各种规章制度、村规民约更容易得到大家的遵守和执行，才能从根本上解决事难管的问题，才能真正做到农民生活质量的提高。

### （三）加强建设管理

为真正打造出具有特色亮点的望城新村，农民集中居住建设的各个环节和各个方面，各乡镇和区直相关部门要根据职责分工，严格加强监督管理。农民集中居住区内的个人建房、基础配套等各项建设，必须严格按照统一规划和设计样式及施工图组织实施，任何单位和个人不得擅自改变建筑房型、层高、面积等；农民自建房屋必须严格实行“一户一基”政策，在农民集中居住区建房的户主必须做出拆除原住房和附属房屋的书面承诺，限期自行拆除原住房和附属用房，原有的宅基地由村委会统一收回，并按国土部门要求复耕。

### （四）强化督查考核

区委、区政府要把推进农民集中居住区建设工作列入对各乡镇、部门年度目标绩效考核的重要内容，对推进有力、成效明显的乡镇和试点村进行表彰。领导小组办公室要动态掌握农民集中居住区建设试点推进工作情况，加强调度检查，确保各项措施落实到位。各乡镇、试点村要强化责任，加强管理，对重视不够、组织不力、扯皮推诿、没有作为甚至失职渎职造成社会影响的，实行责任追究。

### （五）强化宣传引导

围绕农民集中居住问题，加强正确的舆论宣传引导，采取现场参观、广播宣传、图片展览、发放资料等群众喜闻乐见的形式，宣传农民集中居住区建设的意义、原则和政策，营造推进农民集中居住的良好氛围，使广大农民群众真正认识到，推进集中居住区建设是改善农村环境、提高生活质量的现实需要，是集约利用土地、整合土地资源的关键举措，进而激发广大农民参与集中居住区建设的主动性和积极性，形成推进合力，为试点工作开展打下坚实基础。

# 破局重生看高桥

## ——高桥市场片区加快推进提质升级

长沙市雨花区人民政府

“湖南市场看长沙，长沙市场看雨花。”这是湖南人对雨花区的基本印象，高桥市场在雨花传统市场中占有重要一席。高桥市场片区是以高桥大市场为主体，火焰大市场（含神农茶都）、高桥农副产品城、高桥商贸城、涟源百货城、水暖建材城、长沙茶市、高桥货运物流市场为支撑，八大市场共同构筑的商业市场群落。市场总占地约2050亩，商户12964户，从业人员15万余人，全国各大商品的省总经销商、总代理商1700余家，承载长沙70%以上的粮油糖酒、日用百货批发零售交易，年交易额近800亿元。其中，高桥大市场是中南地区规模最大的国家级综合批发市场和全国第四大市场，于1996年9月开业，占地近1000亩，现有商户7800户，从业人员约10万人，年货流量5000万吨，年成交额500亿元，年上交税费3亿余元。

经过十余年的发展，高桥市场日益壮大繁荣，为促进区域发展、减轻就业压力、维护社会稳定做出了重大贡献。但由于建设初期缺乏整体科学规划，致使片区各市场自发形成的业态存在小、散、乱的现象，商业服务档次不高，市场经营业态滞后，没有形成自有特色品牌，加上传统的粗放型增长和扩张方式给周边交通、市容、治安等带来了很大压力，片区交通环境混乱、基础设施配套不全、管理体制僵化滞后等系列制约因素的存在，严重束缚了市场自身和城市的可持续发展，谋求产业转型、探索提质升级是市场破局重生的唯一突破之道。

## 一、三大提质轨迹

针对片区发展的种种制约，各市场主体重新审视自我，积极寻求破局之道。

近年来，按照“科学规划、集约发展、政府引导、市场运作”的原则，制定了提质改造三年计划，坚持市场迁建与提质改造并举，整合市场要素资源，构建现代流通体系，优化商圈产业布局，呈现欣欣向荣的崭新面貌。

轨迹一：加快了向现代化专业市场集群的蝶变升级。根据三年提质改造整体规划和实施方案，片区以高桥大市场提质为核心，对周边现有的7个批发市场和原有分布紊乱的业态群组，进行了功能分区、划行归市，淘汰了规模小、信誉差的商家，外迁了与规划不匹配、体量大、效益低的业态，引进了与酒店、酒水等相关的系列配套，逐步构筑起专业化的市场产业集群，并将片区的仓储、物流配送功能逐步剥离外移，实现由现货批发交易向现货交易、订单交易和电子交易相结合的方式转变。目前，片区先后完成了酒水食品城、酒店用品城、火焰大市场等6个市场的提质改造时间节点任务，酒水食品城的硬件提质和管理提质改造全面完成并投入了运行，酒店用品城的主体和店招改造全面完成、正式营业，初步实现业态布局趋于合理、功能分区更加清晰、市场规模效应凸显的阶段目标。

轨迹二：推进了向区域性现代商贸中心的转型提质。在加快经营业态调整和整合的同时，片区更加注重经营模式的升级，成立了电商运营中心，启动了电商平台“高桥购”，预计2015年完成整体搭建并上线，推进传统批发业态向现代商贸业态的转型升级，实现实体市场与电子商务的融合发展。加上近年来片区周边的上河国际商业广场、西子商业中心、华晨世纪广场等城市综合体，通程百货、通程奥特莱斯、沃尔玛等大型专业卖场相继建成并投入运营，为片区提质改造开辟了广泛空间。预计改造完成后，市场商户整合成6000户，吸纳从业人员12万人以上，年上缴国地两税4亿元以上；预计2014年市场年交易额达到800亿元，2015年达到900亿元，2016年至少突破1000亿大关，成为集商品展示、电子商务、金融结算为一体的现代商品交易中心，打造成为湖南省首个“千亿级商贸产业集群”。

轨迹三：实现了向示范性城市建设典范的形象提升。针对传统市场存在的脏、乱、差等一系列问题，片区坚持在提升市场形象上下功夫、想办法。通过优化设计、基础配套，对原来老建筑进行拆建（改造），提质了硬件和基础设施；通过交通疏导、拓宽道路，改善了交通组织和停车条件；通过实施美化、亮化工程，提升了品位和整体形象；通过划行归市、专项整治，提升了环境和文明指数。根据整体的实施方案，高桥大市场将在2014–2016年投入资金14亿元左右，提质改造32.5万平方米。2014年已经投入资金10.2亿元，改造面积24.5万$m^2$，并从今年4月份开始组织了为期一年的专项整治，全面整治各大市场及周边交通和经营、卫生环境，高桥片区的环境整洁、交通有序、经营规范，形象更好，影响力和美誉度进一步提升。

## 二、主要做法

### （一）抓科学规划布局

经过8次调研分析、规划设计、论证和修改等多个环节，片区完成了《高桥市场片区提质改造整体规划及实施方案》，通过功能分区、划行归市，引导各市场经营主体进行优化布局、特色定位，对规模小、效益差的业态，予以淘汰外迁；对同质化严重、受冲击较大的业态，实施归类合并；对受用地、规划、交通、环境等因素制约，但有较好经济效益和发展前景的市场，在合适的区域择址重建，逐步外迁高桥物流货运市场，选址新建高桥现代商贸物流园，规划建设电子商务产业集聚区，全力促进同类商品向专业市场集中、同类市场向优势市场整合，进一步明晰了高桥大市场、火焰大市场等7个市场的专业化、特色化发展道路，所绘就的打造现代化商品交易中心蓝图为片区的提质改造指明了方向。

### （二）促产业提质升级

实施“整合一批、引进一批、搬迁一批”的“三个一”举措，积极引导市场经营主体按照一品一市、规模经营的思路，调整业态，提质壮大。如高桥大市场A区文体百货（一楼），淘汰床上用品、百货、日化、饰品、箱包等业态，集聚发展文化用品、体育用品、办公用品等三大业态；火焰大市场对1、2、3区文体商贸城、火焰纸品新城等专业区域进行了主体业态归置与集中，统一经营茶叶茶具产品，打造集茶文化、体验、消费于一体的高端市场。特别是重点打造电子商务平台，借助电子商务这一新型交易方式，实现市场功能、产业业态和交易主体、范围、方式、规模、手段的创新与提升，预计2015年底“高桥购”上线运营，力争5年内实现交易额1000亿元，再造一个网上高桥大市场。

### （三）提市场建设档次

注重市场建设品质，对不符合经营需求的建筑全部推倒重建，对市场外立面进行彻底的改造装修，对筑墙面原有色调进行重新净化，设计了风格迥异、各具特色的建筑立面广告，市场面貌焕然一新。如酒水食品城一期的提质，已投入资金2.4亿元，完成了52栋8万$m^2$改造；酒店用品城也完成了12万$m^2$的主体建设、市场分区、提质亮化工程，正式开张营业；对火焰大市场的两处门楼进行了改造和亮化，在神农茶都内建设了文化街区，设立了神农雕像，设计了茶都文化墙，启动了朝晖路景观商业街工程。2015～2016年，还将投入4亿元，对东大门百货城、酒水食品城二期、医药流通园等区域8万$m^2$进行改造，打造市场形象标识。

### （四）强基础硬件配套

在对原有的老建筑进行拆建改造的基础上，增设了大量配套设施，安装了自动消防喷淋系统、监控安防系统、中央空调系统，配套了货梯、电梯、自动扶梯等设施设备，合理布置了居民日常运动场地、信息发布栏、公共厕所、垃圾站、环卫站等公共设施，部分墙壁也安装了玻璃幕墙，所有的水电线路全部下地，更换了电力线路，进行了电力增容，硬件实施的品质得到全面提升，既让整个片区变得更加整洁、美观，也有效地根除了市场的消防安全隐患。规划建设的电子商务产业集聚区还将引进电子商务龙头企业及其区域总部、营销中心、数据中心、结算中心、配送中心、研发中心等高端项目，进一步营造良好的购物环境，全面实现由普通的批发市场向综合性的购物商场的提质转变。

### （五）夯市场综合管理

大力实施绿化、亮化、美化三大工程，对高桥大市场进行了立体式绿化，对现代商贸城进行了屋顶绿化，设置了轮廓灯、投射灯、泛光灯及多种光源组合变换，打造了新的城市夜间景观点。全面规范了户外广告招牌，对店招店牌的总体规划设置，实行一店一牌，并从定位、材质、灯饰、文字等方面统一规范，做到统一设计、统一风格、统一材质、统一建设"四个统一"，打造了马王堆路段广告牌匾示范街。强化市场管理，成立了高桥大市场综合管理办公室，将经营区域分为五部一园，明确专人负责，成立专门队伍，积极整治店外经营，落实卫生"门前三包"，督促商户守法经营、文明经营，并开展了城市管理"风暴"行动、市场经营秩序和环境卫生整治等多次专项行动，有效维护了市场的经营有序、整洁美观。

### （六）优交通组织秩序

针对过去片区交通不畅、停车难的痼疾，坚持从改善通行条件上下手，切实加强片区主次干道的交通规划和道路整治，先后完成了马王堆路（劳动东路至人民路路段）、民主路（东二环至万家丽路段）的交通管理和道路整治，拉通了嘉雨路、民主路等断头路，打通了微循环，改善了周边通行。进一步优化停车条件，规范了交通标识设置，酒水食品城停车收费系统完成建设并投入使用，对火焰大市场的停车进行了规范，对新医药流通园重新划定了停车位，整个片区新增停车位5000个，达到9000个，完全能够满足经营者和消费者的停车需求。进一步规范了片区限时禁货，先后在长沙大道雨花区段、雨花经开区绕城线等重要路段，设置了限时禁止货车通行的标牌，提示大型货车绕道行驶，达到了限时禁货的目的。

## 三、经验启示

### （一）强化政府引导是基本前提

对于片区的提质改造，各级政府都给予了大力支持与引导。市委、市政府下发了提质改造三年工作方案，明确了“高桥大市场零售业就地提质改造、批发业态用市场方式引导外迁、开发以标准仓储为核心的物流园区”的思路，为提质改造指明了方向。区委、区政府成立了高规格的领导小组，制定了整体规划和实施方案，主要领导亲自调度，分管领导周密部署，区商务、城管、交警等区直部门全力支持配合，高桥街道积极协调服务，为片区的提质改造扫清了障碍、强化了保障。正是因为市、区、街各级政府对市场片区整体的规划、局部引导和协调，才使得片区提质改造工作中各个市场得以科学、合理、有计划和有步骤地实施。

### （二）坚持市场运作是根本关键

在提质改造的过程中，高桥大市场主体地位突出，协同周边市场的企业主体，进一步健全自我发展、自我管理、自我约束的市场化管理机制，形成了以高桥大市场为龙头，辐射引领带动整个片区企业、商户逐步提升经营创新能力的模式。如高桥大市场管理方着眼长远，自主引进各类专业人才，打造了网店平台，实现了实体与虚拟有机融合、线上与线下良性互动；酒水食品城管理方投资60余万元，建立了停车收费系统，对市场的主次干道、停车位、出入管理等进行了全面的整治和规划。这种企业自主化创新、市场化运作的努力和改变，为片区转型提质和增长方式转变提供了不竭的动力源泉，成为提质改造取得重大突破的关键。

### （三）争取商户支持是必然途径

多年以来，店铺经营是高桥市场片区最普遍的经营模式，业态和经营方式的改变，需要得到广大商户的理解和支持。如酒水食品城的提质，从规划调研、到按业态逐步落实，再到停车管理系统的投入使用，硬件设施、市场管理、经营秩序和市场形象都得到了全面提升，离开了酒水食品城1086家商户的倾力支持和配合，提质改造是无法顺利完成、达到预期效果的。特别是在装修过程中，经营户主动配合，委托市场管理方统一装修，经济上牢牢捆绑，没有发生任何纠纷与矛盾，既把好了装修质量关，又加快了提质整体进度，实现了各大经营户和市场管理方的互惠互赢。

### （四）全力攻坚克难是重要保障

片区的提质改造，从来都不会一帆风顺，也不会一路坦途，在大量精深细致工作的前提下，集中攻坚、重点突破才能确保提质的顺利推进。面对涟源百货城存在的卫生环境差、经营秩序混乱、道路交通拥堵等顽疾，市场管理办集中了交警、城管分队、大市场社区和物业管理方的力量，开展了20余天的联合整治行动，破解了系列难题，攻克了诸多难关，规范经营户400余家，从根本上改善了经营秩序、卫生和交通环境，争取到市场内1600余经营户的主动配合和自觉维护。正是这种毫不畏惧、开拓创新、务实进取的精神，才确保了提质改造的深入推进，创造出独属于高桥片区的提质改造新模式。

# 社会民生篇

# 坚持民生导向　实事惠及人民

## ——长沙市持续十年开展为民办实事工作的调查

长沙市人民政府研究室
长沙市为民办实事考核办公室

着力解决人民群众密切关注的、与生产生活相关的热点难点问题，是构建和谐社会的内在要求。2004年以来，中共长沙市委、市政府按照中共湖南省委、省政府的要求，持续10年大力实施为民办实事工程，累计投入资金520多亿元，为民办实事445件，涵盖社会保障和就业、教育卫生事业、人居环境保护、农村交通水利、住房保障建设等30多个领域，一大批迫切需要解决的实际问题得到有效解决，让改革发展的成果更好地惠及人民群众。为民办实事工程，不仅推动了民生事业的持续进步，更促进了经济社会的和谐发展。长沙先后荣获“全国民生满意大奖”“中国形象最佳城市”联合国“人居环境良好范例奖”“国家园林城市”“全国森林城市”“全国绿化模范城市”“中国十佳休闲宜居生态城市”等荣誉，成功创建为全国文明城市，连续6年被评为中国十大最具幸福感城市并获终身荣誉奖。2013年被联合国人居环境署评为全球绿色城市。

## 坚持以民生需求为导向，以实事项目为载体，不断加大民生投入力度，完善基础设施，改善人居环境，加强社会保障，健全服务体系，促进社会和谐发展，实事工作成绩斐然

人民群众的期盼是为民办实事工作的根本导向，人民群众对美好生活的向往是办好实事工程的不竭动力。市委、市政府始终坚持以民生需求为导向，紧紧围绕事关人民群众生产生活的焦点、难点问题，投入真金白银，夯实民生保障，把长沙建设成为更加温馨、更加美丽的幸福家园。

改善农村基础设施。农村公路、水电、通信建设是改善农村生产、生活条件，发展农村经济、解决“三农”问题的基础和前提。加快农村公路建设，10年累计投资29.9亿元，新建、改建农村通乡、通村水泥（沥青）公路近8000公里，实现全市农村公路村村通。完善农村电网配套改造和建设，10年累计投入资金36.48亿元，完成农村行政村配电网改造832个。修缮农村水利设施，10年累计投入资金9.24亿元，完成4.44万口共29万亩山塘清淤，完成28座小一型、112座重点小二型水库的除险加固任务。加快农村通信网络建设，10年投入资金8.7亿元，实现全市1268个行政村电话、网络全覆盖。实施农村安全饮水工程，10年累计投入资金6.35亿元，新建238处集中供水工程，128万农村人口喝上了安全水、放心水。

完善社会保障体系。将就业作为民生之本，10年来，新增城镇就业人口109.35万，城镇登记失业率由2004年的3.87%降至2013年的2.89%，连年实现零就业家庭动态清零率100%；全市职业技能培训机构达到145家，仅2010～2012年全市接受职业培训56.6万人，创业培训8.6万人；通过就业补贴政策扶持引导企业开拓公益性等岗位10万个以上。高度关注社会弱势群体，10年投入资金34.7亿元，救助低保和五保分散供养对象2262.94万人次；投入资金3.56亿元，新建和改扩建乡镇敬老院共154所，集中安置五保户和孤寡老人6904人；投入1900万元，救助重症精神病人4747人次。为残疾人提供职业技能及实用技术免费培训7608人，为贫困白内障患者免费实施手术6991例，为缺肢者免费装配假肢588例，为贫困残疾儿童实行免费康复救助1224人，建成托养机构22家，共为5000多名残疾人提

供托养服务。办理法律援助案件11454起，为54210名困难群众提供了免费法律服务。投入资金8.53亿元，建设各类保障性住房118782套，改造棚户区62377户；发放经济适用住房货币补贴25606户，发放补贴资金19.23亿元；改造农村危房33161户。

提升医疗服务水平。突出解决看病难、看病贵和提升农村基本医疗保障能力，大力推进医疗体制改革。10年来，投入资金4.19亿元，完成中央及省级投资公共卫生机构、乡镇卫生院和村卫生室改扩建项目383个，全市乡镇卫生院病床增加3078张，新增业务用房屋建设面积18.4万平方米，乡镇卫生院业务收入增长6.9亿元，乡镇卫生院的综合实力和业务能力得到了持续发展。从2007年开始，投入3842.44万元，对全市1366个行政村卫生室实施标准化建设，并启动全市社区卫生服务中心标准化建设，至2013年底，全市社区卫生服务中心均达到卫生部颁布的建设标准。建立城镇居民医疗保险和新型农村合作医疗保险，"两险"参保覆盖率分别达到68.7%和96.3%。实施基本药物制度，实现基层医疗机构药品总消耗下降40%以上，门急诊和住院次均费用明显下降，患者医药费用负担明显减轻。

实施生态环境治理。持续实施"环境保护三年行动计划"，保护和治理城乡生态环境。大力开展整治排污口、推进污水处理厂提标提质和扩容扩建、污水管网工程建设，近五年新建城市污水处理厂7家、县城污水处理厂4家、乡镇污水处理厂66家，城市污水处理率从2006年的45.6%提升到96.3%。建成1个市级餐厨垃圾处理中心、38座乡镇垃圾中转站，全市城镇生活垃圾无害化处理率达到100%。投入资金5390.33万元，新建和改建城区站厕537座。三环线以内1吨以上燃煤锅炉基本拆除或改烧。建成农村清洁工程示范村18个、农村示范性能源环保服务站20个。新增沼气池28000多户、农村太阳能热水器7500户、高效生物质炉灶2500户。创建绿色村庄、绿色社区各20个。长沙空气达标率从2004年的59.8%提高到了2013年的84.7%。

完善教育文娱条件。10年来，投入资金32.81亿元，改造学校1191所，加固改造、重建新建校舍面积约262万平方米，建成"合格学校"1032所；新建、改扩建公办幼儿园146所，提前启动和完成87所非完小和农村教学点合格学校建设。全面实现城乡义务教育一费制全免，外来务工人员子女与城市居民同等享受教育资源。大力推进公共文化示范试点城市建设，全市直接投入文化惠民实事工程资金累计达4.07亿元。建成示范性乡镇街道综合文化站98个、农家书屋1364家。全面实现广播电视村村通、创新推进广播电视户户通，全市广播人口综合覆盖率、电视人口综合覆盖率分别达到99.3%、98.7%，送戏下乡累计超过5000场次，观众200万人次，送电影下乡累计10.47万场，观众2958万人次。2011年以来，投入资金9792.75万元，建设健身广场、篮球场、乒乓球场、健身路径等惠民工程800多个，初步形成“城市15分钟、农村30分钟健身圈”，基本保证群众就近开展体育健身活动。2013年，全市开展全民健身项目480项次，全民健身运动参加人数达440万人次，常年参加体育锻炼人口达到50%以上。

## 坚持以群众满意为第一要求，始终围绕群众所想、群众所需、群众所求，扎实开展为民办实事工作，真正让人民群众感受到实事的好处、得到更多的实惠，让实事温暖民心

人民群众的满意度是衡量实事工程成效的根本标准。全市上下始终坚持把群众呼声作为决策基础，把群众利益作为价值追求，把群众满意作为根本标准，增加投入，完善保障，转变作风，扎扎实实落实工作措施，将为民办实事工程做在群众的心坎上。

加大资金投入，让群众享受公共财政的“雨露”。实事工程资金保障实行“三到位、一优先”，即认识到位，实事项目资金优先考虑、优先安排、优先落实；预留到位，市级和区级财政年初预算时预留为民办实事资金。拨付到位，实事资金专款专用，及时拨付，杜绝拖欠、挪用而影响工作进度。坚持每年新增财力的70%以上用于民生领域，全市财政民生投入占一般性预算支出的比重从2004年的63%提高到2013年的73%。2013年市本级用于教育、医疗卫生、社会保障和就业、保障性住房等民生事业支出分别达到32.4亿元、7.84亿元、13.39亿元、2.58亿元。通过不断加大民生实事投入，解决老百姓身边所急之事、所需之事，让人民群众得到了实惠。

加强保障力度，让群众体味党委政府的“温暖”。健全城镇职工基本养老保险，率先中部建立城乡居民养老保险制度，率先全国建立基础养老金正常调整机制（现标准为每人每月100元），企业退休人员养老金标准由2004年的524元/月·人提高到2013年的1822元/月·人，增幅达247.7%，被征地农民社会保障与城镇职工养老、医疗保险制度全面对接，得到国家人社部、国务院法制办的充分肯定。10年来，实行城乡居民医疗保险，累计参保人数513.5万人；健全城乡低保制度，惠及城乡居民2235.25万人次；提高“五保”供养水平，全市3.7万多名“五保”供养对象生活明显改善。通过努力，全市社会保障体系更加完善，保障覆盖面不断扩大，保障水平显著提升，让“人人享有社会公共服务保障”正在成

为现实，长沙改革发展的成果更多更好地惠及人民群众。

优化人居环境，让群众见证宜居城市的“幸福”。坚持人与自然和谐发展，建设更具国际品质和湖湘文化特色、宜居宜业宜游的现代化大都市。先后实施城乡环境综合整治、城乡接合部环境治理，全面启动城市洁净工程、畅通工程、靓丽工程、绿化工程建设，城市清洁度大幅提升，城区交通拥堵有效缓解，公共空间不断美化，城市绿地率由2004年的30.86%提升到2013年的33.42%，展现了“清洁、有序、畅通、文明”的省会城市新形象。先后投入资金10亿多元，恢复建设潮宗门故址等历史遗址，完成清水塘博物馆提质改造，改建、维护39处历史街巷和重点保护民居，提质改造413条背街小巷，提升了文化内涵。投入资金5亿元，对196家农贸市场实施标准化改造；投入资金1.6亿元，新建和改扩建社区公园82个。实施保障性住房制度，帮助低收入困难群众圆住房梦，近五年累计建设城镇保障性住房1382万平方米，解决2万多户困难家庭住房困难。成功创建全国文明城市，推进更高水准的文明城市建设，实施“史上最严”城市管理，城市环境和公共秩序逐年改善，城市管理水平逐年提高，城市品位明显提升，公共文明指数连续6年居全国前五位，长沙变得更加宜居宜业宜游，人民群众切身体会到城市宜居带来的幸福。

转变机关作风，让群众感受便民利民的“实惠”。始终坚持执政为民理念，促进各级机关和干部作风转变。市委、市政府对为民办实事高度重视，经常召开会议，调度为民办实事工作。各级各部门的单位“一把手”为主抓，分管领导重点抓，相关责任人具体抓，有力地促进了实事工作责任的落实。各级领导亲力亲为，率先垂范，经常深入基层，察民情，听民声，了解群众最想要什么，最想干什么，把群众的呼声看作为民办实事工作的晴雨表，及时改进工作方式；解民难，化民忧，把群众的冷暖挂在心上，及时协调解决实事推进过程中出现的各种困难和问题；抓稳定，促和谐，把矛盾化解在萌芽状态，化解在基层。通过转变作风，各级政府机关不仅门好进、脸好看了，而且减少了行政审批、提高了办事效率，让群众切实感受到党委政府便民利民的“实惠”。

**坚持以工作创新为灵魂，始终围绕以人为本、执政为民和改善民生的工作宗旨，健全工作机制，改进工作方法，以务实的作风将为民办实事工作落到实处**

为民办实事贵在落实。全市上下始终坚持积极探索，大胆创新，以加强机关行政效能建设为切入点，带着真感情，下足真功夫，使为民办实事始终符合群众需要、体现时代要求，取得实实在在的效果。

加强组织领导，落实工作责任，为扎实推进实事工作提供坚强的组织保障。为民办实事工作量大、涉及面广、工作繁杂，没有强有力组织领导难以顺利推进。为此，从2004年开始，市委、市政府就把为民办实事工作纳入市委、市政府的重要议事日程，并将每年实事工作都写入政府工作报告。历任书记、市长都高度重视，经常过问。易炼红书记强调："要以改善民生实现发展成果共享"。胡衡华市长明确要求："思想认识决不能松懈，目标任务决不能动摇，工作要求决不能降低"。为强化组织领导和责任落实，市委、市政府专门成立了为民办实事工作领导小组和强有力的工作机构，各区县（市）和市直责任部门也都成立了相应机构和专门班子负责实事工作。市委、市政府明确要求各区县（市）、市直责任部门主要行政领导总负责，分管领导牵头抓，实现责任的无缝对接，确保年度目标任务的完成，并将实事工作纳入绩效考核内容和"六个走在前列"大竞赛活动考核内容，对完不成任务、工作不力的责任领导实行行政问责和诫勉谈话。全市坚持下级对上级负责、部门对党委政府负责、分管副职对一把手负责，有效确保了人力、精力、财力的落实到位。对敢于担当、工作深入、成绩突出的领导，通过讲评会、简报予以通报表扬。强有力的组织领导和责任落实，确保为民办实事工作的顺利开展。

创新工作方法，强化督查考核，为顺利实施实事工作探索高效的措施路径。实事工作是事关老百姓切身利益的事，老百姓看得见摸得着，如不严格工作标准和要求就难以整体推进。为此，从2004年以来，全市各级党委政府和责任部门，在不断总结经验的基础上，形成了一整套方式方法，并逐步制度化、机制化。如实事项目选定，通过责任部门初选、上报初步审定、向社会征求项目、向人大代表、政协委员征求意见等方式，再通过市政府常务会议研究确定。加强实事项目考核，制定了《为民办实事考核办法》，将实事工作纳入绩效考核内容，通过考核强化实事工作的责任。强化实事工作督查，建立了常规进度督查、定期或不定期督查的制度。同时，每年召开3至4次专题调度和督办会议，对一些实事进度慢、推进困难的项目，采取专题办公会议的方式督促推进。此外，每年聘请10位人大代表和政协委员为实事特邀监督员，参与实事督查、调研等工作。通过这些举措，保证了每年实事项目整体推进和圆满完成。

加大宣传力度，强化社会参与，为办实办好实事工作提供深厚的群众基础。在为民办实事工程的宣传推动和影响下，实事工程深入人心，成为老百姓倾诉民情、反映民意，与党和政府密切沟通的桥梁，并带动全社会关注民生，各级各部门、社会团体、企业界人士纷纷加入到为民办实事行列之中。在省为民办实事项目的基础上，市委、市政府根据长沙市实际情况，每年列出市级实事项目，10年来共实施市级实事项目136项，其中，城乡特困家庭子女高等教育补助、村庄规划编制、农村学校饮水改造、免费为白内障患者手术复明、村卫生室公助建设等16项为全国首创。市城管系统为疏导城市交通、方便行人，把过街天桥的建设纳入每年全市城管系统的实事项目，规划建成过街天桥10座。市工商联主动为民营企业和小微企业服务，把上、下半年各一次的银企对接洽谈会、每年一次的光彩基金大型捐献活动，以及深入民营企业的走访列入实事工作目标。团市委、市青年志愿者协会发动10万青年志愿者，每年选定一个主题开展青年志愿者年活动，帮扶群众、奉献爱心。各区县（市）政府以落实省市为民办实事工作为契机，推出符合本地实际的为民办实事项目。长沙县为全县所有适龄儿童免费打疫苗针；望城区将斑马湖建设、马桥河治理等项目纳入为民办实事工作。广大市民和企业家也自动加入到关爱他人、奉献社会的队伍中来。有的社区建起了社区居家养老服务站（点）；一些农村贫困家庭在“危房改造”“饮水工程”等项目中遇到资金和其他难处，周围的乡亲纷纷伸出援助之手；乡镇卫生院、敬老院、农村小学和通村公路建设出现资金短缺，当地企业家主动资助，个人资助额最高的上100万元。

总结实事经验，强化后续管理，为发挥实事工作成效构建科学的长效机制。抓好实事工程后续管理，杜绝重建设、轻管理，使实事项目持久发挥作用，才能让实事工程真正成为老百姓受益的放心工程。一是总结推广经验。在“病险水库除险加固”“解决农村饮水安全”两项省实事中总结推广了宁乡县“小农水”民办公助的建管办法，省委徐守盛书记对宁乡的做法给予高度肯定，2013年2月全省田间水利扩容提质工程现场会在宁乡召开，起到了良好的典型带动效应。二是通过“回头看”发现和整改问题。在全市范围内先后多次组织实事工程“回头看”，召开专题办公会议研究解决实事项目后续管理问题。如市民政局在出台敬老院管理办法的基础上，健全内部管理制度，开展了星级敬老院评定和“优秀敬老院长”“五好老人”评比，以及敬老院管理服务年活动。2011年在省为民办实事后续管理工作会议上，长沙市作了“加强实事后续管理，提升群众满意度”的主题经验介绍。三是强化制度建设。相继制订出台了《长沙市敬老院管理办法》《长沙市城镇廉租房管理办法》《长沙市公共租赁住房管理办法》《长沙市大病救助管理办法》等文件，为后续管理提供了制度保障。

**坚持以提升工作水平为重点，始终高度重视为民办实事工作，总结十年成功做法和经验，科学改进实事工作的不足，不断满足人民群众的合理诉求**

为民办实事工作的效果，是检验各级各部门践行党的群众路线成效和发展成果惠及人民群众的重要内容，是党委政府工作的出发点和落脚点。全市上下要强化问题意识，严格质量标准，勇于担当，迎难而上，持续大力推进为民办实事项目建设，共同解决群众所需所盼，使为民办实事工作取得实效。

选准实事项目，增强实事工程的科学性和可操作性。在每年为民办实事项目的选定上充分考虑地市之间、城乡之间经济社会发展水平的差异性等客观因素，防止“一刀切”和“切多刀”现象。广泛征求意见，做到长远利益和近期工作相结合，搞好科学论证，使实事项目有较强的代表性、一定的集中度和良好的社会反响。属于部门常规性工作、政策不明确的项目、资金无确切保障的项目，一律不纳入实事的考虑范围。

抓好顶层设计，进一步规范和完善实事工程后续管理。针对乡镇污水处理厂、农村饮水工程、农村公路养护、农民专业合作社建设、城乡公办幼儿园等实事项目的后续管理，建议由省级层面出台规范性文件和管理办法，各级地方政府要结合当地实际情况，出台可操作性的管理细则，避免“重建设、轻管理”，主动避免后续管理跟不上造成失误或损失，切实巩固实事成果，真正把实事办好把实事办实，达到效益的倍增。

结合基层实际，科学布置下达年度实事工作项目。每年的实事项目责任重、时效性强。而一些实事工程投资较大、工期较长且报建报批手续、资金筹措、任务分解等均需一定的时间。因此，实事项目下达宜早不宜迟，若实事项目3月底或4月初才下达，势必造成基层在落实过程中要抢进度，赶工期，增大基层工作难度，影响基层工作的积极性。

加强队伍建设，建立高效精干稳定的实事工作机构。实事工作实施10年来，各级实事工作机构为非常设机构，工作人员不固定，上下对接不够顺畅，有的由政府办牵头，有的由人社局负责，尤其是基层单位负责实事工作的同志绝大部分是临时和兼职的，任务重、压力大，应建立常设的实事工作机构和一支高效精干相对稳定的实事工作队伍，并出台相关政策，政治上多关心，工作中多支持，妥善解决实事工作办公经费等方面的问题，确保实事队伍的稳定、高效，让有经验、充满活力的同志乐于坚守在为民办实事这个光荣的岗位上。

风劲潮头涌，蓄力好扬帆。省委常委、市委书记易炼红在市委第十二届六次全体（扩大）会议上强调，要全力推进“六个走在前列”，加快建成“三市”、强力实施“三倍”，共圆长沙市人民的“小康梦”“两型梦”“幸福梦”。全市要在努力保障和改善民生、切实办好民生实事这一方针的指导下，奋发有为，务实进取，继续打造为民办实事工作品牌，为改善人民福祉而更加努力!

**课题组组长：** 文丽霞

**课题组副组长：** 李佑明

**课题组成员：** 冯正一　易礼平　潘亮宇　文　婷　刘亦彪　蒋冬柏

# 再造体制新优势　圆好居民住房梦

## ——关于长沙住房保障工作的调研与思考

长沙市人民政府研究室
长沙市住房保障局

拥有一套适宜居住的房子，是每一个家庭的梦想。近年来，中共长沙市委、市政府认真贯彻落实国家加快推进保障性住房建设的政策措施，紧紧围绕“住有所居”的目标，大力实施保障性安居工程，基本建立了层次分明、相互补充、覆盖城乡的住房保障体系，特别是棚户区改造成为提升品质、改善民生、拉动经济的重要动力。市委十二届六次会议明确，要加快安居工程建设和棚户区改造，共圆低收入家庭的“安居梦”。为确保长沙住房保障工作走在前列，不断适应人民群众对住房保障的新需求，市政府研究室、市住房保障局组成联合课题组，对全市住房保障工作进行了深入调研，对当前存在的问题认真查摆，并提出相关对策建议，供领导决策参考。

## 一、长沙住房保障工作富有成效

居者有其屋，是千百年来的社会理想。近年来，市委、市政府根据国家和省里的统一部署，按照“一健三改”（健全住房保障体系，推进制度改革、房屋改造和环境改善）的总体思路，将保障性安居工程作为改善民生、助推发展、促进和谐的重大举措来抓，创新住房保障制度，大规模、多层次推进保障性安居工程建设，取得明显成效。

——2008年以来，全市新增各类保障性住房11.88万套，总面积575.69万平方米，棚户区改造5.8万户，改造面积488.02万平方米，相当于2007年以前保障性住房总量的2倍。

——2008年以来，全市18万户住房困难家庭搬进新居，占住房困难家庭总数的58.06%。

——2013年底，长沙城镇居民人均居住面积达到34.5平方米，比2007年增长55%，居中西部地区省会城市第一位。

总体看，全市住房保障体系基本建成，管理制度逐步完善，居住条件持续改善，一些创新经验在全国产生重大影响。2009年3月全国保障性安居工程会议、2011年10月全国加强保障性安居工程质量和分配管理工作座谈会都选择在长沙召开，李克强总理对长沙住房保障工作给予充分肯定。《国内动态清样》《求是》《光明日报》、中央电视台等权威媒体多次推介长沙住房保障工作的经验。全市住房保障工作呈现出四个方面的特征。

### （一）建立健全了工作网络体系

2007年，市委、市政府明确要求："健全多层次住房保障体系，改善城乡居民特困群众住房条件，满足人们住房多样化需求，努力做到户户享有一套适宜居住的房屋。"当年，在全国率先成立住房保障工作局，各区也相继成立住房保障工作局，街道设置住房保障站，社区组建住房保障中心，构建了横向到边、纵向到底的住房保障四级工作网络。2010年，在新一轮政府机构改革中组建市住房保障局，各区、县（市）相应建立住房保障局，进一步强化了住房保障的组织管理职能，初步构建了城乡统筹、全域覆盖的住房保障工作网络体系。

### （二）建立健全了住房供应体系

按照"保基本、促公平、可持续"的住房保障工作思路，以项目建设为主线，坚持一年一个重点强力推进。2007年10月启动廉租房实物建设；2008年重点探索实行了经济适用住房货币补贴，把住房保障与房地产业发展有机统一；2009年大规模推进城市棚户区改造；2010年突出抓好国有工矿棚户区改造；2010年下半年起，加快发展公共租赁住房，坚持新建和回租两手抓，通过回租农民安置房、空置商品房，盘活存量，增加市场供给，积极探索解决城市中等偏下收入家庭、新就业大学生、外来务工人员等"夹心层"的住房困难问题，得到李克强总理的充分肯定。形成了一个层次分明、相互补充的保障房供应体系，有效解决了不同时期不同群体的保障住房需求。2008年以来，共建设各类保障性住房118782套，其中廉租房21254套、公租房41952套、经济适用住房实物55576套（见图

1）。经济适用住房货币补贴25883户，发放补贴资金19.44亿元。实施了新河三角洲片区、东牌楼、南湖片区、滨江新城片区等重大棚改项目及丝茅冲、长重、5712工厂等国有工矿棚改和林场棚改项目157个，563.75万平方米，10万多棚户区居民乔迁新居。

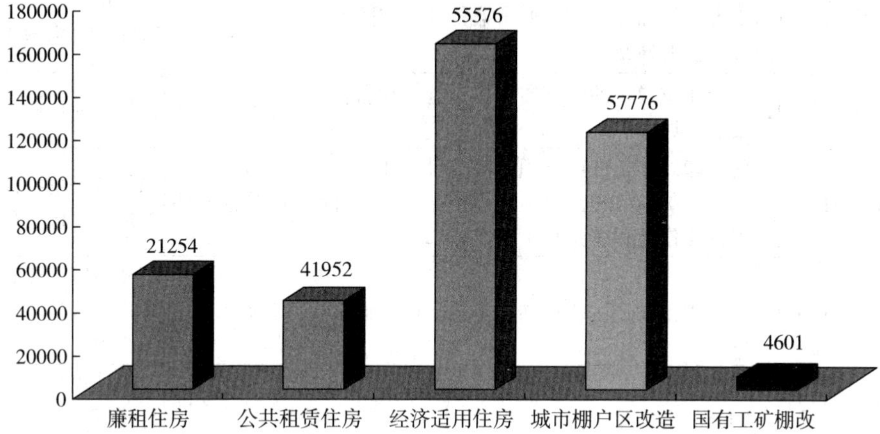

**图1　2008～2013年长沙市保障性安居工程建设改造情况**

## （三）建立健全了政策制度体系

紧紧抓住保障住房的申请、审核、公示、配租、购买、上市交易以及退出等关键环节，坚持公开、公平、公正原则，实行阳光运作，建立健全各项政策制度。先后制定出台了《关于安居工程建设实施意见》《关于印发〈长沙市经济适用住房货币补贴实施方案〉和〈长沙市城市廉租住房保障实施方案〉的通知》等10多个政策性文件，配套出台了《长沙市经济适用住房货币补贴审批操作规程（试行）》《长沙市廉租住房审批操作规程（试行）》《关于规范国有工矿棚户区改造项目实施操作程序的通知》《关于进一步加快棚户区改造工作的通知》《关于加快发展公共租赁住房的工作意见》等操作性、制度性规定30多个，从管理体制、规划建设、资金管理、政策支持、准入管理、配租管理、租赁管理、退出管理、出售管理、监督管理等10个方面进行规范，为全市保障住房建设和管理提供了坚强的制度保障，实现了保障住房准入公平、审核规范、配租透明（表1）。

**表1　长沙住房保障工作主要政策文件和相关制度一览表**

| 时 间 | 政策文件的规定名称 | 文件性质 | 发文单位 |
|---|---|---|---|
| 2007年10月15日 | 关于印发《长沙市城市住房保障制度实施细则》的通知 | 政策性文件 | 长沙市人民政府办公厅（已失效） |

续表

| 时 间 | 政策文件的规定名称 | 文件性质 | 发文单位 |
| --- | --- | --- | --- |
| 2008年7月17日 | 关于安居工程建设的实施意见 | 政策性文件 | 中共长沙市委、长沙市人民政府 |
| 2008年7月20日 | 关于印发《长沙市经济适用住房货币补贴实施方案》和《长沙市城市廉租住房保障实施方案》的通知 | 政策性文件 | 长沙市人民政府办公厅（已失效） |
| 2008年11月16日 | 关于印发《长沙市安居工程资金管理暂行办法》的通知 | 政策性文件 | 长沙市人民政府 |
| 2008年8月12日 | 关于印发《长沙市廉租住房审批操作规程》（试行）和《长沙市经济适用住房货币补贴审批操作规程（试行）》的通知 | 政策性文件 | 原长沙市房屋产权管理局（已失效） |
| 2009年8月23日 | 关于规范棚户区改造项目申报工作的通知 | 制度性文件 | 长沙市安居工程和棚户区改造工作领导小组 |
| 2009年9月17日 | 关于印发《长沙市廉租住房实物配租实施细则》的通知 | 政策性文件 | 原长沙市房屋产权管理局 |
| 2009年3月29日 | 关于进一步加快棚户区改造工作的通知 | 政策性文件 | 长沙市人民政府 |
| 2010年6月24日 | 关于加快推进国有工矿棚户区改造工作的意见 | 政策性文件 | 长沙市人民政府办公厅 |
| 2010年9月27日 | 关于印发《长沙市住房保障家庭收入认定办法（试行）》的通知 | 政策性文件 | 长沙市人民政府 |
| 2010年12月20日 | 关于推进城中村改造试点工作的意见 | 政策性文件 | 长沙市人民政府 |
| 2011年5月21日 | 关于印发《长沙市经济适用住房和廉租住房审批管理办法》的通知 | 政策性文件 | 长沙市人民政府办公厅 |
| 2011年8月11日 | 关于工矿企业棚户区改造项目报建缴费优惠政策有关事项的通知 | 政策性文件 | 长沙市人民政府 |
| 2011年8月25日 | 关于加快发展公共租赁住房的工作意见 | 政策性文件 | 长沙市人民政府 |
| 2011年11月23日 | 关于规范国有工矿棚户区改造项目实施操作程序的通知 | 制度性文件 | 长沙市安居工程和棚户区改造领导小组办公室 |
| 2012年3月28日 | 关于公布长沙市公共租赁住房租金指导价格的通知 | 政策性文件 | 长沙市物价局、长沙市住房保障局 |
| 2012年11月28日 | 关于棚户区、片区等重点工程改造征收（拆迁）中住房保障的工作意见 | 政策性文件 | 长沙市住房保障局 |
| 2012年12月5日 | 关于印发《长沙市经济适用住房上市交易管理办法》的通知 | 政策性文件 | 长沙市人民政府办公厅 |
| 2013年7月2日 | 关于印发《长沙市中低收入住房困难家庭申报登记工作实施方案》的通知 | 政策性文件 | 长沙市人民政府办公厅 |

续表

| 时　间 | 政策文件的规定名称 | 文件性质 | 发文单位 |
|---|---|---|---|
| 2013年10月31日 | 关于印发《长沙市保障性住房行政行为纪律监督办法》的通知 | 制度性文件 | 长沙市人民政府办公厅 |
| 2014年4月2日 | 关于调整我市住房保障准入标准的通知 | 政策性文件 | 长沙市人民政府 |

### （四）建立健全了资金保障体系

坚持以财政投入为主，建立了包括财政预算、住房公积金全部增值收益和不低于10%的土地出让净收益在内的安居工程资金供给体系；积极争取上级财政专项补助，增加资金供应；鼓励民间资本和社会力量参与住房保障，补充保障资金。近5年共投入保障性安居工程建设资金51.48亿元。积极改革保障方式，增强低收入家庭在市场上购房、租房的能力。对住房困难户和无房户按照5万元、8万元的标准分别发放经济适用住房货币补贴；廉租住房租赁补贴无房户由每人每月100元提高到160元，住房困难户由每人每月50元提高到80元。为充分调动区县（市）保障性住房建设的积极性，在中央和省资金补助基础上，市政府对廉租住房项目再给予每平方米200～400元不等的资金补助，对国有工矿棚户区改造配建的廉租住房再给予每平方米550元的资金补助。

近年来长沙住房保障工作之所以能够持续快速发展，关键在于：一是高规格的顶层设计。2008年2月，成立了由市长领衔、相关部门参与的长沙市安居工程和棚户区改造工作领导小组，将保障性安居工程列为首要民生工程，纳入绩效考核范畴，实行目标责任管理，明确各区、县（市）的主体责任，推进部门联动，形成了一级抓一级、层层抓落实的工作格局；二是民为本的工作理念。顺民意、解民忧，通过政府来推进保障性安居工程建设和棚户区改造，增加保障房供应，逐步提升保障水平，政策惠及群体范围越来越广，不断改善人民的居住条件，提高生活质量，使人民共享改革发展成果。三是不懈怠的创新精神。近年来，紧扣发展趋势和长沙实际，突出问题导向，坚持改革创新，不等不靠，攻坚克难，一年一个重点，分阶段、分层次推进保障性安居工程建设和住房制度改革，促进住房保障工作始终处于全省乃至全国前列；四是规范化的制度建设。始终把政策制定与落实作为保障住房的重要工作来抓，通过多年努力，形成了一整套的系统制度，使住房保障工作有章可循，步入了标准化、规范化、法制化轨道；五是全社会的广泛参与。遵循公开、公平、公正原则，将保障性住房分配过程、分配结果向社会公示，全面接受社会、群众和纪检监察部门的监督。在棚改征收中，推进政策公开、评估公开、程序公开，全面提高工作透明度。通过最大限度扩大群众参与权、知情权、监督权，赢得了群众的拥护支持，化解了保障性安居工程工作中的阻力。

## 二、长沙住房保障工作遭遇瓶颈

加强保障住房建设是保障基本民生的重要内容，国家、省对保障性安居房建设高度重视，每年都明确任务，严格要求。

——从2007年开始，保障性住房建设作为改善民生的重要任务。“十二五”期间，每年由省政府下达长沙保障住房的建设任务均在210万平方米左右。

——连续5年，全市保障性住房投入总额每年均保持在6亿元以上，财政共投入37.3122亿元（不包括县配套及企业自筹）。

——截至2013年年初，全市共有保障性住房小区105个，其中经适房入住率97%，廉租房入住率76%，公租房入住率71%。但少数小区建成2～3年后入住率仍不足30%，个别仅为20%左右。

——全市仅80%左右的保障房小区有专业的物业管理服务企业，廉租房租金和物业管理费收缴率约为62%。

从目前长沙住房保障的规划、建设、管理情况看，影响住房保障工作的制约因素开始逐步显现：管理体制不顺，推进手段不多，后续管理不力，信息共享不畅。

### （一）住房保障工作体制机制不顺

一是从职能职责上看。2010年7月，机构改革组建市住房保障局，为市政府直属事业单位，将原房屋产权管理局有关保障性职能划入市住房保障局，行政管理职责划入市住建委。因职能职责割裂，制约了住房保障工作的推进。二是从“双轨统筹”上看。党的十八大明确要求“建立市场配置和政府保障相结合的住房制度”，要求构建以政府为主提供基本保障、以市场为主满足多层次需求的住房供应体系。由于分散管理，房地产监管和住房保障关联政策得不到有效衔接，商品房存量与保障性住房建设不能有机结合，无法统筹，不利于建立统一、规范、成熟、稳定的住房供应体系。三是从对比分析上看。全国各地住房保障管理机构都是以“住房保障+房屋管理”的双重职能模式运行。在全国直辖市和省会城市中，仅长沙市是住房保障与房产分散管理；全省14个地（州）市，除长沙市外，13个地（州）市均设立房（地）产管理局或房产局，在原房产局职能基础上，进一步强化了住房保障职能。长沙除内五区参照市机构改革做法设立住房保障局外，长、望、浏、宁四个县（市）区均是加挂住房保障局牌子，与房产局合署办公。

## （二）住房保障工作推进手段不多

一是规划落实难。保障性住房建设缺乏中、长期规划，发展目标不明确。没有充足的土地和项目储备，区县任务不够均衡。受土地梯度价格因素等影响，部分保障住房建设在位置偏僻、交通不便、配套不全的地方，由此造成保障住房入住率低。跟青岛、广州、深圳等城市相比，经济适用房的入住率相差不大，但廉租房入住率低20%，公租房的入住率除与深圳比例相当外也比青岛、广州等城市低20%以上（图2）。二是项目推进难。2014年至2015年两年应建设廉租房13727套、公租房11808套、经适房12976套，合计38511套，总投资约70亿元，需要财政配套约48亿元。若不加快建立多元化的筹融资体制吸引各方面的资本投入，根本无法适应未来几年我市保障提标、扩面带来的保障房建设新需求（表2）。

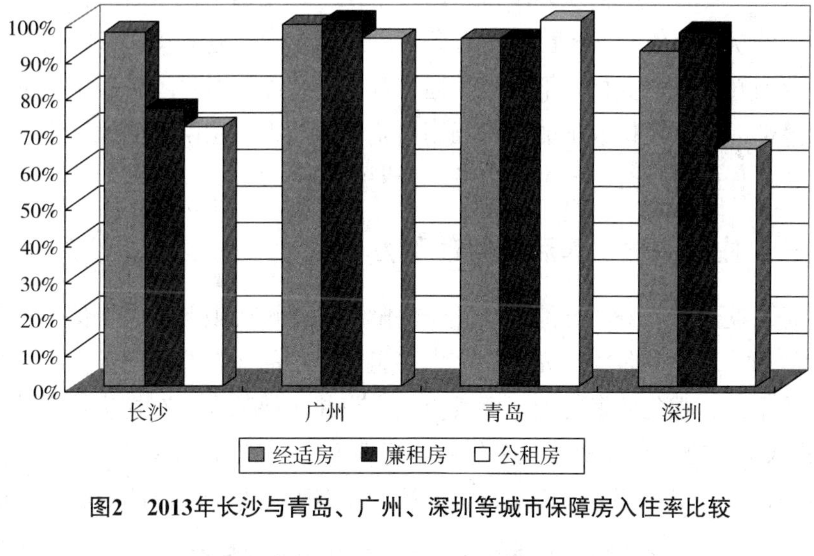


**图2　2013年长沙与青岛、广州、深圳等城市保障房入住率比较**

**表2　各地保障住房建设发展创新的主要做法**

| 地区或城市 | 规划建设创新 | 主要内容 |
|---|---|---|
| 贵州省 | 保障房配建 | 新建商品房配建廉租住房和公共租赁住房；保障房小区配建经营性用房。 |
| 贵阳市 | 规划布局倾斜 | 把宜居作为保障房建设的重要标准，按照“均衡布局、交通方便、配套完善、环境宜居”的原则规划布局。 |

续表

| 地区或城市 | 规划建设创新 | 主要内容 |
|---|---|---|
| 北京市 | 实行融资创新 | 发行私募债；住房公积金贷款；银行贷款；企业债；试点发行房贷产信托投资基金。 |
| 广州市 | 用地单独储备制度 | 出台《广州市保障性住房土地储备办法》，明确将保障性住房土地于经营性土地储备工作分离，建立保障性住房用地长效供应机制。 |
| 深圳市 | 安居型商品房建设 | 新供商品房用地和城市更新项目进行统筹，总量上配建不低于商品住房总建筑面积30%的安居型商品房。 |

征收安置是棚户区改造的首要条件和关键环节，目前征收管理职能归由市住建委，由于对土地征收缺乏介入，市住房保障局不能科学规划棚户区改造时序、棚改安置房建设，影响了全市棚户区改造项目推进。保障性住房建设同样受制于征收问题。三是分配审批难。住房保障资格审批都以房屋产权信息为依据。但长沙市产权产籍职能划于住建委后，原来在一个部门就可办结的业务，现因职能分割必须要跨部门协调，导致住房保障资格审批等工作不能即时审核对象住房信息，审批效率低下，给群众办事带来诸多不便。四是退出执行难。住房保障部门没有专门的执法队伍，对于已不符合条件的承租对象，管理单位只能履行约谈、下发整改通知、取消资格、下发退房通知等工作程序，对拒不腾退房屋的对象，住房保障部门无法律授权不能采取强制措施。申请人民法院强制执行，往往诉讼周期较长，程序较复杂，不可能大量、长期实施。

## （三）住房保障工作后续管理不力

一是后期运营服务明显滞后。随着保障住房建设规模的扩大，保障住房工作已进入后期管理服务阶段。先进城市大多组建专门的运营管理服务中心，建立信息化管理平台，强化后期管理。而我市仅在市住房保障局设有住房管理处，只有5名工作人员，难以承担实施大量的后续管理工作（表3）。区级住房保障部门也没有统一设置住房管理运营机构，街道社区没有管理专干。由此造成部分保障性

表3 长沙与广州、深圳等城市保障房后期管理服务对比

| 城市 | 机构名称 | 保障房面积 | 管理服务人员 | 主要职能 |
|---|---|---|---|---|
| 长沙市 | 住房管理处 | 37.5万$m^2$ | 5人 | 1.负责保障房产权管理和租赁补贴发放工作；2.负责保障房房源分配、调剂和廉租房租金收缴工作；3.承担保障房运营管理和维修养护责任；4.牵头组织保障房租金标准调整 |

续表

| 城市 | 机构名称 | 保障房面积 | 管理服务人员 | 主要职能 |
|---|---|---|---|---|
| 广州市 | 保障房事务中心 | 150万$m^2$ | 102人 | 1.负责保障房调换、租金收缴、维修养护工作；2.负责保障性住房违规出租、转租、出借、调换等行为的调查取证工作；3.负责保障性住房小区开展住房保障政策法规的宣传；4.指导保障房小区物业管理工作 |
| 深圳市 | 住宅租赁管理服务中心 | 91万$m^2$ | 120人 | 1.负责租赁型保障房申请受理审核；2.负责保障房区商业用房和公共配套设施的装修和维护、招租等事务性工作；3.负责保障房和商业用房及公共配套设施的租后资格复审、监督管理、违规行为调查处理、住房清退等事务性工作；4.负责组织保障房和小区配套用房的室内设施维修、本体维修和应急维修事务性工作；5.负责保障房政策咨询、信访和宣传等事务性工作 |

住房小区社区管理缺位、物业运转艰难、保障服务较差等情况。二是基础设施不配套。目前全市已交付使用的13个保障房小区除福润园、金麓小区外，均分布于二环线以外，水、电、气、路等基础设施不配套，其中未开通公交或交通不便的有粟塘等3个小区，无农贸市场的有谷山乐园等5个小区，未配全教育机构的有新诚等3个小区。三是社区氛围难融洽。不同棚户区的居民集中安置，各保障房小区跨区分配，人户分离，原有社会网格被打破，新建小区缺乏社区环境、社区情感的基础，致使新小区的人文内涵“先天不足”。特别是保障房小区居民大部分为低收入困难群体，老年人口、重病人员、刑释人员等特殊人群比例较大，难以在短期内形成新的社区文化。四是物业服务难度大。保障房小区居民相对贫困，据调查统计，市本级廉租住房实物配租4752户，其中低保户2193户，拆迁户1536户。如鄱阳小区已入住494户保障对象中有低保户366户，劳改释放人员87人，精神病、残疾和重病人员59人，孤寡老人34人，低保户以外的特殊人员共180人。部分保障对象长期不缴纳租金和物管费，物业服务工作难度大，物业费用收取率低。目前，我市廉租住房租金和物业服务费平均收取率仅60%左右，导致物业公司入不敷出，亏损严重。

### （四）住房保障工作信息共享不畅

住房保障工作在开发建设环节，涉及发改、财政、规划、建设、国土等部门；在分配审核环节涉及公安、民政等部门及街道等。目前尚未建立有效的协作联动机制，数据分散在各个职能部门，不能有效共享共用，成为一个个的“信息孤岛”，主要依靠住房保障部门“单兵作战”。同时，由于保障对象跨区安置、异地管理，出现了“人户分离”现象，相应的教育、医疗、计划生育、综合治理等问题，相关部门职责难以到位。原房产信息中心划至住建委，市住房保障局没有信息中心，仅经适房业务使用了房产业务综合平台中的经适房管理系统，实现了与房产信息自动比对。由于无房产信息系统平台为依托，住房保障部门难以核查申请人家庭的申请资格合规性、财产信息真实性，无法及时掌握保障对象的住房动态信息，对再次购房的住房保障对象无有效管控手段，无法及时冻结其房产交易行为，从而造成监管缺位。历年国家对长沙保障性安居工程专项审计中，均对信息系统不健全的问题提出整改意见。

## 三、长沙住房保障工作期待创新

随着城乡困难家庭对住房保障工作要求的持续提升，随着省会中心城市住房保障水平的持续改善，随着全市已建保障住房总量的持续增加，住房保障工作面临许多新情况、新形势。

——根据2013年7月份启动的全市城区中低收入住房困难家庭申报登记结果显示，全市还有85106户家庭（人员）存在住房困难。同时，随着长沙城乡居民人均居住面积持续增长，将有更多的家庭（人员）需要享受更高水平的住房保障。

——按照“十二五”国内住房保障先进城市规划目标，长沙 在此期间要完成住房保障9.9万户，其中廉租住房2.5万户，经济适用房2.4万户，公共租赁住房5万户。

——全市新一轮棚户区改造任务仍然艰巨，2014年13260户、2015年11070户、2016年8940户、2017年10630户。

习近平总书记于2013年10月29日在中央政治局第十次集体学习时强调，要加快推进住房保障体系和供应体系建设，构建以政府为主提供基本保障、以市场为主满足多层次需求的住房供应体系，尽力而为、量力而行，努力满足基本住房需求。2014年4月2日，李克强总理在国务院常务会议上要求更大规模推进棚改，明确由国家开发银行成立专门机构，实行单独核算，重点支持棚改及城市基础设施等相关工程建设。面对住房保障工作的新形势、新任务和新要求，必须坚持管理与建设并重，按照“两房并轨、提升服务、智慧管理、可持续发展”的思路，进一步创新体制机制，确保住房保障工作走在前列。重点抓好以下工作。

## （一）理顺住房保障工作体制机制

借鉴其他城市普遍采用的“住房保障+房屋管理”运行模式，理顺建设管理、房屋管理和住房保障的关系，将保障性住房和商品房纳入同一体系管理，统一监管住房规划、开发建设管理、分配交易、权属和物业管理等不同环节，整体规划、合理配置各类房屋资源。将物业监管、房产综合执法、物业维修资金监管、房产信息等事务性、保障性、服务性、技术性相关管理职能调整回归住房保障部门，形成权界清晰、分工合理、权责一致、高效运转的住房保障和供应管理体制，实现对房产市场的有效调控。完善“市区联动、以区为主”的保障性住房工作机制，构建属地管理、部门联动的工作体系，形成“统一规划、统一建设、统一分配、统一管理、统一运作”的新机制；实行管理重心下移，形成“市级统筹、属地管理、基层为主、四级（市、区、街道、社区）联动”的管理服务体系；加强部门分工协作，以资金筹措、开工准备、施工招标、质量监管等为突出重点，全面明确各部门的工作职能与职责，加强统一有效管理，形成工作合力。

## （二）加大棚户区改造力度

充分利用国家支持棚户区改造的契机，统一规划、整体推进。一是突破融资瓶颈。再梳理一批棚户区改造项目，纳入国家计划笼子，争取国家资金补贴；利用市级统贷平台，为全市棚户区改造项目承接国家银行贷款，管理棚改专项资金，同时最大限度地争取中央专项资金、省政府专项奖励和省级示范工程奖励资金等政策支持；调整支出结构，加大财政投入，配套城市棚户区和工矿棚户区建设资金；鼓励社会资本通过直接投资、间接投资、参股、成立项目股份公司、委托代建等多种方式参与棚户区改造。二是创新运行模式。着力从改造模式上突破创新，根本解决棚户区改造的制约因素。转变棚户区改造理念，不再采取以项目建设带动棚户区改造，代之以先开展棚户区改造再搞项目建设，调动政府、企业、社会的积极性。充分发挥市级平台作用，采取市统筹、区为主和成本分摊的运作模式，统筹项目推动和计划安排，统一调度，集中打捆申报，合理有序铺排，同步协调推进，对主城区棚户区改造资金实行“市级统筹、整体平衡”。区级部门负责项目的提出、项目方案的制定和征地拆迁工作，尤其是在拆迁中承担主体责任，因地制宜、多途并举满足棚户区改造被拆迁对象实物补偿、就近就地安置需求，加大有机棚改探索力度。三是加大政策支持。在用地政策上，加强棚改公司用地审批研究，先行划拨土地供其贷款融资，尽快启动棚改项目；针对棚改项目开发商用地，依法落实分类处理，加强土地回收和征收；针对改制企业非经营性用地，明确土地权属关系，通过行政划拨将土地划至棚改公司进行统筹运作。在征收政策上，落实税费减免政策，加强征收评估监管，鼓励棚改拆迁户选择货币安置。在安置房筹集政策上，将棚改安置房用地纳入土地供应计划优先安排，采取政府组织安置房建设、项目自建安置房、棚改安置房配建等多种方式筹集房源。

### （三）破解保障住房后续管理难题

随着长沙保障房存量的持续增加，加强后续管理服务尤显突出。一是搭建信息管理平台，解决“审核难”。要在提升窗口管理服务效能的基础上，加快建立全市保障住房信息管理平台，推行保障住房网络并联审批，建立以个人征信系统为基础的信息共享机制，逐步实现住房保障、公安、住建、民政、金融、工商、地税、住房公积金、残联等部门之间信息共享，打破“信息孤岛”现状，方便群众，确保公平。二是实施动态管理机制，解决“退出难”。采取主动申报和定期复核相结合的方式实施动态管理，强化入户调查、实地核实、邻里访问和档案调查，根据复核结果及时调整保障方式。通过强化司法执行、严格退出程序、拓宽监督渠道等措施确保有效退出。探索实施降低首付增加贷款比例、采用低限贷款利率或进行利率补贴等办法，鼓励中低收入家庭在经济状况发生好转时，退出保障性住房进入商品住房市场。三是强化基层基础工作，解决“服务难”。落实住房保障属地管理，建立以社区为核心的长效管理服务机制，推行“管人管房相结合”的社区化管理模式，将民政、社保、房管、计生等方面的事务集中到保障房小区所属社区统一管理；加强保障房小区物业管理，在小区内配建或者回购一定比例商业面积，用其租金弥补物业管理收费不足，并给予税费减免、资金补助等适当扶持；强化保障住房维修工作，在全市廉租住房暂未缴纳维修资金且各廉租住房将陆续超过质保期的情况下，按照一定标准，采取服务外包方式，公开招投标选定专业诚信的维保公司进行维修服务。

## （四）完善保障住房规划建设模式

一是调整保障住房布局规划。结合长沙经济社会发展规划、城市总体规划和土地利用规划，科学制定保障住房中长期规划和年度计划，确保将保障住房建设在交通便利、配套完善、环境宜居的区域。综合上级指令计划、保障对象数量及实际需要，提前做好项目储备和相关前期工作。二是试行保障住房配建方式。在全市新供商品房用地和城市棚改项目上进行统筹，从用地、规划审批入手，明确在商品房开发建设项目中按一定比例配套建设保障住房。三是动员社会力量参与保障住房建设。通过提供土地支持、适当提高容积率、配建商业服务设施等办法，加大社会力量投资保障性住房的政策支持，逐年降低政府直接投资保障性住房比例，多渠道建设保障房。

## （五）健全基本住房保障和供应体系

一是实行公租房和廉租房并轨运行。有效整合廉租房和公租房资源，统一纳入公共租赁住房建设管理，尽快出台我市廉租房和公租房并轨运行实施办法，建立统一的申请受理渠道、审核准入程序；在优先满足原廉租房保障对象需求的基础上，综合考虑保障对象的住房困难、收入水平、申请顺序、保障需求等因素，合理确定轮候排序的规则；进一步完善差别化租金定价机制，使公租房租金原则上较大幅度低于同地段、同类型住房市场租金水平。二是确保保障住房的公正分配。建立公开、公平、公正的保障房分配制度，加快住房信息系统建设和联网，及时公布保障房开工、建设、分配、退出等信息；制定严格的保障房动态监察机制，共同监管保障房的申请、审核、批准和使用全过程，做到分配前有审核，使用时有抽查，脱困退出后能收回。三是加强保障住房的建设供应。重点发展公共租赁住房，加快建设廉租房，推进各类棚户区改造。探索发展共有产权保障房，让保障对象根据自己的条件购买保障性住房一定比例的产权份额，政府通过让渡部分土地出让收益、适当财政补助、税费减免等措施降低住房建设成本，以低于市场的价格配售给符合条件的购房家庭。加强保障住房工程质量监管，严防出现“豆腐渣”工程，经得起实践、人民和历史的检验。

## （六）增强住房保障持续发展动力

一是加快住房保障立法进程。借鉴厦门等先进城市做法，制定出台《长沙市住房保障条例》，从法规层面对住房保障的规划布局、建设实施、惠及对象、资金来源使用、社会管理等进行法律界定，将住房保障建设分配全面纳入法治范畴，细化保障性住房管理内容，明确各相关职能部门的法定责任。二是完善住房保障政策体系。建立住房保障准入标准动态调整机制，适时提高收入认定标准和住房困难标准，稳步扩大保障范围。逐步提高住房保障补贴标准，增强中低收入住房困难家庭承租、购买住房能力。规范保障性住房建设、管理和运营，逐步形成统筹城乡的住房保障政策体系。三是加大住房保障资金投入。进一步完善财政性资金投入机制，确保土地出让收益的10%和住房公积金增值收益用于保障住房建设，市区财政每年安排一定比例资金进行专项投入；引导社会资本投入保障住房建设，争取国家和省市社保基金以信托贷款的形式为保障住房建设项目发放贷款，以信托、债券、中票等方式进行资本市场运作，吸收社会资金；加强与省安居投的合作，采取股权转让模式，缓解融资难题；成立保障性住房建设投资基金，归置各项保障房建设资金，减轻财政当期支付压力，形成滚动发展资金池。

**课题组组长：** 蒋集政　李志坚
**课题组副组长：** 王德志　黄家兴　苏自立
**课题组成员：** 李　末　邓琳春　唐承燕　盛　利

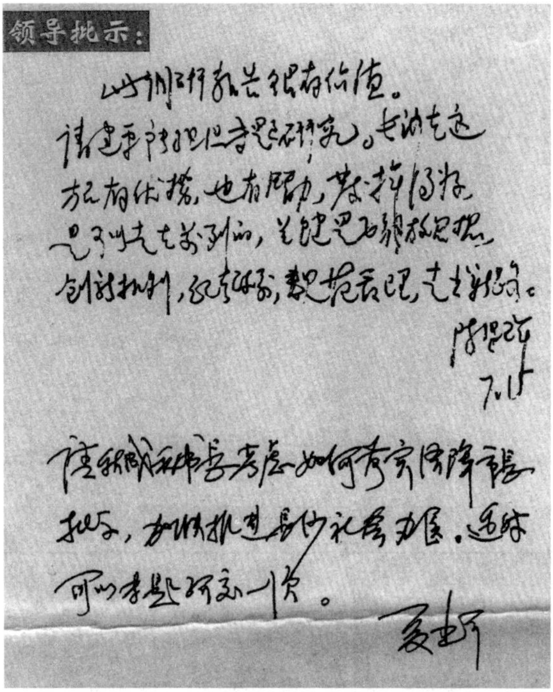


# 加快推进长沙社会办医的调查与思考

长沙市人民政府研究室
长沙市卫生局

长沙是国务院确定的全国社会资本办医联系城市之一。为进一步深化医药卫生体制改革，加快推进社会资本办医，根据市政府领导安排，市政府研究室、市卫生局于近期对各区、县（市）以及3所市属公立医院和5所私立医院开展了引进社会资本办医专题调研。现将调研情况报告如下。

# 一、长沙市推进社会办医的主要做法与成效

## （一）统筹制定医疗卫生规划，医疗资源布局日趋合理

根据城市建设总体规划和发展趋势，坚持把社会办医疗机构建设纳入区域卫生和医疗机构专题规划，统筹安排，为社会力量举办医疗机构留出合理的发展空间。鼓励和引导社会资本在人口流量大的区域举办二级及以上的民营医疗机构，适当增加非公立医疗机构床位数，满足社会多样化医疗需求。2013年年底，全市共有民营医疗机构1550家。其中，像湘雅博爱康复、长沙泰和医院等规模较大的二级以上医疗机构17家。爱尔眼科医院、年轮骨科医院、三真康复医院等已初步形成集团化发展规模。开福区的泰和、望城区的康乃馨以及正建设的湘雅五医院、湘雅六医院等民营医院有效弥补了相对偏远地区无大型医疗机构的不足。

**表1　　民办医疗机构分类分布情况**

| 未定级医院 | 一级医院 | 二级医院 | 三级医院 | 总计 |
|---|---|---|---|---|
| 43 | 46 | 14 | 3 | 106家 |

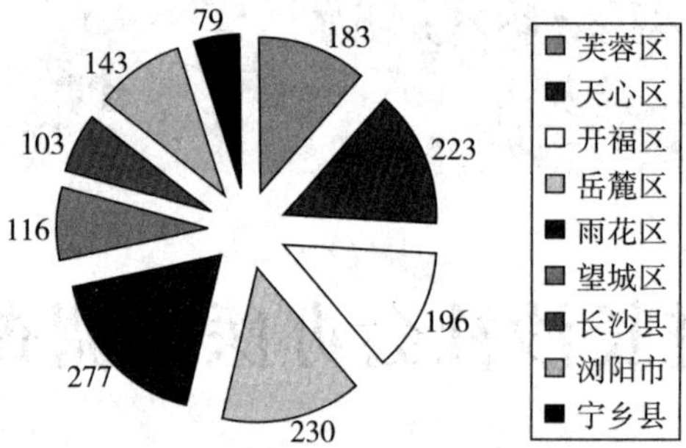


**图1　民办医疗机构要布情况**

## （二）建立公共财政激励机制，提高医疗资源利用效率

坚持将社会资本办医作为卫生事业发展的重要内容，加大公共财政扶持力度。对于社会资本在公共卫生服务薄弱的偏远地区投资建设老年、妇女儿童、康复等专科医疗机构，在土地、税收等方面实行优惠政策。加强与知名医疗机构合作，规范民办医院运营管理，提升医疗服务质量，其中3家民办医院由湘雅医院托管。鼓励社会资本参与公立医疗机构改制，通过联合、兼并、托管、收购等方

式，稳妥、有序地将5家国有企事业单位公立医院转制为民办医疗机构。主动服务社会办医，简化审批程序，优化工作流程，实行统一窗口受理和一次性告知，限时办结，提高工作效率。

## （三）落实社会办医平等待遇，增加医疗卫生资源总量

坚持对民办医疗机构与公立医院在管理标准和相关政策执行上一视同仁，将符合条件的民办医疗机构全部纳入医保定点范围；优化民办医疗机构用人环境，准许医疗集团内部、协议托管或帮扶医院间医生实行多点执业；改善民办医疗机

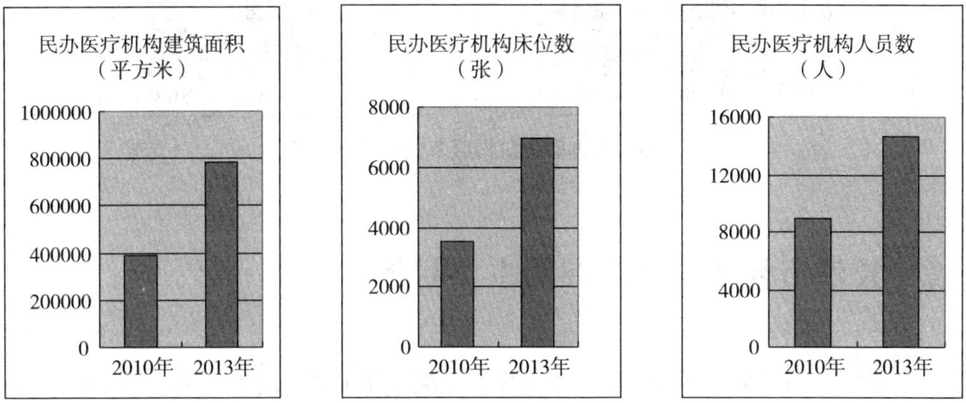


**图2　民办医疗机构发展情况**

构外部学术环境，技术职称考评、科研课题申报、临床重点学科及住院医师规范化培训基地资格认定等与公立医疗机构享有同等待遇；采取政府购买服务方式，让民办医疗机构承担重大传染病以及自然灾害、事故灾难救援等社会公共卫生服务。2013年，全市民办医疗机构的建筑面积、床位数、人员数比2010年分别提高了103%、98%、64%。

## （四）引导规范社会办医行为，逐步提高社会办医水平

制定并严格执行民办医疗机构准入标准，对医疗技术人员执业资格、医疗机构执业范围等进行明确规定，强化民办医疗机构行业监管，规范医疗服务行为，确保医疗质量和医疗安全。市卫生局定期组织专家组对民办医疗机构依法执业情况、医疗质量和医疗安全保障措施等进行校验审查；定期对民办医疗机构医疗执业行为进行监督检查，特别是对医疗美容、妇产、口腔、肛肠、针灸等医疗技术服务进行重点监管，严肃查处违法发布医疗虚假广告的机构或个人。通过引导

规范社会办医行为，支持一批有信誉、讲诚信、上规模、具特色的民办医疗机构快速发展，满足群众多元化医疗服务需求。2013年，全市民办医疗机构的诊疗人次、医疗业务收入比2010年分别上升了93.5%、70.8%。

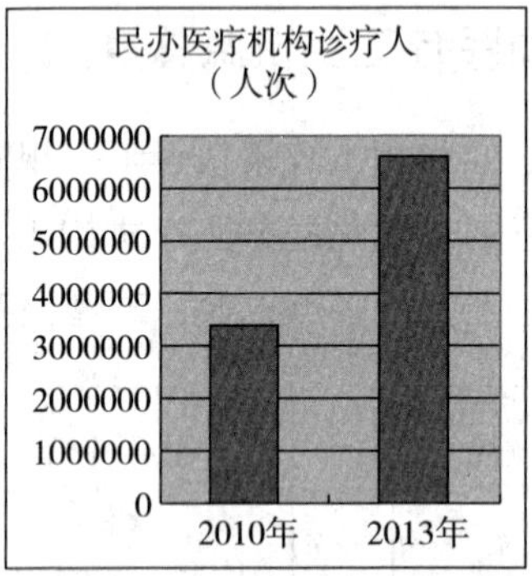


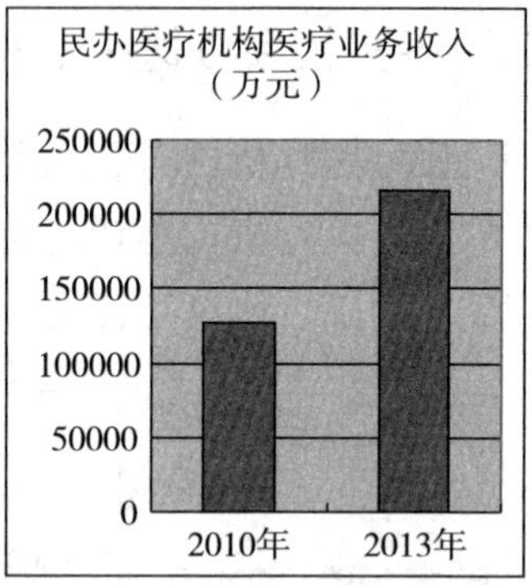


**图3　民办医疗机构服务能力提升情况**

## 二、长沙市社会办医存在的主要问题

总体看，长沙社会办医取与经济社会发展水平基本相适应。但与急剧增长的市场需求、与解决“看病难、看病贵”的民生期盼、与省外先进城市相比，仍有较大差距。

### （一）思想认识有待提高

经济社会发展水平的不断提高和全民医保的扩面提质，释放出巨大的医疗市场需求，增加医疗资源总量、提升医疗服务质量势在必行。公众对社会办医存在既欢迎又担忧的矛盾心理，希望发展民营医院，通过市场竞争来提高医疗服务质量，但又担心社会资本办医纯粹以赢利为目的，“看病难”的问题得到缓解，“看病贵”的问题仍然存在，甚至加重。公立医院希望通过发展民营医院，以弥补医疗资源配置的不足和布局的不均，但又担心自身因承担大量社会公益服务，难以与民营医院平等竞争，对公立医院的发展形成冲击。思想观念和认识上的差距，影响了行业和社会公众对引进社会资本办医的信心。

### （二）中坚医疗人才缺乏

医疗中坚人才是民营医院最突出的短板。中、高级医师成长周期长，需要丰富的临床经验积累，加强技能培训、进修、学术交流等，需要院方持续提供经费支持。相比之下，民营医院不具备公立医院医务技术人才成长环境，也不愿意提供人才培养的保障条件。受传统就业观念和其他因素的影响，绝大部分技术人才选择公立医院，流向民营医院的技术力量除了公立医院退休老医师外，新入门的年轻医生居多。民营医院的先天不足，造成中坚技术人才缺乏，最有效、最便捷的途径就是到公立医院挖人或想方设法让公立医院中坚技术人才多点执业。但公立医院出于管理和自身发展需要考虑，不愿意专业骨干到民营医院多点执业，这也是目前多点执业叫好不叫座的重要原因。2013年底全市社会办医的医技人员共5079人，其中具有初级职称的782人，具有中高级职称的763人。

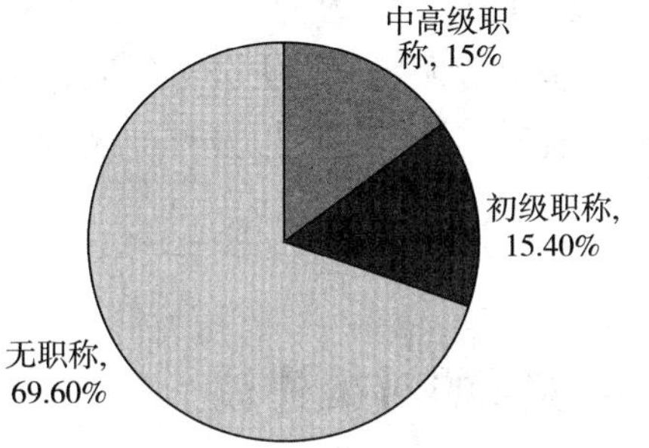


**图4　社会办医医技人员情况**

## （三）行业监管需要加强

医疗机构具有很强的专业性要求，其结果具有不可逆转性。在民营医院技术服务质量急需提高、社会形象急待改善的情况下，加强民营医院管理，规范执业行为尤显重要。目前，民营医院点多面广，普遍存在“四多四少”现象，即同

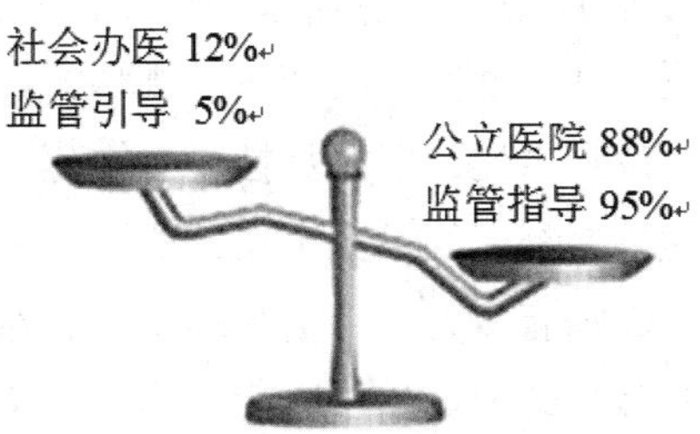


**图5　监管情况比较**

质化服务多、特色专科少，小资本多、大资本少，强调做大做强的多、追求做精做细的少，追求短期利益的多、考虑长远发展的少。相当一部分民营医疗机构

租房营业，存在流动性大的隐患，有的民营医疗机构甚至在发生医疗纠纷后“闪人”，但换个地方、换块牌子又重操旧业，给民营医疗机构监管带来了很大难度。同时，现阶段公立医院居于公共卫生服务绝对主导地位，政府对公立医院没有实施管办分离，卫生行政管理部门绝大部分精力用在对公立医院的管理上，对社会办医的监管很难及时到位。

### （四）社会信誉亟待提升

目前，民营医院小、散、滥现象突出：专科定位不清，医院管理体系不健全，行业自律、职业操守亟待改善，虚假广告屡禁不止，安全管理、诊疗水平的参差不齐，过度检查、过度医疗、恶性竞争、套取医保资金等现象时有发生，导致社会公信力较低。许多患者大病选择去公立医院，小病去身边熟悉的社区诊所。由于民营医疗机构自身发展的原因，以及其他因素的影响，造成社会公信力不高，严重影响了其应有作用的发挥。

## 三、鼓励引导社会办医的对策建议

社会办医是发展所需、改革所向。我们要以敢为人先的胆识、利民惠民的情怀、蹄疾而步稳的举措，加快引进社会资本办医步伐，提升医疗资源的总量和医疗服务质量。

### （一）明确社会办医发展定位

一要制定社会办医发展规划。要根据省会城市的特点和发展趋势，科学制定全市医疗机构设置规划、社会办医中长期发展规划，给非公立医院留足发展空间，逐步提高社会办医床位数占比，以满足社会多样化医疗需求。明确公立医院为基本保障、社会办医为重要补充的发展定位，研究制定《鼓励引导社会资本举办医疗机构实施办法》，鼓励有实力、有信誉的企业、慈善机构、基金会、商业保险机构、医疗科研机构等社会力量举办医疗机构。二是鼓励联合办医。充分利用公立医院资源、品牌、技术优势，社会资本的机制优势，探索发展优势互补的联合办医模式。建立市级医疗卫生建设投融资平台，统筹解决市级公立医院发展建设融资问题，缓解公立医院财政投入不足的难题，部分解决公私联合办医投资问题。三是突出发展专科医院。综合性医院建设周期长、投资大、技术力量积聚要求高，应引导社会资本向特色专科医院方向发展，鼓励社会资本举办老年康复护理、精神卫生、儿科、产科等医疗机构，解决特色专科医疗服务市场供应不足的问题。

## （二）放宽社会办医市场准入

一是放宽举办主体。统一国有资本和社会资本办医准入标准，在相关政策落实上平等对待。鼓励社会资本举办非营利性医疗机构；鼓励社会资本举办儿童医院、康复医院、老年病医院、护理院、临终关怀医院等紧缺型医疗机构；鼓励社会资本在新城区、城乡接合部以及医疗资源相对薄弱区域举办医疗机构；鼓励社会资本举办高水平、规模化的大型医疗机构；鼓励境内外良性资本对公立医院进行公益性投资；重点引进省内外优质医疗资源落户长沙创办医疗机构。二是放宽服务领域。出台相关政策措施，鼓励民营与公立医院开展双向转诊、分级医疗、应急医疗服务；鼓励社会信誉高、技术力量强、医疗条件好的民营医疗机构参与基本医疗和公共卫生服务，参与政府购买社会公益服务，并将其纳入社会医疗保险定点服务范围，与公立医疗机构享有同等支付标准。三是放宽设备配置限制。落实《长沙市区域卫生规划（2011—2020年）》《长沙市医疗机构设置规划（2011—2020年）》的要求，支持非公立医疗机构按照批准的执业范围、医院等级、服务人口数量等配备大型医用设备，对非公立医疗机构配备大型医用设备实行统一规划、统一准入、统一监管，在同等条件下优先核准、审批。探索建立非公立医疗机构体检中心，引进社会资本配套各类医疗设备，面向全市医疗机构提供病情检查服务。

## （三）营造社会办医良好环境

一是营造良好舆论环境。客观反映民办医疗机构运营中的不足，褒扬有社会责任感、乐于社会慈善事业、甘于奉献爱心的民营医疗机构和医务人员；对民营医院产生的医疗纠纷，政府职能部门和执法机关应协助医方依法处理，尽快化解医患矛盾，对虚假医疗广告、职业医闹等违法行为予以坚决打击，舆论上严厉谴责，营造有利于民营医疗机构健康发展的社会舆论环境。二是营造良好投资环境。认真落实相关政策规定，进一步完善激励措施，对提供优质医疗服务、对社会公益事业做出突出贡献的民办医疗机构和行业投资者，享受与公立医院同等奖励政策。完善土地使用政策，对社会资本按照城镇土地利用总体规划举办非营利性医疗机构用地，可采取划拨方式供地或协议出让供地。要突出城市发展中的医疗用地规划配套，特别是在大型住宅小区建设中要考虑医疗机构的配套建设。三是营造良好运营环境。支持社会医疗机构以股权融资、项目融资等方式筹集建设发展资金。社会资本举办的老年康复护理、精神卫生、儿科、产科等非营利性医疗机构，可申请政府贴息政策支持。对有资质的非长沙籍专业人士创办诊所、专科医院，实行担保制。民办非营利性医疗机构，在用电、用水、用气和医疗废弃物处理等方面与公立医院享受同样的收费标准。将民办医疗机构统一纳入医疗纠纷防控管理体系，保障良好的诊疗秩序。鼓励社会办医疗机构参加医疗责任保险、医疗意外保险等多种形式的执业保险。严禁任何单位和个人对民办医疗机构乱摊派、乱检查、乱罚款。

### （四）支持社会办医业务能力建设

一是支持民办医院学科建设。研究制定《加强非公立医疗机构学科建设的指导意见》，将非公立医疗机构统一纳入临床重点专科建设规划。非公立医疗机构获得国家和省市级重点专科建设项目的，在资金分配等方面给予同等对待；非公立医疗机构在医学院校临床教学基地、住院医师规范化培训基地等资格认定与公立医院一视同仁；非公立医疗机构人员在职称评定、科研立项及成果鉴定、参加学术活动、评先评优等与公立医院享有同等待遇。二是加强民办医院人才队伍建设。将非公立医疗机构人才队伍建设纳入全市人才引进总体规划，同等享有政府规定的优惠政策。探索设立非公立医疗机构人才队伍建设专项基金，在高层次人才引进、医务人员在职专业继续教育、全科医生培养、住院医师规范化培训、新技术技能培训等方面一视同仁。各医学类行业协会、学术组织和医疗机构评审委员会要平等吸纳非公立医疗机构人员参与。三是有序推进医生多点执业。加快推进公立医院改革，完善公立医院人事管理制度，研究制定《医师多点执业实施办法》，明确医师多点执业各项要求，严格医师多点执业管理，规范医师多点执业行为。多点执业应优先从纵向多点（上下级医疗机构帮扶、对口支援）和集团内部（含托管）横向多点执业推开。卫生行政部门要加强对医师多点执业的监督管理，严肃法律法规和劳动纪律约束，确保多点执业安全有序推进。

### （五）强化社会办医监督管理

一是健全指导监管体系。市卫生行政部门应设立社会办医管理机构，负责社会办医规划制定、工作协调、监督管理等。出台《加强非公立医疗机构管理实施办法》，对非公立医疗机构的类别、诊疗科目、床位、设备、专业人员注册等进行全面监管，严禁超范围执业；突出对非公立医疗机构传染病防治、院感消毒、医疗废物处置等进行监督，确保公共卫生安全；严厉打击过度医疗、非法行医、诱导欺诈等严重违法行为。二是创新指导监管手段。卫生行政部门要督促非公立医疗机构健全临床诊疗、信息公开、行政管理、安全管理、财务管理等内部管理制度，不定期进行检查、通报。非公立医疗机构要定期公开住院费用、次均费用、群众测评满意率等服务信息，自觉接受社会监督。建立“黑名单”制度，依法严厉查处非法行医、超登记范围诊疗、大处方、过度医疗、乱收费、重大医疗事故、违法虚假医疗广告、欺骗患者谋取不当利益、弄虚作假骗取医保资金、有偿转诊等不正当行为。三是完善评估考核机制。健全非公立医疗机构医疗质量评价体系，采取日常监督管理、医疗机构校验、医师定期考核、卫生行政部门组织专项考核等方式，对非公立医疗机构及其医务人员执业情况进行检查、评估、考核。建立社会监督机制，推行医院综合指数评价办法，将医疗质量、患者满意度等纳入监管考核体系。通过各种手段督促非公立医疗机构提高医疗服务质量，规范诊疗行为。

**课题组顾问：**夏建平
**课题组组长：**蒋集政　郭　堪
**课题组副组长：**李守红　邓云其　彭　骅
**课题组成员：**黄熊飞　曾令国　谭　军　张树生　孙智慕　唐飞跃　廖　凯

# 长沙市医疗急救服务现状调研报告

长沙市卫生局

按照长沙市人大、市政府决议开展社会急救立法工作的要求，为进一步了解长沙市院前急救事业的发展现状，掌握我市有关院前急救资源的合理配置和有效利用等实际情况，为急救立法工作做好相应铺垫工作，市卫生局于2014年6月至9月开展了长沙地区院前急救资源现状调研工作。

本次调查由社会急救医疗立法小组制订“长沙地区院前急救资源现状调查问卷”，其内容涉及长沙地区从事院前医疗急救单位的基本信息，从2012年1月1日至2013年12月31日期间的通信调度情况、运行状况、人员情况、车辆及设备情况、财政情况和应急储备能力等方面。本调查问卷经有关专家审定修改，进行预调查后再次修改，最后确定调查内容和方法。调查对象为长沙地区120急救中心及急救网络医院。现将调研情况报告如下。

## 一、 调查问卷回收情况

符合本次调研对象的医疗单位共52家，发放调查问卷52份，实际有效回收份数50份，回收率96%。其中省级医院2家、市级医院7家、县级医院10家、乡镇卫生院及社区服务中心22家、军队（武警）医院1家、民营7家、企业职工医院1家，未收回调查表的2家单位分别为湘雅三医院、中国人民解放军第163医院，本次采用的数据时间节点为2012年1月1日至2013年12月31日。

# 二、长沙地区社会急救医疗建设总体情况

## （一）长沙市120急救中心情况

郑州市、武汉市、长沙市120急救中心基本情况对比如表1。

表1　　郑州、武汉、长沙120建筑面积情况

| 城市＼面积 | 房屋总建筑面积 | 指挥调度用房面积 | 培训用房面积 | 培训用房间数 | 应急物资储备仓库 |
|---|---|---|---|---|---|
| 郑州市120 | 4000m$^2$ | 800m$^2$ | 1500m$^2$ | 7 | 150m$^2$ |
| 武汉市120 | 旧址5000m$^2$<br>新址10000m$^2$ | 旧址380m$^2$<br>新址780m$^2$ | 900m$^2$ | 12 | 128m$^2$ |
| 长沙市120 | 1090m$^2$ | 100m$^2$ | 0m$^2$ | 0 | 10m$^2$ |

1. 用地情况。郑州市、武汉市、长沙市120均属全额拨款事单位，其中长沙市120属于正科级单位，而武汉市120、郑州市120均属正处级单位。在三个省会城市的占地面积对比中：长沙市120急救中心仅1090m$^2$，建筑面积是郑州市的27.25%，是武汉市的10.9%；远低于2003年国务院办公厅转发的《发展改革委、卫生部突发公共卫生事件医疗救治体系建设规划的通知》（国办法〔2003〕82号），建设指导原则和基本标准要求按服务人口建设急救中心："200～400万人口的城市，建筑面积3000m$^2$，配备救护车30辆；400万以上人口的城市，用房建筑面积5000m$^2$，配置救护车50辆，每辆救护车应配备急救人员编制4名"的标准。并且长沙市120无培训场地，无法正常开展对急救人员、对公众的培训工作；应急物资的储备仓库也只有一间房，面积约10m$^2$，是郑州市的6.7%，是武汉市的7.8%；院前调度用房面积为100m$^2$，是郑州市的12.5%，是武汉市的12.8%。

表2　　郑州、武汉、长沙120指挥调度情况

| 城市＼调度情况 | 调度座席总数 | 调度座席白天开放数 | 调度座席晚上开放数 | 有线电话 | 主叫用户号码 | 电话录音功能 | 统计报表功能 | 呼叫电话自动排队 | 无线对讲机 | 车载电话 | 卫星电话 | GPS定位 | GIS定位 | 查询功能 | 闭路监视功能 | 现场视频传输 | 现场音频传输 | 呼号叫码电地子图位显置示 | 提供主机姓名 | 提供装机地址 |
|---|---|---|---|---|---|---|---|---|---|---|---|---|---|---|---|---|---|---|---|---|
| 郑州市 | 10 | 8 | 6 | √ | √ | √ | √ | √ | √ | √ | √ | √ | √ | √ | √ | √ | √ | √ | √ | √ |
| 武汉市 | 8 | 5 | 2 | √ | √ | √ | √ | √ | √ | √ | √ | √ | √ | √ | √ | √ | √ | √ | √ | √ |
| 长沙市 | 6 | 4 | 2 | √ | √ | √ | √ | √ | √ | 无 | 无 | 无 | 无 | 无 | 无 | 无 | 无 | 无 | 无 | 无 |

2. 指挥调度情况。在三个城市的指挥调度系统情况对比中，长沙市指挥调度系统无无线对讲机、车载电话、GIS定位、闭路监视功能、现场视频传输、号叫码电地子图位显示、提供主机姓名、提供装机地址、卫星电话、GPS定位等功能。指挥调度系统功能建设严重滞后，现代化程度极低，相关设施设备严重缺乏，导致我市院前急救指挥调度效率不高、信息化管理发展滞后。

**表3　　郑州、武汉、长沙120内设科室、急救网络情况**

| 内设科室、急救网络 / 城市 | 内设科室数 | 下属急救分中心数 | 下设急救站数目 | 直属站数目 |
|---|---|---|---|---|
| 郑州市120 | 11 | 7 | 47 | 3 |
| 武汉市120 | 12 | 6 | 36 | 8 |
| 长沙市120 | 4 | 0 | 15 | 2 |

3. 科室设置及急救网络情况。从三个城市120的对比情况分析，我市急救中心科室设置较为不健全，仅设了指挥中心、院前急救部、后勤保障部、综合办公室，因刚从依托型向独立型转型时期，没有设培训部、财务科、人事科、护理院感科等功能科室，科室的设置不齐全，严重影响了相关工作的开展，城市内急救网络站点远比郑州市、武汉市少，急救效率较低。

**表4　　郑州、武汉、长沙120急救任务情况**

| 急救任务 / 城市 | 2013年总呼叫量 | 2013年总出车量 | 2013年急救中心出车趟次 | 2013年维稳卫生保健 |
|---|---|---|---|---|
| 郑州市120 | 677237 | 121078 | 802 | 749 |
| 武汉市120 | 829880 | 112220 | 38755 | 258 |
| 长沙市120 | 670981 | 51080 | 18298 | 150（110联动9415次） |

**表5　　郑州、武汉、长沙120人员情况**

| 人员情况 / 城市 | 单位编制数 | 职工总人数 | 在编人员数 | 临聘人员数 | 职工平均年收入（万元） | 重症监护车人员配备数目 | 普通（转运）型救护车人员配备数目 |
|---|---|---|---|---|---|---|---|
| 郑州市120 | 98 | 83 | 75 | 8 | 6.48 | 4人（1医1护1驾1急救员） | 4人（1医1护1驾1急救员） |
| 武汉市120 | 98 | 181 | 90 | 91 | 7.00 | 5人（1医1护1驾2担架员） | 5人（1医1护1驾2担架员） |
| 长沙市120 | 42 | 66 | 40 | 26 | 5.73 | 2人（1医1驾） | 2（1医1驾） |

4. 急救从业人员情况。从三个城市的120情况分析，三个城市的辖区面积分

别为郑州市7446.2平方公里，武汉市8494平方公里、长沙市11819.5平方公里，长沙市的辖区面积是最大的，但单位编制是郑州市和武汉市的42.8%，职工总人数和在编人员数目均少于郑州和武汉市。三个城市的人均GDP值分别为郑州市68673.46元，在全国排名为52名，武汉市88932.81元，在全国排名为31，长沙市100091.37元，在全国的排名为17，长沙的人均GDP值在三个城市中是最高的，但长沙120工作人员人均年收入是最少的，在重症监护车人员配备数和普通（转运）型救护车人员数方面，郑州市达到4名工作人员，武汉市达到5名工作人员，而长沙市120仅配备一名医生和司机，未配备护士。在急救工作中，医生既要做好医生的工作，还有兼顾护理工作、担架员工作等工作，劳动强度过大势必会影响急救效率，长沙市120急救中心10名指挥调度员中仅1名编制人员，临聘人员待遇为1400元/月，人员待遇较差，队伍及其不稳定。

**表6　　郑州、武汉、长沙120急救车辆情况**

| 城市 / 车辆 | 郑州市120 | 武汉市120 | 长沙市120 |
|---|---|---|---|
| 急救指挥车 | 1 | 1 | 1 |
| 通信指挥车 | 1 | 1 | 0 |
| 抢救（监护）型救护车 | 133 | 56 | 0 |
| 普通（转运）型救护车 | 0 | 14 | 18* |
| 越野（四驱）型救护车 | 0 | 1 | 0 |
| 负压救护车 | 2 | 5 | 4* |
| 群体伤员转运车 | 1 | 1 | 0 |
| 物资供应车 | 2 | 1 | 0 |
| 专家应急人员车 | 3 | 0 | 0 |
| 生活保障车 | 1 | 0 | 0 |
| 急救摩托 | 381 | 0 | 0 |
| 急救交通工具合计 | 急救车辆144台<br>急救摩托381台 | 急救车辆80台 | 急救车辆22*台 |

18*表示2台普通救护车无经费未上牌；4*表示有2台无经费上牌，其中有2台负压车；22*表示2台普通救护车无经费未上牌，借用中心医院10台车。

5. 急救车辆情况。从三个城市120的急救车辆情况分析，长沙市120没有通信指挥车、抢救（监护）型救护车、越野（四驱）型救护车，群体伤员转运车、物资供应车专家、应急人员车、急救摩托。在重大突发公共卫生事件时，长沙市120的急救车辆将难以满足急救应急的需要。另外，同为省会城市，长市120的车辆总数是郑州120的15.2%，是武汉市120的27.5%。目前长沙120救护车的配备数量即低于2003年国务院办公厅转发的《发展改革委、卫生部突发公共卫生事件医疗救治体系建设规划的通知》（国办法〔2003〕82号），建设指导原则和基本标准要求按服务人口建设急救中心：200万～400万人口的城市，建筑面积3000m²，配备救护车30辆；400万以上人口的城市，用房建筑面积5000m²，配置救护车50辆，每辆救护车应配备急救人员编制4名。

**表7　　郑州、武汉、长沙120水上、空中急救情况**

| 急救工作开展情况 / 城市 | 水上急救开展情况 | 空中急救开展情况 |
|---|---|---|
| 郑州市120 | 无 | 无 |
| 武汉市120 | 可调度6艘急救艇 | 可调度2架直升机1 |
| 长沙市120 | 无 | 无 |

**表8　　郑州、武汉、长沙120急救设备情况**

| 通信设备 / 城市 | 便携式呼吸机（台） | 心脏除颤仪（台） | 心电监护仪（台） | 心电图机（台） | 除颤监护仪（台） | 血氧饱和度仪 | 输液泵（个） | 脊柱板（个） | 车载担架（个） | 铲式担架（个） | 轮椅担架（个） | 楼梯担架（个） |
|---|---|---|---|---|---|---|---|---|---|---|---|---|
| 郑州市120 | 40 | 20 | 20 | 48 | 40 | 40 | 5 | 100 | 144 | 144 | 140 | 140 |
| 武汉市120 | 47 | 19 | 26 | 68 | 47 | 40 | 5 | 30 | 80 | 80 | 50 | 18 |
| 长沙市120 | 10* | 0 | 12* | 18* | 18** | 0 | 0 | 3 | 24 | 15 | 0 | 0 |

10*表示其中有4台已坏；12*表示其中有1台已坏；18*表示其中有4台已坏；18**表示其中有6台已坏。

6. 急救设备情况。从三个城市120的急救设备情况分析，长沙市急救设备的数量和质量远低于郑州、武汉的水平。目前长沙市120急救中心仍未配备心脏除颤仪、血氧饱和度测试仪、输液泵、轮椅担架、楼梯担架等急救设备，且长沙市120急救中心七年以来从未购置新设备；现有仪器老旧，导致的故障率很高，很多设备已经无法使用。

**表9　　郑州、武汉、长沙120应急物资储备情况**

| 应急物资 / 城市 | 帐篷 | 应急生活包 | 生物防护服 | 生化防护服 | 防护口罩 | 防护眼罩 | 发电机 |
|---|---|---|---|---|---|---|---|
| 郑州市120 | 3 | 10 | 500 | 8 | 300 | 1000 | 3 |
| 武汉市120 | 5 | 30 | 300 | 6 | 300 | 1000 | 4 |
| 长沙市120 | 0 | 0 | 100 | 0 | 100 | 100 | 0 |

7. 应急物资储备情况。从三个城市的应急物资储备情况来看，长沙市120无

帐篷、应急生活包、生化防护服、发动机等应急物资，其他物资的储备也低于郑州、武汉市，在应对突发公共卫生事件时，我市应急能力突显薄弱。

表10　　郑州、武汉、长沙120培训设备情况

| 培训设备 / 城市 | 全身带电子显示器的复苏模型 | 带电脑报告仪的复苏除颤模型 | 带电脑报告仪的复苏模型 | 简易复苏模型 | 公众培训迷你简易复苏模型 | 婴儿复苏模型 | 梗塞训练模型 | AED模型 | AED训练器） | 成人气道管理模型 | 婴儿气道管理模型 | 车祸车内脊柱损伤解救套 |
|---|---|---|---|---|---|---|---|---|---|---|---|---|
| 郑州市120 | 4 | 1 | 2 | 20 | 60 | 1 | 1 | 10 | 6 | 12 | 16 | 1 |
| 武汉市120 | 5 | 2 | 4 | 4 | 20 | 16 | 1 | 10 | 10 | 4 | 4 | 1 |
| 长沙市120 | 0 | 0 | 0 | 0 | 0 | 0 | 0 | 0 | 0 | 1 | 0 | 1 |

表11　　郑州、武汉、长沙120培训开展情况

| 培训情况 / 城市 | 对培训财政是否有投入 | 投入资金培训导师 | 外送进修并通过考核的导师数 | “基础生命支持（BLS）课程” | “高级生命支持（ACLS）课程” | “初级创伤救治（PTC）课程” | “拯救心脏课程” | “国际创伤生命支持高级课程“ITLS课 |
|---|---|---|---|---|---|---|---|---|
| 郑州市120 | 有投入 | 有 | 16 | 开 展 | 开 展 | 开 展 | 开 展 | 开 展 |
| 武汉市120 | 有投入 | 有 | 18 | 开 展 | 开 展 | 开 展 | 开 展 | 开 展 |
| 长沙市120 | 无投入 | 无 | 0 | 未开展 | 未开展 | 未开展 | 未开展 | 未开展 |

8. 培训情况。从三个城市的培训相关情况来分析，长沙市在最基本的十二项设备中，仅由两种，缺乏培训设备，无培训场地、导师培训费，导致培训工作无法开展，我市120培训工作基本属于空白。

表12　　郑州、武汉、长沙120财务其他情况

| 财务项目 / 城市 | 事业收入上缴财政后返还比例 | 车辆更新专项资金 | 医疗设备更新专项 | 人员除工资外，单位有其他绩效奖励 | 急救中心对急救分中心是否有投入吗 | 急救中心对120网络医院是否有资金 | 急救中心对网络医院是否配给急救车 |
|---|---|---|---|---|---|---|---|
| 郑州市120 | 全部返还 | 0 | 20万~40万 | 有 | 有 | 无 | 有 |
| 武汉市120 | 全部返还 | 448.3万 | 342.3万 | 有 | 有 | 有 | 有 |
| 长沙市120 | 返还75% | 0 | 0 | 无 | 无 | 无 | 无 |

9. 财务情况。从三个城市的我财务情况来看，长沙市的人均GDP值在三个城市中是最高的，但投入比例是最低的。长沙市120急救中心固定资产是郑州市紧急救援中心的16.58%，是武汉市医疗急救中心的15.07%。2013年长沙市120

急救中心的财政投入相当于郑州市紧急救援中心的68.38%、武汉市医疗急救中心的16.27%。2013年长沙市120急救中心财政总收入是郑州市紧急救援中心的77.52%，是武汉市医疗急救中心的15.32%。长沙市120急救中心在2014年前依托于长沙市中心医院，2014年4月机构独立后，尚欠长沙市中心医院约550余万元，现仍无偿还能力。另外，长沙市120对急救分中心、网络医院基本没有投入。综上可以看出，财政投入的严重不足，导致我市急救事业发展严重滞后。

**表13　　郑州、武汉、长沙120财务情况**

| 财政情况 / 城市 | 总资产情况 | 2013年度财务收入情况（万元） | | | | 2013年度财务支出情况 | | | | | |
|---|---|---|---|---|---|---|---|---|---|---|---|
| | | 上级财政拨款 | 事业收入 | 其他收入 | 总收入 | 员工待遇总费用 | 车辆运行经费 | 医疗设备采购维修费 | 急救药品耗材费用 | 其他支出 | 支出合计 |
| 郑州市120 | 8113 | 952 | 29 | 3 | 984 | 538 | 58 | 29 | 18 | 342 | 985 |
| 武汉市120 | 8924.69 | 3999.47 | 984.79 | 0 | 4984.26 | 1267 | 201.02 | 342.3 | 40.28 | 2904.94 | 4755.54 |
| 长沙市120 | 1345.76 | 651.02 | 102.6 | 9.97 | 763.59 | 378.58 | 109.02 | 0.23 | 7.24 | 268.52 | 763.59 |

## （二）市区急救网络医院总体情况

1. 市区急救网络医院基本情况。长沙市区共15个急救站点，其中长沙市120急救中心建立2个直属站依托于长沙市中心医院和长沙市第一人民医院。13家网络医院中，省部级单位3家，市级单位3家，民营医院4家，企业职工医院1家，军队医院2家（包含未参加本次调研单位湘雅三医院、中国人民解放军第163医院）。

**表14　　市区急救网络医院分布表**

| 市内五区 | 省、部级单位 | 市级单位 | 民营单位、企业职工单位 | 军队医院 |
|---|---|---|---|---|
| 芙蓉区 | 省马王堆疗养医院 | 长沙市第八医院东院 | 湖南旺旺医院 | 无 |
| 开福区 | 无 | 无 | 长沙利慈医院、长沙泰和医院 | 163医院* |
| 雨花区 | 湖南省二人民医院 | 无 | 长沙年轮骨科医院 | 无 |
| 岳麓区 | 湘雅三医院* | 长沙市第四医院 | 湖南航天医院（企业职工单位） | 武警湖南总队医院 |
| 天心区 | 无 | 长沙市三医院 | 无 | 无 |

表15　　市区急救网络医院基本情况表

| 市内五区 | 服务人口（万） | 近两年网络医院年平均出车数（趟） | 急救网络医院个数（家） | 急救车辆数（辆） | 市区网络医院急救人员数 | |
|---|---|---|---|---|---|---|
| | | | | | 全额编制 | 非全额编制 |
| 芙蓉区 | 523730 | 12716 | 3 | 12 | 0 | 166人 |
| 开福区 | 567373 | 3790 | 2 | 7 | | |
| 雨花区 | 725353 | 4152 | 2 | 4 | | |
| 岳麓区 | 801861 | 11251 | 3 | 10 | | |
| 天心区 | 475663 | 2422 | 1 | 2 | | |

2. 急救业务出车情况。通过回收的调查问卷统计分析，长沙网络医院2012年总出车数为32358趟，其中未收费趟次为10523次，未收费趟次占总出车数的比例32.5%。2013长沙地区总出车数为36300趟，未收费趟次为12227次，未收费趟次占总出车数比例为33.7%。

3. 市区急救网络医院急救人员相关情况。

表16　　市区急救网络医院急救人员情况表

| 市区网络医院 | 急救人员 | 在岗人数（人） | | 管理人数（人） | | 医生（人） | | 护士（人） | | 调度员（人） | | 驾驶员（人） | | 担架员 | | 其他*（人） | |
|---|---|---|---|---|---|---|---|---|---|---|---|---|---|---|---|---|---|
| | 总数（人） | 专职数 | 兼职数 | 专职数 | 兼职数 | 专职数 | 兼职数 | 专职数 | 兼职数 | 专职数 | 兼职数 | 专职数 | 兼职数 | 专职数 | 兼职数 | 专职数 | 兼职数 |
| | 166 | 74 | 92 | 3 | 8 | 24 | 31 | 7 | 36 | 8 | 3 | 31 | 14 | 0 | 0 | 1 | 0 |

① 人员基本情况：急救网络医院在岗人员共166人，专职数74名，占在岗总人数的44.6%。从事社会急救医疗的医生55名，其中职业医师 52 名，执业助理医师8名；无医师资格证2名。从事社会急救医疗的护士43名，均具备执业护士资格。

② 救护车人员配备情况：在被调查的单位中，11家调查单位均配有普通（转运）型救护车，配有护士的有3家，所占比例为27.2%。11家单位中，配备有抢救（监护）型救护车的有8家，占比72.7%；5家配有护士，占比45.5%。

4. 市区急救网络医院120救护车情况。通过本次参与调研单位数据了解，目前长沙市区11家急救网络医院接受120急救中心指挥调度的救护车共35台，其中普通型救护车27台，抢救监护型救护车8台，负压型救护车0台。

表17　　市区急救网络医院120急救车情况表

| 区域划分 | 救护车总数 | 使用5年以下救护车比例（占救护车总数之比） | | | | 使用5–10年救护车比例（占救护车总数之比） | | | | 使用10年以上救护车比例（占救护车总数之比） | | | |
|---|---|---|---|---|---|---|---|---|---|---|---|---|---|
| | | 普通型 | 比例 | 监护型 | 比例 | 普通型 | 比例 | 监护型 | 比例 | 普通型 | 比例 | 监护型 | 比例 |
| 市区急救网络医院 | 35 | 16 | 45.7% | 5 | 14.3% | 10 | 28.6% | 2 | 5.7% | 1 | 2.9% | 1 | 2.9% |

5. 市区急救网络医院急救设备配备情况。

表18　　市区网络医院急救设备整体情况表　　单位：台

| 便携式呼吸机 | 简易呼吸球囊 | 心脏除颤仪 | 心电监护仪 | 除颤监护仪 | 电图机 | 气管插管包 | 环甲膜穿刺 | 吸痰器 | 血氧饱和度 | 微量注射泵 | 血糖仪 | 车载担架 | 铲式担架 | 轮椅担架 | 楼梯担架 | 脊柱板 |
|---|---|---|---|---|---|---|---|---|---|---|---|---|---|---|---|---|
| 11 | 32 | 10 | 18 | 15 | 16 | 11 | 14 | 34 | 19 | 8 | 14 | 31 | 29 | 2 | 0 | 3 |

表19　　市区网络医院平均每台车急救设备配备情况表　　单位：台

| 便携式呼吸机 | 简易呼吸球囊 | 心脏除颤仪 | 心电监护仪 | 除颤监护仪 | 电图机 | 气管插管包 | 环甲膜穿刺 | 吸痰器 | 血氧饱和度 | 微量注射泵 | 血糖仪 | 车载担架 | 铲式担架 | 轮椅担架 | 楼梯担架 | 脊柱板 |
|---|---|---|---|---|---|---|---|---|---|---|---|---|---|---|---|---|
| 0.31 | 0.91 | 0.29 | 0.29 | 0.51 | 0.46 | 0.31 | 0.4 | 0.97 | 0.54 | 0.23 | 0.4 | 0.89 | 0.83 | 0.06 | 0 | 0.09 |

6. 财务情况。

① 通过对回收的《长沙地区院前急救资源现状调查问卷》中各院前医疗急救单位财务数据的统计分析显示，院前急救总支出中人员待遇与车辆运行经费占比较大，其中2012年人员待遇、车辆运行经费分别占急救总支出的68.18%和18.18%；2013年人员待遇、车辆运行经费分别占急救总支出的66.62%和17.04%。统计院前医疗急救单位总体收支情况，市区网络医院2012年单位共亏损约845.65万元，平均每趟急救出车亏损约262.34元；2013年各院前急救单位共亏损约894.74万元，平均每趟急救出车亏损约246.48元。

② 急救网络医院与110联动“三无人员”处置情况：2012年共接收“三无人员”541名，“三无人员”医疗费用数为85.11万元；2013年共接收“三无人员”550名，“三无人员”医疗费用数为110.92万元。

③ 过路、过桥、违章费用、车辆通行费：长沙市网络医院2012违章费用0.15万元，违章费用0.3万元。

**表20　　　　　　　　　　市区网络医院财政情况表**

| 收入（金额单位为万） | | | | | | 支出入（金额单位为万） | | | | | | | 盈亏状况 | |
|---|---|---|---|---|---|---|---|---|---|---|---|---|---|---|
| 年度 | 财政补助 | 拨入专款 | 事业收入 | 其他收入 | 收入合计 | 急救药品耗材费用 | 员工待遇总费用 | 车辆运行经费 | 医疗设备维修费用 | 纠纷赔偿金额 | 其他支出 | 支出合计 | 每年（万） | 每趟出车（元） |
| 2012 | 0 | 0 | 156.52 | 4.97 | 161.49 | 99.48 | 653.48 | 174.24 | 16. 03 | 0 | 15.21 | 958.43 | -845.65 | -253.49 |
| 2013 | 0 | 0 | 178. 63 | 5.58 | 184.21 | 111.5 | 718.88 | 183.87 | 26.23 | 8.27 | 30.2 | 1078.95 | -894.74 | |

## （三）县（市）120急救中心

我县（市）396万人口，急救中心4个，均为依托型，其中直属站10家，急救网点总数39家。其急救中心的情况如下。

1. 基本情况。望城区52万人口，120急救中心设立直属站3个并未设立急救网络医院，致望城区急救网点分布极其均衡，服务半径过大，急救到达时间过长，严重影响其救治效率。

**表21　　　　　　　　　县（市）120急救中心基本情况**

| 急救中心 | 服务人口（万） | 急救中心占地面积（$m^2$） | 近两年年均出车数 | 急救中心救护车（辆） | | 急救人员全额编制（人） | | 急救网点 | |
|---|---|---|---|---|---|---|---|---|---|
| | | | | 实有 | 应有 | 实有 | 应有 | 直属站 | 急救网点总数 |
| 长沙县120 | 98 | 1200 | 11728 | 7* | 20 | 1 | 20 | 1 | 15 |
| 望城区120 | 52 | 150 | 5746 | 8 | 10 | 0 | 11 | 3* | 3 |
| 浏阳市120 | 128 | 2200 | 9690 | 8 | 26 | 0 | 26 | 5 | 12 |
| 宁乡县120 | 117 | 600 | 10615 | 10 | 23 | 0 | 24 | 1 | 9 |

备注：“7*”表示包括4辆正常运行车辆，3台因车况不能胜任急救任务的车辆。

“3*”表示望城区120设立三个直属站的人、财、物均由望城区人民医院提供。

2. 县（市）120急救中心指挥调度情况。

表22　　县（市）120急救中心调度系统情况

| 各县（市） | 调度座席总数 | 调度座席白天开放数 | 调度座席晚上开放数 | 有线电话 | 主叫用户号码 | 电话录音功能 | 统计报表功能 | 呼叫电话自动排队 | 无线对讲机 | 车载电话 | 卫星电话 | GPS定位 | GIS定位 | 查询功能 | 闭路监视功能 | 现场视频传输 | 现场音频传输 | 呼叫号码电子地图位置显示 | 提供主机姓名 | 提供装机地址 |
|---|---|---|---|---|---|---|---|---|---|---|---|---|---|---|---|---|---|---|---|---|
| 长沙县120 | 1 | 1 | 1 | √ | √ | √ | √ | √ | 无 | 无 | 无 | 无 | 无 | 无 | 无 | 无 | 无 | 无 | 无 | 无 |
| 望城区120 | 1 | 1 | 1 | √ | √ | √ | √ | 无 | 无 | 无 | 无 | 无 | 无 | 无 | 无 | 无 | 无 | 无 | 无 | 无 |
| 浏阳市120 | 2 | 1 | 1 | √ | √ | √ | √ | √ | 无 | √ | 无 | √ | 无 | 无 | 无 | 无 | 无 | 无 | 无 | 无 |
| 宁乡县120 | 4 | 2 | 2 | √ | √ | √ | √ | √ | 无 | 无 | 无 | √ | 无 | 无 | 无 | 无 | 无 | 无 | 无 | 无 |

① 由上表可以看出，各县（市）120急救中心通信系统主要为有线电话；通信调度平台仅能全面提供显示主叫号码、电话录音、统计报表功能。望城区120急救中心通信调度平台仍未能提供呼叫电话自动排队功能，各县（市）120急救中心均未拥有卫星电话、现场视频传输、现场视频传输等功能，可以看出我市各县（市）的急救通信调度的设备仍处于较落后的状态。

② 根据调查了解，目前各县（区）120急救中心未实现辖区统一指挥调度，120调度指令均处于较混乱状态，其中设置非“120”急救号码如96120的医疗单位25家，长沙县7家，望城区1家，浏阳市10家，宁乡县7家。

3. 急救业务出车情况。通过回收的调查问卷统计分析，县（市）120急救中心2012年总出车数为36516趟，其中未收费趟次为14343次，未收费趟次占总出车数的比例为39.3%。县（市）120急救中心总出车数为39041趟，未收费趟次为14282 次，未收费趟次占总出车数比例为36.6%。

4. 县（市）120急救中心从业人员相关情况。

① 从业人员基本情况。2003年国务院办公厅关于转发的《发展改革委卫生部突发公共卫生事件医疗救治体系建设规划的通知》建设指导原则和基本标准要求按照服务人口建设急救中心，200万～400万人口的城市，配备救护车30辆；400万以上人口的城市，配置救护车50辆，每辆救护车应配备急救人员编制4名。

目前我县（市）120急救中心在岗人员共108 人，专职数101名，占在岗总人数的93.5%。从事社会急救医疗的医生30 名，其中职业医师25名，职业助理医师3名，不具备执业医师资格2名；从事社会急救医疗的护士21名，均具备执业护士资格；具备医学相关专业调度员15名，具备非医学相关专业调度员2名。

**表23　　县（市）120急救中心从业人员情况表**

| 区域划分 | | 在岗人数（人） | | 管理人数（人） | | 医生（人） | | 护士（人） | | 调度员（人） | | 驾驶员（人） | | 担架员 | | 其他*（人） | |
|---|---|---|---|---|---|---|---|---|---|---|---|---|---|---|---|---|---|
| 辖区 | 总人数 | 专职数 | 兼职数 | 专职数 | 兼职数 | 专职数 | 兼职数 | 专职数 | 兼职数 | 专职数 | 兼职数 | 专职数 | 兼职数 | 专职数 | 兼职数 | 专职数 | 兼职数 |
| 长沙县120 | 19 | 19 | 0 | 2 | 0 | 6 | 0 | 0 | 0 | 3 | 0 | 8 | 0 | 0 | 0 | 0 | 0 |
| 望城区120 | 16 | 16 | 0 | 1 | 0 | 5 | 0 | 0 | 0 | 5 | 0 | 5 | 0 | 0 | 0 | 0 | 0 |
| 浏阳市120 | 35 | 34 | 1 | 0 | 1 | 10 | 0 | 10 | 0 | 4 | 0 | 10 | 0 | 0 | 0 | 0 | 0 |
| 宁乡县120 | 38 | 32 | 6 | 0 | 3 | 7 | 1 | 10 | 1 | 5 | 0 | 10 | 1 | 0 | 0 | 0 | 0 |
| 合计 | 108 | 101 | 7 | 3 | 4 | 29 | 1 | 20 | 1 | 17 | 0 | 33 | 1 | 0 | 0 | 0 | 0 |

其他人员*：为办公室、财政、后勤人员等人员。

② 120救护车人员配备情况。县（市）120急救中心均配有普通（转运）型救护车，其中配有急救医生的有4家，所占比例为100%；配有护士的有2家（宁乡县120急救中心、浏阳市120急救中心），所占比例为50%；配有担架员的有0家。4家单位中，配备有抢救（监护）型救护车的有2家（长沙县120急救中心、浏阳市120急救中心），仅配备医生一名。

5. 县（市）急救中心救护车情况。1994年卫生部下发《医疗机构基本标准（试行）》（卫医发〔1994〕第30号）的通知，急救中心用房建筑面积不少于1600m$^2$，每5万服务人口配1辆救护车，至少配备救护车20辆，急救人员至少配备驾驶员21人、医护人员30人。2003年国务院办公厅关于转发的《发展改革委卫生部突发公共卫生事件医疗救治体系建设规划的通知》，建设指导原则和基本标准要求按服务人口建设急救中心：50万人口以下的城市配备救护转运车4辆，其中负压车1辆，50万～100万人口的城市配备救护转运车8辆，其中负压车1辆，100万～200万人口的城市配备救护转运车15辆，其中负压车2辆；200万～400万人口的城市配备救护转运车30辆，其中负压车3辆。

表24 县（市）急救中心救护车情况

| 区域划分 | 救护车总数 | 负压车 | 使用5年以下救护车比例（占救护车总数之比） | | | | 使用5～10年救护车比例（占救护车总数之比） | | | | 使用10年以上救护车比例（占救护车总数之比） | | | |
|---|---|---|---|---|---|---|---|---|---|---|---|---|---|---|
| | | | 普通型 | 比例 | 监护型 | 比例 | 普通型 | 比例 | 监护型 | 比例 | 普通型 | 比例 | 监护型 | 比例 |
| 长沙县120 | 7* | 0 | 4 | 57.1% | 1 | 14.2% | 2 | 28.5% | 0 | 0 | 0 | 0 | 0 | 0 |
| 望城区120 | 8 | 0 | 5 | 62.5% | 0 | 0 | 3 | 37.5% | 0 | 0 | 0 | 0 | 0 | 0 |
| 浏阳市120 | 8 | 0 | 5 | 62.5% | 1 | 12.5 | 2 | 25% | 0 | 0 | 0 | 0 | 0 | 0 |
| 宁乡县120 | 10 | 0 | 3 | 30.0% | 0 | 0 | 6 | 60% | 0 | 0 | 1 | 10% | 0 | 0 |
| 合 计 | 33 | 0 | 17 | 51.5% | 2 | 6.06% | 13 | 39.4% | 0 | 0 | 1 | 3.03% | 0 | 0 |

备注："7*"表示包含4辆正常运行车辆，3辆因车况不能胜任急救任务的车辆。

长沙县（市）人口达到395万人口，按照其标准配置，我县（市）救护车应配备79辆，负压型救护车（传染病人转送车）至少为3辆；根据调查了解，我县（市）实际救护车为33（包含3辆已不能胜任急救任务的车辆），负压型救护车0辆，重症监护车配备数仅2辆。

6. 急救设备配备情况。由下表可以看出，我县（市）急救车急救设备平均配备率较低，除简易呼吸球囊外，其他急救设备均未达到每台救护车配备。各县（市）急救中心拥有的便携式呼吸机、心电监护仪（除颤仪）、气管插管包、血糖仪等医疗急救设备情况极其不均。如望城区急救中心，救护车均未配备除颤仪、监护仪、血糖仪。

表25 县（市）平均每台车配备情况

| 平均每台车配备情况 | 便携式呼吸机 | 简易呼吸球囊 | 心脏除颤仪 | 心电监护仪 | 除颤监护仪 | 电图机 | 气管插管包 | 环甲膜穿刺 | 吸痰器 | 血氧饱和度 | 微量注射泵 | 血糖仪 | 车载担架 | 铲式担架 | 轮椅担架 | 楼梯担架 | 脊柱板 |
|---|---|---|---|---|---|---|---|---|---|---|---|---|---|---|---|---|---|
| 长、望浏、宁120 | 0.09 | 1.15 | 0.06 | 0.18 | 0.12 | 0.55 | 0.24 | 0.24 | 0.61 | 0.30 | 0.03 | 0.24 | 0.82 | 0.36 | 0.06 | 0 | 0.03 |

表26 县（市）急救设备配备情况

| 区域划分 | 便携式呼吸机 | 简易呼吸球囊 | 心脏除颤仪 | 心电监护仪 | 除颤监护仪 | 电图机 | 气管插管包 | 环甲膜穿刺 | 吸痰器 | 血氧饱和度 | 微量注射泵 | 血糖仪 | 车载担架 | 铲式担架 | 轮椅担架 | 楼梯担架 | 脊柱板 |
|---|---|---|---|---|---|---|---|---|---|---|---|---|---|---|---|---|---|
| 长沙县120 | 2 | 7 | 1 | 1 | 1 | 0 | 0 | 0 | 2 | 0 | 0 | 0 | 4 | 4 | 0 | 0 | 1 |
| 浏阳市120 | 1 | 16 | 0 | 5 | 3 | 8 | 8 | 8 | 8 | 5 | 1 | 8 | 8 | 8 | 2 | 0 | 0 |
| 宁乡县120 | 0 | 10 | 1 | 0 | 0 | 5 | 0 | 0 | 10 | 5 | 0 | 0 | 10 | 0 | 0 | 0 | 0 |
| 望城区120 | 0 | 5 | 0 | 0 | 0 | 5 | 0 | 0 | 0 | 0 | 0 | 0 | 5 | 0 | 0 | 0 | 0 |

7. 县（市）120急救中心财务情况。

① 通过对回收的《长沙地区院前急救资源现状调查问卷》中各院前医疗急救单位财务数据的统计分析显示，县（市）120急救中心总支出中人员待遇与车辆运行经费占比较大，其中2012年人员待遇、车辆运行经费分别占急救总支出的63.8%和28.7%；2013年人员待遇、车辆运行经费分别占急救总支出的66.1%和26.7%。统计院前医疗急救单位总体收支情况，2012年长、望、浏、宁120急救中心共亏损约 586.26万元，平均每趟急救出车亏损约160.5元；2013年各县（市）120急救中心共亏损约700.15万元，平均每趟急救出车亏损约170.3元。

② 县（市）120急救中心近两年员工待遇情况：长沙县急救中心123.76万元，占近两年平均每年财政支出的89.4%；望城区急救中心96.5万元，占近两年平均每年财政支出的56.2%；浏阳市急救中心160万元，占近两年平均每年财政支出的60.1%；宁乡县急救中心246.5万元占近两年平均每年财政支出的67.2%。

③ 长沙县（市）110联动“三无人员”处置情况：2012年县（市）120急救中心共接收“三无人员”81名，“三无人员”医疗费用数为151.86万元（备注：宁乡县人民医院1名三无病人医疗费用81.99万元）。2013年县（市）120急救中心共接收“三无人员”96名，“三无人员”医疗费用数为74.09万元。

8. 县（市）120急救中心培训情况。2012～2013年院前急救培训情况：急救人员参加7天至3个月的外出短期培训有人46次，占总人数百分比为42.6%，参加3个月以上的外出长期培训有0人次，占总人数百分比为0%。县（市）120急救中心参加急救学术活动13次，县（市）120急救中心主办急救学术活动0次。

9. 县（市）120急救中心灾难紧急救援能力。

表27　县（市）120急救中心应急物资储备情况

| 区域划分 | 应急药品 | 应急外伤药品 | 帐篷 | 应急生活包 | 生物防护服 | 生化防护服 | 防护口罩 | 防护眼罩 | 电源逆变器 |
|---|---|---|---|---|---|---|---|---|---|
| 长沙县120 | 7 | 7 | 0 | 0 | 0 | 0 | 0 | 0 | 0 |
| 望城区120 | 5 | 5 | 0 | 0 | 0 | 0 | 0 | 0 | 0 |
| 浏阳市120 | 50 | 50 | 0 | 0 | 30 | 0 | 60 | 30 | 8 |
| 宁乡县120 | 30 | 50 | 0 | 0 | 0 | 0 | 0 | 0 | 0 |
| 合计 | 92 | 112 | 0 | 0 | 30 | 0 | 60 | 30 | 8 |

表28　县（市）120急救中心总体财务情况

| 年度 | 收入（金额单位为万） | | | | | 支出入（金额单位为万） | | | | | | | 盈亏状况 | |
|---|---|---|---|---|---|---|---|---|---|---|---|---|---|---|
| | 财政补助 | 拨入专款 | 事业收入 | 其他收入 | 收入合计 | 急救药品耗材费用 | 员工待遇总费用 | 车辆运行经费 | 医疗设备维修费用 | 纠纷赔偿金额 | 其他支出 | 支出合计 | 每年（万） | 每趟出车（元） |
| 2012 | 60 | 0 | 224. 55 | 8.74 | 293.29 | 37.42 | 561.43 | 252.15 | 18.55 | 9 | 1 | 879.55 | -586.26 | -160.5 |
| 2013 | 60 | 0 | 276.18 | 10.77 | 346.95 | 40.95 | 692.09 | 279.26 | 21.6 | 3 | 1.2 | 1047.1 | -700.15 | -170.3 |

表29　县（市）各120急救中心财务情况

| 急救中心名称 | 年度 | 收入（金额单位为万） | | | | | 支出入（金额单位为万） | | | | | | |
|---|---|---|---|---|---|---|---|---|---|---|---|---|---|
| | | 财政补助 | 拨入专款 | 事业收入 | 其他收入 | 收入合计 | 急救药品耗材费用 | 员工待遇总费用 | 车辆运行经费 | 医疗设备维修费用 | 纠纷赔偿金额 | 其他支出 | 支出合计 |
| 长沙县120 | 2012 | 0 | 0 | 26.18 | 0 | 26.18 | 0.73 | 98.43 | 24.47 | 1.85 | 2.00 | 0 | 127.48 |
| | 2013 | 0 | 0 | 36.38 | 0 | 36.38 | 0.81 | 149.09 | 22.11 | 2.10 | 0 | 0 | 174.11 |
| 望城区120 | 2012 | 60 | 0 | 8 | 0 | 68 | 1.0 | 85 | 49 | 16 | 7.00 | 0 | 158 |
| | 2013 | 60 | 0 | 16 | 0 | 76 | 1.20 | 108 | 51 | 18 | 3.00 | 0 | 181.20 |
| 浏阳市120 | 2012 | 0 | 0 | 121.70 | 0 | 121.70 | 11.50 | 140 | 91.30 | 0.50 | 0 | 0 | 243.30 |
| | 2013 | 0 | 0 | 150.60 | 0 | 150.60 | 14 | 180 | 105.30 | 1 | 0 | 0 | 309.30 |
| 宁乡县120 | 2012 | 0 | 0 | 68.67 | 8.74 | 77.41 | 24.19 | 238 | 87.38 | 0.20 | 0 | 1 | 350.77 |
| | 2013 | 0 | 0 | 73.20 | 10.77 | 83.97 | 24.94 | 255 | 100.85 | 0.50 | 0 | 1.20 | 382.49 |

## （四）县（市）区急救网络医院情况

1. 基本情况：长沙县（市）区急救网络医院共33家，市级医院1家，县级7家，乡镇卫生院22家，民营医院3家。

**表30　　县（市）区急救网络医院分布表**

| 县（市）、区 | 市级单位 | 县级单位 | 乡镇卫生院 | 民营医院 |
|---|---|---|---|---|
| 长沙县 | 1家 | 3家 | 8家 | 2家 |
| 望城区 | 0 | 0 | 0 | 0 |
| 浏阳市 | 0 | 2家 | 9家 | 0 |
| 宁乡县 | 0 | 2家 | 5家 | 1家 |

**表31　　县（市）区急救网络医院基本情况表**

| 县（市）、区 | 服务人口（万） | 近两年网络医院年平均出车数（趟） | 急救网络医院个数（家） | 急救车辆数（辆） | 市区网络医院急救人员数 | |
|---|---|---|---|---|---|---|
| | | | | | 全额编制 | 非全额编制 |
| 长沙县 | 98 | 10969 | 14 | 16 | | |
| 望城区 | 52 | 0 | 0 | 0 | | |
| 浏阳市 | 128 | 19400 | 11 | 11 | 1 | 368 |
| 宁乡县 | 117 | 8272 | 9 | 10 | | |

2. 急救业务出车情况。通过回收的调查问卷统计分析，县（市）、区急救网络医院2012年总出车数为36507 趟，其中未收费趟次为8097次，未收费趟次占总出车数的比例22.2%。2013县（市）、区急救网络医院总出车数为 40774趟，未收费趟次为6907次，未收费趟次占总出车数比例为17.0%。

3. 县（市）区急救网络医院急救人员相关情况。

**表32　　县（市）区急救网络医院急救人员情况表**

| 县（市）、区 | 急救人员 | 在岗人数（人） | | 管理人数（人） | | 医生（人） | | 护士（人） | | 调度员（人） | | 驾驶员（人） | | 担架员 | | 其他*（人） | |
|---|---|---|---|---|---|---|---|---|---|---|---|---|---|---|---|---|---|
| | 总数（人） | 专职数 | 兼职数 | 专职数 | 兼职数 | 专职数 | 兼职数 | 专职数 | 兼职数 | 专职数 | 兼职数 | 专职数 | 兼职数 | 专职数 | 兼职数 | 专职数 | 兼职数 |
| 长沙县 | 151 | 50 | 101 | 0 | 3 | 10 | 56 | 7 | 25 | 3 | 11 | 28 | 6 | 2 | 0 | 0 | 0 |
| 望城区 | 0 | 0 | 0 | 0 | 0 | 0 | 0 | 0 | 0 | 0 | 0 | 0 | 0 | 0 | 0 | 0 | 0 |
| 浏阳市 | 165 | 54 | 111 | 1 | 9 | 7 | 63 | 14 | 33 | 4 | 5 | 27 | 1 | 0 | 0 | 1 | 0 |
| 宁乡县 | 53 | 34 | 19 | 2 | 1 | 5 | 7 | 6 | 1 | 4 | 9 | 17 | 1 | 0 | 0 | 0 | 0 |
| 合 计 | 369 | 138 | 231 | 3 | 13 | 22 | 126 | 27 | 59 | 11 | 25 | 72 | 8 | 2 | 0 | 1 | 0 |

① 从业人员基本情况。急救网络医院在岗人员共369人，专职数138名，占在岗总人数的37.4%。从事社会急救医疗的医生148名，其中职业医师118名，执业助理医师26名，占医生总数的17.6%；无医师资格证4名。从事社会急救医疗的

护士86名，均具备执业护士资格；具备医学相关专业的调度员32名，非医学相关专业调度员4名，占调度员总数的11.1%。

② 救护车人员配备情况。在被调查的单位中，33家调查单位均配有普通（转运）型救护车配有护士的有19家，所占比例为57.6%；配有急救员的有2家，所占比例为6%；配备担架员1家，所占比例为3%。33家单位中，配备有抢救（监护）型救护车的有0家。

4. 县（市）区急救网络医院120救护车情况。通过本次参与调研单位数据了解，目前长沙县（市）、区急救网络医院接受120急救中心指挥调度的救护车共37台，其中普通型救护车30台，抢救监护型救护车7台，负压型救护车0台。

表33　县（市）急救网络医院120急救车情况表

| 区域划分 | 救护车总数 | 使用5年以下救护车比例（占救护车总数之比） | | | | 使用5–10年救护车比例（占救护车总数之比） | | | | 使用10年以上救护车比例（占救护车总数之比） | | | |
|---|---|---|---|---|---|---|---|---|---|---|---|---|---|
| | | 普通型 | 比例 | 监护型 | 比例 | 普通型 | 比例 | 监护型 | 比例 | 普通型 | 比例 | 监护型 | 比例 |
| 县（市）、区 | 37 | 20 | 54.1% | 5 | 13.5% | 9 | 24.3% | 2 | 5.4% | 1 | 2.7% | 0 | 0 |

5. 县（市）区急救网络医院急救设备配备情况。

表34　县（市）区急救网络医院急救设备整体情况表

| 便携式呼吸机 | 简易呼吸球囊 | 心脏除颤仪 | 心电监护仪 | 除颤监护仪 | 电图机 | 气管插管包 | 环甲膜穿刺 | 吸痰器 | 血氧饱和度 | 微量注射泵 | 血糖仪 | 车载担架 | 铲式担架 | 轮椅担架 | 楼梯担架 | 脊柱板 |
|---|---|---|---|---|---|---|---|---|---|---|---|---|---|---|---|---|
| 4 | 52 | 4 | 33 | 4 | 27 | 22 | 8 | 18 | 1 | 12 | 61 | 35 | 13 | 1 | 0 | 4 |

表35　县（市）区急救网络医院平均每台车急救设备配备情况表

| 便携式呼吸机 | 简易呼吸球囊 | 心脏除颤仪 | 心电监护仪 | 除颤监护仪 | 电图机 | 气管插管包 | 环甲膜穿刺 | 吸痰器 | 血氧饱和度 | 微量注射泵 | 血糖仪 | 车载担架 | 铲式担架 | 轮椅担架 | 楼梯担架 | 脊柱板 |
|---|---|---|---|---|---|---|---|---|---|---|---|---|---|---|---|---|
| 0.11 | 1.41 | 0.11 | 0.89 | 0.11 | 0.73 | 0.59 | 0.22 | 0.49 | 0.03 | 0.32 | 1.65 | 0.95 | 0.35 | 0.03 | 0 | 0.11 |

6. 财务情况。

① 通过对回收的《长沙地区院前急救资源现状调查问卷》中各院前医疗急救单位财务数据的统计分析显示，院前急救总支出中人员待遇与车辆运行经费占比较大，其中2012年人员待遇、车辆运行经费分别占急救总支出的61.2%和28.2%；2013年人员待遇、车辆运行经费分别占急救总支出的70.0%和27.4%。统计院前医疗急救单位总体收支情况，县（市）区急救网络医院2012年单位共亏损

约706.14万元，平均每趟急救出车亏损约193.4元；2013年县（市）区急救网络医院共亏损约771.29万元，平均每趟急救出车亏损约189.2元。

② 经过本次调查了解，估算了县（市）区急救网络医院急救人员2012年平均年收入为 1.83 万元，2013年平均年收入为 2.15万元。

③ 县（市）区急救网络医院和110联动“三无人员”处置情况：县（市）区急救网络医院2012年共接收“三无人员”305名，“三无人员”医疗费用数为20.84万元。县（市）区急救网络医院2013年共接收“三无人员”406名，“三无人员”医疗费用数为49.3万元。

④ 过路、过桥、违章费用、车辆通行费：长沙县（市）、区急救网络医院2012违章费用2.49万元，过路过桥费用25.9万元。长沙县（市）、区急救网络医院2013违章费用2.54万元，过路过桥费用11.71万元。

**表36　　长沙各区、县（市）急救网络医院总体财务情况**

| 年度 | 收入（金额单位为万） | | | | | 支出入（金额单位为万） | | | | | | | 盈亏状况 | |
|---|---|---|---|---|---|---|---|---|---|---|---|---|---|---|
| | 财政补助 | 拨入专款 | 事业收入 | 其他收入 | 收入合计 | 急救药品耗材费用 | 员工待遇总费用 | 车辆运行经费 | 医疗设备维修费用 | 纠纷赔偿金额 | 其他支出 | 支出合计 | 每年（万） | 每趟出车（元） |
| 2012 | 26.45 | 16 | 337.2 | 21.1 | 400.75 | 53.63 | 677.71 | 312.82 | 11.31 | 19.5 | 31.92 | 1106.89 | –706.14 | –193.4 |
| 2013 | 49.9 | 59.58 | 403.35 | 27.29 | 540.12 | 85.75 | 792.31 | 359.46 | 13.27 | 5.5 | 64.12 | 1311.41 | –771.29 | –189.2 |

**表37　　长沙各区、县（市）急救网络医院财务收入情况**

| | 年度 | 收入（金额单位为万） | | | | | 支出入（金额单位为万） | | | | | | | 盈亏状况 | |
|---|---|---|---|---|---|---|---|---|---|---|---|---|---|---|---|
| | | 财政补助 | 拨入专款 | 事业收入（出车收费） | 其他收入 | 收入合计 | 急救药品耗材费用 | 员工待遇总费用 | 车辆运行经费 | 医疗设备维修费用 | 纠纷赔偿金额 | 其他支出 | 支出合计 | 每年（万） | 每趟出车（元） |
| 长沙县 | 2012 | 26.45 | 16 | 95.31 | 10.24 | 148 | 6.26 | 182.92 | 101.96 | 2.23 | 18.7 | 16 | 328.07 | –180.07 | –156.5 |
| | 2013 | 49.9 | 41.58 | 106.41 | 1.30 | 199.19 | 8.84 | 194.37 | 110.30 | 3.77 | 3.60 | 41.58 | 362.46 | –163.27 | |
| 浏阳市 | 2012 | 0 | 0 | 171.91 | 0.86 | 172.77 | 41.47 | 323.35 | 135.32 | 5.78 | 0 | 11.72 | 517.64 | –344.87 | –189.3 |
| | 2013 | 0 | 0 | 184.12 | 0.99 | 185.11 | 48.46 | 355.99 | 156.72 | 6.40 | 0 | 16.24 | 574.81 | –389.70 | |
| 宁乡县 | 2012 | 0 | 0 | 69.98 | 10 | 79.98 | 5.90 | 171.44 | 75.54 | 3.30 | 0.8 | 4.20 | 261.18 | –181.20 | –241.5 |
| | 2013 | 0 | 18 | 112.82 | 25 | 155.82 | 28.45 | 241.95 | 92.44 | 3.10 | 1.9 | 6.30 | 374.14 | –218.32 | |

**课题组组长：**郭　堪

**课题组副组长：**王新良　邓云其　彭　骅

**课题组成员：**孙智慕　谭　军　张树生　龚茂林　杨　斌　林　航

# 关于长沙市法制机构和队伍建设的调研报告

长沙市人民政府法制办公室

党的十八届四中全会进一步提出要建立五大法治体系，即完备的法律规范体系、高效的法治实施体系、严密的法治监督体系、有力的法治保障体系和完善的党内法规体系，实现科学立法、严格执法、公正司法、全民守法，促进国家治理体系和治理能力现代化。新的形势下，法制机构[①]作为政府法制工作的具体承担者、依法行政工作的组织推进者、法治政府建设的忠实履行者，面临前所未有的发展机遇，更肩负前所未有的历史使命。为全面掌握长沙市法制机构和队伍建设的基本情况，了解法制机构职能发挥中存在的问题，进一步发挥法制机构在依法行政、建设法治政府进程中的作用，经市政府批准，市政府法制办牵头，由市编办、市财政局、市政府研究室组成调研组，对全市的法制机构与队伍建设现状、职能发挥情况及其存在的问题等进行了调研。

## 第一部分　基本现状

此次调研对象包括长沙市区县（市）政府、市直行政执法单位（以下称市直单位）、区县（市）直行政执法单位（以下称区直单位）以及乡镇（街道）四个层面的法制机构和队伍建设情况。调研所获数据期间为2010年10月至2014年9月，因部分被调研单位报送材料不详实，本报告选取市区县（市）政府法制机构10个、市直单位41个、区直单位138个、乡镇（街道）79个进行分析。

① 本报告所称法制机构是指市区县（市）政府法制机构、市直行政执法单位法规处、区县（市）行政执法单位法规处。

# 一、法制机构设置现状

## （一）法制机构设置情况

长沙市法制机构的设置总体呈“倒三角”状态。市区县（市）政府、市直单位的法制机构设置相对良好，区直单位、乡镇（街道）的法制机构设置相对薄弱。市政府法制机构在2010年机构改革中由部门管理机构升格为政府工作部门。区县（市）政府法制机构设置齐全，设置率达到了100%。市直单位法制机构的设置率达到了78%，尚有22%的单位未设置法制机构，其中包括法律事务较多的发改委、知识产权局等。区直单位法制机构的设置率未过半，仅46%，仍有高达54%的区直部门未设置法制机构。乡镇（街道）法制机构设置处于空白状态，相关职能大多分散由乡镇（街道）党政办、司法所、综治办承担。

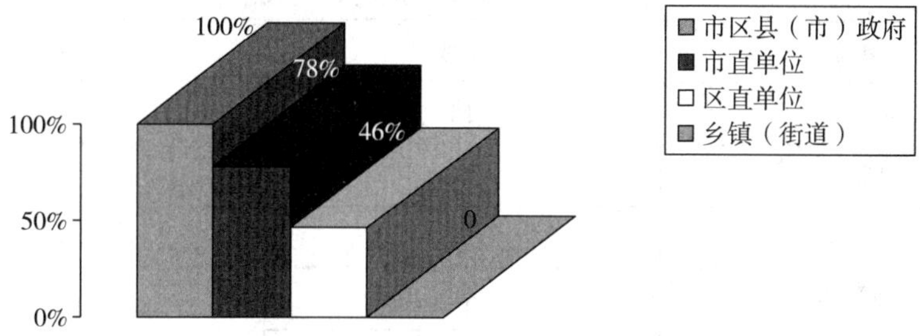


**图1　全市法制机构设置情况**

## （二）单位负责人主管政府法制工作情况

长沙市政府法制工作由单位主要负责人主管的比例总体较低。市政府由常务副市长主管政府法制工作。区县（市）政府中，除天心区由常务副区长主管政府法

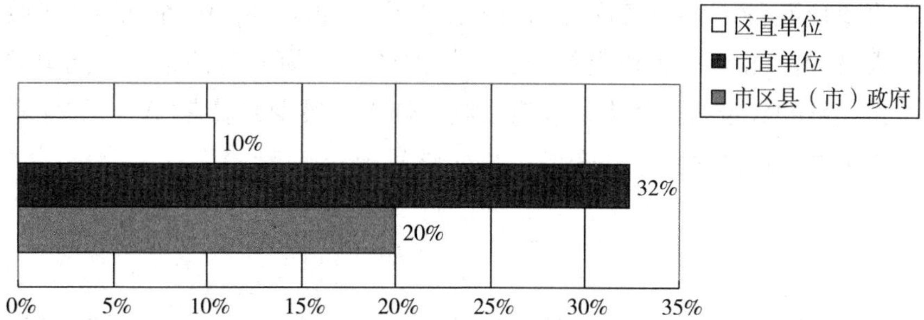


**图2　单位主要负责人主管政府法制工作情况**

制工作外，其他区县（市）的政府法制工作均不是主要负责人主管。市直单位中，主要负责人主管政府法制工作的有13家，占32%；区直单位中，政府法制工作由主要负责人主管的仅7家，占10%。

## 二、法制队伍建设现状

### （一）人员配备情况

长沙市政府法制机构现有正式工作人员35人。区县（市）政府法制机构实有工作人员共58人，人数最多的单位为14人，最少的为3人，其中在编在岗45人，占77.6%，其余人员为政府雇员或临聘人员。

表1　区县（市）政府法制机构人员情况

| 单位 | 人数 | 合计 |
|---|---|---|
| 长沙县 | 14 | 58 |
| 开福区 | 9 | |
| 望城区 | 7 | |
| 浏阳市 | 6 | |
| 宁乡县 | 6 | |
| 天心区 | 5 | |
| 岳麓区 | 4 | |
| 芙蓉区 | 4 | |
| 雨花区 | 3 | |

市直单位配备了1～2名政府法制工作人员[①]的占27%；配备了3～5名政府法制工作人员的占68%；6人以上的很少，仅占5%，实际只有两家。不同单位政府法制工作人员的数量差异较大，政府法制工作人员最少的仅有1人，共3家单位，政府法制工作人员最多的市公安局，共有42人。

① 本报告所称政府法制工作人员是指市区县（市）政府法制机构、市直行政执法单位、区县（市）行政执法单位、乡镇（街道）从事政府法制工作的人员。

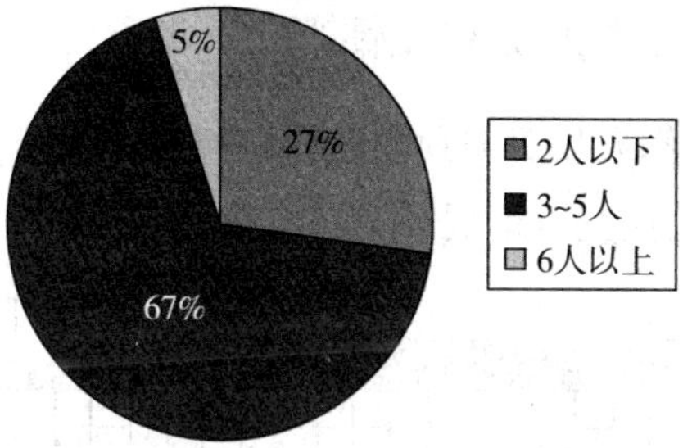


**图3　市直单位法制机构人员配备情况**

区直单位中，配备了政府法制工作人员的占57%，包括专职与兼职两种，其中，专职的占29%，兼职的占28%。

乡镇（街道）中，政府法制工作人员配备率很低，且绝大多数为兼职，仅有长沙县自2013年以来在全县各乡镇（街道）着手组建政府法制员队伍。

## （二）法学专业背景及学历层次情况

法学专业背景和学历层次是考量工作人员素质的两项重要指标。在本次调研中，调研组专门对政府法制工作人员的专业和学历情况进行了摸底，其中具备法学专业背景的政府法制工作人员占总人数比，市政府法制机构为84%，区县（市）政府法制机构为98%，市直单位法制机构为57%，区直单位法制机构为40%；拥有本科以上学历层次的政府法制工作人员占总人数比，市政府法制机构为97%，区县（市）政府法制机构为98%，市直单位法制机构为93%，区直单位法制机构为63%。

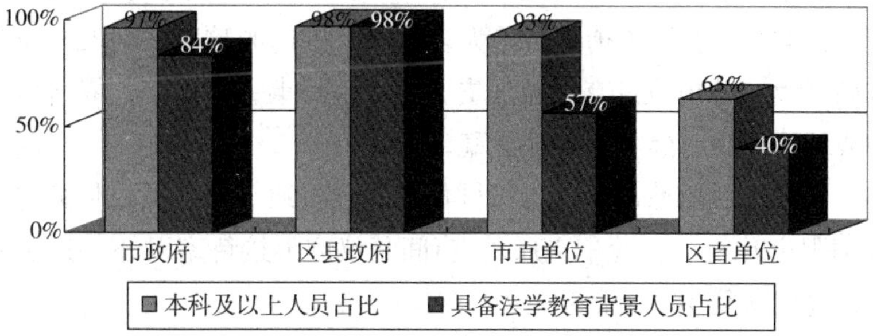


**图4　长沙市（不含乡镇、街道）法制机构工作人员教育背景情况**

乡镇（街道）情况比较特殊，基本没有专职从事政府法制工作的人员，其法学专业背景和学历层次情况难以统计。

### （三）政府法制工作人员交流情况

长沙市政府法制工作人员普遍缺乏交流的机会，人员交流比例偏低。长沙市近5年来政府法制工作人员交流情况如下。

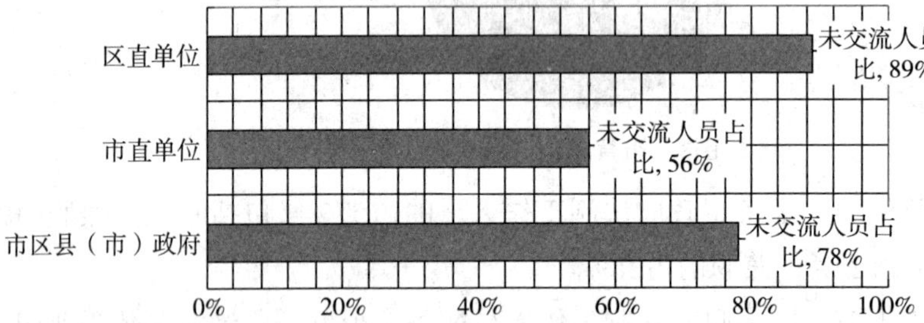


**图5　全市（不含乡镇、街道）政府法制工作人员交流情况**

## 三、政府法制工作保障现状

市区县（市）政府法制工作经费均有保障，市政府法制工作经费保障较好。在区县（市）政府中，年度总经费最高的为长沙县，达120万元，最低的为6万元，大多数单位的经费在30万元左右。区县（市）政府法制工作经费用途包括多个方面，其中主要的支出是复议应诉，如雨花区为20万，占总经费的75%；岳麓区为20万，约占总经费的67%；其他单位政府法制工作经费保障相对较差。如市直单位只有24家有政府法制工作经费，占71%。区直单位中只有58家有政府法制工作经费，占47%。乡镇（街道）绝大多数没有专门的政府法制工作经费。在经费管理方面，大部分单位没有单独列支，往往"一事一申请"，依据领导的重视程度追加或增拨经费，经费保障缺乏稳定性。

此外，长沙市政府法制工作的硬件保障比较欠缺，除个别法制机构，如长沙市政府、浏阳市政府、长沙市交通局有1间复议应诉接待室以外，其他单位均无专门的行政复议接待室、听证室。

## 四、法制机构职能发挥现状

近年来，长沙市法制机构紧紧围绕政府法制工作的目标任务和市委市政府的决策部署，牢牢立足工作定位，充分发挥职能作用，为全市经济社会的更好更快发展作出了积极贡献。

## （一）当好法治政府建设的“推进部”

长沙市法制机构是政府法治建设的探索者、践行者和推动者。长沙市法制机构充分发挥组织协调、督促指导、考核评价的主导作用。一是推动了依法行政意识的提升。长沙市政府法制机构在全市政府法制系统组织人员参加了北京大学“法制建设与立法前沿专题研讨班”、中国政法大学“依法行政研修班”和华东政法大学“法治政府专题研修班”，推动市政府常务会先后专题学习了《湖南省政府服务规定》《法治湖南建设纲要》《中华人民共和国立法法》和《法制建设中的政府行为与司法审查》等相关知识。高新区借助麓谷大讲堂平台宣讲依法行政，芙蓉区推行政府常务会领导学法制度和领导干部任前法律知识考试制度，天心区、雨花区政府常务会议专题学习《湖南省政府服务规定》，开福区创建了首个区级政府法制网站。二是推动了依法行政制度的建设。坚持用制度来保障政府法制工作，在2010年颁布实施《关于进一步加快法治政府建设的决定》确立法治政府建设行动纲领的基础上，2012年首次推出《长沙市推进社会管理法治化实施纲要》，明确了推进“十个法治化”的主要任务，得到中央政法委、省政府法制办的大力推介，最高人民法院副院长江必新称赞《长沙市推进社会管理法治化实施纲要》是在创造历史。2013年，出台国内首部规范政府法制工作的地方政府规章《长沙市政府法制工作规定》，为创造性地开展政府法制工作奠定了制度基础，国务院法制办、湖南省推进依法行政工作领导小组对《长沙市政府法制工作规定》进行了推介。初步形成了“一决定、一纲要、一规定”制度框架，为法治政府建设进行了顶层设计，绘就了“路线图”，制订了“任务表”。同时，市政府法制机构还出台了《长沙市行政复议听证程序规定》《长沙市行政负责人出庭应诉工作办法》《行政复议立案规则》《长沙市政府合同审查与管理办法》《长沙市规范性文件制定规则（施行）》等配套制度，为政府法制工作的卓有成效开展提供了强有力的制度支撑。三是推动了依法行政举措的创新。市区县（市）政府、市直单位法制机构具体负责本地区、本单位的法治政府建设工作，落实了依法行政领导小组、依法行政考核、依法行政示范单位创建等工作，形成了一些在全省乃至全国都产生一定影响的创新举措。建立了重大行政决策后评估机制，市政府法制机构开展了立法后评估和政府规章实施情况报告工作，芙蓉区制订了重大行政决策实施情况后评价制度，宁乡县开展了规范性文件制定后评估；不断深化行政司法互动机制。召开行政司法互动会议26次，在化解矛盾纠纷、避免行政争议方面取得了良好的效果；率先在全国创设政府法制建设“白皮书”制度，发布了2007～2009年综合报告和规范性文件管理、政府合同审查管理、行政许可实施情况等三个专项报告，成为广大干部身边的“法制读本”；深入推进行政执法体制改革，长沙县开展了综合行政执法改革试点，望城区成立了行政综合执法局；大力推进行政负责人出庭应诉，《长沙市行政负责人出庭应诉工作办法》出台后，天心区、浏阳市、宁乡县行政机关的负责人主动出庭应诉；长沙县“开放型政府”创新项目被列入“中国政府创新简报”，入选“中国地方政府创新数据库”等，为法治政府建设增添了动力和活力。

### （二）当好政府决策行为的“参谋部”

长沙市法制工作机构作为本级政府和本单位领导的参谋、助手和法律顾问，切实加强了决策行为的法律保障工作。一是建立健全行政决策规则。长沙市法制机构逐步加强了行政决策的制度建设，如长沙县制订了《长沙县人民政府重大行政决策程序规定》，芙蓉区制订了重大行政决策实施情况后评价制度。二是把好行政决策法律关口。法制机构通过法律审查，为行政决策提供了法律参考。近年来，市政府法制机构主要负责人全程参加市政府常务会的所有议题和市长办公会的涉法议题，共审查市政府常务会和市长办公会会议纪要 214 件，涉及议题 427 个，审查市政府和政府办公厅文件531件。区县（市）政府法制机构主要负责人或固定或选择议题列席政府常务会议及区县（市）市长办公会议，政府领导在研究重大问题、解决矛盾纠纷、签署重要合同、处理法律事务以及作出行政决策前，听取政府法制机构意见的意识不断强化。近四年来，长沙县政府法制机构办理县委县政府交办件239件，交办事项涉及城市规划、国土拆迁、民生保障、企业改制等各个领域，出具书面意见近425条供决策参考且多数被采纳；浏阳市政府法制机构积极参与政府招商引资决策的可行性论证，为浏阳市招商项目提出法律意见书76件；宁乡县政府法制机构在青山桥违章建筑的拆除中严格把关，在沩水桥的合同纠纷中提出依法解决的具体法律建议，使这两起事件最终都得到圆满解决，很好地维护了政府权益；开福区政府法制机构就政府重大决策事项撰写法律意见书129份。三是力推重大行政决策听证。坚持重大行政决策听证，在市政府法制机构的指导和推动下，交通、公安、国土、物价等部门就新增出租车运力、市区道路临时停车泊位施划、征地补偿标准、地铁票价等事项成功举办了23次重大行政决策听证会，其中《长沙市全民健身办法》《长沙市物业专项维修资金管理办法》听证会引入了网络直播方式。长沙县自来水调价、宁乡县沩管会组织项目许可、岳麓区西湖街道西湖文化园（三期）项目征收补偿安置方案、开福区撤并兴联小学新建周南附小等重大行政决策均举行了听证会，公众参与重大行政决策的渠道进一步拓宽。

## （三）当好政府制度建设的“管理部”

根据长沙“两型社会”建设以及城市发展的需要，加强了制度建设，为规范行政行为创造了条件。提请市人大常委会立、改、废地方性法规8件，出台政府规章13件。在法制机构的推动下，全市规范性文件管理进一步加强。在区县（市）政府中，芙蓉区等单位制订了规范性文件管理制度；望城区制作了政府规范性文件管理簿、政府规范性文件制发流转单，建立了定期反馈制度；宁乡县开展了规范性文件制定后评估；雨花区将区政府法制机构签署意见作为区级政府办文中的一道必经程序。近四年来，市本级共制定规范性文件292件，清理规范性文件717件，出具规范性文件合法性审查意见书604件。区县（市）政府共制定报备规范性文件451件，清理规范性文件1486件，接收备案规范性文件564件，出具规范性文件合法性审查意见书607件。在市直单位中，市人社局、市交通局、市住建委、市工信委、市商务局等单位制订了规范性文件管理相关制度，近年来出具规范性文件合法性审查意见书在20件以上的有7家，20件以下的有23家。如市住建委自2011年设立法制处以来，制订了《长沙市住房和城乡建设委员会规范性文件制定工作规定》，对规范性文件的制定原则、制定程序、审查要点、报备流程都做出了详细的规定，明确专人负责规范性文件合法性审查与“三统一”工作，共审查政策文件114个，报请市政府法制机构“三统一”规范性文件48个，清理现行有效规范性文件118个。

## （四）当好行政执法行为的“稽查部”

市、区县（市）两级均建立并落实了依法行政考核、行政执法案卷评查、行政执法案例指导、自由裁量权基准、行政执法培训等制度，有效规范了行政执法行为。一是不断强化行政执法监督。市政府法制机构分三批清理公布了75家市级行政执法主体，组织、指导培训行政执法人员15000余人次。区县（市）政府法制机构积极督促本区县（市）各单位落实自由裁量权基准制度，长沙县对综合执法改革中队29家涉改部门的执法依据进行了全面清理。强化了重点领域行政执法的监督力度，如开福区伍家岭街道法制工作人员对棚改拆迁等重点领域，全程参与，全程稽查，防范法律风险，实现了无行政复议、行政诉讼案件与群众上访事件。二是坚持发布行政执法指导案例。市政府法制机构发布指导案例共15个，长沙县、浏阳市分别发布指导案例16个、27个，望城区在行政执法指导案例公布工作中设置了“焦点分析”部分，率先公布了行政许可类指导案例、行政强制类指导案例。三是扎实组织行政执法案卷评查。近四年，市政府法制机构组织区县（市）政府法制机构和市直单位法制机构，采取交叉互评等方式参与评查行政处罚案卷和行政许可案卷共1002件，区县（市）政府法制机构在本区县（市）组织评查行政处罚案卷和行政许可案卷共1636件。四是强化行政执法人员管理。组织行政执法培训班200余场次，培训行政执法人员20000余人次，全面实行执证上岗，进一步提升了执法人员的执法水平和能力。

### （五）当好行政争议化解的“协调部”

法制机构在行政争议化解中发挥了重要的协调作用，取得了良好的法律与社会效果。市政府法制机构健全工作机制，细化立案审查、受理、审理、决定等办案程序，近四年来共受理各类行政复议案794件，审结728 件，举行行政复议听证会10次。区县（市）政府法制机构共办理应诉案件1593件，办理行政复议案件499件。开福区法制机构代理或指导代理行政复议案260件，无一被撤销或变更，代理或指导代理的行政诉讼案件632件、民事诉讼案件3件，政府均胜诉。高新区出台了应诉管理办法，芙蓉区出台了行政复议工作规则，开福区探索了“六要素”工作法，不断提升了行政复议能力。市直单位共办理复议案655件，应诉案555件。如市住建委因房屋登记行政诉讼不服省高院再审判决向最高法院申诉一案，如处理不当，除造成政府直接损失1000余万元外，还将无限加大房屋登记机关审查义务，法制机构组织专门力量进行研究协调、撰写申诉书，数次上北京协调、汇报，争取了令人满意的申诉结果。又如，黄兴北路棚改项目是我市按照《国有土地上房屋征收与补偿条例》规定进行征收的首个项目，也是征收条例实施后全国最大的征收项目。项目在推进过程中，引发了540余起行政诉讼、行政复议案件，个别被征收人对政府做出的房屋征收决定提起的行政诉讼，经省高级人民法院二审判决后，又向最高人民法院申请了再审。最高人民法院专程到我市进行了调查，并举行听证。针对最高人民法院在审查再审申请时提出的多个法律问题，市、区两级政府法制机构认真研究，细致分析，逐个进行了解释和答复，最终获得最高人民法院的支持和认同，为国务院590号令实施后最高法院司法审查的第一案画上了圆满的句号。该案成功得到最高人民法院的最终认同，对今后长沙的征收工作意义重大，影响深远。

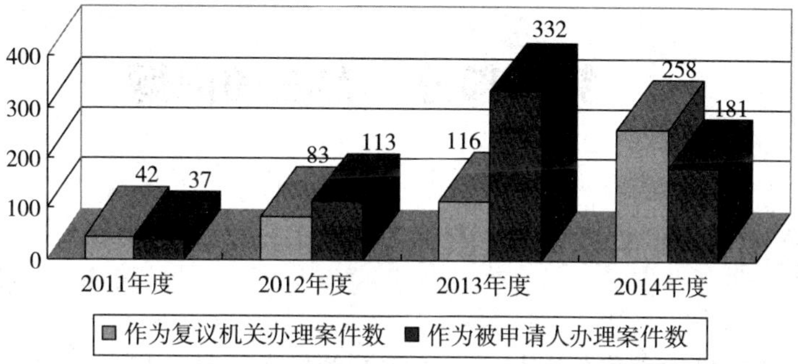


**图6　近四年区县（市）政府法制机构办理复议案件情况**

## （六）当好推进经济发展的“服务部”

一是强化政府合同审查管理。针对政府各部门对外签订合同众多，合同审查与管理中存在着诸多隐患并造成了许多历史遗留问题，许多案件让政府遭受了巨额经济赔偿的现实状况，全市法制机构逐步加强了政府合同的审查管理。市政府法制机构建立了政府合同审查管理机制，审查各类合同251份，涉及金额2000多亿。天心区、长沙县、浏阳市、宁乡县等区县（市）政府制定了政府合同管理办法，长沙县还建立了政府合同管理信息系统，34%的市直单位、7%的区直单位、21%的乡镇街道制订了专门合同审查规定。近一年来，芙蓉区等区县（市）政府法制机构共审查政府合同1163件，其中天心区政府法制机构年均审查政府合同400余份，涉及标的数亿元人民币。二是高效处置政府涉法事务。全市法制机构充分发挥法律专业优势，积极高效参与涉法事务的处置，尽最大能力保障政府合法权益，避免经济损失，维护政府形象。近年来，市政府法制机构先后成功处理了西湖文化园、年嘉湖隧道、橘子洲建设、黄兴北路棚改征收补偿案等50余起重大、疑难案件或遗留问题。区县（市）政府法制机构也为本地区法律事务的处理贡献了积极努力，如：芙蓉区政府法制机构积极为解决该区征收和征地工作中出现的复杂疑难问题出谋划策，加强对行政征收等政府具体行政行为的合法性审查，降低了政府土地征收的法律风险，保障了土地征收工作的顺利、高效进行；宁乡县政府法制机构牵头成功处置南洋公司诉县政府沩水特大桥合同违约案，确保该县在省高级人民法院出庭应诉胜诉，为该县避免经济损失1.97亿元；开福区政府法制机构在处理区政府与南山食品有限公司合同纠纷中，出具了可行的处理意见，促使对方和新的投资人与政府签订补充协议，确保了政府权益不受损。

# 第二部分　存在的问题

## 一、对政府法制工作的认识不到位

对政府法制机构工作重视与否，关键看领导尤其是党政主要领导和政府法制工作人员对政府法制工作的认识到不到位。当前，长沙市部分领导干部和政府法制工作人员对政府法制工作的认识还存在较大差距，主要表现在四个方面。

### （一）主要负责人主管政府法制工作落实不到位

区县（市）政府法制工作由主要负责人主管的仅1家，市直单位政府法制工作由主要负责人主管的仅有13家，区直单位政府法制工作由主要负责人主管的仅7家，主要负责人主管政府法制工作所占比例偏低。

### （二）重大行政决策政府法制机构参与不到位

有些区县（市）政府法制机构并不能参与政府常务会议的所有议题。如岳麓区、芙蓉区政府等法制机构按要求只能列席部分政府常务会议。

### （三）开展政府法制工作主动谋划意识不到位

推动政府法制工作还停留在倒逼式的被动发展状态，如某县政府对公民的建筑物做出的强制拆除行为被市政府确认违法后，为筑牢政府各项工作的法律防线，加强了全县政府法制机构和队伍建设。

### （四）政府法制工作人员对本职工作的重要性认识不到位

有些政府法制工作人员对政府法制工作认识模糊，政府法制工作的决策和部署难以不折不扣贯彻和落实，特别是在乡镇（街道）一级对政府法制工作的概念没有一个基本认识，对政府法制工作的主要内容和基本流程缺乏了解。

## 二、法制机构职能不明晰

### （一）制定“三定”方案时职能区分不清

法制机构职能不清的情况具体表现在法制机构与单位办公室或其他内设机构职责不清。在设立了法制机构的市直单位中，名称为法规处（科）的仅8个，称为政策法规处（科）的有16个，其他如综合研究与法规处、宣传法规处、法规安监处等各有不同，其实际承担的职能不局限于政府法制工作，还涉及其他行政事项。如市人社局法规处除了承担政府法制工作的职能以外，还负责政策服务咨询、机构资格认证等工作，市司法局法规处除了政府法制工作的职能以外，还负责信访、司法鉴定等工作。

### （二）安排具体任务时超越“三定”方案

区县（市）政府法制机构大多设在政府办公室，不独立，不少单位法制机构与其他处室合署等，在一定程度上存在混岗、混职、混权现象，法制机构的功能存在职能交叉、边界不清、中心职能模糊甚至次要化、边缘化等问题。调研中，明确表示要办理超出“三定”方案范围事务的区县（市）政府法制机构有5个，占55%，市直单位法制机构有11个，占27%，这一比例实际上会更高。

## 三、法制机构发展不均衡

### （一）上下级之间发展不均衡

市政府法制机构是政府工作部门，但到了区县（市）一级的政府法制机构，除了长沙县以外，都不是该级政府的工作部门，而只是在政府办公室挂牌，独立运作。而在乡镇（街道）一级没有设置法制机构，且普遍没有明确专人负责政府法制工作。

### （二）区县（市）之间发展不均衡

如长沙县辖5街道18镇，常住人口98万人，其政府法制机构实际在岗11人，而浏阳市辖6个街道25个镇6个乡，人口136万，其政府法制机构实际在岗仅5人。

### （三）市直单位之间发展不均衡

如市人社局、市物价局、市人口与计生委等都设立了法制机构，而市民政局业务面较广，工作量较大却没有设立法制机构。此外，市发改委、知识产权局、旅游局、园林局等单位亦未设立法制机构。

### （四）区直单位之间发展不均衡

如浏阳市单独设置法制机构的市直单位达78%，而宁乡县单独设置法制机构的县直单位占39%，后者的设置比例仅为前者的一半，二者相差甚远。

## 四、法制队伍建设不够强

### （一）人员配备不足

人员紧缺是全市政府法制工作中一个具有普遍性的问题，除乡镇（街道）政府法制工作人员严重缺失外，区直单位政府法制工作人员有的也只有1人，甚至没有专职政府法制工作人员。此外，部分政府法制工作人员素质不高间接加剧了人员不足的问题。政府法制工作政策性强、专业要求高、涉及面广，部分政府法制工作人员不能适应工作要求。调研中，有单位反映，“有的工作人员有学历但无法律专业背景，业务不精、综合协调能力不强，不好用”。为应对人员不足的困境，不少单位采取聘任等方式充实队伍，但这部分人员在管理与人员稳定及作用发挥上均存在一定的问题。

### （二）准入门槛不高

相对法院、检察院等，对法制机构工作人员的准入门槛偏低，对学历、专业知识、工作经历等没有硬性要求。一方面，不少人缺乏法学专业背景。有的法制机构在职人员均无法律专业背景，不少法制机构的领导也缺乏法律教育背景。以市直单位为例，其政府法制工作人员没有法学专业背景占43%，如市商务局在编政府法制工作人员均无法学专业背景。另一方面，学历层次偏低。我市政府法制工作人员中大学本科以下学历的人员占据不小的比例，个别区直单位本科以下政府法制工作人员将近30%，这种情况在乡镇（街道）更为严重。

### （三）交流任用不够

法制机构工作人员交流和提拔制度落实不到位。如长沙县、开福区政府法制机构负责人均已十多年没有交流过。政府法制工作人员交流少、重用少容易导致岗位吸引力不够，工作积极性不高，人员流失。

## 五、政府法制工作能力不够强

### （一）规范政府行为的能力不够强

一是对行政行为的事先规范不够，只有出现问题了才被动应对，而未实现事先预防性规范，法制机构没有摆脱救火员的角色定位；二是对行政决策与执法行为的事中规范也不够，规范有时是走过场，事中规范的权威性不够，存在形式主义倾向。

### （二）政府规范性文件的把关能力不够强

一是相关部门对于规范性文件的审查重视不够、把关不严。部分区直单位法制机构对主办、代拟稿件的把关并不到位，存在未经法制机构审查把关的问题。二是规范性文件的审查范围不明确，审查任务较重。不少法制机构既要作形式审查，也要作实质审查，在法制机构人员有限与法律专业水平偏低的部门，规范性文件的全面审查工作压力较大。

### （三）政府合同的审查管理能力不够强

一是政府合同审查不规范，标准和流程不统一。实践中，有的单位法制机构对所有合同进行审查，有的仅对重大合同进行审查，一般以政府合同标的额为标准，但并不统一。二是政府合同审查存在一定盲点。部分政府合同责任单位尚未落实政府合同正式文本及政府合同履行情况报送制度，导致履约监管不到位，合同监管难度大。

### （四）行政复议应诉的能力不够强

一是复议、应诉工作责任主体不明确，工作积极性不高，存在相互推诿情况。二是行政复议应诉机制不顺畅。实践中，行政应诉是各个行政机关作出行政行为在先，法制机构应诉在后，在应诉过程中涉及的具体行政机关答辩不积极，不能全面、准确提供做出具体行政行为时的证据材料。三是行政复议应诉的办案机制不够优化，得不到充分有力的支持。实际工作中被申请人对行政复议案件相关法律、证据与程序问题不甚了解，与法制机构之间的工作衔接不畅。各项复议、应诉文书的传批程序比较烦琐，降低了行政复议工作的效率。

## 第三部分　面临的形势

当前，政府法制工作的整体状况可以用“五个并存”来概括：一是成绩与问题并存；二是有利条件与困难并存；三是紧迫性与长期性并存；四是动力与阻力并存；五是将法治作为价值目标与将法治作为实用工具并存。这“五个并存”决定了全面、深入推进依法行政具有必要性和紧迫性，政府法制工作面临着机遇期和挑战期的双重考验，具体表现在四个方面。

一是全面深化改革带来新的挑战。党的十八届三中全会通过了《中共中央关于全面深化改革若干重大问题的决定》，部署了全面深化改革的主要任务和重大举措。当前，各项改革已进入攻坚期和深水区，要解决的都是难啃的硬骨头，要调整的都是固化的利益藩篱，甚至是牵动全局的敏感问题和重大问题。在此形势下，要推动改革，要让改革取得成效，无疑要依靠法治。习近平总书记在中央全面深化改革领导小组第二次会议上明确指出：“凡属重大改革都要于法有据。在整个改革过程中，都要高度重视运用法治思维和法治方式，发挥法治的引领和推动作用，确保在法治轨道上推进改革。”我市确定的全面深化改革九大领域中，在经济体制、行政机构、民主法制、司法体制和社会体制等多个改革领域，均明确了政府法制机构的具体任务。各个领域的改革活动中，法制机构都有不同程度的参与。全面深化改革对政府法制工作提出的挑战，十分严峻，前所未有。但是，当前政府法制机构还存在工作思路固化、创新能力不足等问题，与全面深化改革的对政府法制的要求相比，还有较大的差距。

二是推进法治建设提出新的要求。党的十八大明确提出，依法治国是我们党领导人民治理国家的基本方略，法治是我们党治国理政的基本方式，并提出到2020年基本建成法治政府的宏伟目标。党的十八届四中全会《中共中央关于全面推进依法治国若干重大问题的决定》，对依法行政，建设法治政府做出了全面部署，并从依法全面履行政府职能、健全依法决策机制、深化行政执法体制改革、坚持严格规范公正文明执法、强化对行政权力的制约和监督、全面推进政务公开等、六个方面系统地论述了建设法治政府的主要内容和要求，清晰地勾画出了一个可以使广大人民群众满意的法治政府的框架，涵盖了政府法制工作的方方面面，也彰显了政府法制工作在法治中国建设大格局中的特殊地位和重要作用。政府法制机构在推进依法行政、建设法治政府方面的组织协调和督促指导任务将更加艰巨，法制工作领域将进一步拓展，范围将进一步扩大，需要政府法制机构切实增强责任意识，充分发挥工作的主动性和创造性，不断适应工作新要求，扎实推进法治政府建设。

三是广大人民群众寄予新的期望。随着民主法治建设进程的不断推进，人民群众当家做主、政治参与的积极性持续提高，人民群众依法维权、公平公正意识普遍增强。人民群众对依法决策、依法行政、依法解决争议有了新的期待，要求更加公正、更加公开、更多参与。近年来，全市政府法制机构受理的行政复议案件数量逐年大幅度增长，收到有关违法行政等方面投诉和信访的事项逐年增加，立法公开征求到的意见越来越多。这些现象，一方面说明政府法制工作逐渐被社会认知；另一方面反映出人民群众对法治的强烈期望，很大程度寄托在政府法制机构身上。因此，政府法制机构决不能辜负人民群众的信任，要让人民群众更广泛地参与到依法行政和政府法制工作中来，切实解决群众最关心、最直接、最现实的利益问题，从政府立法、重大行政决策、行政复议和执法监督等环节保障和维护人民群众的合法权益。

四是依法行政现状呼唤新的作为。当前长沙市依法行政工作还存在诸多的阻碍和问题，需要政府法制机构以新的状态、新的办法、新的举措来加以解决。一方面，依法行政意识有待进一步提升。特别是有些领导干部依法行政意识不强，将法治与改革和经济发展相对立，在开展重大行政决策和经济社会管理的具体事务时，往往以牺牲法治为代价，换取短期的工作推进和经济效益，导致后患无穷，大量的遗留问题和行政争议纷繁频出。一些行政执法工作人员还不同程度地存在着观念滞后的问题，无法有效回应社会新期待、群众新需求；另一方面，依法行政能力有待进一步提高。面对经济转型时期出现的大量社会管理事务和社会矛盾，不善于运用法治的思维和方式从根本上加以应对和解决，执法方式和手段传统单一，执法的本领和能力严重滞后，立法草案、规范性文件起草、政府合同文本质量不高。如近年来，在市政府法制机构处理的二十余起历史遗留问题中，均不同程度的存在合法性、合理性和严谨性问题，特别是在权利义务设置上埋下严重隐患，导致政府承担巨额的经济赔偿。另外，执法不严、行政不作为和违法许可等问题仍然比较普遍，如在2013年的案卷评查中发现，市某局被抽查的2宗许可案卷均存在申请事项与许可事项不符的问题，案卷被记0分。同时，随着法制的不断健全政府法制机构所承担的任务也将不断增加，特别是新修改的行政诉讼法规定“经复议的案件，复议机关决定维持原行政行为的，做出原行政行为的行政机关和复议机关是共同被告；复议机关改变原行政行为的，复议机关是被告”，要求行政机关负责人应当出庭应诉，这些规定实施后将直接导致承担复议工作政府法制机构的工作量大幅攀升，也对行政机关负责人和政府法制机构的能力提出了更高的要求。

# 第四部分　对策与建议

当前，政府法制工作形势紧迫，任务艰巨，搞好政府法制工作的主要目标是要使法制机构胜任参谋、助手与法律顾问的角色，最基本的要求是要强化政府法制工作的机构、人员、经费与思想保障，最根本的途径是要提升政府法制工作的能力，提升法律服务的水平。2013年，长沙市颁布实施了全国首部规范政府法制工作的政府规章《长沙市政府法制工作规定》（以下简称《规定》），对政府法制工作进行了全面深入的规定，使我市政府法制工作有了自己的“当家法”，进一步加强我市法制机构和队伍建设，提升我市的政府法制工作水平，要切实按照中央与湖南省有关依法行政、建设法治政府的要求，更要全面贯彻落实《规定》的，将《规定》的相关要求落到实处、落到细处。

## 一、强化整体认识，在提高机构地位上下功夫

### （一）强化领导责任

落实主要负责人主管政府法制工作的要求，明确行政机关谁来主管政府法制工作，谁是政府法制工作的责任领导，这既体现了《中华人民共和国宪法》第二十七条关于一切国家机关“实行工作责任制”的要求，也是充分考虑到行政机关实行行政首长负责制的特点。行政机关及其负责人只有充分认识到政府法制工作的重要性，才能把政府法制工作的各项要求落到实处。因为政府法制工作涉及

政府依法行政的方方面面，协调任务重，工作难度大，因此，全市要切实落实主要负责人分管政府法制工作的要求，将政府法制工作提到更为显要的地位，政府常务会议或局（办、室）务会议要认真听取政府法制工作报告、研究政府法制工作，每年不少于2次，主要负责人要亲自过问政府法制工作的开展情况，把政府法制工作的各项要求落到实处。

### （二）做实关键节点

要扩大政府法制机构负责人列席政府会议的范围，确保其列席全部政府常务会议、区县（市）长办公会议涉法会议；重大行政决策方案在提交政府常务会议或者部门领导班子会议研究前，必须先由法制机构进行合法性审查；规范性文件出台前，都要事先经法制机构审核把关；政府及其部门签订的每一个政府合同在正式签订之前充分听取法制机构意见，未经法制机构审查把关的，一律不得签订政府合同；处理涉法事务要认真、充分听取法制机构出具的法律意见，要充分发挥法制机构在涉法事务处理中的专业优势，保障法制机构组织协调与监督检查的作用。

### （三）加大基础保障

一要加大政府法制工作投入，建立经费保障制度。市、区县（市）人民政府及其工作部门应当逐步加大对政府法制工作的投入，政府法制工作经费要列入各级地方财政预算，保障政府法制工作的正常展开。要建立政府法制经费专款专用制度。保障行政复议、行政应诉、法制培训、法律顾问等专项法制经费。二要加强法制机构硬件建设投入，完善硬件设施，为法制机构配备必要的办案设备。

## 二、完善机构设置，在厘清职能职责上严要求

### （一）完善机构设置

各地区各单位要根据实际情况，分层完善，整体推进，建设与当前政府法制工作形势与任务相适应的法制机构。一是明确各区县（市）政府法制机构为政府部门管理机构，独立运作，要统一机构设置体系，统一内设机构配置。二是市直重点执法单位均要单独设置法制机构，统一名称为“法制处”。三是区直单位重

点执法部门设置法制机构，其他部门根据本单位情况设置法制机构或加挂“法制科（股）”牌子并配备专职政府法制工作人员。四是乡镇（街道）本着“不增加机构、不增加编制、不增加财政支出”的原则，在乡镇（街道）党政办加挂“政府法制工作室”牌子。

### （二）理清职能定位

要严格贯彻国务院关于法制机构职能的相关规定，科学、合理厘定法制机构的职能，理清法制机构与办公室、其他内设机构、司法所、信访办、综治办等机构的工作职责，将政府法制工作与其他行政事务剥离，实现政府法制工作职责专门化。

### （三）明晰工作职责

全市法制机构要严格按照《规定》确定的工作内容确定机构工作职责，确保本地区、本部门依法行政指导、规范性文件审查管理、行政复议应诉、行政执法监督、政府合同审查管理及其他法律事务办理等各项任务有人抓、有人管，严格工作职责，强化责任考核。不超越《规定》所明确的政府法制工作范围为法制机构设置职能，确保法制机构能够集中人力、集中精力、集中智力从事政府法制工作。

## 三、配齐配强人员，在加强队伍建设上花力气

### （一）提高政府法制工作人员准入门槛

要严格按照《规定》的要求，对法制机构新进人员的学历、专业知识、工作经历等提出硬性要求，从事政府法制工作的人员，应当具备高等院校法律专业本科以上学历或者取得法律职业资格证书。同时，要对法制机构在岗人员加强岗位培训，包括法律知识培训、业务能力培训等。在法制机构的干部任用方面，要将政府法制工作明确列入考量指标。

### （二）健全政府法制机构人员配备机制

全市应当加强法制机构建设，确保其人员编制与其工作任务相适应。具体要

求是：区政府法制机构10人以上，县（市）政府法制机构15人以上；市直重点执法单位法制机构6人以上，其他市直单位3人以上；区直重点执法部门法制机构2人以上，其他单位至少配备1名专职政府法制工作人员；乡镇（街道）配备1名专（兼）职政府法制工作人员。

### （三）加强政府法制工作人员的教育培训、交流任用

一是要加强政府法制工作人员的教育培训。要强化领导干部的法治思维与法治能力培养，加强政府法制工作人员的业务知识培训，特别要重视行政执法人员的法制培训。二是要畅通对政府法制工作人员的交流任用机制。要建立政府法制人才交流任用长效机制，优化法制机构人员结构，将政治素质高、法律素养好、工作能力强的人员充实到政府法制机构中。法制机构主要领导任职十年以上的原则上要交流。在评优评先、立功受奖等工作中充分考虑法制机构作出的实际贡献，向政府法制工作人员合理倾斜，做到法律人才能“进得来、留得住、出得去”。

## 四、围绕工作定位，在充分发挥作用上求实效

### （一）充分发挥组织协调作用

一是健全法治政府领导机制。建立健全推进法治政府建设的领导体制机制，真正发挥依法行政领导小组的引领作用，做到将依法行政任务与经济发展任务一起部署、一起落实、一起考核，使依法行政真正成为政绩考核中的一项硬性指标。切实落实政府法制工作由主要负责人分管的要求，增强各级行政首长“依法行政第一责任人”的意识，加强对推进依法行政工作的督促指导。二是强化依法行政意识培养。推动领导干部学法制度化、经常化，引导树立新思维，推动政府工作法治思维的养成，以法治思维提升依法行政意识，促使广大干部自觉养成法律思维、程序思维、责任思维和对法律的敬畏之心，在行政行为过程中严守权限、内容、手段和程序合法的要求，想问题、作决策、办事情，必须严格遵循法定权限和法定程序。组织开展多种形式的法治培训，建立领导干部任前法律知识考试和任内依法行政情况考核评议等机制。三是强化依法行政能力建设。着力强化三个方面的能力建设：强化重大行政决策把关能力建设，完善重大行政决策程

序，法制机构切实担负起合法性审查的职责，从主体、权限、内容、程序和形式等方面进行严格把关。全面落实政府合同审查与管理办法，进一步增强政府部门、机构的合同意识，加强政府合同审查管理的监督指导；强化社会矛盾纠纷化解能力建设。畅通复议申请渠道，及时依法公正做出复议决定，提高行政复议案件审理质量和效率。依法履行行政应诉职责，积极推动行政机关负责人主动出庭应诉。继续坚持行政司法互动，有效化解社会矛盾纠纷；强化政府法律事务处置能力建设，充分发挥参谋助手和法律顾问作用，运用法律知识、法律智慧、法律手段，积极参与，深度介入，高效处置政府各项涉法重大、疑难、遗留案件，保障政府权益，维护政府形象，实现社会效果、经济效果、法律效果的三统一。

### （二）充分发挥监督指导作用

一是强化行政执法主体管理。督促各行政执法单位在行政职权清理的基础上制定行政执法的标准化管理整体框架，逐步制定涉及行政执法基础性规范标准、行政服务咨询规范标准、行政执法办理规范标准和监督检查规范标准。督促各行政执法单位严格执行行政处罚基准制度，认真实施案件集体审理、案例参照、公开公示、责任追究等工作运行制度，切实解决行政处罚过程中的随意性和“同案不同罚”的问题。推进行政执法责任追究制度，把推行行政执法责任制与推行行政问责制结合起来，保证执法责任追究及时得到落实。二是强化行政执法体制创新。要进一步发挥法制机构在行政执法体制改革中的统筹协调职能，继续推进行政综合执法试点，建立范围更加广阔的行政综合执法机制，破解城市管理中的突出难题，结合“六个走在前列”，重点解决非法营运、群租、违法建筑、乱设摊位等城市管理的顽症，切实解决多头执法、多层执法、乱执法以及不作为等问题。三是强化行政权力运行控制。要完善监督体系，实现全面监督，对行政权力运行进行事前、事中与事后监督，要突出重点领域、关键环节、要害岗位的监督。要健全监督制度，如规范性文件备案和动态效力管理制度、行政执法案卷评查制、执法责任制、错案责任追究制等监督制度，采取切实可行措施，将监督落到实处。要完善监督机制，实现行政权监督的制度化、规范化与常态化。要强化运行监督，优化行政权力运行流程和公开，完善行政权力目录、流程图，优化流程，使程序更加简约，监督更加方便。

### （三）充分发挥考核评价作用

一是完善法治政府建设考核评价体系。把法治GDP作为对领导班子和领导干部实绩考核的重要内容，督促其自觉运用法治思维和法治方式认识问题、分析问题、解决问题，逐步建立起符合本市实际的法治政府建设指标体系。二是强化依法行政考核抓手作用。提高依法行政考核在市委绩效考核中的权重和独立的评价话语权，科学设定考核指标，完善考核办法，更加突出针对性和导向性。运用好考核结果，对考核结果进行通报，构建全市“一盘棋”的依法行政考核体系，加快全市依法行政进程。三是适时开展依法行政讲评工作。通过会议讲评、书面讲评、集中讲评、个别讲评等丰富的形式，剖析部门和区县（市）依法行政工作中存在的问题，并提出整改的意见建议，督促各级各部门进一步提高依法行政的意识和能力。

**课题组组长：**陈剑文
**课题组成员：**钱晓钢　张　智　吴　畅　叶　进　谭琪正

# 当前长沙市信访形势分析及对策建议

长沙市信访局

随着改革的不断深入，城市的加速发展，利益格局深刻调整，群众观念加快转变，加上法律不完备、执法不严、司法不公和政策偏失等原因，大量社会矛盾和问题涌入信访渠道，大量本应通过诉讼、仲裁、行政复议等法律途径解决的问题也进入信访渠道。信访日益成为社会关注的焦点，党委、政府工作的难题，影响社会和谐稳定的重要因素。同时，信访工作作为送上来门来的群众工作，是党和政府联系群众的桥梁、倾听群众呼声的窗口、体察群众疾苦的重要途径，做好新形势下的信访工作具有十分重要意义。

## 一、当前长沙市信访总体情况和形势

### （一）信访总量高位运行

2010年以来，长沙市进京到省来市总量维持在2万～3万人（次）左右。其中，

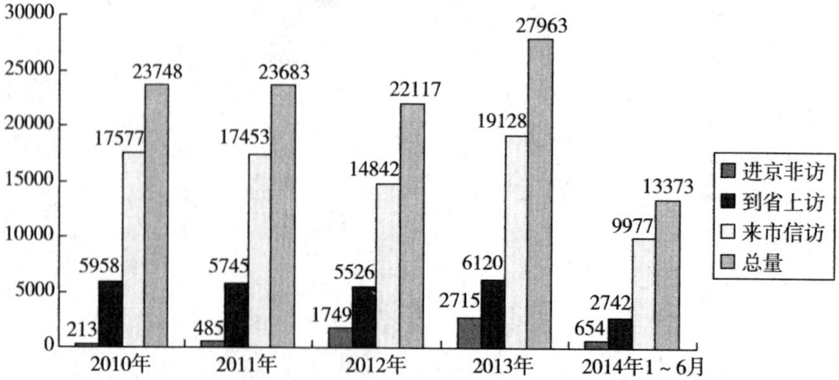


**图1　2010～2014年全市进京到省来市信访情况**（单位：人次）

进京非访量呈上升态势，2013年比2010年增加将近12倍，2014年以来呈回落趋势，上半年进京非访登记654人次，较去年同期下降55.2%；到省来市访量总体保持稳定，来市信访维持在1.6万人次左右，到省走访量在6000人次左右，今年上半年，来市访量有所上升，人次较去年同期上升17.8%。

## （二）群众以走访为主

近年来，长沙市群众信访渠道不断畅通，健全了市、区（县市）、街道（乡镇）、社区（村）四级信访工作机构，形成“横向到边、纵向到底、全覆盖、全方位”的信访工作网络；通过开通“人民来信绿色通道”、建立“人民来访联合接待中心”、实行“网上阳光信访”，不断加强来信办理、来访接待、网上投诉受理、电话接听等措施，构建了“信、访、网、电”四位一体的信访工作格局。但总体来看，长沙市信访仍以走访为主，占总量的60%以上，群众以写信、网上信访、电话信访的方式反映诉求和问题较少。

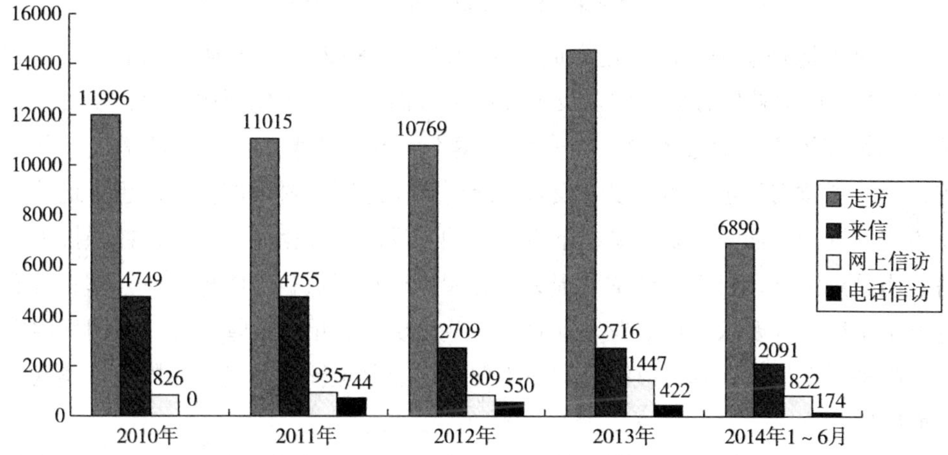


图2　2010～2013年来市信访量分布图（单位：人次）

## （三）反映问题领域较为集中

主要集中在建设、房产、征地拆迁、涉法涉诉、企业改制遗留问题、干部作风等方面。以2013年为例，长沙市进京上访共3128人次，其中，房屋征地拆迁2130人次，占总量的69%，涉法涉诉487人次，占总量的16%，涉军103人次，历史遗留108人次，企业改制101人次，干部作风问题41人次，其他158人次。

2013年，来市上访问题主要集中在以下几个方面。

一是建设领域方面。共157批1054人，分别占总量的3.3%和7.2%。开发商不能按时交房问题。如枫树园二期开发商因陷入债务纠纷，导致不能按期交房和签订购房协议。房屋产权证办理方面问题，如左岸春天小区业主房产证办理的问题。小区物业管理方面问题。如湘麓国际小区因原业委会的原因，与原物业矛盾不断，导致小区管理秩序混乱，环境脏、乱、差及停水、停电，如岳麓区银洲小区因欠缴水电费经常发生停水停电的问题。

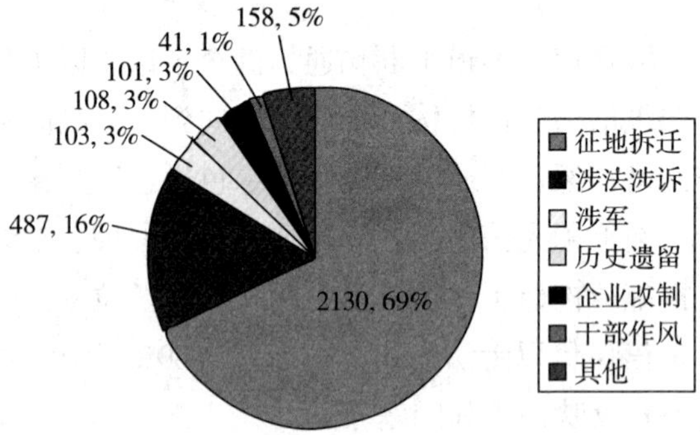


**图3　2013年度进京上访主要诉求分布图**（单位：人次）

二是征地补偿和房屋拆迁方面。共1467批3184人次，分别占总量的31%和22%。农村征地补偿方面。主要反映在以下方面问题。违规征用土地，安置不到位，超期安置不发放过渡费，对安置方案不满意，“半边户”“新增人口”安置，对违章建筑认定不服，以及反映村级财务不透明及村干部任意出租土地等。城市房屋拆迁方面。主要反映以下方面问题：反映拆迁程序不合法；在强拆中人身自由受到侵害，财产受到重大损失；房屋拆迁补偿低，房屋评估不合理；对安置方案不满意，要求就地安置等问题；一些公房户、单位自管产住户、门面租赁户反映补偿太低，个别已改制企业职工要求适当分配征地补偿款和拆迁补偿款等方面问题。

三是企事业单位改制方面。共137批1101人，分别占总量的3%和7.6%。主要反映企业改制不公开不透明，改制方案没有经过职代会表决，程序不合法；资产评估不公正，国有资产流失，企业领导损公肥私；解除劳动关系人员要求提高身份置换金，要求解决养老保险、医疗保险，内退人员要求提高生活费标准，退休人员要求享受慰问金等方面问题。

四是劳动保障方面。共472批1839人，分别占总量的10%和12.6%。主要反映改制企业欠缴职工医保养老保险费，老职工已到退休年龄不能正常办理退休手续；已改制企业“买断”职工要求新企业办理“两保”；工伤待遇得不到保障；移交到各区的退休教师要求享受市本级教师同等待遇；在长国有企业高级职称人员请求政府解决其生活待遇与事业单位同职称干部差异问题；劳动模范要求享受医疗补助；赤脚医生、代课教师以及卫生院离退休人员等群体要求解决各种待遇；市直及各区县（市）差额拨款事业单位职工要求按公务员标准全额发给津补贴。

五是涉法涉诉方面。共334批2576人，分别占总量的7%和17.7%。这一群体来访人数较上年有较大增长。主要反映不服法院判决，对久拖不决、判决后得不到执行不满；因交通事故、医疗事故、人身伤害和死亡得不到合理赔偿，以及经济纠纷、经营纠纷、邻里纠纷、非法集资等方面问题。这类问题涉及面广，影响大，如邦家、维财等公司以租赁、房产投资等合法产业为幌子，实际从事非法集资活动，涉及金额巨大、人数众多，破解难度很大。据公安部门初步查实，邦家长沙分公司非法集资涉及1032人，且多数为中老年人，涉案金额2.617亿元，追缴违法所得的难度极大，稳控难度极大。

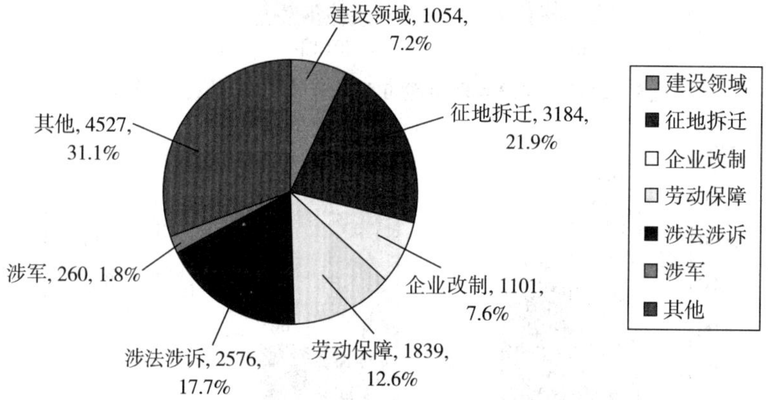


**图4　2013年来市突出信访问题领域分布图**（单位：人次）

六是涉军方面。共29批260人，分别占总量的0.6%和1.8%。企业复退下岗志愿兵要求重新就业，对越自卫反击战获二等功的退伍军人要求享受市级劳模待遇，抗美援朝老战士、退伍回乡伤残军人、企业军转退休干部要求提高解困标准，转业士官、非农户口大学生应征入伍要求带编安排工作。部分生活困难户请求救助、享受低保，身患重病请求大病救助，被取消低保的人员要求重新恢复低保，60年代精简退职人员要求提高生活标准，下放知青要求落实政策，烈士亲属要求提高抚恤金标准等。

## （四）群众抱团集访趋势明显

党政机关集体上访的频率高、规模大、人数多，已成为影响我市社会稳定的一个重要因素。在个别上访老户的组织串联下，部分信访群体通过电话、短信、QQ群、微博等相互联系、定期聚会、交流经验。同一区域内的不同群体、跨区域抱团串联的势头越来越严重，特别是城镇房屋拆迁户、农村征地拆迁户与上访老户串联的情况十分突出。2012年、2013年，来市集访量分别占总量的54%、58.7%，到省集访量分别占总量的45.2%、65.7%。

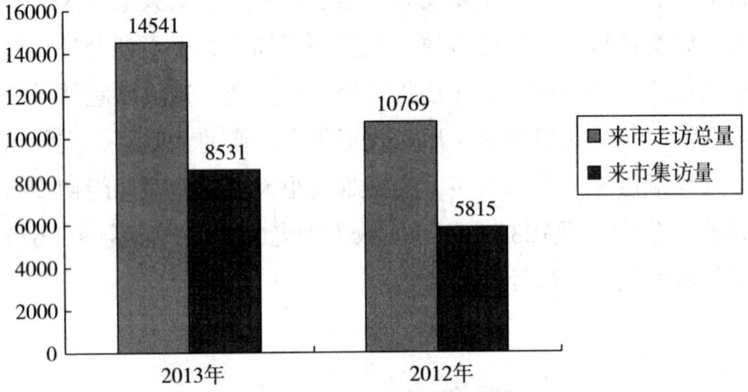


**图5　2012、2013年来市走访与集访情况**（单位：人次）

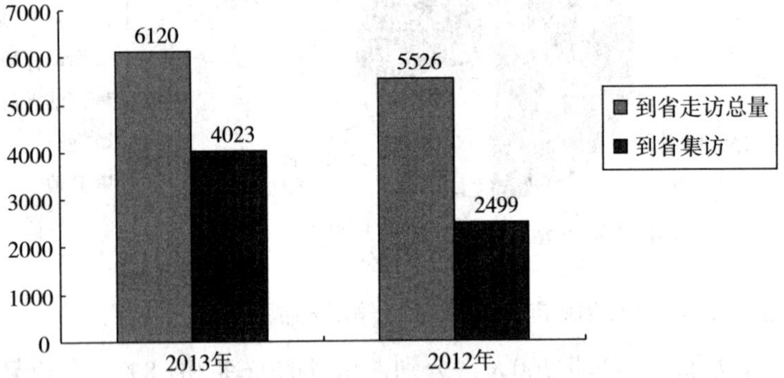


**图6　2012、2013年到省走访与集访情况**（单位：人次）

## （五）信访诉求越来越高

综合近年来的信访情况，群众反映的合法诉求绝大部分已得到解决，部分甚至已经突破了法律和政策底线，但部分群体签订息访协议后仍继续上访，并且诉求越来越高。越级上访过程中，上访老户相互串联，相互“取经”，相互“坚守”，诉求不断升级，远远超出政策法律，化解难度越来越大。如多次进京非访涉拆老户王云清102平方米住房要求补偿240万，刘华28平方米住房要求补偿160万。

### （六）对抗行为愈演愈烈

一些群众抱着“不闹不解决、大闹大解决”以及“要想有出路，必须上马路”的思想，动则结队伍、上公路、喊口号、打横幅、拦车辆，甚至下跪、告洋状、冲击敏感区域，或以自焚、自杀、自残等方式相威胁，对抗性强，危害性大。

### （七）造谣诽谤恶意施压

部分上访群众利用信访考核机制，反复进京非访，网上造谣诽谤，恶意向基层政府施压，以期达到个人目的。少数上访人员进京上访时，不是到指定的信访场所反映诉求，而是直奔天安门、中南海等敏感地带进行非法登记。

## 二、信访问题突出的原因分析

群众不断信访原因是多方面的，各种原因相互交织，导致群众反复信访，从当前我市信访形势来看，主要有以下几个方面的原因。

### （一）法律、政策不完善引发的一些问题

在社会转型期，由于少数法律、政策不完善，导致一些问题在短期内难以根本解决到位。比如，在农村征地过程中，部分非农业户口和非集体经济组织成员在农村购地建房或买房引发的安置和补偿问题。

### （二）选择性“误读”政策引发攀比

如农村土地征用方面，历经5号令、60号令、103号令，被拆迁群体从自身利益出发选择性解读误解政策；公务员津补贴规范后，其他事业单位人员攀比不断。抗美援朝老战士等较大规模集访也是比较典型的政策误读的案例。

### （三）群体性利益诉求日益增多

随着改革不断深化，各方面群体利益受到深刻调整的同时，引发的利益诉求日益增多。如企业改制职工要求对一次性理顺劳动关系人员解决后续“养老保险、医疗保险”，在企业退休的高职人员要求提高养老保险待遇并给予生活补偿

问题，事业单位改制后退休人员要求解决津补贴等方面问题。

### （四）历史遗留问题没有及时解决

如私房改造、危房改造问题，文化大革命遗留问题，20世纪60年代企业精简、知青下放问题，仍然存在上访因素。涉及90年代房改政策的后续问题在总量中有所增加。

### （五）群众“信访不信法”“信上不信下”

一是由于司法维权时间较长，成本较高，许多人不愿意走司法途径；二是前几年因多方面原因确有部分人因上访得利的负面效应，导致部分人误认为上访有利；三是群众认为造成影响大、知晓事件的领导层次高可快速、有效处理；四是有部分多年老户长年形成的思维惯性在多方串联后逐步“发酵”；五是部分集访事件挑头人物没有及时得到打击处理。

### （六）部分责任单位责任不落实、执行不到位

一是确实有部分单位和领导在执行政策的过程中存在不到位的现象，多年以后调整难度极大；二是由于部分责任单位工作中方法简单，与信访人缺乏有效沟通导致积怨难以化解；三是有部分责任单位寄希望于“磨”“拖”“接”，没有沉下去认真化解信访问题；四是有部分责任单位因考核机制的调整，将不通报、不排名理解为信访工作力度有所减弱，从而相互推诿，导致责任不落实，工作力度不够。。

### （七）信访体制机制本身障碍问题

信访问题的形成是“零门槛”，当前经济社会的各个方面都存在产生信访问题的诱因，但是当前信访问题的出口不畅，化解量与增量、存量相比数量较小，依法终结基本上是终而不结，从而导致信访这个社会减压阀本身承载压力过大，信访总量持续攀升，基层单位难以真正将主要精力转移到问题排查和化解上。

## 三、工作建议与对策

破解当前信访工作难题，需要各级各部门高度重视，齐心协力，齐抓共管，

按照“属地管理、分级负责”“谁主管、谁负责”的原则，积极为群众代言，为群众解难，为党分忧，以更加务实的态度，积极主动地做好信访工作。

### （一）坚持标本兼治

一是抓领导公开接访，公示接访要素，提升接访效能，加强督导检查，特别是对市直单位和重点领域的督查；二是抓源头预防控访，落实风险评估，加强群众工作，夯实基层基础；三是抓及时就地处访，强化部门职责，强化三个导向，落实“四个到位”；四是抓化解积案息访，探索第三方介入化解信访积案，强化督查督办、复查复核力度，举行听证会，畅通信访问题“出口”；五是抓依法依规治访，坚决推动依法治访，规范京、省劝返工作，全面落实诉访分离；六是抓网上阳光信访，健全网上受理制度，大力推进“阳光信访”，加强信访工作信息化建设；七是抓考评考核督访，改革完善考核办法，建立通报约谈制度，完善督办回访机制。

### （二）加强协调联动

一是加强督查指导和日常指挥调度，及时依法妥善处理规模集访和缠访闹访事件；二是坚持重心下移，完善领导接访包案制度，把处理信访问题的责任向乡镇、街道和部门二级机构延伸；三是强化综合协调，既要按照“属地管理”“谁主管谁负责”的原则和“一岗双责”的要求，独立处理自身职责范围内的信访突出问题，同时各级党委、政府要积极牵头处理好跨区域、跨部门的突出信访问题，直到“案结事了”。

### （三）强化工作责任

一是大力实施首接责任制，第一个接访领导为首接责任人，全程负责跟踪督办、稳控、化解、依法处理案结事了。加大一线接访力度，通过领导现场接访、带案下访、重点约访等方式，直接听取群众诉求，着力解决问题；二是加大领导包案力度，按照“五个一”的要求，妥善处理群众反映强烈、涉及面广、社会关注度高的信访突出问题，做到一个问题、一名领导、一套班子、一个方案、一抓到底，直至“案结事了”，切实解决领导干部“只挂帅不出征”的问题；三是加大督查通报力度，重点加强久拖不决、结案未息访案件的督查督办和公开通报，做到问题不查清不放过、问题不解决不放过、上访人不息访不放过；四是加大责任追究力度，对因责任不落实、措施不到位导致问题久拖不决，造成严重社会影响或酿成群体性事件的，必须严肃追究其领导责任。

### （四）强化矛盾协调化解机制

要按照“发现得早、化解得了、控制得住、处置得好”的要求，健全排查调处机制，要实行人民调解、行政调解和司法调解“三调联动”，把矛盾纠纷解决在初始阶段和萌芽状态。要加强法制宣传教育，正面引导群众通过理性合法方式就近表达诉求。

### （五）强力规范信访行为和信访秩序

进一步加强和完善接访劝返工作机制，加大接访不作为单位和个人的通报、追责力度，加强专项治理，集中治理越级非访、规模集访和缠访闹访事件，维护党政机关正常工作秩序和信访接待场所正常信访秩序。全面掌握进京到省来市上访人员动态，加强重点人员的掌控，逐人建立档案，落实稳控措施；对行为偏执、可能进京到省来市制造事端的人员，加强监控，确保不脱离视线范围，防止进京到省来市滋事事件的发生。

**课题组负责人：** 孙平波　刘加利
**课 题 组 成 员：** 贺海军　胡　锋　史俊文　袁　晶

# 建设以人民为主体的群众文化活动体系

## ——长沙市群众文化活动长效机制研究

长沙市文化广电新闻出版局

近年来，长沙市紧密结合国家公共文化服务体系示范区创建，把建设以人民为主体、具有鲜明长沙特色的群众文化活动体系，作为国家公共文化服务体系示范区创建的重要抓手，把如何推进群众文化活动的体系化和制度化，作为长沙示范区创建制度设计研究的重要课题，立足基层、深入调研、精心设计、大胆创新，扎实推进群众文化活动的组织创新、机制创新、制度创新，初步形成全市群众文化活动的体系化建构、体系化运行，初步形成全体动员、全民参与、全面覆盖的群众文化活动大发展大繁荣景象。

## 一、长沙群众文化活动基本情况

示范区创建以来，长沙市按照文化部、财政部《关于开展国家公共文化服务体系示范区（项目）建设的通知》提出的“要按照公益性、均等性、基本性、便利性的要求，在全国创建一批网络健全、结构合理、发展均衡、运行有效的公共文化服务体系示范区，培育一批具有创新性、带动性、导向性、科学性的公共文化服务体系项目”的要求，以创建国家公共文化服务体系示范区为契机，积极总结以往群众文化建设经验，立足基层、创新机制、搭建平台、完善体系，这两年，长沙市各类群众文化活动精彩多样、蓬勃开展、有声有色，各类群众文化活动广场建设主题鲜明，各类群众文化团队和活动品牌突出，演出水平不断提高，初步形成了全市群众文化活动全面覆盖、全民参与、全民建设的大发展大繁荣景象。繁荣的群众文化、强大的“群文湘军”异军突起，发挥出群众文化活动体系化、制度化建设的样板作用。

## （一）经费保障情况

作为公共文化服务体系的有机构成，群众文化活动是公益性文化活动，需要政府主导和资金保障，群众文化活动的繁荣发展，须臾离不开政府的主导、指导和扶持。近年来，长沙市各级党委政府和宣传文化部门立足于中国特色社会主义基层文化建设、群众思想文化阵地建设、改善基层文化民生和以人民群众为主体发展文化的高度，围绕“搭建平台、打造载体，让长沙百姓在基层文化自主建设、共建共享中实现自我表现、自我服务”，各级党委政府把组织开展群众文化活动纳入重要议事日程，各级财政把群众文化活动经费纳入经常性支出项目，从多角度予以实实在在地扶持。

2007年，群众文化活动评选刚刚起步时期，长沙市委宣传部、文广新局每年拿出178万元作为奖金和活动经费，其中直接奖励给100个群众文艺团队的资金为111万元，最多的团队得到奖金达10万元，群众文艺团队的受奖面之宽、奖金之多前所未有，极大地刺激了群众文艺团队的发展。2008年，每届“百团评选”资金增加到200万元。

示范区创建以来，不仅奖励资金成倍增长，而且重要的是创新了市与各区（县、市）、街（镇、乡）联动的“各级奖励机制”，带动了各级政府扶持群众文化活动的积极性。不仅如此，在示范区创建过程中，还注重把政府行为与事业单位的服务行为、企业等社会力量的参与和支持行为紧密结合起来，不同角度地从人力物力财力上对群众文化活动进行全力支持，对优秀群众文艺团队进行奖励和支持。这些机制有效激发了全社会关心、参与和支持群众文化活动繁荣发展动力、能力和创造力的充分涌流。

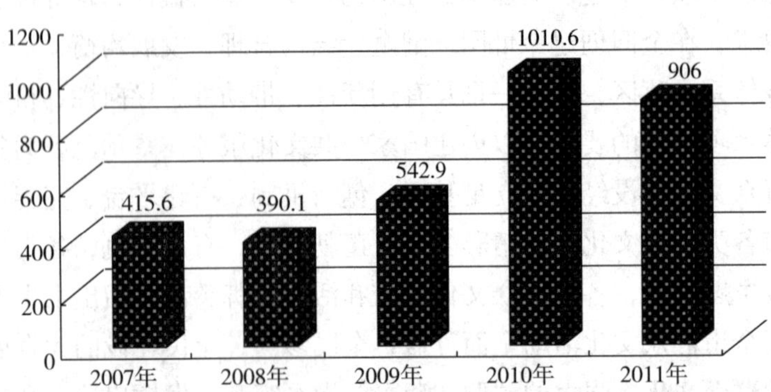


图1 2007～2011年长沙市群众文化活动经费投入情况（单位：万元）

## （二）队伍建设情况

繁荣群众文化活动，群众、群众队伍是主体，发动群众积极参与、帮助群众提升能力、支持群众组建团队是关键。长沙群众文艺团队建设有着悠久的历史，早在20世纪五六十年代，长沙就有通泰老妈妈合唱团、红领巾歌舞团、工人文工团和友好合唱团等众多群众文艺团队活跃在全市的群众文化舞台上。随着时代的进步、经济的腾飞和人民群众生活水平的不断提高，长沙人求知的欲望被唤醒、爱美的热情被调动、尚乐的天性被激发，对参与各种文化艺术活动的渴求变得日趋强烈。特别是近几年来，在群众文艺“百团”活动的引领下，长沙市群众文艺团队发展势头迅猛，呈现出前所未有的局面。2006年底全市群众文艺团队还只有400余支，但经过2007年、2008年“百团”比赛和评选表彰机制的推动，特别是示范区创建以来各级联动、社会参与、体系运作的促进，到目前为止，全市群众文艺团队已经达到1200余个，而且还在呈现不断增长的态势。与此同时，常年参加群众文艺团队活动的总人数也迅速从之前的1万多人增长到10多万人，直接带动人群达100万有余，辐射影响全市人口2/3以上。参与群众由以往以老年人为主体发展到现在的老、中、青、幼各个年龄层次并存，工人、农民、教师、学生、机关干部、社区居民和进城务工人员各行各业几乎全民参与。从业务构成看，既有综合性的业余艺术团、专业性很强的专业艺术团，也还有由特殊人群如盲哑少年儿童组成的少年业余艺术团队。当前，长沙市已初步形成群众文艺团队、群众文化活动的空间全覆盖和人口结构全覆盖并行推进、健康发展的良好态势。

## （三）设施建设情况

这几年，长沙市政府将文化体育阵地、设施建设纳入城市建设统筹规划，先后建设了一馆三中心（群众艺术馆、妇女儿童活动中心、文学艺术创作中心、社会科学活动中心）、两馆一厅（新图书馆、新博物馆、音乐厅）等群众文化活动场所，积极拓展群众文化活动空间。为解决文化设施不足和广大群众日益增长的文化活动需求的矛盾，2011年长沙市结合示范区创建，又提出进一步完善四级公共文化设施，包括：推进市级标志性工程建设，加快区县（市）骨干设施建设，乡镇（街道）综合文化站提质建设，完善村（社区）级基层阵地建设等，形成便民惠民、体系架构、运转高效的公共文化服务网络。在示范区创建的两、三年内，共提质改造58个乡镇（街道）综合文化站、200个示范性村（社区）文化活动室，初步建成公共图书总分馆体系及数字图书馆，全市80%以上的社区建有标准配置的公共电子阅览室，新建农家书屋1364家。目前全市已建成基层文化服务点1425个，农家书屋1364家，已基本形成较为完善的市、县（区）、乡镇（街道）、村（社区）四级公共文化设施网络体系。全市六区三县（市）均建有国家三级以上标准的文化馆、图书馆，其中一级馆12个；全市所有乡镇（街道）100%全部建成了综合文化站，其中示范性综合文化站达78个；全市所有村（社区）都建成了文化活动室（中心），其中示范性村（社区）文化活动室（中心）达290个，村（社区）文化活动室也都配置了开展群众文化活动所必需的乐器音响等设施设备。为了适应群众文化活动对广场设施及设备配备条件的需求，长沙市注重挖潜改造、调整整理，加强了群众“家门口”的大、中、小各类文化广场建设，因地制宜地平整场地、配备音响、安排指导，大幅度增加全市广场文化活动场地的供给总量，并配套制订相关活动规范等，提高了广场文化活动的就近便利、安全使用和规范操作，得到全市群众的广泛称颂。目前，长沙市在群众文化活动的硬件设施建设方面已经基本实现了全面覆盖、体系运行。

### （四）活动开展情况

截至目前，长沙市约有群众文艺团队3600多支，其中正式登记在册的群众文艺团队1200多支。示范区创建期内，每年各级各类群众文艺团队活动场次数以万计，参与群众人次数以百万计，优秀群众文艺团队从“百团”扩大到“千团”，群众文化活动呈现出前所未有的繁盛景象。主要特点是：

1. 广场文化活动遍地开花。示范区创建启动后，群众文艺团队演出的场次之多前所未有。2006年长沙群众文化活动每年演出场次不到1000场，2007年发展到每年2000多场，示范区创建以来全市城乡共有大大小小演出、广场活动近20000场，其中大中型的演出和广场活动达到2000多场，覆盖了全市400多个社区和180多个乡镇（街道），形成了市、区、县（市）各大广场天天有活动、周周有演出、月月看大戏景象，直接吸引100万以上人次的群众参与活动，可谓“欢欣鼓舞颂盛世、星城无处不飞歌”，广场已然成为长沙市丰富群众文化生活、加强精神文明建设的一个重要阵地。

2. 主题文化活动精彩纷呈。长沙以“百佳、千团、万场”为载体，围绕各重大节庆、传统节日、开展了一系列的主题文化活动。2012年10月31日，“舞动星城 歌涌湘江”喜迎“十八大”长沙市百万群众广场舞蹈合唱展演盛况空前，是长沙市群众文化人才的大聚会、文化活动的大展演、艺术水平的大提升。长沙还围绕传统节日，开展了“我们的节日”系列广场文化活动，既弘扬了健康向上的节庆文化，也丰富了群众的文化生活。

3. 品牌文化活动彰显特色。在不断扩大群众文化活动覆盖面基础上，深化活动效应、提炼和形成品牌，进而构建群众文化活动品牌系列，是长沙市公共文化服务体系建设示范区创建过程中不断促进群众文化活动繁荣发展的重要抓手。按照长沙市创建办的统一部署，各区、县（市）结合区域文化特色，纷纷打造自己的活动品牌：芙蓉区的“牵手芙蓉”、天心区的“欢乐天心”、岳麓区的“走进新岳麓”、开福区的“湘江韵律”、雨花区的“魅力雨花”、长沙县的“五彩星沙”、望城区的“相约斑马湖”、浏阳市的“广场月月乐”、宁乡县的“周末我登台”等，实现了一区一特色、一县一品牌，创新了活动载体，避免了千篇一律。

4. 活动能力水平不断提高。示范区创建3年来，长沙以“百佳、千团、万场”为载体，一年一主题，一年一系列、一年一台阶，群众文艺团队通过百团、百品、百星的层层评比、选拔，群众文化活动水平、群众文艺演出质量迅速提高，精彩节目大量涌现，创造了一大批群文奇葩。目前，能完全独立承担一台1个小时左右演出的群众文艺团队超过200支，且戏曲、舞蹈、声乐、器乐、曲艺、小品等形式多样、结构合理、发展全面。

## 二、以人民为主体、以群众文化活动体系化为重点的“长沙模式”及基本经验

“以人民为主体”是公共文化服务的本质意义。但是，长期以来，由于对公共文化服务的“主体”含义存在认识上的误区，对“以人民为主体”的重要性、必要性认识不足，甚至把“政府主导”等同为“政府主体”，导致认识上“一切从政府出发”，而不是“一切从人民利益出发”，实践上以“政府意志”“政府派送”取代“群众基本文化需求”。对于这些公共文化服务认识与实践的偏差而言，“以人民为主体”、以群众文化活动体系化为工作重点，推进公共文化服务体系建设的“长沙模式”，特别显示出十分重要的现实意义和典型示范意义。

“以人民为主体”，以群众文化活动体系化为工作重点，推进公共文化服务体系建设的“长沙模式”，可简要概括如下：以政府为主导，以公共财政为支撑，以公益性文化单位为骨干，以全体人民群众为主体，以“群文湘军”为基本形式，鼓励各种社会力量积极参与，建设城乡一体、制度健全、全民参与、特色

鲜明的长沙市群众文化活动体系，有效保障人民群众基本文化权益、满足人民群众基本文化需求。

以人民为主体推进公共文化服务体系建设的“长沙模式”，在实践中、特别是在公共文化服务体系建设示范区创建过程中形成和积累的基本经验，主要表现在以下6个方面：

### （一）领导重视、责任明确，把“以人民为主体”贯穿于群众文化活动体系化建设的全过程和各方面

长沙市领导在创建国家公共文化服务体系示范区动员大会上，明确要求各级领导确立“群众主体”观念，在创建工作中强化群众意识和责任意识，不但把群众作为公共文化服务体系建设的受益者，同时也要把群众作为公共文化服务体系建设的主力军。公共文化服务体系建设中群众主体、群众享受、群众参与、群众创造、群众满意的实际成效，成为衡量各级党委、政府科学发展质量和水平的重要内容，也成为衡量当地领导班子和领导干部工作业绩的重要依据。

### （二）精心部署、狠抓落实，把“以人民为主体”落实在群众文化服务各项具体工作中

创建之初，长沙市本级即召开创建动员大会和创建工作推进会，各创建单位联络员和工作人员参加。市文广新局作为牵头单位，在会上进行了全面细致的创建业务培训辅导，根据示范区创建工作任务，逐条分解任务、落实职责，把“人民主体性”作为基本工作要求落实在每项工作任务之中。同时，根据示范区创建总体目标，制订考核细则，把“突出人民主体性”纳入各创建单位工作考核重要内容，使工作职责得到进一步落实。在此基础上，各区县（市）分头召开创建工作推进会，各乡镇街道、行政村、社区负责人和文化管理员参加，对创建政策、要求和考核制度进行再分解、再落实，“一竿子到底”，创建工作及“突出人民主体性”的工作要求直接落实到了最基层。

### （三）落实经费、扶持奖励，把“以人民为主体”工作要求与公共财政保障投入和扶持奖励结合起来

长沙市政府要求各级各类公益性文化设施、公益性文化事业单位，都要深入基层社区、农村，深入调研人民群众的实际文化需求，因地制宜地设计好“群众主体性”在公益性文化场地设施、基本公共文化服务、公共文化活动中得以实

现的渠道、路径和方法。公共财力除了测算和安排好常规保障的范围、内容、产品、项目和活动之外，还特别根据“以人民为主体”实现方式，有针对性地扶持和奖励各类群众文化主体。市文广新局明确要求群艺馆、文化馆、图书馆、博物馆、乡镇街道综合文化站等公共文化服务场地设施在面向群众免费开放过程中，要注重以固定、流动、活动等方式灵活地吸引群众主体参与，尤其是在有文化基础条件的社区和农村，安排好以人民为主体的各项文化活动，既保障好群众的文化享受权和参与权，又实现好群众的文化创作权、创造权、表达权、展示权等文化权益。

### （四）扩大参与、整合力量，把“以人民为主体”与引导和鼓励各种社会力量参与文化建设结合起来

长沙市民营经济发达，社会比较富裕，一方面，众多民营企业和个人有能力参与、创办各项公益性文化活动和实体；另一方面，长沙人文底蕴深厚，民营企业、民间力量有反哺社会传统，参与社会公益文化的积极性较高。长沙市文广新局因势利导，把引导和鼓励各种社会力量参与公益性文化活动作为体现和突出“群众主体性”重要渠道，研究制定政府与企业、与社区共建公共文化服务体系的长效机制，鼓励和支持企业和个人参与公益性文化活动，鼓励和支持企业提高企业内部文化设施水平、配备文化管理人员、组建文艺团队、通过自办文化满足职工群众基本文化需求，鼓励和支持企业和个人以捐赠、赞助、协办、创办等方式参与各项公益性文化活动。

### （五）结合实际、勇于创新，把“以人民为主体”作为深化文化体制机制创新和制度建设的工作重心

以人民为主体、突出群众的主体性，在整个公共文化服务体系建设中牵涉到一系列关系的调整，需要在原有文化体制机制上进行突破和创新。长沙市紧密结合国家公共文化服务体系示范区创建实际，精心设计、积极探索、勇于创新、提炼经验、形成制度，在围绕突出“群众主体性”深化文化体制机制创新和制度建设方面，长沙市文广新局着力处理好3对关系：一是处理好“政府主导”与“群众主体”关系，政府重在规划引领、政策指导、财政保障、运行监督和绩效评估，实际运行中处处体现以人民为主体，让群众走向前台、成为主角。二是处理好“公益单位”与“群众团队”的关系，公益性文化事业单位除了提供常规性场地设施基本公共文化服务之外，重在发挥指导、培训、帮助、扶持群众文化骨

干和团队建设，注重提升基层群众自娱自乐、自我服务的文化能力，基层文化主要以人民为主体建设和运行。三是处理好“产品配送”与“文化交流”的关系，自上而下的“配送”在一定时期十分必要，可以一定程度缓解基层群众对文化产品和服务的迫切需求，但长期大规模的自上而下“产品配送”，有可能对富有生趣的“草根”形成冲击，有可能取代基层群众的自我发展。因而，长沙市把“群众主体性”作为“产品配送”的前提，根据群众需求以菜单方式进行辅助式“配送”，而将工作重点放在来自基层、出自群众、走向群众的“文化走亲”方面。

### （六）聚焦活动、形成体系，以群众文化活动为抓手建成以人民为主体的现代公共文化服务体系

以人为本、以人民群众为主体是中国特色现代公共文化服务体系的重要标志和基本特征，这一重要标志和基本特征体现在公共文化服务设施网络、群众文化活动和公共数字文化服务等现代公共文化服务体系基本构成要件之中，但更为直接地体现在群众文化活动之中。长沙市准确把握群众文化活动这一体现群众主体性的“重头戏”，聚焦形式多样、丰富生动的群众文化活动开展，持续推进群众主体性文化活动的体系化建设，以“体系”增强“能力”、形成“规范”、扩大“规模”。群众主体性文化活动的“体系化”架构主要表现在以下几个方面：一是政府主导。政府通过编制规划、制定政策、财政保障、指导运行、监督评估等手段，从宏观角度引导群众主体性文化活动健康蓬勃开展。二是群众主体。基层群众文化骨干、基层文化能人、群众文艺积极分子、群众文艺团队、热心公益文化的企业和个人以及其他群众文艺爱好者，都能成为长沙公共文化服务体系建设、公益性文化活动的群众主体。三是公益性文化事业单位的指导和支持。长沙市文、图、博、工、青、妇、科、教，凡与群众文化活动相关的各类公益性文化事业单位，均承担起指导、培训、支持基层群众文化活动的职能。四是群众文化活动的样式多样化。长沙群众文化样式广泛覆盖到文学、戏曲、舞蹈、音乐、绘画、书法、摄影、小品、曲艺、健身、民间工艺等各个方面，形成无门槛、分众式、全民化发展态势。五是群众文化活动呈现出时空、规模和群体全覆盖趋势。时间上，从年头到年末，特定时段、传统节庆、周期活动已基本达到“全年候”水平；空间上，从城市到乡村，每个乡镇各个村社区都形成各具特色的群众文化活动；在规模上，有代表城市文化传统和特色的大型城市文化节庆，有各乡镇特色群众文化活动，有社区、村特色文化品牌，还有企业或农民自办的文化节；群体上，从中老年到青少年，从本地群众到外来务工人员，从企业家到道地农民，

各类群众均已囊括体系之中。六是群众文化活动运行方式多元化。有市县合作，有政企协同；有群众自办，有异地交流；有地区汇演，有公开竞赛；有资金支持，有平台支撑。七是形成了可靠的制度保障。已发布或将发布的政策制度包括：政府公共财力支持公益性群众文化活动的财政政策制度，政府引导和鼓励社会力量参与公益性群众文化活动的经济政策和奖励制度，鼓励和督促公益性文化事业单位加强对群众文化活动指导和支持的激励制度，加强群众文艺人才和群众文化团队建设的制度，大型群众文化活动绩效评估制度等。正是这些围绕“群众主体”的政策、制度、主体、内容、形式、资源、品牌等要素有机连接，长效运行，构成了长沙市完整的群众文化活动体系。

## 三、构建长沙市群众文化活动长效机制

多年来，按照“向群众要文化、扶群众办文化、助群众演文化、让群众享文化”的要求，长沙市加大投入、整合资源、推动群众文化活动不断繁荣，丰富了广大人民群众的文化生活，一定程度上满足了人们的精神文化需求。但是，从群众文化活动长期可持续发展的角度审视，原有群众文化活动的方式存在一些亟待解决的矛盾和问题，如：政府对群众文化活动的态度不明确，影响到群众以及社会力量参与的积极性；公共财力对群众文化活动缺乏常态保障，导致引导、鼓励和支持群众开展文化活动的政策不落地、扶持缺乏必要手段；与不断提升群众文化活动的层次和水平直接相关的人才队伍建设十分薄弱，缺乏专业力量的有效支撑等。围绕解决这些面临的突出矛盾和问题，长沙借国家公共文化服务体系示范区创建的契机，改革体制、创新机制、制定政策、完善制度，在示范区创建的高起点上，形成符合长沙公共文化服务实际的“群文湘军”长沙模式，为全省乃至全国提供示范和借鉴。长沙市群众文化活动长效机制建设主要表现在以下方面：

### （一）完善政府主导、政策推动的“顶层设计”

群众文化活动是公共文化服务体系建设的重要内容，是中国特色社会主义基层文化建设的重要方式和载体，其公益性、民间性、自发性特征十分突出，政府在开展群众文化活动中要做的并不是指手画脚、包办代替、亲力亲为，而是要为群众文化活动的组织开展提供规划指导、政策指引、环境营造、氛围烘托和规范管理，努力推动群众文化活动科学有序、繁荣发展。在这些方面，长沙市的长效

机制建设表现在：

1. 树立“以人民为主体”的新型文化发展理念。随着经济社会快速发展，人民群众的精神文化需求日趋多元化、个性化、普遍化，这对群众文化活动的基本定位、内容形式、载体渠道提出了新的更高要求。长沙市各级党委政府、文化部门紧密结合深化改革、扩大开放条件下群众文化活动多元化、个性化、社会化的特点，牢固树立“以人民为主体”的科学发展观念，加强专业化、规范化、系统化、品牌化建设，提高科学化、体系化、制度化发展水平。在体制机制、组织管理、运作方式、人才培养、服务创新、政策引导等各方面进行探索和实践，以科学发展观指导下的以人为本的新型文化发展理念，统领和带动群众文化活动创新发展。除此之外，长沙市高度重视新的时代背景中群众文化活动多元化趋势的特点，积极探索群众文化活动的理论建设和制度设计研究，力求掌握群众文化活动开展的特征和规律，在群众文化工作的新实践中发现新问题、研究新课题、探索新方法、形成新经验，努力建立来自实践、指导实践、不断创新的群众文化活动理论体系。

2. 成立长沙市群众文化活动工作委员会。群众文化活动的组织开展是一项复杂的系统工程，需要解决和处理的问题很多、需要处理的关系也很复杂，具体工作的开展需要统一认识、统一指令、统一步骤、统一规则，需要各级人民政府、相关职能部门、人民群众以及社会各界人士齐心协力、共同参与、倾力配合。因此，建立市级群众文化活动工作委员会十分必要，同时各区县（市）、乡镇（街道）、村（社区）也应建立相应领导机构，理顺并稳定全市群众文化活动组织开展的工作机制，各级群众文化活动工作委员会统一制定辖区内群众文化活动发展规划，统一安排部署群众文化活动和培训计划，建立健全政府部门和社会力量对于群众文化活动的支持机制，建立合理开发利用有利于群众文化活动的各种资源的协同机制。

3. 健全群众文化活动考核制度。政府是群众文化活动的倡导者、引导者和支持者，群众是文化活动的创造者、参与者和受益者。群众文化活动开展质量好与坏、规模大与小、效益高与低，与政府部门的认识水平、重视程度密切相关。长沙市以创建国家公共文化服务体系示范区为契机，在充分调研、广泛征求意见的基础上，着力完善对于各级党委政府、文化部门关于组织开展群众文化活动的评估考核机制。明确要求必须按照中央、省文件精神和要求部署，从群众文化活动的场地设施网络建设，群众文化活动专业指导和平台服务，群众文化活动的资金支持、组织支撑、人才培训和技术保障等方面细化、量化指标体系。在此基础上，提高群众文化活动开展情况在各级领导干部科学发展综合考评中的所占权重。

### （二）优化群众文化活动投入机制

群众文化活动要实现可持续发展，稳定充足的资金投入是基础条件。原先群众文化活动的资金投入仍以财政投入为主，资金筹措渠道相对单一，资金投入总量明显不足，即便是实行了重点扶持、以奖代投、培训补助等多种方式的资金投入，但群众文化活动投入的稳定性、增长性仍然未能得到根本改善。为此，长沙市结合示范区创建，采取建立健全公共财政资金投入制度、广泛吸纳各种社会力量参与投入的方式支持群众文化活动发展。

1. 建立健全公共财政资金投入制度。群众文化活动关系百姓生活满意度和幸福指数，是重要的文化民生工程、党和政府的民心工程、国家民族的认同工程、社会建设的和谐工程，是直接关系到中国特色社会主义基层文化建设的十分重要的公益性文化活动。党的十七届六中全会指出，要“把主要公共文化产品和服务项目、公益性文化活动纳入公共财政经常性支出预算。”[①]群众文化活动直接受益对象是人民群众，属于政府公共服务的重要组成部分，责任主体是政府，因而，政府在推动群众文化活动中应担任起主导责任。以往，长沙市已经将公共文化基础设施建设经费纳入到经常性支出预算，但对于各类公益性文化活动、服务项目还尚未纳入经常性支出预算。最近几年，长沙结合示范区创建，综合考虑人民群众对于群众文化活动的实际需求，全市经济社会发展情况和各级公共财政保障能力等因素，将各类公益性文化活动、服务项目一并纳入经常性支出预算，在全国率先实现党的十七届六中全会提出的要求和任务。在将群众文化活动及时纳入公共财政经常性支出预算之后，长沙市进一步明确：按照经济社会发展情况，逐年增加群众文化活动经费支出，将群众文化活动纳入国民经济和社会发展年度计划予以同步发展，将群众文化活动资金和工作经费纳入同级财政预算予以同步增长，建立完善按人均群众文化活动经费拨付专项资金的机制，为公共文化设施的建设、运行、维护和公共文化产品的生产供给提供基本保障，确保公共文化服务满足人们的文化生活需求。

2. 广泛吸纳各种社会力量参与投入。党的十七届六中全会指出，要“采取政府采购、项目补贴、定向资助、贷款贴息、税收减免等政策措施鼓励各类文化

① 中共中央关于深化文化体制改革推动社会主义文化大发展大繁荣若干重大问题的决定，载于《人民日报》，2011年10月26日。

企业参与公共文化服务。”[①]群众文化活动中政府处于主导地位，并不意味着政府要包办代替或分发福利。参与公共文化服务对于社会力量而言，是基本权益的重要表现，是履行社会责任的重点领域，是扩大宣传的良好途径，也是丰富人民群众文化产品和服务生产供给的重要力量。充分借助社会力量，运用社会资金和社会资源，建立开放式的群众文化活动融资渠道，形成多方力量、多方资金参与群众文化活动建设的新格局，对于改进和优化长沙市群众文化活动投入方式和投入效益具有重要意义。长沙市历来具有富而习文、富而助文、富而兴文的优良传统，当今长沙文化产业发展不断壮大、文化市场发育不断成熟，社会主体或市场主体参与公共文化的能力得到显著提升，长沙还拥有众多高等院校和科研机构，具有广阔的“政企联姻”“校地合作”发展文化的空间。

长沙市结合这些特点，根据实际需求，把社会资源同公共文化服务体系建设、特别是群众文化活动的创新发展结合起来，大力开展高雅艺术、群众文化进企业、进校园，也鼓励企业文化、校园文化走出围墙、融入社会，实现文化资源的双向流动、多向带动，使群众得到形式更多样、品种更丰富的文化产品和服务，实现全社会文化资源的大流动、大共享、大发展。与此同时，政府积极研究出台相关举措，为社会组织、企业、个人进入群众文化活动领域提供一些税收、宣传、荣誉等方面的优惠政策，提升社会力量参与群众文化活动的积极性。示范区创建以来，长沙市已有较为成熟的经验可学，如在“舞动星城 歌涌湘江”喜迎党的十八大长沙市百万群众广场舞蹈合唱展演活动中，就成功引进洋河酒业以“梦之蓝”冠名方式提供资金、设备方面的支持与赞助，此举既保证了群众文化活动的顺利举办，赞助企业也借此机会达到了预期的宣传效果，最大的获益者是人民群众得到了丰富的文化产品和服务，取得了多赢的效果。长沙市在认真总结这类引进社会资本、企业参与群众文化活动实践经验的基础上，形成了准入领域、进入要求、预期效益、企业权益、运行规范等相关制度化规范。

### （三）加强群众文化活动团队建设

一个地区群众文化活动的发展离不开3支队伍：一批有经常活动能力的群众文化活动团队；一批精干、高效的群众文化骨干，一批高标准、高水平的群众文化活动专业指导员。因此，加强群众文化活动专业艺术指导、群众文化活动骨干

---

① 中共中央关于深化文化体制改革推动社会主义文化大发展大繁荣若干重大问题的决定，载于《人民日报》，2011年10月26日。

培训和群众文化团队建设至关重要。

1. 加强三支队伍建设。群众文化活动队伍的数量和质量决定了群众文化活动的规模和影响，是加强引导的重点或核心因素。长沙市围绕建设思想素质过硬、业务素质过硬的群众文化队伍，着重打造好3支队伍：一支过硬的业余文化辅导员队伍、一支优秀的文化志愿者队伍、一批合格的业余群众文艺团队。政府从促进群众文化活动持续健康发展、稳定群众文化活动队伍的高度出发，落实乡镇（街道）、社区文化站群众文化活动专干的正式编制问题，适当提高工资待遇，稳定工作队伍，吸引人们乐于从事群众文化工作。同时，建立群众文化活动团队数据资料库，定期收集全市群众文化活动团队信息，对群众文艺团队进行动态跟踪管理，根据每个团队自身情况提出解决提升方案，促进群文团队素质的提升。同时也要发挥基层文化骨干、文化能人的带动作用，鼓励和支持民间协会、业余文艺团队的建设和发展。

2. 提高群众文艺团队的专业素质。长沙市群众文化活动团队中，具有较高水准、专业素养的人才比例偏低，为改善这种状况，长沙市结合示范区创建，从以下工作入手：一是实施文化馆员“走基层”。群众文化活动的直接参与者往往专业化水平不高，而各级文化馆则聚集了大量的专业人才，他们自身具备文化艺术特长，因此，文化部门可以制定工作制度与机制，促使文化馆员走向室外，走进群众，进一步完善分片包干辅导制度，明晰文化馆员责任界限，及时了解群众文化活动团队的发展情况并在群众文艺团队建设、群众文化活动水平提升方面给予专业指导，为群众文化活动团队的建设发展提供便利的上门服务。二是实施文化志愿者“请进来”。群众文化活动团队因为信息不对称或者号召力不强等方面的因素，在争取专业人才指导群文活动方面存在障碍；而社会上一些具有专业水准、爱好文化事业的文化能人、民间高手又往往找不到用武之地。在这种情况下，长沙市各级文化部门根据群众文化活动团队建设的需要牵线搭桥，将社会上具有专业素养、热心公益文化事业的人员以文化志愿者的身份吸纳到基层群众文化建设的队伍中来，集聚社会各界力量，充分发挥他们的才智，让专业人才对团队成员的艺术特长进行有计划、有针对性地开展培训，推动群众文化队伍建设。在这一举措中，市级文化部门专门制定文化志愿者招募、管理办法，促进文化志愿者合理有序开展工作。三是建立群众文艺团队交流机制。长沙市现有登记在册的群众文艺团队1200余支，从业务构成看，既有综合性的业余艺术团也有专业性很强的专业艺术团；就纵向而言，既有市级文艺团队也有社区文艺团队……这些群众文艺团队可以说是覆盖了各个年龄阶层、各种文化活动，而每一个团队都可以说是有所长有所短。针对这种情况，长沙市文化部门出台相应办法，建立不同性质群众文艺团队、不同级别群众文艺团队、不同业务群文团队之间的沟通交流机制，实现群众文艺团队之间的相互学习与借鉴，促进群众文艺团队的队伍建设和业务交流。

3. 发挥基层党组织的核心作用。群众文化活动最大的受益者和实践者是身处基层的广大人民群众，中国共产党是中国先进文化前进方向的代表者，发挥基层党组织在群众文化活动中的核心作用非常必要，这不仅能够促进群众文艺团队发展，更能密切基层党组织与基层群众的联系。长沙科大佳园社区群众文化活动开展非常出色，基层党组织发挥了关键作用，社区以基层党组织为核心，以科大佳园社团联合会为主体，通过强化基础文化设施建设，完善组织规范管理制度，成立了社区艺术团、科技工作者协会、书画协会、摄影协会、体育协会、写作协会等14个协会/团体，并吸引了文化热心人、五老（老干部、老模范、老教师、老战士、老专家）等积极参与群众文化活动，社区文化建设成为凝聚居民、引领居民、服务居民的重要载体。

## （四）扩大群众文化活动的社会认同和社会带动

1. 拓展群众文化活动服务的领域和对象。群众文化活动长效运行的前提条件是不断增进社会认同，不断增强群众文化活动对于社会各类群体的带动作用。新形势下，群众文化活动面临改革与发展的新的挑战与机遇，群众文化活动不能总是拘泥于某一环境或单一方式，必须不断拓宽社会基础、吸纳多元主体、开展生动丰富的活动。长沙市积极利用多种空间、主动吸引多元主体加入，宽容面对目前流行的商业文化和街头文化，鼓励和支持校园文化和企业文化建设，针对性地发展青少年文化和老年文化，逐步使群众文化活动的对象不仅包括社区、农村群众，也包括企业员工、外来务工人员、在校学生、老年人群。某种意义上说，长沙市这一多元人群、多维渠道、多种方式，更能体现群众文化活动的广泛性、普遍性、均等性。唯其如此，群众文化活动才能成为社会主义核心价值体系在基层的有效载体，群众文化活动的发展才能成为具有真正意义上的公共文化服务特征，也才能发挥提高各种社会群体的精神文化素养的基本功能。

2. 加强群众文化活动品牌的影响力。长沙市开展群众文化活动已经有了多年的成功经验，而今示范区创建过程中，长沙提出“打造群文湘军、创造长沙模式、形成全国影响”的目标任务，对于长沙市群众文化工作来说无疑是一个重大发展契机。近年来，长沙市把握机遇、积极作为：一是提高群众文化活动项目质量。尽可能接纳更多的参与者，想方设法提高阵地活动质量、档次，增强文化馆办、站办阵地活动的影响力和辐射力。同时，融思想性、娱乐性、知识性于一体，把内容健康、风格独特、影响较大的社会培训项目纳入活动日程，并随着项目不断革新，活动形式不断提高，使阵地有较强的示范性、导向性、先进性，及时将最新内容、最新形势、最新节目、最新动态传播给群众，发挥引领示范作用。二是推进群众文化活动内容创新。在物质生活日益丰富的今天，信息传播速度比以往更加快捷便利，人们对创新文化的追求和渴望更为强烈。为此，长沙市在开展群众文化活动中，不断创机制、创特色、创品牌，进而做到大胆创新、常演常新。群众文化工作者坚持从实施文化精品的战略角度出发，扎根现实生活，捕捉社会闪光点，拓展创作思路，吸纳本地文化精髓，在弘扬民族精神的基础上，体现先进文化的时代特色，着力以先进文化鼓舞人、教育人、激励人，始终保持群众文化活动的新鲜度。三是拓展文化活动平台。只有搭建好了平台，才有群众文艺团队的表演舞台，才有群众文化人才施展才华的场所，才有群众文化活动工作者展示自己的机会。长沙市文化部门，除了利用传统节假日、重大庆典等开展群众文化活动外，还统筹协调群众文化团体的低成本有偿演出活动，搭建群众文化活动与普通商业演出之间的桥梁。这不仅能最大限度保证群众文艺团队和广大文艺活动爱好者展示才艺的机会，丰富人民群众的业余文化生活，也便于政府主管部门时时掌握文艺队伍的情况，挖掘和培育好的文艺团队和文艺节目。同时也能够为社会主体、市场主体扩大宣传、拉动消费，服务区域经济发展。

# 长沙市生猪屠宰和肉品市场食品安全监管调查报告

长沙市食品安全管理办公室

为抓好长沙市生猪屠宰和猪肉产品监管，进一步防控“白板肉”流入市场，市食安办通过与相关监管部门研讨、组织企业座谈等方式，对我市目前生猪屠宰和肉品市场现状进行了一次全面调查，基本摸清了当前生猪屠宰和肉品市场监管的基本情况、存在的主要问题，并提出了相应的对策和建议。

## 一、长沙市生猪定点屠宰和肉品市场现状

据中国肉类协会近年统计，我国日均每人消费猪肉0.1公斤左右，当前我市城区人口约（包括常住和流动人口）400万，按生猪宰后净重90公斤每头测算，我市城区日需猪肉约4400头。目前，我市通过定点屠宰场供应城区的猪肉日均约2400头（含外来冷鲜猪肉约400头），其余供应城区的猪肉为“白板肉”（即未经检验检疫的私宰肉），按此保守匡算，我市城区“白板肉”占日消费量的1/3左右。

### （一）生猪定点屠宰现状

长沙市现有生猪定点屠宰厂（点）6家，其中A类机械化生猪屠宰厂4个（雨花区红星盛业、宁乡县现代资源、长沙县广联、浏阳市康益，具体宰杀能力和当前日宰量见下表）和小型屠宰点2个（长沙县富饶、望城区梓奕）。城区猪肉主要由雨花区红星盛业、宁乡县现代资源、长沙县广联三个点供应，其他定点屠宰

厂（点）宰杀后的猪肉主要供应所在区域城关镇及周边乡镇。

表　长沙市生猪定点屠宰厂日宰能力和日宰量　单位：头

| 序号 | 厂名 | 日宰能力 | 当前日宰量 |
|---|---|---|---|
| 1 | 雨花区红星盛业 | 5000 | 1500 |
| 2 | 宁乡县现代资源 | 3000 | 70 ~ 1000 |
| 3 | 长沙县广联 | 3000 | 400 ~ 600 |
| 4 | 浏阳市康益 | 3000 | 170 ~ 180 |
| 合 计 | | 14000 | 2770 ~ 2980 |

注：部分宰后猪肉销往外省市，未全部供应长沙市城区市场。

## （二）肉品市场现状

目前，长沙市城区有农贸市场151个（市场内肉食经营户1200余人），1000m$^2$以上超市92个。其中，具有一定规模的猪肉交易市场有3个（红星盛业屠宰厂猪肉交易市场、马王堆蔬菜批发市场、红星生鲜市场），定点屠宰厂宰杀后的猪肉主要通过这3个市场往城区各农贸市场流通。外来冷鲜肉主要供应生鲜超市、宾馆酒店、学校食堂和食品企业，较少流入农贸市场。“白板肉”主要集中在农贸市场，或者在市场、居民小区周边流动交易，尤其是离定点屠宰厂（点）较远的辖区的农贸市场，肉食经营户全部销售“白板肉”或夹带“白板肉”现象普遍存在，或者被直接送往宾馆酒店以及学校、工地、机关企事业食堂等餐饮服务单位。

## （三）政府监管现状

2002年9月，长沙市设立屠宰管理办公室，为商务局的二级机构，办公室下设执法队，具体负责私屠滥宰和“白板肉”经营使用等违法行为的查处工作，执法队由工商、畜牧、商务、公安等部门抽调人员组成，工商部门为主负责。2008年9月以前，在屠宰环节，工商部门按7.9元/头每年收取了480万左右的市场管理费，市区配套人员160余人（含临聘的协管人员）、车辆50台，当时的生猪屠宰监管和肉品市场日常巡查，执法队伍强大，经费充足。2008年9月，财政部、国家发改委、工商总局三部委联合发文决定停收工商两费（个体管理费、市场管理费），工商部门实行财政全额拨款后执法人员撤出执法队，市场管理改驻场制为巡查制，市场协管员也被清退，流通领域肉类管理随之松懈。

## 二、存在的主要问题

### （一）私屠滥宰现象突出

从摸底调查情况来看，长沙市城区私屠滥宰点主要集中在城乡接合部、城中村等区域，城乡接合部、城中村以开福区鸭子铺区域（属于拆迁安置过渡地区）、雨花区黎托侯照区域（此地因有殡仪馆而影响其他开发业务）、岳麓区观沙岭、含浦等区域的私屠滥宰窝点较为集中，大型农贸市场以马王堆市场周边的马王堆街道所辖区域及周边私屠滥宰窝点较多，窝点主要是由市场肉食经营户联合设立，以外来的邵阳和益阳籍人员居多，聘专人宰杀，私宰时间为晚上10点至次日凌晨3点左右，与正规生猪屠宰企业基本同步。

### （二）私宰肉利润空间更大

据调查，目前活猪的价格一般为15元/公斤左右，宰后猪肉批发价格一般为20/公斤，市场猪肉零售价格当前约为25/公斤。以私宰1头100公斤重的毛猪为例，进价成本为1500元，按照出肉率80%计算，可以产出猪肉80公斤，全部销售所得为2000元，刨除成本，可获利500元。对比从定点屠宰厂进购宰后肉，80公斤猪肉在刨除成本1600元后，销售获利为400元，比私宰肉少了100元的利润，加上猪副产品的附加价值，甚至一些黑心商贩进购低价的病死猪、康复猪私宰，私宰1头生猪比直接从批发市场进购宰后猪肉经济效益更可观。

### （三）私宰肉更迎合市场

定点屠宰厂因工作制度，宰杀工艺流程、时间等原因，往往会使肉品外观感不佳，影响肉食经营户的销售。部分群众还存在消费误区，认为有些私屠滥宰的“白板肉”颜色和口感要好于定点屠宰企业的猪肉，而选择购买“白板肉”食用，肉食经营户为了迎合这种消费需求，也受利益的驱动，便从私宰户处购进“白板肉”或自宰猪肉来销售。

### （四）肉类经营进货不畅

长沙市4家A类生猪定点屠宰厂和2家小型屠宰点均远离主城区或者设立在县域，开福区、岳麓区等区域无定点屠宰厂（点），越远离定点屠宰厂（点）或肉类批发点的肉食经营户的进货运输成本越高，路途占用时间也长，为降低运输成本，缩短时间，这些肉食经营户往往从距离较近的私宰户处购进“白板肉”或自宰猪肉销售。

### （五）执法打击难度大

在2013年5月最高人民法院、最高人民检察院《关于办理危害食品安全刑事犯罪案件适用法律若干问题的解释》前，对私设生猪屠宰厂（场）、非法从事生猪屠宰经营活动无法律依据追究刑事责任。另一方面，私宰户为降低场地租赁成本、逃避执法打击，往往选择在非常偏僻的地方设立窝点，隐蔽性强，人员大都为非本地籍人员，流动性很大，执法打击时，往往只能关停、取缔私宰窝点，而私宰人员往往逃逸，换个地方重操旧业，死灰复燃。

### （六）屠宰和肉品市场管理履职不够

一是地方属地管理欠担当。由于打击私屠滥宰和“白板肉”未纳入绩效考核，导致地方政府对此项工作重视程度不够，责任欠担当，特别是街道（乡镇）常对私屠滥宰和经营“白板肉”是见怪不怪，强调客观原因多，求稳怕乱。二是部门监管执法欠作为。在打击私屠滥宰和查处经营“白板肉”的执法过程中，经常出现一些对抗局面，甚至暴力抗法，监管打击存在畏难情绪。市场监管方面，自2008年9月取消相关部门收费后，工商部门改驻场制管理为巡查制管理，管理力量明显减弱，管理以核查证照办理、索证索票资料等形式监管上，对“白板肉”疏于防控。三是市场主体管理欠主动。市场管理方在肉品市场管理方面以证照等资质管理为主，对经营“白板肉”等违法行为普遍没有建立退出机制，对经营户约束性不强，缺乏强有力的处置措施。

## 三、对策建议

针对长沙市目前生猪屠宰和肉品市场现状和管理上存在的问题，我们认为，按照“惩防并举、疏堵结合”的原则，一手抓私屠滥宰的严厉打击，进一步规范我市生猪定点屠宰和肉品市场管理，一手抓肉品质量和市场配套，进一步优化肉品供应链条，确保市民吃上“放心肉”。

## （一）建立健全机构

鉴于目前屠宰和肉品市场多头管理，没有牵头部门，协调不够，协作不多，打击不力，加之生猪屠宰管理和食品监管职能职责即将调整，建议在全市机构改革调整到位之前，由市食安办牵头，市公安局配合，成立肉品质量安全综合治理办公室，市商务局、市畜牧局、市工商局分别明确2名执法人员参与，着重强化生猪屠宰和肉品市场治理的综合协调、联动协作、督查督办和违法行为打击。肉品质量安全综合治理办公室以市公安局治安支队食安大队为主体，招聘10名协管员、5名辅警（待遇参照交管辅警执行），成立打击生猪私屠滥宰刑事犯罪的专门队伍，每年从市财政安排专项资金150万元到市食安办，作为肉品质量安全综合治理工作经费。

## （二）督促监管履职

目前在长沙市机构改革、职能调整期间，生猪私屠滥宰和“白板肉”的问题尤为突出，当前应主抓地方和部门监管效能的提升，确保专项治理成效，确保食品药品监管体制改革期间工作不乱、成效不减。一是纳入绩效考核。建议市绩效办将打击私屠滥宰和“白板肉”纳入对区县（市）和市相关职能部门年度绩效考核内容，充分调动监管的积极性、主动性。二是开展履职监察。纪检监察部门加强对部门履职情况的跟踪和督查，加大对不履职、不作为的处理力度，严肃查处或督办相关责任部门及责任人在生猪定点屠宰和肉品市场监管中的失职、渎职等行为，强化主动作为，督促积极主动履职。

## （三）加大经费支持

肉品市场点多、面广，监管力量和工作经费确实相对不足。建议由工商部门牵头，建立全市猪肉批发市场、农贸市场肉品巡查的专人队伍。由各区县（市）食安办牵头组织调查摸底，区县（市）政府财政根据食安办核实的基层工商所所收取的“定点屠宰随附同行联”确认的屠宰量数据，按屠宰量给予基层工商所5元/头经费支持（马王堆市场肉类管理纳入芙蓉区范围），作为聘请临时工作人员、加班补贴等工作费用。

## （四）开展专项治理

切实解决现阶段长沙市生猪屠宰和肉品市场存在的突出问题，部署开展“全市打击生猪私屠滥宰和白板肉百日专项行动”（具体工作计划见附件1）。一是全面清除生猪私屠滥宰窝点。由区县（市）人民政府牵头，组织属地街道（乡镇）及食安、商务、工商、公安等职能部门集中查处，全面关停取缔生猪私宰窝点，对私宰者由公安机关依法追究刑事责任。二是全面清缴“白板肉”。由工商部门牵头，对集贸市场销售的“白板肉”进行收缴，对“白板肉”经营者实施严厉处罚，并要求市场管理方让其退出市场。三是严处采购“白板肉”。由卫生部门牵头，凡是发现宾馆、酒店、餐馆、各类食堂等餐饮服务单位采购使用“白板肉”的，一律顶格处罚，并向社会进行公示，形成强力震慑。

### （五）强化宣传教育

建议以市政府名义发布长沙市加强生猪屠宰管理和肉品市场监管的通告（见附件），教育肉类经营者、餐饮服务单位等不销售、不使用“白板肉”，引导广大市民不购买、不消费“白板肉”。各地各部门大力普及肉品消费知识，向广大市民介绍“白板肉”可能存在的隐患和对健康的危害，告诉消费者如何简单易行的鉴别正规定点屠宰肉和“白板肉”，提高消费者的安全消费意识和问题防范能力，拒绝“白板肉”，让“白板肉”没有生存的土壤和空间。

### （六）优化市场服务

一是确保肉食经营进货便捷。建议通过鼓励生猪定点屠宰企业以完善产业链条的方式，在河西岳麓区和河东开福区选点设立生猪产品配送点，弥补当前离定点屠宰厂肉食经营户进货渠道不畅的问题。二是确保肉品质量。由商务部门督促、指导屠宰企业适应市场需要和本地市民消费习惯，改善屠宰工艺，调整宰杀时间，提高出肉率和肉品品质，改变当前白板肉比正规定点屠宰厂宰杀后的猪肉好卖、老百姓愿意买的“劣币驱赶良币”的现象。

**课题组负责人：**黄吉邦
**课 题 组 成 员：**毕则勇　罗曙光　戴理文　谭伏兵

# 推进两型教育科学发展

## ——关于长沙市两型教育推进情况的调研报告

长沙市教育局

两型教育是两型城市建设的基础工程、先导工作。为了加强两型教育，加快推进两型引领之市建设，2014年长沙市教育局联合市两型办及市政府研究室深入10个区县（市），进行了为期2个月的调研。现将调研情况报告如下。

## 一、长沙市两型教育取得明显成效

2009年以来，长沙市教育局根据中共长沙市委、市政府关于建设两型社会的部署，以两型学校创建为抓手，推动两型教育在各级各类学校开展。历时五年的两型教育深入人心，成效显著。现已成功创建省两型示范单位（学校）1所、省两型示范创建单位（学校）9所、省生态文明示范校6所、市两型示范学校63所、市两型示范学校创建先进单位39所。

### （一）两型教育机制日益健全

以建立健全两型教育体制机制为重点，促进两型教育的专业化、项目化和长效化。

一是创建制度的体系化。市教育局会同市两型办、市环保、市能源等相关部门研究制定了《长沙教育系统两型社会建设工作思路》《长沙市两型学校创建工作方案》《长沙市两型示范学校认定细则（试行）》等系列创建文件，内容涵盖学校管理、教育教学、学生实践、教育科研、文化建设等方面，两型教育的制度体系不断完善。

二是组织机构专业化。市教育局与市两型办等职能部门建立了两型教育常态联系机制。两型示范学校的指导、推选、考核、认定工作，由市教育局牵头，与市两型办、市环保局、市能源局、市住建委、团市委、市园林局等7家单位共同组织实施。

三是联动创建系统化。将创建两型示范学校纳入各区县（市）教育局年度绩效考核体系，各区每年创建一批区级两型示范学校，择优申报市两型示范学校。省级两型示范学校以及省生态文明示范校等省级及以上的推选申报都在市两型示范学校中遴选。省、市、县（区）三级联动，学校两型教育在逐级创建中不断提升。

四是创建管理动态化。2014年起，对已创建满三年的市级两型示范学校进行市级复核，复评合格的学校继续保留两型示范学校称号，复评不合格的学校则取消称号，确保市级示范学校两型教育的持续性和发展性。

五是资金投入制度化。市教育局在教育费附加中安排专项经费列支，支持两型示范学校建设，按照创建1所市级两型示范学校安排建设经费10万元、两型创建先进单位建设经费5万元拨付，五年来累计投入资金800余万元。

## （二）两型教育形式多样

以节能节水、清洁能源、教材循环、环保、绿化、两型教学、体验教育、公益等两型“八进”校园为统领，两型教育渗透到了学校建设、管理、教育教学的各个层面。

一是两型建设日益增多。在新建学校的规划建设中充分引入两型理念成为各区县（市）教育局和各基层学校的共识，在宏观上对硬件资源实现合理配置，有效利用土地及空间等。微观上在新校建设及旧校提质改造普遍使用节能环保产品，如节水装置、LED灯具、智能开关、燃气灶具、空气能热水系统、太阳能装置等。多所两型创建学校通过对能源消耗进行统计，学校改造后水、电、气等人均耗费量明显减少。突出环境友好主题，校园环境布置讲究美观、和谐、节约，空间不变，学校绿化面积不断增加，校园苗木种类不断丰富。鼓励师生家长积极参与，为美化校园献计献策；开展班级绿植养护活动；注重学校公共区域的布置，达到环境育人的目的。

二是两型管理日益普及。岗位能耗责任制度逐步建立，根据两型示范学校创建标准，在学校内部建立了自律与他律相结合的能源制度。学校信息化办公逐步普及，通过信息资源库及多种联系平台实现教师之间的授课、作业等资源共享，进行便捷的宣传及联系。学校班级间进行能源消耗的评比和检查。

三是两型素养日益提升。通过多样化手段进行两型知识宣传，资源节约、环境友好主题的标语在校园随处可见。学习垃圾分类知识，并在校园及家庭实践垃圾基本分类。提高对废旧物品的利用率，进行物物交换、循环利用。通过班队活动、志愿活动等爱绿护绿、环境清洁。优化餐桌管理，使“光盘”行动成为普遍共识。

四是两型教学日益加强。将两型与学科教学、学生德育等有机结合起来。在学科内容中融入两型理念，起到潜移默化作用；根据兴趣爱好，组织学生进行手工制作、废物利用、跳蚤市场、科技创造以及环境监测、调查研究等活动，实现两型教育的拓展；结合节日、学校各类大型活动周开展两型主题活动，实践两型科技、环保、人文等。

五是两型研究日益深化。由市教育局领导，市教科院承担的《两型社会知识读本》教育读本编制印发，全14册读本系统、科学、全面解读两型社会建设，全市中小学生免费人手一册。基层学校积极编写两型校本教材，加强了对两型的调研研究及论文撰写，两型主题课题逐步增多。

### （三）两型教育氛围不断浓厚

一是两型学校创建更加积极。通过近五年的推动，各区县（市）教育局层面都建立了专门的领导小组，并有专门处室负责具体工作。逐步建立了区县（市）级两型示范学校建设体系，各基层学校要求申报两型示范学校创建数量逐年增多。

二是两型教育影响不断增强。各级各类学校关于两型的报道逐步见诸报端和媒体。师生与两型相关的科技发明等作品也屡获国际、国家级大奖。实践和研究拓展到社会层面，还有相关调研报告为政府决策提供了很好的参考。市教育局和市两型办联合组织拍摄了《型塑未来》——长沙教育两型社会暨两型示范学校创建工作纪实片，在湖南教育电视台进行首播后，得到了广泛关注和好评。

三是两型教育合力日益增大。通过亲子活动、家校通等多种联系，鼓励家庭积极参与学校两型教育。学校走进社区、走进企业、走上舞台，以多种形式开展两型活动。通过报刊、媒体、网络等渠道，主动宣传学校两型教育相关情况。通过学生与家长、学校与社区互动，更多的人认识了两型建设的重要意义，掌握了相关知识，理解并支持学校两型教育开展，并乐于亲自参与实践，达到了“一个学生带动一个家庭、一所学校影响一个社区（乡镇）”的社会效果。

### （四）两型教育内涵不断拓展

通过近五年的不断摸索和探究，全市广大师生更好地理解和把握了两型教育的本质和规律。

一是两型教育的认识更加深刻。对资源节约的理解更加宏观，节约并不仅仅止于水、电、油、气、纸张等有形物体，还需要拓宽到空间、人力等领域。突破了对环境友好的认识局限，从人与自然的友好认识上升到人与自然、人与人之间的友好，更加注重人际和谐氛围的营造。

二是两型教育的定位更加科学。认识到两型教育是一项长期的工作，不可一蹴而就，把两型落脚到生活方式上来，最终目的是为了培养学生健康文明行为习惯，客观认识人类生存所面临的环境，并培养学生积极改造环境的态度，具备一定的改造环境的能力。

三是两型教育方式更加生动活泼。从简单的知识说教宣传，深化到实践、参与、制作、改造及发明等，将两型教育与学校传统项目有机结合起来，让两型教育的载体更有生命力。在两型创建过程中，所呈现的“立体绿化”“开心农场”“无烟校园”“水写书苑”“环保漆器”“根雕艺术”“无土栽培”“绿色书吧”“物候学研究”“让每一堵墙会说话”“快乐智多星营地”等特色精彩纷呈。

## 二、两型教育推进面临的困难和问题

长沙两型教育取得了长足进步，但要全面推进两型教育，使两型教育成为每一所学校常规，还需要很长一段时间的努力。

### （一）两型教育发展不均衡

一是领导重视程度不一。学校领导对开展两型教育的认识对于学校工作的开展具有很大影响.学校领导高度重视的，学校的两型制度、教育教学、学生实践等活动均开展较好。反之，学校的两型教育工作力度不大。

二是硬件条件受限制。全市各级各类学校办学条件不一，部分老旧学校硬件无法达到两型标准，在过分强调硬件建设的思想束缚下，相当部分学校失去了创建两型示范学校的动力和目标，放弃了人对环境的改善，同时也没有充分认识到，教育的最终效果是通过人来体现，忽视了学校的软件建设对于学生的作用。

三是创建实践有偏差。存在为创建示范学校而创建现象，把两型教育当作额外工作，机械地对照建设标准和评定细则开展相应工作，变成了一项专门的工作内容，增加了学校及师生负担。同时，过分重视资源节约，忽视环境友好也是一种需要注意的现象。片面理解两型内涵，把“节约”“少用”，甚至“不用”等同于两型工作，把克制正当的能源消耗作为目标追求。

## （二）两型教育的广度和深度不够

一是两型示范学校的覆盖面不广。目前为止，全市两型示范学校63所（含省两型示范及省两型示范创建学校），比例还未及全市中小学校的5%，幼儿园几乎未参与进来，大量民办学校积极性尚未被调动。

二是中学以上的两型教育须加强。现有的市两型示范学校中，小学达到33所，一方面与全市小学基数大、占比高有关，但是同时反映的一个问题是，小学的两型教育有抓手，且取得了较好的效果，初高中、职业学校、大学的两型教育的整体水平需要进一步提升。中学以上受应试教育影响，整体积极性不是很高。

三是学校专业力量薄弱。学校推动两型教育工作，需要科学的指导体系，需要丰富的资源和教育教学素材，还需要正确理解两型的教职工人员。现阶段工作开展的现状，除了已有的政策性指导性文件和教材读本，缺乏广泛的两型资源基础，对于课堂教学的效果没有评价标准。对于从事两型教育的相关人员，也没有相应的辅导和培训，教育的效果依赖于个人的两型素养。

## （三）两型教育的资金紧缺

一是学校无经费支出。学校添置新设施设备或对原有老旧设施的改造需要资金支持，所需费用只能从学校整体运转费用中统筹，学校是无经济收入单位，经费压力大。特别是农村学校，校舍尤为老旧，所需经费开支大。

二是教育专项经费能力有限。政府财政无专项投入，市教育局为了支持两型教育及创建工作推进，在教育费附加中每年安排了200余万元用于支持两型创建校建设，相对于全市中小学校，经费极为微薄。限制了每年申报校的数量和最后创建校认定的数量。绝大部分区县（市）教育行政部门还不能实现建设支持经费的配套。

三是其他渠道的经费支持少。除教育部门外，政府其他职能部门对特定工作也有建设经费，但是由于沟通及信息不畅等多方面原因，学校所争取到来自其他部门的支持经费非常有限。

### （四）学校教育与社会环境不能有效对接

一是学校两型教育领先于家庭和社会。“小手牵大手难，大手拉小手易。”家庭的氛围、家长的行为习性对于学生的情感态度、价值取向影响深刻。学校对学生进行高水平高质量的两型教育，由于家庭、社会成员的认知水平、素质千差万别，部分学生回归到家庭和社会，教育效果出现“5+2=0”现象。

二是社会合作还有待进一步加强。两型教育是系统工程，学校教育是其中重要一环，需要和很多部门的工作一起协同起来。目前校园内的很多两型理想、理念等缺乏社会现实基础支撑。比如，垃圾分类、严重污染物品的处置以及教材循环等等环保行动只能停留在校园内，学校处理好的分类垃圾，已经处置的严重污染物品在出了校门之后就失去了相应的社会“出口”配套机构。

三是学生课外两型实践基地缺乏。相关部门之间还未形成有效合力，与生活深切相关的水文、环保、气候、垃圾处置、消防等相关机构，以及环保科技类企业等两型教育场所不能向学校和社会广泛开放。

## 三、加快推进长沙两型教育的对策建议

市委全会旗帜鲜明的提出建设“两型引领之市”，把两型社会建设提到了城市建设与发展的战略高度。长沙市在校中小学学生100多万，加强两型教育势在必行、迫在眉睫。

### （一）进一步加强政府统筹

一是整合政府部门资源。建议市政府加强对各部门的协调领导，进一步加强政府统筹，建立由市领导组织的工作联席会议，增强各个部门之间的联系和沟通，解决相关问题，推动各个类别的两型建设工作齐头并进。完善长沙市两型社会建设顶层设计，形成具有长沙特色的理论和实践指导体系，把各个部门思想与市委市政府建设目标统一起来，使工作推进更加具有方向性。

二是加快两型相关建设配套。深入开展两型社会建设知识宣传，提高社会对两型知识、两型建设的知晓率。加快实现市政的两型建设配套，逐步提高城市两型基础设施建设。建立学生户外两型教育实践基地，通过市委市政府推动，在水

文、气象、垃圾处置、生态循环等多个领域建立学生户外两型教育实践窗口，为学生提供参观场所，可以对学生及其家长开放，宣传讲解相关知识，演示基本原理。

三是加大财政投入力度。设立学校两型建设专项经费，把两型教育专项经费列入各区县（市）财政体系，或由市政府拨付部分经费，各区县（市）进行配套，保障城乡基层学校两型建设推进有经费支持。支持老旧学校水、电、气、食堂锅炉等设备设施的改造、清洁能源引入校园装置建设以及花卉苗木等绿化项目建设等。对市两型示范单位的建设予以专项资金支持。

## （二）深化两型示范学校创建

一是完善创建体制机制。修订完善示范学校创建方案及其相关细则，争取对小学、中学、大中专学校出台专门指导体系，同时正视城乡学校差距，使市两型示范学校创建更细致，更贴近学校实际，更接“地气”，更有效指导各级各类学校开展两型教育。

二是扩大创建面。调动各级各类学校的创建积极性，逐步把幼儿园、民办学校等纳入创建对象。引导老旧学校基于硬件现实条件，不断提升软件水平。通过持续推进，力争每所学校硬件有所改善，两型教育教学、活动实践、学校管理等工作达到两型要求。

三是提升专业水平。加强对两型教育资源库的建设，在市级层面为各学校提供强大的教学资源支持。对已有的两型知识教育读本继续修订完善，搜集整理来自各个学校的优秀教育教学资源，在全市予以宣传和推广。加强两型教育相关培训，组织相关主管领导、任课教师、大队辅导员等参加培训，提升其教育认识水平和工作水平。

四是加强沟通和交流。通过电子平台，建立市教育局、市两型办等部门与各区县（市）教育局、各示范校之间的联系，增强信息传达能力，实现资源共享。促进区域之间均衡发展，采取主题活动、现场观摩、经验交流等方式，丰富创建载体和创建内容，促进区域之间、校际之间相互学习，提升创建整体理论和实践水平。

## （三）提升两型教育的影响力

一是加大宣传推广。及时总结创建中的好做法、好经验，加大宣传推介力度，充分发挥先进典型的示范带动作用，积极创建省级示范单位。积极向主流媒体推介相关工作，形成长沙经验和长沙特色，争取省及国家相关部门对长沙两型教育工作的支持。

二是加强两型研究。鼓励师生关注社会生活，围绕两型社会建设和两型示范学校创建的实际问题进行调查研究，并形成调研报告或研究论文。强化课题引领，市教科院、区县（市）教研室加强相关课题立项的规划和指导，确保两型课题研究出成果，出影响，出品牌。

三是加快联动步伐。一方面吸收和借鉴国内相关经验，为长沙两型教育开展提供更开阔的思路。另一方面，鼓励各区县（市）加强与相关部门之间联络，鼓励各基层学校主动与周边社区、企业等建立良好关系，为两型教育开展提供更优越的社会环境，为学生实践提供更多体验场所。

# 电梯应急救援体系建设的探索

长沙市质量技术监督局

随着城市快速发展，电梯成为与人民生产生活关联最紧密、数量最多且影响最大的特种设备。2008年以来，长沙市电梯拥有量每年以3000台以上的数量增长，且增长速度越来越快，2012年增长量更是突破了6000台，增加速度位居我国中部城市前列。截至2014年7月底，长沙市注册登记电梯数量为37831台。电梯作为一种特殊产品，一方面主要是乘载人员，使用者就是操作人员，一般未经专门培训，没有电梯操作的相关安全知识和技能；另一方面广泛地应用于各类人员聚集公共场所，一旦发生困人故障，社会影响较大。因此，如何持续保持电梯的安全性能和质量，提高对困人电梯应急救援的能力已成为全社会关心的问题。

## 一、电梯应急救援现状

2013年1月1日国家正式实施的《特种设备安全监察条例》未对电梯困人故障如何处理做出明确要求，仅将电梯困人2小时以上作为一般事故处理，这与实际生活中老百姓所能承受的程度相去甚远。

尽管从技术上来讲，电梯困人是一种对人员、设备安全的保护设计，人被困在电梯轿厢内是较安全的。但如果对故障电梯中被困者救援不及时或施救措施不当，既有可能使被困者受到过度惊吓而发生一些不必要的灾难，也可能使被困者在自行逃生的过程中因方法不当受到不必要的生命损害，目前长沙市电梯的困人救援主要依靠电梯维保单位来实施，也有部分使用单位有救援的能力。但是一些规模较小的维保单位，维保点的布置，人员的配备都不是非常理想，电梯的分布却是四面八方，所以当电梯困人时，不能第一时间赶到现场放人。而电梯安全的监管单位，由于没有第一时间的信息来源，也无法及时掌握信息组织救援。所以在很多情况下，电梯发生困人后最快赶到现场的是承担公共救援任务的消防队员，而消防队员对电梯的救援知识又比较缺乏，曾经多次发生过非电梯专业救援队伍采用暴力手段来解救被困人员，既破坏了电梯设备，又不能保证安全。更有甚之，一些被困人员在救援人员没有第一时间到达的情况下，采取自救，自救的方法很不规范，往往会造成人身伤害。因此，一方面要加强对电梯的安全监督管理，降低电梯故障的发生频率，另一方面，也要面对电梯因故障造成困人甚至因处理不当造成事故发生的现实。

电梯从投入使用起就有可能发生各类机械故障，从我们对电梯日常应急处理监察工作情况看，虽然不能完全杜绝在使用过程中出现困人的现象，但只要救援处置工作及时、有力，市民就不会谈“电梯困人”而色变，从而消除诸多不利影响。广州、杭州、南京等地已建设建成由政府主导的电梯应急救援和安全监控体系，其中杭州通过建立96333应急处置中心实现接到呼救后14.9分钟完成对电梯困人的施救工作，为全国开展电梯救援工作提供了成功的经验。

## 二、长沙市质监局建设电梯应急救援体系的探索

在市委市政府的高度重视和相关部门的鼎力配合支持下，长沙市质量技术监督局从2013年起探索启动了长沙市电梯应急处置服务中心建设工作。建设电梯应急救援系统的目标为实现四个“第一时间”，即第一时间掌握信息、第一时间发出指令、第一时间实施救援、第一时间调查处理。电梯困人信息都汇总到电梯应急救援系统指挥中心，能够第一时间掌握信息，为尽快救援解困打下基础；在掌握困人信息后，如果故障电梯的维保单位没有及时响应，可以由指挥中心第一时间发出指令组织实施救援，保证被困人员在第一时间得到解救。人员解救以后，监管单位对困人原因进行分析，判断是哪个环节出了问题，对责任单位要进行处理。实现这“四个第一”以后，一方面可以及时有效地解救被困人员，双保险保证科学施救，防止施救措施不当造成人员伤亡事故的发生，还能及时对困人原因进行分析，找出电梯困人的共性和个性，加强对电梯维保单位维保质量的监管，有针对性地提高预防电梯故障发生的能力，降低电梯故障发生的频率，另一方面可以监控电梯维保单位是否履行了电梯困人救援的义务。

在电梯应急救援系统中，各方都有明确的职责，电梯的日常维护保养单位，对其维护保养的电梯的安全性能负责；电梯应急救援中心监控确认电梯的日常维

护保养单位救援工作是否到位，如果维保单位没有及时响应，电梯应急救援系统指挥中心将立即调派专业队伍，快速放人；电梯安全监察单位对未能及时救援的电梯维保单位进行处理，并且对困人信息进行汇总；电梯检验机构组建专家队伍，做好技术支撑，并积极开展研究，把先进的科研成果应用到电梯故障预防、系统指挥和安全管理等方面。

目前，长沙市电梯应急处置中心已基本建设完成，并于2014年7月1日投入试运行，全市所有电梯维护保养单位、电梯制造单位及电梯制造单位在长分支机构、电梯检验机构已全部加入电梯应急救援系统，建立了三级应急响应救援队伍，已在全市范围内确定了42个网格救援站点。电梯应急处置系统实现了如果用户被困在电梯里了，没必要关注什么电梯品牌，什么维保单位，甚至什么物业公司，用户只需拨打96366，把轿厢内的电梯编号报给接线工作人员，工作人员就会查找到用户所乘坐电梯的所有信息，呼叫中心马上会统一安排调度对被困用户实行紧急救援。开通试运行以来，一是开展实训合练（响应水平考察）39次，内部训练演练51次，训练96366电梯应急处置中心人员指挥救援的基本能力，建立与网格救援单位的工作联系，熟悉救援实际场景。同时考察网格救援单位响应96366的指挥和指令的水平，摸索应急救援指挥调度经验。二是受理应急报警和投诉咨询业务，试运行期间处置中心工作人员24小时值班，共受理电梯困人报警39起，成功救援38起（一起在救援人员到达现场时被困人员已由消防战士解救），解救被困乘客73人。签约救援单位的3分钟响应率持续保持着较高水平，救援人员在3分钟内响应出动的签约维保单位有22家。救援人员到达现场平均用时21分钟，现场实施救援平均用时6分钟。受理投诉、咨询、建议业务18起，均已妥善处理并回复，取得了良好的效果。

下阶段，长沙市质量技术监督局还将进一步深入群众加大“96366救援热线”的宣传力度，并尽快将电梯轿厢内的警示牌张贴到位。随着电梯应急救援处置中心的稳步运行，长沙市的电梯突发事故处置水平将能得到极大的提升，有了这个电梯应急指挥平台，将为长沙市民安全乘梯提供保障，解决老百姓最迫切的安全需求。通过特种设备应急处置中心数据统计分析，对维保单位的工作评价也有了事实依据，对促进行业工作质量有重大帮助，有利于长沙电梯安全监管工作的良性发展。

**课题组负责人：**陈曙光
**课 题 组 成 员：**耿良安　李雄飞　肖建军　胡湘林　姚景州

# 长沙市少年儿童托管现状调查与思考

长沙市妇女联合会

为深入了解长沙市少年儿童托管行业现状，2014年6～7月，长沙市妇联少年儿童托管课题组在全市范围内就少年儿童托管进行了调研。调研以“个别访谈+问卷”形式开展，共发放、回收调查问卷1064份，有效问卷率为98.5%。在所有调研对象中，男性所占比例达到56.02%，女性所占比例为43.98%。其中，在学生版调查问卷中，小学五年级学生占比27.57%，六年级学生占比21.35%，八年级学生占比0.41%；在家长版调查问卷中，小学生家长占比76.26%，初中生家长占比16.89%，高中生家长占比6.85%。可见，在我市少年儿童托管市场中，小学生市场占据绝对垄断地位，中学生市场所占份额并不高。究其原因，一方面，随着年龄的不断增长以及生活自理能力的不断提高，少年儿童接受托管的需求在逐步下降；另一方面，由于包括宁乡、望城、浏阳等在内的区县（市）许多中学是实行封闭式管理，从客观上制约了中学生托管市场发展。当然，这也不能妄断中学生托管市场需求不存在或没有供给。事实上，长沙市辖区内中学特别是初中学校存在不少老师带学生的隐性托管现象，由于这种类型的托管多是在任课教师的家中进行或者是在任课教师推荐的托管机构进行，且拒绝接受调查，很难获得相关数据，因而我们并不能否认中学生托管市场供求的客观存在。

## 一、长沙市少年儿童托管的现状分析

### （一）托管服务类型

目前，中小学托管机构主要有学校托管、校外辅导机构托管、社区托管、私人托管四种类型，本次调查主要是针对校外托管机构。按服务内容划分，校外托管的服务类型主要包括："中餐+午休""晚餐+学习辅导""中餐+午休+晚餐+作业辅导""周一至周五全托""临时托管"。调查结果显示，学生和家长作为托管服务的需求方在选择托管服务内容上存在一定的差异性。在学生对托管服务方式的选择上，选择"中餐+午休+晚餐+作业辅导"占比33.38%，选择"中餐+午休"的占比22.3%，选择"临时托管"的占比20.68%，选择"晚餐+学习辅导"的占比16.35%，选择"周一至周五全托"的占比7.7%。而在家长对托管服务方式选择上，选择"晚餐+学习辅导"的占比24.02%，选择"中餐+午休"的占比23.62%，选择"临时托管"的占比23.23%，选择"中餐+午休+晚餐+作业辅导"的占比22.44%，选择"周一至周五全托"的占比8.27%。两相比较，可见学生本人与其家长对托管服务内容的选择存在一定的差异性，但总体而言具有一致性，双方都不太愿意选择"周一至周五全托"服务类型。

同时，少数托管机构敏锐地发现了长沙市托管服务市场上学生与家长在托管服务内容选择上的差异性，不断改革创新托管服务内容和形式，开始融入中华优秀传统文化的传承教育，并在某种程度上扮演着家长与学生之间"亲子教育"的桥梁和纽带。比如，岳麓区"凸凸教育"的主营业务是教育培训，但也提供"中餐+午休""晚餐+学习辅导"等类型的托管服务；望城区的晋级教育将教育托管服务作为重要业务之一，可以提供"周一至周五全托""临时托管"等多样化托管服务；浏阳市"慧博园"能提供"中餐+午休+晚餐+作业辅导""临时托管"等托管服务，同时很重视学生的"孝道"文化教育。

### （二）需求分析

长沙市少年儿童托管机构的客观存在，与其托管需求不断涌现息息相关。从学生本人的托管意愿来看，在被问到"是否想去少年儿童托管机构"时，71.14%的学生明确表示不想去，只有28.86%的学生表示想去。如图1所示，在被问到"如果托管中心周六、周日也有服务，您是否愿意去"时，只有12.16%的学生表示非常愿意去，选择"比较愿意"去的学生比例为24.05%，33.11%的学生选择"比较不愿意"去，29.59%的学生明确表示非常不愿意去。既然少年儿童对托管服务的主观选择意愿并非很强烈，那么我市少年儿童托管市场需求为什么还有那么大呢？在针对学生的调查中，当被问到"是否被父母送去过少年儿童托管机构"时，41.88%的学生表示去过，58.12% 的学生表示没有去过，说明尽管许多学生主观上不愿意接受托管服务，但客观上还是被父母送去过托管机构，这说明托管市场需求存在购买欲望与购买能力的不一致性。而在被问到“您希望在托管机构得到课内指导的同时还想得到课外的指导吗”时，超过70%的学生希望在托管机构得到课内指导的同时，还有获得课外指导的意愿，这也从侧面反映我市少年儿童托管市场需求潜力大。

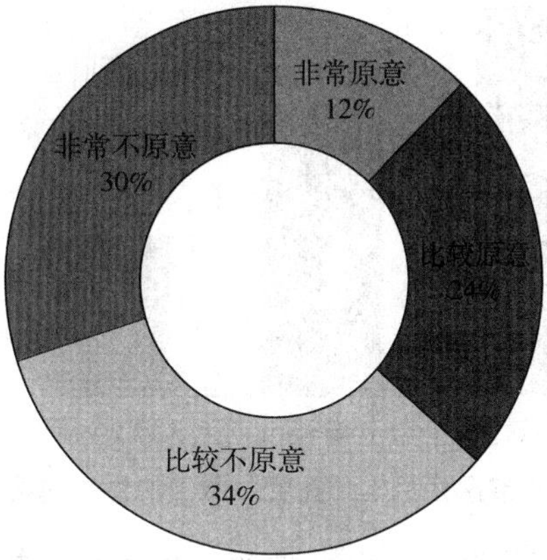


**图1　长沙市少年儿童对于周末接受托管服务的态度**

从对家长的调查中，我们也不难发现长沙市少年儿童托管市场需求的巨大潜力。90.77%的学生家长认为，少年儿童托管机构的存在具有客观必要性。调查中，44.49%的学生家长想过或送过自己孩子去少年儿童托管机构，而且这些家长的亲戚朋友中大部分都送过他们的孩子去托管机构的比例为31.5%，“少部分送了”的占比为46.46%，“几乎不送”的占10.24%，“不清楚”的占11.81%。同时，当被问到“您认为少儿托管机构值得信赖放心吗？”17.72%的学生家长选择“值得信赖”，51.57%的学生家长选择“一般”，22.44%的学生家长选择“不清楚”，只有8.27%的学生家长选择“不值得信赖”。调查数据说明，一方面，学生家长对托管机构以及其相关托管业务并不是非常了解，兴趣也不是很高，但也不反感；另一方面，当自己在小孩上、下学照顾方面很难顾及时，他们之中绝大多数人又会想到并愿意让自己的小孩托管。

## （三）供给分析

在接受调查的托管机构中，将近80%的托管机构的服务对象是小学生，服务对象为初中生的占比11.66%，服务对象为高中生的占比6.67%，服务对象为幼儿园阶段的学前班学生的占比1.67%；从现有学生人数来看，46.67%的托管机构接纳的学生人数为20人以下，36.67%的托管机构接纳的学生人数范围为

20～40人，11.67%的托管机构接纳学生人数范围为40～60人，4.99%的托管机构接纳学生人数为60人以上，从侧面说明我市托管机构不规范，规模化、专业化程度不高。

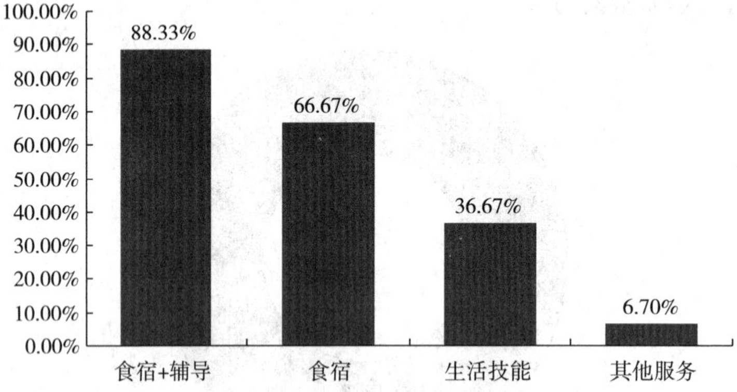


**图2　长沙市托管机构“托管”服务的供给内容（多选）**

在托管服务内容供给方面，如图2所示：许多托管机构在提供基本的学习和功课辅导的同时，还同时给学生提供食宿服务，甚至还可以给中小学生在生活自理等方面提供帮助。在与托管机构负责人的访谈中，我们认识到托管机构的确在很大程度上解决了家长无暇照料和辅导小孩功课的苦恼。一方面，托管机构可以解决家长没有时间照料孩子的问题，从而可以让家长安心地投入到工作中去。由于长沙市各中小学校放学时间一般要比家长下班时间早，特别是各小学，一至二年级学生下午3：30左右放学，三至六年级学生下午4：15左右放学，所以大部分家长在这段时间根本不可能有时间来接孩子，托管机构的出现在很大程度上解决了家长的后顾之忧。另一方面，托管机构还可以帮助家长辅导小孩功课，特别是那些工作特别忙或者是自身没有能力辅导小孩功课的家长。

在托管机构对于自身提供“托管”服务效果的主观评价方面，由图3可见，长沙市少年儿童托管机构所提供的服务契合了大部分学生与家长的需求。在接受访谈的托管机构中，不少托管机构是将托管学生分年级、分年龄组合在一起，并且是以托管学生的时间为主导，有针对性地为托管学生提供灵活性的服务。除了提供基本的食宿和学习辅导服务外，不少托管机构还能够为学生提供各种类型的生活技能服务，教会他们如何掌握各种生活技能，从而养成良好的学习生活习惯。同时，“托管班”过的是一种“集体”生活，在这种集体环境下教育的熏陶，托管学生的独立自主能力、人际交往能力、集体意识、个性发展、兴趣爱好、时间管理能力和情绪控制能力等各个方面都得到了提升。

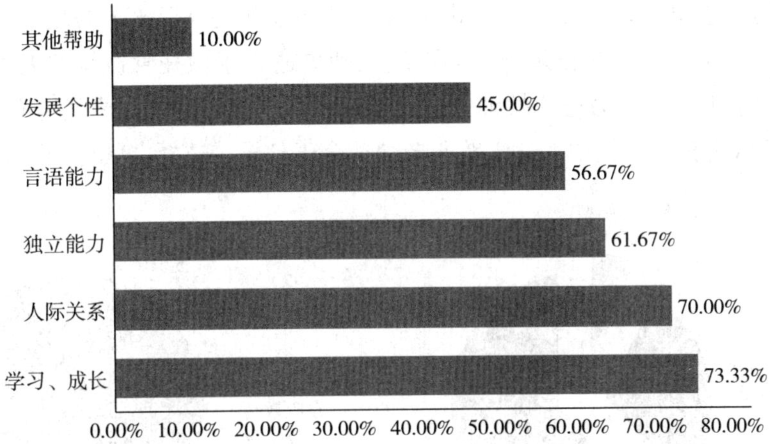


图3　托管机构对于自身提供“托管”服务效果的主观评价（多选）

## （四）供求均衡分析

少年儿童托管市场的供求均衡由市场供求关系决定，其中价格因素至关重要。我市人均月托管费用由托管机构的供给状况以及作为需求方的家长和学生的相互博弈决定，既与家庭月收入相关，也与托管机构数量有关。接受调查的家庭中，约15.22%的月收入在3000元以下，约34.78%的月收入在3000～5000元之间，约33.91%的月收入在5000～8000元之间，约16.09%的月收入在8000元以上。在“愿意接受的月托管费用”中：12%的家长选择200～500元，33%的家长选择500～800元，23%的家长选择800～1000元，15%的家长选择1000～1200元，约17%的家长选择1200元以上。从托管机构实际收取的月托管费用分布情况来看，约33.33%的为200～500元，40%的为500～800元，8.33%的为800～1000元，8.34%的为1000～1200元，10%的为1200元以上。两相比较不难发现，尽管我市少年儿童托管市场需求旺盛，供给也比较充分，市场竞争激烈，但仍存在供求价格不完全匹配的现象，供给价格低于需求价格，说明全市托管机构数量偏多、层次不高，特别是家庭作坊式托管机构所占比例过高，全市托管机构需要进一步规范完善。

## （五）要求与评价

在对托管机构的教师要求方面，如图4所示：62.7%的学生喜欢哥哥姐姐型的老师，28.38%的学生喜欢叔叔阿姨型的老师，只有8.78%的学生喜欢爷爷奶奶型的老师；而家长在帮助小孩选择托管机构时，对托管机构的教师要求较高：

66.14%的学生家长认为专业托管机构的专职教师更适合于孩子的教学与辅导，27.17%的学生家长认为正规中小学在编教师更适合于做托管机构的老师，还有15.75%的学生家长认为退休教师更适合于做托管机构的老师，当然也有5.51%的学生家长认为托管机构中大学生兼职老师适合于孩子，选择“其他的”学生家长

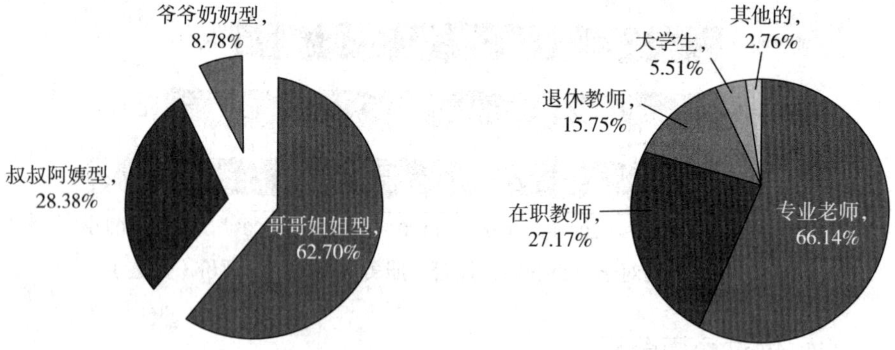


图4　长沙市少年儿童及其家长对托管机构教师类型的各自要求

比例为2.76%。比较分析少年儿童及其家长对托管机构教师类型的要求可得，少年儿童更喜欢跟年轻人打交道，学生家长更希望托管机构能够提供专职教师、在职教师，以便于通过托管机构为自己小孩提供更多的帮助。但总的说来，无论是作为需求方的少年儿童还是学生家长，对托管机构的教师要求都不是特别高，这也可以从托管机构自身是否经常更换教师得到印证。调查数据显示，全市只有25%的托管机构经常更换老师或有新老师加入，但75%的托管机构并不经常更换老师或有新老师到来。

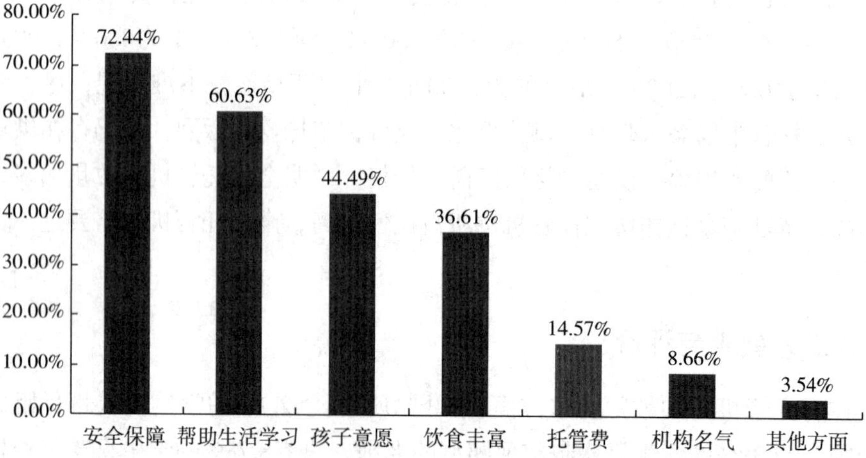


图5　学生家长送孩子去托管机构时最先的考虑与要求（多选）

然而，学生家长是托管服务需求的重要决定力量，他们将小孩送到托管机构除了会考虑小孩自己的意愿之外，还会对托管机构提出更高的要求。那么，在这些诸多要求中，他们会最先考虑哪些方面呢？如图5所示：出乎我们意料的是，考虑托管费用这一因素的关注度只有14.57%，说明托管费用并不是影响家长是否送小孩去托管机构的决定性因素。

同样是托管服务的需求方，尽管学生与家长对托管机构的要求和评价存在一定差异，但他们都认可托管机构在提高学习成绩方面的积极作用。如图6所示，15%的学生认为托管机构对其学习成绩帮助很大，而家长选择“帮助很大”的比例为7.48%；28%的学生认为托管机构对其学习成绩帮助较大，而家长选择“帮助较大”的比例为36.61%；32%的学生选择“帮助较小”，45.28%的家长选择“帮助较小”；也有25%的学生认为托管机构对其学习成绩提升几乎没有帮助，但只有3.15%的家长选择“几乎没有帮助”。两相比较可得：无论是学生还是其家长都认为托管机构对学习成绩的提升或多或少存在帮助作用，这也是家长愿意送小孩去托管机构或小孩愿意接受托管的重要主观原因，尽管45.28%的学生家长认为目前托管机构对小孩成绩提升帮助较小，但他们还是愿意送自己小孩去托管机构，这是由各种主、客观原因综合作用的结果。

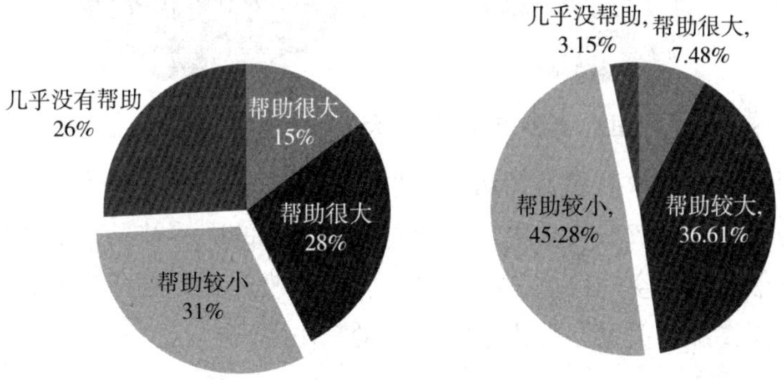


**图6　长沙市少年儿童及其家长对托管机构提升学习成绩效果的主观评价**

## （六）“亲子关系”的折射

调查中，我们不仅发现了托管市场的供需关系，同时也看到了父母与子女之间的“亲子关系”。在“平时大多数时间是由谁照顾”上，如图7所示：学生的回答结果显示，由父母照顾的占78.12%，由（外）祖父母照顾的占9.94%，由保姆或钟点工照顾的占1.48%，选择其他方式的占10.46%；而在问到“一般是由谁来照顾子女”时，家长回答结果显示，由“家里的老人照顾”的占26.92%，由“小孩父母照顾”的占65.77%，由“保姆或钟点工照顾”的占1.54%，由“其他人照顾”的占5.77%。这说明，从托管机构的亲子教育角度来讲，完全可以利用父母与孩子的关系作为一个很好的切入点，多邀请家长参加孩子在托管机构的活动。然而，在小孩上、下学接送（包括来去托管中心）问题上，选择大多时间是由父母接送的学生占全体接受调查学生的比例却仅为43.22%，选择其他接送方式的比例为50.2%，由他人接送的占比为4.16%，由学校接送的比例为2.42%。而对于同一问题，家长的回答显示，“自己亲自接送小孩”的占67.21%，“由学校接送”的占9.31%，“托人代接送”的占4.86%，“其他接送方式”的占18.62%。

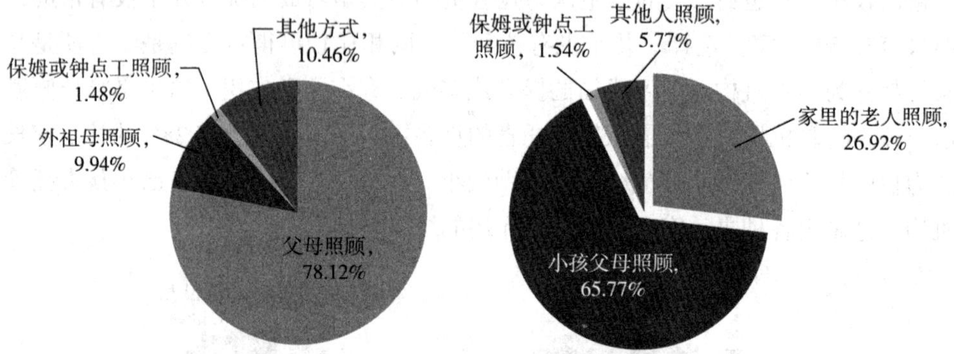


**图7　长沙市少年儿童大多数时间由谁照顾**

说明很多父母并没有亲自接送自己小孩上、下学，这不利于学生与家长“亲子关系”的强化，比较分析学生及家长对类似题目的回答结果，不难看出我市少年儿童托管市场提升空间巨大，托管机构应不断改进和提高托管服务品质，发挥好学生与家长“亲子关系”强化中的“桥梁”作用。

## 二、目前长沙市少年儿童托管存在的问题

### （一）托管机构本身存在的困难与问题

如图8所示，目前长沙市托管机构存在的困难主要包括没有政府部门法律及相关政策的支持导致发展困难，缺乏后续资金，机构众多，竞争压力大，生源短缺，硬件条件跟不上，优秀教师资源稀缺等。

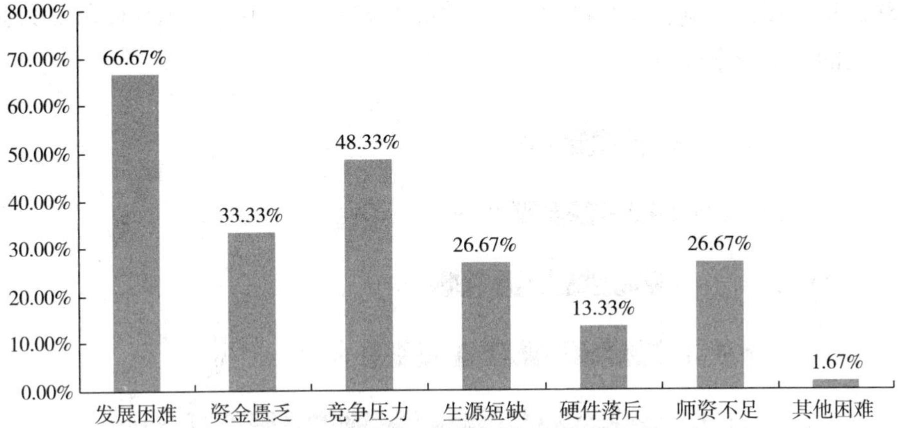


**图8 长沙市托管机构自身发展中存在的主要问题与困难**

虽然长沙市托管市场巨大，但由于政府对托管机构的办学条件没有加以约束，缺乏统一的行业标准且管理缺位，导致市场上现存的托管机构良莠不齐。教育、工商、卫生以及其他相关部门都可以对托管机构进行部分监管，但实际上是没有哪一个部门来对托管机构行使监管权。通过实地考察，我们发现正规的托管机构非常稀缺，同时具备《民办学校办学许可证》《餐饮服务许可证》《个体工商户营业执照》《税务登记证》《从业人员健康证》《消防安全有效证明》等证件的托管机构几乎没有，同时具备其中两到三个证件的托管机构大约占到全体调查样本10%。但是，尽管我市绝大多数的托管机构的证件不齐全，但是这并不代表他们不想真正获得创办托管机构的权利。比如，在对岳麓区内托管机构的调研和访谈中，有5位个体户托管从业人员联名向我们打报告，称他们曾多次与相关教育部门、工商行政部门等联系，请求办证，但均被“不属于他们管”为由而推托。

## （二）接受托管学生存在的问题

托管机构不仅存在自身发展方面的问题，而且在其日常托管工作中还面临一些比较麻烦的学生问题（图9），这些都不是托管机构本身能够单独解决。

此外，还存在一些学生安全问题。一是托管学生上、下学接送的安全问题。长沙大多数家庭作坊式托管机构由于人手不够，一般只能派一、两名工作人员接送学生，但学生在上、下学高峰期都想赶时间，都想尽早到达托管机构，后果是很容易出现学生安全事故。二是学生本人也难免会人为制造安全事故。比如，长沙市麓谷中心小学附近某小区居民反映，许多托管机构学生对电梯操作不当，老是将电梯弄坏，影响了托管机构所在楼栋的居民出行，电梯的不当使用也会对学生本人的安全带来威胁。

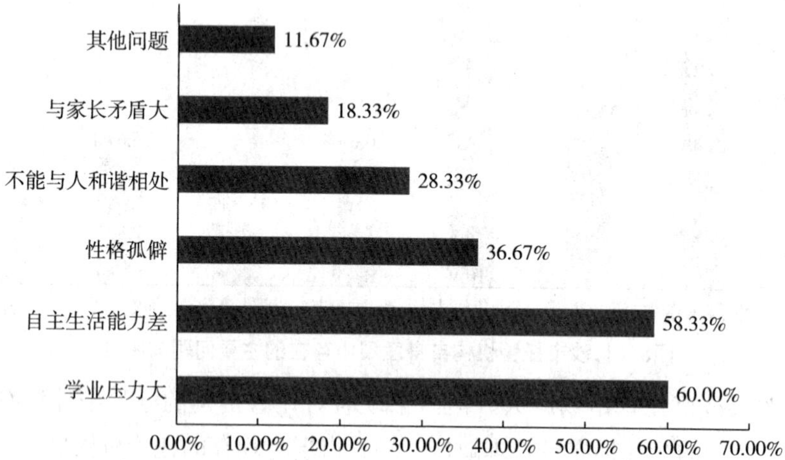


**图9 长沙市托管机构在日常工作中面临的学生问题（多选）**

## （三）外部环境问题

托管市场存在的诸多问题，既包括托管机构本身存在的问题，也包括托管机构中接受托管的学生所存在的问题，还包括学生家长以及周边社会环境等对托管机构的不良影响。然而，所有这些问题当中首要问题应该是政府相关职能部门如何规范全市托管机构的发展。从托管机构本身来讲，他们也希望能够得到规范发展，调查显示（图10），在所有调查的托管机构中，35%的托管机构非常看好托管行业的未来发展前景，61.67%的托管机构认为托管行业的未来发展前景“还可以，保持谨慎态度”，只有3.33%的托管机构对未来托管行业的发展前景持悲观或漠不关心的态度。说明我市绝大多数托管机构还是希望托管市场得到规范，受到国家法律保护，并比较看好托管行业的未来发展前景。

我们的调查还发现，从长沙市托管机构的区域分布特点来看，绝大多数教育托管机构分布在中小学校周边，而且大多数托管机构依托的小区是开放式小区，周边环境并不是很好，小区内居住人员比较混杂。另外，由于近年来长沙市城市扩容较快，许多新建的中小学校依托新楼盘而建，不少托管机构只是临时租住新楼盘小区内的毛坯房，里面条件相对简陋，各种防火、防盗等安保设施都不完善，存在较大的安全隐患。

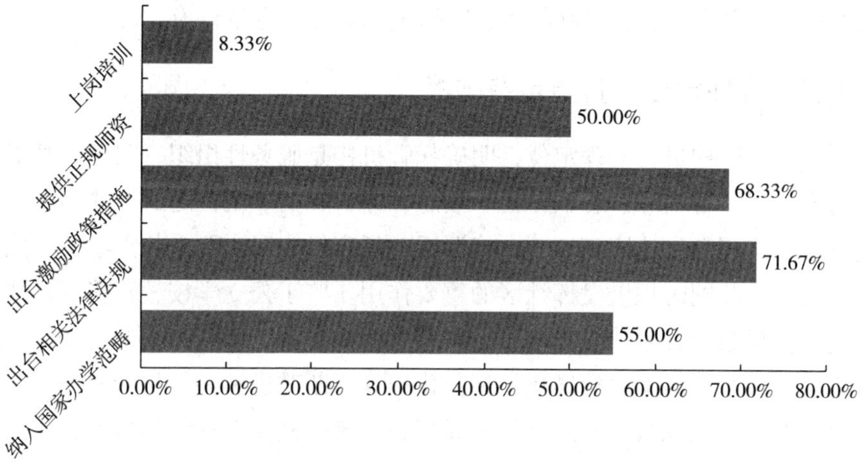


**图10　长沙市托管机构希望从政府层面得到的政策支持（多选）**

# 三、规范少年儿童托管发展的思考与建议

## （一）明确责任，强化政府监管

针对目前我市托管机构的管理缺失，政府应及时引起重视，将现有托管机构纳入政府管理范畴。可联合教育、工商、卫生、税务、消防、公安等部门，建立托管机构管理与监督联动机制，制定详细的托管机构管理条例，将托管机构在市场准入、收费标准、场地要求、餐饮卫生标准、从业人员资质、消防安全标准等方面的审批程序合法化和规范化，并实施一站式办公服务。与此同时，还应建立对托管机构的监督与约束机制，定期或不定期地对托管服务市场进行检查、监督与指导，确保托管机构的合法、规范、持续、健康发展。

## （二）规范发展，提升行业水平

尽管在期盼政策的干预与支持，托管机构仍需要从各个方面强化自身建设，以应对目前面临的重重困难。要主动办理相关从业资格证和营业执照，接受政府的规范与支持；要严格把好“师资关”，加强少儿健康、心理、教学业务等培训，确保师资队伍的专业化和稳定性；要不以经济利益最大化为唯一目标导向，想方设法克服资金匮乏困难，不断完善硬件设施，确保教室、宿舍、厨房等场所符合安全、卫生、舒适的标准；要理性面对竞争压力，在生源招收、学费收取等方面要做到公平竞争，杜绝乱收费、哄抢生源等恶性竞争行为。

### （三）合理定位，打造示范样板

要对托管机构进行合理定位，明确托管机构是服务性组织，明确托管机构的服务内容，即学习辅导、餐饮住宿、接送服务。在明确定位之后，我们可以典型示范，借助美国等发达国家经验，将课后“托育机构”主要由公立学校与民间组织来提供，与此同时积极发挥社区的重要作用。鉴于公立学校教育资源稀缺的现实，建议依托市妇联家政服务中心，联合一些成熟社区，共同创办公立性质的托管机构，从各个方面加以标准化、规范化，并不断改进和完善托管服务内容与形式，以拓宽学生的视野，训练其思维和能力，激发其主动性和创造性，让其在快乐中学习与成长。

### （四）服务主体，全面培养学生

学生是托管机构的主体，托管机构的各项活动都要围绕学生而展开。要努力营造自由、轻松、快乐的学习氛围，培养受托管学生的时间控制能力，帮助他们形成良好的学习、生活习惯。要通过专业老师和生活老师的督导和“小集体”的生活，帮助托管学生培养良好的自主生活能力和人际交往能力。要在确保安全的情况下，帮助托管学生形成良好的情绪控制能力。通过相对较少的限制和约束，让受托管学生的消极、烦躁、寂寞、低落等不良情绪在一起学习、一起玩耍、快乐成长的氛围中不复存在。

### （五）凸显特色，增进亲子互动

托管市场的巨大需求，催生了一大批托管机构，需要我们统一标准去规范引导，但托管机构发展不可能千篇一律，需要强调特色，不断满足不同托管学生的个性化、差异化需求，如何真正发挥出被托管学生与家长之间的“亲子互动”的桥梁与纽带作用值得探索。托管机构可以通过服务外包的方式，将这种亲子互动活动外包给专业公司或社会工作专业方面的专家，以项目或实践课题的形式来完成。当然，托管机构也可以利用周末搞托管学习月度或学期成果展，加强学生与家长之间的沟通交流，使学生能够感受到来自家长的关爱，让托管机构不仅仅成为只追求经济利益的工具，成为和谐亲子关系、创新社会治理的“润滑剂”。

# 2014年长沙市应届高校毕业生就业情况调查报告

长沙市就业服务局

在2014年长沙市公共就业服务进校园活动期间，长沙市人力资源和社会保障局针对正在求职的应届毕业生开展了应届高校毕业生就业情况问卷调查。调查时间为2014年5月12日至5月22日，主要集中在中南大学、湖南大学、湖南农业大学、湖南农业大学东方科技学院、长沙大学、湖南商贸职业技术学院等院校，共投放1400份问卷，回收了997份有效答卷。具体调查情况报告如下。

## 一、基本情况

### （一）调查对象基本情况

1. 性别情况。997名高校毕业生参与调查，其中男性347人，占34.8%；女性650人，占65.2%。

2. 学历情况。本科学历人数最多。本科学历603人，占60.5%；专科学历340人、34.1%；高职学历35人，占3.5%；硕士研究生以上学历19人，占1.9%。

3. 生源地情况。省内其他地区550人，占55.2%；长沙本市230人，占23.1%；外省地区217人，占21.8%。

4. 户籍情况。农村户籍649人，占65.1%；城镇户籍348人，占34.9%。

5. 求职状况。356人处于“求职中”，占35.7%；其次分别为“拟继续深造”210人，占21.1%；“已落实就业单位”121人，占12.1%；“拟自主创业”97人，占10%；“拟自由职业”64人，占6.4%。

## （二）就业基本情况

1. 就业意向。

（1）大多数高校毕业生对就业形势持乐观态度。调查对象中，750人“自信可以找到适合的工作”或“通过努力可以找到工作”，占比74.6%。具体情况如下图所示。

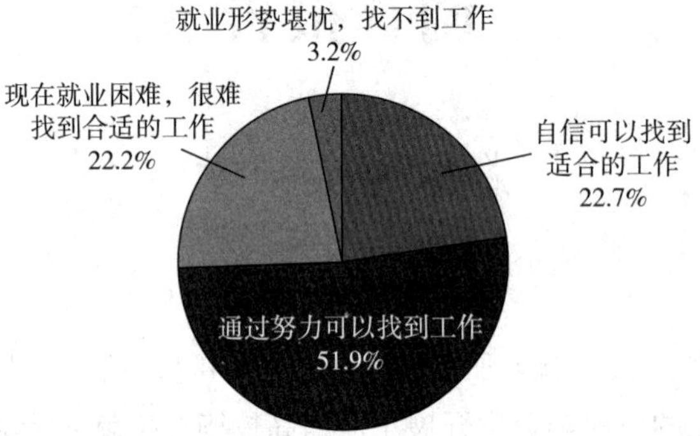


**图1 对高校毕业生就业形势的看法**

（2）“先就业再择业”观念逐步被高校毕业生接受。调查对象中，选择“先就业再择业”观念的有480人，占45.8%。

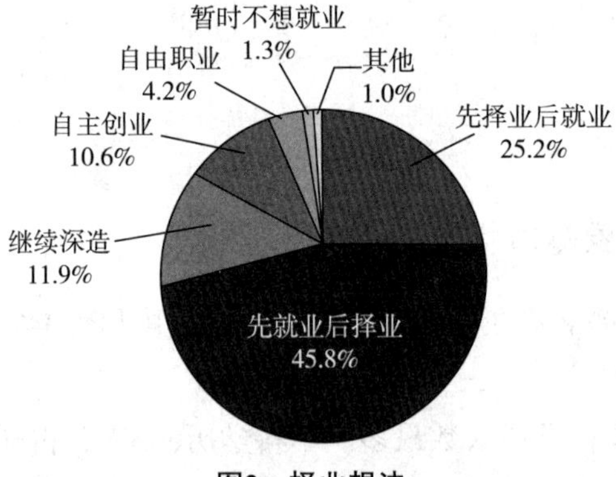


**图2 择业想法**

（3）国有企业受到高校毕业生青睐，民企受到冷落。理想中的就业单位，377人选择“国有企业”，占36.6%；其次分别为266人选择“外企”，占25.9%；230人选择“机关事业单位”，占22.4%；156人选择“民营企业”，占15.2%。

（4）兴趣爱好专长是高校毕业生最注重的择业因素。高校毕业生求职中最关注的择业因素是“符合自己的兴趣、爱好与专长”，有535人表示会考虑这一因素，占53.7%；其次有498人表示会考虑“待遇，如工资、奖金等”，占50%；有394人会考虑“发展机会”，占39.5%。

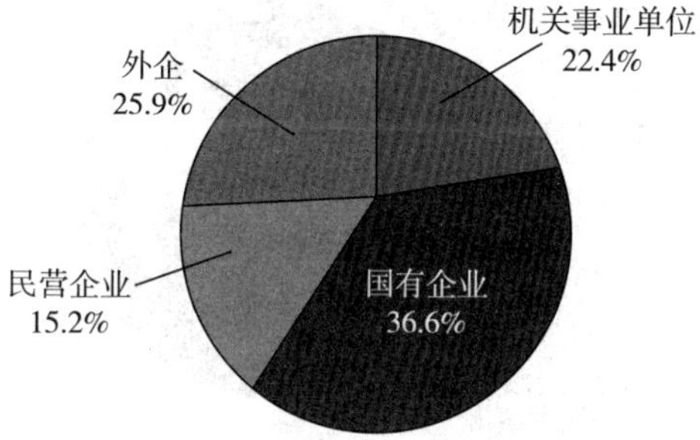


**图3 理想中的就业单位**

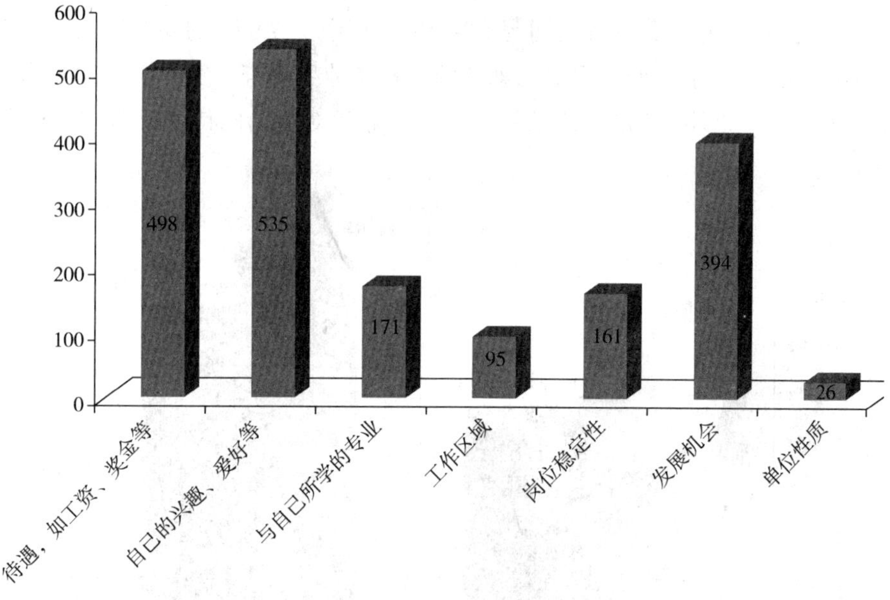


**图4 最关注的择业因素**

（5）长沙本地是高校毕业生的就业首选地。从就业地域来看，长沙本地是省内高校毕业生的首选地。有311人选择在“长沙本地”就业，占27%。

从就业地域选择的原因来看，发展机会是高校毕业生选择的主要指标。65.2%的人表示就业地域选择的原因是“有较大的发展机会”；19%看重的是“就业环境”；17.4%看重的是“工资福利待遇好”；12.4%看重的是“有良好的人才政策”；10.6%看重的是“生活条件好”；8.1%的人是想“回报家乡”。

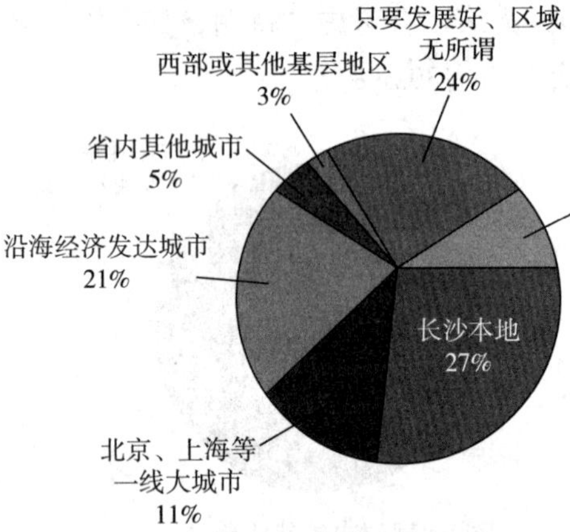


**图5　就业选择地域意向**

（6）高校毕业生薪酬待遇期望值高于市场实际。73.7%的高校毕业生工资期望值为3000元及以上，而根据对已就业的高校毕业生调查，实际工资3000元以上的只有60.2%。此外，60.2%的已就业高校毕业生对目前的待遇感觉“一般”或“不满意”。

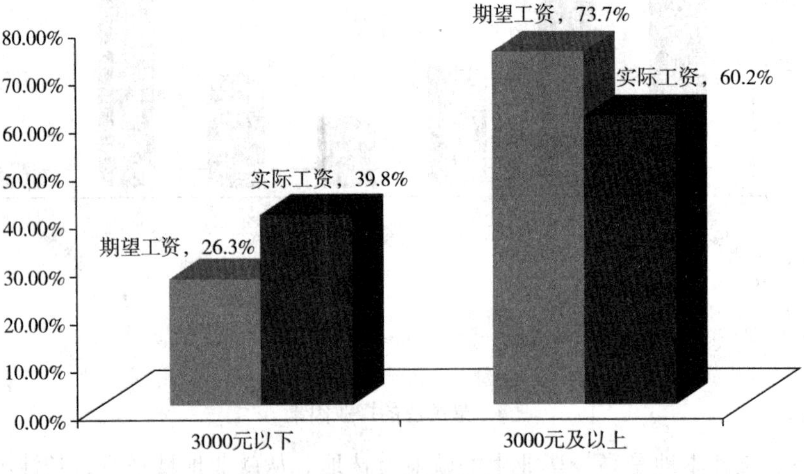


**图6　期望工资与实际工资对比**

2. 求职准备。

（1）“做过”职业生涯规划的调查对象只有30.6%，“考虑过，未详细做”的占65.2%，“从未想过”的占4.3%。

（2）就业技能不足是高校毕业生求职中最为担忧的问题。求职过程中，57.1%的调查对象认为存在“就业技能不足”的问题。

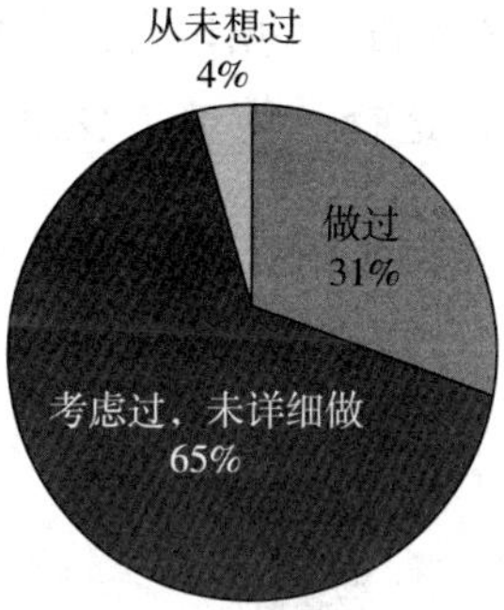


**图7　职业生涯规划情况**

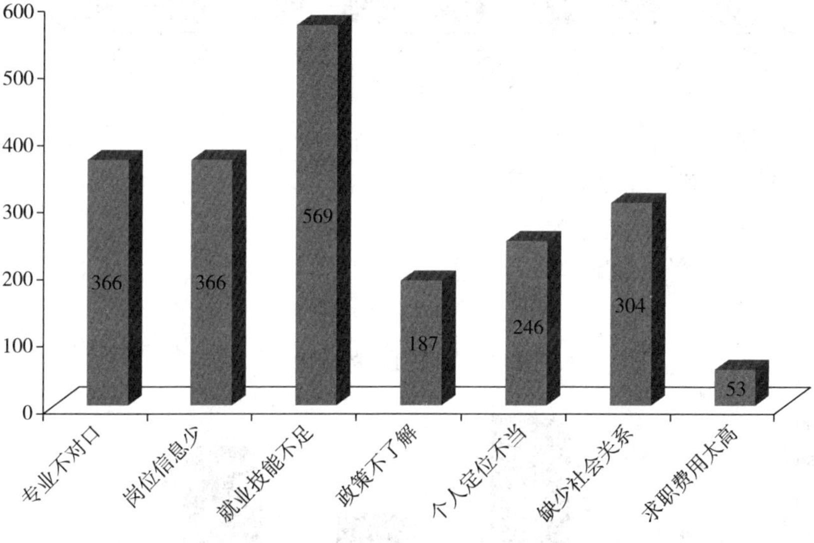


**图8　求职过程中面临的主要问题**

但在认为自己亟须提高的技能方面，选择“相关工作和实践经验”的最多，占45.3%。其次是“沟通协调能力”，占45.3%。而选择“专业知识和技能”的只占42.5%。

如果暂未找到自己的理想工作，63.7%的调查对象会“通过各种途径积极寻找”，而“参加就业见习”的只占28.8%，“先参加职业技能培训再找工作”的只占26.4%。

3. 求职渠道。

（1）网络是高校毕业生最感兴趣的岗位信息发布渠道。认为最适合大学生的岗位信息发布途径，选择“网站、微信、QQ群等网络途径”的人数最多，有378人，占37.9%。其次分别为“组织开展现场招聘会”，有337人，占33.8%；

选择“公共就业服务机构现场发布”的249人，占25%；选择“电台、报纸等传统媒体”的232人，占23.3%；选择“街道（乡镇）社区（村）宣传栏”的118人，占11.8%。

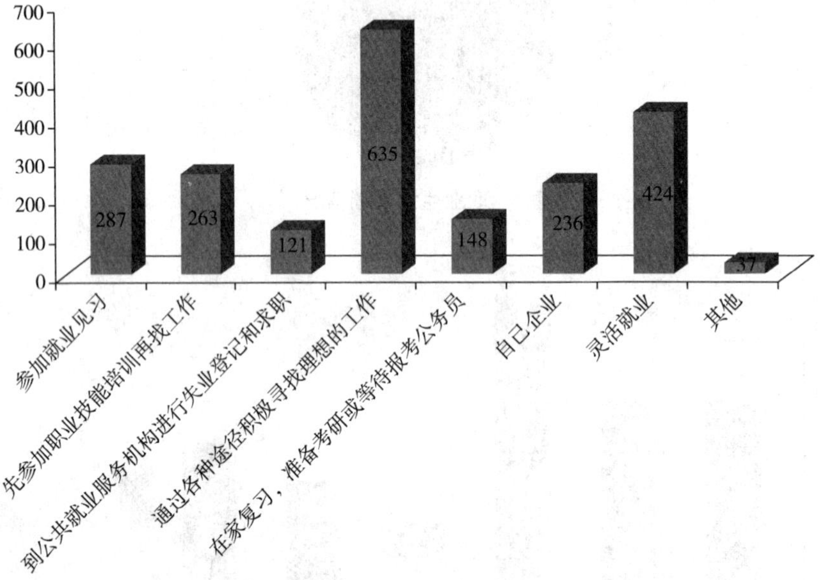


图9　未能就业时的选择

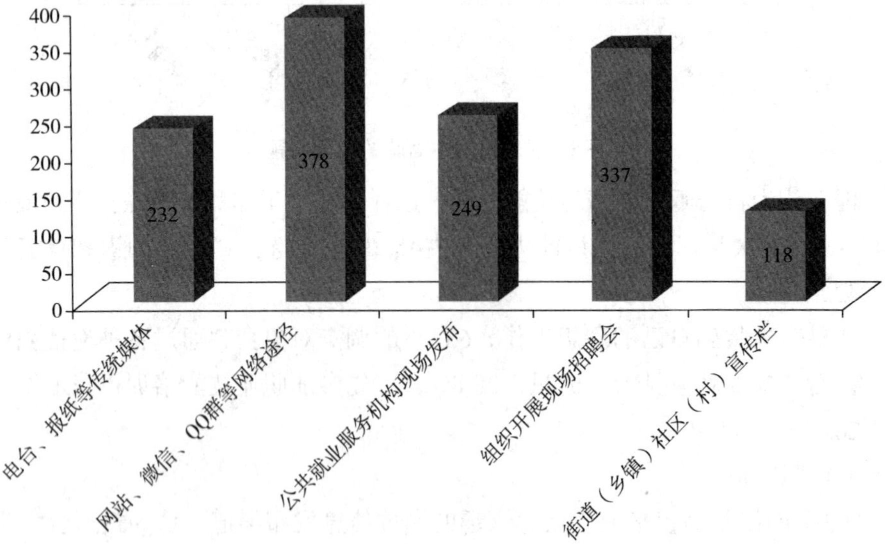


图10　认为最合适的岗位发布途径

（2）现场招聘会依然是高校毕业生最信赖的求职渠道。高校毕业生的求职方式基本符合国家关于“劳动者自主择业、市场调节就业、政府促进就业和鼓励创业”的就业方针。现实情况来看，调查对象觉得最实用的途径是“参加招聘会”，选择率为50.2%。其次“直接到用人单位应聘”，选择率为41.9%；再次是“通过招聘网站”，选择率为24.1%。目前，没有得到广大高校毕业生认可的求职途径是“到职业介绍中心求职”和“通过报刊、电视、广播等媒体广告”，是96人和83人选择，选择率分别为9.6%和8.3%。

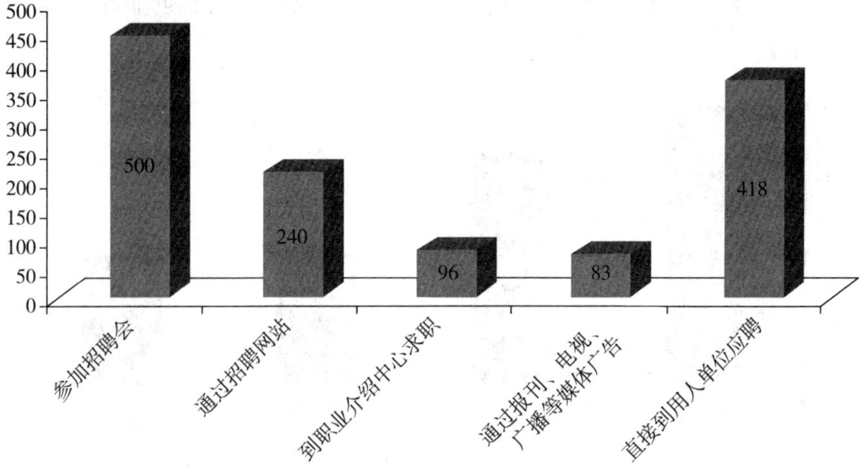


**图11　最信赖的求职途径**

4. 创业意愿。

（1）创业资金、创业知识是高校毕业生最需要的要素支持。在回答大学生创业最需要的要素时，认为是“创业资金”的最多，占73.3%；其次是“创业知识”，

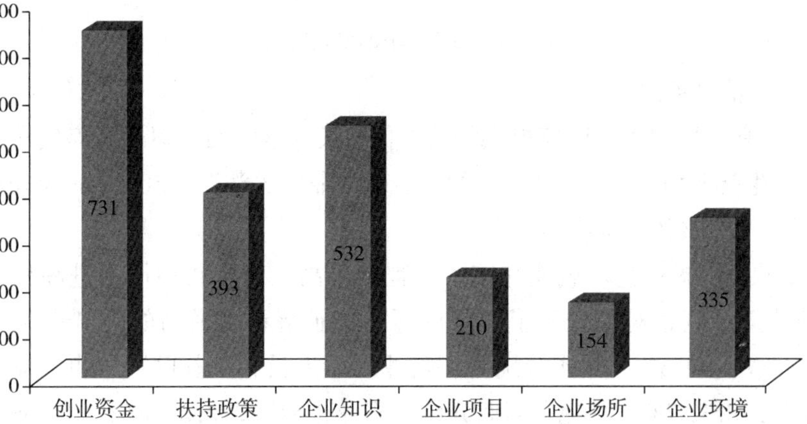


**图12　创业最需要的支持**

占53.4%；再就是“扶持政策”和“创业环境”，分别占39.3%和33.6%。

（2）实践操作讲座是高校毕业生最感兴趣的培训方式。在创业方面，高校毕业生表现了对创业失败的顾虑，对创业市场的陌生，从而在有关创业知识的教育方面，大学生考虑更多的是实际经验。在回答最感兴趣的创业教育方式时，对“成功企业家讲授企业内部运作的知识和技能”的选择率为72.6%；对“创业者讲授创业过程的感受和经验”的选择率为60.9%；对“专家讲授创办企业的相关知识”的选择率为36.1%；对“政府官员讲授创业扶持政策、创业环境等”的选择率为33.1%。

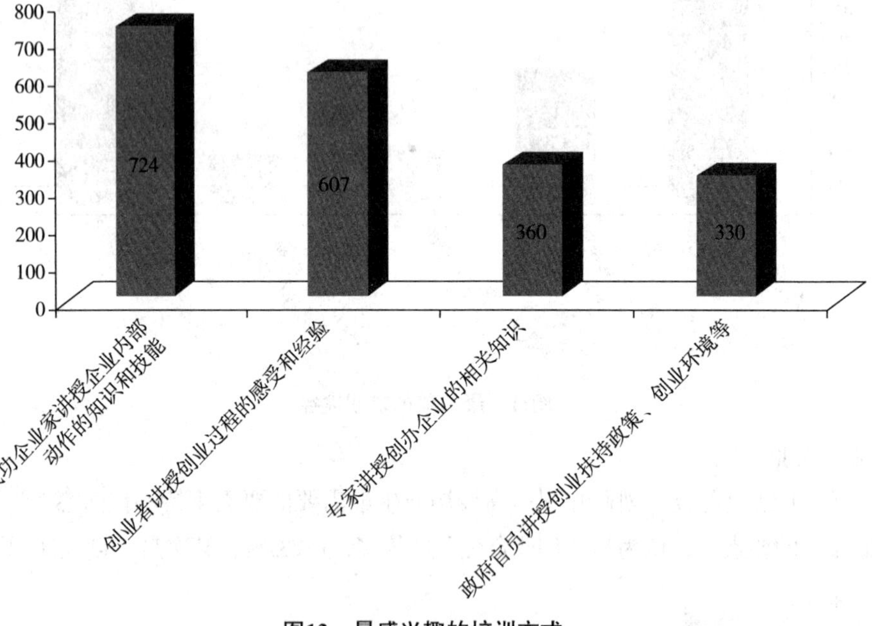


**图13　最感兴趣的培训方式**

5. 就业信息关注。

（1）高校毕业生对政府提供的就业信息关注度一般。对于政府发布的关于大学毕业生就业信息，只有26.9%的人表示“非常关注”，50.1%的人表示“一般关注”，16.3%的人根本不关注。

（2）高校毕业生对就业政策了解程度不高。对于长沙市促进高校毕业生就业的政策，调查对象普遍了解程度不高。了解程度最高的为“小额担保贷款”，也仅占41.6%。其次分别为“就业困难人员相关补贴”，占35%；“见习补贴”，占32.7%；“免费职业介绍、职业指导”，占26.6%；“企业一次性补贴”，占19.3%；“困难高校毕业生一次性补贴”，占17%；“企业社保补贴”，占11.4%。

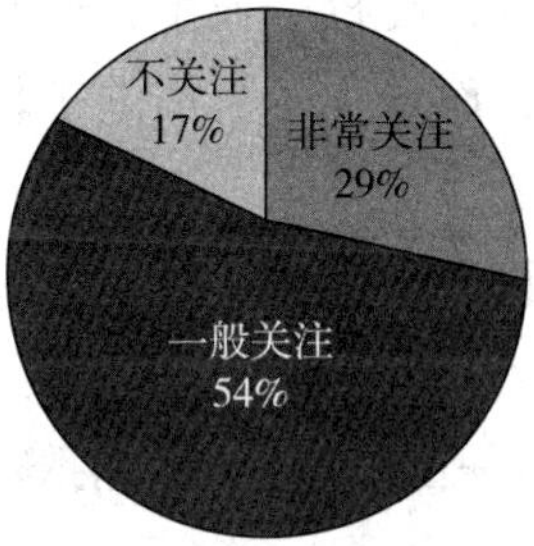


图14　就业信息关注度

## 二、高校毕业生就业面临的问题

根据这些年来开展的高校毕业生就业情况调查来看，我市高校毕业生总体就业情况基本稳定，但由于技能水平、就业观念等方面的差距，就业稳定性和就业质量有待进一步提高。

### （一）高校毕业生就业技能与企业需求存在偏差

根据调查，57.1%的调查对象面临“就业技能不足”的问题。而根据企业用工需求调查，技能型人才是市场最抢手的人才，技工需求占企业用工需求总量的47.5%。高校毕业生就业技能无法满足企业用工需求。一是学校重理论轻技能的教育方式，导致了很大一部分高校毕业生在步入就业市场时就面临技能水平无法满足企业的难题。二是在求职受阻时，大多数高校毕业生都是选择广投简历、勤跑招聘会的方式来努力获取工作，职业技能培训和就业见习培训的方式并未深入人心，作用发挥不明显。入职后，一部分高校毕业生由于技能水平，难以满足企业发展的需要。

### （二）高校毕业生就业观念与市场需求存在差异

高校教育以逐步从精英化走向大众化，但是很大一部分高校毕业生就业观念未能实现转变，与市场需求不适应。从就业单位选择来看，几乎饱和状况的国有企业、外企、机关事业单位受到高校毕业生青睐，急需高校毕业生尤其是高级管理型人才的民营企业则受到冷落。从薪酬待遇预期来看，实际情况与高校毕业生的期望值有一定的差距，大部分高校毕业生对目前的待遇感觉“一般”或“不满意”。从岗位选择来看，高校毕业生普遍倾向于财务、人力、贸易、管理等看上去较为体面的岗位，而忽视了目前缺工较为普遍的服务类、销售类和生产类岗位。从就业条件来看，高校毕业生对“自己的兴趣、爱好与专长”最为注重，过于强调个人价值而忽视社会需要。此外，由于大部分高校毕业生无详细的职业规划，持有先择业后就业的思想，加上自身期望值过高，部分企业用工环境又有待进一步改善，导致一部分高校毕业生陷入骑驴看唱本、频繁跳槽的恶性循环。

### （三）公共就业服务与高校毕业生就业需求存在差距

近年来，我市公共就业服务力度不断加大，围绕高校毕业生组织开展了公共就业服务进校园、民营企业招聘周、高校毕业生就业服务月、高校毕业生网络招聘等专项活动，但是仍然满足不了高校毕业生的就业需求。一是对就业政策了解度不高。从调查情况来看，高校毕业生对促进高校毕业生就业的政策普遍了解程度不高，对政府发布的关于高校毕业生的就业信息普遍关注度一般，对帮助高校毕业生提升就业能力的职业技能培训和就业见习热情不高，这既与公共就业服务深入不足有关，也与高校毕业生对就业市场重视不足有关。二是对公共就业服务利用度不高。从求职服务来看，招聘会效果明显，岗位信息发布、求职登记等常规性服务到位，但就业指导、职业能力测验、职业技能培训等精细化服务和个性化服务还不能满足高校毕业生的实际需要。从创业服务来看，高校毕业生还不能便捷地享受我市小额担保贷款、税收优惠、一次性创业补贴等创业扶持政策，创业指导和创业服务没有深入到校园。从政、校、企合作来看，三方合作逐步加强，但还存在合作不够深入，信息共享渠道不够畅通。三是就业服务信息化水平不高。从调查情况来看，高校毕业生对网站、微信、QQ群等网络途径信息发布最感兴趣，而现实中觉得最实用的求职途径仍然是现场招聘会。公共就业服务机构利用网站发布的职位信息仍有限，对微信等新兴媒介的利用还远远不够。

## 三、促进高校毕业生就业的应对措施

在征求高校毕业生对政府促进就业方面的期望和建议时，调查对象主要表现了对以下几方面的需求：①对就业机会的需求，希望能够多组织召开校园招聘会；②对就业信息的需求，希望能够多提供适合高校毕业生的就业岗位信息、就业技能培训信息、就业创业扶持政策；③对就业指导的需求，希望能够多开展就业政策和就业形势分析的讲座，提供经验介绍型的求职指导，提供实践性较强的创业指导；④对技能培训的需求，希望在学习期间能够获得更多的就业技能培训和就业实践。此外，高校毕业生希望政府加强对大学生求职市场的监督和规范，加强对大学生劳动权益的保护。

高校毕业生是国家宝贵的人才资源。做好高校毕业生就业创业工作，对于保持就业形势稳定，促进经济社会健康发展具有重要意义。根据调查统计，2014年在长高校17家、应届毕业生7.74万人，在长职业院校35家、应届毕业生5.2万人，高校毕业生就业压力较大。为积极有力地促进高校毕业生率先实现高质量的就业，形成人才资源与经济发展良性互动的就业环境，建议从以下几方面加大促进高校毕业生就业创业的力度。

### （一）积极落实各项就业创业政策

国务院办公厅《关于做好2014年全国普通高等学校毕业生就业创业工作的通知》（国办发〔2014〕22号）是当前做好高校毕业生就业创业工作的纲领性文件，人社部等部门制定的就业促进计划和创业引领计划对于促进高校毕业生就业创业指出了具体的落实意见和措施，各级部门要认真学习领会，把握精神实质，逐一落实。要制定更加符合高校毕业生实际的就业服务制度，取消户籍制度对高校毕业生享受就业扶持政策的限制。

与此同时，我们要在现有的宣传渠道基础上，利用公共就业人才服务进校园活动的契机，为高校毕业生送政策、送指导、送信息，特别是要让高校毕业生完整获取就业政策和就业形势。在民营企业招聘周、高校毕业生就业服务月、就业服务周、部分大中城市联合招聘高校毕业生专场活动和每季度的全国高校毕业生网络招聘月等专项服务活动中，搭建供需信息平台，广泛宣传政策，积极促进就业市场供需双方对接。要深入用人单位进行政策宣传，引导用人单位履行社会责任，挖掘就业岗位吸纳更多高校毕业生就业。

### （二）充分发挥大学生创业孵化园效能

在各级各部门的支持下，一些较大规模的高等院校均成立了大学生创业孵化园，但是较多的创业孵化园仅仅局限于对本院校学生提供支持，发展势头有好有劣。为充分发挥大学生创业孵化园促进创业的效能，需要进行资源整合，对发展困难、孵化功能不够的创业园予以摘牌；对发展势头良好的创业孵化园加大支持力度，鼓励对一切有创业意愿的在长大学生开放，并提供公平、均等的服务，培育宽容失败的创业环境。同时，适应大学生对创业实践经验和知识的需求，建立大学生创业信息平台和交流平台，加强大学生创业园与有创业意愿的大学生之间的互动。

### （三）鼓励高校毕业生到中小型企业发展

中小企业为高校毕业生提供了广阔的就业平台，也是需要高校毕业生积极参与带动发展的重点领域。但是，从就业发展机会和就业环境来看，中小企业对高校毕业生的吸引力远远小于国有企业、外资企业和机关事业单位。为促进中小微型企业的发展，鼓励高校毕业生到中小企业发展，需要政府加强对中小企业的就业扶持政策力度，简化有关程序，让高校毕业生看到实实在在的优惠。

### （四）及早开展就业创业培训和指导

高校应该尽早开展职业生涯规划，对有创业意愿的大学生尽早开展就业创业指导。建议人社部门牵头组成由相关政府部门的负责人、高校就业指导教师、优秀就业创业指导师、创业典型、有社会责任感的企业家共同参与的宣讲团，巡回到高校开展就业创业指导，让高校毕业生了解就业市场现状，帮助高校毕业生理性就业，帮助大学生提升创业成功率。充分发挥就业见习培训和政府技能培训的效能，对暂时就不了业的高校毕业生，组织其参加到培训、见习等就业准备活动中去。此外，政府部门尤其是教育部门应根据市场需求组织开展有针对性的岗前技能培训，为企业发展输送适合的人才，促进高校毕业生找到适合的就业岗位。

### （五）全面提升公共就业服务体系

以网络市场带动实体市场，对登记未就业高校毕业生开辟求职、见习、技能培训、创业培训、创业小额贷款等服务窗口，增加就业创业机会。适应高校毕业生对求职方式多样化的需求，改进服务手段，在现有网络的基础上，融入微博、微信、手机客户端等新媒体。注重深化政、校、企三方协作，搭建政、校、企三方信息协作平台，将就业政策、就业指导、岗位需求延伸到学校，促进在校高校生了解就业政策和市场需求，树立良好的就业观念，构建初步的职业规划。并注重将就业政策、人才信息传输到企业，鼓励企业吸纳高校毕业生就业。

同时，积极落实新一轮大学生创业引领计划，提供良好的创业服务。对有创业意愿的，要统一组织其参加创业培训，提升创业能力。对准备创业的，提供政策咨询、开业指导、跟踪扶持等“一条龙”创业服务，帮助其成功创业。对开始创业的，协助其落实享受税费减免、小额担保贷款及贴息、场地扶持、落户等扶持政策。

**课 题 组 组 长：** 王　河
**课题组副组长：** 黄　野　李　洪　喻　嘉
**课 题 组 成 员：** 肖巧朋　李　航　王雨果　王维维

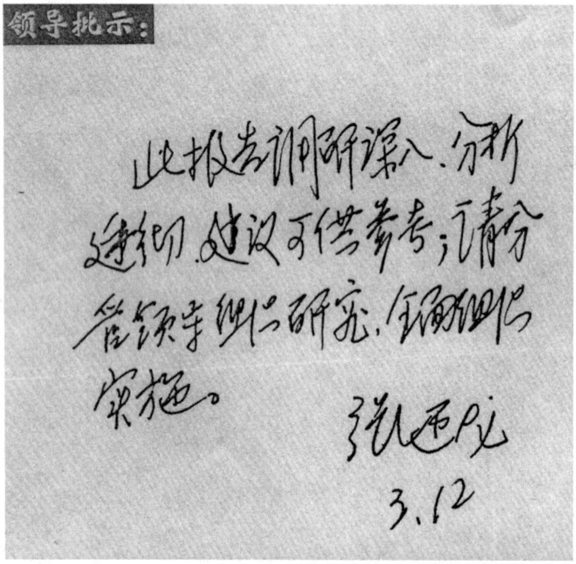


# 扎实开展全员绩效考核
# 推动经济社会科学发展

## ——关于长沙市全员绩效考核工作的调研报告

长沙市公务员局

建立一套科学合理的考核评价机制，是提高机关事业单位管理水平的重要措施，是确保各项工作任务顺利完成的基本手段。近年来，长沙市机关事业单位绩效考核既重年度考核，又重实绩考核，特别是2009年5月开始试行全员绩效考核与管理，将单位总体目标层层分解，分类量化到每个岗位、每个人，做到了条条可检查、件件可考核。但与此同时，随着经济社会不断发展进步，特别是在全面深化改革的大背景下，长沙市的绩效考核工作与当前新形势、新任务的要求相比，还存在一些差距和不足。为全面掌握长沙市开展全员绩效考核与管理工作情况，客观分析考核工作中存在的困惑和瓶颈，创新考核工作思路，提升考核工作水平，推动长沙绩效考核工作走在兄弟省会城市前列，我们从2013年4月开始，对长沙市各区、县（市）和市直部分单位进行了一次为期半年的专题调研，形成本报告，供决策参考。

## 一、长沙市全员绩效考核与管理工作情况

实行国家机关公务员、事业单位工作人员考核制度，是全面深化改革的重要内容，是提高工作效率的必然要求，是改进管理方式的重要手段。截至2012年年底，长沙市全员绩效考核与管理工作已全面覆盖了全市9个区、县（市）和市直列入领导班子和领导成员绩效考核范围的机关、事业单位，公务员、工勤人员、管理人员、专业技术人员等各类人员共有11万余人纳入考核范围。综合长沙市情况来看，全员绩效考核工作有以下几个方面的特点。

### （一）考核范围全覆盖

考核对象横向到边。按照长沙市统筹指导、分级负责、分类管理的考核原则，全市9个区、县（市）和市直机关事业单位全面开展了全员绩效考核工作，适用范围涵盖了纳入领导班子和领导成员绩效考核范围的机关和事业单位，考核对象分为四个层次：所属内设机构（或实施公务员法及参照管理的下级单位）、非班子成员的市管干部、所属内设机构（或下级单位）负责人（含下级单位班子成员）、其他工作人员，实现了横向到边的全覆盖。考核体系纵向到底。各区、县（市）将绩效考核延伸到了街道（乡镇）、社区（村），开福区、长沙县等还将政府雇员、临聘人员、村（社区）干部、大学生村官、公益类岗位等各类公共事务管理服务人员相继纳入考核范围，实现绩效考核重心下移，逐层延伸，建立健全了范围上向基层拓展、任务上与全员绩效考核对接的基层绩效考核体系。

### （二）考核形式有创新

创新考核管理模式。长沙市公安局平时考核强化敬业精神，从细从实，年度考核强化绩效，从紧从严，探索建立了“精细化管理网络考核平台”模式，全

面覆盖了全局系统10192名民警、职工；长沙县人社局机关开展内部月度平时考核，及时反馈考核结果，通报讲评促进工作；天心区强化对区直机关事业单位平时考核，建立健全“目标管理、过程管理、综合考评、结果运用”的绩效考核“四位一体”工作模式；雨花区探索出了考人与考事、定性与定量、职位与职责、民主与民意、作用与作风相结合的“五结合”模式。创新考核工作模式。芙蓉区检察院围绕创先争优工作，开展“日督查、周调度、月讲评、季考核、年总结”的工作；定王台街道注重平时考核，月考核成绩占到了年度考核的60%以上；雨花区洞井街道的“井上添花”、圭塘街道的“圭塘之星”，浏阳市三口镇的“幸福屋场”。这些基层单位的做法形成了自己的特色品牌。

### （三）考核目标定位准

用工作导向促考核。把绩效考核当作工作的指挥棒、风向标。在设定年度绩效考核目标时，围绕长沙市委、市政府和上级部门的全年目标任务、中心工作，层层分解，务求考核指标到岗到人。如市环保局围绕全省环保工作总要求和全市生态文明建设总目标，科学设置考核内容，将处室和个人的目标任务考核与领导班子绩效考核评定情况紧密挂钩，强力推动了长沙市环境保护工作。用管理机制抓考核。全员绩效考核通过目标设置、过程管理等手段建立了科学、具体的管理机制，让“刚性制度规范化、柔性约束人性化、立体考核演绎深化”，实现看得见、摸得着、既考事、又管人的全方位管理。用工作落实督考核。从全市的情况看，但凡工作效率高、责任落实好的，无不是考核工作抓得实、抓得细的地方和部门。如岳麓区咸嘉街道规范考评体系，坚持实行“月考核、月讲评、月通报、月奖罚”。在考评环节引入群众和服务对象作为测评主体的模式，实现了由“领导说了算”向“群众说了算”的转变，增强了基层干部为民服务的意识。

### （四）考核措施重规范

制度设计更优化。从《长沙市全员绩效考核与管理意见（试行）》下发后，经过四年多的运行，考核内容更加丰富具体，组织程序更加公开透明，结果运用更加公平公正。长沙全员绩效考核与管理工作全面进入正规化运用轨道：年初有针对性地制定好单位年度绩效考核实施方案，制定合理的考核指标体系，及时分解上级目标，将任务层层落实到内设机构和公务员个人；内设机构和公务员个人制定好月工作计划、周工作安排，记录每天工作情况，做好周或月小结，月或季度审核评价，单位年底组织综合考评，评定等次结果兑现。考核方法更专业。现代信息技术在公务员考核中得到推广应用，如长沙市国土资源局等单位依托局内网技术，设计了“绩效考核网上测评系统”，在内网上进行无记名打分，突出“背靠背”测评；市财政局等单位开发了全员绩效测评管理系统，把社会评估和内部绩效考核有机结合，增强了考核的公信度；市城乡规划局开发建立基于“一站式规划管理服务平台”的全员绩效考核管理体系，确定完成每项工作的“理论消耗时间”，解决了“做与不做一个样”“做多做少一个样”的问题。示范作用更明显。坚持抓考核就是抓管理，抓管理就是促实效的考核思路，常年狠抓全员绩效考核不放松，取得实实在在的效果。2013年评选推荐全国第八届“人民满意的公务员集体”，长沙市教育局作为全国教育系统唯一的先进集体当选。

### （五）考核结果强运用

一方面，以考核结果激励先进。不断创新工作激励方式，将考核结果与职务升降、级别调整、工资以及奖励、惩戒、培训、辞退等挂钩。在激励先进、提拔使用优秀人才方面，积极运用考核结果。如长沙市审计局较好地结合上年度绩效考核结果，有计划、有重点的安排青年干部参与重大审计项目，安排获得优秀等次的青年审计骨干担任重大项目主审，对空缺的正副处长实职，全部在绩效考核、民主推荐和竞争上岗的优秀人员中产生。芙蓉区出台《科级干部任职资格认证暂行办法》，规定凡是连续2年评定为优秀等次的机关干部符合相关条件可直接认证科级干部任职资格。浏阳市明确规定连续两年称职以上的才能参加科级干部任职资格考试，连续三年优秀的可直接进入面试。天心区、望城区、长沙县等区县为推进平时考核工作，强化了月度、季度考核等平时考核结果的运用，将年度考核奖金一部分分解到平时考核当中，规定称职（合格）的发放季度绩效考核奖金。另一方面，以考核结果鞭策后进。在表彰先进的同时，也敢于鞭策后进、力促进步。浏阳作为人社部的考核工作联系点，考核工作一直走在前列。2009～2012年，浏阳市共有191人评为基本称职（不合格）、127人被评为不称职（不合格）。宁乡县实行了年度考核末位诫勉制，每年安排年度考核确定为诫勉、基本称职（基本合格）、不称职（不合格）人员参加“提高素质、提高能力、促进作风转变”的封闭式培训班，县长亲自授课，在鞭策后进人员方面起到了很好的作用。

## 二、全员绩效考核与管理工作存在的问题与不足

公务员考核是一个“世界性难题”，至今还没有一个十分成熟的模式。近年来，虽然长沙市在试行全员绩效考核与管理工作中，进行了一些有益的探索和尝试，取得了一定成效和宝贵经验，但实践中还存在一些问题和不足，成为制约我市公务员管理工作创新的瓶颈。主要体现在以下几方面。

### （一）思想认识有待进一步提高

在实际考核过程中，少数单位还存在着片面认识：一是无所谓思想。认为本单位不搞全员绩效考核，工作一样过得去，即使是搞了全员绩效考核，也是走过场、搞形式，不能反映真实的情况。二是畏难思想。认为搞全员绩效考核，人员众多、程序复杂，工作量大，平时考核纪实方法过于简单，缺乏具体的量化标准和动态考核过程，难以保证考核结果的准确和公正。三是“老好人”思想。打人情分、面子分、印象分、关系分，考核结果严重失真。有的还出现“多做的出错、少做的不错”“累坏了做事的、乐坏了吵事的、表彰了看事的”现象，损害那些真抓实干型干部工作积极性。四是守旧思想。还停留在原来的目标管理的层次和水平开展工作，依葫芦画瓢就行。在上述种种思想影响下，这些单位职工的组织纪律、精神面貌、工作实绩不可能太好，人民群众的认可度、满意度，不可能太高，在绩效考核排名中自然是靠后的。

### （二）体系设计有待进一步规范

一些部门和单位考核标准体系不够健全是一个突出问题，过去对公务员“德、能、勤、绩、廉”的考核，定性的描述评价较多，缺乏量化的测评标准，标准内容比较笼统，指标体系过于简单，分级分类不很明确。除了“绩”“勤”能量化外，其他项目很难量化，“德”“能”“廉”的标准规定都比较模糊。量化考核的具体操作实施也是个难题，有的单位采用“好”“一般”“差”等模糊概念替换量化指标，转换为考核得分。有的单位目标任务避重就轻、避难就易，避高就低；考核指标定性有余，量化不足。

### （三）工作水平有待进一步提升

目前长沙市虽已全面启动全员绩效考核工作，但客观分析来看，考核水平还

处在低层次，档次仍有待提升。部门之间、单位之间考核工作有差异，考核质量有差距。有的单位办法方案制定过于简单，考核指标设置粗放，考核程序不实，工作开展不细致，办法落实不到位。有的单位把考核搞得很复杂，制定的方案、设立的指标过于烦琐，文件、资料、表格一大堆，“内行讲不清、外行更看不懂”，文字表述“一头雾水”，造成领导有反感、群众有怨言，使得考核成为一种负担。

### （四）结果运用有待进一步广泛

目前公务员考核制度中激励措施不少，但个别单位在实践运用中大打折扣，激励作用十分有限。考核结果与职位升降、待遇优劣挂钩不紧密；岗位调整、培训深造、挂职锻炼没有参考；评先评优人选产生不严，随意性大，有的干脆轮流坐庄，考核激励作用基本散失。对工作吊儿郎当、不思进取，大错不犯、小错不断的人，不能举起考核的大旗进行约束和戒免，使得考核为称职（合格）以下人员的少之又少，除非有纪检监察处分 的“硬伤”，考核功能没有真正体现。

## 三、加强全员绩效考核与管理工作的建议

没有科学的考核，就没有科学的管理。加强公务员平时考核是破解考核工作瓶颈的一个重要突破口。长沙市深化全员绩效考核与管理工作，应紧扣中央、省委、市委决策部署，加强平时考核，扎实有效开展。

### （一）坚持转变观念与提升水平相结合

把全员绩效考核工作和贯彻落实党的群众路线实践教育活动，同中央、省委、市委精神结合起来，切实解决当前机关干部作风存在的突出问题，进一步规范从政行为、严肃工作纪律、提高办事效率、保证政令畅通。当前，首要任务是要努力克服和纠正单位领导特别是“一把手”思想上存在的误区，消除错误思想，克服畏难情绪，不做老好人，敢于得罪人，杜绝安于现状、因循守旧的作法。要将全员绩效考核与管理工作纳入到各级各部门的绩效考核体系和各级党委、政府的年度督办内容中，强化各级各部门领导抓考核工作的责任。要提升考核工作整体质量和水平，考核办法和方案要向科学化、规范化迈进，考核指标体系要向标准化、精细化发展，考核程序内容要向合法化、制度化靠拢，平时考核

工作要向常态化、常规化看齐，考核结果运用要与先进化、激励化接轨。

## （二）坚持长效管理与平时考核相结合

要建立全员绩效考核文件审核批复制度。为规范考核实施办法，制定科学合理、简便实用的考核指标体系，各级各部门要根据各级党委、政府和上级业务部门下发的工作考核指标，依据全市规范性绩效考核实施办法，在规定时间内，制定本地本单位年度绩效考核办法、实施方案和目标分解细则，报同级公务员主管部门审核；待审核批复后，再组织本地本单位工作绩效评估。要加快出台公务员平时考核办法。认真学习贯彻2013年国家公务员局天津会议精神，总结各级各部门平时考核工作经验，出台全市公务员平时考核办法。通过规范平时考核的程序和内容，把年度工作目标任务落实到具体工作内容。通过“任务分解、工作记实、定期查验、考核评价、结果反馈”的平时考核程序，规范“检查、抽查、考勤、业绩汇总”的考核手段，形成“分数、名次、等次”的平时考核结果，作为年度考核的重要参考指标。要加大平时考核占年度考核分值的比重，平时考核分值要占到年度考核分值的50%以上。

## （三）坚持监督检查与结果激励相结合

各考核单位要坚持把党政领导班子和领导干部工作目标任务与内设机构（下属单位）、公务员（工作人员）个人绩效考核同时部署、同时实施、同时考核、同时评价。要严格遵守考核的程序和办法，客观公正地确定年度考核等次，增强考核工作的真实性、权威性和公信力。建议由长沙市委督查室、市政府督查室、市纪委、市委组织部、市直工委、市人社局、市公务员局等部门组成联合检查组，对全市全员绩效考核工作，进行明察暗访，监督检查，定期通报。对于年度考核和绩效考核的结果，除作为考核评优、奖金发放、调整职级、工资、教育培训等常规动作的依据外，重点要在提拔使用干部、调整重要岗位、加强监督管理、行政问责、加大奖励和惩处力度上下功夫。各级各部门要结合实际工作，科学运用考核结果，对德才兼备、能力较强、实绩突出、群众认可的干部给予奖励、委以重任，对工作执行不力、任务完成不好、群众反映较差、考核得分较低的同志要适时调整，努力营造一种良好的激励氛围。

## （四）坚持典型引路与示范带动相结合

创建全员绩效考核与管理工作示范点。可借鉴青岛等地市的经验，在长沙市开展“平时考核工作示范点”创建活动，各区、县（市）和市直单位都要树立典型，选拔一批在全员绩效考核、平时考核工作中做得好、工作实绩突出、工作质量和水平高的单位作为“平时考核工作示范单位”，通过下发文件、授牌挂牌，坚持从正面影响，强化正能量，在各级各部门和单位间起到良好的宣传示范带动作用，以此不断探索平时考核工作的新经验、新做法。要在全市范围内推出建立“人民满意的公务员”和“人民满意的公务员集体”备选库工作，像推选后备人才一样推选一批“人民满意的公务员”备选人才，推选一批“人民满意的公务员集体”备选单位，实行动态管理，一旦全省、全国“人民满意的公务员”和“人民满意的公务员集体”评选活动开展，即可从中产生正式推荐对象，以此激发公务员奋勇争先、敬业干事的活力。

# 养老保险和医疗保险对长沙居民消费的影响研究

国家统计局长沙调查队

## 一、引言

近年来，伴随着投资的持续快速增长，长沙投资需求对经济增长的拉动作用不断增强，但也带来了经济增长内生动力不足、对政策依赖程度偏高、消费增长乏力等矛盾和问题。长期以来，居民消费需求不足一直是长沙经济面临的重大问题。为刺激消费需求，长沙市政府从多个方面采取了刺激消费的政策，如降低税费、提高劳动者报酬和完善社会保障制度等，其中，改善社会保障制度具有较强的可行性，也是近年来长沙市政府民生政策取得显著成效的重要领域之一。

社会保障是影响居民消费的重要因素。社会保障通过降低居民预防性储蓄、促进社会公平、影响居民可支配收入等多个方面拉动居民消费，并且营造一个“安全网”，为国民经济的发展和人民的安居乐业创造稳定的社会环境。养老保险和医疗保险是社会保障的重要组成部分，也是政府社会保险支出中占比最大的险种。随着我国社会保险制度的发展，养老保险和医疗保险对居民消费的影响越来越引发关注，研究居民消费率下降的养老保险制度根源具有重要的理论价值和实践意义。

## 二、社会保险对居民消费的拉动效应

在由计划经济向市场经济转轨的过程中，社会保障不完善使得居民消费的不确定性日益显著，预防性储蓄动机加强导致居民消费倾向不断下降。完善的社会保障制度则通过以下机理拉动居民消费。

### （一）通过影响居民的心理预期拉动消费

根据凯恩斯的货币需求理论和预防性储蓄理论，未来不确定性和谨慎动机成为居民选择持有货币或活期存款而不是进行消费的主要原因。预防性储蓄是风险厌恶的消费者为了预防未来可能发生的不确定性，避免风险发生时消费水平出现大幅度下降而进行的储蓄。而养老保险、医疗保险、失业保险等社会保险都能够在一定程度上控制和降低风险，从而减少预防性储蓄，增加居民消费。

### （二）通过影响收入的再分配拉动消费

社会保险其首要目标是通过收入再分配促进社会公平，促使财富在不同收入人群之间或者代际之间的转移。例如：我国养老保险账户实行“统账结合”的模式，社会统筹部分为现收现付制，个人账户部分为基金积累制。现收现付制部分具有收入再分配功能，其收入再分配功能的发挥起到缩小收入分配差距的作用，实现高收入者向低收入者的转移支付。由于低收入者边际消费倾向较高，因此社会保险再分配效应带来整个社会消费倾向的提高。

## 三、计量模型和数据处理

目前，我国的社会保障体制涵盖社会保险、社会福利、社会救助、优抚安置和社会互助等。而社会保险是社会保障最主要组成部分，社会保险通过影响居民收入和减少居民预防性储蓄拉动居民消费，是居民消费变动的主要影响因素之一。

需要指出的是，社会保险有两个维度，第一，居民是否参与社保，即社保参与率，可依据家庭是否有社会保险支出判断；第二，居民参与社保的程度，即社保缴费率，用家庭社会保险支出与家庭总工资收入的比值表示。虽然我国努力实现社会保险制度的全覆盖，但在此之前，这种区分是有意义的，既能评价社会保险的外生政策含义，又能估计居民社会保险的缴费负担对家庭福利的影响。本文将从社保参与率和社保缴费率两个维度去验证社会保险对城镇家庭消费的影响。此外，本文不仅关注总体社会保险对消费的影响，更注重考察养老保险和医疗保险对家庭消费和消费支出结构的不同效应。

下面是计量模型的基本设定，实证分析部分将以此为基础，根据研究目的的不同进行相应的变换：

$$\log(C)=\alpha_0+\alpha_1 DI+\alpha_2 RI+\beta_1\log(I)+\beta_2 SEX+\beta_3 AGE+\beta_4 EDU+\beta_5 SCA+\varepsilon \quad (1)$$

式（1）中，C表示家庭消费，选择以家庭为研究单位的理由有两个：一是户主或者配偶的消费、储蓄决策必然要照顾到整个家庭的福利；二是某些家庭消费项目具有不可分割性。DI是一个二值虚拟变量，表示家庭户主或家庭成员是否参与了社会保险，参与则取值1，反之则为0。RI指社会保险的缴费率，即家庭社保支出占家庭收入的比例。之后为一系列控制变量，I表示家庭收入、SEX表示户主性别、AGE表示户主年龄、EDU表示户主教育程度、SCA表示家庭规模。

社会保险中居民养老保险和医疗保险占社会保险的比重最大，本文将重点关注这两种保险对城镇居民消费的影响。从社保基金的筹集方式来看，养老保险采取部分累积制，在老龄化加速背景下养老基金可能会出现较大缺口。而具有现收现付制特点的医疗保险则是一种短期的、经常性的消费支出，当年筹集的医疗保险费和当年的医疗保险基金支出基本平衡。因此，不同类型社会保险的作用机制各具特点，讨论社会保险支出对消费的影响不仅应考察总体，更应关注分项保险支出。计量模型如下：

$$\log(C)=\alpha_0+\alpha_1 DI+\alpha_2 RI+\beta_1\log(I)+\beta_2 SEX+\beta_3 AGE+\beta_4 EDU+\beta_5 SCA+\varepsilon \quad (2)$$

$$\log(C)=\alpha_0+\alpha_1 DM+\alpha_2 RM+\beta_1\log(I)+\beta_2 SEX+\beta_3 AGE+\beta_4 EDU+\beta_5 SCA+\varepsilon \quad (3)$$

$$\log(C)=\alpha_0+\alpha_1 DP+\alpha_2 RP+\alpha_3 DM+\alpha_4 RM+\beta_1\log(I)+\beta_2 SEX+\beta_3 AGE+\beta_4 EDU+\beta_5 SCA+\varepsilon \quad (4)$$

式中，DP、DM均为二值虚拟变量，表示家庭户主或家庭成员是否参与了社会保险和医疗保险，参与则取值1，反之则为0。RP为养老保险的缴费率，即家庭养老保险支出占家庭收入的比例。RM为医疗保险的缴费率，即医疗养老保险支出占家庭收入的比例。

本文使用的数据来自于国家统计局长沙调查队的城镇住户调查（UHS）数据，样本包括长沙市9个区（县、市），共获得2013年948个家庭样本。与其他微观家庭调查相比，城镇住户调查采用让调查户每日记账的方式收集数据，获得的收入和消费数据相对完善；家庭支出项十分详细，拥有社会保障支出、服务性消费支出、食品、衣着、家庭设备用品、交通和通信、教育文化娱乐服务等支出大项和一些支出细项。

本文对原始数据进行了清理，删除了那些户主及配偶都不是家庭养老金缴费主体的家庭，剔除男性户主年龄大于60岁或女性户主大于55岁的家庭样本，因为退休人员没有社会保险支出并且开始领取养老金。为防止出现异常值，剔除了家庭收入最低1% 和最高1% 的样本，最终符合要求的总样本为703个。

## 四、实证结果与结论

### （一）社保支出对家庭消费的影响

从表1中我们可以看出，家庭是否参保与家庭消费之间存在显著地正相关关系，也就是说社会保险的覆盖对家庭消费具有良好的促进作用。

家庭社保缴费率与家庭消费也存在显著地正相关关系，家庭社保的参与程度能够有效促进消费水平，家庭社保缴费率提高1%，家庭当期人均消费上升0.81%，这也反映出完善的社会保障制度能够有效地促进家庭消费。

**表1　　社会保险支出对家庭消费的影响**

| 变量 | 模型（1） |
| --- | --- |
| 家庭是否参保 | 0.096（0.041）** |
| 家庭社保缴费率 | 0.810（0.471）* |
| 收入对数 | 0.843（.025）*** |
| 户主性别 | –0.097（0.045）** |
| 户主年龄 | –0.007（0.002）*** |
| 户主教育程度 | 0.050（0.035） |
| 家庭规模 | –0.012（0.012） |
| C | 1.340（0.283）*** |
| $R^2$ | 0.659 |
| Adjusted $R^2$ | 0.656 |
| F值 | 191.946*** |
| 观测值 | 702 |

注：1.***表示在1%水平上显著，**表示在5%水平上显著，*表示在10%水平上显著。2.系数下方括号内White稳健性标准差。

## （二）社会保险支出对不同群里消费的影响

从表2中可以看出，不论是分收入、分年龄组，家庭一旦参与社会保险，对消费的促进作用都较为积极。社保缴费率的提高能够对家庭消费有一定的促进作用，但是在不同群里细分下，促进作用的表现有所不同，低收入家庭和户主年龄较高的家庭社保缴费率对家庭消费的促进作用较为明显。

从分收入估计结果看，高收入家庭是否参保估计系数为0.092与低收入家庭持平，家庭社保缴费率估计系数明显低于低收入家庭，并且在统计没有呈现出显著的相关关系，这说明对高收入家庭社保缴费率的提高对其本身消费水平的提高和消费习惯的改变难以起到明显的促进作用。与此相反的是，低收入家庭社保缴费率的估计系数为0.988，明显高于高收入家庭，并且呈现显著的正相关关系，这说明社保缴费率的提高对低收入家庭消费水平的提高促进作用明显。

**表2　　社会保险支出对不同群体消费的影响**

| 变量 | 高收入 | 低收入 | 高龄 | 低龄 |
|---|---|---|---|---|
| 家庭是否参保 | 0.092（0.063） | 0.092（0.053）* | 0.066（0.058） | 0.097（0.058）* |
| 家庭社保缴费率 | 0.385（0.881） | 0.988（0.540）* | 1.944（0.852）** | 0.100（0.546） |
| 收入对数 | 0.906（0.063）*** | 0.892（0.047）*** | 0.806（0.035）*** | 0.892（0.035）*** |
| 户主性别 | −0.082（0.063） | −0.118（0.063）* | −0.067（0.078） | −0.128（0.054）** |
| 户主年龄 | −0.008（0.003）*** | −0.006（0.003）** | −0.008（0.005） | 0.004（0.004） |
| 户主教育程度 | 0.174（0.049）*** | −0.082（0.050）* | 0.103（0.052）** | −0.009（0.048） |
| 家庭规模 | −0.026（0.017） | 0.010（0.016） | −0.013（0.015） | −0.004（0.019） |
| C | 0.604（0.731） | 0.804（0.515） | 1.750（0.462）*** | 0.448（0.413） |
| $R^2$ | 0.419 | 0.557 | 0.643 | 0.687 |
| Adjusted $R^2$ | 0.408 | 0.547 | 0.636 | 0.680 |
| F值 | 37.678*** | 57.584*** | 91.45*** | 103.629*** |
| 观测值 | 373 | 329 | 363 | 339 |

注：1.***表示在1%水平上显著，**表示在5%水平上显著，*表示在10%水平上显著。2.系数下方括号内White稳健性标准差。

从分年龄组的估计来看，社保缴费率对高龄组消费的促进作用尤为明显，这可能是高龄组由于年龄越大对生活保障的需求越强烈，参加社保后能够有效保障今后的生活水平，使其较少储蓄，提高当期的消费水平。社保缴费率对低龄组消费的影响不太明显，也未呈现出显著的相关关系，这可能是年轻人当期消费的欲望强烈，而社保作为强制储蓄对这种需求难以产生显著的影响。

## （三）分项社保支出对家庭消费的影响

目前为止，本文只考察了家庭总体社保支出对消费的影响，而养老保险和医疗保险性质的不同决定了对消费的作用机制也会有所差异。表3报告了养老保险和医疗保险对家庭消费的影响。为避免养老保险、医疗保险和其他保险同时作为解释变量存在的多重共线性。

表3　　分项社保支出对家庭消费的影响

| 变量 | 模型（2） | 模型（3） | 模型（4） |
|---|---|---|---|
| 收入对数 | 0.851（0.025）*** | 0.847（0.025）*** | 0.851（0.025）*** |
| 户主性别 | −0.093（0.045）** | −0.102（0.045）** | −0.099（0.045）** |
| 户主年龄 | −0.007（0.002）*** | −0.007（0.002）*** | −0.007（0.002）*** |
| 户主教育程度 | 0.053（0.035） | 0.054（0.035） | 0.050（0.035） |
| 家庭规模 | −0.012（0.012） | −0.012（0.012） | −0.012（0.012） |
| 有无养老保险 | 0.036（0.034） | | −0.002（0.038） |
| 养老保险缴费率 | 0.886（0.632） | | 0.799（0.638） |
| 有无医疗保险 | | 0.071（0.038）* | 0.069（0.041）* |
| 医疗保险缴费率 | | 2.978（1.789）* | 2.542（1.829） |
| C | 1..323（0.285）*** | 1.316（0.285）*** | 1.273（0.0289） |
| $R^2$ | 0.656 | 0.658 | 0.659 |
| Adjusted $R^2$ | 0.652 | 0.655 | 0.655 |
| F值 | 188.994*** | 190.987*** | 148.671*** |
| 观测值 | 702 | 702 | 702 |

注：1.***表示在1%水平上显著，**表示在5%水平上显著，*表示在10%水平上显著。2.系数下方括号内White稳健性标准差。

表3的回归结果表明，被养老保险覆盖或者被医疗保险覆盖本身都会为家庭带来良好的预期，减轻未来的不确定性。从模型（4）发现，养老保险缴费率每提高1%，家庭消费将增加0.8%，医疗保险缴费率每提高1%，家庭消费将增加2.54%，但在统计意义上不显著。综合来说，无论是养老保险和医疗保险的缴费

率均具有正向影响，养老保险和医疗保险制度的实施在一定程度上促进了居民的当期消费。

### （四）结论

本文基于2013年长沙市城镇住户调查（UHS）数据，构建计量模型，考虑家庭类型、社保类型的异质性，分析了家庭社会保险参与率和缴费对居民家庭消费的影响。研究发现：与未参保家庭相比，参保家庭的消费支出将增加0.096%，总社保缴费每提高1%，家庭消费将增加0.81%。从不同家庭类型看，社保缴费率对高龄组消费的促进作用尤为明显，相对而言，对低龄组难以起到明显的促进作用；对低收入家庭的促进作用大于高收入家庭的促进作用。从不同社保类型来看，养老保险和医疗保险制度的实施在一定程度上促进了居民的当期消费，但是医疗保险的作用更为明显。

## 五、对策建议

### （一）扩大养老保险、医疗保险等社会保险覆盖面

养老保险、医疗保险等社会保险覆盖能够显著刺激居民家庭消费，努力实现社会保障体系的全民覆盖，特别是低收入家庭。把提高农民工、非公有制经济组织就业人员、城镇灵活就业人员社会保险覆盖率作为工作重点，尽快把社会保险覆盖到各种所有制的所有职工。建立社会保险征缴的强制约束机制，把应参加社会保险而未参保的单位作为工作重点，加强政策宣传，提高劳动保障执法能力。扩大城镇职工基本医疗保险覆盖范围，有效解决困难企业职工基本医疗保险问题，推进有稳定劳动关系的农民工参保。切实做好城镇居民基本医疗保险和新型农村合作医疗的巩固提高工作，做到制度覆盖无空白。

### （二）完善保障制度，建立多层次的社会保障体系

完善的社会保障制度能够降低居民储蓄意愿，有效促进居民家庭消费，释放消费需求，从而促进经济发展。积极发展补充社会保险和商业保险。制定实施免税、延期征税等优惠政策，加快发展企业年金、职业年金等补充社会保险和各类商业保险，构建多层次社会保障体系。满足不同收入、不同年龄和不同行业居民

的社保需求，从根本上解除居民养老之忧和疾病之患。

### （三）健全特殊群体的服务保障制度

加快建立社会养老服务体系和发展老年服务产业，更好满足老年人特殊的服务保障需求。健全农村留守儿童、妇女、老年人关爱服务体系，重点围绕留守人员的基本生活保障、教育、就业、卫生健康、思想情感等方面实施有效的关爱服务。健全残疾人权益保障制度，大力营造尊重残疾人的良好社会氛围，让残疾人平等享有各种社会权益。健全困境儿童分类保障制度，完善工作机制和监管机制，加强政策制度创新和服务体系建设。

**执笔人：**邓　杰　任　为

# 推行阳光信访　打造和谐芙蓉

## ——通过公开听证化解信访积案的实践与思考

长沙市芙蓉区人民政府

芙蓉区是长沙市的中心城区，多年来一直担当着长沙发展改革的排头兵。在经济社会转型发展过程中，各类社会矛盾日益凸显，信访问题呈多发、易发、群发态势。如何有效化解信访积案，是芙蓉区着力解决的重大课题。2014年8月，根据省《百例疑难信访积案听证实施办法》精神，芙蓉区在长沙首开信访听证先河，在信访制度创新方面作了一次重要的探索。

## 一、一次信访听证的成功实践

芙蓉区把中心城区最为常见的征地拆迁矛盾作为第一次信访听证的典型案例。信访人李某，家住马坡岭街道，其父母离婚时对房产进行分割，东边正房和厨房归其父，其余归其母。2008年某项目启动，整栋房屋纳入征拆范围，其母在未提供离婚资料的情况下，与拆迁指挥部签订了拆迁补偿协议，其母四间房屋拆除，保留其父房屋未拆。2013年另一项目启动征拆，其父房屋临近项目边界，按应拆未拆建筑予以拆除。此后，李某多次上访，反映其父房屋补偿未到位。此案件涉及两个项目和两套拆迁政策，国土局、征地办、村委会等责任单位和当事人难以达成一致。鉴于案件的复杂性和典型性，芙蓉区决定就此案举行公开听证会，并取得了良好效果。芙蓉区的具体做法如下。

### （一）会前深入调查

一是约谈信访人，听取信访诉求。芙蓉区相关负责同志多次约谈信访人，听取信访诉求，要求相关单位就信访事项重新调查，委托律师事务所等第三方机构开展调查，对事实和适用法律、法规、政策及化解方案提出意见。二是组织调查，形成初步处理意见。国土局、征地办、村委会等单位对案件组织“回头看”，重新调查历史资料，拿出处理意见。信访人也委托代理人收集证据，积极争取权益。三是积极沟通引导，力争听证前化解。先后3次召开调度会，听取信访人及责任单位调查情况和意见。区信访局根据责任单位调查结果和化解意见与信访人沟通，进行听证前的矛盾化解和思想引导。由于信访人对初步答复意见不满意，芙蓉区决定举行公开听证会。

### （二）会中精心组织

以“双方辩”“大家评”“公开判”为核心，精心组织召开听证会。邀请人大代表、政协委员、律师、拆迁专业人士、邻里乡亲等9名听证代表参与听证。听证会上，信访人陈述事实，当事双方举证质证，对存在分歧的问题展开辩论，听证员发表听证意见形成信访问题解决方案，最终以听证员表决的形式形成最终听证结论。听证会节奏紧凑，程序严谨，双方“当面锣、对面鼓”地举证质证，听证员入情入理地评判，事实越理越清，道理越辩越明。

### （三）会后狠抓落实

听证会后，各责任单位在规定时间内将听证结论意见落实到位，实现信访终结。对于信访人父亲拆迁安置问题，无政策依据不予支持；其非农宅基地未补偿，补偿款迅速交付李某父女，国土分局将未补偿的拆迁补偿款拨付到位，住房保障部门协助李某到其父户籍所在地解决住房困难问题，做到了合理合法诉求解决落实到位、不合理诉求解释疏导到位、生活困难帮扶到位。听证会后，李某深表满意和感激，表示不再上访，好好照顾父亲安度晚年。

## 二、几点启示

在上述案例中，芙蓉区着力构建“阳光信访”新模式，将社会治理的理念、方法和手段运用到信访领域，探索建立了适用于新时期信访工作的创新体系。通过探寻此次信访听证的创新历程，分析其运行机制，可以得到一系列重要启示。

## （一）要准确把握信访听证的重大意义

芙蓉区在长沙首开信访听证先河，体现了权为民所用、情为民所系、利为民所谋的为政宗旨，意义重大。一是彰显了依法治国理念。推动信访工作法制化，是信访工作改革创新的必然趋势。通过信访听证，变各执一词的吵吵闹闹，为规范严谨的举证质证；变当事双方互不信任的攻击诋毁，为依法依规的公开辩论；变政府既当运动员又当裁判员的一家独大，为社会公众多元参与的评判裁定，法制的力量在其中发挥了巨大的作用。尤其是将涉诉信访问题纳入法制化轨道，改变了群众“信访不信法”的局面。二是提升了办信工作效率。通过召开听证会，将政府资源和社会资源高效整合，变部门单干为社会协调联动。这种模式，既避免了“踢皮球”的发生，又强化了涉事各方的沟通互动，更借助和依靠社会力量解决社会问题，信访处理决定更容易取得信访人的理解支持，提高了信访终结的可能性。三是拓展了民意表达渠道。畅通诉求表达渠道是解决信访问题的前提。实行信访听证，给当事人提供自由陈述意见、辩论、反驳、质证的机会，使信访人知情权、申诉权得到充分尊重，不但能防止政府部门对信访问题实施消极处理，从程序上保护当事人的合法权利，也让信访人的情绪得到宣泄，可有效防止矛盾激化。

## （二）要着力构建多维立体的听证机制

芙蓉区让“信访”和“听证”碰撞融合，搭建平等对话、多方参与的平台，是对传统信访工作机制的一次系统创新，其最大的创新点在于把政府、信访人和社会公众组织到了一起，用更加多元化的力量解决信访问题。一是要强化政府民本意识。信访工作的本质是为民解忧。但有些政府部门有时自觉不自觉地和信访群众对立起来，在处理信访问题时敷衍塞责。实施公开听证，最大限度地限制了政府部门不作为、乱作为的可能，为解决信访问题创造了条件。二是要引导群众依法信访。信访群众文化程度、法制观念参差不齐，要让信访群众坐到听证会上，必须提高群众的法制意识，规范信访行为，引导其合理提出信访诉求。要坚持把“按政策办事”作为解决信访问题的刚性要求，发挥法律在听证中的权威作用，贯彻到信访听证的始终。三是要搭建阳光听证平台。办事越透明，群众越信任，就越有利于推动信访工作。芙蓉区在此次听证中做到了接访受理、听证过程、处理结果“三公开”。湖南都市频道参与报道听证的全过程，听证处理意见在媒体和社会监督下迅速得到落实，让信访听证始终在阳光下运行。

### （三）要组织搭建群众公认的听证团队

要让听证结论得到社会公认和信访人认可，就必须组建一支具有广泛民意基础的听证团队。一是让社会公众参与听证。芙蓉区广泛邀请人大代表、政协委员、群众代表和有关专业人士担任听证员，还根据信访事项的具体情况邀请具有同类诉求的群众旁听，扩大了信访听证的参与面。二是让社会公众做出评判。具有广泛代表性的听证员从不同层面以第三方视角看待问题，各种观点在听证过程中碰撞、融合，逐步达成共识，使得听证结论更具合理性，更易于信访人接受，对于实现信访终结具有重要作用。三是让政府部门摆正位置。政府力量“往后退”，一改以往政府唱主角、当评判的惯例，政府只担当听证活动的组织者、引导者角色，涉事部门和信访人以平等的当事人身份出现。政府以开放包容的姿态，赢得了信访人和社会公众的信任，增强了听证结论的公信力。

### （四）要精心设计规范严谨的听证流程

要确保听证会开出实效、听证结论社会公认，就必须建立规范严谨的听证流程。在召开此次听证会前，按照《湖南省信访听证暂行条例》《百例疑难信访见听证实施办法》等文件要求，芙蓉区结合区情实际，制定了《芙蓉区“疑难信访积案听证化解专项活动”实施方案》，对信访听证涉及的各个环节、流程、责任以制度的形式明确下来，逐步形成了一套规范完整的运作机制，有效提高了信访听证制度的科学性与合理性。具体到上述案例中，参与听证的专业人士、律师从法理角度分析讨论，提出了具有说服力的专业意见；人大代表、政协委员从社会层面宏观审视问题，彰显了人道关怀；群众代表多为信访人的邻里乡亲，更多从乡俗民约角度阐述观点，最大限度保护了信访人的利益。9名听证员从法、理、情多角度发表听证意见，有关各方的表达权、质询权、表决权得到了充分保障，对于表决结果，各方心服口服，最终达成了共识。

### （五）要建立健全跟踪落实的督办机制

实现信访终结，最终要靠落实。在上述案例中，对于听证会共同做出的决定，有关各方都必须不折不扣地遵守和执行。一方面，芙蓉区责令各相关部门安排专人分头落实，补偿问题和生活困难问题同步推进，信访工作人员进行督办，抓好反馈。另一方面，做好信访人的思想疏导，解开思想疙瘩，实现信访终结。总之一条基本原则，对于法律政策范围内的，不折不扣执行到位；对于逾越政策法规的，坚决不予支持，扭转“以访谋私利、以闹求解决”的不良倾向。

芙蓉区李某信访案件听证会已告一段落，积累的这些经验值得认真总结、借鉴和推广。我们相信，信访听证将成为矛盾调处的常态化机制，在构建和谐社会的伟大进程中必将发挥更加重要的作用。

**课题组组长：**于新凡

**课题组副组长：**罗玉环

**课题组组员：**焦益民　喻　林　张永恒　张园园　袁甜甜　刘雯瑜

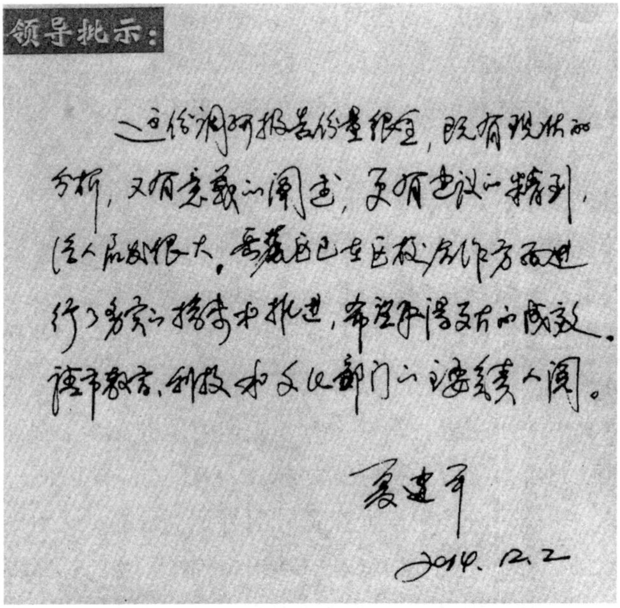


# 深化区校合作　推动共赢发展

## ——关于岳麓区区校合作的调研与思考

长沙市岳麓区政府、政协课题调研组

深化区校合作，加强科技创新与经济发展对接，既是提升创新能力的有效手段，又是转变经济发展方式的客观要求，更是推进“两型社会”建设和促进区域经济迅速发展的重要途径。经区委同意，根据《政协长沙市岳麓区第四届委员会2014年工作要点》安排，岳麓区政协课题组对本区区校合作情况进行了深入调查。现将有关情况报告如下。

# 一、区校合作的现状评估：开局良好，困难不少

## （一）岳麓区区校合作取得的阶段成效

近年来，岳麓区在全市“一江两岸、东提西拓”的城市发展战略格局下，充分发挥岳麓科技产业园的大平台作用，促进高校和科研院所科研成果的就地转化，推动了区域产业结构转型升级，区校合作成果不断显现，促进了全区经济社会的科学发展。

——加强组织领导，建立了工作机制。省市党委、政府十分重视区校合作，省市领导多次来岳麓区调研指导和现场办公，研究部署推进区校合作工作。区委、区政府高度重视，将其作为建设创新型城区的重要平台，成立了区校合作领导机构，由区委书记陈中任顾问，区长周志凯任区校合作领导小组组长，相关部门、街道为成员单位。领导小组下设办公室，作为区校合作的专门办事机构。区校合作的领导机制进一步完善，领导力量和工作力量进一步加强。

——出台相关政策，加大了支持力度。出台了《岳麓区促进区域经济发展扶植奖励办法》，明确了分类对产业投资、对外招商、企业入驻、企业壮大、品牌创新的奖励措施，如对企业自办或区校合作的国家级、省部级工程研究中心（技术研究中心、重点实验室、标准检测中心）且至少有一项科研成果在区内转化的，分别予以一次性奖励30万元、10万元；企业或区内研发科技项目或国家级和省部级科技奖，入驻岳麓区且转化为生产力的，分别给予国家科学技术奖一、二、三等奖获得者一次性奖励30万元、20万元、10万元，等等。岳麓科技产业园专门出台了《关于中南大学科技成果孵化基地企业入驻扶持的暂行办法》，对中南大学科研成果入园孵化进行专项扶持。加大对科研支持力度，2013年全区科技研发经费投入占高新技术产业增加值比重达11.9%。

——载体建设加快，开展了战略合作。岳麓区以岳麓科技产业园为载体，与中南大学开展战略合作，共建中南大学岳麓科技园，以产业“园中园”形式共同打造国家级园区，助推岳麓科技产业园五年内进入国家级开发区行列。按照政府引导、市场化运作的方式，实行城区、校区、园区联动，由中南大学牵头，省、市、区、校有关部门共同会商，负责协调解决科技园建设和科技产业发展中遇到的困难及问题，提出了以“55”工程为载体来实施园校合作，联合成立了中南大学科技园成果转化平台公司，中南大学科技园已经获批省级科技园。省、市、区三级先后召开现场办公会，形成会议纪要，协调解决该园发展中的体制创

新、研发总部选址、征地拆迁、配套设施等重大问题，区政府自2013年起连续三年每年从科技专项经费中拨付1000万元用于支持中南大学落户园区创新项目的孵化与产业化；市政府同意中南大学科技园纳入市科技重点项目，2014年支持专项资金500万元，后期扶持资金按照科技计划项目管理办法规定申报。目前中南大学科技园发展态势好，有50多家中南大学科技企业入园，其中有5家在园内购地建产业园。另外，湖南中医药大学与洋湖湿地公园打造科普教育、成果展示、学生见习基地。

——合作效果明显，助推了科学发展。以“区校共建，政策引导、市场运作”的模式探索建设岳麓山国家大学科技园，初步形成了院士领衔、专家教授首席、高层次大学生（研究生）自主创业的多层面科技创新团队，孵化了一批具有国际国内领先的科技成果并实现产业化（如C/C复合材料获国家科技进步奖），培育了一批高科技企业落户长沙各产业园区。采取重点项目支撑、政府补贴扶持等形式，为中南林业科技大学科技员在区内开展科技服务和创新活动给予政策扶持，促成区内企业的技术中心、生产基地向中南林业科技大学教学科研人员开放。同时，激活了高校专家教授科技创新的热情和潜力，实现了科研开发和学科建设的良性互促。如将莲花镇作为中南林科大现代科技农业创新创业示范基地，鼓励科研人员来莲花镇开办林业科技企业进行创业。中南林业科技大学科技特派员王森教授扎根农村，成立了湖南森蓝农业科技有限公司，投资规模近1.2亿元，规划建设1000亩的莲花桐木蓝莓基地，打造综合性现代农业科技示范基地。2013年全区高新技术产业增加值占地区生产总值比重达到47.6%；专利申请总量4918件，授权发明专利达到998件。

### （二）岳麓区区校合作存在的突出困难

在科技革命迅猛发展的今天，以产学研结合为显著特征的技术创新体系已经成为推动地方综合实力提升的重要力量。然而，作为产学研结合的有效推手和重要平台的区校合作在岳麓区的实践中，存在着一些亟待解决的突出问题，主要体现在以下方面。

——双方底子不够清晰，合作重点难明。区校合作就是要把区校双方的优势资源与各自需求提前对接，借力对方加快自身发展，相互促进、相得益彰，地方政府需要高校优秀的科研和人才资源，高校需要地方帮助转化科研成果和为学生提供合适的岗位满足就业需求。岳麓区高校云集、人才荟萃，但由于高校和地方行政隶属关系不同，造成高校和科研院所封闭运行，对地方的发展建设了解不够，参与甚少；而岳麓区对高校的科研成果、人才资源优势掌握不是很全面，缺乏沟通，双方无法科学确定合作的重点领域和项目；特别是双方在制订发展规划时没有对接，影响制约了地方与高校的协调发展与共同成长。

——扶持政策不够给力，合作动力缺乏。区校合作的本质是平等互利的关系。没有一定的合作共识和必要的政策支撑，双方的合作关系是难以维持的。从政府层面来看，区级政府职能有限，体制束缚，造成土地、资金紧张，有项目难以落地，缺乏强有力的政策扶持。尚未出台针对区校合作的单独的系统政策，对学校、项目、人才缺乏强大吸引力，难以吸引高校参加合作。从学校层面而言，缺少主动参与的动力。学校在区校合作中起着十分重要的作用，有时甚至是决定性作用。除了中南大学积极性较高外，有的学校认为学校在区校合作中的收益不大，即使不通过区校合作，学校照样可以轻而易举地获得应有的科技成果和科研经费。加之本地奖励科技专利人的政策不及沿海，有相当数量的老师认为参与区校合作是近期的投入、远期的收益。对区校合作意义认识不到位，就不可避免地使学校参与区校合作动力不足。

——园区建设相对滞后，要素瓶颈制约。区校合作需要强大的园区作载体、丰富科技创新要素作骨架，高素质专业人才作支撑。但近年来，随着岳麓区城镇化建设步伐加快，工业企业发展空间受到挤压，土地、资金、劳动力等生产要素趋紧的同时价格大幅上升，加之区内的岳麓科技产业园可供用地少，配套设施和服务跟不上，区内企业无法向园区集聚发展。加之周边区县的土地政策因素，区内原有的科技型企业因要素制约外迁或流到园区。其次，区科技园内人才结构不容乐观，编制有限，年龄偏大，知识结构不合理，即使面向社会公开招聘了高端专业人才，也因种种原因，招来了，又离开了。

——合作框架不够明晰，没有形成合力。从走访调研来看，岳麓区提出推进区校合作虽然已经有了较长时间，但对这项工作的认识历经回复，并没有放在发挥高校科技优势、构建岳麓区经济转型升级的战略高度来整体规划、系统布局、统筹运作，区校合作的组织机构不够权威，氛围还需要进一步浓厚。区内多部门多层级与同一高校联系，高校有厌烦情绪。高校高层领导没有强烈的合作意愿，区校双方没有达成全方位、多领域合作共赢框架，虽然岳麓区通过多次上门做艰苦细致的工作，激发高校产生强烈的合作意愿，但寻找双方共同利益和更广领域的合作模式，有待进一步探讨。

## 二、区校合作的形势分析：前景广阔，迫在眉睫

国内外区校合作犹如滔滔江水，磅礴向前；亦如金秋果园，硕果累累。认真借鉴国内外区校合作的成功经验，既是岳麓区发挥优势、推进转型升级的重要途径，也是抓住机遇、加快科学发展的迫切需要。

### （一）深化区校合作是打造岳麓经济升级版的重要途径

岳麓区是科教大区，科教优势明显。辖内有湖南大学、中南大学、湖南师范大学等3所国家“211”及“985”工程重点大学、13所其他高等院校，共有57个国家和省部级重点实验室的科技资源（表1为部分重点院校科研情况），具备23名两院院士、12万科技人员、20多万在校大学生的强大科研实力和高端人才资源基础。大批科技精英在电子信息、自动化、新材料、生物工程等高科技领域卓有建树。在全区上下的共同努力下，岳麓区这些年虽然取得了长足的发展，但是在快速发展过程中，一些深层次的矛盾和问题也逐步暴露出来。如：产业结构不合理，一产业效益有待提高，二产业缺优势支柱产业，特别是高附加值的高新技术产业比重较低，三产业中低端传统的生活性服务业比重较大，现代服务业特别是生产性服务业尚处于培育阶段。加强区校合作，发挥驻区高校和科研院所科研和人才资源优势，助推岳麓区推进新型工业化、新型城镇化、农业现代化和城乡一体化，加快经济转型升级，不仅潜力巨大，而且前景十分广阔。

表1　　湖南大学、中南大学与湖南师范大学科研相关情况

| | | 中南大学 | 湖南大学 | 湖南师范大学 |
|---|---|---|---|---|
| 国家重点学科（一级） | | 6 | 2 | 2 |
| 国家重点实验室 | | 3 | 2 | 0 |
| 国家工程研究中心（实验室） | | 5 | 1 | 0 |
| 2007～2010年授权专利数 | | 700 | 514 | 缺 |
| 2008～2012国家科学技术三大奖 | | 27 | 8 | 1 |
| 学位授权学科（一级学科） | 博士 | 33 | 25 | 17 |
| | 硕士 | 58 | 41 | 35 |
| 两院院士 | | 17 | 3 | 2 |

## （二）深化区校合作是构建湘江新区核心引擎的战略举措

湘江新区规划范围与原长沙大河西先导区一致，包括岳麓区全境以及望城区、宁乡县部分区域。组建湘江新区是长沙打造“一带一部”核心增长极，在更高起点推进新型城镇化、融入长江经济带和长江中游城市群的战略举措。岳麓区作为湘江新区的核心区和主体区，其发展状况对于湘江新区“自主创新发展集聚区、两型社会建设示范区、城乡一体化引领区、内陆开放经济先行区”战略目标的实现有着至关重要的影响。湘江新区的设立和规划建设必然给岳麓区带来新的政策机遇。同时，岳麓区是长沙一江两岸、跨江发展的主战场，在主城区里发展空间最大，作为湘江新区的主体区其区位优势更加凸显。紧抓政策机遇，发挥好独特的区位优势，加强区校合作，利用好周边高等院校、科研院所的雄厚人才和科研资源，同时吸引外地高层次人才聚集和创新创业要素汇聚，将为湘江新区的发展提供有力的智力支持和产业支撑。

## （三）深化区校合作是加快全区经济社会发展的迫切需要

随着区域竞争加剧和区校合作的加强，各地对科研成果、产业项目、高层人才等发展要素的争夺全面展开、日趋激烈，驻区高校、科研院所的科研成果异地转化以及产业项目和各类人才外流现象严重。岳麓区过去虽然保持了较快的发展速度，但可持续发展的内生动力不足。近3年（2011～2013年）GDP的增速分别为19%、16.3%、11%，呈逐年下降趋势。2013年全年实现地区生产总值（GDP）716.7亿元，同比增长11.0%；其中第一产业增加值17.6亿元，下降2.1%；第二产业增加值403.1亿元，增长9.6%；第三产业增加值296亿元，增长14.0%（图1）。在2013年GDP构成中比重排在前5的分别是：工业占48.6%，非营利性服务业20.2%，建筑业7.7%，营利性服务业6.3%，房地产业5.1%（图2），这5项占GDP的比重达到了87.9%。这5项中，非营利性服务业与政府投入密切相关，很难持续高速增长；建筑业和房地产业发展高潮正在过去，速度将逐步回落；因此发展潜力主要在于工业和营利性服务业。由于岳麓区是主城区，土地资源珍贵，唯有加强区校合作，尽快壮大高端工业和营利性服务业，才能为全区乃至湘江新区注入可持续发展的强劲动力。

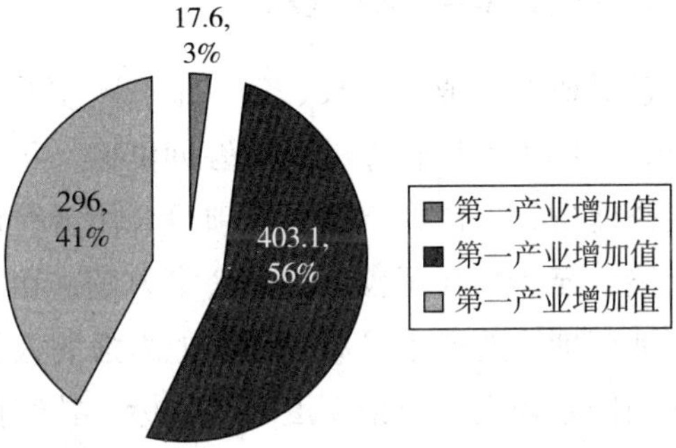


图1　2013年岳麓区三大产业增加值（单位：亿元）及占比GDP情况

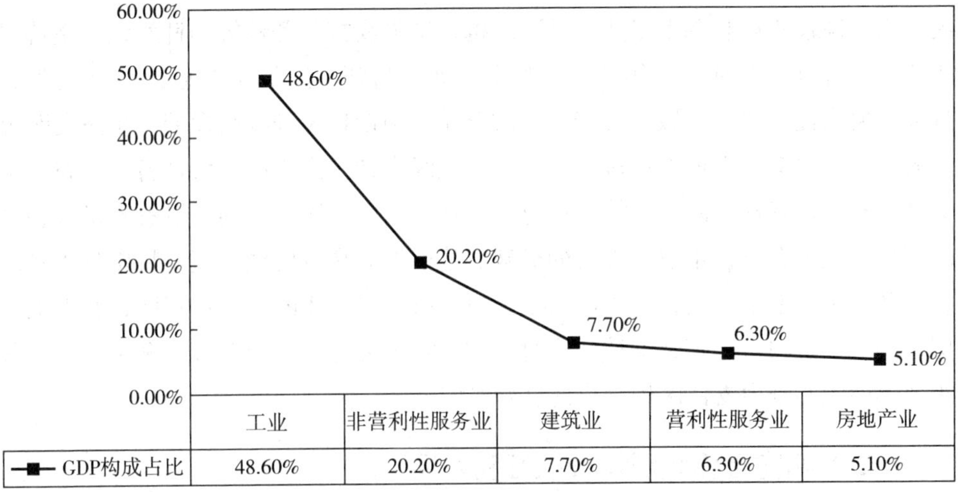


图2　2013年岳麓区GDP构成中比重排名前5行业

## 三、区校合作的对策建议：政府主导，市场运作

区校合作是在更高层次上深化和创新城区与高校互动合作、实现共生共荣的发展新模式。推进区校合作必须坚持以政府为主导，以政策为支撑，以利益为纽带，以市场为手段，以互利共赢为原则，统筹谋划，循序渐进，扎实推进，注重实效。

### （一）加强高位协调，科学顶层设计

一是成立高规格领导机构。成立高校、省、市、区领导和社会精英组成的区校合作决策咨询委员会，作为区校合作的决策咨询机构，每季召开一次委员会，为政府、学校、市场搭建桥梁，研究咨询重大项目合作可行性，探讨更广泛领域区校合作的可能性。整合充实加强区校合作办公室力量，切实解决多头对外、高校无所适从的问题。抽调理论业务水平高、工作能力强的人员组建权威、高效、敬业的干部队伍，明确任务职责，严格年度考核目标，扎实做好区校合作的协调服务工作。二是制定长期规划。从全局和战略高度精心谋划区校合作，将区校合作和高校发展列入全区经济社会发展总体规划。通过规划地方产业和城乡社会发展，引导高校布局和调整专业与学科结构，增强高校服务地方的针对性。坚持以优势互补、互惠互利、合作共赢为基本原则，制订中长期合作规划和5年规划，近期主要在经济建设领域开展产学研政合作，中期拓展到社会发展、生态文明等领域，按时序有重点梯次推进。三是争取上级支持。由于高校大都行政隶属于中央部委和省市管理，同时政策制订权许多在省市乃至国家层面，没有省市级领导的支持，区校合作很难取得更大的突破。建议加大高位协调力度，特别是积极向省市乃至中央部委汇报，力争成为全国或全省区校合作的试点示范区，获得上级更多的政策、项目、资金支持。同时，加大宣传力度，营造全省、全市、全区各级各部门齐心合力支持区校合作的良好氛围。

### （二）拓宽合作领域，共赢互利发展

一是确定合作领域。根据岳麓区现有的产业基础、资源禀赋、潜在优势、中长期发展规划和国内外发展形势，研究确定岳麓区今后经济社会发展的重点产业。如工业可重点发展先进制造、新材料、电子信息、新能源和节能环保等战略性新兴产业；第三产业可打造以金融服务、商务会展、商贸物流、生态旅游、文化创意、生态地产等为重点的现代服务业体系；第一产业可大力发展生态农业、有机农业、循环农业和设施农业等都市农业。从岳麓区重点发展的产业中选择若干重点领域与高校合作，深度对接、深度融合、互利互惠，力求取得实质性突破。二是优选合作对象。区校合作办公室要广泛了解并搜集汇总国内外各著名高校的科研、人才优势和已取得的有广泛市场前景的科研成果。根据产业合作重点领域和国内外各高校科研、人才优势和科研成果，挑选各重点合作领域的合作高校；根据产业发展需要委托合作高校进行技术研发，或从合作院校引进科研成果

来岳麓区进行产业转化。如与湖南中医药大学就发展中药产业等领域开展合作，与中南林业科技大学就大力发展林业经济开展合作等。三是创新合作模式。区分不同情况，采用两种合作模式：对于驻区高校和科研院所，可借鉴“三区联动”型城市创新的上海杨浦模式（见附件），实现大学校区、科技园区、公共社区“三区融合、联动发展”，大学校区根据地方和企业的需要进行科研创新和人才培养，科技园区和企业承担科技成果就地转化和产业化，公共社区为大学校区和科技园区提供优良的创新创业和居住环境；对于区外高校，可借鉴东莞与华中科技大学合作模式（见附件），按照岳麓区中长期规划的产业发展重点，引进外地高校优势科研资源，在岳麓科技产业园中设立专业性的公共科技创新平台，为全区支柱产业和优势特色产业的培育、发展壮大提供智力和技术、项目支持。

## （三）强化优质服务，构建长效机制

一是加强营销推广。区校合作领导小组办公室，要上门向拟重点合作的高校热诚推介岳麓区区校合作的意向、合作的重点领域和项目、政策环境等，积极争取高校领导特别是主要领导和分管领导的支持；凡是有合作意向的高校要认真跟踪、科学洽谈，力争早日签订全面战略合作协议，在项目合作、技术转让、人才培养、基地建设、教师及科技人员挂职锻炼以及联合办学等方面，建立长期的战略合作联盟。二是完善服务平台。建立区校合作联席会议制度，合作双方领导及时研究解决区校合作中存在的困难和问题。为区校深入合作和长远发展提供智力支持。建立信息互通制度，合作双方互设联系人，通报区校合作情况，协调日常工作。尽早制定和公开发布岳麓区区校合作产业发展目录并向相关高校推送。加强网络公共平台建设，合作共建技术需求和科技成果信息库，并在网上发布。建立快捷、专业、配套的政府服务体系和中介服务体系，组建区生产力促进中心，为科技成果转化和科技人才创新创业提供零距离专业化服务。三是拓展合作方式。积极探索形式多样、对双方都有吸引力的区校合作、校企合作方式，着力构建利益共同体和长效合作机制。鼓励科研院所、高等学校及科技人员以技术要素参与收益，以知识产权入股、技术入股的形式参与项目合作。探索采取技术入股型、技术咨询服务型、项目联合开发型、基地试验合作型、联合建立科研机构等多种合作形式，区校共建产学研联合体，形成以科技合作项目为龙头、产权为纽带、市场为导向，按照现代企业制度组建股份制企业的校企合作新机制，实现科技开发链与产业链的有机结合，加快高校研发和企业技术创新。

### （四）优化合作空间，拓展合作范围

一是完善园区功能布局。根据岳麓区产业发展规划和产业布局，对园区进行功能分区，科学规划布局园区，整合现有的岳麓科技产业园和岳麓山国家大学科技园，为高新技术产业发展拓展空间，优先保障高新技术产业发展用地需求。大力推进“5511工程”，加快园区基础设施建设，提高承载能力。二是扩大合作高校。积极与驻区高校合作，在岳麓科技产业园合作建设园中园：除与中南大学合作、建立以继善高科和中大检测等为代表的中南大学岳麓科技园外，与湖南大学合作，依托其在工业设计、建筑设计和国际金融贸易等学科上的优势，建立“建筑科技园”“千年学府创意设计产业园”和“金融创新园”；与湖南师大合作，依托在其在艺术创作、创意设计等学科上的优势，打造后湖国际艺术区，构建“名人名家+高校+培训机构+园区+创意企业”五位一体的创意人才产业链，等等。当前要重点支持中南大学岳麓科技园的建设，尽快优价提供急需的产业项目建设用地、企业孵化器用房，调动校方的积极性，组织“中南大学知名校友岳麓行”等系列宣传推介活动，力争早日引进一批大企业、好企业和大批在孵企业入园，实现重点突破，形成示范效应。三是加强园区软环境建设。把“帮投资者盈利、助投资者成功、为投资者服务”作为重心，认真落实“一个项目、一名领导、一套班子、一抓到底”的要求，为区校合作入园企业、项目提供全程优质服务。对重大项目设立“绿色通道”，安排专人实行全过程跟踪服务，积极主动协助审批，保证项目顺利实施。改革涉企收费征管模式，推行涉企收费“一费制”改革，规范收费行为，减轻企业负担。行政执法部门要严格执法程序，对依法保留的收费项目要向社会公开，并严格按标准收取，坚决杜绝乱收费、乱罚款、乱摊派、乱检查等行为。

### （五）集成政策资源，加大支撑力度

一是研究出台专门的区校合作政策。梳理区里现有政策，积极争取国家和省、市科技、教育、人才、财税、金融等政策支持，研究出台鼓励区校合作和科技创新创业的财政支持政策、税收优惠政策、收入分配政策、投融资政策、研发平台建设政策、政府采购自主创新产品政策等激励政策，重点在税收优惠、土地政策、金融创新等方面实现政策突破。二是加大政策支持力度。设立“岳麓区区校合作专项资金”，列入区财政预算，第一年1亿元，并逐年增加；同时争取省市各1亿元以上。该专项资金主要用于区校合作引进项目、人才、企业和平台建

设。对区校合作项目用地实现指标单列，按照财税贡献大小等评估，以不同的优惠价格甚至成本价、零地价优先供应。科技创业企业所得税区级留成部分一定期限内返回企业支持发展。企业投资扩大规模所需银行贷款视情况财政进行全额或部分贴息。争取享受国家高新区的各项优惠政策。对学科带头人、领军人才、专利持有人以及技术团队等来岳麓区创新创业，在住房、配偶工作、子女入学等方面重奖和倾斜。三是开展全方位合作。树立“服务高校就是发展岳麓”的理念，探索建立区校资源共享、平台共建、项目共推、环境共治的合作机制，实现社区、校区、园区“三区联动、融合发展”。主动积极地帮助和支持高校解决校园扩建征地、公共设施建设、周边环境整治等问题。推动驻区高校以社会实践、志愿服务、党建进社区、文艺进社区、科普进社区等形式，融入和谐岳麓建设。实行“特派员”制度，鼓励高校、科研单位的年轻科技人员到区政府职能部门挂职，支持优秀大学毕业生到政府部门或企业实习和就业。完善创业优惠政策，吸引大学生到岳麓区创业。